민수기 I

민수기 I

2025년 1월 25일 1쇄 인쇄
2025년 1월 30일 1쇄 발행

지은이 | 박철현
펴낸이 | 박영호
펴낸곳 | 도서출판 솔로몬

주소 | 서울시 동작구 사당로 143
전화 | 599-1482
팩스 | 592-2104
직영서점 | 596-5225

등록일 | 1990년 7월 31일
등록번호 | 제 16-24호

ISBN 978-89-8255-629-6 04230
      978-89-8255-632-6 (세트)

2025 © 박철현
Korean Copyright © 2025
by Solomon Publishing Co., Seoul, Korea

저작권법에 의하여 한국 내에서 보호를 받는 저작물이므로
무단전재와 복제를 금합니다.

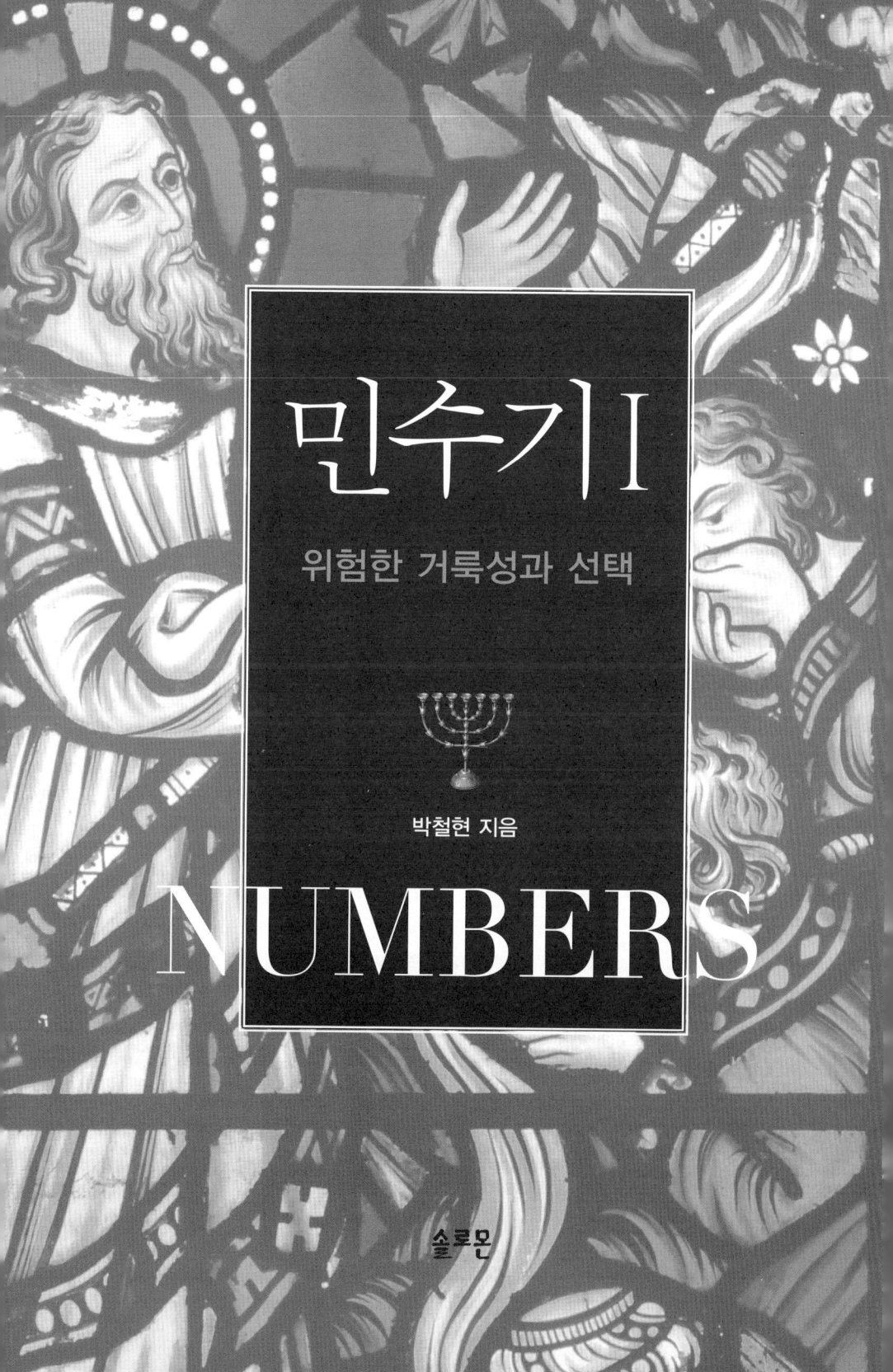

―― ✼ ――

이 책을 나의 어머니이자 내 신앙의 멘토이신
정정자 권사님께 바칩니다.

믿음은 먼저 네 외조모 로이스와 네 어머니 유니게 속에 있더니
네 속에도 있는 줄을 확신하노라 (딤후 1:5)

서문   13

민수기 개관   19

민수기에 대한 오해들   19
민수기의 이름   21
민수기의 문맥   22
민수기와 연대기   28
민수기의 구조   31
민수기의 주제   35

민수기 1장 인구조사   39

민수기 1장의 신학 개관   39
1단계: 사역   44
2단계: 사역 해설   47
3단계: 단락 구분   50
4단계: 본문 해설   52
5단계: 적용   61
6단계: 설교 "우리는 하나님의 군대다"   63

민수기 2장 진의 배치와 행군 순서   67

민수기 2장의 신학 개관   67
1단계: 사역   70
2단계: 사역 해설   71
3단계: 단락 구분   72
4단계: 본문 해설   74
5단계: 적용   77
6단계: 설교 "하나님의 명령을 따라 싸우라"(민 2:34)   78

목 차

민수기 3장 레위인의 임무 및 인구조사 I 81

민수기 3장의 신학 개관 81

1단계: 사역 82

2단계: 사역 해설 85

3단계: 단락 구분 89

4단계: 본문 해설 90

5단계: 적용 98

6단계: 설교 "모든 지체는 다 나름대로의 쓸모가 있다"

(참고, 고전 12:12-31) 99

민수기 4장 레위인의 임무 및 인구조사 II 105

민수기 4장의 신학 개관 105

1단계: 사역 107

2단계: 사역 해설 109

3단계: 단락 구분 115

4단계: 본문 해설 117

5단계: 적용 124

6단계: 설교 "두 얼굴의 하나님? 한 하나님!"(민 4:4-20) 126

민수기 5장 죄와 부정의 제거 I – 부정한 자, 속건제, 간부의 처리 131

민수기 5장의 신학 개관 131

1단계: 사역 133

2단계: 사역 해설 135

3단계: 단락 구분 140

4단계: 본문 해설 141

5단계: 적용 152

6단계: 설교 "하나님의 군대는 달라야 합니다"(민 5:1-4) 154

민수기 6장 죄와 부정의 제거 II 157

민수기 6장의 신학 개관 157
1단계: 사역 162
2단계: 사역 해설 163
3단계: 단락 구분 166
4단계: 본문 해설 167
5단계: 적용 174
6단계: 설교 "구약의 만인제사장주의로서의 나실인 제도"(민 6:1-21) 175

민수기 7장 성막을 위한 지파별 봉헌 목록 179

민수기 7장의 신학 개관 179
1단계: 사역 181
2단계: 사역 해설 185
3단계: 단락 구분 187
4단계: 본문 해설 188
5단계: 적용 191
6단계: 설교 "각자 맡을 바를 맡으라"(민 7:84-89) 191

민수기 8장 레위인의 봉헌과 사역 195

민수기 8장의 신학 개관 195
1단계: 사역 198
2단계: 사역 해설 199
3단계: 단락 구분 201
4단계: 본문 해설 202
5단계: 적용 213
6단계: 설교 "거룩한 하나님과 거룩한 우리"(민 8:1-4) 215

민수기 9장 유월절, 성막을 통한 임재와 동행　221

　민수기 9장의 신학 개관　221
　1단계: 사역　226
　2단계: 사역 해설　227
　3단계: 단락 구분　230
　4단계: 본문 해설　232
　5단계: 적용　240
　6단계: 설교 "열린 하나님과 우리의 열심"(민 9:6-14)　241

민수기 10장 출발과 행진　245

　민수기 10장의 신학 개관　245
　1단계: 사역　247
　2단계: 사역 해설　249
　3단계: 단락 구분　253
　4단계: 본문 해설　255
　5단계: 적용　264
　6단계: 설교 "리멤버 미"(민 10:9)　266

민수기 광야 이야기의 개관과 신학　271

　A. 새로운 시작　271
　B. 민수기의 광야 사건들의 이해　273
　　1. 모세오경의 광야 시대 사건들의 구　273
　　2. 광야 시대 사건들의 특징들　277
　　3. 광야 사건의 중요한 어휘들 및 해설　281
　C. 광야 시기의 신학　282
　　1. 광야사건에 대한 기억　282
　　2. 광야에 대한 두 관점　283

민수기 11장 광야 시대 2기의 패러다임: 불과 메추라기　287

민수기 11장의 신학 개관　287
1단계: 사역　293
2단계: 사역 해설　295
3단계: 단락 구분　300
4단계: 본문 해설　303
5단계: 적용　315
6단계: 설교 "내 말이 불과 방망이 같지 아니하냐"
(민 12:6-8; 렘 23:16-32)　317

민수기 12장 모세의 리더십에 대한 도전　321

민수기 12장의 신학 개관　321
1단계: 사역　325
2단계: 사역 해설　326
3단계: 단락 구분　330
4단계: 본문 해설　331
5단계: 적용　340
6단계: 설교 "내 말이 불과 방망이 같지 아니하냐"
(민 12:6-8; 렘 23:16-32)　342

민수기 13장 정탐꾼 사건과 이스라엘의 운명(1)　347

민수기 13장의 신학 개관　347
1단계: 사역　350
2단계: 사역 해설　352
3단계: 단락 구분　354
4단계: 본문 해설　356
5단계: 적용　365
6단계: 설교 "당신이 보는 것이 당신이 얻게 되는 것이다"(민 13:30-33)　367

민수기 14장 정탐꾼 사건과 이스라엘의 운명(2) 371

　　민수기 14장의 신학 개관　371
　　1단계: 사역　375
　　2단계: 사역 해설　378
　　3단계: 단락 구분　384
　　4단계: 본문 해설　386
　　5단계: 적용　404
　　6단계: 설교 "하나님의 뜻대로 하는 근심"
　　(민 14:39-45; 삼하 12:15-25; 고후 7:10-11)　406

민수기 15장 제사 및 옷술에 대한 규례　411

　　민수기 15장의 신학 개관　411
　　1단계: 사역　414
　　2단계: 사역 해설　416
　　3단계: 단락 구분　423
　　4단계: 본문 해설　426
　　5단계: 적용　440
　　6단계: 설교 "성도는 구별된 삶을 사는 자입니다"(민 15:37-41)　442

민수기 16장 모세의 리더십에 대한 다른 도전들(1)　447

　　민수기 16장의 신학 개관　447
　　1단계: 사역　456
　　2단계: 사역 해설　459
　　3단계: 단락 구분　462
　　4단계: 본문 해설　464
　　5단계: 적용　481
　　6단계: 설교 "죄의 끈질김과 우리의 소망"(민 16:41-50)　484

민수기 17장 모세의 리더십에 대한 다른 도전들(2) 489
    민수기 17장의 신학 개관 489
    1단계: 사역 491
    2단계: 사역 해설 492
    3단계: 단락 구분 494
    4단계: 본문 해설 495
    5단계: 적용 499
    6단계: 설교 "우리의 대제사장"(민 17:8; 출 28:36-38; 히 10:21-22) 501

서문

드디어 민수기 주석을 출판하게 되었다. 민수기는 흔히 구약 성경 혹은 신구약 성경 전체에서 가장 골치 아픈 책들 중의 하나로 간주된다. 왜냐하면 민수기 본문은 굉장히 지루해 보이는 부분들이 많고, 도무지 두서없어 보이는 내용들이 끊임없이 이어지거나, 내러티브와 율법 본문이 마구 뒤죽박죽으로 섞여 있거나 하며, 내러티브와 율법의 내용 역시 출애굽기부터 신명기까지의 비슷한 본문들과 모순이 있는 것으로 보이는 것들이 많기 때문이다. 또한 민수기에는 현대의 신자들이 보기에는 기괴해 보이는 내용들도 꽤 있다. 예를 들어 민수기 5장의 간음한 여인의 시험 문제 본문은 악명 높다. 여자가 간음을 한 것으로 의심이 되는 경우에 남편이 그 문제를 제기하면 여자는 제사장 앞으로 나아가서 "저주가 되게 할 쓴 물"(민 5:18)을 마셔야만 하며, 만약 여자가 간음을 한 것이 맞으면 "네 넓적다리가 마르고 네 배가 부어서 네가 네 백성 중에 저줏거리, 맹셋거리가 되게" 된다고 말하고 있다(민 5:21, 22, 27). 도대체 이것을 어떻게 이해해야 할 것인가 난감하기 그지없다.

예전에 영국에서 유학할 때 BST 주석 시리즈의 민수기 주석을 쓴 레이먼드 브라운(Raymond Brown)이란 주석가가 한 교회에서 민수기를 강해하면서 이 지겹고 어려운 책을 듣겠다고 자기를 초대한 분들에게 심심한 위로를 드린다고 말하는 것으로 강의를 시작하는 것을 들었다. 사정이 이렇다고 보니 민수기는 오경의 다른 책들에 비해 주석들의 수도 현저히 적고, 각 주석책의 분량도 적고, 내가 생각하기에는 주석들의 질도 상대적으로 떨어지는 것처럼 보인다.

이런 점에서 볼 때 민수기는 앞으로 더욱 더 좋은 주석들이 더 필요한 책이다. 또한 민수기에는 어려운 문제들이 산적해 있는 만큼 학자들의 분발

이 요구된다. 나의 이 주석은 이러한 인식에 바탕을 두고 있다. 아무쪼록 이 책이 민수기에 대한 자료의 부족에 허덕이는 독자들에게 조금이나마 도움이 되었으면 한다. 특히 언제나 나의 신학 공부의 목적은 목회자들에게 좋은 설교 자료를 제공하는 것인 만큼 설교자들이 이 책을 읽고, 민수기도 설교할 만한 책이구나 하고 생각하게 되었으면 한다. 실제로 총신대학원의 제자들 중 한 명이 원고 형태의 이 주석을 읽고, 그것으로 중고등부 설교를 시리즈로 했다고 한다. 그 전도사님이 어떻게 설교를 했는지 그 내용을 들어보지는 못해서 알 수 없지만 나의 주석이 그 전도사님의 사역에 도움이 되었다는 점에 큰 기쁨을 느낀다. 이 동일한 기쁨이 다른 목회자들을 통해서도 얻어질 수 있기를 간절히 하나님 앞에서 소망한다.

이제 본 민수기 주석의 구성에 대해서 설명을 하고자 한다. 기본적으로 이 책의 구성은 내가 쓴 레위기: 위험한 거룩성과의 동행 (서울: 솔로몬, 2018)이란 책과 동일하다. 그러나 다시 한번 이에 대한 설명을 독자들에게 하고자 한다.

이 주석책은 민수기의 각 장에 대한 분석을 다음과 같이 일곱 개의 부분으로 나누어서 다루었다. 가장 먼저는 매 장에 대한 개관이며, 그 다음에는 1. 사역, 2. 사역 해설, 3. 단락 구분, 4. 본문 해설, 5. 적용, 6. 설교로 구성되어 있다.

우선 각 장의 시작 부분에는 개관이 있다. 이 개관에는 각 장을 이해하기 위해서 필요한 사항들이 정리되어 있다. 혹시 시간이 없는 독자라면 이 부분만 읽어도 민수기 각 장의 핵심적인 내용 및 신학을 포착할 수 있을 것이다.

1. 사역 부분에는 민수기의 히브리어 원문을 직접 사역한 것을 담아 놓았다. 이 사역이 꼭 필요했던 이유는 레위기와 마찬가지로 현재 한국의 절대 다수의 교회가 공인 성경으로 사용하고 있는 개역개정의 번역이 생각보다 적절치 않은 경우가 많고, 그런 면에서 성경 본문에 대한 바른 이해를 방해하는 경우가 꽤 되기 때문이다. 아마 민수기에서 이런 점을 가장 잘 볼 수

있는 예는 민수기 15장일 것이다. 15:3의 경우에 개역개정의 번역과 나의 민수기 주석이 제공하는 사역을 비교해보자.

개역개정	사역
여호와께 화제나 번제나 서원을 갚는 제사나 낙헌제나 정한 절기제에 소나 양을 여호와께 향기롭게 드릴 때에	여호와께 번제, 서원이나 자원한 것을 갚는 제사, 절기에 드리는 [제사]로 소나 작은 네발 가축으로부터 향기로운 냄새가 되도록 화제를 여호와께 드리라.

이 구절에서 개역개정의 가장 큰 번역상의 문제는 히브리어 구문을 잘못 파악해서 제사의 종류를 "화제나 번제나 서원을 갚는 제사나 낙헌제나 정한 절기제"라고 함으로써 마치 화제가 뒤의 다른 제사들과 동일선상에 있는 제사의 한 종류처럼 번역하고 있다는 점이다. 그러나 사실 히브리어 원문이 말하고 있는 바는 화제라는 범주 하에 이 구절의 나머지 모든 제사가 포함되어 있다는 것이다. 레위기의 제사법에 대해 제대로 이해하고 있는 사람은 개역개정의 번역이 어불성설이라는 생각을 하지 않을 수 없을 것이다. 이런 경우 이 사람이 히브리어 원문 자체를 읽을 능력은 안 된다면 민수기의 이 구절이 레위기의 제사법과 충돌한다고 생각할 수밖에 없을 것이다. 그런 분들이 원문을 제대로 살려 놓은 이 주석책의 사역의 번역을 보게 되면 사실 원문상으로는 이런 충돌이 존재하지 않는다는 것을 깨닫게 될 것이다. 이처럼 민수기를 이해하는데 있어서 히브리어 구문을 제대로 반영한 사역은 절대적으로 필요한 존재이다. 이 주석을 읽는 학생들이나 목회자들은 사역을 적극 활용했으면 한다.

2. 사역 해설은 위의 사역이 왜 그런 식으로 번역하고 있는지에 대한 해설을 제공하고 있다. 이 주석을 읽는 학생들이나 목회자들 중에서는 원문을 구문론적으로 읽거나 해당 히브리어 단어들에 대한 고급 분석 방법에 익숙하지 않을 수 있기 때문에 사역이 왜 원문을 그런 식으로 번역하고 있는지에 대한 해설은 필수적이다. 이미 출간되어 독자들의 사랑을 많이 받은

레위기 주석의 경우처럼 민수기의 경우에도 '1. 사역'과 '2. 사역 해설'이 이 책의 가장 큰 기여점들 중의 하나가 아닐까 생각한다.

3. **단락 구분**은 각 장의 구조가 어떤지를 일목요연하게 볼 수 있도록 본문을 나누어 놓은 것이다. 민수기는 본문 안에 단락의 구조를 파악할 수 있는 표지들이 상당히 선명하게 나타나 있는 경우가 많다. 이 '단락 구분'의 설명들을 통해서 이런 표지들을 보는 눈을 얻게 되면 민수기를 이해하는 데 있어서 큰 진보가 있을 것이다.

4. **본문 해설**은 각 절별 분석을 해 놓은 것이다. 독자들이 앞의 부분들을 잘 이해했다면 이 본문 해설은 큰 어려움이 없이 잘 이해될 것이다.

5. **적용**은 본문이 삶에 어떻게 적용됐을까 하는 점들을 다루었다. 본 주석에서는 매 장에 설교 하나씩을 제공하고 있는데, 때로는 설교를 하고 싶은 내용이 더 많은 경우도 꽤 있었다. 그러나 지면의 한계상 한 개 이상을 넣을 수가 없었는데, 목회자들은 이 적용 부분의 내용을 설교로 전환하는데 활용할 수도 있을 것이다.

6. **설교**는 민수기의 각 장을 어떻게 설교할 수 있는지를 보여주기 위해 설교 샘플을 하나씩 넣어 놓았다. 이 설교는 주석가이자 목회자로서의 내가 해당 장에서 가장 설교하고 싶은 내용을 한 번 샘플 삼아 써보았지만 이 책의 독자들은 지금까지 매 장의 주석 내용을 바탕으로 다른 설교들을 얼마든지 할 수 있을 것이다. 아무쪼록 이 책의 내용이 목회자들에게는 설교를 위한 자극제가 되며, 평신도들에게는 어떻게 삶의 경건을 위해 활용할 것인지에 대한 좋은 단초가 되기를 소망한다.

이제 이 책이 출판되기까지 내가 감사를 드려야 할 분들에 대한 언급을 하고자 한다. 감사의 첫 번째 자리는 그말씀의 민수기 전체 원고를 나에게 맡겨주신 두란노 출판사의 김보경 기자와 기타 스텝들에게 드리고자 한다. 김 기자님과 출판사 관계자들은 내가 2018년 8월부터 2019년 7월까지 1년에 걸쳐서 민수기 전체에 대한 주석을 연재할 수 있게 허락해주셨다. 집필 과정의 그들의 끝없는 인내가 아니었다면, 그리고 그들의 보챔이 없었다면 이 책은 절대로 출판되지 못했을 것이다. 원래 이 책은 이보다 훨씬 더 빨리 책으로 엮어서 출판되었어야 하지만 개인적인 여러 가지 사정으로 이렇게 시간이 많이 흐른 후에야 겨우 빛을 볼 수 있게 되었다. 이 점에 대해서 이 분들과, 이 책의 출판을 기다려 주신 분들에게 깊은 사죄를 드린다.

두 번째 감사의 자리는 이 책의 출판을 허락해주신 솔로몬 출판사의 박영호 사장님이다. 박 사장님은 처음 M.Div. 때 만난 이후로 내 삶의 여정에서 참 많은 도움을 주셨다. 내가 솔로몬 출판사에서 계속 책을 내는 이유는 그 은혜에 대한 감사와 의리 때문이다. 아무쪼록 독자들이 이 주석 책을 사랑해 주셔서 내가 사장님께 받은 은혜에 조금이라도 갚음이 되었으면 한다.

마지막으로 이 책은 나의 연로하신 어머니 정정자 권사님께 헌정하고자 한다. 어머니는 안 믿는 가정에 시집와서 온갖 박해를 받으면서도 자녀들을 신앙인으로 되게 인도하셨고, 경영학을 공부하던 아들이 신학을 하기로 헌신했을 때 그 모든 과정에서 나의 멘토 역할을 하셨다. 어머니가 없는 나는 상상할 수도 없다. 지금 어머니는 많이 연로하시고, 몸이 약해지신 상태이다. 아무쪼록 어머니께서 이 땅에서 오래 오래 사시면서 이 아들이 하나님을 위해 헌신하는 것을 목도하시게 되기를 소망하면서 내가 지금까지 낸 책들 중에서 가장 두꺼운 이 책을 어머니께 헌정한다.

민수기

신학 개관

민수기에 대한 오해들

민수기는 총 36장으로 오경에서 창세기(50장)와 출애굽기(40장) 다음으로 긴 책이다. 또한 절수로만 따지면 창세기 다음으로 긴 책이다.[1]

그러나 대부분의 경우 민수기는 오경에서 가장 소외되어 온 책이기도 하다. 이와 달리 창세기는 창조, 타락, 믿음의 조상들, 아브라함 언약 등 성경의 중요한 주제들을 담고 있는 책이기 때문에 항상 성경에서 가장 중요한 책들 중의 하나로 꼽혀 왔다. 출애굽기 역시 노예 생활로부터의 해방, 시내산 언약, 성막 건설 등의 흥미롭고 중요한 주제들을 많이 다루고 있기 때문에 항상 주목을 받아왔다. 레위기는 제사 신학의 중심이기 때문에 대체불가한 책이다. 신명기는 신약이 가장 많이 인용하고 있는 구약 책들 중의 하나였고, 선지서 신학의 근원지였기 때문에 언제나 그 가치를 인정받아왔다. 더욱이 지난 200년 동안은 비평학자들이 신명기를 요시야의 종교개혁과 밀접하게 연결시킴으로써 이 책은 구약학계의 가장 중요한 책이자 논란의 대상으로 자리매김 되어 왔다.

반면에 민수기는 오경의 다른 자매서들에 비해 상대적으로 무시를 당해

---

[1] 오경의 장과 절수에 대한 전체 통계는 다음과 같다: 창세기(50장, 1,533절), 출애굽기(40장, 1,213절), 레위기(27장, 859절), 민수기(36장, 1,289절), 신명기(34장, 959절). 오경의 총 장수는 187장, 총 절수는 5,853절이다.

왔다. 이 책은 오경의 다른 책들이 담고 있는 중요한 주제들, 즉 창조, 타락, 족장, 언약, 출애굽, 제사 등의 핵심적인 주제들의 근원지가 아니다. 물론 이런 주제들이 다 민수기에서 어느 정도씩 언급되고 있기는 하지만 이것들에 대해서는 다른 책들이 더 본격적으로 다루고 있다. 또 민수기가 다른 책들에 비해 유일하게 가장 많이 다루고 있는 광야 이야기마저도 이미 출애굽기가 더 짧으면서도 더 강렬하게 다루고 있다. 민수기는 출애굽기의 광야 이야기의 부록과 같은 느낌이 들 정도이다. 메추라기 사건(민 11장)을 만나 사건(출 16장)보다 더 중요하게 생각하는 사람이 몇이나 되겠는가?[2]

이런 이유 때문인지 몰라도 민수기에 대해서 본격적으로 다루고 있는 책들은 오경의 다른 책들에 비해서 드물다. 또 혹시 다루고 있다고 해도 상대적으로 가볍게 다루는 경우가 많다.

하지만 관점을 바꿔 보면 민수기는 분명히 나름대로의 가치를 갖고 있는 책이다. 우선 시간의 관점에서 보자면 민수기는 출애굽기 2장 이후로부터 신명기까지의 40년의 역사 중에서 거의 대부분의 기간을 다루고 있는 책이다. 모세가 하나님의 소명을 받은 내용을 담고 있는 출애굽기 3장부터 시작해서 출애굽기 나머지 부분과 레위기는 1년이 채 안 되는 기간을 담고 있을 뿐이다. 이스라엘은 제1년 1월 15일(출 12:1-6, 유월절이 1월 14일)에 출발하여 시내산에 3월 1일(출 19:1-2)에 도착한다. 성막의 완성은 제2년 1월 1일에 세워진다(출 40:17). 그리고 레위기는 성막이 세워진 직후인 제2년 1월 1일부터 시내산 출발일인 제2년 2월 20일(민 10:11-12) 사이에 주어진 하나님의 말씀들과 사건들을 담고 있다. 그리고 신명기는 광야 시기 마지막 해인 제40년의 며칠 간의 내용을 담고 있다. 따라서 출애굽기 3-40장, 레위기,

---

[2] 심지어 메추라기에 대한 내용은 이미 출애굽기 16:8, 12, 13에 따르면 만나와 함께 언급되어 있다. 사실 이 문제는 오경의 연대기적 배열에 대해서 굉장히 큰 난제들을 제기한다. 이 문제에 대한 간단한 개관은 박철현, 출애굽기 산책 (서울: 솔로몬, 2014), 144-146을 보라. 또한 이 문제에 대한 해결의 시도로 중요한 것들은 Umberto Cassuto, *A Commentary on the Book of Exodus* (Jerusalem: The Magness Press, 1967), 186-200; Nahum M. Sarna, *Exodus*. The JPS Torah Commentary (Philadelphia: The Jewish Publication Society, 1991), 88 등을 보라.

신명기가 다루고 있는 기간을 다 합쳐도 1년 2개월 정도밖에 안 된다.

반면에 민수기는 비록 연대기적 배열 순서가 복잡하기는 하지만 성막이 세워진 날(민 9:15)로부터 시작해서 제40년 11월 1일(신 1:3)까지의 기간, 즉 거의 39년에 육박하는 시간에 벌어진 내용들을 담고 있다. 따라서 민수기는 오경에서 창세기를 제외하고는 가장 긴 시간, 즉 출애굽기로부터 신명기까지의 네 개의 책 들 중에서 나머지 책들이 다루고 있는 기간의 수십 배가 넘는 기간의 이야기들을 담고 있다고 할 수 있다.

또한 플롯적으로 볼 때 민수기는 시내산으로부터 가나안 입성까지의 여정을 다루고 있다. 이 책이 없다면 우리 성경의 독자들은 시내산에서 어떤 경로와 어떤 경험을 통해 이스라엘이 가나안에 도착하게 되었는지 결코 알 수 없었을 것이다. 이런 면에서 민수기는 하나님의 역사에서 중요한, 한 축을 형성하고 있다고 할 수 있다.

민수기의 이름

개역개정의 "민수기"(Numbers)란 이름은 히브리어 성경의 헬라어 번역본인 70인경(LXX, Septuagint) 속의 이 책의 이름인 아리쓰모이(Ariqmoi)에서 왔다. 아마 그 이유는 1-4장과 26장의 인구조사가 고대의 독자들에게 강한 인상을 남겼기 때문일 것이다. 이 인구조사는 광야 시절의 1세대의 가나안 정복 전쟁 준비 단계, 그리고 40년 후의 2세대의 준비 단계의 필수 과정의 핵심 사항이었으며, 민수기가 내내 가나안 입성의 문제를 초미의 관심사로 다루고 있기 때문에 책의 제목으로 나쁜 선택은 아니라고 생각된다. 물론 민수기가 단순히 인구조사나 정복 전쟁 준비만을 다루고 있는 것은 아니지만 말이다.

민수기의 히브리어 제목은 브미드바르(בְּמִדְבַּר), 즉 "광야에서"(in the wilderness)이다. 이것은 고대의 책들의 제목을 정하는 전통을 따른 것으로 이 전통에 따르면 책의 제목은 책의 첫 단어나 첫 문장의 중요한 단어를 가지고 정해졌다. 이런 전통 때문에 때로는 책의 제목이 내용을 잘 반영하지 못하는 경우도 있지만 민수기의 경우는 그 내용의 지리적 배경이 거의 전부 광야이기 때문에 나름대로의 적절성을 갖고 있는 것으로 보인다.[3]

민수기의 문맥

민수기는 오경의 네 번째 책으로서 오경의 나머지 책들의 내용들과 밀접하고 방대한 관계를 맺고 있다. 이처럼 관계된 요소들이 너무나 많기 때문에 여기에서는 지면 관계상 이것들 중에서 대표적인 것들만 추려서 간략하게 정리해보도록 하겠다.[4]

우선 민수기와 창세기와의 관계는 특히 족장들에게 주어진 하나님의 약속과 관련이 있다. 창세기 12:1-3 등의 본문에 따르면 하나님은 땅, 나라, 복에 대한 약속을 주신다. 땅의 약속은 아브라함이 하나님의 말씀을 따라 "내가 네게 보여 줄 땅"(창 12:1)으로 갔을 때 "내가 이 땅을 네 자손에게 주리라"(12:7)고 하신 것을 통해서 확증되었다.

나라에 대한 약속은 "내가 너로 큰 민족을 이루고…네 이름을 창대하게

---

[3] 위의 내용들은 Gordon J. Wenham, *Numbers: An Introduction and Commentary*. Vol. 4, Tyndale Old Testament Commentaries (Downers Grove: InterVarsity Press, 1981), 15; Timothy R. Ashley, *The Book of Numbers*. The New International Commentary on the Old Testament (Grand Rapids: Eerdmans, 1993), 1 등을 보라.

[4] 이런 경우와 같이 목회자들이 설교를 위해 성경 본문들 간의 연결고리들을 파악하고자 하면 Jerome H. Smith, *The New Treasury of Scripture Knowledge: The Most Complete Listing of Cross References Available Anywhere- Every Verse, Every Theme, Every Important Word* (Nashville TN: Thomas Nelson, 1992)를 보는 것이 도움이 된다. 이 자료에는 성경의 각 구절마다 그것에 관계되어 있는 구절들을 방대하게 열거하고 있다. 또한 이처럼 각 구절들끼리 맺고 있는 관계의 정도를 여러 가지 기호를 통해서 표시해 놨기 때문에 이 연결 구절들을 전부 다 확인하지 않고 중요 구절들만 간추려 볼 수도 있다. 목회자들은 이 자료를 하나씩 갖출 필요가 있다. 또한 BibleWorks나 Logos 등의 성경 프로그램이 있는 분들은 그 안에도 이 자료가 포함되어 있으니 활용법을 읽히기 바란다.

하리니"(12:2)라는 말씀을 통해 주어진다. 이 약속은 오직 아브라함과 사라의 몸을 통해서 태어나는 자를 통해서만 성취될 것이다(창 15:4; 17:16).

복에 대한 약속은 하나님께서 아브라함을 복이 되게 하신다는 약속을 통해서 주어진다(창 12:2). 그리고 다시 이 복은 하나님이 그를 통해서 천하 만민이 복을 얻게 하심으로써 온 세상으로 확장될 것이다(12:3).

마지막으로 이런 모든 약속들은 결국 아브라함의 씨로부터 나오게 될 한 왕적인 인물에게로 집중된다(창 12:2; 17:6, 16; 35:11).[5] 이 인물을 통해서 아브라함의 약속들은 그 궁극적인 성취를 맞이하게 될 것이다.

이런 창세기의 주제들이 민수기와 가진 관계에 대해서 흥미로운 점은 이런 아브라함의 약속에 대한 가장 뚜렷한 언급들 중의 하나가 민수기 22-24장의 발람 이야기, 그 중에서도 특히 발람의 신탁들 속에 집중되어 있다는 것이다. 이 신탁들 속에는 아브라함 및 족장들에게 주어진 땅, 나라, 복에 대한 약속들이 나오며, 이 약속들은 결국은 한 왕적이고, 메시야적인 인물에게로 집중된다(민 24:7, 17).[6]

이제 민수기와 출애굽기의 관계로 넘어가도록 하자. 양자의 관계가 가장 돋보이는 대목은 시내산 본문(출 19-민 10장)을 앞뒤로 감싸고 있는 광야 시대에 대한 기록들이다(출 15:22-18:27; 민 11-36장). 특별히 이 기록들 속에는 서로 상응하는 사건들이 많다. 이것들을 도식화하고 도표화해 보면 다음과 같다.[7]

---

[5] Gordon J. Wenham, *Numbers* (Sheffield: Sheffield Academic Press, 1997), 60.

[6] 이런 사항들에 대해서는 앞의 Wenham의 글 외에도 박철현, "민 22-25장: 야누스적인 인간 발람과 이스라엘의 운명", 목회와신학 편집부, *민수기 어떻게 설교할 것인가* (서울: 두란노아카데미, 2009), 315-352를 보라.

[7] 이것들은 박철현, *출애굽기 산책* (서울: 솔로몬, 2014), 의 내용을 빌려온 것이다. 이런 광야 시대의 사건들을 이해하는 관점과 신학에 대해서는 이 책의 상세한 내용들을 참고하라.

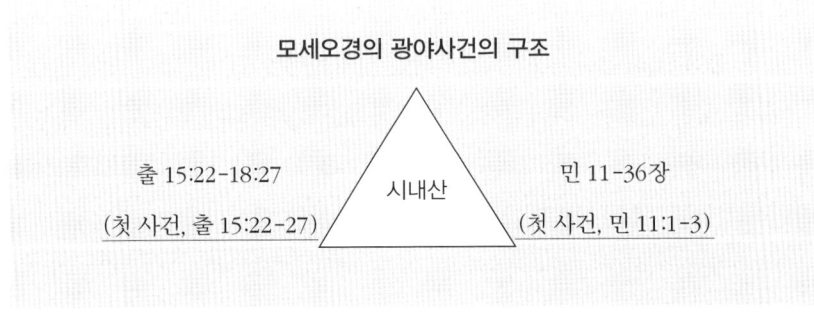

위의 도식에서 시내산 이전의 광야 시기, 즉 출애굽기의 광야 시기를 제1기로, 시내산 이후의 광야 시기, 즉 민수기의 광야 시기를 제2기로 칭하고 이 시기의 사건들 중 상응하는 사건들을 도표화해보면 다음과 같다.

	광야 시대 제 1 기 (출애굽기)	광야 시대 제 2 기 (민수기)
첫 사건	마라의 쓴 물→엘림의 풍부한 물 (출 15:22-27)	다베라("불사름"이라는 뜻) (불: "여호와의 불")[8] (민 11:1-3)
식량	만나(와 메추라기[9]) 사건(16장)	메추라기 사건(11:4-35)
물	맛사 또는 므리바 사건(르비딤) (17:1-7) 이름의 해설: "그가 그 곳 이름을 맛사 또는 므리바라[10] 불렀으니 이는 이스라엘 자손이 다투었음이요 또는 그들이 여호와를 시험하여 이르기를 여호와께서 우리 중에 계신가 안 계신가 하였음이더라"(17:7)	므리바(가데스) (20:1-13) 이름의 해설: "이스라엘 자손이 여호와와 다투었으므로 이를 므리바 물이라 하니라"(20:13)

---

[8] 각 시기의 첫 사건의 주제가 각각 물과 불이라는 점은 상당히 흥미롭다. 나는 이 본문이 각각 광야 시대 1기와 2의 패러다임을 제시하는 것이라고 생각한다. 우 두 사건 중 출애굽기 15:22-27의 물 사건을 패러다임적으로 이해하는 해석에 대해서는 박철현, 출애굽기, 135-159를 보라. 민수기 11:1-3의 불 사건에 대해서는 나중에 이 본문을 다룰 때 설명하도록 하겠다.

[9] 출애굽기 16장은 단순히 만나만이 아니라 메추라기도 분명하게 언급하고 있다(16:3, 8, 12-13). 이 때문에 이 두 시기의 사건들의 기록의 연대기적 순서의 문제가 야기되는데 이에 대한 해결의 시도는 Cassuto, *A Commentary on the Book of Exodus* (Jerusalem, Magnes Press, 1967), 186-200; Nahum Sarna, *Exploring Exodus* (New York: Schocken Books, 1986), 88 등을 보라.

[10] 이 식량과 물 사건에서 보듯이 광야시대 1기는 광야시대 2기가 합쳐진 것으로 보는 것이 정당해 보인다. 즉 1기의 만나 사건 기록에 2기의 메추라기 사건이 겹쳐 있는 것과 같이 1기의 맛사 사

전쟁	아말렉(17:8-16)	아말렉(과 가나안인) (14:39-45) 참고: 호르마(민 21:1-3에서 복수함)
행정 제도	천부장, 백부장, 오십부장, 십부장 (18:13-27) "이 일이 네게 너무 중함이라. 네가 혼자할 수 없으리라"(18:18)	70장로 임명(메추라기 사건과 연계) (민 11:4-35) "책임이 심히 중하여 나 혼자는 이 모든 백성을 감당할 수 없나이다"(11:14)

물론 이 외에도 민수기에는 출애굽기에서는 상응하는 본문을 찾아볼 수 없는 사건들도 많이 있다. 예를 들어 민수기 12장의 아론과 미리암 사건, 13-14장의 정탐꾼 사건, 16-17장의 고라 자손과 다단과 아비람의 반역 사건, 21장의 불뱀 사건(21:4-9), 22-24장의 발람 사건, 25장의 바알 브올의 음행 사건 등이다. 그러나 이런 사건들 역시 신학적으로는 앞의 출애굽기의 광야 시기 기록들과 여러 가지 상응하는 특징들을 갖고 있다. 따라서 민수기의 본문에 대한 제대로 된 이해는 출애굽기의 기록과의 관계를 바로 파악할 때에만 가능하다.

민수기가 출애굽기와 가진 관계는 여기에서 끝이 아니다. 사실 민수기의 첫 1/3 정도를 장식하는 민수기 1-10장은 출애굽기 25-40의 성막 본문 및 성막으로 대변되는 이스라엘의 제의 의식 전반을 다루는 레위기와 연결되어 있다. 이것을 도식화하면 다음과 같다.[11]

출애굽기 25-40장(성막)	레위기	민수기 1-10장(성막)

건에 2기의 므리바 사건이 겹쳐 있는 것으로 보인다. 이 점은 1기의 만나 사건 속에 2기에 주어질 메추라기가 이미 언급된 점, 그리고 1기의 물 사건의 장소가 "맛사 또는 므리바"(위 도표상의 밑줄)라고 표시된 반면에 2기의 장소는 "므리바"라고만 되어 있는 점을 통해서 증명되는 듯 하다. 다시 말해 1기는 단순히 1기가 아니라 "1기+2기"인 것이다. 현대의 독자들에게는 이런 식의 연대기 사용법이 이상하게 느껴질 수 있지만 오경의 저자는 사실 자주 이런 식으로 연대기를 배열하곤 한다. 이런 문제에 대한 추가적인 설명은 박철현, *레위기* (서울: 솔로몬, 2018), 134쪽과 거기에 언급된 참고문헌들을 보라.

11 이 도표는 박철현, *레위기* (서울: 솔로몬, 2018), 26에서 빌려 온 것이다.

이 문맥 속에서 민수기 1-10장은 성막을 통해 이스라엘의 진 한 가운데 좌정하시며, 그들과 함께 광야를 행군할 것에 대한 준비를 다루고 있다. 이런 면에서 민수기 1-10장은 반드시 성막 신학의 시각 속에서 읽어야만 한다. 그러면 성막 신학의 핵심은 무엇인가? 그것을 압축해서 말하면 다음과 같다:

> 성막 신학의 핵심은 하나님의 임재와 부재, 다가갈 수 있는 하나님과 다가갈 수 없는 하나님 사이의 변증법이다…. 성막은 전혀 상반된 두 가지 주제, 즉 동전의 양면과 같은 주제를 함께 말하고 있다. 다시 말해 하나님의 임재의 신학과 더불어 그 반대편인 부재의 신학을 동시에 이야기하고 있다. 성막은 하나님이 무조건 당신의 백성과 함께 하시겠다는 무조건적인 은혜의 말씀만 담고 있는 것이 아니라 이 백성이 하나님과 함께 하고자 하면 반드시 죄의 문제를 해결해야만 한다는 말씀도 담고 있는 것이다…. 하나님은 "위험한 거룩성"을 가진 분이시고, 그 분의 "위험한 거룩성"은 죄인에게는 치명적이다.[12]

성막 신학이 말하고 있는 하나님의 치명적인 거룩성에 대한 내용은 민수기 1-10장의 구체적인 내용들 속에 반영되어 있다. 첫째, 민수기 1-4장은 성막에서의 12지파와 레위 지파 및 제사장들의 진영 배치에 대한 신학, 그리고 "허락되지 않은 자"가 성막으로부터 허용된 접근 거리보다 더 가까이 다가올 때 죽임을 당하게 된다는 구절들(민 1:51; 3:10, 38) 속에 반영되어 있다. 둘째, 민수기 5-6장은 진의 정결에 대한 내용을 집중적으로 다루고 있는데, 그 이유는 레위기의 정결 신학에 따르면 '부정'(unclean)은 결코 하나님의 거룩과 함께 할 수 없기 때문이다.[13]

---

[12] 박철현, 레위기 (서울: 솔로몬, 2018), 27. 성막 신학의 이런 점에 대한 상세한 설명은 박철현, 출애굽기 산책 (서울: 솔로몬, 2014), 237-241, 396-404를 보라. 또한 "위험한 거룩성"(dangerous holiness)란 개념에 대해서는 그 원조인 Moshe Greenberg, *Understanding Exodus* (New York: Behrman House, 1969), 71을 보라.

[13] 레위기의 정결 신학에 대한 간단한 정리는 박철현, 레위기 (서울: 솔로몬, 2018), 332-341

물론 민수기의 나머지 부분들도 레위기와 관계되어 있는 경우들이 많다. 이와 관련해서 특히 중요한 것은 민수기의 율법 본문들이다. 민수기 15장의 제사 신학에 대한 내용과 18장의 제사장과 레위인의 몫에 대한 내용은 레위기 1-7장의 제사 본문을 바탕으로 하지 않고는 이해가 불가능하다. 19장의 부정을 씻는 물에 대한 내용은 레위기 11-16장의 정결 신학을 바탕으로 해서 다뤄야 한다. 민수기 28-29장의 절기별 제사에 대한 내용은 레위기 23장의 병행 본문과의 관계 속에서 파악해야 한다. 민수기 30장의 서원에 대한 내용은 레위기 27장과 밀접한 관계를 맺고 있다. 또한 민수기 27-36장에 자주 나오는 지파의 기업 할당에 대한 내용은 레위기 26장의 희년 신학과 관련하여 중요하다.

마지막으로 민수기는 오경 내에서 다음 책인 신명기와 관련해서도 중요하다. 오경의 내러티브의 흐름 속에서 볼 때 신명기가 존재하게 된 이유는 민수기 20장의 므리바의 물 사건으로 인해 모세가 가나안 땅에 들어갈 수 없게 되었기 때문이다. 부득이하게 가나안을 들어가지 못하고 죽음을 맞이하게 된 모세가 가나안 땅의 경계선에 있는 모압 평야에 서서 이스라엘 백성들을 모아 놓고 마지막 설교들을 하는 것이 신명기의 골간이다.[14]

또한 이 설교들 이외에도 신명기는 광야에서 사라져간 출애굽 세대와 여호수아가 이끌 정복 세대의 전환에 대한 내용을 많이 다루고 있는데, 이 점에 대한 정보들 역시 민수기가 없으면 얻을 수 없는 것들이다. 이것들을

을 보라. 그리고 좀 더 상세한 사항들은 Gordon J. Wenham, *The Book of Leviticus*. The New International Commentary on the Old Testament (Grand Rapids: Eerdmans, 1979), 18-25; J. E. Hartley, "Holy and Holiness, Clean and Unclean", in T. Desmond Alexander David W. Baker (eds.), *Dictionary of the Old Testament: Pentateuch* (Downers Grove: InterVarsity Press, 2003), 426-429 등을 보라.

[14] 신명기는 간단히 말해 모세가 이스라엘에게 마지막으로 한 세 개의 설교(신1:6-4:43; 5:1-28:38; 29:1-30:20)로 그 중심 부분이 구성되어 있다. Gordon J. Wenham, *Exploring the Old Testament: The Pentateuch*. Vol. 1. (London: Society for Promoting Christian Knowledge, 2003), 125-126; 게리 쉬니처, *토라 스토리* (서울: 솔로몬, 2015), 534-537 등을 보라. 물론 세 개의 설교 본문의 범위가 정확히 어디인가 하는 것에 대해서는 학자마다 세부적인 차이가 있을 수 있다. 그러나 세 개의 설교가 신명기의 뼈대라는 사실에 대해서는 모두가 의견의 일치를 보인다.

좀 열거해보면 다음과 같다. 첫째, 민수기는 이 두 세대의 인구 조사에 대한 정보를 레위기 1-4, 26장에 제공함으로써 세대의 전환을 알리고 있다. 둘째, 민수기는 아론의 죽음 및 엘르아살의 제사장 위임에 대한 기록(민 20:22-29), 그리고 모세의 죽음에 대한 예고(민 20:12)와 여호수아로의 권한 위양에 대한 기록(민 27:12-23)을 담고 있는데 신명기 10:6의 엘르아살에 대한 언급과 신명기 32:48-52의 여호수아에 대한 마지막 권면은 이런 세대 전환을 마무리 짓는다. 셋째, 신명기 본문은 곧 죽음을 맞이할 모세 앞에서 정복 세대가 치르는 언약 갱신 의식을 바탕으로 하고 있는데 이런 점 역시 광야 세대들 간의 전환을 반영하고 있다. 지금까지 살펴본 여러 가지 점들을 고려할 때 민수기는 오경의 한 부분으로서 오경의 나머지 책들과 밀접한 관계를 맺고 있다고 볼 수 있다.

민수기와 연대기

민수기를 이해하는데 있어서 고려해야 할 다른 중요한 점들 중의 하나는 민수기의 연대기적 특징들이다. 그것들은 다음과 같다.

첫째, 민수기 1-10장은 연대기적 순서를 따라서 기록되어 있지 않다.[15] 본문에 명시되었거나 암시된 바를 따라 시간의 순서를 정리해보면 다음과 같다.

(1) 제2년 1월 1일에 성막이 건설된다(민 9:15-23; 참고, 특히 민 9:15와 출 40:2, 17).

(2) 성막 건설 직후 12일에 걸쳐서 지파별로 하루씩 봉헌물들을 바치며(민 7장), 레위인은 사역을 위하여 정결하게 하는 의식을 치른다(민 8장).

---

[15] Peter John Naylor, "Numbers", in D. A. Carson et al. (eds.), *New Bible Commentary: 21st Century Edition*, 4th ed. (Downers Grove: Inter-Varsity Press, 1994), 161. 이하의 내용은 내가 Naylor의 자료를 많이 각색한 것이다.

(3) 제2년 1월 14일에 유월절을 기념한다(9:1-14). 이 때 어떤 사정이 있어 유월절을 기념하지 못하는 경우에는 그 다음 달인 2월 14일에 유월절을 지키라는 명령도 함께 주어진다.

(4) 첫 유월절로부터 2주 후, 즉 2월 1일에 인구조사가 시행되며, 진영의 정결을 위한 조치들도 취해진다(민 5:1-4).

(5) 2월 20일에 이스라엘이 시내산을 떠난다(민 10장, 특히 11-12절).

네일러(Naylor)는 민수기 1-10장에서는 이런 연대기적인 순서 외에도 본문배열에 있어서 추가적인 요소가 작용하고 있음을 잘 지적하였다.[16] 그것은 이스라엘의 진영이 중앙의 성막을 중심으로 해서 이중의 동심원적 구조를 띠고 있다는 점이다. 즉 안쪽 원에는 레위 지파와 제사장이 성막을 둘러싸고 있고, 그 바깥쪽을 다시 열두 지파가 둘러싸고 있는 구조를 띠고 있다는 것이다. 그에 따르면 민수기 1-10장은 이런 동심원적 구조의 바깥에서 안으로 들어가면서 서술하고 있는 방식을 세 번에 걸쳐서 구사하고 있다. (1) 민수기 1-4장은 먼저 열두 지파의 인구 조사(1-2장)에 대해서 기록하고 나서, 레위 지파의 인구 조사(3-4장)에 대해서 기록한다. (2) 민수기 5-8장은 진영을 정결하게 하는 것(5-6장)에 대해서 먼저 기록하고 나서, 성막과 레위인과 제사장을 정결하게 하는 것(7-8장)에 대해서 기록한다. (3) 민수기 9장은 먼저 진영 전체가 유월절을 준수(9:1-14)하는 것에 대해서 기록하고 나서 성막 위에 구름이 나타나서 떠오르는 것에 대한 언급한다(9:15-23).[17]

민수기의 연대기적 특징과 관련된 두 번째 특징은 민수기가 다루고 있는 거의 40년의 기간 중 처음 부분과 마지막 부분에 대해서만 집중적으로 언급하고, 그 사이의 38년 어간의 기간에 대해서는 거의 언급하고 있지 않

---

16 Naylor, "Numbers", 161.
17 네일러의 이런 주장 중 세 번째의 것이 앞의 두 가지와 성격이 같은지에 대해서는 논란의 여지가 있을 수 있다고 생각된다.

다는 점이다.[18] 민수기 33장에는 광야 여정의 기착지(寄着地)들에 대한 상세한 목록이 나오는데, 그것과 민수기 내러티브 속의 장소에 대한 언급들을 비교해보면 이 점은 더욱 뚜렷해진다. 민수기 11:35와 12:16에 따르면 시내산에서 출발한 후에 이스라엘은 기브롯 핫다아와에서 하세롯으로 갔고, 거기에서 다시 바란 광야로 갔다. 그리고 거기에서 정탐꾼 사건을 겪었다(민 13-14장). 다음으로 언급된 장소는 20:1의 신 광야이다. 그런데 민수기 33장의 광야 여정기에 따르면 하세롯(33:17-18)을 떠난 이후에는 내러티브 속에 언급되지 않은 장소들을 나열하다가 제40년째에 이르러서야 신 광야에 도착한 것을 언급하고 있다(33:36-39).

출애굽 후 제2년째 되는 해의 일을 다루는 민수기 11-14장의 본문과 40년째 되는 해의 일을 다루는 민수기 20장 이하의 본문 사이에는 단지 몇 개의 사건들밖에 언급되지 않는다. 즉 안식일 어긴 자(15:32-36)에 대한 간단한 에피소드와 고라, 다단, 아비람과 연계된 일련의 에피소드들(16-17장)밖에 없다. 이 에피소드들의 시기는 정확하게 파악하기 힘들지만 아마 이것들 또한 11-14장으로부터 멀지 않은 시기에 발생했던 것으로 보인다. 그러므로 민수기는 광야 40년 생활 중 가장 앞선 해와 마지막 해 사이의 장구한 38년의 기간에 대해서는 민수기 33장의 기착지 목록 외에는 거의 언급을 하지 않고 있다. 정말 쉬니처의 말처럼 이 시기에 대해서 말하기를 "이스라엘의 제1세대…는 내러티브에서 사라진다"고 지적한다.[19] 정말 민수기 저자는 이들에 대해서는 더 이상 의미 있는 기록을 하지 않고 있는 것이다.

---

18 Naylor, "Numbers", 161-162.
19 게리 쉬니처, 토라 스토리 (서울: 솔로몬, 2015), 443.

민수기의 구조

민수기는 구약의 책들 중에서 그 구조를 파악하기가 가장 힘든 책들 중의 하나로 악명이 높다. 예를 들어 민수기의 구조에 대한 가장 상세한 연구를 한 학자인 올슨(D. T. Olson)은 "민수기의 해석에 있어서 핵심적인 문제는…책의 구조에 대해서 신빙성 있고 쓸모 있는 견해를 찾아내지 못했다는 점"이라고 하였다.[20] 올슨과 마찬가지로 여러 학자들이 민수기의 구조를 찾기 위해 연대기, 지리, 문학적 구성의 단서 등에 기초하여 뭔가 신빙성 있는 구조를 찾아보려고 했지만 안타깝게도 현재까지는 해결은 요원해 보인다.[21]

민수기의 구조 분석에 대한 이런 한계를 인식한 상태에서 그래도 본문의 큰 줄기를 찾아서 구조를 도출해 보자면 다음과 같다:

A. 1-10장: 제1세대의 가나안 여행 준비
   B. 11-15장: 제1세대의 실패와 희망
      C. 16-19장: 반역 세대의 소멸
   B´. 20-25장: 제2세대의 실패와 희망
A´. 26-36장: 제2세대의 가나안 입성 준비

위의 구조는 기본적으로 가운데 부분인 15-19장의 내러티브에서 사라진 망각의 시기를 중심으로 해서 교차대조법적인 형태를 구성하고 있다는 점에서 매력이 있다. 물론 앞에서 설명한 바와 같이 민수기의 구조 분석은

---

[20] D.T. Olson, *The Death of the Old and the Birth of the New: The Framework of the Book of Numbers and the Pentateuch* (BJS, 71; Chico, CA: Scholars Press, 1985), 35.

[21] 민수기의 구조에 대한 기존의 탐구에 대한 좋은 정리는 Gordon J. Wenham, *Numbers* (Sheffield: Sheffield Academic Press, 1997), 15-26을 보라. 또한 최근의 시도들 중의 하나는 Josef Forsling, *Composite Artistry in the Book of Numbers: A Study in Biblical Narrative Conventions* (Åbo, Finland: Åbo Akademi University Press, 2013). 그의 결론 역시 결국 민수기에 어떤 일관성 있는 구조가 있는 것으로 보이지 않는다는 것이다.

극히 어렵고, 아직까지 어떤 대세적인 견해가 떠오르지도 않았기 때문에 이 구조에 너무 많은 의미를 부여할 수는 없다. 그러나 이런 구조가 우리로 하여금 민수기 전체를 좀 더 잘 개관하고, 이해하는데 도움을 주는 것도 역시 사실이다.

그러면 위의 구조 분석을 통해서 우리가 주목해야 할 점들과 조금 더 자세한 설명이 필요한 점들을 차근차근 살펴보도록 하자.

우선 이 구조의 외곽 테두리를 형성하고 있는 A-A′ 부분(1-10장/26-34장)은 각각 제1세대의 가나안을 향하여 가는 여행의 준비와 제2세대의 가나안 입성 준비를 다루고 있다. 이 각각의 준비에서 핵심이 되는 공통 사항은 단원 서두의 인구 조사이다(민 1-4장; 26장). 공통되는 이 서두에 이어서 양 본문 공히 제의적인 내용이 따라 나온다. 민수기 5장은 거룩한 진영의 정결을 위한 각종 제사 및 정결에 대한 내용을 다루고 있으며, 민수기 28-29장은 각종 절기에 드리는 제사에 대한 상세한 내용을 다루고 있다. 민수기 6장은 나실인의 서원에 대해서 언급하고 있고, 민수기 30장은 여인의 서원과 관련된 규례를 언급하고 있다. 민수기 7장은 성막 건설 후 열두 지파가 하나님께 헌물을 바치는 것에 대해서 기록하고 있는데, 민수기 31장은 이스라엘이 모압에게 복수 전쟁을 치른 후에 하나님께 전리품 중에서 헌물을 바치는 것에 대해서 다루고 있다. 이처럼 A-A′의 본문은 서로 상응하는 내용들이 순서까지 맞춰서 배열되어 있다. 물론 이 A-A′에는 딱히 연결 고리를 찾기 쉽지 않은 부분들도 없는 것은 아니지만 지금까지 지적한 것만으로도 저자가 어느 정도 균형을 맞추어서 의도적인 배열을 하고 있을 가능성은 충분히 있어 보인다.

B-B′ 부분(민 11-15장, 21-25장)도 역시 내용상의 상응성을 볼 수 있다. 우선 B부분 중 내러티브 본문들인 11-14장은 광야 시대 에피소드들의 중심 주제인 불평 모티프를 바탕으로 하고 있다. 이스라엘 사람들은 자신들이 가진 환경들에 대해서 각종 불평을 해댄다. 음식(민 11장), 리더십(12장), 약속의 땅 정복 가능성(13-14장) 등이 그것들이다. 결과적으로 이스라엘 백성이 약

속의 땅에 들어가기를 거부하는 것을 내용으로 하는 정탐꾼 사건(13-14장) 때문에 광야 제1세대는 가나안 입성이 차단된다. 이와 관련하여 14장의 끝인 39-45절의 에피소드는 아주 중요하다. 가나안 땅에 절대 들어가지 않겠다고 버티던 이 반항적인 세대는 정작 하나님이 가나안으로 들어가는 것을 막으시자 갑자기 반성하면서 가나안으로 올라가겠다고 한다. 그들은 모세가 이에 대한 하나님의 뜻을 분명히 알렸음에도 불구하고 계속해서 고집을 피움으로써 다시 한번 불순종을 저지르고, 결국 아말렉 및 가나안의 연합군과의 싸움에서 대패한다. 그리고 그 장소의 이름은 "호르마", 즉 "완전한 멸망"(complete destruction)이라는 뜻의 이름으로 불리게 된다.[22] 이 에피소드는 이들의 실패를 다시 한번 확인시켜주는 인장과 같은 역할을 한다.

그러나 이어지는 15장의 제사 및 삶에 대한 각종 규례는 독자들에게 희망을 남긴다. 비록 이스라엘은 하나님의 약속을 거부했음에도 여전히 하나님의 백성이다. 특히 이 장의 시작의 하나님의 말씀이 "너희는 내가 주어 살게 할 땅에 들어가서"라는 문구(15:2)이며, 그 마지막 말씀이 "나는 여호와 너희 하나님이라 나는 너희의 하나님이 되려고 너희를 애굽 땅에서 인도해 내었느니라"라는 문구(15:41)라는 점이 인상적이다. 내러티브의 흐름상 방금 전에 가나안 입성이 완전히 차단됐음에도 불구하고 하나님은 여전히 당신의 약속을 포기하지 않으시며, 이스라엘과의 관계도 끊지 않으신 것이다. 그리고 가나안 입성은 결국 다음 세대를 통해서 성취될 것이다. 이런 면에서 B단원(11-15장)은 제1세대의 실패의 이야기지만 또한 희망의 이야기이기도 하다.

이처럼 실패와 희망의 이야기는 이 단원과 상응하는 B′ 단원(20-25장), 즉 광야 2세대의 실패와 희망에 대해서 이야기하고 있는 본문의 경우에도 역시 마찬가지이다. 이 단원은 다시 한번 다음과 같이 크게 두 부분으로 나뉜다.

---

[22] Phillip J. Budd, *Numbers*. Vol. 5. Word Biblical Commentary (Dallas: Word, 1998), 160.

1. 이스라엘의 실패와 희망-내부(20-21장)
2. 이스라엘의 실패와 희망-외부(22-25장)

우선 20-21장은 광야 제2세대의 이스라엘 사람들의 실패와 희망에 대해서 내부적인 측면에서 다룬다. 민수기 20:1-13의 므리바 사건과 21:4-9의 놋뱀 사건은 제2세대 역시 1세대와 마찬가지의 성품을 가진 존재들임을 보여주며, 그들의 실패는 쓰라린 결과들을 낳는다.

그러나 이 20-21장은 또한 희망적인 내용들도 담고 있다. 그 중 가장 상징적인 것들 중의 하나는 21:1-3이다. 이 본문에서 제2세대의 이스라엘이 가나안 왕과의 전쟁에서 승리를 거두는데, 이 장소의 이름이 앞의 14:39-45의 전쟁 이야기 속의 장소와 마찬가지로 "호르마"이다. 이 후자의 본문에서 이 장소명이 이스라엘의 "완전한 멸망"의 상징이었던 반면에 현재 본문에서의 이 장소명은 가나안의 "완전한 멸망"의 상징 역할을 한다. 따라서 이 장소명은 제1세대의 절망과 대조되는 2세대 이스라엘의 희망을 이야기해준다. 이런 희망은 아모리 왕 시혼과 바산 왕 옥과의 전쟁에서의 승리를 다루고 있는 21:21-35를 통해서도 역시 주어진다.

이어지는 22-25장은 이스라엘의 실패와 희망을 주로 외부적인 시각에서 이야기해준다. 특히 22-24장의 발람 이야기는 이스라엘이 전혀 모르는 가운데 진행된다. 모압 왕 발락이 시혼과 옥의 멸망을 보고 놀라서 당대의 유명한 주술가 발람으로 하여금 이스라엘을 저주하게 하려고 했지만 하나님의 주권적인 개입으로 좌절된 이야기는 이스라엘의 입장에서는 놀라운 희망의 이야기라 할 수 있다.

그러나 이 희망의 이야기는 이어지는 25장의 바알브올에서의 영적이고 육적인 음행 사건을 통해 그림자가 드리워진다. 비록 발람은 이 25장 내에서는 언급되고 있지 않지만 민 31:8, 16은 이 25장의 사건의 배후에 발람이 숨어 있는 것을 밝혀준다.²³ 이처럼 숨은 주역인 발람이 사주한 이 사건을 통해서 이스라엘 백성 중 24,000명이나 죽고 나머지 온 백성도 멸절 당할 위험에 처하게 된 것은 이스라엘의 실패를 보여준다. 그러나 또한 이 사건에서 비느하스가 하나님을 향한 질투심으로 이스라엘의 죄를 속죄한 것은 여전히 남은 희망을 보여주기도 한다(25:11-13).

지금까지 다룬 A-A′와 B-B′ 단원의 이야기들은 광야시대 제2년과 40년의 시기에 일어난 사건들에 집중하고 있다. 반면에 그 사이에 낀 민수기 16-19장의 내용들은 그 사이의 38년 어간의 기간의 사건들을 다루고 있다. 그러나 이 기간의 사건들이라고는 고작 민수기 16-17장의 고라 자손, 다단과 아비람의 반역 사건 정도이다. 민수기 저자는 민수기가 다루고 있는 시대의 거의 전부의 시간, 즉 95퍼센트 정도의 시기를 건너뛰다시피 하고 있다.

지금까지 민수기 전체의 구조를 교차대조법적으로 분석하고, 그것의 가능성에 대해서 제시해보았다. 이런 식으로 민수기의 구조를 이해하고 나면 민수기의 흐름을 파악하는 것이 나름대로 선명하게 눈에 들어온다.

민수기의 주제

앞의 민수기의 문맥에서 다뤘듯이 민수기는 오경의 나머지 책들에서 다뤄지는 모든 주제들, 즉 족장들의 약속, 출애굽, 시내산 언약, 성막 신학, 레위기의 제사 및 정결 신학 등을 다 다루고 있다. 이런 주제들 자체는 나머지 책들에서 다뤄지는 것들과 다를 바가 없고, 또한 그런 주제들 자체는 해당 주제들의 바탕 본문을 담고 있는 책들에서 다루는 것이 더 낫기 때문에 굳이 서론적으로 여기에서 반복할 필요는 없다. 이런 주제들은 민수기의 각 본문에서 이 주제들이 부각될 때마다 필요한 만큼 다루도록 하겠다.

---

23 참고로 유다서 1:11절과 요한계시록 2:14 역시 이 점을 언급하고 있다.

그러면 오경의 책들 중에서 상대적으로 민수기에서 더 특별하게 부각되고 있는 주제는 무엇일까? 그것은 "두 갈래 길", 즉 "하나님의 말씀에 대한 순종과 거역"이라는 주제이다. 우선 민수기는 그 구조의 가운데 자리를 차지하고 있는 16-19장(C단원)의 본문을 제외하고는 그 시작부터 끝까지 곧 가나안에 곧 들어가게 될 것으로 예상되는 상황 속에서 하나님의 명령을 따르는 길과 이스라엘 자신의 판단을 따르는 길 사이의 갈등에 대해서 끊임없이 이야기한다. 이스라엘이 하나님의 말씀을 따를 때에는 희망이 있고, 자신의 판단과 뜻을 따를 때에는 실패와 좌절과 죽음이 온다. 또한 이런 순종과 거역은 하나님께서 당신의 백성 가운데 설정한 각종 질서와 관련해서도 역시 부각된다.

이런 "순종과 거역"이라는 두 갈래 길을 민수기 본문의 흐름을 따라서 조금 더 자세히 살펴보자. 앞의 민수기 구조 분석에서 본 첫 단원인 A단원(민수기 1-10장)은 광야 1세대인 출애굽 세대가 시내산 언약과 성막 완성과 레위기 율법 수여 후 드디어 가나안 땅을 향해 출발을 준비하는 내용을 다루고 있다. 이 본문에서 지속적으로 언급되는 표현은 "이스라엘 자손이 여호와께서 모세에게 명령하신 대로 행하였다"(1:54)란 문구, 혹은 그와 유사한 문구이다. 이런 문구가 이 단원 내에서 지속됨으로써 모든 것은 일사불란하게 진행되고, 가나안 입성은 마치 곧 성취될 일인 것처럼 느껴진다.

그러나 이스라엘 자손이 시내산을 떠나 다시 광야에 들어선 때를 다루고 있는 B단원(11-15장)에서 이스라엘은 점점 하나님과 관계에 대해서 불만을 품고 자꾸 자신들의 판단을 내세운다. 매추라기 사건(11:4-35)에서 이스라엘은 "우리가 애굽에 있을 때에는 값없이 생선과 오이와 참외와 부추와 파와 마늘들을 먹은 것이 생각나거늘 이제는 우리의 기력이 다하여 이 만나 외에는 보이는 것이 아무것도 없도다"(11:5-6)라고 하면서 자신들의 판단을 내세운다. 이런 점은 민수기 12장에서 아론과 미리암이 모세의 리더십에 반항을 함으로써 하나님이 정하신 질서를 거부할 때도 마찬가지다. 그리고 이런 흐름은 정탐꾼 사건에서 여호수아와 갈렙을 제외한 열 정탐꾼이 약속의 땅에 대해서 자신들의 하나님의 약속과 명령보다는 자신들의 판단을 내세울 때 그 절정에 다다른다. "당신이 우리를 보낸 땅에 간 즉 과연 그 땅에 젖과 꿀이 흐르는데⋯그러나 그 땅 거주민은 강하고 성읍은 견고하고 심히 클 뿐 아니라⋯우리는 능히 올라가서 그 백성을 치지 못하리라 그들은 우리보다 강하니라"(11:27, 28, 31). 이들은 비록 가나안 땅이 하나님의 말씀처럼 "젖과 꿀이 흐르는 땅"이지만 그 땅은 자신들이 차지할 수 없는 땅이라고 보는, 자신들의 시각을 더 중요시한다. 이렇게 함으로써 그들은 두 갈래 길 중 사망으로 가는 길을 간다. 그리고 결과적으로 하나님은 그 세대 전체가 가나안 땅에 들어가지 못하게 하겠다는 결정을 내리신다(14:21-23, 28-34).

C단원의 반역 사건들(민 16-17장) 역시 "하나님의 말씀에 대한 순종과 거역"이란 두 길 사이의 갈등을 보여준다. 이 본문에서 고라는 모세와 아론이 이스라엘 위에 군림하는 것에 대해서 따지면서 "너희가 분수에 지나도다"(16:3)라고 말한다. 반면에 모세는 고라가 하나님이 정해주신 자리를 지키지 않고 더 높은 자리를 탐하는 것에 대해 똑 같은 말로 응수한다(16:7).[24] 고라의 탐심은 결국은 여호와를 거스르는 것이다(16:10-11). 따라서 이 사건 역시 고라와 모세 중 누가 하나님의 뜻에 따라 분수를 지키느냐 하는 것이 관건이다. 그런 면에서 이 사건은 두 갈래 길이란 민수기의 일관된 주제를 반영하고 있다.

D단원(20-25장) 역시 순종과 거역 사이의 두 갈래 길을 이야기한다. 20:1-13의 므리바의 물 사건과 21:4-9의 놋뱀 사건이 다 이 주제를 중심으로 전개된다. 특히 물 사건에서는 그 동안 백성의 불신에 맞서던 모세 자신이 역시 하나님에 대한 불신을 보여줌으로써 가나안 입성을 못하게 된다(20:12). 또 놋뱀 사건에서는 불뱀에 물린 자들에게 하나님이 주신 구원의 통로, 즉 놋뱀을 바라보는 것을 통해 하나님에 대한 순종과 거역의 두 갈래 길

---

[24] 개역개정은 16:7의 모세의 말을 "너희가 너무 분수에 지나치느니라"고 번역하고 있지만 원문상으로는 그의 말은 고라의 말과 완전히 동일하다.

이라는 주제를 부각시킨다. 말씀에 순종하는 자는 살고, 불순종하는 자는 죽는다. 이 사건의 중요성은 신약에서 예수님이 이 놋뱀이 높이 들린 것을 당신의 십자가 죽음 사건과 연결시키심으로써 절정에 달한다(요 3:14-15). 광야 시대의 이스라엘 사람들이 놋뱀을 쳐다보는 자가 산다고 하는 하나님의 구원 방식에 대해 순종하느냐의 여부에 따라 생사가 결정된 것처럼 신약에서는 십자가에 달린 예수 그리스도를 믿는 자를 구원을 얻게 하시겠다는 하나님의 구원의 방식에 대한 순종 여부에 따라 구원이 결정될 것이다.

D단원의 후반부인 민수기 22-25장의 발람 사건에서도 역시 사람들은 하나님의 말씀에 대한 순종 여부에 따라 살고 죽는다. 발람의 생사는 그에게 주어진 하나님의 계시를 따르느냐 마느냐로 결정된다. 그는 이 본문의 초반(22:22)에 이미 한번 천사에 의해 죽임을 당할 뻔했으면서도 결국은 재물욕을 이기지 못하고 죽임을 당했다(31:8,16).

민수기의 마지막 큰 단원인 E단원(26-36장)은 앞의 민수기의 구조에 대한 설명에서 보았듯이 첫 단원인 A단원(1-10장)과 많이 비슷하다. 특히 후자의 단원이 그랬듯이 "이스라엘 자손이 여호와께서 모세에게 명령하신 대로 행하였다" 혹은 그와 유사한 문구들이 많이 나온다(민 27:23; 31:31,41,47 등). 1세대의 이스라엘이 처음 시내산을 떠날 때 순종적인 모습을 보였듯이 2세대의 이스라엘 역시 가나안 입성을 앞두고 순종적인 모습으로 그려진다. 그들이 과연 이 모습을 유지할 것인가, 아니면 1세대처럼 그들도 역시 실패할 것인가? 이런 순종과 불신 사이의 두 갈래 길을 열어 놓은 채 민수기는 신명기로 바톤을 넘기며, 이 신명기에서 모세는 이 두 갈래 길에 대한 설교를 통해서 이 선택의 문제를 신학화한다.

민수기 1장

인구조사

민수기 1장의 개관

1. 민수기 1-10장의 조망

민수기 1장은 앞의 "민수기의 구조"에서 본 바와 같이 민수기를 구성하고 있는 큰 다섯 단원 중 첫 번째 단원인 1-10장의 첫 장이다. 따라서 민수기 1장에 대한 이해를 위해서는 먼저 이 첫 단원에 대한 이해가 필요하다.

민수기 1-10장은 이스라엘이 시내산을 떠나 가나안을 향해 가는 여정의 준비에 대해서 다루고 있다. 이스라엘이 출애굽한 목적은 처음부터 약속의 땅으로 가기 위한 것이었다. 하나님은 아브라함을 부르신 첫 순간부터 가나안 땅을 그에게 주기로 약속하셨다(창 12:7). 또한 하나님은 모세를 부르신 목적이 애굽의 압제 하에 있는 이스라엘을 약속의 땅으로 데려 가기 위한 것임을 분명히 하셨다(출 3:7-10). 이스라엘이 비록 광야시대 1기(출 15:22-18:27)의 여행을 통해서 시내산에 왔고, 이 산에서 언약을 세우고(19:1-24:11), 성막을 건설하고(24:12-40:38), 각종 제사법(레 1-10장)와 정결법(11-16장)과 시민법(17-27장)을 받았지만 이런 모든 일들은 결코 그 자체가 목적이 아니었다. 이스라엘은 처음부터 가나안 땅에서 하나님의 나라를 건설하는 것을 그 존재 목적으로 했다. 따라서 민수기 1-10장의 가나안을 향해 가는 여정의 준비는 하나님의 백성으로서의 그들의 소명에 필수적인 단계였다.

민수기 1-10장은 제2년 1월 1일부터 2월 20일까지의 50일에 걸쳐서 벌어진 일들을 내용으로 하고 있다. 내용의 흐름을 이해하는데 있어서 꼭 알고 있어야 할 사항은 앞의 민수기 개관 중 "민수기와 연대기" 항목에서 이미 다룬 바와 같이 본문이 연대기적인 순서를 따르고 있지 않다는 점이다. 오히려 큰 틀에서 보자면 이 본문은 대체로 다음과 같이 거의 역순으로 배열되어 있다고 할 수 있다.

본문	내용	구절
9:15 서두	"성막을 세운 날"	2년 1월 1일(출 40:2, 17)
7:1–9:14	성막 봉헌 기념 헌납 레위 지파의 위임 유월절 준수 보완 규례	2년 1월 1일–14일(출 40:2; 민 9:3, 5)
1–6장	인구 조사 및 진영 정화	2년 2월 1일(민 1:1)
10장	시내산 출발	2년 2월 20일(민 10:11–12)
9:15–23	광야 여정	광야 여정 전체 약술[1]

그러면 민수기 저자가 굳이 시간적 순서를 재배치하고 있는 이유는 무엇인가? 그에 대한 대답으로 웬함은 7-9장의 내용의 중요성을 부각시키고, 이해를 돕기 위한 것이라고 주장한다.[2] 우선 4장의 레위인들의 임무에 대한 하나님의 지시는 7:1-9의 수레의 봉헌이 왜 중요한지를 설명해준다. 또한 3장은 8:5-26에서 레위인을 하나님께 봉헌하는 목적을 설명해준다.

비록 이런 식의 배열이 현대의 독자들에게는 어색하게 느껴질 수 있지

---

[1] 이 문단은 사실상 광야 여정 전체 시기 중 항상 발생했던 행진과 체류의 과정을 목가적으로 묘사하고 있다. 이것을 위해 이 문단은 소위 '반복상'(半腹相, frequentative) 형태의 동사들을 사용하고 있다. 이 '반복상'이라는 것은 습관적이거나 반복적으로 일어나는 일들에 대한 묘사에 쓰이는 독특한 형태의 동사로서, 영어로 번역할 때는 would나 used to를 써서 나타낸다. 즉 영어 문법 책들에서 보통 한국어로 "~하고는 했다"라고 번역되는 표현이다. 히브리어의 반복상에 대한 정보는 Friedrich Wilhelm Gesenius, *Gesenius' Hebrew Grammar*. Edited by E. Kautzsch and Sir Arthur Ernest Cowley. 2d English ed. (Oxford: Clarendon Press, 1910), §107b를 보라.

[2] Gordon J. Wenham, *Numbers: An Introduction and Commentary*, vol. 4, Tyndale Old Testament Commentaries (Downers Grove: InterVarsity Press, 1981), 64.

만 웬함은 이런 식의 배열이 성경상으로는 낯선 것이 아님을 지적한다.[3] 예를 들어 레위기 1-10장의 경우 8-9장의 제사장 위임식에 대한 기록 전에 1-7장의 5대 제사 본문이 나온다. 제사 본문을 통해서 5대 제사에 대해서 이해해야 8-9장의 위임식의 제사들이 왜 드려지고, 그 절차들이 어떻게 되는지를 알 수 있게 되는 것이다.[4]

민수기 1-10장의 주제는 크게 두 가지, '성막 신학'과 '순종'이다. 이 중에서 먼저 '성막 신학'부터 살펴보도록 하자. 앞의 "민수기의 문맥"에서 도식을 통해서 보았듯이 이 본문은 출애굽기 24:12-40:38과 레위기 전체가 제시하고 있는 성막 신학의 시각에서 읽어야만 한다.

먼저 출애굽기 24:12-40:38이 묘사하고 있는 성막은 하나님이 동전의 양면처럼 서로 상반되는 두 가지 속성을 가지신 분이라는 것을 보여준다.[5] 성막은 한 편으로는 하나님이 당신의 백성에게 다가오셔서 그들과 함께 하시기를 열망하는 분임을 보여준다(출 25:8). 그러나 다른 한 편으로 성막은 이 하나님이 우리 인간이 함부로 다가갈 수 없을 만큼 거룩한 분이심을 보여준다. 그 분은 거룩 그 자체인 분이시며, 그 분의 거룩성은 치명적일 정도로 위험하다.

레위기는 이런 위험한 거룩성을 가지신 하나님과 함께 할 수 있는 방법에 대해서 가르치고 있다.[6] 그 방법은 제사를 통해 죄를 속죄하고(레 1-10장), 하나님 앞에서 정결을 유지하며(11-16장), 일상의 삶에서까지 거룩을 유지하는 것이다(17-27장).

민수기 1-10장은 이런 출애굽기 성막 본문의 신학과 레위기의 신학을 바탕으로 해서 이스라엘이 시내산을 떠나 약속의 땅까지 갈 때 어떻게 이

---

[3] Wenham, *Numbers*, 64.
[4] 박철현, *레위기* (서울: 솔로몬, 2018), 31 역시 이런 이해를 담고 있다.
[5] 박철현, *출애굽기 산책* (서울: 솔로몬, 2014), 237-241, 396-404. 또한 앞의 민수기 개관 중 "민수기의 문맥"에서 이 출애굽기 본문과 민수기 1-10장의 관계에 대한 해설을 참고하라.
[6] 박철현, *레위기*, 27-30.

위험한 거룩성을 가지신 하나님과 동행하느냐 하는 것의 문제를 세세하게 다루고 있다. 이스라엘은 하나님께서 명령하신 대로 진형을 배치하고 명령하신 방식으로 행진해야 했다(민 2장). 또한 그들이 하나님이 허락하신 선을 넘어가는 일이 없도록 그들과 하나님 사이에는 완충 작용을 하는 레위인과 제사장 집단이 배치되어야 했다(민 1:51; 3:10, 38). 그리고 거룩하신 하나님은 결코 부정한 백성과 함께 할 수 없으므로 진영 내의 부정들은 전부 제거되어야 했다(민 5-6장).

이런 성막 신학과 더불어 민수기 1-10장은 순종이라는 주제를 강조하고 있다. 하나님은 명령하시고, 이스라엘은 순종한다(민 1:1, 19 등). 이스라엘이 하나님께서 아브라함에게 주셨던 약속대로 가나안 땅을 차지하려면 그들은 철저하게 하나님 앞에서 거룩하고, 또 그 분의 명령대로 행해야만 한다. 이 점이 제대로 지켜지지 않을 때 이스라엘은 문자 그대로 "하나님 없는"(Godless) 백성이 될 수 있음을 우리는 황금 송아지 이야기(출 32-34장)를 통해서 본 적이 있다.[7] 이 이야기에서 하나님은 모세의 중보 기도 때문에 이스라엘을 멸절시키는 것을 취소하시고(출 32:7-14), 그들이 가나안 땅으로 들어가는 것까지도 허락하셨지만 그들과 함께 동행하는 것은 거부하셨다(출 32:31-34; 33:1-6 [특히 3, 5절]). 그러나 이 때 모세는 하나님과 그 백성의 관계에 대해서 다음과 같은 기념비적인 발언을 했다. "모세가 여호와께 아뢰되 <u>주께서 친히 가지 아니하시려거든 우리를 이 곳에서 올려 보내지 마옵소서</u> 나와 주의 백성이 주의 목전에 은총 입은 줄을 무엇으로 알리이까 <u>주께서 우리와 함께 행하심으로</u> 나와 주의 백성을 천하 만민 중에 구별하심이 아니니이까"(출 33:15-16).[8] 이 기도를 들으시고 하나님은 다시 한번 이스라엘과 함께 동행하기로 약속하셨다(출 33:17). 이렇게 해서 이스라엘은 다시

---

[7] "하나님 없는"이란 용어는 Peter John Naylor, "Numbers," in *New Bible Commentary: 21st Century Edition*, ed. D. A. Carson et al., 4th ed. (Downers Grove: Inter-Varsity Press, 1994), 168에서 차용한 것이다.

[8] 황금 송아지 이야기의 이런 모티프에 대한 설명은 박철현, 출애굽기 산책, 241-316을 보라. 그 중에서도 특히 249-262, 273-280, 293-302쪽을 보라.

한번 "하나님 있는" 백성으로서 살아갈 기회를 얻었다.

이제 민수기 1-10장은 이 하나님과 함께 약속의 땅으로 갈 준비를 하는 것을 그리고 있다. 우리와 함께 하고자 하시지만 또한 치명적인 거룩성을 가지신 하나님과 동행하는 방법은 철저히 그 명령에 순종하고 그분의 뜻대로 사는 것이다. 민수기 1-10장에서 이스라엘은 바로 이런 모습을 보여주고 있다. 이런 면에서 1-10장의 가장 마지막에 나오는 본문들(9:15-23; 10:33-36), 즉 하나님과 백성의 동행을 목가적으로 묘사하고 있는 본문들은 이 단원 전체의 분위기와 잘 어울린다. 물론 이런 목가적이고 화평한 분위기는 그 다음 장으로 넘어가자마자 달라지지만 말이다.

2. 민수기 1장 개관

민수기의 처음을 여는 1장은 1-10장 내에서 다시 세분화된 단원인 1-4장의 일부분이다. 본문상으로 출애굽기 19:1에 시내산에서 도착해서 지금까지 하나님의 백성에게 필수불가결한 요소인 언약, 율법, 제사 제도, 그리고 임마누엘의 상징인 성막의 건설 등과 관련된 일을 다 마친 이스라엘은 드디어 가나안 정복을 하러 가는 준비를 시작한다. 그 준비의 핵심 중의 하나는 당연히 하나님의 군대의 규모를 파악하고, 그들의 진영 배치와 행군 순서 등을 정하는 일이다. 민수기 1-4장은 바로 이런 일을 내용으로 한다.

1-4장의 이런 내용은 다시 다음과 같이 크게 두 부분으로 나뉘며, 거기에서 다시 세부적으로 나뉜다.

> 1-2장 이스라엘 백성의 인구조사와 진영 구성
>   1장 인구조사
>   1:1-46 일반 백성의 인구조사
>   1:47-54 예외: 레위인
>   2장 진영 배치 및 행군 순서
> 3-4장 레위인의 인구조사 및 역할

3장 레위인의 임무 및 인구조사 I
4장 레위인의 임무 및 인구조사 II

위의 구조분석에서 보듯이 민수기 1-2장은 레위 지파를 뺀 나머지 지파들의 인구조사에 대한 기록을 담고 있다. 여기에서는 레위인은 예외로 한다는 점이 강조된다. 그리고 3-4장에 가서야 레위인에 대한 인구조사가 따로 행해지며, 그들이 가진 특수한 임무, 즉 제사장을 돕고(민 3:5-13), 성막 운반 일을 하며(3:14-39), 하나님 앞에서 이스라엘의 일반 백성의 첫 아들들을 대신하는 장자 역할을 하는 것(민 3:40-51) 등의 내용이 언급된다.

이런 민수기 1-4장의 내용의 첫 자리에 있는 1장은 인구조사가 하나님의 명령으로 된 것임을 밝히고 있으며(1-3절), 모세를 도와 이 일을 해줄 각 지파의 우두머리들을 임명하고(4-16절), 인구조사 결과를 기록하고(17-46절), 이 인구조사로부터 레위인들은 예외가 된다는 사실과 더불어 그들이 거룩하신 하나님과 이스라엘 백성 사이에서 해야 할 중요한 역할에 대해서 말해준다(47-54절).

1단계: 사역

1. 이스라엘 자손이 애굽 땅에서 나온 후 제2년 2월 1일에 시내 광야 회막에서 여호와께서 모세에게 말씀하셨다.
2. 너희는 이스라엘 자손의 회중의 총수를 가문과 가족별로 파악하되, 모든 남자들 개개인의 수를 세어라.
3. 이스라엘 중 이십 세 이상으로 전쟁에 나갈 수 있는 모든 자를 진영별로 너와 아론은 계수하여라.
4. 각 지파마다 한 사람이 너희와 함께 하게 하여라. 그는 자기 가족의 수장이어야 한다.
5. 너희와 함께 설 사람들의 이름은 이러하다. 르우벤 지파에서는 스데울의 아들 엘리술이다.
6. 시므온 지파에서는 수리삿대의 아들 슬루미엘이다.

7. 유다 지파에서는 암미나답의 아들 나손이다.
8. 잇사갈 지파에서는 수알의 아들 느다넬이다.
9. 스불론 지파에서는 헬론의 아들 엘리압이다.
10. 요셉의 자손들 중 에브라임 지파에서는 암미훗의 아들 엘리사마이며, 므낫세지파에서는 브다술의 아들 가말리엘이다.
11. 베냐민 지파에서는 기드오니의 아들 아비단이다.
12. 단 지파에서는 암미삿대의 아들 아히에셀이다.
13. 아셀 지파에서는 오그란의 아들 바기엘이다.
14. 갓 지파에서는 드우엘의 아들 엘리아삽이다.
15. 납달리 지파에서는 에난의 아들 아히라이다.
16. 그들은 회중에서 부름을 받은 자들이며, 자기 조상 지파의 지파장들이다. 이들은 이스라엘 지파 부대들의 우두머리들이다.
17. 모세와 아론이 임명된 이 사람들을 취하였다.
18. 그리고 제2월 1일에 온 회중을 회집하였다. 그리고 그들이 각 가문과 가족별로 이십세 이상인 남자들 개개인의 수를 알리게 하였다.
19. 여호와께서 모세에게 명령하신 대로 그가 시내 광야에서 그들을 계수하였다.
20. 이스라엘의 장자 르우벤의 자손들, 그들에 대한 기록은 종족과 조상의 가문에따라 이십세 이상으로 싸움에 나갈 만한 각 남자를 그 명수대로 계수한 것이 이렇다.
21. 르우벤 지파에서 계수된 자는 46,500명이었다.
22. 시므온의 자손들, 그들에 대한 기록은 종족과 조상의 가문에 따라 이십 세 이상으로 싸움에 나갈 만한 각 남자를 그 명수대로 계수한 것이 이렇다.
23. 시므온 지파에서 계수된 자는 59,300명이었다.
24. 갓의 자손들, 그들에 대한 기록은 종족과 조상의 가문에 따라 이십 세 이상으로 싸움에 나갈 만한 각 남자를 그 명수대로 계수한 것이 이렇다.
25. 갓 지파에서 계수된 자는 45,650명이었다.
26. 유다의 자손들, 그들에 대한 기록은 종족과 조상의 가문에 따라 이십 세 이상으로 싸움에 나갈 만한 각 남자를 그 명수대로 계수한 것이 이렇다.
27. 유다 지파에서 계수된 자는 74,600명이었다.
28. 잇사갈의 자손들, 그들에 대한 기록은 종족과 조상의 가문에 따라 이십 세 이상으로 싸움에 나갈 만한 각 남자를 그 명수대로 계수한 것이 이렇다.
29. 잇사갈 지파에서 계수된 자는 54,400명이었다.
30. 스불론의 자손들, 그들에 대한 기록은 종족과 조상의 가문에 따라 이십 세 이상으

로 싸움에 나갈 만한 각 남자를 그 명수대로 계수한 것이 이렇다.
31. 스불론 지파에서 계수된 자는 57,400명이었다.
32. 요셉의 자손들, 그들에 대한 기록은 종족과 조상의 가문에 따라 이십 세 이상으로 싸움에 나갈 만한 각 남자를 그 명수대로 계수한 것이 이렇다.
33. 에브라임 지파에서 계수된 자는 40,500명이었다.
34. 므낫세의 자손들, 그들에 대한 기록은 종족과 조상의 가문에 따라 이십 세 이상으로 싸움에 나갈 만한 각 남자를 그 명수대로 계수한 것이 이렇다.
35. 므낫세 지파에서 계수된 자는 32,200명이었다.
36. 베냐민의 자손들, 그들에 대한 기록은 종족과 조상의 가문에 따라 이십 세 이상으로 싸움에 나갈 만한 각 남자를 그 명수대로 계수한 것이 이렇다.
37. 베냐민 지파에서 계수된 자는 35,400명이었다.
38. 단의 자손들, 그들에 대한 기록은 종족과 조상의 가문에 따라 이십 세 이상으로 싸움에 나갈 만한 각 남자를 그 명수대로 계수한 것이 이렇다.
39. 단 지파에서 계수된 자는 62,700명이었다.
40. 아셀의 자손들, 그들에 대한 기록은 종족과 조상의 가문에 따라 이십 세 이상으로 싸움에 나갈 만한 각 남자를 그 명수대로 계수한 것이 이렇다.
41. 아셀 지파에서 계수된 자는 41,500명이었다.
42. 납달리의 자손들, 그들에 대한 기록은 종족과 조상의 가문에 따라 이십 세 이상으로 싸움에 나갈 만한 각 남자를 그 명수대로 계수한 것이 이렇다.
43. 납달리 지파에서 계수된 자는 53,400이었다.
44. 이들이 모세와 아론, 그리고 이스라엘의 지파장들인 12명이 계수한 자들이었다. 이들은 각 조상 지파당 한 명씩이었다.
45. 이들은 이스라엘 자손 중 각 조상 지파별로 이십 세 이상으로 싸움에 나갈 만한 자로 계수된 모든 자들이었다.
46. 계수된 자의 총계는 603,550명이었다.
47. 그러나 레위인은 자신들의 조상의 지파에 따라 계수되지 않았다.
48. 여호와께서 모세에게 말씀하셨다.
49. 너는 레위 지파만은 계수하지 말고, 그들의 총수를 이스라엘 자손 속에 넣지 말라.
50. 너는 레위인들을 증거의 성막과 그 모든 물품과 그것에 속한 것들을 관리하게 하라. 그들은 성막과 그 모든 물품을 운반하며, 그것을 위해 사역할 것이다. 그들은 성막 둘레에 진을 칠 것이다.
51. 성막을 걷을 때에는 레위인이 그것을 분해할 것이다. 그리고 성막을 칠 때에는 레위

인이 그것을 세울 것이다. 그리고 허락되지 않은 자가 다가오면 죽임을 당할 것이다.
52. 이스라엘 자손은 각자 자신의 부대별로 장막을 치는데, 각기 자기 진영의 깃발 옆에 칠 것이다.
53. 레위인은 증거의 성막 둘레에 진을 쳐서 이스라엘 자손의 회중에게 진노가 임하지 않게 하여라. 그리고 레위인은 증거의 성막에 대한 사역을 하여라.
54. 이스라엘 자손이 여호와께서 모세에게 명령하신 대로 행하였다. 그들이 그렇게 행하였다.

2단계: 사역 해설

2절. "총수를…파악하되": 쓰우 에트-로쉬(שְׂאוּ אֶת־רֹאשׁ). 쓰우의 원형은 "들어올리다"(to lift)란 뜻을 가진 나싸(נָשָׂא)이다. 또한 로쉬(רֹאשׁ)란 히브리어 단어의 기본적인 의미는 "머리"이지만, 문맥에 따라서는 "총합"(total amount)이란 뜻도 된다. 현재 구절에는 후자의 의미로 쓰이고 있다. 따라서 나싸 에트-로쉬란 히브리어 표현은 "총합을 들어올리다", 즉 "총계를 내다" 정도의 의미이다.

"가문과 가족별로": 이스라엘 사회 내의 구성 집단은 3단계로 이루어져 있다.[9] 가장 큰 집단은 "지파"(쉐베트[שֵׁבֶט] 또는 맡테[מַטֶּה])이다. 그 하부 구성 집단은 "가문"(clan)을 의미하는 미쉬파하(מִשְׁפָּחָה)이다. 그리고 마지막이 "가족"(family)을 의미하는 베트 아브(בֵּית אָב) 혹은 베트 아보트(בֵּית אָבוֹת)인데, 이 히브리어 어구는 직역을 하자면 "아버지(혹은 아버지들[즉, 조상]의 집"(the house of father[s])이란 뜻이다. 물론 이 "가족" 혹은 "아버지(혹은 조상)의 집"은 현대 핵가족의 개념이 아니라 3-4대로 구성된 대가족을 가리키는 표현이다. 이스라엘 사회는 우선 12"지파"로 나뉘고, 각 지파는 "가문"들로 세분화되며, "가문"은 다시 "가족"으로 세분화되는 형태로 구성되어 있다.

---

9 Christopher J. H. Wright, "אָב", in Willem VanGemeren (ed.), *New International Dictionary of Old Testament Theology & Exegesis* (Grand Rapids, MI: Zondervan Publishing House, 1997), I: 219.

그러나 한 가지 유의해야 할 점은 이 베트 아브 혹은 베트 아보트란 히브리어 표현은 꼭 이렇게 "가족"이라는 개념만을 가진 것이 아니라 앞의 두 가지 더 큰 구성 집단인 "지파"(민17:2)나 "가문"(민3:24; 출 6:14)을 가리키는 용어로도 사용될 수도 있다는 점이다.[10] 참고로 BDB 사전은 "가족"이란 표현의 경우 베트 다음에 단수 아브가 쓰인 경우와 복수 아보트(אָבוֹת)가 쓰인 경우를 따로 구분하지 않고, 같은 것으로 취급하고 있다.

"모든 남자들 수를 낱낱이 세어라": 브미스파르 쉐모트 콜-자카르 르굴글로탐(בְּמִסְפַּר שֵׁמוֹת כָּל־זָכָר לְגֻלְגְּלֹתָם). 마지막의 "르굴글로탐"을 제외한 부분을 약간 무리해서 직역하자면 "모든 남자의 이름들의 숫자를 따라" 정도가 된다. 그러나 이렇게 번역할 경우 한국어 독자들은 마치 남자 한 사람이 여러 개의 이름을 갖고 있는데, 그 이름들을 하나하나 다 계수하라는 의미인 것으로 오해할 수 있다. 그러나 사실 이 "이름들의 숫자를 따라"라는 말은 그냥 "한 사람도 빼지 말고" 정도의 의미를 갖는다. 그리고 끝의 르굴글로탐에 나오는 단어인 굴골레트(גֻּלְגֹּלֶת)는 "머리뼈"(skull)를 뜻하는 단어이다. 한국어에서도 사람의 숫자를 센다고 할 때 "머릿수" 혹은 "두수"(頭數)를 센다는 말을 하는데, 이 구절에서의 르굴글로탐 역시 이와 같은 의미를 가진다. 따라서 이 문구의 의미는 "낱낱이" 혹은 "한 사람도 빠짐없이" 정도로 이해될 수 있을 것이다. 이렇게 볼 때 어떤 면에서 이 2절 하반절의 문구들은 "한 사람도 빠짐없이 수를 세어라"라는 의미를 약간씩 다른 표현들을 써서 반복적으로 강조하고 있는 것으로 이해할 수 있다. 따라서 이 사역에서는 의미의 혼란을 최소화하기 위해 위와 같이 번역하였다.

16절. "지파장": 나씨(נָשִׂיא). 이 단어의 어근은 "들어올리다"(to lift up)란 뜻의 동사 나싸(נָשָׂא)이다. 히브리어에서는 동사 어간의 두번째 모음이 "이"(ִ)로 바뀌면 그 동사의 수동적인 의미에서 파생된 뜻을 가진 명사가

---

[10] A. H. McNeile, *The Book of Numbers*, The Cambridge Bible for Schools and Colleges (Cambridge: University Press, 1911), 2.

된다. 나씨의 경우에는 "높이 들어올림을 받는 자"(one who is lifted up), "높은 지위의 사람"이란 뜻을 가지게 되는 것이다. 이 단어는 오경에서는 지파의 장을 가리키는 용어로 주로 사용된다.[11] 그러나 또한 문맥에 따라서는 지파의 하부 단위인 가문의 수장을 가리킬 때도 있으며, 이런 경우는 "가문장"이라고 번역하였다(민 3:24, 30 등).[12]

"지파 부대": 엘레프(אֶלֶף). 이 단어는 원래는 "1000"(thousand), "수장"(chief), "가문"(clan) 등의 뜻으로 사용되는 단어이다.[13] 이 단어는 가끔은 이 구절의 경우처럼 "가문" 혹은 "지파"와 동의어적으로 사용될 때가 있다. 이런 경우 일부 학자들은 이 단어가 그냥 일상적인 개념의 "가문"이나 "지파"의 의미로 사용되는 것이 아니라 군사적인 측면에서 사용되는 용어라고 본다. 사역은 이 점을 부각시켜 번역한 것이다.

18절. "각 가문과 가족별로…남자들 개개인의 수를": 이 표현에 대한 해설은 2절의 해당 사항들을 보라.

44절. "조상의 가족": 베트-아보타브(בֵּית־אֲבֹתָיו). 원래 이 표현은 2절에 언급된 베트-아브의 복수 형태이다. 이 구절에서는 "가족"이란 단어가 "지파"란 개념으로 사용되고 있는 것으로 보이며, 이런 면에서 하부 집단인 "가족"과 구분하기 위해 "조상의 가족"이라고 번역하였다.

51절. "허락되지 않은 자": 핫자르(הַזָּר). 정관사 하(ה)+자르(זָר). 개역개정은 자르(זָר)란 단어를 "외인"(stranger)이라고 번역하고 있다.[14] 이 단어는 개

---

11 Kenneth T. Aitken, "נָשִׂיא", in Willem VanGemeren (ed.), *New International Dictionary of Old Testament Theology & Exegesis* (Grand Rapids: Zondervan Publishing House, 1997), 3:171.

12 Aitken, "נָשִׂיא", 3:171.

13 물론 이 단어들이 전부 같은 어근을 갖고 있는지, 아니면 다른 어근을 갖고 있는지에 대해서는 논란이 있다. 대체적으로 현대적 흐름은 설혹 이것들이 어느 정도 연결이 있다 하더라도 서로 다른 어근으로 취급하는 쪽으로 움직이고 있다. 이하의 이 단어의 논의는 P. P. Jenson, "אֶלֶף", in Willem VanGemeren (ed.), *New International Dictionary of Old Testament Theology & Exegesis* (Grand Rapids, MI: Zondervan Publishing House, 1997), I: 416-418을 참고한 것이다.

14 이것은 KJV의 영향을 받은 것이다. 기타 번역으로는 outsider (ESV, Tanakh), anyone else (RSV, NIV) 등이 있다. NET는 위의 사역해설과 같은 바탕 위에서 any unauthorized person이라

역개정의 레위기 10:1의 "다른 불"이라는 표현에서 "다른"이라고 번역된 단어와 동일한 단어이다.[15] 이 자르는 문맥에 따라서 "이상한"(strange), "이방의"(foreign), "완전히 다른"(completely different), "불법적인"(unlawful) 등의 뜻을 가질 수가 있다. 그러나 이 단어가 레위기나 기타 제의법 문맥에서 사용될 때에는 "허락되지 않은"(unauthorized), "금지된"(forbidden) 정도의 의미를 가진 것으로 이해하는 것이 가장 좋아 보인다. 민수기 1:51; 3:10, 38 등에서 이 단어는 성막에 일정 거리 이상으로 다가오도록 허락되지 않은 사람이 성막에 접근할 경우 레위인이나 제사장이 그를 죽이라는 명령을 담고 있다. 다시 말해 이들은 거룩하신 하나님의 임재의 상징물인 성막에 허용되지 않는 거리만큼 다가서지 못하게 하는 역할을 하고 있는 것이다. 그리고 혹시 "허락되지 않은" 자가 허락되지 않은 거리 이상으로 다가서면 이들이 그를 죽이게 된다. 따라서 이 구절들에서 이 단어는 "허락되지 않은" 정도의 의미로 이해하면 딱 좋다.

3단계: 단락 구분

민수기 1장의 단락 구분은 다음과 같다.

1:1a 1장의 시공간적 배경 제시
1:1b-46 인구조사의 명령 및 시행
1:1b-16 인구조사 명령
    1:1b 도입구

고 번역하고 있다. NET를 제외한 나머지 번역들은 이 자르가 지칭하는 대상이 누구인지에 대해서 너무 막연하고, 오직 NET만 오경의 제의법적 논리를 잘 살리고 있다.
15 이하의 설명은 박철현, *레위기*, 314-315에 나오는 이 단어의 해설을 요약 정리한 것이다. 이 단어에 대한 좀 더 상세한 설명 및 의의는 이것을 보라.

　　　　1:2-4 인구조사에 대한 지침
　　　　1:5-16 지파별 인구조사 담당자
　　　　　　1:5 서론
　　　　　　1:6-15 지파별 담당자 목록
　　　　　　1:16 결론구
　　　　1:17-19 명령 수행 요약적 보고
　　　　1:20-46 지파별 인구수 통계
　　　　　　1:20 서론
　　　　　　1:21-43 지파별 통계
　　　　　　1:44-46 전체 총합 및 정리
　1:47-53 인구조사 예외 사항-레위 지파
　　　　1:47 서론적 진술
　　　　1:48-53 하나님의 말씀
　　　　　　1:48 도입구
　　　　　　1:49-53 레위인의 임무
1:54 1장 전체 결론구

　1:1a는 민수기 1-4장의 인구조사의 시공간적 배경에 대한 정보를 제공하고 있다. 이어지는 내용은 크게 두 부분으로 나뉜다. 1:1b-46절은 인구조사를 시행하라는 하나님의 명령과 그것의 수행에 대한 기록을 담고 있다. 그리고 1:47-53은 이 인구조사에서 레위 지파는 제외시킬 것에 대한 명령을 담고 있다. 이들에 대한 인구조사는 민수기 3-4장에 나올 것이다.

　1장의 큰 첫 단원인 1:1b-46은 1:1b의 도입구에 이어, 1:2-16의 하나님의 명령, 1:17-19의 모세의 명령 수행에 대한 요약적 기록, 그리고 이 기록의 확장판인 1:20-46을 담고 있다. 이 확장판 기록 속에는 각 지파의 인구조사 결과에 대한 상세한 통계(1:21-43)에 이어 전체의 총합 및 정리(1:44-46)가 들어 있다.

1장의 큰 두 번째 단원인 1:47-53은 인구조사에서 레위인을 제외시키라는 하나님의 명령과 더불어 그들이 담당할 특수한 임무에 대한 간략한 설명을 담고 있다. 마지막 절인 1:54는 1장 전체의 모든 하나님의 명령에 대한 충실한 수행을 언급하고 있다.

특히 중요한 것은 1:19, 54에 나오는 "여호와께서 명령하신 대로" 모세와 이스라엘이 행하였다는 언급이다. 이 문구는 민수기 1-10장에 거듭해서 등장하며, 이 장들 속에서 이스라엘 백성이 전반적으로 순종적인 태도를 갖고 있음을 부각시켜 준다. 이것은 또한 11장 이후의 이스라엘의 지속적인 불순종과 대조를 이룬다.

4단계: 본문 해설

1a절. 민수기 전체의 시작 구절이자 1-4장의 시작을 여는 이 구절은 현재 본문의 내용의 시공간을 알려 주는 역할을 한다.

우선 시간적 배경은 "이스라엘 자손이 애굽 땅에서 나온 후 제2년 2월 1일"이다. 물론 앞의 민수기 개관의 "민수기와 연대기"에서 다룬 바와 같이 이 날은 민수기 본문이 다루고 있는 시기의 첫 날은 아니다. 민수기의 시작을 여는 단원인 1-10장은 성막을 처음 세운 날인 제2년 1월 1일(민 9:15; 참고, 출 40:2, 17)로부터 이스라엘 백성이 시내산을 떠나 새로 여행을 시작한 시기까지의 50여일(민 10:11-12)의 기간을 다루고 있다. 이에 따르면 제2년 2월 1일은 민수기의 시작점인 1월 1일로부터 정확히 한 달이 지난 기간, 즉 두 번째 달의 1일이다. 왜 1월 1일에 시작하지 않고 2월 1일의 인구조사 기록부터 시작하는지에 대해서는 앞의 "민수기와 연대기", 그리고 민수기 1장의 개관에서 다룬 바가 있다.

이 본문의 공간적 배경은 "시내 광야 회막"이다. 출애굽기 25:21-22와 29:42; 34:34-35; 민수기 7:89에 따르면 회막 문 혹은 회막의 지성소의 법궤가 있는 자리는 하나님께서 모세에게 지시를 주시는 장소였다.[16] 현재 본문에서는 느슨하게 "회막"에서 모세가 하나님의 지시를 받았다고 되어 있다.

1b-16절. 이 단원은 하나님께서 모세에게 인구조사를 하라고 명령하신 내용을 담고 있다.

1:1b의 "여호와께서 모세에게 말씀하셨다"는 말씀은 인구조사 명령의 도입구 역할을 하고 있다.[17] 레위기의 경우에는 이 도입구는 레위기 본문의 구조를 파악하고, 해당 본문을 해석하는데 아주 중요한 도구로서 작용한다.[18] 그러나 레위기에서는 이런 점이 아주 선명하거나 일관되게 작동하지는 않는 것 같다.

1:2-4는 인구조사에 대한 하나님의 지시사항들을 담고 있다. 그것은 총 세가지이다.

(1) 회중의 총수를 지파, 가문, 가족별로 계수하여 파악하라는 명령을 주신다. 여기에서 "지파"는 보통 이스라엘 열두 "지파"를 지칭할 때 사용하는 표현으로서 이스라엘 민족 구성원에 대한 가장 큰 구분 단위이다. "가문"은 "지파"의 하부 단위이고, "가족"은 그보다 하부 단위로서, 현대의 핵가족화된 "가족"보다 더 큰 개념으로서 여러 세대의 가족을 함께 묶어서 지칭하는 표현이다. 이에 대한 히브리어 어휘와 좀 더 상세한 설명은 앞의 사역 해설을 보라.

(2) "20세 이상으로 전쟁에 나갈 수 있는 모든 자를 진영별로"(3절)로 계

---

16 나는 성막이 회막이 동일한 구조물을 가리키는 표현이라고 본다. 성막에 관한 대부분의 연구들은 성막과 회막을 구분하여 성막은 제사용 장막이고, 회막은 계시용 장막이라든지 모세 개인의 장막이었다든지 하는 식의 이론을 내세운다. 그러나 이 주제와 관련된 성경 본문들에 대한 가장 일관된 해석은 성막이 곧 회막이라고 보는 것이다. 기존 견해에 대한 반박과 더불어 성막이 곧 회막이라는 주장에 대한 상세한 논의는 박철현, *출애굽기 산책*, 236-237, 366-394를 보라.

17 사역상의 이 1:1b가 원문상으로는 사실 전반절에 나온다. 그러나 한글과 히브리어의 어순의 차이 때문에 부득이 이렇게 전반절과 후반절의 순서를 바꿔서 다루고 있음을 유의하라.

18 박철현, *레위기*, 33-35. 또한 이런 식으로 도입구가 작용하는 좋은 예들 중의 하나는 이 책의 152-153쪽에 나오는 레위기 4:1-2의 도입구에 대한 논의를 살펴보라.

수하라는 명령이 주어진다. 이 명령은 이 인구조사의 목적이 무엇인지를 뚜렷하게 보여준다. 하나님의 출애굽 행위는 처음부터 가나안 입성을 위한 정복 전쟁을 염두에 두고 이루어졌다. 출애굽기 12:41은 출애굽 하는 이스라엘 백성을 "여호와의 군대"라고 칭하고 있으며, 12:51은 하나님께서 이들을 "진영별로"(알찌브오탐, עַל־צִבְאֹתָם)[19] 애굽에서 나오게 하셨다고 말씀하고 있다. 민수기 1장도 이런 출애굽기의 군사적 용어들을 인구조사 본문들에 그대로 사용하고 있다. 이런 점에 있어서 민수기의 이스라엘은 처음부터 정복 전쟁을 염두에 두고 있다고 할 수 있다.

이런 점이 보여주는 한 가지 중요한 사실은 성경 독자들의 흔한 착각과 달리 광야 시대는 결코 처음부터 40년의 기간으로 계획되지 않았다는 것이다. 신명기 1:2절이 밝히고 있듯이 시내산에서 가나안 땅 남단의 가데스 바네아까지는 11일 거리였다. 따라서 최소한 표면적으로는 민수기 1-10장은 이스라엘이 광야에서 그렇게 오랫동안 체류하리라는 것은 염두에 두고 있지 않다. 이처럼 여행이 길어지게 된 이유는 오직 민수기 13-14장의 정탐꾼 사건 때문이었다. 이스라엘의 불순종으로 인해 하나님은 이 출애굽 1세대, 좀 더 정확히 말하면 전쟁에 참가할 수 있는 나이인 "20세 이상"의 사람들이 완전히 죽어 사라질 때까지 40년 동안 이스라엘을 광야에 붙들어 놓으셨던 것이다(민 14:29-33, 특히 29절, "20세 이상"). 궁극적으로는 민수기의 뒷부분들이 불순종으로 인한 이런 비극을 그리고 되겠지만 현재 본문인 민수기 1장에는 이런 음울한 기운의 그림자는 보이지 않는다.

(3) 하나님은 인구조사를 지휘할 모세와 아론에게 이스라엘 각 지파별로 보조 역할을 할 지파장들을 지목하신다(4절). 이 지파장 목록과 20-46절의 지파별 인구수 통계 목록에는 전부 레위 지파는 빠져 있다. 그 이유는

---

[19] 출애굽기는 이 어구를 "무리대로"라고 번역하고 있으나 이 어구는 이 책의 사역이 번역하는 방식대로 하면 "진영별로"이다. 이 출애굽기의 어구는 현재 우리가 다루고 있는 민수기 1:3의 "진영별로"라는 번역의 히브리어와 전치사를 제외하고는 동일하다. 이렇게 출애굽기와 민수기의 원문은 분명히 이스라엘을 군사적 용어를 사용하여 표현하고 있다는 점을 유념할 필요가 있다.

47-53절에서 다뤄지게 될 바와 같이 레위 지파는 성막 및 그 주변에서 하나님을 섬기는 일에 종사할 것이기 때문이다.

참고로 한 가지 알아야 할 점은 레위 지파를 포함시킬 때와 제외할 때 모두 이스라엘은 항상 열두 지파로 언급된다는 것이다. 결코 이스라엘은 레위 지파가 빠졌다고 해서 열한 지파가 되는 법도 없고, 레위 지파가 포함되었다고 해서 열세 지파가 되는 법도 없이 항상 열두 지파이다. 어떻게 이럴 수가 있는가? 그 비밀은 바로 요셉 지파에 있다. 레위 지파가 열두 지파에 포함되는 경우 요셉 지파는 한 개의 지파로 간주된다. 그리고 레위 지파가 열외가 되는 경우 요셉 지파는 에브라임 지파와 므낫세 지파 둘로 나뉘어서 두 개의 독립된 지파로 간주된다. 이런 원리에 따라 이 민수기 1장에서는 레위 지파가 빠진 대신 에브라임 지파와 므낫세 지파가 각각 한 지파씩으로 계산된다.

	지파(5-16절)	지파(20-46절)	성막과 관계된 위치(2:3-31)
1	르우벤	르우벤	남쪽
2	시므온	시므온	
3	유다	갓	
4	잇사갈	유다	동쪽
5	스불론	잇사갈	
6	에브라임	스불론	
7	므낫세	에브라임	서쪽
8	베냐민	므낫세	
9	단	베냐민	
10	아셀	단	북쪽
11	갓	아셀	
12	납달리	납달리	

5-16절. 이 본문은 하나님께서 4절에서 지목하신 지파장들의 목록을

담고 있다. 이 본문의 구성은 5절의 서론, 6-15절의 목록, 16절의 결론구로 되어 있다. 이 동일한 지파장 목록은 1:20-46; 2:3-31; 7:12-83; 10:14-27에도 나온다.[20]

이 중에서 5-16절의 목록은 대체적으로 창세기 29:31-30:24에 나오는 레아와 라헬의 자녀 출산 순서를 어느 정도 반영하고 있는 것으로 보인다.[21] 우선 창세기 29:31-35에서 레아는 르우벤, 시므온, 레위, 유다를 낳는다. 이 중에서 레위 지파가 민수기 1장의 인구 조사에서 제외되기 때문에 이 목록에서 레위는 빠지고, 그 자리에 유다가 들어온다. 이들이 위의 도표 중 1:5-16의 목록에서 1-3번의 자리를 차지한다. 도표상의 4-5번 자리에 있는 잇사갈, 스불론은 창세기 30:14-21에 나오는 합환채 사건을 통해 레아가 다시 야곱에게 낳아준 아들들이다. 따라서 도표상의 1-5번의 자리는 모두 레아의 아들들의 탄생 순서를 반영하고 있다.

도표상의 6-8번 자리는 라헬의 후손들이다. 에브라임과 므낫세는 요셉의 아들들이며, 베냐민은 라헬이 죽기 직전에 낳은 아들이다(창 35:16-18). 따라서 도표상의 1-8번 자리를 야곱의 정실 부인인 레아와 라헬의 자녀 지파들이 차지하고 있다고 할 수 있다.

도표의 9-12번 자리는 각각 레아의 몸종이었던 실바의 아들들인 갓과 아셀(창 30:9-13), 그리고 라헬의 몸종이었던 빌하의 아들들인 단과 납달리(창 30:1-8)가 차지하고 있다. 이유는 정확히 알 수 없지만 이들은 창세기 본문에 나타나 있는 탄생 순서를 따르지도 않고, 그 어머니들의 순서를 따르

---

20 Timothy R. Ashley, *The Book of Numbers*, The New International Commentary on the Old Testament (Grand Rapids: Eerdmans, 1993), 51, n. 25는 13:4-16에 나오는 목록은 지파장의 이름이 틀리며, 34:19-29에는 부분적 목록만 나옴을 지적한다.

21 이 야곱의 자녀 낳는 이야기는 본문의 구조를 통해서 이 문제 많은 집안 구성원들간의 알력 및 관계, 그로 인한 고통을 그리고 있다. 또한 이런 상황 속에서의 하나님의 섭리와 성품과 역할에 대해서도 흥미롭게 다루고 있다. 이 본문의 이런 점들에 대한 분석은 박철현, "설교를 위한 구약 내러티브 본문 주해: 설교를 위한 오경 내러티브 이해(창 29:31-30:24)", 헤르메네이아 투데이 (2011년 봄), 101-117를 보라. 이 논문은 박철현, *깨진 토기의 축복* (서울: 솔로몬, 2012)의 제2부의 다섯 번째 글인 "설교를 위한 오경 내러티브"를 통해서도 볼 수 있다.

고 있지 않다. 이 본문에 따르면 먼저 빌하가 낳은 단, 납달리, 그리고 실바가 낳은 갓, 아셀의 순서로 태어났다. 그러나 도표에는 먼저 9번 자리에 빌하가 낳은 단이 언급된 다음에 그 형제인 납달리는 마지막인 12번 자리에 배치한다. 그리고 10-11번 자리에는 그 출생 순서와는 반대로 아셀이 먼저 언급되고, 갓이 다음에 언급된다. 따라서 이 목록의 지파 순서는 대체로 창세기 본문에 기초하고 있으면서도 약간의 흥미로운 변주를 반영하고 있다. 물론 그 변주의 이유가 무엇인지는 정확히 알 수가 없지만 말이다.

이 5-16절의 지파 순서와 달리 20-46절의 지파 순서는 위의 도표에서 보듯이 다음 장인 민수기 2장 20-46절의 진영 배치를 어느 정도 따르고 있는 것으로 보인다. 이 2장의 도표와의 차이라고 한다면 이 2장에서는 성막 동쪽에 배치된 세 지파부터 시작해서, 시계 방향으로 가면서 남쪽, 서쪽, 북쪽 지파들이 언급되는 반면에 이 1:20-46에서는 먼저 남쪽 지파를 언급하고 나서 동쪽 지파로 돌아갔다가 서쪽, 북쪽 지파로 간다.

어찌 됐든 이런 배열 방식의 차이로 인해 두 도표에서 갓 지파의 위치가 달라졌고, 나머지 지파들은 순서가 유지되었다. 이 점은 도표상에 음영이 처리된 칸을 통해서 표시했다.

17-19절. 이 본문은 인구조사 명령을 모세가 그대로 시행했음을 요약해서 보고하고 있다. 시공간적 배경이 다시 한번 동일하게 언급된다. "여호와께서 모세에게 명령하신 대로"라는 말은 출애굽기의 성막 본문(출 25-40장)과 레위기에서 흔히 보던 문구인데 19절에서도 반복되고 있다.[22] 이 문구는 이스라엘 백성의 순종적 태도를 부각시킨다.

20-46절. 1장에서 가장 긴 이 단락인 이 본문은 지파별 인구조사 결과 통계를 열거하고 있다. 20절은 서론, 21-23절은 지파별 통계, 44-46절은 전체 총합 및 정리를 담고 있다.

---

[22] 예를 들어 출애굽기 40:19, 21, 23, 25, 27, 29, 32는 총 일곱 번에 걸쳐서 이 문구를 반복하고 있다. 이런 반복의 신학적 중요성에 대해서는 박철현, 출애굽기 산책, 232-233을 보라. 레위기 8:4, 9, 13, 17, 21, 29, 36도 역시 마찬가지로 일곱 번 비슷한 문구를 반복하고 있다.

지파별 통계는 민수기의 특징적인 문체를 따라 각 지파별로 거의 완벽하게 동일한 정형적 문구를 따라서, 각 지파당 2절 분량으로 기술되고 있다. 그 형식과 문구는 다음과 같다.

(1) …의 자손들, 그들에 대한 기록은 종족과 조상의 가문에 따라
(2) 이십 세 이상으로 싸움에 나갈 만한 각 남자를 그 명수대로 계수한 것은 이렇다.
(3) …지파에서 계수된 자는
(4) …명이었다.

	지파(20-46절)	인구수
1	르우벤	46,500
2	시므온	59,300
3	갓	45,650
4	유다	74,600
5	잇사갈	54,400
6	스불론	57,400
7	에브라임	40,500
8	므낫세	32,200
9	베냐민	35,400
10	단	62,700
11	아셀	41,500
12	납달리	53,400
	총수	603,550

이 인구조사 결과 통계를 도표화하면 다음과 같다. 여기에서 한 가지 두드러지는 점은 유다 지파와 요셉 지파, 즉 에브라임 지파와 므낫세 지파이다. 유다 지파가 74,600명, 요셉 지파가 72,700명으로 열두 지파 중 가장 많

은 숫자를 차지하고 있다.²³ 이것은 이미 창세기 49장의 모세의 예언의 노래 속에 반영되어 있는 유다 지파와 요셉 지파의 우월성과 지도적 위치가 실현된 것을 보여준다(창 49:8-12, 22-26). 또 이 두 지파는 결국 정탐꾼 사건에서 유다 지파와 에브라임 지파의 지도자인 갈렙과 여호수아의 활약으로 이어지고, 결국은 각각 남왕국과 북왕국의 대표 지파로서 이스라엘 역사를 관통하며, 중요한 역할을 하게 될 것이다. 이런 점이 이미 이 인구조사 통계 결과에도 반영되어 있는 것이다.

47-53절. 이 문단은 이 인구조사에서 레위 지파는 제외된다는 것을 밝히고 있다(47절). 이 레위 지파에 대한 인구조사 기록은 3-4장에 다뤄질 것이다.

레위 지파가 제외된 이유에 대해서는 하나님이 직접 다시 밝히신다(48-53절). 그 이유는 레위인들은 성막과 거기에 관계된 모든 물품을 관리할 것이며, 그것들을 운반하고, 성막 설치와 분해에 대한 일을 담당해야 하기 때문이다(50-51절).

51절 끝에는 성막 신학과 관련하여 중요한 문구가 나온다: "허락되지 않은 자가 다가오면 죽임을 당할 것이다". 앞의 사역 해설에서 밝힌 바와 같이 여기에서 "허락되지 않은 자"는 히브리어로 자르(rz")이다. 개역개정은 이 단어를 "외인"(stranger)이라고 번역하고 있는데, 이 번역은 너무 모호하다. 이 단어는 앞의 사역이 번역하고 있듯이 "허락되지 않은 자" 혹은 "(다가올) 권한이 없는 자" 정도로 이해되어야 한다.

성막 신학이 일관되게 천명하고 있는 바에 따르면 하나님은 위험한 거룩성을 가지신 분이다.²⁴ 이 점을 가장 생생하게 보여주는 사건들 중의 하나는 레위기 10:1-2의 나답과 아비후의 죽음이다. 이들은 하나님 앞에 "허락되지 않은" 불을 가지고 나아갔다가 바로 죽음을 맞이했다. 이처럼 하나님

---

23 게리 쉬니처, 토라 스토리 (서울: 솔로몬, 2015), 458.
24 앞의 민수기 개관 중 "민수기의 문맥" 항목에서 성막 신학 부분의 설명과 거기에 언급된 참고 문헌들을 보라. 특히 박철현, 출애굽기 산책, 237-241, 396-404를 꼭 보기를 바란다.

의 거룩성이 죄인에게 가진 위험은 추상적인 것이 아니라 실제적인 것이었다.[25]

그러나 이 "허락되지 않은" 자가 성막, 곧 하나님의 위험한 거룩성에 접근하지 못하도록 한 규례는 하나님의 은혜를 보여주기도 한다. 이 역할을 설명하자면 다음과 같다:[26]

> …이들은 거룩하신 하나님과 이스라엘 백성 사이에 일종의 안전 장치이자 완충 지대의 역할을 한다. 다른 비유를 들자면 어떤 면에서는 레위 지파와 제사장 집단은 군사 지역을 둘러싼 고압선 전류 철망과도 같은 것이다. 이 철망에 쓰인 '고압선 주의'란 팻말은 허락되지 않은 자가 다가서지 못하도록 하는 일종의 안전 장치 역할을 한다. 그러나 혹시 누가 이 팻말의 경고를 무시하고 함부로 다가서면 그는 고압선에 의해 죽게 된다. 위의 구절들에서 레위 지파와 제사장 집단의 역할이 딱 이것이다. 이들은 거룩하신 하나님의 임재의 상징물인 성막에 허용되지 않는 거리만큼 다가서지 못하게 하는 역할을 한다.

이처럼 성막 신학에서 하나님은 이스라엘과 함께 하기를 원하셔서 그들 가운데 좌정하시지만 또한 위험한 거룩성을 가지신 분이시다. 하나님의 백성은 우리에게 다가오셔서 우리와 함께 하기를 원하시는 하나님, 그리고 그 거룩성으로 인해 결코 죄인이 함부로 다가갈 수 없는 하나님 사이의 변증법을 이해해야 한다. 모든 성경적 영성은 바로 이 변증법을 이해하고, 그 변증법을 자신의 삶 속에 적용하는 법을 터득하는 것을 통해서만 가능하다.

신명기 20장은 이 하나님과 더불어 가나안 정복 전쟁을 하는 법에 대해서 설파하고 있다. 우선 이 전쟁은 궁극적으로 이스라엘 백성들 자신과 가나안 거민들과의 싸움이 아니라 이스라엘과 함께 하시는 하나님과 그들과

---

[25] 나답과 아비후의 죽음을 하나님의 위험한 거룩성과 연결해서 해석한 것은 박철현, *레위기*, 313-314의 레위기 10:1-2에 대한 본문 해설을 보라. 아래의 내용은 이것을 반영하고 있다.
[26] 박철현, *레위기*, 313-314.

의 싸움이다(신 20:1-4). 따라서 이스라엘은 적군이 "너보다 많음을 볼지라도 그들을 두려워할" 필요가 없다. 하나님께서 그들과 함께 싸우시고 승리를 얻어내실 것이기 때문이다.

그러나 이렇게 하나님이 자신들을 위해서 싸우시게 하려면 이스라엘은 그 하나님의 거룩성에 합당한 모습을 갖춰야 한다. 이스라엘은 항상 자신들이 하나님께 범죄할까 조심해야 한다(신 20:18). 이것만이 이스라엘이 신경 써야 할 것이다. 이스라엘이 하나님 앞에서 거룩을 유지하면 아무리 견고한 여리고 성이라도 무너질 것이다(수 5:13-15; 6장). 그러나 이스라엘이 하나님 앞에 죄를 얻으면 보잘것없는 아이 성도 이스라엘을 무너뜨릴 것이다(수 7장). 참으로 "전쟁은 너희에게 속한 것이 아니요 하나님께 속한 것"이다(대하 20:15). 하나님의 백성의 무기는 "육신에 속한 것이 아님"을 기억해야 한다(고후 10:4).

54절. 이 구절은 1장 전체의 인구조사와 레위인에 대한 하나님의 모든 명령이 그대로 시행되었음을 나타난다. 이 점은 앞의 19절에서도 언급한 바와 같이 이스라엘 백성의 순종적 태도를 부각시킨다. 그리고 이런 분위기가 민수기 1-10장의 전반적인 분위기이다. 이스라엘이 만약 이런 태도를 가나안 경계선에서도 유지했다면 모든 싸움은 앞의 신명기 20장을 참고하면서 살펴 본 것처럼 하나님께서 다 하시고, 이스라엘은 편안히 가나안 땅에 들어갔을 것이다.

5단계: 적용

3절. "이스라엘 중 이십 세 이상으로 전쟁에 나갈 수 있는 모든 자를 진영별로 너와 아론은 계수하여라": 민수기 1장의 인구조사는 철저히 군사적인 목적에서 이루어진 것임을 이 절은 분명히 한다. 이스라엘은 하나님이 아브라함에게 "내가 이 땅을 네 자손에게 주리라"고 하신 약속(창 12:7)을 주신 때로부터 지금까지 약속의 땅 가나안을 차지하기 위해 준비되어 오고, 살아왔다. 이제 그 존재 목적이 성취되기 위해서는 이스라엘은 철저하게 "여호와의 군대"(출 12:41)의 모습을 갖추어야 한다. 그들의 삶의 모든 것은 "진영별로"라는 표현이 말해주고 있는 바와 같이 군대로서의 본질에 부합하게 질서 잡혀야 한다.

사도 바울은 디모데에게 "그리스도 예수의 좋은 병사로 나와 함께 고난을 받으라. 병사로 복무하는 자는 자기 생활에 얽매이는 자가 하나도 없나니 이는 병사로 모집한 자를 기쁘게 하려 함이니라"고 권면하였다(딤후 2:3-4). 이 권면은 진정한 가나인인 천국에 들어가기까지 신앙의 싸움을 해야 하는 모든 신앙인들이 가져야 하는 태도이다. 모든 신앙인은 좋은 병사처럼 기꺼이 고난을 받을 마음가짐을 가져야 하며, 자신의 생존이 아니라 전쟁의 승리를 위해 사는 전사로서의 삶을 살아야 한다.

민수기의 이스라엘은 민수기의 시작점에서는 하나님의 말씀대로 가나안 입성 준비를 했지만 얼마 못 가서 마치 돌밭이나 가시떨기에 뿌려진 씨앗처럼 "환난이나 박해가 일어날 때 곧 넘어지는 자요…세상의 염려…에 막혀 결실하지 못하는 자"가 되어버렸다(마 13:21-22). 참된 성도는 이들을 반면 교사로 삼고, 참된 그리스도의 병사의 모습을 갖춰야 한다.

51절. "허락되지 않은 자가 다가오면 죽임을 당할 것이다": 이 말씀은 이스라엘의 진영 한 가운데 계신 하나님이 거룩한 분이심을 보여준다. 하나님의 거룩성은 죄인에게는 치명적으로 위험한 것이다. 사람이 이 거룩하신 하나님에게 다가가는 것은 철저하게 하나님의 "허락"에 달린 것이었다. 만약 "허락"되지 않은 자가 하나님에게 함부로 다가가면 나답과 아비후처럼 죽임을 당할 수 있었다(레 10:1-2). 또한 이 거룩한 하나님이 계신 진영이 죄를 지어 하나님께서 참으실 수 없는 지경에 이르게 되면 황금 송아지 사건(32-34장; 특히 32:7-10; 33:1-6)이 보여주듯이 하나님은 이스라엘의 보호자가 아니라 파괴자가 되실 수도 있었다.

가나안 정복 전쟁을 준비하면서 이스라엘은 언제나 하나님이 이런 분이

심을 염두에 두어야 했다. 그 이유는 이스라엘이 준비하고 있는 전쟁은 혈과 육에 대한 것이 아니었기 때문이다. 또한 이스라엘이 "싸우는 무기는 육신에 속한 것이 아니요 오직 어떤 견고한 진도 무너뜨리는 하나님의 능력"이었기 때문이다(고후 10:4). 따라서 이스라엘이 승리하기 위해서는 반드시 이 하나님과 함께 할 수 있도록 자신들의 거룩을 유지해야 했다. 이 점은 현재 우리가 신앙의 싸움을 싸울 때도 역시 마찬가지다. 우리의 무기는 결코 우리가 가진 어떤 것이 아니라 바로 "하나님의 능력"이다. 그리고 이 하나님의 능력을 우리 것으로 만드는 유일한 길은 우리가 거룩하신 하나님과 함께 할 수 있도록 거룩함을 갖추는 것, 이 한 가지 방법뿐이다.

6단계: 설교 "우리는 하나님의 군대다"

민수기 1장은 이스라엘이 가나안 입성을 준비하면서, 그 첫 단계로 전쟁을 위해 병사의 수를 세는 것을 그 내용으로 하고 있습니다. 이 본문 내에서 일관되게 다뤄지는 바는 이스라엘이 단순한 민족 집단이 아니라는 것입니다. 그들은 "여호와의 군대"입니다(출 12:41). 이 점을 바탕으로 해서 몇 가지 점을 나누고자 합니다.

첫째, 우리는 하나님의 군대입니다. 오늘 본문인 민수기 1장의 이스라엘 백성들은 수백 년 전에 하나님께서 아브라함에게 주신 약속대로 가나안 땅을 차지하기 위한 전쟁을 준비를 하고 있습니다. 이와 마찬가지로 현재를 살아나가는 우리 성도들은 천국을 차지하기 위한 전쟁을 하고 있는 하나님의 군대입니다. 우리 성도들은 우리의 신분이 하나님의 군사로서 공중의 권세 잡은 자와 싸우는 삶을 사는 자들이라는 것을 잊지 말아야 합니다.

둘째, 하나님의 군대인 우리는 하나님의 명령대로 준비하고 싸워야 합니다. 민수기 1:19, 54는 모세 혹은 이스라엘이 "여호와께서…명령하신 대로 행하였다"라고 말씀하고 있습니다. 하나님의 군대에게 다른 방식의 싸움은 존재하지 않습니다. 오직 하나님의 명령대로 하는 것이 중요합니다.

이 점을 가장 잘 보여주는 성경의 예들 중의 하나는 기드온이 미디안과 치른 전쟁입니다. 기드온은 결코 용기가 차고 넘치게 많은 사람은 아니었던 것으로 보입니다. 그는 하나님께서 바알 제단을 허물고 아세라 상을 찍어버리라고 했을 때 무서워서 밤에 몰래 그 일을 했던 사람입니다(삿 6:27). 또 그는 하나님께서 그를 사사로 부르시고 전쟁을 이끌게 하겠다고 말씀하셨을 때에도 여러 번에 걸쳐서 계속 하나님의 부르심이 진짜인지를 시험했습니다(삿 6:17-23, 37-40).

이런 기드온이었기 때문에 그는 전쟁에 나갈 때 끌어 모을 수 있는 한 최대한 많은 사람들을 끌고 나갔습니다. 그러나 하나님은 그에게 말씀하시길 "너를 따르는 백성이 너무 많은즉 내가 그들의 손에 미디안 사람을 넘겨주지 아니하리니 이는 이스라엘이 나를 거슬러 스스로 자랑하기를 내 손이 나를 구원하였다 할까 함이니라"고 하셨습니다(삿 7:2). 그리고는 원래 32,000명이었던 군사들 중 거의 전부를 다 돌려보내고 300명만 남기도록 하셨습니다(삿 7:3-8). 원래 모였던 군사 숫자의 100의 1만 남긴 것입니다. 100명당 99명은 돌려보내고 한 명씩만 남긴 것입니다. 그리고 이 300명으로 13만 5000명의 미디안 부대를 완전히 멸절시키게 하였습니다(삿 8:10-12).

이처럼 하나님은 용기가 출중하지도 않은 장수에게 극소수의 군사만을 허락하신 상태에서도 당신께서 허락하신 놀라운 작전과 방식을 사용하여 승리하게 하셨습니다. 하나님이 통치하시는 세상에서 전쟁의 승패는 결코 사람의 힘에 있는 것이 아닙니다. 시편의 시인은 노래합니다. "많은 군대로 구원 얻은 왕이 없으며 용사가 힘이 세어도 스스로 구원하지 못하는도다. 구원하는 데에 군마는 헛되며 군대가 많다 하여도 능히 구하지 못하는도다"(시 33:16-17). 따라서 다윗은 이렇게 설파했습니다. "또 여호와의 구원하심이 칼과 창에 있지 아니함을 이 무리로 알게 하리라. 전쟁은 여호와께 속한 것인즉 그가 너희를 우리 손에 붙이시리라"(삼상17:47).

성도 여러분, 우리가 살면서 겪게 되는 모든 크고 작은 일들의 성공과

실패는 궁극적으로 하나님의 손에 달린 것입니다. 우리가 할 일은 하나님의 군사로서 하나님의 말씀대로 행하는 것뿐입니다. 이것이 성도들의 모든 삶의 싸움의 가장 본질적인 태도가 되어야 하겠습니다.

셋째, 하나님의 군대의 전쟁은 영적인 전쟁입니다. 하나님의 군대의 싸움의 승패는 혈과 육에 있지 않습니다. 찬송가 350절의 가사처럼 "우리들의 싸울 것은 혈기 아니오 우리들의 싸울 것은 육체"가 아닙니다. 우리의 싸움은 우리의 힘으로 싸우는 것이 아니라 하나님의 능력으로 싸우는 것입니다(고후 10:4).

이렇게 하나님의 능력으로 싸우기 위해서 가장 중요한 것은 하나님께서 우리 가운데 좌정하시도록 하는 것입니다. 그러나 우리가 하나님을 강제로 우리와 함께 하시게 만들 수는 없습니다. 우리에게 그럴 능력은 없습니다. 우리가 그렇게 할 수 있는 유일한 방법은 우리가 하나님의 거룩성에 합당한 거룩성을 갖추는 것입니다.

여호수아서 5:13-15는 이 점을 잘 보여줍니다. 여호수아가 여리고 성 전투를 앞두고 있을 때 갑자기 어떤 사람이 칼을 빼어 들고 그를 막아섭니다. 그는 여호와의 군대 대장이었습니다. 그는 여호수아에게 "네 발에서 신을 벗으라 네가 선 곳은 거룩하니라"고 명령합니다. 여리고 성 전투에서 가장 중요한 것은 여호수아와 그 군대가 하나님 앞에서 거룩함을 취하는 것이었습니다. 그럴 때 이스라엘은 불가능해 보이던 승리를 쟁취할 수 있었습니다.

성경에는 이처럼 항상 거룩이 모든 것의 선결 사항인 것을 봅니다. 출애굽기 3:1-6에서 하나님은 모세를 처음 부르시면서 여호수아에게 하셨던 것과 같은 요구를 하십니다. 이사야 역시 하나님을 만날 때 먼저 죄의 문제, 거룩의 문제를 해결해야만 했습니다(사 6장).

성도로서의 우리의 전쟁은 영적 전쟁입니다. 그리고 이 영적 전쟁에서 승리하는 방법은 우리의 장군이 되시는 하나님이 우리와 함께 동행하시면서 싸우실 수 있도록 우리가 거룩함을 갖추는 것입니다.

말씀을 정리하겠습니다. 민수기 1장의 이스라엘처럼 우리 성도들은 하나님의 군대로서 새 예루살렘에 이르기까지 영적인 전쟁을 치러야 합니다. 우리는 하나님의 명령을 따라 싸워야 하며, 우리의 싸움은 혈과 육으로 싸우는 싸움이 아니라 하나님의 능력으로 싸우는 것이며, 그 능력을 힘입기 위해서는 반드시 우리가 거룩해야 한다는 것을 잊지 마시기 바랍니다.

민수기 2장
진의 배치와 행군 순서

민수기 2장의 개관

민수기 2장은 1장의 개관에서 보았듯이 1-4장의 이스라엘 백성의 인구조사 기록의 일부이며, 1장과 짝을 이루고 있다. 앞의 1장이 인구조사 통계 자체에 초점을 맞추고 있다면 2장은 그렇게 조사된 이스라엘 백성의 진영 배치 및 행진시의 순서에 대한 것을 담고 있다.

진영 배치는 한 가운데 성막이 있고, 이 성막을 레위 지파들과 제사장 집단이 둘러 싸고 있으며(3:21-38), 다시 그 둘레를 열두 지파가 동서남북 각 방향으로 세 지파씩 둘러싸고 있는 형태다.

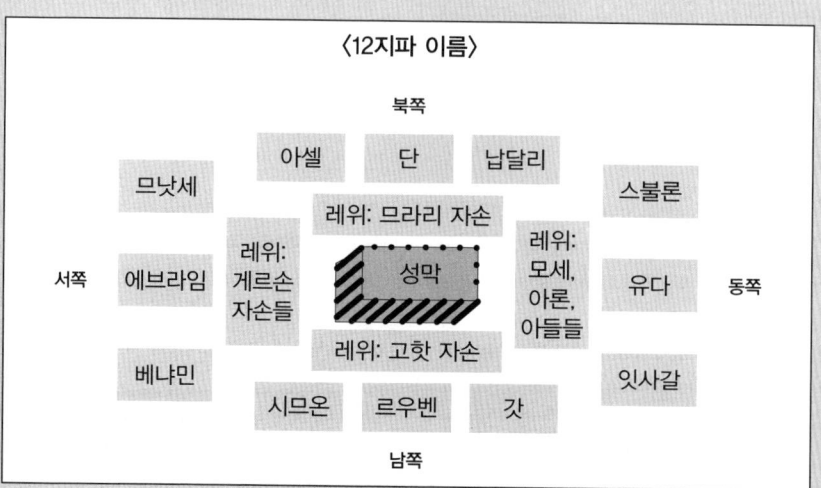

이스라엘 지파가 진행을 할 때는 배치가 좀 달라진다. 이 민수기 2장의 일반적 서술과 민수기 10장의 실제 행진 모습에 대한 묘사 본문 등을 종합해볼 때[1] 행진시 맨 앞 자리는 고핫 자손이 운반하는 법궤의 차지였던 것으로 보인다(민 10:33; 참고, 수 3:4[2]). 그 다음 자리는 진영의 동쪽에 배치된 지파들, 즉 유다 지파를 포함한 지파들이다. 그 다음 자리에는 게르손 지파와 므라리 지파가 성막과 함께 배치된다. 그 다음 자리는 남쪽 지파들, 즉 르우벤 지파를 포함한 지파들이다. 그 다음 자리는 성막의 물품들을 운반하는 고핫 자손의 차지다. 그 다음으로 서쪽과 북쪽의 지파들이 마지막 자리를 채운다.

이 2장 역시 1장과 마찬가지로 이스라엘을 군대처럼 묘사하는 표현들이 많이 등장한다. "기호"(旗號), "군기"(軍旗), 부대, "진(영)", "군대" 등이 그것들이다. 이런 표현들은 모두 이스라엘이 가나안 정복 전쟁을 목표로 하는 군사 조직적 성격을 띠고 있다는 점을 분명히 해주고 있다.

민수기의 이런 모습들은 신약에 여러 가지 방식으로 반영되어 있다.[3] 첫째, 요한복음 1:14는 예수 그리스도의 성육신에 대해서 "말씀이 육신이 되어 우리 가운데 거하시매"라고 하고 묘사하고 있다. 이 때 "거하시매"란 표현은 히브리어 원어가 가진 의미를 너무 축소시켜 표현한 것이다. 이 표현의 헬라어 단어는 스케노오($\sigma\kappa\eta\nu\acute{o}\omega$)이다. 이 단어는 구약에서 "성막"을 지칭하는 용어인 스케네($\sigma\kappa\eta\nu\acute{\eta}$)의 동사형이다. 따라서 이 구절은 "말씀이 육신이 되어 우리 가운데 성막을 치셨다"라고 번역하는 것이 적절하다.[4] 이 중 후

---

[1] 아래의 행진시의 지파들과 레위인들의 순서에 대한 정리는 R. K. Harrison, *Numbers*. The Wycliffe Exegetical Commentary (Chicago: Moody Press, 1990), 57을 주로 따른 것이다.

[2] Gordon J. Wenham, *Numbers: An Introduction and Commentary*. Vol. 4. Tyndale Old Testament Commentaries (Downers Grove: InterVarsity Press, 1981), 76.

[3] 민수기 2장과 신약의 관계는 Wenham, *Numbers*, 78에서 얻은 아이디어들을 확대하고, 필요한 경우 수정을 가한 것들이다.

[4] 이 점은 요한복음 주석들에서 흔히 볼 수 있는 사항이다. 예를 들어 D. A. Carson, *The Gospel according to John*. The Pillar New Testament Commentary (Grand Rapids: Inter-Varsity Press, 1991), 127 등을 보라.

반절의 내용은 출애굽기 25:8의 말씀, "내가 그들 중에 거할 성소를 그들이 나를 위하여 짓되"라는 말씀과 잘 상응한다. 그리고 이처럼 하나님의 성막이 당신의 백성 한 가운데 위치하고 있는 모습은 민수기 2장이 묘사하고 있는 이스라엘 진영의 배치와 잘 상응한다.

둘째, 진영 한 가운데 위치한 성막의 이미지를 사도 바울은 자주 성도 개인 및 교회의 모습과 연결시킨다. 고린도후서 6:16는 "우리는 살아 계신 하나님의 성전이라 …내가 그들 가운데 거하며 두루 행하여 나는 그들의 하나님이 되고 그들은 나의 백성이 되리라"고 말씀하고 있다. 또 고린도전서 6:19는 "너희 몸은 너희가 하나님께로부터 받은 바 너희 가운데 계신 성령의 전인 줄을 알지 못하느냐 너희는 너희 자신의 것이 아니라"고 말씀하고 있다.

셋째, 고린도전서 10:4는 "그들을 따르는 신령한 반석으로부터 마셨으매 그 반석은 곧 그리스도시라"라는 흥미로운 말씀을 담고 있다. 여기에서 "신령한 반석"은 민수기 20장의 므리바 사건을 반영하는 것임은 자명하다. 그런데 이 신령한 반석, 곧 그리스도께서 "그들을 따른다"고 사도 바울은 말하고 있다. 이처럼 이스라엘의 광야 여행 중에 이스라엘과 함께 이동하시는 하나님의 이미지를 민수기 2장은 그리고 있다.[5]

넷째, 요한계시록 21:10-14에 나오는 거룩한 성 예루살렘은 동서남북 각각의 방향으로 세 개의 문이 나 있고, 각 문마다 열두 지파의 이름이 하나씩 적혀 있는 형태를 띠고 있다. 이 모습은 민수기 2장의 이스라엘 진영 배치를 연상시킨다.

---

5 "그들을 따르는 신령한 반석"은 사실 주석학적으로 수많은 난제들을 품고 있다. 또한 신구약 중간기 문헌들과 랍비 문헌들 속의 이런 개념의 발전 과정 및 해석의 역사도 흥미로운 요소들이 많다. 이에 대한 좋은 정리는 Anthony C. Thiselton, *The First Epistle to the Corinthians: A Commentary on the Greek Text*, New International Greek Testament Commentary (Grand Rapids: Eerdmans, 2000), 727-730을 보라.

1단계: 사역

1. 여호와께서 모세와 아론에게 말씀하셨다.
2. 이스라엘 자손은 각자 자기 조상의 가족의 기호(旗號)와 더불어 자기 진영의 군기(軍旗) 곁에 진을 치는데, 회막 둘레에 그것을 향하여 치라.
3. 동쪽 해 돋는 쪽에 진칠 자들은 자신들의 진영별로 유다의 부대의 군기에 속한 자들이다. 그리고 유다 자손의 지파장은 암미나답의 아들 나손이다.
4. 그리고 그의 군대와 그 계수된 자들은 74,600명이다.
5. 그 옆에 진칠 자들은 잇사갈 지파이다. 그리고 잇사갈 자손의 지파장은 수알의 아들 느다넬이다.
6. 그의 군대와 그 계수된 자들은 54,400명이다.
7. 그리고 스불론 지파다. 스불론 자손의 지파장은 헬론의 아들 엘리압이다.
8. 그의 군대와 그 계수된 자들은 57,400명이다.
9. 유다 진영의 군대로 계수된 자들의 총합은 186,400명이다. 그들은 선두에서 행진할 것이다.
10. 남쪽에는 진영별로 르우벤 부대의 군기가 있을 것이다. 르우벤 자손의 지파장은 스데울의 아들 엘리술이다.
11. 그의 군대와 그 계수된 자들은 46,500명이다.
12. 그 옆에 진칠 자들은 시므온 지파이다. 그리고 시므온 자손의 지파장은 수리삿대의 아들 슬루미엘이다.
13. 그의 군대와 그 계수된 자들은 59,300명이다.
14. 그리고 갓 지파이다. 갓 자손의 지파장은 르우엘의 아들 엘리아삽이다.
15. 그의 군대와 그 계수된 자들은 45,650명이다.
16. 르우벤 진영의 군대로 계수된 자들의 총합은 151,450명이다. 그들은 두 번째 위치에서 행진할 것이다.
17. 회막은 레위인의 진영과 함께 진영들의 중간에서 행진할 것이다. 곧 그들의 진친 대로 각자가 자신의 위치에서 자신들의 군기들을 따라서 행진할 것이다.
18. 서쪽에는 진영별로 에브라임 부대의 군기가 있을 것이다. 에브라임 자손의 지파장은 암미훗의 아들 엘리사마이다.
19. 그의 군대와 그 계수된 자들은 40,500명이다.
20. 그 옆에는 므낫세 지파가 있을 것이다. 므낫세 자손의 지파장은 브다술의 아들 가말리엘이다.

21. 그의 군대와 그 계수된 자들은 32,200명이다.
22. 그리고 베냐민 지파이다. 베냐민 자손의 지파장은 기드오니의 아들 아비단이이다.
23. 그의 군대와 그 계수된 자들은 35,400명이다.
24. 에브라임 진영의 군대로 계수된 자들의 총합은 108,100명이다. 그들은 세 번째 위치에서 행진할 것이다.
25. 북쪽에는 진영별로 단 부대의 군기가 있을 것이다. 단 자손의 지파장은 암미삿대의 아들 아히에셀이다.
26. 그의 군대와 그 계수된 자들은 62,700명이다.
27. 그 옆에는 진칠 자들은 아셀 지파이다. 아셀 자손의 지파장은 오그란의 아들 바기엘이다.
28. 그의 군대와 그 계수된 자들은 41,500명이다.
29. 그리고 납달리 지파이다. 납달리 자손의 지파장은 에난의 아들 아히라이다.
30. 그의 군대와 그 계수된 자들은 53,400명이다.
31. 단의 진영의 군대로 계수된 자들의 총합은 157,600명이다. 그들은 자신들의 군기를 따라 후미에서 행진할 것이다.
32. 이것들이 조상들의 가족을 따라 이스라엘 자손들 중에서 계수된 자들이다. 진영별로 모든 군대들의 계수된 자들의 총합은 603,550명이다.
33. 그러나 레위인은 이스라엘 자손 중에서 계수되지 않았으니 여호와께서 모세에게 명령하신 바와 같았다.
34. 이스라엘 자손이 여호와께서 모세에게 명령하신 대로 다 행하였다. 이처럼 그들이 각자 자신들의 군기들을 따라 진을 쳤으며, 이처럼 각자가 자기 가문과 가족별로 행진을 하였다.

2단계: 사역 해설

2절. "각자 자기 조상의 가족의 기호(旗號)와 더불어 자기 진영의 군기(軍旗) 곁에 진을 치는데": "기호"의 히브리어는 오트(אות)이다. 원래 이 단어는 흔히 '표적', '표징' 등의 뜻으로 쓰이는 단어이다(출 3:12; 4:8; 민 14:11, 22 등). 그러나 이 단어는 현재의 문맥에서는 옛날 군대들이 전쟁터에 나갈 때 부대의 표식을 위해 들고 나갔던 깃발을 의미하는 것으로 보인다. 이런 의미로는 구약성경에 이 민 2:2와 더불어 오직 시 74:4에만 사용되고 있다 (BDB).

"군기"로 번역된 단어는 데겔(דֶּגֶל)이다. 따라서 이 데겔 역시 오트와 마찬가지로 군사용 깃발을 의미한다. 그러나 이 민수기 2장에서는 이 둘 사이에 약간의 사용상의 차이를 보이는데, 오트는 각 지파의 표식으로 사용된 반면에 데겔은 성막의 동서남북 사방에 배치된 세 지파마다 각각 하나씩 할당된 깃발을 나타내는 용어로 보인다. 따라서 이 2절의 의미는 각 지파가 각자 자기 지파의 깃발, 즉 오트를 들고, 자신의 지파가 속한 세 지파 연합의 깃발, 즉 데겔 둘레에 진을 쳤다는 뜻이다.

3단계: 단락 구분

민수기 2장의 단락 구분은 다음과 같다.

2:1-31 하나님의 명령
    2:1 하나님 말씀의 도입구
    2:2-31 하나님의 명령
        2:2 서론
        2:3-31 진영 배치 지시 사항
            2:3-9 동쪽 진영
            2:10-16 남쪽 진영
            2:17 회막과 레위 지파
            2:18-24 서쪽 진영
            2:25-31 북쪽 진영
2:32-34 내레이터의 진술
    2:32 진영별 인구 통계

2:33 레위 지파: 예외 사항

2:34 2장의 결론

민수기 2장은 내용의 형식상 크게 두 부분으로 깔끔하게 나뉜다. 장의 거의 대부분을 차지하는 1-31절은 하나님의 명령을 담고 있다. 장 끝의 세 절을 구성하고 있는 32-34절은 내레이터의 진술이다.

우선 하나님의 명령은 1절의 내레이터의 도입구를 통해서 소개되며, 2-31절이 실제 하나님의 명령이다. 이 명령의 내용은 2절의 서론을 통해서 그 전체적인 내용이 간략하게 두괄식으로 제시된다. 그것은 이스라엘의 각 지파가 지파별 기호(旗號)를 들고, 성막 둘레로 동서남북 방향으로 할당된 세 지파 연합의 군기(軍旗) 아래에 진열하라는 것이다.

이 서론에 이어서 각 세 지파 연합에 속한 지파들의 명세, 그리고 각 지파에 속한 지파의 인원 및 지파 연합의 인원 총계가 각각 일곱 절씩으로 할당된 본문 속에 제시된다. 그 순서는 동, 남, 서, 북의 순, 즉 시계방향 순이다(3-9, 10-16, 18-24, 25-31절).

한 가지 특이한 점은 동쪽과 남쪽의 세 지파 연합에 대한 내용이 제시된 후에 레위 지파에 대한 언급이 나온다는 점이다(17절). 이 레위 지파에 대한 자세한 인구조사 통계 및 기타 사항들에 대해서는 3-4장에서 다루어질 것이기 때문에 여기에서는 다른 지파들과는 달리 진영 배치에 대한 간단한 언급만 나온다.

이렇게 하나님의 명령에 대한 소개 이후에 내레이터는 장의 마지막 세 절(32-34절)에서 전체의 내용을 정리해준다. 32절은 앞의 하나님의 명령에서 나온 지파별 인원의 총합을 언급하고 있으며, 33절은 레위 지파가 여기에서 예외라는 점을 밝히고 있다.

장 마지막의 34절은 이스라엘이 "여호와께서 모세에게 명령하신 대로 다 행하였다"고 언급하고 있다. 이런 점은 1장의 마지막 절(1:54)과 거의 완전히 동일하며, 이스라엘이 하나님의 명령을 성실히 수행하고 있음을 강조해준다.

4단계: 본문 해설

1절. "여호와께서 모세와 아론에게 말씀하셨다": 민수기에서는 하나님의 말씀을 듣는 주체는 보통 모세 단독이다. 그런데 이 2장에서는 아론이 함께 청자로 언급되고 있다.[6] 레위기의 경우에는 이 청자가 누구냐 하는 것은 해당 본문의 해석에 결정적인 경우가 많다. 즉 모세가 청자일 때와 모세와 아론이 청자일 때가 각각 본문의 내용이 어떤 것인지를 충분히 추측할 수 있게 해주는 정보가 된다.[7] 그러나 민수기의 경우에는 이 점과 관련해서 어떤 일관된 흐름이 파악되지는 않는 것 같다. 하여튼 이 말씀 도입구는 2-31절의 진영 배치에 대한 하나님의 명령을 도입해주고 있다.

2절. 이 구절은 이어지는 3-31절의 진영 배치에 대한 세부적 말씀의 서론적 역할을 한다. 이 말씀에 따르면 이스라엘 각 지파는 그 지파를 표시해주는 특별한 모습의 깃발, 즉 "기호"(旗號)가 있었던 것 같다. 광야 생활 중 각 지파는 이 깃발을 기준으로 해서 진영을 형성하고 주둔해야 했다.

또한 각 지파는 하나님께서 명령하신 대로 세 지파씩 집단을 형성해야 했다. 그리고 이 세 지파 연합이 각각 성막의 동서남북 중 하나님께서 배정하신 어느 한 곳에 진영을 형성해야 했다. 3-31절은 바로 어떻게 각 지파가 세 지파씩 연합되고, 그 연합이 다시 성막의 어느 쪽 방향에 배치되는가 하는 것을 다루고 있다.

3-31절. 이 본문에서 레위 지파에 대해서 다루고 있는 17절을 제외한

---

[6] 오경에서 하나님의 말씀의 수여자가 누구인지에 대한 좋은 정리는 Timothy R. Ashley, *The Book of Numbers*, The New International Commentary on the Old Testament (Grand Rapids: Eerdmans, 1993), 73 n. 12를 보라.

[7] 박철현, *레위기* (서울: 솔로몬, 2018), 356.

나머지 구절들은 2절에서 설명한 세 지파 연합에 대해서 다음과 같이 각각 7절을 할애해서 다루고 있다.

  3-9절: 동쪽 진영(유다, 잇사갈, 스불론)
  10-16절: 남쪽 진영(르우벤, 시므온, 갓)
  18-24절: 서쪽 진영(에브라임, 므낫세, 베냐민)
  25-31절: 북쪽 진영(단, 아셀, 납달리)

세 지파의 연합체로 이루어진 각 진영에 대한 묘사는 일관된 특징들을 갖고 있다. 그 특징들을 3-9절을 예로 들어 정리하면 다음과 같다.

(1) 먼저 성막을 기준으로 해서 어느 방향의 부대인지가 명시된다: "동쪽 해 돋는 쪽에 진칠 자들은"(3절).

(2) 해당 진영의 기준 지파가 누구인지가 명시된다: "진영별로 유다의 부대의 군기에 속한 자들이다"(3절).

(3) 기준 지파 외에 나머지 지파들의 열거된다: "그 옆에 진칠 자들은 잇사갈 지파…그리고 스불론 지파다"(5, 7절).

(4) 기준 지파 및 기타 지파의 지파장들의 이름이 차례대로 열거된다: "유다 자손의 지파장은…잇사갈 자손의 지파장은…스불론 자손의 지파장은…"(3, 5, 7절).

(5) 각 지파의 군인의 숫자가 열거된다: "그의 군대와 그 계수된 자들은…명이다"(4, 6, 8절).

(6) 세 지파 연합체의 군인의 총수가 언급된다: "유다 진영의 군대로 계수된 자들의 총합은…명이다"(9절).

(7) 해당 세 지파 연합이 행진 시 서게 될 위치가 명시된다: "그들은 선두에서 행진할 것이다"(9절).

이런 순서를 참고하여 3-31절의 세 지파 연합에 대한 내용을 본문 순서에 따라 정리해보면 다음과 같다.

진 배치 방향	동	남	서	북
기준 지파	유다	르우벤	에브라임	단
기타 지파	잇사갈, 스불론	시므온, 갓	므낫세, 베냐민	아셀, 납달리
	아셀, 납달리			
지파장	1:5-15의 지파장 목록과 동일. 1장 참고.			
군인 수	1:21-43의 인구조사 도표와 동일. 1장 참고.			
지파 연합	186,400명	151,450명	108,100명	157,600명
군인 총수				
행진시 위치	선두	두 번째	세 번째	후미

이 도표에서 보면 한 가지 눈에 띄는 점은 선두와 후미에 가장 군사 숫자가 많은 지파 연합이 배치되었다는 점이다. 이것은 이런 위치들이 전투시 상대적으로 더 강할 필요가 있었기 때문일 가능성이 있다.[8]

17절. 3-31의 한 가운데 위치한 17절은 레위인이 행진 중에는 행렬의 중간 위치에서 진행할 것임을 언급하고 있다. 그러나 이 구절의 의미는 앞의 2장의 개관에서 설명한 바와 같이 민수기 10장 등, 행진에 대한 내용들 다루는 기타 본문들을 종합해서 판단해야 한다. 실제로는 레위 지파는 몇 팀으로 나뉘어 각자 기타 지파들 사이에 배치되어 행진했던 것으로 보인다.

32-34절. 이 본문은 내레이터의 진술 부분이다. 32절은 앞에서 나오는 진영별 인구 통계를 종합하여 이스라엘 전체 군인들의 총계를 제시하고 있다. 그 숫자는 603,550명이다.

33절은 이미 1:47-53에서 보았듯이 이 계수에 포함되지 않았음을 밝히고 있다. 이들의 계수는 민수기 3-4장에서 다뤄질 것이다.

마지막으로 34절은 두 부분으로 나뉜다. 첫째, 내레이터는 "이스라엘 자

---

[8] James Philip and Lloyd J. Ogilvie. *Numbers*. Vol. 4. The Preacher's Commentary Series (Nashville: Thomas Nelson, 1987), 37.

손이 여호와께서 모세에게 명령하신 대로 다 행하였다"고 진술하고 있다. 이스라엘의 이런 모습이 민수기 1-10장의 전반적인 모습임은 이미 민수기 개관 때부터 여러 차례 살펴 본 바가 있다. 둘 째, 후반절은 이스라엘 백성이 2절의 하나님께서 지시하신 바와 같이 진을 치고 행진하였다고 말하고 있다.

5단계: 적용

3-31절. "동쪽…에 진칠 자들은…선두에서 행진…남쪽에는…두 번째 위치에서 행진…서쪽에는…세 번째 위치에서 행진…북쪽에는…후미에서 행진할 것이다". 하나님은 열두 지파를 세 지파씩 묶어서 그들이 주둔할 때의 위치나 행진할 때의 위치를 정해 주셨다. 이스라엘은 하나님의 군대로서 살아갈 때 하나님께서 정해주신 위치를 받아들이고, 그 자리에서 자신들이 가진 임무를 수행해야 한다. 물론 행진시에는 상대적으로 선두나 후미가 적을 맞닥뜨릴 가능성이 더 높기 때문에 이스라엘의 진형도 이런 곳에 상대적으로 더 강한 지파들이 배치된 것으로 보인다. 그러나 전쟁의 각 상황마다 이 중 어느 위치가 더 위험하게 될 지는 아무도 모른다. 주둔 시 동서남북 각 위치가 가진 위험이 상황에 따라 다르고, 행진 시 선두와 가운데와 후미의 각 위치가 가진 위험이 상황에 따라 다르다. 전쟁의 지휘관이신 하나님이 정하신 것을 그 부하 병사들이 제멋대로 바꿀 수는 없는 일이다. 모든 군사는 백부장이 "나도 남의 수하에 든 사람이요 내 아래에도 병사가 있으니 이더러 가라 하면 가고 저더러 오라 하면 오고 내 종더러 이것을 하라 하면 하나이다"(눅 7:8)한 것처럼 하나님의 명령에 전적으로 순종해야 한다. 오직 그럴 때에야 이스라엘은 "네 하나님 여호와께서 네게 기업으로 주어 차지하게 하시는 땅에서 네 하나님 여호와께서 사방에 있는 모든 적군으로부터 네게 안식을 주실 때"를 맞이할 수 있을 것이다(신 25:19). 이 점은 현재의

우리에게도 역시 마찬가지다.

34절. "이스라엘 자손이 여호와께서 모세에게 명령하신 대로 다 행하였다": 민수기 저자는 1-10장 내내 이 동일한 어구를 반복하기를 그치지 않는다. 그 이유는 이것이 하나님의 백성이 살아가야 하는 유일한 방식이기 때문이다. 이스라엘은 하나님의 어떤 명령에는 순종하다가 어느 명령에는 순종하지 않아도 되는 것이 아니다. 하루는 명령에 순종하고 하루는 순종하지 않아도 되는 것이 아니다. 하나님의 백성은 오직 "명령하신 대로 다" 행해야만 한다.

6단계: 설교 "하나님의 명령을 따라 싸우라"(민수기 2:34)

민수기 2장은 "이스라엘 자손이 여호와께서 모세에게 명령하신 대로 다 행하였더라"고 말씀하고 있습니다. 우리가 신앙을 가지고 공중의 권세 잡은 자와 싸우면서 살아가는 삶의 방식은 항상 이래야만 합니다. 결코 하나님의 명령, 성경을 통해서 하나님께서 우리에게 가르쳐 주신 삶의 방식 외의 다른 것이 우리의 삶의 방식이 되어서는 안 되겠습니다.

여호수아서 6-8장은 이와 관련하여 교훈이 될 만한 사항들을 연쇄적으로 보여줍니다. 먼저 여호수아서 6장을 보겠습니다. 가나안의 첫 번째 성인 여리고 성 전투 당시 여리고 성 사람들은 문을 굳게 걸어 잠그고 아예 나오려고 하지 않았습니다. 공성전을 해본 적이 없는 이스라엘 사람들에게 이런 전투는 대책이 없었을 것입니다. 이 때 하나님은 이스라엘 백성들로 하여금 6일 동안 성 주위를 한 바퀴를 돌고, 제7일에는 나팔을 불면서 일곱 바퀴를 돌다가 마지막에 크게 나팔을 불 때 백성이 일제히 소리를 지르면 성벽이 무너질 것이라고 하셨습니다(수 6:2-5).

사실 이스라엘 백성들이 이 말씀을 액면가 그대로 믿기가 쉽지 않았을 것입니다. 두꺼운 성벽이 어떻게 둘레를 돌고 소리를 지른다고 해서 무너질 수가 있겠습니까? 그런데 실제로 그런 일이 일어났습니다. 이스라엘이 하나님의 말씀에 순종해서 그대로 행했을 때 그런 일이 일어났습니다. 오늘 본문인 민수기 2:34의 말씀대로 "이스라엘 자손이 여호와께서…명령하신 대로 다" 행했을 때 놀라운 일이 벌어진 것입니다.

이제 여호수아서 7장의 아이성 전투를 보겠습니다. 6장과 달리 이 7장은 처음부터 분위기가 좋지 않습니다. 유다 지파의 아간이란 사람이 6장 후반부에서 모세가 전한 말씀을 어기고 여리고 성의 전리품을 훔침으로써 하나님의 진노를 샀습니다(수 7:1).

이런 상황에서 이스라엘은 아마 여리고 성 전투에서의 승리로 들떴는지 교만하게 행동합니다. 이 성이 여리고 성에 비해서 규모가 작은 것에 고무되었는지 몰라도 이스라엘 사람들은 소수의 병력으로 싸우려고 하다가 패하고 좌절합니다. 그리고 이 본문에는 하나님의 지시나 명령에 대한 기록은 나오지 않습니다.

이스라엘이 탄식하며 하나님께 이유를 물었을 때 하나님은 "이스라엘이 범죄하여 내가 그들에게 명령한 나의 언약을" 어겼기 때문이라고 말씀하시면서 아간의 죄를 해결해야만 다시 원수와 싸울 수 있을 것이라고 하셨습니다(수 7:11, 13).

이제 여호수아서 8장의 전투를 보겠습니다. 아간의 죄 문제를 하나님의 지시대로 처리하고 난 후 이스라엘은 다시 한번 아이성 전투를 감행합니다. 이 번에는 7장의 경우와 다르게 충분히 많은 병력을 동원합니다(수 8:3). 또한 하나님의 명령을 따릅니다(8:2-8). 그 결과 승리를 거두고 사후 처리도 하나님의 명령대로 합니다(8:27).

이처럼 여리고 성과 아이 성을 무대로 해서 벌어진 세 번의 전투에서 이스라엘의 승패는 하나님의 말씀대로 하느냐 아니냐 하는 것에 따라 결정이 납니다. 하나님의 말씀대로 하면 불가능해 보이는 전쟁도 승리할 수 있습니다. 반면에 하나님의 말씀대로, 하나님이 원하시는 방식대로 하지 않으면 아무리 하찮아 보이는 적에게도 패할 수가 있습니다.

말씀을 정리하겠습니다. 다윗이 골리앗과 싸우면서 한 말처럼 참으로 "전쟁은 여호와께 속한 것"입니다(삼상 17:47). 우리가 하나님의 말씀대로 살고 행하며, 하나님의 명령대로 할 때 누가 우리를 대적할 수 있겠습니까?

민수기 3장
레위인의 임무 및 인구조사 I

민수기 3장의 신학 개관

민수기 3장은 민수기 1-4장의 일부로서 레위 지파의 인구조사에 대한 내용을 다루는 4장과 다음과 같이 짝을 이룬다.

3-4장 레위인의 인구조사 및 역할
    3장 레위인의 임무 및 인구조사 I (장자의 대속자)
    4장 레위인의 임무 및 인구조사 II (성막 관련 임무)

위의 구조에서 보듯이 3장과 4장은 둘 다 레위 지파의 인구조사에 내용을 담고 있다. 그러나 위의 구조의 괄호 속의 내용들에서 보듯이 각 인구조사의 대상과 이유와 내용이 다르다. 우선 3장의 인구조사는 "일 개월 이상 된 남자"의 수를 계산하는 것이었다(3:15, 22, 28, 39, 40, 43). 그 이유는 이들이 다른 지파의 장자들을 대신하는 역할을 하기 때문이었다(3:40-48). 이렇게 해서 계수된 자의 총수는 22,000명이었다(3:39).

반면에 4장의 레위 지파 인구조사는 "삼십 세 이상으로부터 오십 세까지"의 레위인들의 수를 세는 것이었다(4:3, 35, 39, 47). 그 이유는 성막을 운반하는 사람들을 파악하기 위한 것이었다(4:3-33). 이렇게 해서 계수된 자의 총수는 8,580명이었다.

이제 3장을 좀 더 자세하게 살펴 보도록 하자. 3장은 먼저 아론과 모세의 계보로부터 시작한다(3:1-4절). 여기에는 아론의 네 아들의 이름도 열거되며, 이들 중 나답과 아비후가 여호와 앞에 다른 불을 드리다가 죽은 사건(4절; 참고, 레 10:1-2)도 언급된다. 레위 지파의 인구조사에 이런 기록들이 나오는 이유는 이 레위 지파를 감독하는 사람이 왜 장자인 나답이나 둘째로 보이는 아비후가 아닌가 하는 점에 대한 근거를 제시하는 것(민 3:32), 그리고 레위인의 사역이 제사장들 앞에서 하는 사역이며, 그들의 일들을 보조하는 일이라는 점(3:6) 때문인 것으로 보인다.

이어지는 3:5-10은 레위인의 직무에 대한 서론적 언급이 나온다. 그 다음의 3:11-48의 본문, 즉 이 장의 본론적 본문은 레위인이 이스라엘의 모든 장자들을 대신한다는 점(3:11-13, 40-48)과 레위 지파의 세 가문인 게르손, 고핫, 므라리 가문의 각각의 구체적인 임무, 진의 배치, 각 가문의 인구 통계(3:14-39)를 담고 있다. 흥미로운 점은 장자에 대한 본문이 레위인의 임무 및 인구 통계 본문을 앞뒤로 감싸고 있는 형태를 띠고 있다는 점이다.

    3:11-13 장자의 대속자로서의 레위인
        3:14-39 레위 지파의 임무, 진 배치, 인구 통계
    3:40-51 장자의 대속자로서의 레위인

1단계: 사역

1 여호와께서 시내 산에서 모세와 말씀하실 때에 아론과 모세의 계보는 이러했다.
2 이들은 아론의 아들들의 이름들이다. 장자는 나답이다. 그리고 [나머지는] 아비후, 엘르아살, 이다말이다.
3 이들은 아론의 아들들, 즉 제사장 사역을 위해 위임을 받고 기름 부음 받은 제사장들이다.
4 나답과 아비후는 시내 광야에서 여호와 앞에 다른 불을 드리다가 여호와 앞에서 죽었

으며, 자식이 없었다. 그리고 엘르아살과 이다말이 자기네 아버지 아론 앞에서 제사장 사역을 하였다.

5 여호와께서 모세에게 말씀하셨다.
6 레위 지파를 데려와라. 그리고 그들이 제사장 아론 앞에서 사역하며, 그를 보조하게 하라.
7 그들이 성막의 일을 하도록 회막 앞에서 [아론의] 직무와 온 회중의 직무를 담당할 것이다.
8 또 그들이 성막의 일을 하도록 회막의 모든 물품들과 이스라엘 자손들의 직무를 담당할 것이다.
9 너는 레위인들을 아론과 그의 아들들에게 주어라. 그들은 이스라엘 자손 중에서 그에게 온전히 주어진 자들이다.
10 그리고 너는 아론과 그의 아들들을 임명하며, 그들이 제사장 직무를 수행하게 하여라. 허락되지 않은 자가 접근하면 죽게 될 것이다.
11 여호와께서 모세에게 말씀하셨다.
12 보라 내가 이스라엘 자손 중에서 레위인들을 취하여 이스라엘 자손 중에서 모태를 연 모든 첫째들을 대신하게 하였으니, 레위인들은 내 것이다.
13 왜냐하면 내가 애굽 땅에서 모든 첫째들을 친 날 모든 첫째들이 내 것이 되었기 때문이다. 내가 이스라엘의 모든 첫째들을 사람부터 짐승까지 다 나를 위하여 구별하였으니 그들이 내 것이 될 것이다. 나는 여호와다.
14 여호와께서 시내 광야에서 모세에게 말씀하셨다.
15 레위 자손을 그들의 가족과 가문별로 계수하여라. 일 개월 이상 된 남자를 다 계수하라
16 모세가 여호와께서 명령하신 대로 말씀을 따라 계수를 하였다.
17 레위의 아들들의 이름은 이러하다: 게르손, 고핫, 므라리.
18 게르손의 아들들의 이름은 가문별로 이러하다: 립니, 시므이.
19 고핫의 아들들은 가문별로 이러하다: 아므람, 이스할, 헤브론, 웃시엘.
20 므라리의 아들들은 가문별로 이러하다: 말리, 무시. 이들은 조상의 가족별로 레위 지파의 가문들이다.
21 게르손에게는 립니 가문과 시므이 가문이 속했다. 이들은 게르손의 가문들이었다.
22 일 개월 이상 된 모든 남자의 숫자는 7,500명이다.
23 게르손의 가문들은 성막 뒤, 곧 서쪽에 진을 칠 것이다.
24 게르손에게 속한 조상의 가문들의 가문장은 라엘의 아들 엘리아삽이다.
25 게르손 자손의 회막의 직무는 성막과 장막과 그 덮개와 회막 입구의 휘장,

26 뜰의 벽 휘장들, 성막과 제단을 둘러싼 뜰 입구의 문 휘장, 그 모든 일을 위한 줄들이다.

27 고핫에게는 아므람 가문과 이스할 가문과 헤브론 가문과 웃시엘 가문이 속했다. 이들은 고핫의 가문들이었다.

28 일 개월 이상 된 모든 남자의 숫자로 계수된 자들, 그들의 계수된 자들은 8,600명이다. 성소의 직무를 맡을 자들이다.

29 고핫 자손의 가문들은 성막 측면인 남쪽에 진을 칠 것이다.

30 고핫에게 속한 조상의 가문들의 가문장은 웃시엘의 아들 엘리사반이다.

31 그들의 직무는 [증거]궤, 상, 등잔대, 제단들, 그들이 성소에서 사역할 때 쓰는 물품들, [지성소] 문 휘장 및 그에 관계된 모든 일이다.

32 레위인들의 가문장들의 수장은 제사장 아론의 아들 엘르아살이다. 성소의 직무를 맡은 자들을 관할하는 것이 임무이다.

33 므라리에게는 말리 가문과 무시 가문이 속했다. 이들은 므라리의 가문들이었다.

34 일 개월 이상 된 모든 남자의 숫자로 계수된 자들, 그들의 계수된 자들은 6,200명이다.

35 므라리[에게 속한] 조상의 가문들의 가문장은 아비하일의 아들 수리엘이다. 그들은 성막 측면인 북쪽에 진을 칠 것이다.

36 므라리 자손이 맡은 직무는 성막의 널판들, 그 가로대들, 그 기둥들, 그 받침들과 그 모든 물품들 및 그에 관계된 모든 일들,

37 뜰 둘레의 기둥들, 그 받침들, 그 말뚝들, 그 줄들이다.

38 성막 앞 동쪽 곧 회막 앞 해 돋는 쪽에 진칠 자들은 모세와 아론과 아론의 아들들, 곧 이스라엘 자손의 직무를 위하여 성소의 직무를 수행하는 자들이다. 허락되지 않은 자가 다가오면 죽임을 당할 것이다.

39 모세와 아론이 여호와의 명령을 따라 각 가문별로 계수한 레위인들의 숫자는 일 개월 이상 된 남자가 모두 22,000명이었다.

40 여호와께서 모세에게 말씀하셨다. 일 개월 이상 된 이스라엘 자손들 중에서 처음 태어난 남자를 다 계수하고, 그들의 숫자를 파악하여라.

41 나는 여호와다. 너는 이스라엘 자손 중의 모든 처음 태어난 자들 대신에 레위인들을, 그리고 이스라엘 자손의 가축 중 모든 처음 태어난 것들 대신에 레위인들의 가축을 나를 위하여 취하여라.

42 모세가 여호와께서 자기에게 명령하신 대로 이스라엘 자손 중 모든 처음 태어난 자들을 계수하였다.

43 계수를 통해 얻은 일 개월 이상 된, 모든 처음 태어난 남자들의 숫자는 22,273명이

었다.
44 여호와께서 모세에게 말씀하셨다.
45 이스라엘 자손 중 모든 처음 태어난 자들 대신에 레위인을 취하고, 그들의 가축 대신에 레위인의 가축을 취하여라. 레위인은 나의 것이다. 나는 여호와이다.
46 이스라엘 자손의 처음 태어난 자들 중 레위인보다 많은 273명의 속전으로
47 한 사람 당 5세겔씩을 취하여라. 성소의 세겔로 받아라. 1세겔은 20게라이다.
48 너는 그 돈을 그 남는 자들에 대한 속전으로 아론과 그의 아들들에게 주어라.
49 그러자 모세가 레위인들이 대속한 자 외에 남는 자들로부터 속전을 받았다.
50 그가 이스라엘 자손의 처음 태어난 자들로부터 돈을 받았으니, 성소의 세겔로 1,365세겔이었다.
51 여호와께서 모세에게 명령하신 것과 같이 모세가 속전을 여호와의 말씀대로 아론과 그의 아들들에게 주었다.

2단계: 사역 해설

1절. "계보": 톨르도트(תוֹלְדֹת). 개역개정은 이 단어를 "낳은 자"라고 번역하고 있으며, 이에 따라 마치 3장의 레위 자손의 목록이 "여호와께서 시내 산에서 모세와 말씀하실 때에", 즉 "말씀하시는 중에" 아론과 모세가 낳은 자손들의 목록인 것처럼 오해되게 번역해 놓았다. 그러나 모세와 아론이 이 당시에 아래에 언급되는 자식들을 낳았을 리가 없다는 것은 오경의 모든 본문이 분명하게 말해주고 있다. 톨르도트는 "계보" 혹은 "족보"(genealogy)란 의미를 가진 단어이다. 3장은 "아론과 모세의 계보", 즉 "레위 지파의 계보"를 담고 있는 것이다.

3절. "위임을 받은": 아쉐르 밀레 야담 르카헨(אֲשֶׁר מִלֵּא יָדָם לְכַהֵן). 밀레 야드(מִלֵּא יָד)란 표현은 직역을 하자면 "손을 채우다"(to fill a hand)란 뜻이다. 그러나 이 표현은 또한 "어떤 직분으로 위임을 받다"(to be anointed)는 뜻을 가진 관용적 표현이기도 하다.

6절. "앞에서 사역하며": 아마드 리프네(עָמַד לִפְנֵי). 직역하자면 "~앞에서 있다"란 뜻이다. 그러나 이 표현은 숙어적으로 "~을 위해서 사역하다"

란 의미로 사용되기도 한다(왕상 17:1 등).

7절. "성막의 일을 하도록": 개역개정은 "회막에서 시무하게"라고 번역하고 있다. 여기에서 회막"은 "성막"으로 바꿔 번역해야 한다. 히브리어 원어가 "회막"을 가리키는 오헬 모에드(אֹהֶל מוֹעֵד)가 아니라 "성막"을 의미하는 미쉬칸(מִשְׁכָּן)이기 때문이다.

[아론의]: 개역개정이 "아론이"라고 번역한 것의 히브리어 원어는 그냥 소유격 인칭대명사 3인칭 남성 단수이다. 개역개정은 문맥을 분명하게 하기 위해서 "아론의"를 살렸으며, 사역 역시 이를 따른다. 단지 원문에 "아론의"가 없다는 것을 표시하기 위해 네모 괄호([…])로 표기를 하였다.

9절. "온전히": 느투님 느투님(נְתוּנִם נְתוּנִם). 느투님은 "주다"(to give)란 뜻을 가진 동사 나탄(נָתַן)의 칼 분사 능동 남성 복수 형태이다. 그 의미는 "주어진 자들"(those given) 정도가 될 것이다. 여기에서 이 동사가 두 번 반복되고 있는데, 이런 반복구문은 보통 특출난 것이나 최상의 특질 등을 나타낸다. 현재의 문맥에서는 이 표현은 레위인들이 오직 아론만을 위해 주어진 것임을 강조하는 의미로 사용되고 있다.[1] 따라서 문맥상 개역개정의 "온전히"란 번역은 적절하다 할 수 있다. 참고로 이 문구는 8:16에도 나온다.

10절. "허락되지 않은 자": 이 단어에 대한 해설은 민수기 1:51의 동일한 표현에 대한 사역해설을 참고하라.

15절. "가족과 가문별로": 이 어휘들에 대한 해석은 민수기 1:2의 사역해설을 보라. 이 3:15에서는 1:2의 어휘들이 역순으로 되어 있다.

20절. "조상의 가족": 이 문구에 대해서는 민수기 1:44의 사역해설을 참고하라.

21절. "게르손 자손의 가문들": 개역개정은 "가문들" 앞에 "조상의"란 단어를 덧붙이고 있다. 그러나 이에 해당하는 단어가 원문에는 없다.

---

[1] W. Gesenius, *Gesenius' Hebrew Grammar*. Ed. E. Kautsch; trans. A. Cowley (Oxford: Clarendon Press, 1910), §123e.

22절. 레위 자손의 각 가문의 숫자를 밝히고 있는 22, 28, 34절은 평행을 이루고 있는 구절들이다. 이 중에서 22, 34절은 서로 문구가 거의 완전히 상응하지만 28절만 이 평행구가 약식으로 되어 있다. 개역개정은 22절은 히브리어 원문을 제대로 반영하고 있지만 이 구절과 완전하게 평행으로 이루고 있는 34절은 셋 중에서 가장 간단하게 번역하고 있다. 사역은 히브리어 원문의 문구를 최대한 반영하도록 번역했다.

24절. "가문장": 나씨 베트-아브(נְשִׂיא בֵית־אָב). 이 단어는 민수기 1:16 등에서 "지파장"이라는 뜻으로 사용된 바가 있다. 그러나 현재 구절인 3:24에서는 "지파장"이라기보다는 지파의 하부 조직인 가문의 장을 나타내는 용어이다. 따라서 "지파장"과의 구분을 위해 "가문장"이라고 번역하였다.

25절. "성막": 함미쉬칸(הַמִּשְׁכָּן). 정관사 하(הַ)+미쉬칸(מִשְׁכָּן). 이 미쉬칸이란 용어는 보통은 성막 전체를 가리키는 용어이다. 그러나 때로는 이 용어는 출애굽기 26:1-6에서 다루고 있는 바 성막 본체를 덮고 있는 네 개의 덮개 중 가장 안 쪽 덮개를 가리키는 용어이다. 성막의 구조물은 총 네 개의 덮개로 감싸지는데, 이 "성막"이라는 용어는 이 덮개들 중 가장 안쪽의 덮개를 가리키는 전문용어이다. 이처럼 미쉬칸이 때로는 성막이란 구조물 전체를 가리킬 수도 있고, 성막 본체를 덮는 막들 중 가장 안쪽의 막을 의미할 수도 있다는 점을 인식하고 있는 것이 중요하다.[2]

"장막": 하오헬(הָאֹהֶל). 정관사 하(הַ)+오헬(אֹהֶל). 오헬이라는 단어는 원래는 "장막"(tent)를 의미한다. 또 오헬 모에드(אֹהֶל מוֹעֵד)는 성막 구조물 전체를 가리키는 "성막"과 동의어로 사용되고 있는 "회막"이란 표현이다. 그러나 이 3:25에서의 오헬은 출애굽기 25:7 이하에서 다루고 있는, 성막의 네 덮개 중 안쪽에서 두 번째 덮개, 즉 바로 앞에서 해설한 "성막"을 덮는 막을 가리키는 전문용어이다. 출애굽기 25:7은 이것을 오헬 알-함미쉬칸

---

[2] 더 자세한 설명은 박철현, 출애굽기 산책 (서울: 솔로몬, 2014), 207-212를 보라. 특히 209쪽의 도표를 참고하라.

(אֹהֶל עַל־הַמִּשְׁכָּן), 즉 "성막 위의 막"이라고 부르고 있다.[3]

26절. "벽 휘장들": 켈라(קְלָעִים). 이 단어는 뜰의 벽을 가리기 위해 친 휘장을 가리키는 전문용어이다. 개역개정은 이처럼 벽을 둘러치기 위해 사용한 천과 지성소, 성소, 뜰의 입구를 막기 위해 드리운 천을 모두 휘장으로 번역함으로써 해당 어휘가 이 둘 중 정확히 어떤 것을 가리키는지 불분명한 경우가 많다. 사역에서는 이 점을 해결하기 위해 켈라는 "벽 휘장"으로 일관되게 번역하였다.

"문 휘장": 마사크(מָסָךְ). 이 단어는 위의 켈라와 달리 성소와 뜰 입구에 드리워서 안과 밖의 공간을 나눠주고, 문 역할을 하게 만든 휘장을 가리킨다. 켈라와의 구분을 위해 "문 휘장"이라고 일관되게 번역하였다. 한 가지 유념할 점은 지성소 입구에 드리운 휘장은 마사크라는 용어를 쓰지 않고, 파로케트(פָּרֹכֶת)라는 전문용어를 따로 사용한다는 점이다.

31절. "[증거]궤": 하아론(הָאָרוֹן). 히브리어 본문의 표현은 그냥 "그 궤"(the Ark)이다. "증거"라는 표현은 첨부되어 있지 않다. 개역개정은 이 단어가 그냥 단순한 궤가 아니라 "증거궤"를 가리킨다는 점을 분명히 해주기 위해서 "증거"란 단어를 추가하여 번역하였다. 이 사역에서는 개역개정의 판단이 맞기는 하지만 "증거"라는 단어 자체가 본문에 나오지는 않는다는 점을 분명히 해주기 위해 사각 괄호로 이 점을 표시하였다.

"[지성소] 문 휘장": 함마사크(הַמָּסָךְ). 위의 26절에서 다룬 마사크에 정관사가 붙은 형태이다. 26절에서 설명한 바와 같이 마사크는 뜰의 휘장과 성소의 휘장을 가리킬 때 사용되는 용어이며, 파로케트는 지성소 휘장을 특별하게 가리키는 용어로 쓰이는 것이 일반적이다. 그러나 26절에서 "휘장"과 관련된 임무는 주로 게르손 자손에게 위임된 것을 볼 때 이 31절의 정관사와 함께 사용된 이 마사크는 지성소 휘장을 가리킨다고 보는 것이 맞다고 생각된다. 사역은 이 점을 분명히 해주기 위해 "지성소"란 표현을 사각

---

[3] 이에 대해서는 박철현, 출애굽기 산책, 208-209를 보라.

괄호로 첨가했다.

32절. "가문장들의 수장": 느씨 느씨에(נְשִׂיאֵי נְשִׂיאֵי). 직역하자면 "가문장의 가문장"이 될 것이다. 즉 "가문장"을 뜻하는 나씨(נָשִׂיא)가 연계형 형태로 두 번 반복되고 있는 것이다. 이것을 그대로 직역할 경우 어색하게 느껴지기 때문에 첫 번째 나씨(한국어로는 두 번째 "가문장")를 "수장"으로 바꿨다.

38절. "가로대": 브리아흐(בְּרִיחַ). 이것은 성막의 벽체 널빤지들을 가로질러 연결시켜주는 가로대 혹은 빗장을 뜻하는 단어이다. 개역개정은 이 단어를 "띠"로 번역하는 경향이 있다(출 26:26; 민 3:38 등). 그러나 "가로대" 혹은 "빗장"이 더 나은 표현이다.

3단계: 단락 구분

민수기 3장의 단락 구분은 다음과 같다.

3:1-4 레위 지파 인구조사의 배경
3:5-10 레위 지파의 인구조사 서론
    3:11-13 이스라엘의 장자를 대신하는 레위 지파
3:14-39 레위 지파의 임무, 진 배치, 인구 통계
    3:14 하나님의 명령 도입구
    3:15 하나님의 명령 내용
    3:16-39 모세의 수행 기록
        3:16 서론
3:17-20 레위 지파의 족보
        3:21-26 게르손 자손의 임무, 진 배치, 인구 통계
        3:27-31 고핫 자손의 임무, 진 배치, 인구 통계
        3:32 엘르아살의 역할

3:33-37 므라리 자손의 임무, 진 배치, 인구 통계

3:38 모세와 아론과 제사장의 임무

3:39 레위 지파 인구 통계 총합

3:40-48 이스라엘의 장자를 대신하는 레위 지파

3:40-43 이스라엘의 장자 인구조사 명령

3:44-48 장자 중 남는 자들을 위한 속전

3:49-51 속전에 대한 명령 수행

3장 본문의 뼈대를 구성하는 것은 5, 11, 14, 40, 44절의 "여호와께서 모세에게 말씀하셨다"란 문구이다. 이 문구들은 위의 단락 구분에서 보듯이 3장의 내용을 큰 틀에서 구획해준다. 단지 마지막의 40, 44절의 경우만 약간의 변형이 있는데, 이런 점은 동사의 변화를 통해서 표현되는 듯하다. 왜냐하면 나머지 경우들은 모두 "말씀하다"란 동사로 다바르(דבר)가 사용된 반면에 40절에만 아마르(אמר)가 사용되고 있기 때문이다. 다바르 대신 아마르를 사용함으로써 독자들은 지금까지 다바르를 통해서 구획되던 본문들과는 성격이 다른 본문이 소개된다는 것을 신호받게 된다. 그리고 다시 44절은 다바르를 사용함으로써 이 40절 이하의 본문이 다시 한번 더 나뉜다는 것에 대한 신호를 한다. 49절에서는 직접화법에서 내레이터의 서술로 문체가 전환됨으로써 문단이 나뉘는 것이 자명하게 표현된다.

이런 뼈대로부터 제외된 1-4절은 3장 전체 내용의 상황적 배경 역할을 한다. 이 점은 1절이 "여호와께서 시내산에서 모세와 말씀하실 때에"라는 상황절을 사용함으로써 표현된다.

4단계: 본문 해설

1-4절. 3장 본문의 중심 내용은 레위 지파의 인구조사 및 그들의 임무

에 대한 것이다. 이 중심 내용을 언급하기에 앞서 1-4절은 "여호와께서…말씀하실 때에"라는 상황절을 사용함으로써 독자들이 염두에 둬야 할 중요한 사항들을 제공하고 있다. 그 중요한 사항들이란 레위 지파들에 대한 지휘 책임을 가진 제사장들에 대한 언급이다. 이런 언급들은 이후의 본문들을 이해하는데 있어서 필수적이다.

1절은 "아론과 모세의 계보"라고 언급하고 있다. 아론이 모세보다 먼저 언급되는 경우는 상당히 드물다. 그 이유로는 다음의 몇 가지 점을 생각해 볼 수 있다. 첫째, 오경에서 모세와 아론이 함께 언급되는 경우는 총 78회인데, 이 중에서 아론이 모세보다 먼저 언급되는 경우는 오직 족보 본문들뿐이다(출 6:20; 민 3:1; 26:59; 대상 5:29; 23:13).[4] 둘째, 현재 본문의 경우는 아론을 포함하여 제의 담당자들인 레위 지파의 인구조사에 대한 것이며, 또한 장자권의 문제가 중심적으로 다뤄지고 있기 때문에 장자인 아론의 이름을 앞에 내세우는 것이 자연스러워 보인다. 셋째, 비록 모세의 이름이 언급되고 있기는 하지만 이어지는 구절들에서 제사장 사역을 하지 않는 모세 계보는 아예 언급이 없다. 이런 식으로 내레이터는 모세보다 아론을 앞세움으로써 이 장의 초점이 어디 있는지를 보여주고 있는 것 같다. 넷째, 모세는 3장이 묘사하고 있는 레위인의 임무나 인구통계와는 별 상관없지만 진에서 아론 및 제사장들과 함께 동쪽에 배치된다(민 3:38). 이런 점에서 그의 이름도 언급되는 것으로 보인다.

또한 굳이 이처럼 아론의 제사장 계보를 레위 지파 인구조사 본문의 서두에 언급하는 이유는 비록 아론의 가문이 레위 지파의 일원인 고핫 자손의 한 가문(출 6:16-20)이기는 하지만 제사장 직분자들이고, 레위 지파들을 지휘 감독하는 지위에 있는 자들이기 때문이다. 분명히 아론 가문은 레위 지파의 나머지 가문들과 신분상의 구분이 있는 것이다.

---

[4] Jacob Milgrom, *Numbers*, The JPS Torah Commentary (Philadelphia: Jewish Publication Society, 1990), 15.

2-4절은 아론의 네 아들에 대해서 열거하고 있다. 특히 4절은 나답과 아비후가 "여호와 앞에 다른 불을 드리다가 여호와 앞에서 죽었으며, 자식이 없었다"는 점을 언급하고 있는데, 이것은 왜 장자인 나답이나 그의 아들이 아니라 세 번째 아들인 엘르아살이 레위 가문들을 지휘하는 역할을 하고 있는지를 설명해준다(민 3:32).

5-10절. 이 문단은 레위 지파의 인구조사 본문 전체의 서론 역할을 하는 문단이다. 이 문단은 5절의 "여호와께서 모세에게 말씀하셨다"는 문구를 통해 앞의 문단과는 구분되는 새로운 내용이 시작된다는 것을 표시해준다.

이 문구에 이어지는 이 문단의 내용 전체는 하나님의 지시 사항들로 이루어져 있다. 그 지시들은 크게 두 가지로 나뉜다. 먼저 6-9절은 레위 지파의 임무 및 신분에 대한 것이다. 그리고 10절은 아론 및 그의 아들들로 이루어진 제사장 집단에 대한 것이다.

6-9절을 먼저 살펴보도록 하자. 이 6-9절은 다음과 같이 교차대조법적인 형태를 띠고 있다.

6절 레위 지파의 소속: 제사장에 귀속
    7-8절 레위 지파의 임무: 성막에 관계된 일들
9절 레위 지파의 소속: 제사장에 귀속

먼저 위 구조상의 외곽틀을 형성하고 있는 6절과 9절은 레위 지파가 아론과 그의 아들들에게 주어진 자들임을 밝히고 있다(9절). 그들은 이렇게 제사장에게 귀속된 자들로서 아론의 명령을 받아 사역을 한다(6절).

위 구조의 가운데 자리에 있는 7-8절은 이 레위인들이 담당하는 임무를 좀 더 명시적으로 밝히고 있다. 본문의 문장이 좀 동어반복적인 요소가 많은데, 간단하게 말하자면 "성막의 일"을 담당하는 것이다.

10절은 이 문단의 마지막에 나온다. 그 내용은 두 가지다. 첫째, 아론과 그의 아들들이 제사장 임무를 담당하라는 지시가 나온다. 둘째, 제사장은 "허락되지 않은 자가 접근"하지 못하게 하는 역할을 했던 것으로 보인다. 민수기 1:51에서 레위인들이 일반 백성의 접근을 막았다면, 성막 입구가 있는 동쪽에 배치된 제사장 집단(민 3:38)은 일반 백성들뿐만 아니라 레위 지파 사람들도 무단으로 성막 경내로 들어가는 것을 막는 역할을 했을 것으로 보인다.

11-13절. "여호와께서 모세에게 말씀하셨다"란 문구가 다시 한번 새 단원의 시작을 알린다. 이 단원의 하나님의 말씀은 레위인들이 하나님께 속한 자들이며, 이 레위인들로 하여금 이스라엘 자손의 모든 장자들을 대신하게 하신다는 것이다(12절). 원래는 하나님께서 "애굽 땅에서 모든 첫째들을 친 날 모든 첫째들이" 하나님의 것이 되었기 때문에(13절; 참고, 출 13:2, 12, 15; 22:29; 34:19), 사람과 가축의 모든 초태생들은 하나님에게 바쳐져야 했다. 그러나 하나님은 이 모든 장자들을 대신하여 레위인들을 당신의 것으로 받으심으로써 그들을 대속하셨다. 레위인이 이스라엘의 모든 장자들을 대신하여 하나님의 것이 된 이 사항은 이후의 레위인들의 지위와 소유를 이해하는데 있어서 중요하다(민 8:16, 17; 18:15).

14-39절. 민수기 3장의 가장 긴 단원인 이 본문은 레위 지파의 인구조사 결과, 진 배치, 그리고 임무에 대한 상세한 기록 등을 담고 있다. 이 본문 역시 "여호와께서 모세에게 말씀하셨다"란 문구를 통해서 도입되며(14절), 레위 자손을 계수하라는 하나님의 명령(15절)에 따라 이하의 내용이 주어진다.

16-39절은 앞 절의 하나님의 명령을 모세가 수행한 것을 기록하고 있다. 16절은 이에 대한 서론으로서 모세가 여호와께서 명령하신 대로 레위인을 계수했다고 말하고 있다.

이어진 17-20절은 이후에 계수될 레위 지파의 가문들의 목록을 제시하고 있다. 레위 지파는 크게 게르손 가문, 고핫 가문, 므라리 가문으로 구성되며, 이 각각의 가문마다 더 세부적인 계보로 나뉜다. 뒤에 이어지는 인구조사의 내용은 이 세 가문의 언급된 순서대로 진행된다.

21-37절은 32절을 제외하고는 이 세 가문의 일 개월 이상 된 모든 남자들의 인구조사 통계, 진 배치, 가문장, 상세한 임무 소개로 이루어져 있는데, 각 가문마다 그 내용이 동일한 순서로 개진되고 있다. 이것을 도표화시키면 다음과 같다.

가문	인구 통계	진 배치[5]	가문장	임무
게르손	7,500	서쪽	엘리아삽	성막, 장막, 그 덮개, 회막 입구의 휘장, 뜰 벽 휘장, 성막과 뜰 입구 문 휘장, 이것들과 관련된 줄들
고핫	8,600	남쪽	엘리사반	증거궤, 상, 등잔대, 제단들, 관련 물품들, 지성소 문 휘장, 이것들과 관련된 줄들
므라리	6,200	북쪽	수리엘	성막의 널판들, 그 가로대들, 그 기둥들, 그 받침들, 관련 물품들, 뜰 둘레의 기둥들, 그 받침들, 그 말뚝들, 그 줄들
총계	22,000 (22,300?)			

위의 본문에서 특별히 문제가 되는 점은 세 레위 가문의 각각의 숫자와 그 총합이 일치하지 않는다는 것이다. 세 가문의 숫자를 더하면 도표에 물음표로 표시해 놓은 바와 같이 그 숫자는 22,300명이 되어야 한다. 그러나 39절은 분명히 레위인의 총수가 22,000명이라고 말하고 있다. 그리고 이 22,000명이란 수치가 이후에 나오는 43, 46-50절의 내용을 고려할 때 원래 저자가 의도했던 숫자인 것으로 보인다. 따라서 레위 가문들의 개별적인 숫자들과 그 총합 사이에는 명백한 불일치가 존재하는 것이 분명하다.

이 문제에 대한 해결책으로 가장 흔하게 제시된 것은 고핫 자손의 숫자인 8,600명이 원래는 8,300명이었는데, 상당한 고대에 사본상에 오류가 발생하고, 그 오류가 보존됐다는 것이다. 즉 원래의 숫자였을 8,300의 300중

---

[5] 레위인의 진 배치에 대한 그림은 민수기 2장의 개관을 보라.

3에 해당하는 숫자는 히브리어로 샬로쉬(שָׁלֹשׁ)인데, 여기에서 두 번째 자음인 라메드(ל)가 탈락되고, 나머지 두 자음이 6을 뜻하는 셰쉬(שֵׁשׁ)로 인식되었으며, 이것이 이후의 사본들에 계속 남게 되었다는 것이다.[6] 물론 왜 이 틀린 숫자가 표준 사본이 확립되기 전에 계속 살아남을 수 있었는지는 의문이다.[7] 그러나 어찌 됐든 위에서 제시한 해법이 가장 간명하고 개연성이 있어 보인다.

32절. 게르손 자손 및 고핫 자손에 대한 본문(3:21-31)과 므라리 자손에 대한 본문(3:33-37) 사이에는 세 레위 가문의 가문장들을 지휘하는 책임이 있는 사람이 제사장 아론의 아들 엘르아살이라는 점을 명시하고 있는 32절이 끼어 있다. 왜 저자는 므라리 자손까지 다 취급하고 나서 이 점을 언급하지 않고, 굳이 고핫 자손 본문과 므라리 자손 본문 사이에 이 구절을 넣고 싶어했을까?

이에 대해서는 크게 두 가지 정도의 가능성이 있는 것으로 보인다. 첫째, 레위인들을 관장하는 역할을 하는, 아론의 아들 엘르아살이 고핫 자손이기 때문에 이 위치에서 이 점을 언급하고 있다고 보는 견해가 있다.[8] 둘째, 고핫 자손들이 성막의 기물들 중 책임져야 하는 것들이 주로 지성소와 성소에 관한 것들이라 특별히 더 중요성을 띠었고, 또한 이것들은 운반에 관한 사항을 제외하고는 온전히 제사장들에게만 접근이 허용된 것들이었기 때

---

[6] 이런 설명들은 N. H. Snaith, *Leviticus and Numbers*, The Century Bible (London: Thomas Nelson, 1967), 191-192; Gordon J. Wenham, *Numbers: An Introduction and Commentary*, Vol. 4, Tyndale Old Testament Commentaries (Downers Grove: InterVarsity Press, 1981), 80-81을 보라.

[7] 바로 앞에서 언급한 주석들이나 기타 많은 주석 등은 70인경 등에 근거해서 8,300명이 원래의 히브리어 원문에 대한 증거라고 주장하기도 하지만 이런 설명은 타당성이 별로 없어 보인다. 일단 70경 자체에 8,300명이라고 적힌 것이 주류가 아니다. 또한 이런 견해는 인과관계를 거꾸로 본 듯하다. 70인경이 히브리어 원본의 전통을 보존하고 있다기보다는 자신이 참고한 히브리어 사본상의 오류를 수정하기 위해 이렇게 쓴 것으로 보는 것이 더 가능성이 많아 보이기 때문이다.

[8] George Buchanan Gray, *A Critical and Exegetical Commentary on Numbers*, International Critical Commentary (New York: C. Scribner's Sons, 1903), 29; R. K. Harrison, *Numbers*, The Wycliffe Exegetical Commentary (Chicago: Moody Press, 1990), 57.

문에 고핫 자손 본문 다음에 이 32절의 엘르아살에 대한 언급이 나왔다고 보는 것이다.[9] 이 중 첫 번째 견해는 꼭 그래야만 하는 필연성을 갖고 있는 것 같지는 않다. 비록 엘르아살이 고핫 자손이기는 해도 제사장으로서 그의 신분은 레위 지파와 완전히 구별되어 있기 때문이다. 반면에 두 번째 견해는 32절의 내용이 이 위치에서 언급되어야 할 필연성을 더 보여주고 있는 것으로 생각된다.

38절. 이 구절은 모세, 아론, 그의 아들들이 성막의 앞쪽, 즉 동쪽에 배치되었으며, 성소에서의 일을 부여받았음을 언급하고 있다. 또한 이들 역시 민수기 1:51의 레위인들처럼 "허락되지 않은 자가" 다가오지 못하게 하는 임무를 띠고 있음을 말해주고 있다. 이 문구가 가진 의미에 대해서는 민수기 1:51과 3:10의 사역 해설 및 본문 해설을 보라.

39절. 이 구절은 레위 지파 중 일 개월 이상의 모든 남자의 총수가 22,000명임을 밝히고 있다. 이 숫자와 관련된 문제는 위의 21-37절에 대한 본문 해설을 참고하라.

40-51절. 민수기 3장의 끝을 장식하고 있는 이 본문 역시 "여호와께서 모세에게 말씀하셨다"라는 문구를 통해서 시작되고 있다. 이 문구와 관련된 좀 더 자세한 사항은 앞의 단락 구분을 참고하라. 이 본문은 크게 세 부분, 즉 40-43, 44-48, 49-51절로 나뉜다.

40-43절은 레위인과 레위인의 가축이 이스라엘의 모든 장자와 처음 난 가축들을 대신한다는 것을 말하고 있는 11-13절의 내용과 연결된다. 그리고 특히 레위인이 이스라엘의 장자들을 대신하는 일을 할 수 있도록 하기 위해 이스라엘의 모든 장자들의 수를 세라는 명령이 주어진다. 그 결과 일 개월 이상 이스라엘의 모든 장자의 수가 22,273명이었음을 밝히고 있다.

44-48절은 앞의 문단의 내용에 기초해서 레위인의 총수인 22,000명을

---

[9] Milgrom, *Numbers*, 21은 비록 간단하게 말하고 있지만 본질적으로는 같은 견해를 말하고 있다.

초과한 273명의 이스라엘의 장자들의 처리 문제를 다루고 있다. 이들에 대해서는 그들을 대속해줄 레위인이 존재하지 않기 때문에 대신에 속전으로 한 사람당 5세겔씩을 성소의 세겔로 받았다.

이 5세겔은 레위기 27:6에 따르면 일 개월부터 5세 사이의 남자 아이를 하나님께 드리기로 서원했다가 무르는 경우, 그 아이를 무르는 값이었다.[10] 주전 2천년기(BC 2000-1000년)의 근동의 노동자의 한 달 임금이 1세겔에 채 못 미쳤다는 점을 생각할 때 이 액수는 상당히 큰 액수이다.[11]

웬함은 이 돈을 공동체가 공동으로 냈느냐, 아니면 초과된 사람이 냈느냐 하는 것을 질문하면서 확정 지을 수는 없지만 후자의 경우가 더 가능성이 있지 않느냐고 판단한다.[12] 그러나 후자보다는 전자의 경우가 더 가능성이 높아 보인다. 그 근거들은 다음과 같다. 첫째, 과연 22,273명 중 어느 사람을 초과된 숫자에 포함시키느냐 하는 것을 판단할 수 있는 근거가 따로 존재하지 않는다. 둘째, 그것을 판단하는 작업, 예를 들어 제비뽑기와 같은 절차 등에 대한 언급이 본문에 전혀 존재하지 않는다. 셋째, 초과된 사람들에 대한 속전의 혜택은 공동체 전체가 누리는 것이다. 따라서 이 속전은 공동체 전체가 모아서 냈을 가능성이 더 높다고 생각된다.

49-51절. 이 본문은 앞의 하나님의 말씀에 대한 모세의 시행을 서술하고 있다. 49-50절은 이 속전으로 받은 돈이 1,365세겔이라고 말하고 있다.

51절은 "여호와께서 모세에게 명령하신 것과 같이" 모세가 행했다는 언급을 한다. 이 구절은 앞의 1-2절과 약간의 차이는 있지만 결국은 동일한 논조를 담고 있다. 민수기 1-10장의 이스라엘은 하나님의 명령을 충실히 이행하고 있는 것이다.

---

10 박철현, *레위기* (서울: 솔로몬, 2018), 718-719.
11 Wenham, *Numbers*, 81.
12 Wenham, *Numbers*, 81.

5단계: 적용

12절. "보라 내가 이스라엘 자손 중에서 레위인들을 취하여 이스라엘 자손 중에서 모태를 연 모든 첫째들을 대신하게 하였으니, 레위인들은 내 것이다": 출애굽기 13:2, 12, 15에 따르면 하나님은 애굽의 처음 난 것에게 죽음의 벌을 내리시면서 구해내신 이스라엘의 사람과 가축의 모든 첫것들을 당신의 소유로 삼으셨다. 이제 이 민수기 3:12에서 하나님은 특별히 레위인들을 이 이스라엘의 모든 장자들을 대신하는 존재로 삼으셨다. 누군가의 바쳐짐을 통해서 다른 사람들이 원래의 의무를 벗은 것이다. 이처럼 신약에서 하나님은 모든 피조물의 장자이신 예수 그리스도를 통해 모든 죄인들을 대속하게 하셨다(골 1:15, 18-22). 우리는 우리의 구원이 우리 모두를 위한 첫째 아들 되신 예수 그리스도로 인한 것임을 항상 기억해야 할 것이다. 또한 이 점을 기억할 때 우리는 더 이상 우리 자신을 위해 살지 않고, 우리를 위해 죽으신 그리스도를 위해 살아야 할 것이다(고후 5:15-17).

21-38절. 이 본문에는 레위 지파 중 네 집단, 즉 아론 제사장 가문, 고핫 가문, 게르손 가문, 므라리 가문의 진영 내에서의 배치 및 각자가 맡은 임무에 대해서 서술하고 있다. 이 네 가문 중에서 가장 높은 직위를 갖고 있는 집단은 아론 가문의 제사장 집단이다. 이들은 레위 지파 전체를 지휘하는 역할을 맡고 있었다. 또한 그런 면에서 이들은 진영 내에서의 배치에 있어서도 가장 권위 있는 위치인 성막 동쪽 자리를 차지했다. 그 다음으로 중요한 레위 가문은 고핫 가문이었다. 이 가문은 아론 제사장 가문을 배출한 가문이었다. 또한 성막과 관련된 직무도 주로 지성소 및 성소의 물품들을 담당하는 역할이었다. 이 물품들은 성막 내에서도 특별히 중요한 물품들이었다. 이들은 진영 내 배치에 있어서도 동쪽 다음으로 권위 있는 자리인 남쪽 자리를 차지했다. 그 다음으로 중요한 가문은 게르손 가문이었다. 이들은 지성소와 성소의 물건들 중 고핫 자손들의 담당이 아닌 것들, 그리고 제단들을 주로 담당했다. 이들은 진 배치에 있어서도 다음으로 중요한 자리인

서쪽 자리를 배정받았다. 마지막이 므라리 가문이다. 이들은 고핫 자손과 게르손 가문이 담당하지 않은 나머지 것들, 즉 주로 성막 뜰과 관련된 것들을 담당했다. 진 배치도 마지막 남은 자리인 북쪽 자리를 배정받았다. 이처럼 레위 지파의 일원들 중 제사장 가문, 고핫 가문, 게르손 가문, 므라리 가문에게는 이 순서대로 성막과 관련하여 직위의 서열이 존재했으며, 그들의 진영 내 위치는 이 서열을 반영했다.

우리는 하나님께서 어떤 원칙에 의해서 이들에게 이런 식의 서열을 배정하셨는지 알지 못한다. 그러나 이것은 하나님께서 정하신 일이다. 그리고 이들 각자의 사역은 이스라엘이 성막을 통해 하나님과 함께 하고, 하나님을 섬기는데 있어서 다 필요한 것들이다. 이것들 중 어느 한 가지만 없어도 성막을 통한 하나님 섬김은 유지될 수가 없다. 우리는 각자 하나님께서 정하신 자리를 받아들이고 각자 맡은 자리에서 충성해야 한다. 고린도후서 12:18-25에서 사도 바울은 다음과 같이 말했다. "…하나님이 그 원하시는 대로 지체를 각각 몸에 두셨으니 만일 다 한 지체뿐이면 몸은 어디냐 이제 지체는 많으나 몸은 하나라…더 약하게 보이는 몸의 지체가 도리어 요긴하고 우리가 몸의 덜 귀히 여기는 그것들을 더욱 귀한 것들로 입혀 주며 우리의 아름답지 못한 지체는 더욱 아름다운 것을 얻느니라…오직 하나님이 몸을 고르게 하여 부족한 지체에게 귀중함을 더하사 몸 가운데서 분쟁이 없고 오직 여러 지체가 서로 같이 돌보게 하셨느니라".

6단계: 설교 "모든 지체는 다 나름대로의 쓸모가 있다"
(참고, 고전 12:12-31)

민수기 3장에서 하나님이 레위 지파를 각각 제사장 가문, 고핫 가문, 게르손 가문, 므라리 가문으로 분류하시고, 이들 각각에게 나름대로의 역할을 맡기신 것을 기억합니다. 그리고 하나님은 이들이 맡은 역할에 따라서 이들을 진의 다른 위치에 배치하기도 하셨습니다.

　이들 사이에는 분명히 그 역할에 따른 중요성과 서열이 존재합니다. 이 점을 우리는 부인할 수가 없습니다. 그러나 이 때문에 우리가 아주 잘못된 생각을 할 수가 있습니다. 마치 이런 중요성과 서열에 따라 하나님이 각 사람의 가치를 매기는 것처럼 여길 수 있다는 말입니다. 그러나 하나님께서 이렇게 각자의 역할과 임무와 서열을 정한 것은 모든 사람이 각자 고유한 가치가 있기 때문입니다. 이런 점에서 민수기 3장의 제사장들과 레위인들의 역할 및 서열에 대한 내용들을 고린도전서 12:12-31의 말씀을 통해 비춰보는 것은 중요합니다.

　이렇게 두 본문을 연결시켜서 살펴볼 때 우리가 배울 점들은 다섯 가지입니다. 첫째, 우리는 하나님께서 맡기신 역할과 서열에 대한 하나님의 주권을 인정해야 합니다. 고린도전서 12:18-19은 이렇게 말합니다. "이제 하나님이 그 원하시는 대로 지체를 각각 몸에 두셨으니 만일 다 한 지체뿐이면 몸은 어디냐". 한번 생각해 보십시오. 몸에 심장이나 뇌가 가장 중요하다고 해서 온 몸이 이 두 가지로만 이루어져 있다고 한다면 어떻게 되겠습니까? 몸의 모든 지체는 가장 하찮아 보이는 것까지도 다 하나님이 계획하시고 원하셔서 만드신 것입니다. 전지하시고 전능하신 하나님이 우리 몸의 모든 지체가 다 필요하기 때문에 그렇게 만드시고, 각자의 역할을 할당해 주신 것입니다. 우리는 이 점에 대해서 하나님의 판단과 주권을 인정해야 합니다. 이 점은 우리의 모든 공동체의 지체들과 관련해서도 역시 마찬가지입니다.

　둘째, 우리의 몸이나 공동체의 모든 지체는 다 그 필수적인 역할이 있습니다. 고린도전서 12:17, 21은 이렇게 말씀하고 있습니다. "만일 온 몸이 눈이면 듣는 곳은 어디며 온 몸이 듣는 곳이면 냄새 맡는 곳은 어디냐…눈이 손더러 내가 너를 쓸 데가 없다 하거나 또한 머리가 발더러 내가 너를 쓸 데가 없다 하지 못하리라". 각자가 다 필요해서 존재하는 것입니다. 우리 몸에 불필요한 지체는 존재하지 않습니다. 모든 지체는 다 하나님의 지혜에 의해서 의도되고, 기능이 할당된 것들입니다. 이 점에 있어서는 하나님의 공동체의 모든 지체들 역시 마찬가지입니다.

셋째, 따라서 우리는 각자 하나님께서 맡기신 일에 충성하고 다른 지체의 것을 넘봐서는 안 됩니다. 몸의 어느 지체가 하나님의 뜻에 불만을 품고, 하나님이 맡겨 주신 일을 거부해버리면 우리 몸은 살 수가 없습니다. 고린도전서 12:15-17은 이렇게 말씀합니다. "만일 발이 이르되 나는 손이 아니니 몸에 붙지 아니하였다 할지라도 이로써 몸에 붙지 아니한 것이 아니요 또 귀가 이르되 나는 눈이 아니니 몸에 붙지 아니하였다 할지라도 이로써 몸에 붙지 아니한 것이 아니니 만일 온 몸이 눈이면 듣는 곳은 어디며 온 몸이 듣는 곳이면 냄새 맡는 곳은 어디냐". 이와 마찬가지로 하나님의 백성의 공동체의 모든 일원은 자신을 향하신 하나님의 뜻에 순종하여 각자가 맡은 일에 충성해야 합니다. 그럴 때 우리 공동체는 건강할 것입니다.

넷째, 각 지체가 소중하고 필수적이기 때문에 하나님은 각 지체에게 필요한 은혜를 베푸십니다. 고린도전서 12:22-24는 이렇게 말씀하고 있습니다. "그뿐 아니라 더 약하게 보이는 몸의 지체가 도리어 요긴하고 우리가 몸의 덜 귀히 여기는 그것들을 더욱 귀한 것들로 입혀 주며 우리의 아름답지 못한 지체는 더욱 아름다운 것을 얻느니라 그런즉 우리의 아름다운 지체는 그럴 필요가 없느니라 오직 하나님이 몸을 고르게 하여 부족한 지체에게 귀중함을 더하사". 이처럼 우리 공동체의 각 지체가 하나님께서 맡겨 주신 일과 역할에 충성하고 있을 때 하나님은 그런 각 지체를 귀히 여기시고, 그들에게 필요한 것들을 채워 주십니다.

다섯째, 이처럼 우리 공동체의 각 지체는 각자 고유한 역할과 고유한 가치를 갖고 있기 때문에 우리는 서로에게 교만하거나 지나치게 자신을 비하하거나 해서는 안 됩니다. 고린도전서 12:24-26은 이렇게 말씀하고 있습니다. "오직 하나님이 몸을 고르게 하여 부족한 지체에게 귀중함을 더하사 몸 가운데서 분쟁이 없고 오직 여러 지체가 서로 같이 돌보게 하셨느니라 만일 한 지체가 고통을 받으면 모든 지체가 함께 고통을 받고 한 지체가 영광을 얻으면 모든 지체가 함께 즐거워하느니라". 이처럼 서로가 서로의 가치와 봉사를 인정하고, 서로를 소중히 여길 때 하나님의 공동체는 건강하고 모두가 다 행복할 수 있습니다.

이렇게 배운 바를 한번 교회에 대입해 보겠습니다. 교회에서 가장 귀한 자가 누구입니까? 담임목사님입니까? 담임목사님이 없으면 예배 자체가 불가능하겠지요. 장로들입니까? 이 분들이 없으면 행정이 불가능할 것입니다. 집사님들과 권사님들은 또 어떻습니까? 이 분들이 구석구석까지 일을 맡아서 움직여주지 않으면 교회는 마치 온 몸의 핏줄이 막힌 사람과 같을 것입니다.

또 성가대는 어떻습니까? 많은 교회에서 성가대는 선망의 대상입니다. 이들은 모든 교인들이 예배를 드릴 때 반드시 바라보게 되는 위치와 역할을 맡고 있습니다. 또 이들이 찬양을 정말 아름답게 불러주면 너무나도 좋습니다. 사람들의 눈에 돋보입니다.

반면에 보통 교회에서 가장 힘든 봉사를 하시는 분들 중의 하나는 주차 업무를 하시는 분들인 것 같습니다. 이 분들은 더운 여름과 추운 겨울에 계절의 혹독함을 온전히 견디면서 수고를 합니다. 요즘처럼 미세 먼지가 난리인 경우는 그것들이 주는 피해도 고스란히 온 몸으로 겪습니다. 또 많은 교회에서는 주차난 때문에 이웃 주민들이 퍼붓는 온갖 항의도 고스란히 다 받습니다. 또 때로는 교회를 잘 모르시는 방문자들이 주차 업무를 담당한 봉사자들을 교회의 고용인인 줄 알고 함부로 대하기도 한다고 합니다.

과연 성가대와 주차업무를 하시는 분들 중 누가 하나님과 교회를 위해 더 귀한 존재이겠습니까? 둘 다 귀합니다. 둘 다 각자 하나님께서 허락하신 달란트와 소명을 통해 맡기신 일을 하는 것이고, 이들 모두가 각자의 일을 해줘야 교회 공동체는 건강하게 돌아갑니다. 이들은 다 하나님께 나름대로 귀하게 쓰이는 지체들이고, 하나님이 각자 소중히 여기는 존재들입니다.

이처럼 교회의 모든 구성들원, 즉 담임목사로부터 시작해서 교회의 모든 지체들은 다 나름대로의 역할을 맡은 필수불가결한 존재들입니다. 그들 중에 누가 더 귀하고, 가치 있는 것이 아닙니다.

지금까지 우리는 민수기 3장의 제사장들과 레위인들의 역할과 위치를 고린도전서 12:12-31의 말씀을 통해서 살펴보았습니다. 또 우리 교회의 모습에도 이것을 비춰 보았습니다. 아무쪼록 하나님의 공동체의 모든 이들이 말씀의 조명을 받아 서로를 바로 대하고, 서로 존중하고 사랑함으로써 하나님께서 우리 각자와 공동체 전체에게 주신 사명을 건강하게 수행해 나갈 수 있게 되었으면 합니다.

민수기 4장

레위인의 임무 및 인구조사 II

민수기 4장의 신학 개관

　민수기 3장과 짝을 이루는 민수기 4장 역시 레위인의 임무 및 인구조사에 대해서 다루고 있다. 그러나 3장과 4장의 레위인의 임무 및 인구조사 목적에는 크게 두 가지 정도의 차이가 있다. 첫째, 인구조사 대상의 나이가 차이가 난다. 3장의 인구조사는 이스라엘의 장자들을 대신할 레위인의 숫자를 파악하는 것이 그 목적이기 때문에 "일 개월 이상 된 남자" 레위인의 수(3:15, 22, 28, 39, 40, 43)를 계수한다. 반면에 4장의 인구조사는 성막을 운반하는 등의 노동력을 파악하는 것이 그 목적이기 때문에 "30세 이상으로부터 50세까지"의 레위인의 수를 계수한다(4:3, 35, 39, 47).
　둘째, 레위 지파에 속한 가문들에 대한 본문의 순서가 차이가 난다. 3장은 게르손 자손, 고핫 자손, 므라리 자손의 순으로 내용을 전개하고 있는 반면에 4장은 고핫 자손, 게르손 자손, 므라리 자손의 순으로 내용을 전개하고 있다. 4장의 이런 순서는 이들이 성막과 관련하여 담당한 물품들의 동심원적 순서와 상응한다. 고핫 자손은 지성소 안에 안치된 증거궤 등과 같은 성막의 가장 안쪽의 물품들을 담당하고(4-16절), 게르손 자손은 주로 지성소 밖의 성소에 관련된 물품들을 담당하며(22-28절), 므라리 자손은 주로 성막의 가장 바깥에 위치한 성막 뜰과 관련된 물품들을 담당(29-33절)하고 있다.
　또한 이런 동심원적인 임무 배분을 통해 고핫 자손이 하나님의 임재의 처소인 지성소와 관련된 일을 많이 맡다 보니까 고핫 자손의 임무에 대한 언급(4-16절) 후에는 그들의 임무가 가진 위험성 및 그 위험을 피하기 위한 조치를 담은 본문(17-20절)이 뒤따른다. 물론 4-16절의 내용 중에도 고핫 자손의 안전을 위한 조치가 내재되어 있기는 하다. 이 점에 대해서는 아래의 본문 해설을 통해서 자세하게 다룰 것이다.

레위 지파 각 가문의 역할의 차이와 관련하여 한 가지 유의해야 할 점은 이들의 동심원적인 임무 분담이 결코 하나님 앞에서의 그들의 상대적인 가치를 나타내는 것은 아니라는 점이다. 고핫 자손이 임무의 동심원들 중에서 더 안쪽 원의 일을 맡았다고 해서 결코 그들이 하나님의 은혜를 더 받았다거나 더 높은 가치를 인정받았다는 것을 의미하는 것이 아니었다. 단지 이것은 이들이 하나님의 거룩에 더 다가설 수 밖에 없는 임무를 가짐으로 해서 더 큰 위험에 직면해 있다는 것을 의미하는 것이었다.[1] 하나님은 당신의 백성의 총회에서 각자에게 임무를 맡겼고, 그 각 임무는 각자의 고유한 가치와 필요성을 가진 것이었을 뿐이다.

그럼에도 불구하고 최소한 고핫 자손은 자신들의 임무가 다른 레위 자손들의 임무보다 더 가치가 있고, 따라서 자신들이 하나님 앞에서 더 귀한 존재들인 것으로 오해를 했던 것으로 보인다. 아마 이런 오해 때문에 그들은 나중에 이스라엘 총회 내에서 모세와 아론의 신분에 대해 불만을 제기하고, 반역을 하게 되지 않았나 하는 생각이 든다(민 16-17장).

이제 4장의 내용을 크게 개관해보도록 하자. 4장은 이전의 장들과 비슷하게 하나님의 명령을 다루고 있는 부분(1-33절)과 그 명령에 대한 시행을 다루고 있는 본문(34-49절)으로 나뉜다. 명령 본문에서의 내용 구성은 위에서 설명한 바와 같다. 시행 본문에서는 "모세와 아론이 여호와께서 명령하신 대로" 혹은 그와 유사한 문구들을 반복적으로 사용함으로써 모든 것

---

[1] Dennis T. Olson, *Numbers*, Interpretation, A Bible Commentary for Teaching and Preaching (Louisville: John Knox Press, 1996), 29; W. H. Bellinger, Jr, *Leviticus, Numbers*, Understanding the Bible Commentary Series (Grand Rapids: Baker Books, 2012), 194.

이 하나님의 명령대로 차근차근 시행되고 있음을 밝히고 있다(37, 41, 45, 49절). 이런 점은 1-4장 내의 다른 본문들이 이미 보여주었던 특징이며, 또한 1-10장 전체 본문의 특징이자 분위기와 상응하는 점이다.

1단계: 사역

1. 여호와께서 모세와 아론에게 말씀하셨다.
2. 레위 자손 중에서 고핫 자손을 그들의 가족과 가문별로 집계하여라.
3. 곧 30세 이상부터 50세까지 회막에서 일을 하기 위하여 종사할 모든 자들이다.
4. 고핫 자손이 회막 안에서 할 일, 곧 지성물에 대한 것은 다음과 같다.
5. 진을 거둘 때에 아론과 그의 아들들은 들어가서 지성소 휘장, 곧 그 문 휘장을 거두어 증거궤를 덮어라.
6. 그 위를 타하쉬의 가죽으로 덮고, 그 위에 순청색 보자기를 펴라. 그리고 그 채를 꿰어라.
7. 그리고 진설병 상 위에 청색 보자기를 펴라. 그리고 쟁반들, 냄비들, 주발들, 전제를 위한 잔들을 그 위에 두어라. 또 규칙적으로 드리는 떡을 그 위에 두어라.
8. 그것들 위에 홍색 보자기를 펼쳐라. 그리고 그것들을 타하쉬의 가죽 덮개로 덮어라. 그리고 그 채를 꿰어라.
9. 청색 보자기를 취하여 등잔대, 등잔들, 불 집게들, 불똥 그릇들, 그리고 그들이 사용하는 모든 기름 그릇들을 덮어라.
10. 그리고 등잔대와 그 모든 물품을 타하쉬 가죽 덮개 안에 넣어 운반 틀 위에 두어라.
11. 금 제단 위에 청색 보자기를 펼쳐라. 그리고 타하쉬의 가죽 덮개로 덮고 그 채를 꿰어라.
12. 성소에서 사역하는 데 쓸 모든 물품을 취하여 청색 보자기에 싸라. 그리고 타하쉬의 가죽 덮개로 덮어 운반 틀 위에 두어라.
13. 제단의 재를 버려라. 그리고 그 제단 위에 자색 보자기를 펴라.
14. 그리고 제단에서 사역하는 데 쓰는 모든 물품들, 곧 불똥 그릇들, 고기 갈고리들, 부삽들, 대야들, 즉 제단의 모든 물품들을 그 위에 두어라. 그리고 타하쉬의 가죽 덮개를 그 위에 덮어 그 채를 꿰어라.
15. 진을 거둘 때에 아론과 그의 아들들이 성소와 성소의 모든 기구 덮는 일을 마쳐라.

그리고 그 다음에 고핫 자손들이 와서 [짐을] 메어라. 그러나 성물을 만지면 죽게 되니 그렇게 하지 말라. 이것들이 회막에서 고핫 자손이 질 짐이다.
16. 제사장 아론의 아들 엘르아살의 직무는 등유, 분향할 향, 규칙적으로 드리는 소제물, 관유, 그리고 성막 전체와 그 안에 있는 모든 것들, 즉 성물들과 모든 물품들에 대한 직무이다.
17. 여호와께서 모세와 아론에게 말씀하셨다.
18. 너희는 고핫 가문의 지파를 레위인 중에서 끊어지지 않게 하여라.
19. 그들이 지성물에 접근할 때에 다음과 같이 하여 그들이 살아 남고 죽지 않게 하여라. 아론과 그의 아들들이 들어가서 각 사람에게 그의 직무와 짐을 배정하여라.
20. 그들이 들어가서 성물을 보는 순간 죽게 되지 않게 하라.
21. 그리고 여호와께서 모세에게 말씀하셨다.
22. 게르손 자손, 곧 그들의 숫자 역시 그들의 가족과 가문별로 집계하여라.
23. 곧 30세 이상으로 50세까지 그들을 계수하라. [그들이] 회막에서 일을 하기 위하여 종사할 모든 자들이다.
24. 게르손 가문의 할 일과 짐에 대한 것은 다음과 같다.
25. 성막과 회막의 벽 휘장들, 그것의 덮개, 그 위의 타하쉬 덮개, 회막 입구의 문 휘장,
26. 뜰의 벽 휘장들, 성막과 제단을 둘러싼 뜰의 대문 입구의 문 휘장, 그것들의 줄들과 그 일들을 위한 모든 물품들과 그것들을 위해 만들어진 모든 것들을 메어라. 그들이 이것들을 담당해야 한다.
27. 아론과 그의 아들들의 명령에 따라 게르손 자손의 모든 일 곧 그들의 모든 짐들과 모든 일들이 주어질 것이다. 너희는 그들의 짐들을 임무로 배정하여라.
28. 이것이 회막에서의 게르손 자손의 가문들의 일이다. 그들의 직무는 제사장 아론의 아들 이다말의 관할이다.
29. 므라리 자손에 대해서도 그들의 가족과 가문별로 계수하여라.
30. 곧 30세 이상으로 50세까지 그들을 계수하여라. [그들이] 회막에서의 일을 위해 종사할 모든 자들이다.
31. 이것이 회막에서 그들의 모든 일들을 위해 그들이 담당할 짐들이다. 곧 성막의 널판들, 그 가로대들, 그 기둥들, 그 받침들,
32. 뜰 둘레의 기둥들, 그 받침들과 그 말뚝들과 그 줄들, 그리고 그 모든 물품들과 그들의 일을 위한 모든 것들이다. 너희는 그들이 맡아 짊어질 물품들을 각자에게 지정하여라.
33. 이것은 제사장 아론의 아들 이다말의 수하에서 회막에서 맡은 임무대로 행할 므라

리 자손의 가문들의 일이다.
34. 모세와 아론과 회중의 지파장들이 고핫 자손들을 그 가문과 조상의 가족에 따라 계수하였다.
35. 곧 30세 이상으로 50세까지 회막에서의 일을 위해 종사할 모든 자들이다.
36. 그들의 가문별로 계수된 자들이 2,750명이었다.
37. 이들은 모세와 아론이 여호와께서 모세를 통해 명령하신 대로 회막에서 일할 자로 계수한 고핫 가문들의 모든 자들의 총수이다.
38. 게르손 자손 중 그 가문과 조상의 가족을 따라 계수된 자들은
39. 30세 이상으로 50세까지 회막에서의 일을 위해 종사할 모든 자들이다.
40. 가문과 조상의 가족별로 계수된 자는 2,630명이었다.
41. 이들은 모세와 아론이 여호와께서 명령하신 대로 회막에서 일할 자로 계수된 게르손 자손의 가문들의 모든 자들의 총수이다.
42. 므라리 자손 중 그 가문과 조상의 가족을 따라 계수된 자들은
43. 30세 이상으로 50세까지 회막에서의 일을 위해 종사할 모든 자들이다.
44. 가문별로 계수된 자는 3,200명이다.
45. 이들은 모세와 아론이 여호와께서 모세를 통해 명령하신 대로 회막에서 일할 자로 계수한 므라리 자손의 가문들의 모든 자들의 총수이다.
46. 모세와 아론과 이스라엘 지휘관들이 레위인을 그 가문과 조상의 가족에 따라 계수한 모든 자들,
47. 즉 30세 이상으로 50세까지 회막에서의 사역과 메는 일에 종사할 모든 자로
48. 계수된 자는 8,580명이었다.
49. 모세를 통해 여호와께서 명령하신 대로 임무와 짐에 따라 각 사람이 계수되었다. 여호와께서 모세에게 명령하신 대로 그들이 계수되었다.

2단계: 사역 해설

5절. "지성소 휘장, 곧 그 문 휘장": 파로케트 함마사크(פָּרֹכֶת הַמָּסָךְ). 원래는 파로케트 자체만으로도 "지성소 휘장"을 가리키는 표현이 된다. 그러나 이 구절에서는 이 단어에 함마사크, 즉 "그 문 휘장"이란 표현을 덧붙여 놓았다. 여기에서 이 후자의 표현이 지성소 휘장을 가리킬 수 있다는 점은

3:31의 사역 해설 속에 설명을 해 놓았다. 또한 마사크란 단어 자체에 대해서는 3:26의 사역 해설을 참고하여라.

6절. "타하쉬": 타하쉬(תַּחַשׁ). 타하쉬는 흔히 개역개정 본문과 난외주가 보여주듯이 "해달"이나 "돌고래" 등으로 번역된다. 그러나 사실 이 단어의 어원이나 뜻은 불분명하다.[2] 해리슨(Harrison)은 타하쉬가 해달이나 돌고래 등의 짐승일 수 없다고 생각한다. 이런 동물들은 레위기 11장의 기준에 따르면 비늘이 없으므로 부정한 짐승들이기 때문에 성막의 재료로 사용되었을 리가 없다고 생각한다.[3] 그래서 제시된 다른 대안은 이 단어가 어쩌면 이집트산 고급 섬유를 가리킨다고 보는 것이다. 그러나 이 해석은 한 가지 뚜렷한 한계를 갖는다. 이 6절은 이 타하쉬를 "가죽"(오르, עוֹר)이라는 단어와 연결하여 사용하고 있기 때문에 이것은 어느 짐승의 것인지는 몰라도 분명히 섬유가 아닌 가죽인 것이다. 어찌 됐든 현재 단계에서는 타하쉬가 어떤 짐승을 가리키는 것인지는 확정 지을 수가 없기 때문에 현재의 사역에서는 그냥 '타하쉬'라는 원어 발음을 살려 놓았다. 참고로 해리슨은 이 타하쉬가 단순히 "가죽"을 의미하는 이집트어 단어 *t*ḥ*s*에서 파생되었을 가능성을 제시하고 있다.[4]

"순청색": 클릴 트켈레트(כְּלִיל תְּכֵלֶת). 트켈레트란 단어를 개역개정은 주로 "청색"으로 번역하며, 영어 성경들은 주로 자주색(purple)으로 번역한다. 그러나 실제로는 이 단어는 "연한 자줏빛(heliotrope)으로부터 군청색(deep-sea blue)이나 보라색(violet), 그리고 심지어는 초록색(green)까지를 포함하는, 넓은 범위의 색깔들"을 포괄적으로 지칭할 수 있는 용어이다.[5] 따

---

[2] N. Kiuchi, "תַּחַשׁ", in Willem VanGemeren (ed.), *New International Dictionary of Old Testament Theology & Exegesis* (Grand Rapids: Zondervan, 1997), 4:287.

[3] R. K. Harrison, *Numbers*. The Wycliffe Exegetical Commentary (Chicago: Moody Press, 1990), 82–83.

[4] Harrison, *Numbers*, 83.

[5] Robert Alden, "תְּכֵלֶת", in Willem VanGemeren (ed.), *New International Dictionary of Old Testament Theology & Exegesis* (Grand Rapids: Zondervan, 1997), 4:292

라서 성막에 사용된 천의 색깔을 표현하는 "청색, 자색, 홍색"(출 25:4 등)은 서로 완전히 다른 색깔이라기 보다는 비슷한 색의 스펙트럼 속에서 약간씩 색조의 차이가 있는 색깔들이라고 이해하는 것이 좋다. 또한 클릴은 칼릴(lyliK´)의 연계형이다. 이 단어는 "전체"(entirety), "전체적인"(entire)이란 뜻을 가진 명사 혹은 형용사이다. 민수기 4장에서는 "청색 보자기"란 표현이 자주 나온다(4:6, 7, 9, 11, 12). 이 중에서 오직 6절만 칼릴과 함께 쓰이고 있으며, 이 점을 살려 개역개정은 "순청색"이라고 번역하고 있다. 이 "순청색" 보자기는 "청색" 보자기보다는 귀한 보자기였던 것으로 보이며, 성막의 가장 중요한 물건인 증거궤를 싸는데 사용되고 있다.

7절. 냄비들: 학캎포트(הַכַּפֹּת). 카프, 즉 원래 "손바닥"(palm)을 뜻하는 단어의 복수. 이 단어가 성막에 사용되는 물품들을 나타내는 용어로 쓰일 때는 "(얕은) 냄비"(a shallow pan)를 나타낸다. 개역개정은 이것을 "숟가락"으로 번역하고 있다(출 25:29; 37:16; 민 4:7). 그러나 영어 성경들은 주로 "냄비"(pan)로 번역하고 있다. 사역은 후자를 따른다.

"규칙적으로 드리는 진설병": 레헴 핱타미드(לֶחֶם הַתָּמִיד). 진설병을 가리키는 레헴이란 단어에 보통은 부사로 쓰여 "항상"이란 뜻을 가진 타미드가 명사로 정관사와 함께 쓰여 레헴을 수식하는 형태로 되어 있는 이 문구는 구약성경 전체에서 단 한 번, 이 구절 속에서만 나타난다. 개역개정의 "항상 진설하는 떡"이라는 표현 자체도 나쁘지 않지만 사역의 문구가 좀 더 히브리어의 문구를 직접적으로 반영한다고 생각된다.

10절. "운반 틀": 함모트(הַמֹּט). 원래 동사 "무트"(מוט)는 "흔들거리다"(to waver)란 뜻이다. 이 단어에서 파생된 모트는 운반용 틀을 가리키는 표현이다. 개역개정은 "메는 틀"이라고 번역하고 있다. 밀그롬(Milgrom)은 이것이 널빤지 모양으로 생겨서 그 위에 각종 물건을 올려 놓은 형태로 된 것이라고 본다.[6] 또한 이 "운반용 틀"은 성막의 기구들 중 오직 등잔대와 그 관련

---

6 Jacob Milgrom, *Numbers*. The JPS Torah Commentary (Philadelphia: Jewish Publication

물품들만 옮기는 도구로서 언급되고 있는데,[7] 그 이유는 등잔대가 다른 성막의 물건들과 달리 채에 매달아 운반하기에 적절한 모양을 띠고 있지 않았기 때문인 것으로 생각된다.[8] 만약 이처럼 이 모트가 단순한 채 모양의 운반 도구가 아니었다는 견해가 맞다면 개역개정이 민수기 13:23에서 이 단어를 "막대기"로 번역한 것은 잘못된 번역이라 할 수 있다. 차라리 민수기 4:10처럼 "메는 틀"이라고 번역하는 것이 낫다.

14절. "제단에서": 알라브(עָלָיו). 직역하자면 "그 위에서". 개역개정은 이것을 생략하고 있다. 문맥상 이 표현에서 "그"는 13절의 "제단"을 가리키는 것이 분명하다. 사역은 이 점이 분명하게 드러날 수 있는 방향으로 번역하였다.

15절. "그러나 성물 만지면 죽게 되니 그렇게 하지 말라": 히브리어는 "성물을 만지지 말라"와 "그리고 죽을 것이다"란 두 개의 절로 이루어져 있다. 그리고 이 문장에서 두 개의 절 전체를 지배하는 부정어는 로(לֹא) 하나만 사용되고 있다. 하지만 실제로는 이 로가 사용된 첫 절뿐만 아니라 두 번째 절도 역시 로란 부정어가 효력을 미치고 있다. 이처럼 히브리어에서는 때로는 한 개의 부정어가 두 개의 절 전체에 효력을 미칠 수도 있다.[9] 이 경우 연결된 두 개의 절은 하나로 연결된 개념을 가진다. 사역은 이런 구문론적 요소를 살렸다.

16절. "규칙적으로 드리는 소제물": 민하트 핟타미드(מִנְחַת הַתָּמִיד). "규칙적으로 드리는 소제물"이라는 표현은 구약 전체에서 이 구절과 느헤미야서 10:34, 이 두 군데에만 나온다. 과연 이 "규칙적으로 드리는 소제물"이

Society, 1990), 27.

[7] Baruch A. Levine, *Numbers 1–20: A New Translation with Introduction and Commentary*. Vol. 4. Anchor Yale Bible (New Haven; London: Yale University Press, 2008), 355.

[8] Milgrom, *Numbers*, 27.

[9] S. R. Driver, *A Treatise on the Use of the Tenses in Hebrew and Some Other Syntactical Questions* (Oxford: Oxford University Press, 1892), 133; Friedrich Wilhelm Gesenius, *Gesenius' Hebrew Grammar*. Edited by E. Kautzsch and Sir Arthur Ernest Cowley. 2d English ed. (Oxford: Clarendon Press, 1910), §152z.

무엇인가 하는 것에 대해서는 논란이 있다. 크게 세 가지 정도가 가능하다. 진설병(7절), 매일 드리는 상번제에 병행해서 드리는 소제(출 29:38-42; 민 28:3-8), 그리고 대제사장이 매일 드리는 소제(레 6:19-23)가 그것들이다. 이 중에서 마지막 것이 가장 가능성이 높은 것으로 학자들의 지지를 받고 있다.[10]

"성막": 함미쉬칸(הַמִּשְׁכָּן). 개역개정은 "장막"이라고 번역하고 있으나 분명히 "성막"이 맞다. 엘르아살은 성막 내부와 관련된 모든 일을 관장하는 것이다.

"성물들": 학코데쉬(הַקֹּדֶשׁ). 개역개정은 "성소"라고 번역하고 있으나 "성물들"이라고 번역하는 것이 나아 보인다. 히브리어 단어는 단수로 되어 있지만 이것을 집합명사로 이해하는 것이 더 타당하다. 따라서 사역에서는 복수로 번역하였다.

20절. "순간": 키발라(כְּבַלַּע). 전치사 키(כְּ)+발라(בלע)의 피엘형("삼키다", to swallow up) 부정사 연계형. 이 동사 어구는 일종의 부사화된 관용적 표현으로서 "순간"(instantly), "~하자마자" 등의 의미를 갖고 있다. 이 동사구가 이런 의미를 띠게 된 것은 욥기 7:19, "주께서…내가 '침을 삼킬 동안도' 나를 놓지 아니하시기를 어느 때까지 하시리이까"의 "침을 삼킬 동안도"라는 좀 더 긴 문구가 축약된 형태로 관용화 되었기 때문인 것으로 보인다.[11]

"성물들": 학코데쉬(הַקֹּדֶשׁ). 위의 16절의 사역 해설을 보라.

22절. "게르손 자손, 곧 그들": 브네 게르숀 감-헴(בְּנֵי גֵרְשׁוֹן גַּם־הֵם). 이 히브리어 구문은 게르손 자손 역시 반드시 계수되어야 함을 강조하는 측면에서 그들의 이름을 먼저 언급하고 나서 다시 한번 강조의 불변화사인 감(גַּם)과 인칭대명사인 헴(הֵם)을 덧붙이고 있다. 이런 강조 어법은 이 장에서 비록 고핫 자손과 그들의 사역에 대한 내용이 각광을 받고 있는 것은 분량

---

[10] George Buchanan Gray, *A Critical and Exegetical Commentary on Numbers*. International Critical Commentary (New York: C. Scribner's Sons, 1903), 36; Milgrom, *Numbers*, 29; R. Dennis Cole, *Numbers*, Vol. 3B, The New American Commentary (Nashville: Broadman & Holman Publishers, 2000), 104 등을 보라.

[11] HALOT 등의 히브리어 사전 참조.

이나 내용면에서 분명하지만 그것이 곧 레위 지파 내의 다른 가문들에 대한 무시를 의미하는 것은 아님을 나타내준다.

25절. "벽 휘장들": 예리오트(הַיְרִיעֹת). 단수는 예리아(יְרִיעָה). 이 표현은 3:26의 사역 해설에서 다룬 뜰 벽의 휘장들을 나타내는 단어인 켈라(קְלָעֵי)라 구분해야 한다. 켈라, 즉 뜰 벽 휘장이란 단어는 다음 절인 4:26절에도 사용되었다. 이 켈라와 달리 예리아는 성막을 덮는 네 개의 덮개들 중 가장 안쪽 덮개인 성막(미쉬칸, הַמִּשְׁכָּן)과 그 위에 덮는 '장막'(오헬, אֹהֶל), 좀 더 정확히 말하면 "성막 위의 막"(오헬 알-함미쉬칸, אֹהֶל עַל־הַמִּשְׁכָּן)의 휘장들을 가리키는 전문 용어이다. 이 두 개의 막은 통으로 된 하나의 구조물이 아니라 각기 10개와 11개의 폭이 좁고 긴 천의 형태였다. 앞으로 한글 성경에서 히브리어의 이런 차이를 반영하여 다른 용어로 번역되기를 소망한다. 현재로서는 더 좋은 표현을 찾지 못해서 부득이하게 켈라와 동일한 한국어로 번역하였다.

26절. "대문 입구": 페타흐 샤아르(פֶּתַח שַׁעַר). 평행구절인 3:26에는 "입구"(페타흐, פֶּתַח)라고만 되어 있는데, 여기에서는 "대문"(gate)이란 뜻을 가진 샤아르란 단어가 추가되어 있다.

"메어라": 붸나쓰우(וְנָשְׂאוּ). 원형은 "들다, 메다"(to lift up, carry)란 뜻을 가진 나싸(נָשָׂא). 이 동사는 원래는 25절 서두에 나오지만 한국어와 히브리어의 어순 차이로 인해 이 26절에 집어넣었다.

"그들이 이것들을 담당해야 한다": 붸아바두(וְעָבָדוּ). 25절의 시작부터 26절의 거의 끝까지 나싸란 동사가 이끄는 문장이 이어진 후, 끝에 가서 이 붸아바두란 한 단어로 이루어진 문장이 나온다. 이 단어는 25-26절의 게르손 자손의 임무를 열거하고 나서 다시 한번 이 일이 그들이 꼭 맡아야 할 임무임을 강조하고 있다. 개역개정은 이 문장의 존재를 충분히 부각시키고 있지 않기 때문에 이 사역에서 살려 놓았다.

49절. "계수되었다": 파카드(פָּקַד). 동사의 형태는 칼 완료 3인칭 남성 단수이다. 히브리어에서는 동사의 주어가 특정이 안 된 경우 능동태가 수동태의 의미를 가질 수도 있다. 사역은 이렇게 번역하였다. 대부분의 성경 번역본들과 주석들도 이런 시각을 따르고 있다. 그러나 혹시 이것이 맞지 않다면 이 동사의 주어를 모세로 보는 것도 가능해 보인다.[12]

3단계: 단락 구분

민수기 4장의 단락 구분은 다음과 같다.

   4:1-33 하나님의 명령
      4:1-16 첫 번째 명령
      4:1 도입구
         4:2-3 고핫 자손의 인구조사 명령
         4:4-15 고핫 자손의 일
         4:16 제사장 엘르아살의 직무
      4:17-20 두 번째 명령
      4:17 도입구
      4:18-20 고핫 자손에 대한 보호 조치
      4:21-33 두 번째 명령
         4:21 도입구
         4:22-28 게르손 자손의 인구조사 명령과 일
         4:29-33 므라리 자손의 인구조사 명령과 일
   4:34-49 명령의 시행

---

12 Phillip J. Budd, *Numbers*. Word Biblical Commentary. Vol. 5. (Dallas: Word, Incorporated, 1998), 44는 이 동사와 목적어 다음에 나오는 "모세를 통해"(브야드-모쉐, בְּיַד־מֹשֶׁה)란 표현이 있기 때문에 모세가 주어라고 볼 수 없다고 주장하지만 이 견해는 적절하지 않아 보인다.

4:34-37 고핫 자손의 인구조사
4:38-41 게르손 자손의 인구조사
4:42-45 므라리 자손의 인구조사
4:46-49 시행 본문의 정리 및 결론부

이 4장의 본문은 크게 두 부분, 즉 레위인의 인구조사에 대한 하나님의 명령 본문(1-33절)과 그에 대한 시행 본문(44-49절)으로 나뉜다. 명령 본문은 세 번에 걸친 명령 도입구, 즉 "여호와께서 모세와 아론에게 말씀하셨다"(1, 17절) 혹은 "여호와께서 모세에게 말씀하셨다"(21절)란 도입구에 의해 구획된다.

반면에 시행 본문의 경우에는 "이들은 모세와 아론이 여호와께서 모세를 통해 명령하신 대로 회막에서 일할 자로 계수한 …가문들의 모든 자들의 총수이다"(37, 45절) 혹은 "이들은 모세와 아론이 여호와께서 명령하신 대로 회막에서 일할 자로 계수된…자손의 가문들의 모든 자들의 총수이다"(41절)라는 거의 비슷한 표현으로 각 단원이 마무리된다. 이 시행 본문의 마지막은 이런 문구들을 좀 더 강화된 형태로 사용하고 있다(49절).

4:1-33의 하나님의 명령 본문은 앞에서 말한 바와 같이 "여호와께서…에게 말씀하셨다"란 문구에 의해 세 부분으로 나뉜다. 첫 번째 단원인 1-16절과 두 번째 단원인 17-20절은 고핫 자손에 대해 다루고 있으며, 마지막의 세 번째 단원인 21-33절은 21절의 도입구에 이어 레위 지파의 나머지 자손들, 즉 게르손 자손(22-28절)과 므라리 자손(29-33절)에 대해서 다루고 있다.

특히 고핫 자손의 직무에 대해서 다루고 있는 1-16절의 마지막 절이 제사장 아론의 아들인 엘르아살의 직무에 대해서 다루고 있고, 고핫 자손에 대한 두 번째 본문인 17-20절이 성막의 지성물을 다루는 와중에 고핫 자손이 사망할 위험으로부터 보호하기 위한 제사장의 역할을 강조하고 있다는 점은 고핫 자손에 대한 언급이 왜 나머지 자손에 대한 언급보다 훨씬 긴 지를 설명해준다. 고핫 자손은 하나님의 거룩에 좀 더 다가서야 하는 임무를 갖고 있기 때문에 그들에 대해서는 훨씬 더 큰 보호와 안전 조치들이 필요로 했던 것이다.

4장 후반부의 시행 본문(34-49절)은 하나님의 명령 본문에 대해 상대적으로 단순하다. 레위 지파 각 자손에게 비슷한 분량의 본문이 할당되어 인구조사 결과를 알려주고 나서(34-37, 38-41, 42-45절), 마지막으로 레위 지파 전체에 대한 통계를 정리해준다(46-49절). 특히 이 시행 단원의 각 단락의 끝이 여호와의 명령에 대한 충실한 수행을 강조하고 있는 점은 앞의 민수기 1-3장과 동일하다(37, 41, 45, 49절).

4단계: 본문 해설

1절. 이 구절은 앞의 단락 구분에서 보듯이 레위 지파 중 성전 사역자들에 대한 인구조사 명령을 담고 있는 세 단락(1-16, 17-20, 21-33절) 중 첫 번째 단락인 1-16절의 도입구 역할을 하고 있다.

2-3절. 이 단락은 레위 지파 중 성막의 가장 깊숙한 곳에 위치한 지성물들을 취급할 고핫 자손에 대한 인구조사 명령을 담고 있다. 앞의 3장의 레위 지파에 대한 인구조사가 태어난 지 일 개월 된 아이부터 모든 레위 지파 남자를 대상으로 했던 것과 달리 이 4장의 인구조사는 실제 성막에서 사역할 자들을 대상으로 했기 때문에 30세 이상부터 50세까지의 남자들만을 대상으로 한다.

4-15절. 이 긴 단락은 그 서론적인 역할을 하는 4절이 언급하고 있듯이 고핫 자손이 "회막 안에서 할 일, 곧 지성물에 대한 것"이다. 그러나 흥미롭게도 그 내용의 거의 전부(5-15a절)를 채우고 있는 것은 아론과 그의 아들들, 즉 제사장들이 해야 할 일들이 채우고 있다. 그 이유는 고핫 자손들이 짊어져야 할 짐인 "지성물"들은 그 높은 거룩성으로 인해 고핫 자손이 무작정

접근해서 실수로 그것들을 보기만 해도 바로 죽음을 당할 수 있었기 때문이다(17-20절). 따라서 고핫 자손은 오직 제사장들이 지성물들을 다 포장해 놓은 다음에야 그 지성물들에 접근할 수 있었다(15b절).

5-6절은 성막의 모든 물건들 중 가장 중요한 물건인 증거궤를 포장하는 것에 대해서 다루고 있다. 하나님의 직접적 임재의 장소인 증거궤의 중요성을 반영하듯이 포장은 삼중으로 이루어진다.

첫째, 성막의 세 개의 문 휘장들 중 가장 안쪽에 위치한 지성소 문 휘장으로 증거궤를 감싼다.

둘째, 이렇게 한번 포장된 것을 다시 한번 타하쉬 가죽으로[13] 감싼다. 이 타하쉬 가죽은 25절의 해설에서 볼 수 있듯이 성막을 덮는 네 개의 덮개 중 가장 외곽의 덮개의 재료이기도 했다. 그러나 25절에 따르면 성막 덮개로서의 타하쉬 가죽은 게르손 자손이 담당한 운반물이었다. 또한 타하쉬 가죽은 고핫 자손이 운반해야 할 다른 지성물들의 포장에도 사용되고 있다(6, 8, 10, 11, 12, 14절). 따라서 증거궤를 포장하는데 사용된 이 타하쉬 가죽은 성막의 최외곽 덮개로 사용된 타하쉬 가죽과는 별개의 물건이었던 것으로 생각된다.

셋째, 최종적으로 "순청색" 보자기를 그 위에 덮는다. "순청색"에 대한 설명은 사역 해설을 보라. 이 "순청색"의 보자기는 오로지 증거궤를 싸는 데에만 사용되었다. 아마 이 천은 다른 지성물들을 싸는 데 사용된 "청색" 천보다 더 귀한 천이었을 것이다(7, 9, 11, 12절).

한 가지 흥미로운 점은 고핫 자손들이 짊어지는 다른 지성물들은 타하쉬 가죽을 가장 마지막 포장재로 사용했지만, 증거궤만은 타하쉬 가죽 위에 "순청색" 보자기를 사용했다는 점이다. 이로 인해 지성물들 중에서도 가장 귀한 물품인 증거궤는 다른 물품들과 시각적으로 뚜렷하게 구분될 수 있었

---

[13] "타하쉬 가죽"이란 해석에 대해서는 앞의 6절의 사역 해설을 보라.

을 것으로 보인다.14 그리고 이런 시각적인 구분은 고핫 자손이 증거궤를 다른 지성물들과 혼동함으로써 생길 수 있는 위험을 방지해주는 역할을 했을 것이다.

마지막으로 이렇게 포장된 증거궤에 채를 꿰었다.

7-8절은 진설병을 진열하는 상과 그 부속물들의 포장에 대해서 다루고 있다. 먼저 청색 보자기로 상을 싼다. 그리고 이 상의 부속물들과 "규칙적으로 드리는 떡"을 홍색 보자기로 싼다. 여기에서 이 "규칙적으로 드리는 떡"은 구약성경에 단 한 번밖에 안 쓰인 표현이긴 하지만 이것이 진설병(출 25:30)을 가리키는 표현인 것은 분명해 보인다. "홍색" 보자기는 이처럼 진설병 상과 그 부속물들을 싸는 데에만 사용되었으며, 색깔을 통해 다른 물건들과 시각적으로 쉽게 구분되었을 것이다.15 마지막으로 타하쉬 가죽으로 다시 한번 포장을 한 후 채로 꿴다.

9-10절은 등잔대와 그 부속물들의 포장에 대해서 다루고 있다. 이것들은 청색 보자기로 먼저 포장된 후에 다시 타하쉬 가죽으로 포장되었다. 등잔대는 증거궤나 진설병 상과 달리 채를 꿰는 고리가 없었기 때문에 운반 틀로16 운반되었다.

11절은 성막 안에 있는 금 제단, 즉 향단의 포장에 대해서 다루고 있다. 앞의 등잔대처럼 청색 보자기로 먼저 싼 다음 타하쉬 가죽으로 덮었다. 그리고 채를 꿰었다.

12절은 성막의 성소 안에서 사용되는 모든 기타 물품들의 포장에 대해서 다루고 있다. 이것들 역시 청색 보자기로 먼저 싸고, 타하쉬 가죽으로 덮은 다음 운반 틀로 날랐다. 앞의 등잔대와 마찬가지로 이 물품들에는 채를 꿰는 고리가 없었기 때문이다.

---

14 Timothy R. Ashley, *The Book of Numbers*. The New International Commentary on the Old Testament (Grand Rapids: Eerdmans, 1993), 103.
15 Ashley, *Numbers*, 104.
16 "운반 틀"에 대한 설명은 10절의 사역 해설을 보라.

13-14절은 성막 뜰에 있는 제단의 포장에 대해서 다루고 있다. 이 제단은 고핫 자손이 운반하는 물건들 중 유일하게 뜰에 위치한 물건이다. 이 점은 제단이 비록 그 위치는 뜰에 배정되어 있지만 거룩성의 정도에 있어서는 뜰에 위치한 다른 물건들보다 더 상위에 있다는 것을 보여준다.

제단의 경우에는 먼저 재를 버리고 나서, 이것을 자색 보자기로 덮었다. 제단은 이 색깔의 보자기로 포장된 유일한 물건이며, 따라서 고핫 자손이 운반하는 다른 지성물들과 구분되었다. 이렇게 자색 보자기로 제단을 덮은 다음 그 위에 제단과 관련된 다른 물품들을 올려 놓고 타하쉬 가죽으로 다시 덮었다. 그리고 이것을 채로 꿰어 운반하였다.

15절은 진을 이동할 때 해야 하는 이런 모든 포장 작업들을 제사장들이 해야 함을 적시하고 있다. 오직 이렇게 제사장들이 포장 작업을 한 이후에야 고핫 자손들이 짐을 멜 수 있도록 허락되었으며, 만약 포장이 안 된 채로 고핫 자손이 성물들에 접촉하면 죽게 된다는 점을 명시하고 있다. 이 점은 고핫 자손의 안위를 위해 아주 중요한 것이기 때문에 17-20절에서 다시 한 번 상세하게 다뤄진다.

16절. 이 구절은 아론의 아들 엘르아살의 임무에 대해서 다루고 있다. 그는 "성막 전체와 그 안에 있는 모든 것들, 즉 성물들과 모든 물품들에 대한 직무"를 담당한다. 21-33절이 게르손 자손과 므라리 자손의 임무에 대한 감독의 책임을 그의 형제인 이다말에게 할당하고 있는 것(28, 33절)을 볼 때 엘르아살은 레위 지파 전체 임무의 감독 책임과 더불어 이다말이 담당한 임무 이외의 것, 즉 고핫 자손의 임무에 대한 지휘 역할을 주로 하였을 것으로 생각된다.

또한 이 16절에는 4-15절의 고핫 자손의 임무 목록에는 언급되어 있지 않은 물품들, 즉 등유, 분향할 향, 규칙적으로 드리는 소제물, 관유, 이 네 가지 물품의 담당이 엘르아살이라는 것을 특별히 밝히고 있다. 참고로 출애굽기 27:20-21에 따르면 성막의 성소 내의 등잔에 피울 기름은 제사장이 담당하도록 되어 있다. 또한 출애굽기 30:22-38에 따르면 관유와 향단에 사용되는 향은 특별한 방식으로 제조되고 관리되어야 하며, "지극히 거룩한" 것임을 밝히고 있다(29, 36절). 그리고 "규칙적으로 드리는 소제물"이 무엇인가 하는 것에 대해서는 논쟁의 여지가 있지만[17] 대체적으로 학자들은 이것이 레위기 6:19-23에서 언급된 소제, 즉 대제사장이 매일 드려야 하는 소제를 가리키는 것으로 본다.[18]

17-20절. 하나님의 명령 본문(1-33절)의 두 번째 단원인 17-20절은 지성물을 옮기는 임무를 감당해야 하는 고핫 자손이 임무 중에 지성물과 접촉하거나 목도함으로써 죽게 되는 불상사를 막을 수 있게 아론과 그의 아들들이 감독할 것에 대해서 언급하고 있다.

이 문단과 관련하여 특별히 두 가지 점을 좀 더 상세하게 다루고자 한다. 18절의 "끊어지지 않게 하여라"에 사용된 히브리어 단어는 카라트(כָּרַת)의 히필형이다. 이 단어가 형벌의 의미에서 오경에서 쓰일 때는 항상 하나님에 의한 심판을 나타낸다.[19] 따라서 이 금지 명령이 의미하는 바는 엘르아살이 성물과 관련된 일을 하다가 하나님의 거룩을 잘못 침해하여서 나답과 아비후처럼 하나님에 의해 죽임을 당하지 않게 하라는 것이다(레 11:1-2). 이 점은 이어지는 19-21절의 부연 설명을 통해서 검증된다.

19의 "지성물"이란 표현은 히브리어로 코데쉬 학코다쉼(קֹדֶשׁ־הַקֳּדָשִׁים)이다. 이 '지성물'이란 표현은 "지극히 거룩한 물건"이란 뜻으로 단순한 '성물'이란 표현보다는 더 강화된 것이다. 그러나 19절에서는 이 '지성물'이란 표현이 4장에 자주 언급되는 '성물'이란 표현과 구분 없이 거의 동의어처럼 사용되고 있는 것으로 보인다(참고, 20절). 왜냐하면 출애굽기 30:26-29에 따

---

17 이 구절의 사역 해설을 참고하라.
18 Ashley, *Numbers*, 106는 이 소제를 레위기 6:14-17의 소제를 가리키는 것으로 보고 있지만 이것은 착각인 것으로 보인다. 6:14-17의 소제는 일반적인 소제(레 2장)이며, 6:19-23의 소제가 정말 대제사장이 매일 드려야 하는 소제이다. 이 점에 대해서는 Milgrom, *Numbers*, 29 등을 참조하라.
19 이 단어에 대한 총체적인 연구는 Milgrom, *Numbers*, 405-408에 나오는 "Excursus 36: The Penalty of 'Karet'"을 보라. 또한 간단한 개념 설명은 박철현, *레위기: 위험한 거룩성과의 동행* (서울: 솔로몬, 2018), 250을 보라.

르면 이 4-15절에 언급된 성물들은 다 "지극히 거룩하다"고 되어 있기 때문에 다 "지성물"들이다. 그러나 이 동일한 물건들을 지칭할 때 때로는 "지성물"이란 표현 대신에 "성물"이라는 표현을 쓰기도 한다. 단지 이 구절에서 이처럼 "지성물"이라는 표현을 애써 부각시킨 이유는 이것들과 접촉하거나 봄으로써 하나님의 거룩을 침범하면 죽게 된다는 것을 강조해주기 위한 것으로 보인다.[20]

21-28절. 이 문단은 하나님의 명령 본문(1-33절)의 세 번째 단원(21-33절)의 전반부로서 게르손 자손의 사역자들에 대한 계수 명령(22-23절)과 더불어 그들의 직무에 대한 기술(24-27절), 그리고 그들에 대한 감독자 명시(28절)를 내용으로 하고 있다.

21절의 통상적인 도입구에 이어 22-23절의 계수 명령은 기본적으로 고핫 자손(2-3절) 및 므라리 자손(29-30절)의 경우와 같다. 계수 대상은 30세부터 50세까지의 나이에 해당하는 사람이다.

24-27절은 게르손 자손의 임무를 열거하고 있다. 그 중에서 25절은 이들이 담당한 물품들로 "성막과 회막의 벽 휘장들, 그것의 덮개, 그 위의 타하쉬 덮개"를 언급하고 있다(25절). 여기에서 가장 중요한 사항은 "회막"이 무엇을 지칭하느냐 하는 것이다. 통상적으로는 성막은 회막과 동의어이다.[21] 그러나 현재 이 구절에서는 "회막"은 성막과 동의어로 쓰였다기보다는 성막 구조물을 덮는 네 개의 덮개 중 두 번째 덮개인 "성막 위의 막"(오헬 알-함미쉬칸, אֹהֶל עַל־הַמִּשְׁכָּן)을 가리키는 용어로 보인다. 이에 대해서는 위의 25절의 사역 해설 중 "벽 휘장들"에 대한 해설을 보라.

또한 이런 해석이 옳다면 "성막" 역시 성막 구조물 전체를 가리키는 용어가 아니라 이 구조물의 네 덮개 중 가장 안쪽 덮개를 가리키는 전문용어

---

[20] Milgrom, *Numbers*, 29.
[21] 성막과 회막이 동일한 개체를 지칭한다고 보는 견해가 일반적인 것은 아니다. 그러나 성경의 모든 본문상의 증거들을 고려할 때 이 둘을 같은 개체로 보는 것이 가장 타당성이 있다고 생각한다. 이에 대해서는 박철현, 출애굽기 산책 (서울: 솔로몬, 2014), 236-234, 366-394를 보라.

로 보인다. 이 경우 "성막", "회막", "그것의 덮개", "타하쉬 덮개"는 이 네 덮개를 차례로 언급하고 있는 것으로 보인다.[22]

이 경우 왜 출애굽기 26:1-14의 본문과 달리 두 번째 덮개의 이름을 "성막 위의 막"(오헬 알-함미쉬칸, אֹהֶל עַל־הַמִּשְׁכָּן)이나 그것을 약식 표현인 "장막"(오헬, 3:25)으로 지칭하지 않은 것인지는 알 수 없다. 또한 이에 대해서는 주석들도 완전히 침묵하고 있는 것으로 보인다. 하지만 본문의 흐름이나 각 레위 가문에 대한 직무의 할당 사항들을 고려할 때 여기에 제시하고 있는 해석이 유일하게 납득 가능한 설명인 것으로 보인다.

26절은 게르손 자손이 담당해야 할 성막의 물품들로 뜰의 벽 휘장들, 뜰의 문 휘장, 그리고 그것들과 관계된 물품들을 나열하고 있다.

27절은 게르손 자손의 모든 일들이 제사장들의 명령에 따라 수행되어야 함을 밝히고 있다.

28절은 게르손 자손에 대한 본문의 마지막이다. 이들에 대한 직접적인 관할은 아론의 아들 엘르아살의 형제 이다말에게 할당되었다.

29-33절. 이 문단은 하나님의 명령 본문(1-33절)의 세 번째 단원(21-33절)의 후반부로서 므라리 자손의 사역자들에 대한 계수 명령(29-30절)과 더불어 그들의 직무에 대한 기술(31-32절), 그리고 그들에 대한 감독자 명시(33절)를 내용으로 하고 있다.

29-30절은 므라리 자손 역시 30세에서 50세까지의 사람들을 계수하라고 명령하고 있다.

31-32절에 나열된 므라리 자손의 담당 물품들은 성막의 몸체를 구성하고 있는 널판, 가로대, 기둥, 받침, 그리고 뜰 울타리의 기둥, 받침, 말뚝, 줄, 그리고 이것들과 관련된 모든 물품들이다. 이것들 역시 제사장들이 이들에게 할당을 하도록 되어 있다.

33절은 게르손 자손들의 경우와 마찬가지로 므라리 자손의 직무 역시

---

[22] 이 네 덮개의 용어 및 그 각자에 대한 자세한 설명은 박철현, 출애굽기 산책, 206-209을 보라

34-49절. 모세와 아론이 1-33절의 여호와의 명령대로 수행을 하는 것을 기술하고 있는 이 단락은 각각 고핫 자손(34-37절), 게르손 자손(38-41절), 므라리 자손(42-45절)의 인구조사 결과를 열거하고 나서 이들 전체의 총수를 정리(46-49절)하고 있다. 레위 지파의 자손별 사역자의 수는 고핫 자손이 2,750명, 게르손 자손이 2,630명, 므라리 자손이 3,200명이며, 이들의 총수는 8,580명이었다.

　　49절은 이 장 전체의 마지막 구절로서 민수기 1-3장의 마지막 구절들과 마찬가지로 여호와 하나님께서 "모세를 통해" 주신 명령들이 충실하게 수행되었음을 밝히고 있다. 민수기 11장 이하의 광야 사건 에피소드들과 달리 민수기 1-10장에서 하나님의 명령과 백성들의 실행 사이에는 아무런 괴리가 나타나지 않는다.

5단계: 적용

　　4-15절. 이 본문은 성막에서 상대적으로 거룩성이 높은 물건들의 포장에 대해서 다루고 있다. 이 포장 작업은 굉장히 섬세하고 꼼꼼한 것이었다. 첫째, 물품별로 포장용 덮개의 색깔이나 순서가 달랐다. 가장 거룩하고 귀한 물건이자, 그 거룩성으로 인해 가장 위험한 물건인 증거궤는 지성소 문 휘장으로 싼 후, 타하쉬 가죽으로 다시 포장하고, 마지막으로 순청색 보자기로 덮었다(5-6절). 이 점은 타하쉬 가죽을 바깥 포장재로 사용한 다른 물품들과 재료 및 색깔에서 확연한 차이가 났다. 또한 진설병 상은 홍색 보자기(7-8절), 제단은 자색 보자기(13-14절)로 싸는 식으로 포장함으로써 마치 현대 시대의 색깔 코드로 물품을 분류할 수 있게 하는 것과 같은 방식이 적용되었다. 이런 조치는 이런 물품들을 운반하는 임무를 가진 고핫 자손들이 덮개만 보고도 해당 물품이 어떤 것인지를 파악할 수 있게 해주는 역할을

했을 것이다. 또한 고핫 자손이 담당한 물건들은 성막의 물품들 중에서도 상대적으로 거룩성의 정도가 높았으며, 따라서 취급 시 상대적으로 위험도가 높은 것들이었다(17-20절). 이런 점에서 이 물품들의 보자기 색깔이나 포장 순서를 통한 표시는 고핫 자손의 사역자들을 보호하는 역할을 했을 것으로 보인다. 따라서 포장에 대한 이런 섬세한 지시는 사역자들에 대한 하나님의 배려로 이해할 수 있다. 하나님은 자기 종들의 안위를 중요하게 여기시는 분이다.

17-20절. 고핫 자손은 증거궤, 진설병 상, 등잔대, 금 제단 등과 같이 주로 지성소와 성소의 물품들, 즉 오직 대제사장과 제사장들에게만 접근이 허락된 물품들을 운반하는 일을 담당했다. 이런 면에서 그들의 임무는 게르손 및 므라리 자손의 것과 차별성이 있었다.

때로는 이런 책임의 차이는 특권의 차이로 오해될 수 있는 소지가 있었다. 어쩌면 민수기 16-17장에서 반역을 일으킨 레위 가문이 게르손 자손이나 므라리 자손이 아닌 고핫 자손이었던 이유가 그들이 상대적으로 성막의 더 안쪽의 물품들을 운반하는 일을 담당한 것과 관련이 있을 수 있다. 그러나 이 본문은 고핫 자손이 이런 임무를 담당한 이유가 하나님이 그들을 더 가치 있게 여기고 계시기 때문이라고 말하고 있지 않다. 단지 그들이 맡은 책임은 그들을 더 큰 위험에 노출하고 있다는 점을 강조하고 있을 뿐이다.

우리가 교회에서 하나님을 섬길 때 우리는 자신이 맡은 직책을 자꾸 특권이라는 시각에서 바라보는 경우들이 있다. 그러나 이런 잘못된 시각은 교회 공동체에 안 좋은 방향으로 영향을 미칠 때가 많다. 우리는 하나님께서 우리에게 맡기신 일들을 특권이 아니라 책임과 소명이라는 시각에서 받아들여야 할 것이다.

6단계: 설교 "두 얼굴의 하나님? 한 하나님!"(민 4:4-20)

　기독교 역사상 가장 이른 시기의, 그리고 가장 중요한 이단 사상들 중의 하나는 말시온 주의(Marcionism)입니다. 이 사상은 예수 그리스도의 아버지로서의 자비롭고 은혜로우신 하나님과 구약의 잔혹하고 폭압적인 하나님을 구분짓습니다. 그리고 이 두 하나님이 전혀 별개의 하나님이라고 주장합니다. 비록 이 사상은 정통 기독교에 의해서 이단으로 정죄되고, 퇴출되었지만 여전히 그 겉옷을 바꿔가면서 끈질기게 기독교인들의 마음 속에 살아남았습니다. 또한 비록 이 사상을 적극적으로 추종하지는 않더라도 많은 성도들은 구약성경이 묘사하고 있는 엄격한 하나님과 신약의 사랑이 넘치는 하나님이 동일하신 분임을 적절한 근거를 가지고 이해하지 못하는 경우가 많습니다. 율법의 하나님과 복음의 하나님이 어떻게 한 분이실 수 있을까요? 나답과 아비후가 제사장으로 임명된 직후에 "다른 불"을 가지고 들어갔다고 해서 바로 죽이시는 하나님(레 10:1-2),[23] 웃사가 언약궤를 옮기다 운반하는 소가 날뛰자 궤를 붙잡은 것 때문에 그를 죽이신 하나님(삼하 6:3-8)이 어떻게 죄인을 위해 자기 독생자를 내어 주신 신약의 무한한 용서의 하나님과 동일하신 분일 수가 있을까요?

　그러나 이런 단순한 이원론적 시각은 성경이 일관되게 증언하고 있는 하나님에 대한 시각과 차이가 납니다. 성경은 구약의 처음부터 신약의 마지막까지 하나님에 대해서 증언하면서 이 하나님의 이중적인 성격을 부각시키고 있습니다. 십계명의 제2계명에 부연해서 나오는 출애굽기 20:5-6은 "나 네 하나님 여호와는 질투하는 하나님인즉 나를 미워하는 자의 죄를 갚되 아버지로부터 아들에게로 삼사 대까지 이르게 하거니와 나를 사랑하고 내 계명을 지키는 자에게는 천 대까지 은혜를 베푸느니라"고 말씀하고 있

---

[23] 이 사건에 대한 레위기 관점에서의 총체적인 이해는 박철현, *레위기* (서울: 솔로몬, 2018), 309-330을 보라.

고, 출애굽기 34:6-7은 "여호와라 여호와라 자비롭고 은혜롭고 노하기를 더디하고 인자와 진실이 많은 하나님이라 인자를 천대까지 베풀며 악과 과실과 죄를 용서하리라 그러나 벌을 면제하지는 아니하고 아버지의 악행을 자손 삼사 대까지 보응하리라"고 말씀하고 있습니다.

특히 흥미로운 점은 위 본문의 후반부에서 "악(아본, עָוֹן)…를(을) 용서하리라"고 말씀하신 직후에 "그러나 벌을 면제하지는 아니하고…악행(아본, עָוֹן)을…보응하리라"고 말씀하시고 있다는 점입니다. 한 편으로는 하나님이 악을 용서하시는 분이라고 하고 나서 다른 한 편으로는 이 하나님이 결코 악을 용서하지 않으시는 분이라고 하고 있는 것입니다. 이 명백한 모순은 하나님의 성품의 본질적인 이중성을 통해서만 이해될 수가 있습니다. 하나님은 무작정 진노의 하나님이시기만 한 것이 아니며, 또한 무작정 사랑의 하나님이시기만 한 것도 아닙니다. 하나님은 온 세상의 유일한 주권자이자 심판자로서 당신의 공의와 은혜의 신비 속에서 당신의 선하신 뜻대로 사람에게 때로는 진노를, 때로는 사랑을 베푸시는 분인 것입니다.

저는 오늘 본문인 민수기 4장의 본문이 하나님의 이런 양면성을 잘 보여준다고 생각합니다. 그러나 하나님의 이 양면은 또한 다 한 하나님에게 속한 것임을 유념해야 합니다. 마치 동전이 서로 반대되는 두 면을 가지고 있는 것처럼 하나님의 두 모습 역시 다 한 분 하나님의 것입니다. 본문에 나타난 하나님의 이 양면성을 살펴보고, 거기에서 교훈을 얻고자 합니다.

첫째, 하나님은 위험한 거룩성을 가지신 분입니다. 성막의 물건들은 이 하나님의 거룩성을 나타내 줍니다. 특히 하나님의 직접적 임재의 장소인 증거궤와 같이 성막의 안쪽에 배치된 물건일수록 하나님의 거룩성을 더 강하게 반영하고 있습니다. 따라서 레위 지파의 자손들 중 성막의 안쪽에 배치된 물건들을 운반해야 하는 책임을 가진 고핫 자손들에게는 특별히 그들이 사역 중에 죽을 수도 있다는 위험성에 대한 경고가 강하게 주어지고 있습니다(15, 18-20절).

이 경고는 결코 추상적인 것이 아닙니다. 성경이 일관되게 가르치고 있듯이 우리 인간은 결코 거룩하신 하나님과 대면할 때 살아남을 수가 없습니다(참고, 출 33:20). 하나님에 대해서 제대로 알고자 하는 모든 자들은 항상 이 점을 놓치지 않고 기억해야 합니다. 우리가 섬기는 하나님은 치명적인 거룩성을 가지신 분입니다.

둘째, 이 하나님은 또한 당신과 함께 하는 자들에게 은혜를 베푸시고 배려하시는 분입니다. 비록 하나님이 당신에게 나아오는 자들에게 치명적인 거룩성을 가지신 분이기는 하지만 이 하나님은 또한 그들에게 섬세한 은혜를 베푸시는 분이기도 합니다.

저는 앞에서 고핫 자손이 성막의 안쪽의 물건들을 운반하는 임무를 갖고 있는 것 때문에 치명적인 위험에 노출되어 있다는 점을 말씀드린 바가 있습니다. 그런데 오늘 본문은 또한 하나님께서 이 고핫 자손들을 위해 여러 가지 섬세한 조치들을 취하고 있으시다는 것을 보여주고 있습니다.

우선 하나님은 고핫 자손이 운반해야 할, 위험한 거룩성을 가진 성막 안쪽의 물건들을 포장하는 임무를 제사장들에게 맡기고 있습니다(4-15절). 제사장들이 포장을 해서 안전하게 만든 후에야 고핫 자손이 그것들을 들도록 되어 있습니다(15b절).

또한 하나님은 성막 안쪽의 물건들 중에서도 서로의 거룩성의 정도의 차이가 나는 것을 감안하셔서 이 각 물건들을 서로 다른 포장 방식이나 다른 색깔의 보자기로 싸는 방법을 통해서 고핫 자손들이 좀 더 안전하게 성물들을 나를 수 있게 배려해 주셨습니다(4-15절). 본문의 상세한 기술들을 종합해 볼 때 고핫 자손들은 물건의 포장 상태만 봐도 자신들이 나르는 물건이 어떤 것이며, 해당 물건의 담당자가 누구인지를 쉽게 파악할 수 있었을 것입니다. 그리고 이것을 통하여 고핫 자손들은 불필요한 위험을 피할 수 있었을 것입니다.

이런 조치들을 다 취하셨음에도 불구하고 하나님은 다시 한번 고핫 자손들의 감독을 맡은 제사장들에게 이들이 임무 중에 죽지 않도록 하라고 명하십니다(17-19절). 또 고핫 자손들에게도 다시 한번 주의할 것을 당부하십니다(20절).

이런 하나님의 섬세한 배려와 조치는 상당히 인상적입니다. 구약에서 하나님은 단순히 우리에게 율법을 주시고, 그 율법 준수 여부에 따라 냉혹한 심판자 역할만 하시는 분이 아닙니다. 율법에는 하나님의 수많은 배려가 담겨 있습니다.[24] 오늘 본문의 고핫 자손에 대한 내용 역시 마찬가지입니다.

저는 어렸을 때 엄격한 아버지가 많이 무서웠습니다. 자비로운 어머니와 달리 아버지는 무서움의 대상이었으며, 어떻게 상대해야 좋을지 알 수가 없었습니다. 그러다 제 인생의 중요한 결정을 내려야 하는 순간에 아버지의 뜻을 거부하고 제가 하고 싶은 대로 하려고 했던 적이 있습니다. 그 때 아버지는 저에 대한 걱정을 저에게 직접 표현하지 못하시고 어머니에게 털어 놓으신 것을 전해 들었던 적이 있었습니다. 그 때 전해들은 아버지의 말씀을 통해 저는 아버지가 단지 표현을 못하시지만 저를 정말로 사랑하시고, 저를 진정으로 위하신다는 것을 뼈저리고 느끼게 되었습니다. 그것이 계기가 되어 저는 자발적으로 아버지의 뜻을 따르기로 마음을 바꿨습니다. 또 그 때를 계기로 해서 아버지를 상대하는 법을 좀 더 익히게 되었습니다.

저는 성도님들이 구약의 본문들에서 하나님의 거룩하고 엄위하신 모습뿐만 아니라 은혜롭고 자비로우신 모습 또한 읽어낼 수 있는 눈을 갖게 되셨으면 합니다. 제가 육신의 아버지와의 관계에서 그랬듯이 여러분이 구약 본문에서 하나님의 이런 모습을 찾아내심으로써 하나님을 더 자발적으로 사랑하게 되고, 그것을 통해서 하나님과 더 깊은 관계에 들어갈 수 있게 되기를 축원합니다.

---

24 이에 대한 간략한 관찰들 중의 하나는 박철현, 출애굽기 산책, 189-193을 참고하라.

민수기 5장

죄와 부정의 제거 I-부정한 자, 속건제, 간부의 처리

민수기 5장의 신학 개관

민수기 1-4장은 시내 산을 떠날 준비의 일환으로 이스라엘 백성과 레위 지파의 인구조사, 지파별 진영 내 배치 및 행군시의 순서, 레위 지파의 가문별 임무 등에 대해서 다뤄왔다. 이제 민수기 5-6장은 거룩하신 하나님과 동행하는데 있어서 가장 주의해야 할 사항, 즉 죄와 부정의 제거에 대해서 다루고 있다.

논의를 위해 먼저 민수기 5-6장의 내용을 일별해 보자:

(1) 5:1-4 부정한 자들의 처리
(2) 5:5-10 속건제 규례
(3) 5:11-31 간음이 의심되는 여인의 처리
(4) 6:1-21 나실인 규례
(5) 6:22-25 제사장 축복문

언뜻 보기에는 각 단원 사이에 연결성이 잘 보이지 않기 때문에 어떤 학자들은 5-6장이 "일관성 있는 본문이 아니라 그냥 다양한 규례들과 제의적 내용들을 모아 놓은 것"이라고 본다.¹ 그러나 사실 이 본문들은 마지막의 제사장 축복문을 제외하고는 분명히 한 가지 중심 주제, 즉 진영 내의 죄와 부정의 제거라는 주제를 중심으로 해서 구성되어 있다.² 왜냐하면 이스라엘이 거룩하신 하나님과 동행을 하는 데 있어서 가장 중요한 것은 진영 내의 죄와 부정을 제거하는 것이었기 때문이다. 이런 면에서 이 5-6장은 광야 여행을 준비하는 것을 그 내용으로 하는 1-4장과 잘 연결된다. 하나님과의 동행은 단순히 주둔시나 행군시의 지파별 배치를 잘 아는 것만 필요한 것이 아니라 진을 정결하게 유지하는 방법을 잘 아는 것도 역시 중요했기 때문이다.

이처럼 죄와 부정의 제거라는 주제를 중심으로 연결되어 있는 처음 네 개의 단원은 전체 혹은 그 중의 몇 개씩을 서로 묶어 주는 어휘나 내용을 갖고 있다. 첫째, 죄 혹은 부정이라는³ 어휘 및 개념이 이 모든 단원에 나타난다(5:2-3, 6-7, 13-14, 19-20, 27-28; 6:6-12). 둘째, "신실치 못하다"(마알 마알, מָעַל מַעַל)란 표현은 두 번째와 세 번째 단원을 연결시켜 준다(5:6, 12, 17). 셋째, "속건제"란 단어는 두 번째와 네 번째 단원을 연결시켜 준다(5:8; 6:12).⁴

이렇게 5-6장이 진영 내의 죄와 부정의 제거에 대해서 다룬 후에 그 마

---

1 Baruch A. Levine, *Numbers 1–20: A New Translation with Introduction and Commentary*, vol. 4, Anchor Yale Bible (New Haven; Yale University Press, 2008), 181. 이런 비슷한 견해는 August Dillmann, *Numeri, Deuteronomium und Josuah*, KHAT (Leipzig: S. Hirzel, 1886), 25; A. H. McNeile, *The Book of Numbers in the Revised Version with Introduction and Notes*, The Cambridge Bible for Schools and Colleges (Cambridge: Cambridge University Press, 1911), 25 등에서도 찾아볼 수 있다.

2 Jacob Milgrom, *Numbers*, The JPS Torah Commentary (Philadelphia: Jewish Publication Society, 1990), 33.

3 위의 네 번째 단원인 나실인에 대한 규례 본문 중 6:11은 "시체로 말미암아 얻은 죄"라는 표현을 쓰고 있다. 시체로 인한 부정을 "죄"라고 표현하고 있다는 점에서 이 구절은 민수기 5-6장이 죄와 부정을 하나로 묶어서 취급하고 있는 것을 정당화시켜 준다.

4 이 외에도 5-6장의 단원들이 제사장 몫에 대한 강조를 공유하고 있다는 주장도 있다(5:8-10, 25; 6:20). Gordon J. Wenham, *Numbers: An Introduction and Commentary*, vol. 4, Tyndale Old Testament Commentaries (Downers Grove, IL: InterVarsity Press, 1981), 89을 보라. 물론 이런 내용이 나오는 것은 사실이지만 이것이 이 단원들의 연결고리로 저자에 의해 의도된 것인지는 확신이 안 선다.

지막은 여호와 하나님의 축복과 보호를 기원하는 내용을 담은 제사장 축복문(6:22-25)이 장식한다. 앞의 단원들의 규례들을 따라 자기들 가운데 있는 죄와 부정을 제거함으로써 거룩하신 하나님과 함께 하고자 노력하는 백성에게 하나님의 축복과 보호를 선언하는 이 축복문은 그들의 노력에 좋은 보상이자 격려가 된다. 이제 곧 행진을 시작하는 이스라엘 백성들에게 이보다 좋은 선물은 없을 것이다.

마지막으로 한 가지 점을 더 살펴볼 필요가 있다. 민수기 1-4장은 하나님의 명령대로 이스라엘 백성들이 수행한 것을 계속 강조하고 있다는 점을 우리는 여러 차례 살펴보았다. 특히 매 장의 끝 구절들이 더욱 그러했다(1:54; 2:34; 3:51; 4:49). 이와 대조적으로 5-6장에는 첫 단원의 끝 절인 5:4를 제외하고는 더 이상 이스라엘 백성의 명령 수행에 대한 언급을 하고 있지 않다. 아마 그 이유는 1-4장의 인구조사나 진 배치 등의 문제와 달리 5-6장의 죄와 부정의 제거 문제는 단회적으로 성취할 수 있는 사항이 아니라 지속적으로 두고 두고 시행되어야 할 문제이기 때문인 것으로 보인다. 따라서 5-6장은 우선 당장 기존의 부정한 자들에 대해 명령 수행이 가능했던 내용을 담고 있는 첫 단원(5:1-4)의 경우를 제외하고는 더 이상 명령의 수행에 대한 언급을 하고 있지 않다.

1단계: 사역

1 여호와께서 모세에게 말씀하셨다.
2 이스라엘 자손에게 명령하여 모든 악성 피부병 환자와 유출증 있는 자와 죽은 자로 인해 부정하게 된 모든 자를 다 진 밖으로 내보내라.
3 남자와 여자를 전부 내보내야 한다. 다 진 밖으로 내보내야 한다. 그래서 그들이 내가 너희 가운데 거하고 있는 진을 부정하지 않게 해야 한다.
4 이스라엘 자손이 그렇게 해서 그들을 진 밖으로 내보냈으니 여호와께서 모세에게 말씀하신 대로였다. 이스라엘 자손이 그렇게 했다.

5 여호와께서 모세에게 말씀하셨다.
6 이스라엘 자손에게 말해라. 남자나 여자나 사람들이 범하는 죄를 범하여 여호와께 신실치 못하면 그 사람은 죄책이 있다.
7 그들은 자신들이 지은 죄를 자복해야 한다. 그리고 자신의 죄책의 원래의 값대로 갚아야 하며, 그 값에 오분의 일을 더하여서 죄책으로 인해 [고통받은] 사람에게 주어야 한다.
8 만약 그 사람에게 죄 값을 돌려받을 만한 속량자가 없다면 그 돌려받은 값은 여호와께 속하여 제사장에게 귀속된다. 이는 그를 위하여 속죄할 속죄의 숫양과 함께 해야 한다.
9 이스라엘 자손이 제사장에게 가져온 모든 성물의 들어올린 것은 그 [제사장]에게 귀속된다.
10 각 성물은 각 [제사장]에게 귀속된다. 제사장에게 주어진 성물은 그 [제사장]에게 귀속된다.
11 여호와께서 모세에게 말씀하셨다.
12 이스라엘 자손에게 말하고, 그들에게 일러라 만약 어떤 사람의 아내가 탈선하여 남편에게 신실치 못하여서
13 한 남자가 그 여자와 동침하여 설정을 하였지만 그것이 그녀의 남편의 눈에 숨겨지고 감춰졌고 그 여자는 부정하게 되었어도 그녀에 대한 증인도 없고 그녀가 잡히지도 않았는데
14 그 남편에게 의심의 마음이 생겨 그의 아내가 부정하다고 의심하거나 혹은 그녀가 부정하게 되지 않았지만 남편에게 의심의 마음이 생겨 의심을 한다면
15 그 남자는 자기 아내를 제사장에게 데리고 가라. 그는 그녀로 인해 요구된 보리 가루 십분의 일 에바를 가져와야 한다. 그 위에 기름도 붓지 말고 유향도 넣지 말아라. 왜냐하면 이것은 의심의 소제, 곧 죄악을 기억나게 하는 기억의 소제이기 때문이다.
16 제사장은 그 여인을 데려 가서 여호와 앞에 세워라.
17 그리고 제사장은 토기에 거룩한 물을 담아라. 그리고 성막 바닥의 티끌을 취하여 그 물에 넣어라.
18 제사장은 그 여인을 여호와 앞에 세우고, 그 여자의 머리를 풀게 하여라. 기억의 소제물을 그녀의 두 손바닥 위에 올려놓아라. (이것은 의심의 소제물이다.) 그리고 제사장의 손에는 저주를 일으키는 쓴 물이 있어야 한다.
19 제사장은 그녀로 하여금 맹세하게 하여 말하기를 만약 어떤 남자가 너와 동침하지 않았다면, 만약 네가 네 남편 아래 있으면서 탈선하여 부정하게 되지 않았다면 너는

이 저주를 일으키는 쓴 물로부터 해를 입지 않을 것이다.
20 그러나 네가 네 남편을 두고 탈선하여 네가 부정하게 되었으며, 네 남편 아닌 어떤 남자가 너와 동침하였다면…
21 제사장은 그 여자로 하여금 저주의 맹세를 하게 한다. 그리고 제사장은 그녀에게 말한다. "여호와께서 너로 하여금 네 백성 중에서 저줏거리와 맹셋거리가 되게 하여 여호와께서 네 넓적다리가 떨어져 나가고 네 배가 부어오르게 하실 것이니
22 이 저주를 일으키는 물이 들어가서 네 배가 부어오르게 하고 네 넓적다리가 떨어지게 할 것이다". 그러면 그 여자는 "아멘 아멘" 하여라
23 제사장은 저주의 말을 두루마리에 써서 그 쓴 물에 씻어라.
24 그리고 그 여자가 그 저주를 일으키는 쓴 물을 마시게 하여라. 그 저주를 일으키는 물이 그녀의 속으로 들어가서 쓰게 될 것이다.
25 그리고 제사장이 그 여자의 손에서 의심의 소제물을 취하여 그 소제물을 여호와 앞에서 흔들기로 흔들고 제단으로 가지고 가라.
26 제사장은 그 소제물 중에서 한 움큼을 그녀의 기념물로 취하여 제단 위에서 불살라라. 그런 연후에 그는 그 여자가 그 물을 마시게 하여라.
27 그가 그 물을 마시게 하였을 때 만약 그 여자가 부정하게 되었고 남편에게 신실하지 못하였다면 저주를 일으키는 그 물이 그녀의 속에 들어가서 쓰게 되어 그녀의 배가 부어오르며 그녀의 넓적다리가 떨어질 것이며 그녀가 백성 중에서 저줏거리가 될 것이다
28 그러나 그 여자가 부정하게 되지 않았고 정결하면 그녀는 해를 입지 않고 임신할 수 있게 될 것이다
29 이것은 의심에 대한 율법이다. 아내가 자기 남편 아래에 있으면서도 탈선하여 부정하게 되었을 때나
30 혹은 남편이 의심의 마음이 생겨서 자기의 아내를 의심할 때는 그는 그 여자를 여호와 앞에 세우고 제사장이 그녀를 위해 이 모든 법을 시행하여라.
31 남편은 악으로부터 자유로울 것이며, 그 여인은 자신의 죄를 짊어질 것이다.

2단계: 사역 해설

2절. "악성 피부병 환자": 짜루아(צָרוּעַ). 동사 짜라(צָרַע)의 칼 분사 수동형 남성 단수. 성경 본문에는 동사 원형이 사용된 적은 없고, 전부 칼 분사

수동형이나 푸알 분사형(역시 수동형)으로만 사용되었다. 동사 짜라로 표현되는 질병은 전통적으로는 "문둥병"이나 "나병", 혹은 현대의학 용어로 "한센씨 병"(Hansen's disease)으로 이해되어 왔으나 현재는 이것이 잘못된 것이라고 보는 것이 정설이다. 그 이유는 구약 시대의 팔레스타인 지역에 이런 병이 존재한 증거가 없다는 점, 구약성경(특히 레위기 13-14장)에 언급된 증상들이 한센씨 병과 다르다는 점, 한센씨 병은 옷이나 가죽이나 집(13:47-58; 14:33-53 등)에 발병하지 않는다는 점 등이다.[5] 따라서 짜라와 관련된 질병은 '악성 피부병' 정도로 번역하는 것이 가장 적절해 보인다.

"죽은 자": 네페쉬(נֶפֶשׁ). 네페쉬란 단어는 문맥에 따라서 뜻이 달라지기로 유명한 단어이다. 이 단어는 주로 "혼, 생명, 목숨, 사람" 등을 의미하기도 하지만 때에 따라서는 "죽은 사람", "시체"란 뜻을 가지기도 한다(레 19:28; 21:1; 민 5:2; 9:6-7, 10).[6]

6절. 림올 마알(לִמְעֹל מַעַל): 림올은 불분리 전치사 르(ל)에 동사 마알(מְעֹל)이 결합된 형태이다. 마알과 그 동족 목적어 마알(מַעַל)이 결합된 형태는 일종의 관용적 표현이다. 이 마알 마알은 사람에 대한 불신실을 나타내는 경우(민 5:12 등)가 완전히 없지는 않지만 절대다수의 경우는 그 불신실의 대상이 여호와 하나님이다(레 5:21; 26:40; 민 5:6 등). 따라서 이 단어는 "본질적으로 명백히 신학적인 용어"라고 이해해야 할 것이다.[7]

7절. "원래의 값대로": 브로쇼(בְּרֹאשׁוֹ). 히브리어 원문을 직역하면 "그것의 머리(로쉬, רֹאשׁ)대로"이다. 이 때 '머리'(head)라는 뜻의 단어인 로쉬는 '(어떤 것의) 총합', '전체' 등의 의미를 나타낼 수도 있다. 따라서 이 단어

---

[5] 이에 대한 좀 더 자세한 해설은 박철현, *레위기* (서울: 솔로몬, 2018), 333, n. 178을 보라.

[6] Baruch A. Levine, *Leviticus* (JPS Torah Commentary; Philadelphia: Jewish Publication Society, 1989), 16; Hartley, *Leviticus*, 133.

[7] R. Knierim, "מעל, To Be Unfaithful", in Ernst Jenni and Claus Westermann, *Theological Lexicon of the Old Testament* (Peabody, MA: Hendrickson, 1997), 2:681. 이 동족 목적어 구문의 관용적 표현에 대한 좀 더 상세한 해설, 그리고 이것과 속건제와의 관계에 대해서는 박철현, *레위기*, 207-208을 보라.

는 어떤 물건이나 사람 전체를 가리키는 표현으로 사용될 수도 있다. 현재 본문에서 이 단어는 잘못을 범한 사람이 부당하게 상대방에게 끼친 손해의 전체 가치나 액수를 가리키고 있다. 따라서 사역은 이것을 "원래 값"이라고 번역하였다.

8절. "속량자": 이쉬 고엘(אִישׁ גֹּאֵל). 개역개정은 이 문구를 "친척"이라고 번역하고 있으나 고엘이라는 표현은 친척을 대신해서 빚을 갚아주는 사람, "속량자"를 가리키는 전문 용어이다. 이 속량의 임무를 가진 사람의 범위는 레위기 25:48-49에 나온다. 이 속량자들은 친척이 재산상의 어려움을 가졌을 때는 빚을 대신 갚아주는 임무도 있었지만 이 민수기의 경우와 같이 손해배상을 대신 받을 수 있는 권리도 있었던 것으로 보인다.

"속죄의 숫양": 엘 학킾푸림(אֵיל הַכִּפֻּרִים). … 속죄일과는 상관없이 속건제 봉헌시 바쳐야 하는 숫양을 지칭하는 용어이다.

9절. "들어 올린 것": 트루마(תְּרוּמָה). 보통 이 단어는 개역개정에서 "거제"라고 번역된다. 그러나 이 경우 마치 이것이 번제, 소제 등과 같은 제사의 한 종류인 것처럼 오해될 소지가 많다. 이 단어는 제사 종류의 하나가 아니라 단지 하나님께 제사로 드려진 제물 중 제사장에게 귀속되는 부위를 가리키는 용어이다. 따라서 오해의 소지가 없게 이 단원의 원래의 의미를 따라 "들어 올린 것"(something lifted up) 정도로 번역하는 것이 더 낫다고 생각한다. 혹시 이 단어를 좀 더 전문용어답게 새로운 용어를 만들어내는 것도 추천할 만한 일이긴 하다.[8] 참고로 이 단어는 개역개정에서 "요제"라고 번역되는 트누파(תְּנוּפָה)와 본질적으로 같은 것이라고 생각하면 된다. 물론 제사장 몫을 표시하는 행동 자체는 차이가 있지만 말이다.

13절. "동침하여 설정을 하였는데": 샤카브…쉬크바트-제라(שִׁכְבַת־זֶרַע…שָׁכַב). 이 문구와 본질적으로 동일한 문구는 레위기 15:18에 나타나며, 레

---

[8] 이 단어의 번역에 대한 간략한 논의는 박철현, *레위기*, 52-53, 248을 보라. 좀 더 상세한 논의는 Richard Averbeck, "תְּרוּמָה", in Willem VanGemeren (ed.), *New International Dictionary of Old Testament Theology & Exegesis* (Grand Rapids: Zondervan, 1997), 4:335-338을 보라.

위기 19:20에서도 거의 동일한 문구가 사용되고 있다. 샤카브란 동사는 "눕다, 동침하다"(to lie down)란 뜻이며, 쉬크바트는 이 샤카브란 동사에서 파생된 명사로서 "누움"(lying down) 정도의 뜻을 가진 파생어이다. 이 쉬크바트가 "씨, 정액"(seed, semen)이란 뜻을 가진 제라(זֶרַע)와 짝을 이룬 쉬크바트-제라는 "정액의 유출"(the emission of semen), 즉 "설정"(泄精)이란 뜻의 관용적 표현으로 사용된다(레 15:16, 17, 18, 32; 19:20; 22:4; 민 5:13[구약에 나온 모든 구절 나열함]). 따라서 현재 다루고 있는 민 5:13에서도 히브리어 원어는 단순히 함께 누운 것이 아니라 설정까지 한 것을 다루고 있다. 따라서 위의 사역처럼 번역하는 것이 타당하다. 하지만 개역개정은 단순히 "동침하여"라고만 번역하여 "설정을 하였는데"를 생략하고 있다. 히브리어 원문이 남편이 의심할 수밖에 없는 정황에 대해서 훨씬 더 강한 표현을 쓰고 있는 것이다.

"그녀에 대한": 바흐(בָהּ). 이 히브리어 원문에서 인칭대명사 3인칭 여성 단수가 "그녀"를 의미하는지, "간음의 일"을 의미하는지에 대해서는 논란의 여지가 있을 수 있다. 그러나 성경 역본들이 주석들은 거의 만장일치적으로 "그녀"라는 견해를 채택하고 있다. 개역개정이 이 어구를 생략하고 있기 때문에 사역에서는 채워 넣었다.

14절. "의심의 마음": 루아흐-킨아(רוּחַ־קִנְאָה). 히브리어의 직역은 일반적으로는 "질투의 마음"이라고 하는 것이 더 나을 것이다. 그러나 대부분의 성경번역본과 주석가들은 최소한 이 민수기 5:11-31의 문맥에서는 이것을 "의심"이라고 번역하는 쪽을 택하고 있다.

"의심하거나", "의심한다면": 킨네(קִנֵּא). 동사 카나(קנא)의 피엘형. 이 단어는 칼형으로는 쓰인 적이 없으며, 피엘형이 기본형으로 쓰여 "질투하다"(be jealous)란 뜻을 갖고 있다. 사전들은 따로 "의심하다"란 뜻을 제시하고 있지 않지만 문맥상 질투에서 파생된 "의심"의 단계까지 나아간 것으로 보인다. 따라서 "의심하다"란 뜻으로 사역에서는 번역하였다.[9]

---

9 Biblical Studies Press. *The NET Bible First Edition; Bible. English. NET Bible.; The NET*

15절. "그녀로 인해 요구된": 알레하(עָלֶיהָ). 전치사 알(עַל)은 문맥에 따라 다양한 의미를 가질 수 있다. 현재 문맥에서는 이 전치사는 그녀에 대한 의심이 야기된 가운데 그 의심을 해소하기 위해 소제를 바치는 상황이다. 이 점을 살려 의역을 하였다.

"의심의 소제": 민하트 크나오트(מִנְחַת קְנָאֹת). 크나오트는 앞의 14절에서 다룬 킨아의 복수형이다. 이 복수형은 강조를 나타내는 복수형으로 이해하는 것이 나을 것이다. 킨아는 기본적으로는 "질투"란 뜻을 갖고 있고, 대부분 그렇게 번역된다. 그러나 밀그롬은 여기에서 "질투"의 대안으로 "의심"이라는 번역도 가능하지 않는가 하는 제안을 한다.[10] 또한 킨아가 단수 대신 복수가 쓰인 이유는 남편의 의심이 아직은 두 갈래로 나뉘기 때문이라고 본다.[11] 어찌 됐든 이 복수형은 구약 전체 중에서 오직 이 민수기 5장에만 나온다(15, 18, 25, 29절).

16-26절. "제사장": 학코헨(הַכֹּהֵן). 이 긴 본문에서 레위기 저자는 지속적으로 "제사장"이란 주어를 명시하고 있다. 아마 이것은 이 절차 하나하나가 아주 중요한 것임을 나타내주는 표시일 것이다. 어쩌면 이것은 이 의심의 일이 아무 위중하고 신중해야 하는 것임을 나타내는 것일 수가 있다. 그리고 이런 강조는 아마 여자가 겪어야 하는 고통에 대한 배려의 차원일 수도 있다. 불행히도 개역개정은 이 제사장이란 단어를 충실하게 매번 살려서 번역하고 있지 않다. 하지만 저자의 의중을 고려할 때 원문을 따라 제사장을 계속 넣어 번역하는 것이 좋은 것으로 생각된다.

20절. "…": 이 문장은 정식으로 마쳐지지 않고 말이 중간에 끊어져 있다. 이것은 수사법의 일종으로 '중단법'(aposiopesis), 또는 '갑작스러

Bible. Biblical Studies Press, 2005 (이하 *NET Bible First Edition*)의 5:14에 대한 번역 해설을 보라. NET 성경의 번역 해설은 오직 First Edition이라는 판본을 사야만 구할 수 있다는 점을 유념하라. 또한 이것은 https://net.bible.org에서도 볼 수 있다.

10 Milgrom, *Numbers*, 38.
11 Milgrom, *Numbers*, 38.

운 침묵'(sudden silence)이라고 부르는 기법이다.[12] 라틴어로는 레티켄티아(Reticentia)라고 부른다.[13] 이 수사법은 말하고자 하는 내용의 중대함에 독자의 관심을 끌기 위한 것이거나 내용의 강렬함이나 상황의 중대함 등을 부각시키기 위한 것이다.

25절. "흔들어 드리기로 흔들고": 헤니프(הֵנִיף). 동사 누프(נוּף)의 히필형. 명사형은 트누파(תְּנוּפָה)이다. 트누파는 개역개정에서 보통 "요제"라고 번역된다. 그러나 "요제"라고 할 경우 마치 이것이 번제나 소제 등과 같은 제사의 한 종류라고 오해하는 경우가 자주 생긴다. 그러나 사실 이 단어는 제사의 한 종류를 가리키는 용어가 아니라 9절의 트루마의 경우와 마찬가지로 제물 중 제사장 몫을 나타내는 동작을 가리키는 용어일 뿐이다.[14] 따라서 "흔들어 드린 것" 정도의 의미가 될 것이다.

3단계: 단락 구분

민수기 5-6장은 "여호와께서 모세에게 말씀하셨다"란 문구로 모든 단원이 선명하게 나뉜다. 이것을 기준으로 해서 5장의 단락을 구분해보면 다음과 같다.

5:1-4 부정한 자들의 처리
5:5-10 속건제를 통한 죄의 처리

---

12 *NET Bible First Edition* 민수기 5:20의 번역 해설.

13 E. W. Bullinger, *Figures of Speech Used in the Bible: Explained and Illustrated* (Grand Rapids: Baker Book House, 1898), 151.

14 이 단어에 대한 참고문헌은 위 9절의 "들어 올린 것"에 대한 사역 해설을 참고하라. 그리고 동사 누프 및 트누파에 대한 좀 더 상세한 학술적 논의는 Richard Averbeck, "נוּף", in Willem VanGemeren (ed.), *New International Dictionary of Old Testament Theology & Exegesis* (Grand Rapids: Zondervan, 1997), 3:64-66을 보라.

5:11-31 간음으로 인한 부정의 가능성에 대한 처리

이 본문들은 형식상 공통점과 차이점들을 갖고 있다. 우선 공통점을 살펴보자면 이 각각의 단원은 위에서 지적한 대로 "여호와께서 모세에게 말씀하셨다"란 도입구로 시작된다(1, 5, 11절).

차이점의 측면에서 보자면 첫 단원(5:1-4)은 민수기 1-4장에서 흔히 보아 왔던 "명령(1-3절)-실행(4절)"의 구조를 띠고 있다. 그러나 나머지 단원들은 하나님의 명령만 있고, 그것의 실행에 대한 언급은 나오지 않는다.

4단계: 본문 해설

1-4절. "여호와께서 모세에게 말씀하셨다"란 통상적인 단원 도입구에 이어 2-3절은 세 종류의 부정한 사람들, 즉 (1) 악성 피부병 환자, (2) 유출증 있는 자, (3) 죽은 자로 인해 부정하게 된 자들을 진영 밖으로 내보내라는 명령을 담고 있다.

우선 "악성 피부병" 환자(짜루아, צָרוּעַ)에 대해서 살펴 보자. 이 단어와 그 동족어들로 지칭되는 병은 보통 개역개정에서 볼 수 있는 바와 같이 "나병" 혹은 "문둥병", 즉 현대 의학 용어로 말하면 "한센씨 병"(Hansen's disease)이라는 병으로 번역되고 이해되어 왔다. 그러나 이것은 잘못된 것이다. 레위기 13장에 나타나 있는 병세들을 고려할 때 이것은 어떤 미상의 "악성 피부병"이나 "악성 곰팡이" 같은 것을 가리키는 것일 가능성이 높다.[15]

이런 병에 걸린 사람은 부정한 자로 선언되었으며, 그는 "옷을 찢고, 머리를 풀고, 윗입술을 가리고 스스로가 부정한 자라고 외치고 다녀야 했으며, 진영 밖에서 혼자 살아야 했다(레 13:44-46). 따라서 이런 자를 "진영 밖

---

[15] 앞의 사역 해설에 나오는 참고문헌의 내용을 참고하라.

으로 내보내라"는 현재 본문의 명령(5:2)은 레위기의 정결법 규례와 잘 상응한다.

유출증 있는 자(레 15장) 역시 부정한 자였으며,[16] 그들의 부정은 반드시 신중하게 처리되어야 했다. 그들을 제대로 정결법에 따라 처리하지 않으면 이스라엘 백성 전체가 그들의 부정으로 인해 여호와의 성막이 더럽혀지는 것때문에 죽게 될 수 있었다(레 15:31).

따라서 유출증 있는 자는 제대로 처리되어야 했지만 레위기의 정결법은 그 어디에서도 이들을 진영 밖으로 내보내야 한다는 규례를 말하고 있지 않다. 따라서 민수기 5장의 이 부정한 자에 대한 규례가 레위기의 정결법과 정확히 어떤 관계에 있는지를 파악하는 것은 쉽지 않다. 또한 주석가들은 이 문제에 대해서 거의 침묵하고 있다. 단지 레빈 정도가 민수기의 법이 레위기보다 더 강화된 것임을 지적하고 있는 정도다.[17] 그러나 아마 피부병의 경우에도 일반 피부병과 악성 피부병을 구분해서, 오직 악성 피부병의 경우에만 진영 밖으로 내보냈던 것과 마찬가지로 유출증의 경우에도 그 정도의 차이에 따라 이런 조치가 취해졌다고 보는 것이 좀 더 합리적이지 않을까 한다.

시체로 인해 부정하게 된 자들 역시 본문은 진영에서 추방하라고 명령하고 있다. 시체로 인한 부정과 이에 대한 정결 의식에 대해서 집중적으로 다루고 있는 본문은 민수기 19장인데, 이 본문에서 이런 자들이 부정한 상태에 있을 때 그들을 진영 밖으로 내보내야 한다는 언급은 분명하게 나타나 있지 않다. 그러나 레빈은 민수기 19장에서 이런 부정한 사람들을 정결하게 하는데 사용될 "부정을 씻는 물"을 진영 밖에 보관하는 점(민 19:9), 그리고 시체로 인해 부정해진 자를 진 안에 둠으로써 생길 수 있는 위험에 대

---

[16] 레위기 12:5에 따르면 아이를 해산한 여인 역시 일정 기간 동안 월경하는 여인과 같은 부정의 상태에 있게 된다고 되어 있다. 그러나 이 민수기 5:2의 "유출증"이 이런 해산한 여인의 경우를 포함한다고 보는 것이 맞는지 아닌지는 분명하지 않다.

[17] Levine, *Leviticus*, 185.

해서 이 장이 전반적으로 강조하고 있는 점 등을 고려할 때 이 부류의 부정한 자들이 진영 밖에 체류하도록 조치되었을 것이라고 추정한다.[18] 물론 이런 추정의 개연성은 상당히 있어 보이지만 본문이 이 점에 대해서 명확한 언급을 하고 있지는 않기 때문에 여전히 모호성은 남는다.

그럼에도 불구하고 레위기의 정결법 본문과의 이런 미묘한 차이에 대한 해결책은 아마 레빈이 유출증을 가진 자들과 관련하여 제시한 견해를 약간 수정함으로써 얻을 수 있지 않나 생각된다. 즉 유출증이나 시체로 인해 부정하게 된 자들이 일반적 상황에서는 격리는 된다 해도 진영 밖 혹은 공동체 밖으로 나갈 필요는 없었지만 민수기의 문맥이 제시하고 있는 바와 같이 곧 정복 전쟁을 염두에 둔 상황에서는 좀 더 강화된 형태로 요구되지 않았느냐는 것이다. 즉 민수기 1:2-4의 본문 해설에서 지적한 바와 같이 이 민수기 5-6장의 시내산 출발 준비 단계에서만 해도 가나안 정복을 위한 여정은 상당히 짧게 계획되어 있었다. 예를 들어 시내산에서 가데스 바네아까지는 불과 11일 정도의 여정에 불과했다(신 1:2). 이런 상황에서 하나님은 임박한 전쟁을 위한 군대로서의[19] 이스라엘에게 특별히 더 강한 정도의 정결을 요구하셨을 수가 있는 것이다(신 23:9-14).

5-10절. 이 새로운 단원 역시 레위기와 민수기에 흔히 사용되는 단원 도입구인 "여호와께서 모세에게 말씀하셨다"란 문구로 시작된다. 이어지는 6-10절은 "사람들이 범하는 죄를 범하여 여호와께 신실치 못하면" 죄책이 있고, 그 죄책을 속건제로 해결해야 하는 것에 대해서 다루고 있다. 부정과 마찬가지로 죄 역시 하나님의 진영 내에 절대로 있어서는 안 되는 것이었다.

6-8절은 기본적으로는 레위기 6:1-7에서 취급되고 있는 종류의 죄를 해결하기 위한 속건제와 본질적으로 같은 내용을 갖고 있다. 그러나 거기에

---

[18] Levine, *Leviticus*, 185-186.
[19] 출애굽과 시내산 출발 당시의 이스라엘 민족이 군대로 묘사하고 되고 있는 점에 대해서 민수기 1:2-4의 본문 해설을 참고하라.

추가된 내용도 있다.[20] 먼저 같은 내용을 정리하면 다음과 같다.

(1) 이 민수기 5:5-10이 다루고 있는 종류의 속건제는 사람에게 지은 죄를 통해 사람과 하나님 모두에게 책임을 지게 된 경우를 다룬다(참고, 레 6:2).[21] 6절이 말하고 있듯이 "사람들이 범하는 죄를 범하여 여호와께 신실치 못하면"이라는 표현은 이런 이중적 책임을 반영한다.

(2) 우선 사람에게 잘못을 저지른 부분에 대한 처리는 상대방에게 끼친 손해에 대해 그 손해액에 1/5의 액수를 더해서 배상을 한다(7절).

(3) 하나님에게 책임져야 할 부분에 대한 처리는 "속죄의 숫양"을 속건 제물로 드리는 것으로 해결한다(8절).

이제 레위기 6:1-7의 속건제 본문에는 언급이 없는데, 여기에 추가된 내용들을 보도록 하자.

(1) 죄를 지은 사람은 속건제를 드리기 전에 자신의 죄를 자복해야 한다(7절). 비록 레위기 1-7장의 5대 제사에 대한 본문에는 레위기 5:5를 제외하고는 죄의 자복에 대한 언급이 없다. 그러나 사실 자복은 제사의 중요한, 한 부분이었다고 보는 것이 좋을 것이다. 특히 구체적 죄에 대하여 제사를 드리는 속죄제와 속건제의 경우에는 이 절차가 필수적이었다고 보는 것이 타당할 것이다.[22]

(2) 만약 죄로 인해 손해를 본 직접적 대상이 사망 등의 이유로 해서 존재하지 않게 되었다면 그의 속량자 임무를 가진 사람들 중에서 그 손해를 배상 받을 수 있었다. 그러나 그런 속량자마저도 존재하지 않는다면 이 배상은 여호와의 것으로 간주되며, 결과적으로 제사장에게 귀속되었다.

---

20 속건제에 대한 상세한 해설은 박철현, *레위기*, 202-234를 보라. 특히 레위기 6:1-7이 다루고 있는 속건제, 즉 사람에게 행한 잘못으로 인해 사람과 하나님에게 이중적 책임을 져야 하는 종류의 속건제에 대한 해설은 특히 221-224쪽을 보라.
21 박철현, *레위기*, 222의 레위기 6:2에 대한 해설을 보라.
22 박철현, *레위기*, 191. 또한 Jacob Milgrom, *Leviticus 1–16: A New Translation with Introduction and Commentary*, vol. 3, Anchor Yale Bible (New Haven; London: Yale University Press, 2008), 301-303을 보라.

9-10절은 속건제물과 관련하여 제사장의 몫에 대해서 명시하고 있다. 이 점에 대해서는 이미 레위기 7:6-7에서 다뤄진 바가 있다.[23] 민수기의 중요한 특징 중의 하나는 제사장과들과 레위인들의 몫에 대한 강한 관심이다. 특히 민 18장을 보라.

11-31절. 5장의 마지막 단원은 간음을 한 것으로 의심이 되는 아내의 부정을 "저주를 일으키는 쓴 물"(18절)로 확인하는 의식에 대해서 다루고 있다. 만약 여자가 정말 간음한 경우 여자는 "배가 부어오르며…넓적다리가 떨어질 것이며…백성 중에서 저줏거리"가 될 것이다(27절).

이런 본문의 내용은 현대의 독자들에게는 여러 가지로 심리적인 불편함을 야기한다. 첫째, 성 평등성이 강조되는 현대 사회의 시각에서 볼 때 왜 남자의 경우에는 이런 규정이 없고, 여자만 이런 시련을 겪어야 하는가?

이에 대한 대답으로는 몇 가지 점을 생각해볼 수 있다.

(1) 이 본문이 배경으로 하고 있는 시대의 문화는 현대 시대와는 달랐다는 점을 고려해야 한다. 현대의 대부분의 독자들은 일부일처제가 당연시되는 사회 속에서 살고 있다. 반면에 구약 시대에는 일부다처제가 용인되는 사회였다.[24] 여자에게만 이런 시련의 요구가 주어진 것은 이런 점을 어느 정도 반영할 수 있다.[25]

(2) 비록 이 본문 자체는 여자에게만 이런 요구를 하고 있지만 당대의 문화적 배경을 훨씬 초월하는 정도로 여자에 대한 남자의 권리 남용을 강력하게 억제하는 율법들도 오경에는 많이 있다. 신명기 22:13-21은 남자가 결혼한 배우자의 순결에 대해서 거짓말을 하는 경우 100세겔의 은을 여자

---

[23] 이에 대한 해설은 박철현, *레위기*, 257-258을 보라.
[24] 물론 성경적 결혼 원리는 일부일처제라고 생각한다(창 2:24; 말 2:15; 마 19:4-6). 그러나 이스라엘의 왕들이나 기타 다른 본문적 증거들에서 보듯이 일부다처제가 비록 사람들의 "마음의 완악함" 때문인지는 몰라도 많이 이루어지고 있었다(마 19:8).
[25] 구약의 율법들이 당시 사회의 상황에 대한 초월적인 요소만 있는 것이 아니라 그 사회의 상황을 어느 정도 반영하면서도 그것을 개선하는 성격을 갖고 있는 점에 대한 예는 박철현, 출애굽기 산책 (서울: 솔로몬, 2014), 189-191을 보라.

의 아버지에게 배상금으로 주도록 되어 있었다. 이 당시의 노동자의 한 달 임금은 1세겔 정도였다.[26] 따라서 100세겔이라는 것은 이 당시 노동자가 8년 4개월을 단 한 푼도 사용하지 않고 모아야 하는 돈이다. 또한 이 100세겔의 가치는 아라우나의 타작마당과 수소들을 50세겔을 주고 산 것을 통해 비교해볼 수도 있다.[27] 자기 아내의 순결을 모독한 죄에 대해서는 이보다 두 배의 값을 치러야 했던 것이다. 이런 강력한 벌금은 남자가 여자의 순결을 가지고 허튼 짓을 못하게 하는 강력한 조치였다. 이처럼 오경에는 여자에게만 일방적으로 불리한 법만 있었던 것은 결코 아니다. 민수기의 간음이 의심이 되는 여자에 대한 시험은 이런 남자에게 강력한 처벌을 지시한 율법들과의 균형 속에서 봐야 한다.

(3) 신명기 22:22에 따르면 유부녀가 간음한 것이 드러나면 간음한 남자와 여자 모두가 다 죽임을 당하게 되어 있었다. 따라서 이 민수기 5장의 여자에 대한 시험의 결과로 유죄가 드러나면 간음을 저지른 상대방 역시 죽음을 피할 수 없었다. 결코 여자만 일방적으로 처벌을 받은 것은 아니었다.

둘째, 단순히 의심만으로 현대적 관점에서 볼 때 끔찍해 보이는 이런 시험을 하는 것이 정당한가? 소위 "무죄 추정의 원칙"은 무시되는가?

(1) 오경의 범죄와 관련된 율법들은 결코 함부로 어떤 판결을 내리는 것을 권장하지 않는다는 점을 우선 유념해야 한다. 신명기 19:15-21의 증인에 대한 법은 신중한 판결을 위해 확실한 안전 장치들을 제시하고 있다. 이 민수기 율법의 경우는 분명히 13절이 말하고 있듯이 "한 남자가 그 여자와 동침하여 설정을 하였지만 그것이 그녀의 남편의 눈에 숨겨지고 감춰졌고 그 여자는 부정하게 되었어도 그녀에 대한 증인도 없고 그녀가 잡히지도" 않음으로써 인간의 객관적인 증거로 이것을 찾아내는 것이 불가능한 경우,

---

26 박철현, 『레위기』, 719에 나오는 정보들을 참고하라.
27 Eugene H. Merrill, *Deuteronomy*, vol. 4, The New American Commentary (Nashville: Broadman & Holman Publishers, 1994), 303.

그리고 비록 여자가 간음을 저지른 것이 사실은 아니지만 상당한 의심이 일어날 수밖에 없었던 상황에 적용되는 방법일 뿐이다(14절).

(2) 현대의 무신론적인 사회에서는 민수기의 이런 율법은 무의미한 것이 맞다. 그러나 민수기 본문이 상정하고 있는 바는 엄연히 공의의 하나님이 살아서 역사하시는 상황을 상정하고 있다. 객관적 정보는 존재하지 않고, 하나님의 역사는 확실한 상황에서는 이 본문이 제시하고 있는 방법은 가장 확고하고 합리적인 조치일 수 있다. 우림과 둠밈의 경우나 제비뽑기의 경우와 마찬가지로 이 법도 현대의 무신론적 관점에서 바라보면 안 된다.

(3) 앞의 사항을 고려할 때 이 가혹해 보이는 시련을 통과하고 그 정결함이 드러난 여인에게는 임신할 수 있는 은혜가 주어진다(28절). 이 역시 출산이 여인의 운명을 결정지을 정도로 중요했던 고대 시대에는 여인이 당한 시련을 넘어서는 큰 축복이자 선물이다(참고, 창 29:30-30:24).

(4) 민수기 1-10장의 문맥을 고려할 때 간음이 의심되는 여자에 대한 시험의 문제는 단순히 남편의 질투를 넘어서는 문제라는 점을 인식하는 것이 중요하다. 가나안 정복 전쟁을 준비하는 군대로서의 이스라엘에게는 5-6장이 계속적으로 강조하고 있듯이 하나님이 "너희 가운데 거하고 있는 진을 부정하지 않게 해야" 하는 것이 무엇보다 중요한 일이었다. 그런데 실제로 어떤 유부녀가 간음을 저질렀다면 그것은 마치 아간 사건의 경우와 마찬가지로 하나님의 군대 전부를 위험에 빠뜨리게 할 수 있는 중대한 사건이었다. 이스라엘은 그런 간음이 저질러진 경우 "그 동침한 남자와 그 여자를 둘 다 죽여 이스라엘 중에 악을 제할" 의무가 있었다(신 22:22). 비록 이 민수기 본문이 말하고 있듯이 객관적 증거가 없지만 상황적 정황이 있는 경우에 이스라엘 진영과 남편은 하나님의 진영이 더럽혀졌을 가능성을 그냥 묵과함으로써 그 전체를 위험에 빠뜨리는 모험을 감행해서는 안 되었다.

이제 이 단원(11-31절)과 앞 단원(5-10절) 사이의 연결성을 살펴보자.

(1) "마알 마알"(מָעַל מַעַל), 즉 "신실치 못하다"란 공통 어구가 양 본문을 연결시켜 준다(6, 12, 17절).

(2) 현재 본문만 가지고는 선명하게 드러나지 않지만 이 간음이 의심되는 여인의 본문은 그 성격이 앞의 5-10절의 속건제 본문의 바탕이 되는 레위기 5:14-6:7의 본문이 다루고 있는 사항들과 어느 정도 연속성이 있어 보인다. 우선 이 여인에 대한 의심과 관련된 정황은 13절이 말하고 있듯이 "한 남자가 그 여자와 동침하여 설정을 하였지만 그것이 그녀의 남편의 눈에 숨겨지고 감춰졌고 그 여자는 부정하게 되었어도 그녀에 대한 증인도 없고 그녀가 잡히지도" 않은 상황을 상정하고 있다. 그런데 이처럼 죄는 저질러졌지만 증거나 증인이 없는 상황은 특별히 레위기 6:1-7의 속건제의 대상이 되는 죄의 경우와 상응한다. 이 레위기 본문에 나오는 죄들은 비록 범죄는 저질러졌지만 증인이나 증거가 없으면 처벌하기가 쉽지 않은 종류의 죄들이었다.[28]

(3) 위의 사항과 연결되어 있는데, 레위기 19:20-22는 어떤 사람이 종의 신분을 가진 여자와 간음을 저지른 경우 속건제를 바치도록 되어 있다. 바로 위의 사항과 더불어 이런 레위기의 규례는 이 여인의 처리에 대한 율법이 속건제와 어느 정도 연결이 있음을 보여주는 추가적인 증거일 수도 있다.[29]

이제 그 절차가 복잡해 보이는, 간음의 혐의를 받고 있는 여인에 대한 시험의 절차를 약술해 보는 것이 이 본문의 이해에 도움이 될 것이다.[30]

(1) 의심을 품은 남편이 자기 아내를 규정된 바와 같이 보리 소제물과 함께 제사장 앞에 세운다(15절).

(2) 제사장이 여인을 성막 뜰에서 여호와 앞에 세운다(16절).

(3) 제사장이 토기에 물을 붓고, 그 물을 성막 뜰 바닥에서 취한 흙과 섞

---

28 따라서 출애굽기 22:1-4와 같이 범죄가 사법적으로 밝혀져 처벌을 받는 경우에는 200-400퍼센트의 배상을 해야 했지만 이 레위기 6:1-7의 속건제의 경우와 같이 죄인이 죄책을 느끼고 자백을 하는 경우에는 단지 손해액에 20퍼센트만 추가해서 배상하는 것으로 해결이 되었다. 이에 대해서는 박철현, *레위기*, 223-224와 거기에 나오는 참고문헌들을 참고하라.
29 Wenham, *Leviticus*, 90-91.
30 이것은 Wenham, *Numbers*, 92의 정리를 따른 것이다.

는다(17절).

(4) 제사장이 여인에게로 가서, 그녀의 머리를 풀게 하고, 보리의 소제를 그녀의 손에 올려 놓는다(18절).

(5) 앞에서 준비한 물을 손에 들고 제사장은 여인이 저주의 맹세를 따라 하게 한다(19-22절).

(6) 제사장이 저주의 문구를 두루마리에 적은 다음에 그것을 준비한 물로 씻는다(23절).

(7) 제사장이 여자로부터 소제물을 취하고, 그것의 일부를 제단 위에 태운다(25-26a절).

(8) 여자가 그 물을 마신다(26b절).

(9) 만약 여자가 죄가 있다면 물이 여자에게 효력을 발휘한다(27-28절).

본문의 구조에 대한 밀그롬 및 그에 바탕을 둔 데니스의 좋은 분석 또한 독자들에게 본문의 흐름을 이해하는데 도움을 준다. 여기에서는 후자의 것을 각색해서 소개한다.

A. 의심된 간음에 대한 시험 제의 도입부(11-14절)
    B. 시험 제의의 준비(15-18절)
        C. 저주의 맹세문(19-24절).
    B'. 시험 제의의 시행(25-28절)
A'. 의심된 간음의 처리 결과 및 요약(29-31절)[31]

지금까지 관찰한 사항들을 바탕으로 이 간음의 의심을 받는 여인에 대한 시험 본문의 중 좀 더 설명이 필요한 사항들이나 꼭 언급해야 할 사항들을 살펴보도록 하자.

---

31 R. Dennis Cole, *Numbers*, vol. 3B, The New American Commentary (Nashville: Broadman & Holman Publishers, 2000), 116.

15절은 이 여인의 일로 남편이 제사장에게 가져와야 하는 소제 위에 기름이나 유향을 넣지 말아야 한다는 점을 지적하며, 이 소제가 "의심의 소제, 곧 죄악을 기억나게 하는 기억의 소제"이기 때문이라고 말한다. 이처럼 기름과 유향에 대한 금지는 이 소제가 레위기 2장의 일반적인 소제가 아니라 아주 가난한 사람들이 드리는 속죄제로서의 소제와 상응함을 보여준다(레 5:11-13, 특히 11절, "이는 속죄제인즉 그 위에 기름을 붓지 말며 유향을 놓지 말고"[개역개정]).[32]

18절에서 제사장은 여인이 "머리를 풀게" 한다. 이것은 이 여인이 잠정적으로 부정의 상태에 있다는 것을 상징한다(레 13:45).[33] 여자는 이런 과정을 통해서 시험의 절차가 진행되는 동안 수치의 상태에 있게 되는데, 이것은 아마 이 단원의 서론격인 본문(위의 구조의 A[11-14절] 단락)이 제시하고 있듯이 남편의 의심에 상당한 타당성이 부여된 정황 때문이 아닐까 생각된다.

19-22절의 저주의 맹세와 관련하여 몇 가지 중요한 점을 유의해야 한다.

(1) 하나님 앞에서 이 저주의 맹세를 하는 것으로 만족하지 않고, 왜 굳이 현대인의 눈에는 미신이나 마술 같아 보이는 "저주를 일으키는 쓴 물"(18절)을 마시게 하는가 하는 점을 생각해 볼 수 있다. 그러나 이런 질문은 사실 레위기 1-7장의 5대 제사에서 왜 굳이 동물을 죽임으로써 사람의 죄를 대신하는 의식을 치러야만 하는가 하는 점에도 적용될 수 있다. 이와 관련하여 웬함은 인류학자 모니카 윌슨의 제의에 대한 이론을 제시한다. 그녀에 따르면 "제의는 어떤 가치를 가장 깊은 차원에서 드러낸다…사람들은 자신들의 의식에 가장 깊은 영향을 주는 것을 제의를 통해 표현한다".[34] 그

---

32 Wenham, *Numbers*, 93-94.
33 Phillip J. Budd, *Numbers*, vol. 5, Word Biblical Commentary (Dallas: Word, Incorporated, 1998), 64.
34 Monica Wilson, "Nyakyusa Ritual and Symbolism", *American Anthropologist* 56 (1954): 241. Wenham, *Numbers*, 93에서 재인용.

리고 이런 식으로 어떤 가치를 의식에 반영하는 것은 현대 시대에도 졸업식이나 결혼식, 대통령 취임식 등을 통해서 계속 되고 있다고 웬함은 말한다. 이런 의식들은 사회가 그것들에 부여하고 있는 중요성들을 나타내준다. 이와 마찬가지로 간음이 의심되는 여인의 경우에도 소제물을 바치고, 쓴 물을 마시게 하는 것 등의 의식은 여인에게 부과되는 저주의 내용들을 강조해주고 생생하게 나타내주는(dramatize) 역할을 한다.

(2) 이 저주는 그 자체로 어떤 마술적인 효력이 있는 것이 아니다. 이 저주는 오직 하나님의 살아계심과 역사하심을 전제로 할 때야 의미가 있다. 이런 면에서 저주문이 저주 시행의 주체를 여호와로 명시하고 있는 점은 중요하다.

21, 27절. 여자가 간음한 것으로 드러나게 될 경우 실행될 저주의 내용은 "넓적다리가 떨어져 나가고 네 배가 부어오르게" 되는 것이라고 되어 있다. 이 문구가 정확히 무슨 의미인지에 대해서는 문자적인 의미 그대로 이해하는 것으로부터 시작해서 상징적으로 해석하는 것까지 다양하다.

그러나 여러 가지 해석들을 종합해볼 때 현재 가장 많이 지지를 받은 해석은 배와 넓적다리를 여성의 성 및 임신과 관련된 신체 부위들에 대한 완곡어법적 표현이라고 보는 해석이다.[35] 이것을 간략하게 정리해보면 다음과 같다.

(1) 간음을 한 여인이 이런 부위를 통해 죄값을 치르는 것은 율법의 기본 정신들 중의 하나인 인과응보의 시행으로 볼 수 있다. 여인은 이런 부위를 통해서 간음을 저질렀으므로 이런 부위에 처벌을 받는 것은 적절하다.[36]

(2) 이런 증상이 궁극적으로 의미하는 바는 저주로 인해 여자가 임신을 하지 못하는 몸이 된다는 것이다(창 20:18).[37] 여러 가지 이유로 해서 자발적으로 출산을 하지 않으려는 사람이 많고, 또 선진국일수록 출산율이 낮은

---

[35] Wenham, *Numbers*, 95; Milgrom, *Numbers*, 41 등을 보라.
[36] Wenham, *Numbers*, 95.
[37] Milgrom, *Numbers*, 41.

경향이 있는 현대 사회에서는 출산을 하지 못하는 심판은 별로 강력하게 느껴지지 않을 수가 있다. 그러나 성경 시대에는 무자함(childlessness)은 여인이나 그 가족에게는 인생의 가장 커다란 고통들 중의 하나였다(참고, 창세기 15-16장; 25:19-24; 29:31-30:24; 삼상 1:1-18 등).

29-31절. 위의 5:11-31의 구조 분석에서 보았듯이 이 문단은 간음이 의심된 여인에 대한 시험 제의 본문의 결말이다. 이 문단의 내용을 이해하는데 있어서 가장 중요한 사항을 몇 가지 지적한다.

(1) 이 시험 제의 도입부(11-14절)가 분명하게 밝혀주고 있듯이 이 제의는 기본적으로는 남편의 의심이 막연한 것이 아니라 혐의가 상당히 강하게 존재하는 것을 전제로 하고 있다. 따라서 남편이 충분히 이런 시험 제의를 요구할 수 있는 정황이었다.

(2) 문맥상 남편의 시험 요구는 단순히 개인의 질투의 해소 문제가 아닐 가능성이 높다. 민수기 1-10장의 문맥상 이스라엘은 가나안 정복 전쟁을 아주 가까운 미래에 치를 준비를 하고 있는 중이었다. 이를 위해 이스라엘은 하나님의 군대의 진영을 죄와 부정으로부터 철저하게 깨끗하게 유지해야 했다. 이런 문맥에서 남편은 아내의 간음의 가능성을 개인의 질투 문제로 치부하고 덮어둠으로써 진영을 더럽힐 수 있는 가능성을 남겨 두어서는 안 되었다(참고, 신 22:22).

(3) 상황이 이러하기 때문에 31절이 말씀하고 있듯이 남편은 자신이 당연히 감당해야할 책임을 감당하기 위해 문제를 제기한 것이기 때문에 결과가 어떻게 나오든 "악으로부터 자유로울" 수 있었다. 그리고 여자는 간음을 한 것으로 드러나는 경우는 "자신의 죄"를 짊어져야만 했다.

5단계: 적용

2-3절. "…부정하게 된 모든 자를…다 진 밖으로 내보내야 한다. 그래

서 그들이 내가 너희 가운데 거하고 있는 진을 더럽히지 않게 해야 한다": 하나님의 백성의 군대에게 가장 중요한 것은 하나님이 거하시는 진을 죄와 부정으로 더럽히지 않는 것이었다. 그래야만 하나님께서 그들을 떠나지 않으시고, 그들을 구원하시며, 그들이 적을 이길 수 있게 하실 것이다(신 23:14). 하나님의 군대에 이것보다 중요한 것은 없었다.

이런 가르침은 오경의 이 본문을 넘어서서 성경의 일관된 가르침이다. 하나님과 함께 하고자 하는 모든 자는 죄와 부정으로부터 떠나야만 한다. 고린도후서 6:16-18은 말씀하시기를 "우리는 살아 계신 하나님의 성전이라…하나님께서 이르시되 내가 그들 가운데 거하며 두루 행하여 나는 그들의 하나님이 되고 그들은 나의 백성이 되리라 그러므로 너희는 그들 중에서 나와서 따로 있고 부정한 것을 만지지 말라"고 하였다. 또한 고린도후서 7:1은 "그런즉 사랑하는 자들아 이 약속을 가진 우리는 하나님을 두려워하는 가운데서 거룩함을 온전히 이루어 육과 영의 온갖 더러운 것에서 자신을 깨끗하게 하자"라고 하였다.

현대 교회와 현대 성도들은 너무 '오직 은혜'(sola gratia)만을 강조하다가 죄와 부정의 문제를 간과할 때가 많다. 그러나 우리가 분명히 알아야 할 것은 하나님의 나라에 "무엇이든지 속된 것이나 가증한 일 또는 거짓말하는 자는 결코 그리로 들어가지 못한다"는 점이다(계 21:27). 종말론적인 결혼식에 참여할 수 있는 어린양의 신부는 오직 "성도들의 옳은 행실"이라는 세마포 옷을 입은 자들뿐이다(계 19:7-8).

우리의 교회나 우리 개인의 삶에 하나님의 함께 하심이 잘 안 느껴진다면 그 이유는 간단하다. 거룩하신 하나님과 함께 하는 유일한 방법은 우리가 우리의 삶에서 죄와 부정을 제거하는 것이다. 거룩하신 하나님이 죄나 부정과 함께 하실 수 있는 방법은 없다. 하나님의 거룩이 우리의 삶에 역사하기를 바란다면 우리는 죄와 부정에서 떠나야 한다.

13절. "한 남자가 그 여자와 동침하여 설정을 하였지만 그것이 그녀의 남편의 눈에 숨겨지고 감춰졌고 그 여자는 부정하게 되었어도 그녀에 대한 증인도 없고 그녀가 잡히지도 않았는데": 민수기 5:11-31은 증거가 없지만 부정이 저질러진 경우에 대한 처리를 담고 있다. 이 본문이 가르쳐 주는 중요한 적용점들 중의 하나는 은밀한 중에 저질러진 죄도 죄이며, 이런 죄에 대해서 우리가 엄격하게 대응을 해야 한다는 것이다. 하나님은 "모든 행위와 모든 은밀한 일을 선악 간에 심판"하시는 분이다(전 12:14; 참고, 롬 2:16). 우리는 결코 우리의 죄악을 "은밀한 곳에 숨길 수" 없다(렘 23:24). 우리가 할 일은 가장 은밀한 죄까지도 하나님 앞에 내놓고 자복하며, 그분의 자비를 바라는 것이다.

6단계: 설교 "하나님의 군대는 달라야 합니다"(민 5:1-4)

민수기 5-6장은 가나안 정복을 앞둔 하나님의 군대가 자신들의 진 가운데 하나님께서 좌정하셔서 그들과 동행하시며, 그들을 위해 싸우실 수 있도록 진 안의 모든 부정한 자들을 진 밖으로 내보내야 한다고 가르치고 있습니다. 특히 오늘 본문인 민수기 5:1-4는 제의적으로 부정한 자들이 "내가 너희 가운데 거하고 있는 진을 더럽히지 않게 해야 한다"고 가르치고 있습니다(3절).

하나님께서 당신의 군대에게 이런 요구를 하시는 이유는 하나님의 군대는 세상의 군대와 여러 가지로 다르기 때문입니다. 이 점을 몇 가지로 살펴보고자 합니다.

첫째, 하나님의 군대는 싸움의 방식이 다릅니다. 세상의 군대는 병거와 말에 의지하며, 물리적인 강함에 의지하지만 우리는 하나님 자신에게 의지합니다(시 20:7-8). "많은 군대로 구원 얻은 왕이 없으며 용사가 힘이 세어도 스스로 구원하지" 못하며, "구원하는 데에 군마는 헛되며 군대가 많다 하여도 능히 구하지" 못합니다(시 33:16-17). 하나님의 군대의 싸움의 방식은 오직 하나님에게만 의지하는 것입니다. 우리가 하나님에게 의지할 때 하나님이 싸우십니다. 신명기 20:1-4는 이렇게 말씀하고 있습니다. "네가 나가서 적군과 싸우려 할 때에 말과 병거와 백성이 너보다 많음을 볼지라도 그들을 두려워하지 말라…네 하나님 여호와께서 너와 함께 하시느니라…마음에 겁내지 말며 두려워하지 말며 떨지 말며 그들로 말미암아 놀라지 말라 너희 하나님 여호와는 너희와 함께 행하시며 너희를 위하여 너희 적군과 싸우시고 구원하실 것이라". 이처럼 세상의 군대는 자신들의 힘을 의지하여 싸우지만 하나님의 군대는 하나님을 의지하여 싸웁니다. 하나님의 군대는 싸움의 방식이 다릅니다.

둘째, 하나님의 군대는 싸움의 대상이 다릅니다. 하나님의 군대의 싸움은 적의 많고 적음, 적의 강하고 약함에 좌우되지 않고, 하나님의 함께 하심에 좌우됩니다. 따라서 하나님의 군대는 싸움의 대상이 다릅니다. 하나님의 군대의 싸움의 대상은 적이 아니라 자기 자신입니다. 좀 더 정확히 말하면 자신의 죄와 부정입니다. 하나님은 거룩한 분이시기 때문에 결코 악과 하실 수가 없습니다. 하나님의 군대는 하나님께서 함께 하실 수 있도록 자신들의 진영 내에 악이 존재하지 않게 해야 합니다. 자신들 내부의 악과 싸워야 합니다.

신명기 23:14는 "이는 네 하나님 여호와께서 너를 구원하시고 적군을 네게 넘기시려고 네 진영 중에 행하심이라 그러므로 네 진영을 거룩히 하라 그리하면 네게서 불결한 것을 보시지 않으므로 너를 떠나지 아니하시리라"고 말씀하십니다. 이처럼 하나님의 군대가 진영을 "거룩히" 하면 하나님이 당신의 군대를 위해 싸우시고, 구원을 주십니다. 이처럼 하나님의 군대는 세상의 군대와 달리 그 싸우는 대상이 다릅니다.

오늘 본문의 가르침을 신약 시대 이후의 우리 교회 공동체와 우리 성도 개개인들의 삶에 적용할 때 우리가 해야 할 일은 명백합니다. 우리는 우리 가운데 있는 "악은 어떤 모양이라도" 버려야만 합니다(살전 5:22). 그럴 때 하나님이 우리 편이 되시고, 우리를 위해 싸우실 것입니다.

말씀을 정리합니다.

여러분! 하나님의 군대는 달라야 합니다. 우리가 공중의 권세 잡은 자와의 전쟁, 그리고 세상과의 전쟁에서 이기는 방법은 결코 우리의 가진 어떤 힘에 있는 것이 아닙니다. 오직 거룩하신 하나님과 동행하는 것에 있는 것입니다. 그리고 이 동행을 가능하게 하는 유일한 방법은 우리가 모든 종류의 죄와 부정에서 떠나는 것입니다. 이것이 하나님의 군대의 싸움의 특징입니다. 여러분! 하나님의 군대는 달라야 합니다.

민수기 6장

죄와 부정의 제거 II

민수기 6장의 신학 개관

민수기 6장은 앞의 민수기 5장과 짝을 이루고 있으며, 진영 내의 죄와 부정의 제거라는 주제를 공유하고 있다. 그러나 양자 사이에는 분명한 차이점도 있다. 앞의 민수기 5장이 부정적인 것의 지양에 초점이 맞춰져 있다면 민수기 6장은 긍정적인 것의 함양에 초점이 맞춰져 있다.

6장은 크게 두 부분으로 구성되어 있다. 첫 단원인 6:1-21은 나실인의 규례를 담고 있으며, 둘째 단원인 6:22-27은 제사장의 축복을 담고 있다. 우선 나실인의 규례는 나실인이 시체와 접촉함으로써 부정하게 되면 안 된다는 것(특히 5-12절)을 강조하고 있다는 점에서 5-6장의 나머지 부분들과 잘 상응한다(특히 5:2를 보라). 물론 나실인의 규례는 이처럼 소극적으로 부정을 회피하는 내용뿐만 아니라 적극적인 헌신을 통해 거룩을 추구하는 내용도 들어 있다(6:5, 7, 11).

두 번째 단원인 6:22-27의 제사장의 축복 본문은 민수기 5-6장 전체의 결말 역할을 하고 있다. 하나님의 군대가 죄와 부정으로부터 자신들을 깨끗하게 지킬 때 거룩하신 하나님이 그들을 보호하고, 복을 주신다.

민수기 6장은 나실인에 대한 규례를 구체적으로 담고 있는 유일한 본문이기 때문에 여기에 대해서 좀 더 상세하게 살펴볼 필요가 있다. 이스라엘에서 거룩을 담당한 집단인 제사장 및 레위인들과 달리 나실인은 일반 백성들 가운데서 헌신한 사람들이었다. 이런 면에서 나실인은 "고대 이스라엘의 수도사와 수녀들"이라고 할 수 있었다.[1] 이들은 보통은 서원을 통해 일정 기간만 나실인의 신분을 유지했던 것 같다(참고, 민 6:13-21). 그러나 아주 드물게는 삼손의 경우와 같이 평생 동안 나실인으로 살아가는 경우도 있었던 것 같다.[2]

"나실인"의 히브리어 단어인 나지르(נָזִיר)는 나자르(נָזַר)란 동사에서 파생되었다. 동사 나자르는 아마 아랍어에서 보듯이 "서원하다"(to vow)란 뜻을 가진 나다르(נָדַר)와 의미적 연속성을 가진 것으로 생각되며, 이런 기본적 의미에서 발전하여 특별히 "(서원을 통해) 신에게 자신을 헌신하다"(니팔형), "(서원을 통해) 나실인으로 살다"(to live as a Nazarite, 히필형)란 뜻을 갖게 된 것으로 보인다.[3]

나실인으로 구별하여 자신을 드린 행위나 서약을 가리킬 때 사용된 용어는 네제르(נֶזֶר)(6:2-9, 12-13, 18-19, 21)이다. "네제르의 서약"이라는 뜻으로 네데르 네제르(נֶדֶר נֵזֶר)란 표현이 한번 사용되기도 했다(5절, "구별의 서원"). 또한 이 나실인으로 헌신한 것에 대한 육체적인 표시는 머리털을 밀지 않고 길게 자라게 하는 것으로 했기 때문에 네제르가 "구별하여 드린 머리털"이란 의미로 사용되기도 했다(19절).

---

[1] Gordon J. Wenham, *Numbers: An Introduction and Commentary*, vol. 4, Tyndale Old Testament Commentaries (Downers Grove, IL: InterVarsity Press, 1981), 96. 간혹 수도사와 수녀들을 카톨릭의 사제 집단으로 오해하는 경우가 있으나 사실 수도사들은 평신도들이었다. 이와 마찬가지로 나실인 역시 일반 백성들 중에서 하나님에게 헌신한 자들이었다.

[2] 사무엘의 경우도 나실인으로 보는 학자들이 있다. Wenham, *Numbers*, 97. 그 근거로는 사무엘상 1:11의 한나의 맹세 중 "내가 그의 평생에 그를 여호와께 드리고 삭도를 그의 머리에 대지 아니하겠나이다"라는 문구 때문이다. 그리고 비록 맛소라 사본에는 안 나오지만 쿰란 사본에는 사무엘상 1:22의 끝에 "(거기에 영원히) 그의 평생의 모든 날 동안 나실인으로"라는 문구가 첨가되어 있다. 이런 정보와 더불어 구약의 나실인에 대한 기타 정황에 대한 정보는 J. D. Douglas, "Nazirite," in D. R. W. Wood (et al.), *New Bible Dictionary* (Leicester, England; Downers Grove, IL: InterVarsity Press, 1996), 809를 보라.

[3] Francis Brown, Samuel Rolles Driver, and Charles Augustus Briggs, *Enhanced Brown-Driver-Briggs Hebrew and English Lexicon* (Oxford: Clarendon Press, 1977), 634; William Lee Holladay and Ludwig Köhler, *A Concise Hebrew and Aramaic Lexicon of the Old Testament* (Leiden: Brill, 2000), 233.

특별히 웬함은 방금 살펴본 네제르와 "나실인"이란 의미의 나지르가 구약내에서 다른 동음이의어들과 연결점들을 가질 수 있다는 것에 주목함으로써 우리에게 새로운 시각을 열어준다.[4] 우선 네제르는 대제사장이 머리에 쓰는 관 위에 쓰는, 거룩한 "패"(diadem)를 의미하기도 했다.[5]

또한 나지르는 크게 두 가지 다른 뜻으로 쓰인다. 첫째, 이 단어는 어느 집단의 지도자급 인물(prince)들을 가리키는 표현으로 두 번 사용되었다(창 49:26; 신 33:16).[6] 이 두 번의 경우는 어쩌면 나지르의 기본 의미인 "헌신된 자"(someone dedicated)란 뜻에서 파생된 것일 수 있다. 둘째, 이 단어는 "가지치기를 하지 않은 포도나무"(레 25:5, 11)를 의미할 수 있다.[7]

이런 동음이의어는 나실인에 대해서 몇 가지 통찰을 제공해준다. 첫째, 나실인의 자르지 않은 머리털은 이들의 헌신된 상태가 마치 대제사장이나 이스라엘의 고귀한 자들과 같음을 나타내준다. 뒤에서 보겠지만 실제로 나실인과 대제사장 사이에는 상응하는 바들이 많다. 둘째, 나실인이 머리털을 자르지 않고 기르는 것은 손질 하지 않는 포도나무와 비슷한데, 이 점은 제단을 쌓을 때 정으로 다듬지 않은 돌을 사용하는 것을 상기시킨다(참고, 출 20:25).[8] 마치 안식년에 사람의 손길이 닿지 않은 포도나무가 하나님에게 속

---

[4] 그의 견해들은 Wenham, *Numbers*, 96-97에 흩어져 있다. 여기에서는 웬함의 견해에서 얻은 통찰들을 좀 발전시킨 것이다.

[5] 개역개정은 이것을 "패"라고 번역하고 있다. 그러나 사실 이것은 아주 적절한 번역이 아닐 수 있다. 영어로는 보통 diadem이라고 번역하는데, 이 단어는 한국어로는 "왕관"이라고 번역된다. 그러나 일반적으로 왕관을 가리키는 crown보다는 좀 작은 형태의 것을 가리킨다. 어린 여자 아이들이 공주 놀이를 할 때 쓰는 관을 생각하면 된다. 대제사장은 우선 아랍 사람들이 머리에 쓰신 터번 같이 생긴 것(개역개정, "관")을 쓰고, 그 위에 다시 이 "패"를 걸쳤던 것으로 생각된다.

[6] 개역개정은 창 49:26에서는 이 단어를 "뛰어난 자"로 번역하고 있고, 신명기 33:16에서는 "구별한 자"라고 번역하고 있다. 후자의 경우는 "나실인"이란 단어의 뜻에 영향을 받은 것으로 보인다.

[7] 레위기 25:5에서는 나지르가 "가지치기를 하지 않은"이란 뜻을 가지고, "포도나무"란 단어(에나브, עֵנָב)를 수식하고 있다. 반면 레위기 25:11에서는 "포도나무"란 단어가 없이 나지르 자체가 "포도나무"란 뜻까지 내포하고 있다. 이 점은 위에서 다룬 바와 같이 민수기 6장에서 네제르가 원래는 "구별하여 드림"이란 뜻만 갖고 있지만, 여기에서 확장되어 "구별하여 드린 머리털"이란 뜻으로도 사용된 것과 비슷하다(6:19).

[8] 이 점은 웬함은 전혀 지적하지 않은 바이다.

한 것임을 나타나듯이, 다듬지 않은 돌 역시 사람에게 속한 것이 아님을 나타내주는 것으로 보인다. 이것은 출애굽기 20:25의 후반절의 "네가 정으로 그것을 쪼면 부정하게 함이니라"는 말씀을 통해 증명되는 것 같다. 하나님에게 바쳐진 제단을 지으면서 사람의 손으로 다듬은 돌을 사용하면 부정해진다. 마찬가지로 하나님께 헌신된 나실인의 머리에 사람의 손을 대는 것 역시 나실인을 부정하게 만든다. 이처럼 나실인의 자르지 않은 머리가 그의 서원과 헌신을 나타내 준다는 점은 민수기 6:5-9의 시체로 인한 접촉이 나실인의 머리를 부정하게 만든다는 규례를 잘 설명해주는 것 같다.

한 가지 흥미로운 점은 나실인에 대한 규례들이 대제사장을 연상시키는 사항들이 많다는 점이다.[9] 이런 점들을 살펴보면 다음과 같다.

(1) 앞에서도 살펴 본 바와 같이 나실인의 자르지 않은 머리털을 가리키는데 사용된 네제르란 단어는 대제사장의 관 위에 쓴 패를 가리키는 단어와 같다.

(2) 일반 제사장은 최소한 자신의 직계 가족의 시체는 만질 수 있었지만 나실인과 대제사장은 그럴 수 없었다(레 21:2-3, 11; 민 6:7).

(3) 나실인이 서원한 기간을 마쳤을 때 드리는 제사는 대제사장이 위임식 때 바치는 제사와 동일한 것이었다(레 8장; 민 6:13-20).

비록 구체적인 근거 본문이 없기 때문에 대제사장과 비교할 수는 없지만 나실인에 대한 규례들 중에는 일반 백성이나 제사장에게 요구된 것을 훨씬 뛰어넘는 요소들도 몇 가지 있다.

(1) 일반 제사장은 회막에 들어가서 사역을 할 때는 포도주나 독주를 마셔서는 안 되었다(레 10:9). 반면에 나실인은 포도주나 독주뿐만 아니라 포도와 관련된 그 어떤 종류의 것도 결코 접해서는 안 되었다(민 6:3-4; 참고, 삿 13:7).

---

9 Wenham, *Numbers*, 98-100을 참고하여 적절하지 못한 내용들을 제외하고, 추가적인 점들을 살펴본 것이다.

(2) 나실인이 부정하게 된 경우에 치러야 하는 정화 의식은 일반 백성의 수준을 훨씬 초월하는 것이었다. 일반 백성은 부정하게 된 경우 그 정도에 따라 물로 씻거나 저녁까지 기다리기(레 11:39-40; 15:17-18), 7일 기다리고 나서 속죄제 드리기(레 12; 15:1-15), 그리고 사람의 시신으로 인한 부정의 경우 민수기 19장에 규정된 부정을 씻는 물로 씻기 등으로 해결할 수 있었다. 그러나 나실인의 경우에는 7일 기다린 후 머리를 밀고, 제8일에 속죄제물과 속건제물을 드려야 했으며, 그가 나실인으로 지낸 기간은 무효가 되어버려 그는 다시 서원의 기간을 새로 채워야만 했다(민 6:8-12).

나실인은 대제사장 및 제사장 집단과 차이가 나는 점들도 여러 가지가 있다.

(1) 제사장은 오직 레위 지파, 그 중에서도 아론의 가문에서만 나올 수가 있었다. 반면에 나실인은 그 누구라도 서원을 통해서 될 수가 있었다.

(2) 제사장은 남자밖에 될 수가 없었으나 나실인은 남자와 여자 모두 가 능했다(민 6:2).

(3) 제사장은 성막 안으로 들어가서 사역을 하고, 제사 집전을 하며, 백성들을 축복하고(민 6:22-27), 백성들을 가르치는(레 10:11) 등의 일을 할 수 있었다. 나실인은 이런 일을 하지 않았다.

(4) 제사장은 사역할 때 특별한 의복들을 입었다.[10] 나실인에게는 이런 규정이 없다.

(5) 제사장은 제사 제물의 일부를 받아서 생활하였다(레 6:8-7:34). 나실인은 제물의 일부에 대한 권리가 없었으며, 오히려 제물을 갖다 바치는 자들이었다(민 6:12-19).

---

10 Wenham, *Numbers*, 99는 에스겔서 44:20에 근거해서 제사장들은 머리털을 아예 밀지는 않고 다듬기만 했다는 점을 지적한다. 그러나 오경이 배경으로 삼고 있는 시대적 배경을 고려할 때 에스겔서의 본문을 가지고 오경 본문의 제사장 제도에 대한 논의의 근거를 삼는 것이 타당한가 하는 것은 논란의 여지가 있다.

1단계: 사역

1 여호와께서 모세에게 말씀하셨다.
2 이스라엘 자손에게 말하고 그들에게 일러라. 만약 남자나 여자가 특별히 나실인의 서원을 하여 여호와께 자신을 구별하여 드리려고 하면
3 포도주와 독주로부터 자신을 구별하며, 포도주로 된 초와 독주로 된 초를 마시지 말고, 어떤 포도즙도 마시지 말고, 생포도나 건포도를 먹지 말아라
4 자기 몸을 구별하는 모든 날 동안에는 모든 포도나무 소산으로부터, 즉 씨로부터 껍질까지 [모든 것을] 절대 먹지 말아라
5 그 구별의 서원을 한 모든 날 동안 삭도를 머리에 대지 말아라. 여호와께 구별하여 드린 모든 날이 찰 때까지는 그는 거룩하다. 그의 머리털이 길게 자라게 해라.
6 자신을 구별하여 여호와께 드린 모든 날 동안 죽은 시신에게 접근하지 말아라.
7 자신의 아버지, 어머니, 형제, 자매가 죽었을 때 그들로 인해 부정하게 되지 말아라. 그의 하나님께 구별하여 드린 것이 그의 머리에 있기 때문이다.
8 자기의 몸을 구별하여 드린 모든 날 동안 그는 여호와께 거룩하다.
9 만약 어떤 사람이 갑자기 그의 곁에서 죽어서 그가 구별하여 드린 머리를 부정하게 하면 그는 자기 몸을 정결하게 하는 날에 머리를 밀어라. 곧 일곱째 날에 그것을 밀어야 한다.
10 여덟째 날에 비둘기들 중 두 마리를 제사장에게 회막 문으로 가지고 가라.
11 그리고 그 제사장은 한 마리를 속죄제물로, 한 마리를 번제물로 드려서 그가 시체로 말미암아 얻은 죄를 그를 위해 속하여라. 그래서 그 날에 그의 머리를 거룩하게 하여라.
12 그리고 [나실인은] 자신을 구별하여 여호와께 드리는 날들을 [다시] 정하고 속건제물로 1년된 숫양을 드려라. 처음 드린 날들은 무효가 된다. 그가 구별하여 드린 것이 부정하게 되었기 때문이다.
13 나실인의 법은 이러하다. 자신을 구별하여 드린 날들이 차면 그를 회막 문으로 데려가라.
14 그는 자신의 예물로 여호와께 예물을 드리는데, 번제물로 일년 된 흠 없는 숫양 한 마리, 속죄제물로 일년 된 흠 없는 암양 한 마리, 화목제물로 흠 없는 숫양 한 마리,
15 무교병 한 광주리, 기름 섞은 곡식 가루로 만든 빵, 기름 바른 무교전병들을 그것들의 소제물 및 전제물과 함께 드려라.
16 제사장은 [그것들을] 여호와 앞에 가져와서 속죄제와 번제를 드려라

17 그리고 숫양으로 여호와께 화목제물로 무교병 한 광주리와 더불어 드려라. 그리고 제사장은 그것의 소제와 전제를 드려라.
18 그리고 그 나실인은 회막 문에서 자기의 머리털을 밀고, 구별하여 드린 머리털을 취하여 그것을 화목제물 밑에 있는 불에 올려놓아라.
19 나실인이 자신을 구별하여 드린 [머리털을] 민 후에 제사장은 삶은 숫양의 어깨와 광주리의 무교병 한 개와 무교전병 하나를 취하여 그 나실인의 두 손바닥에 올려 놓아라.
20 그리고 제사장은 그것들을 여호와 앞에서 흔들기로 흔들어라. 이것은 흔들기로 드린 가슴과 들어올리기로 드린 넓적다리와 더불어 거룩하고 제사장에게 속한 것이다. 그리고 나서 나실인은 포도주를 마실 수 있다.
21 이것이 자신을 구별하여 드림에 따라 여호와께 서원한 예물에 대한 나실인의 규례이다. 이외에도 그는 힘이 미치는 대로 행하여라. 자신이 한 서원에 따라 자신을 구별하여 드리는 것의 율법대로 행하여라.
22 여호와께서 모세에게 말씀하셨다.
23 아론과 그의 아들들에게 말하여라. 이처럼 너희는 이스라엘 자손을 축복하고 그들에게 말하여라.
24 여호와께서 너를 축복하시고 너를 지키시기를,
25 여호와께서 자기 얼굴을 네게 비추시며 네게 은혜 베푸시기를,
26 여호와께서 그 얼굴을 너를 향해 드시며 네게 평강 주시기를,
27 이처럼 그들은 이스라엘 자손에게 나의 이름을 두어야 한다. 내가 그들에게 복을 줄 것이다.

2단계: 사역 해설

3절. "구별하며": 얏지르(יַזִּיר). 나자르(נָזַר)의 히필형. 이 단어는 2절 마지막의 "구별하여 드리려고 하면"이라고 번역된 동사와 동일한 동사이다. 개역개정은 2절에서는 이렇게 번역했지만 3절에서는 이 동일한 동사를 "멀리하며"라고 번역함으로써 동일한 동사가 이 두 연속된 구절에 사용되고 있음을 모호하게 만들었다. 사역은 이 점을 시정하여 어휘의 일관성을 드러내었다.

4절. "씨로부터 껍질까지": 메하르짠님 붸아드-자그(מֵחַרְצַנִּים וְעַד־זָג). '씨'로 번역된 하르짠님과 '껍질'로 번역된 자그는 성경에 한번씩만 사용된 단어들이며, 그 정확한 뜻은 모른다. 그러나 이 문구가 그 앞의 어구인 "모든 포도나무 소산으로부터"란 표현의 부연설명이라는 점을 고려할 때 이 희귀한 어구가 의미하는 바는 "포도에서 얻을 수 있는 모든 것"이란 개념을 갖고 있음이 분명하다고 할 수 있다.[11] 그런 면에서 개역개정의 번역은 나름대로의 타당성을 갖고 있다고 할 수 있기 때문에 그것을 거의 그대로 보존하였다.

10절. "비둘기들 두 마리를": 쉬테 토림 오 쉬네 브네 요나(שְׁנֵי בְנֵי יוֹנָה שְׁתֵּי תֹרִים אוֹ). 개역개정은 이것을 "산비둘기 두 마리나 집비둘기 새끼 두 마리를"로 번역하고 있다. 그러나 여기에 전통적으로 두 종류의 비둘기의 이름으로 제시된 토림과 요나에 대한번역인 "산비둘기"와 "집비둘기"는 사실 정확한 것이 아니다. 또한 토림은 심지어는 비둘기가 아니라 "닭"으로 번역되어야 한다는 주장도 최근에 아주 신빙성 있게 제기되었다. 물론 이 견해가 목회자들이 주로 보는 주석에까지 반영되어 있지는 않지만 말이다. 따라서 이 글에서는 일단 "비둘기"라는 번역은 유지한 상태에서 그냥 이 두 종류를 구분하지 않고, "비둘기들"이라고 번역하였다.

12절. "[나실인은]": 이 "나실인은"이라는 주어는 본문에 명시되어 있지 않다. 그러나 11절의 동사의 주어가 제사장인 반면에 이 12절에서는 주어가 나실인으로 변화되었기 때문에 이 점을 명시하기 위해 사각 괄호 안에 넣어서 표시하였다.[12]

"[다시]": 이 단어 역시 본문에는 나와 있지 않다. 그러나 내용상 이

---

[11] Baruch A. Levine, *Numbers 1–20: A New Translation with Introduction and Commentary*, vol. 4, Anchor Yale Bible (New Haven; London: Yale University Press, 2008), 221의 해설을 보라.
[12] 추가적인 논의는 박철현, *레위기* (서울: 솔로몬, 2018), 87-88; James W. Watts, *Leviticus 1-10* (HCOT; Leuven: Peeters, 2013), 219-222를 보라. 특히 토림을 "닭들"로 보아야 한다는 해석에 대해서는 Watts의 주석에 실린, 최근의 논의에 대한 참고문헌들을 보라.

12절이 나실인이 부정하게 됨으로써 파기된 서원의 기간 대신에 새로 기간을 서원하여 드리는 것을 내용으로 하고 있기 때문에 이 점을 살려서 번역하였다. 사각 괄호([…])는 그 문구가 원문 안에는 없지만 이해를 돕기 위해 추가했다는 것을 나타내는 표시이다.

15절. "그것들의 소제물 및 전제물과 함께": 이 소제물 및 전제물들은 15절 전반절의 소제와 달리 14절의 짐승 제사들에 병행하는 소제물 및 전제물을 가리키는 것이다. "그것들의"라는 문구가 이 점을 분명히 해준다.

19절. "나실인이 자신을 구별하여 드린 [머리털을]": 에트-니즈로(נִזְרוֹ-אֶת). 니즈로의 원형인 네제르(נֵזֶר)는 원래는 "구별하여 드림"이라는 뜻을 가진 단어이다. 그러나 나실인의 경우에는 구별하여 드림의 상징이 바로 밀지 않은 머리털(5절)이기 때문에 현재 본문에서는 때로는 이 단어가 "구별하여 드린 머리털"이라는 의미로 확장되어 사용되기도 하였다. 사역은 네제르의 기본적인 의미와 확장된 의미 사이의 관계를 나타내 주기 위해 사각 괄호를 사용하였다.

21절. "이외에도 그는 힘이 미치는 대로 행하여라": 밀르바드 아쉐르-탔씨그 야도(יָדוֹ תַּשִּׂיג אֲשֶׁר מִלְּבַד). 사역의 이 문장은 원문상으로는 앞 문장과 하나로 되어 있다. 그러나 한글 번역상으로는 이 문장을 앞 문장에 붙여서 번역할 경우 문장의 흐름이 자연스럽지가 않아 이렇게 따로 떼어서 번역하였다.

23절. "말하여라": 아모르(אָמוֹר). 아마르(אָמַר)의 칼 부정사 절대형. 이 구절에서 부정사 절대형은 강조의 뉘앙스를 띤 명령의 의미로 사용되고 있다.[13]

---

[13] Friedrich Wilhelm Gesenius, *Gesenius' Hebrew Grammar*. Edited by E. Kautzsch and Sir Arthur Ernest Cowley. 2d English ed. (Oxford: Clarendon Press, 1910), §113bb.

3단계: 단락 구분

민수기 6장의 단락 구분은 다음과 같다.

6:1-21 나실인의 규례
    6:1 도입구
    6:2-20 나실인의 규례
        6:2a 나실인 일반 규례의 서론
        6:2b-4 포도 섭취 금지
        6:5-12 머리와 시체로 인한 부정
            6:5 서론적 언급
            6:6-8 시체 접촉 금지
            6:9-12 접촉시의 처리 의식
    6:13-20 나실인 서약 완료 의식
        6:13 서론적 언급
        6:14-15 제물의 목록
        6:16-20 의식 절차
    6:21 서약 완료 의식의 결론부
6:22-27 제사장의 축복
    6:22 도입구
    6:23 서론적 언급
    6:24-26 제사장 축복문
    6:27 제사장의 축복 결론부

민수기 6장은 5장의 단락을 구분할 때도 기준선의 역할을 해주었던 "여호와께서 모세에게 말씀하셨다"란 도입구를 통해 두 개의 부분, 즉 나실인의 규례 단원(1-21절)과 제사장의 축복 단원(22-27절)으로 나뉜다(1, 22절).

첫 번째 단원인 나실인의 규례 단원은 다시 세부적으로 단원을 나눠주는 두 개의 서론적 언급(2a, 13a절)을 통해 두 개의 하부 단원으로 나뉜다. "이스라엘 자손에게 말하고 그들에게 일러라"라는 문구를 서론으로 하는 첫 번째 하부 단원(2b-12절)은 나실인에 대한 일반적 규례들을 담고 있다. 그리고 "나실인의 법은 이러하다"란 문구로 시작되는 두 번째 하부 단원(13-21)은 나실인의 서약을 한 기간이 완료되었을 때 하나님께 제물들을 드리고 일반 백성으로 되돌아가는 절차에 대한 의식을 다루고 있다.

큰 두 번째 단원(22-27절)은 제사장이 이스라엘 백성을 축복할 때 사용하는 축복문을 담고 있다. 이 축복 본문을 끝으로 해서 민수기 5-6장의 진영의 정결에 대한 내용은 마무리가 된다.

4단계: 본문 해설

1절. "여호와께서 모세에게 말씀하셨다": 이 문구는 민수기 5-6장에서의 일반적인 용도를 따라 6:1-21의 나실인에 대한 규례의 단원 도입구로 사용되었다(참고, 5:1, 5, 11; 6:1, 22).

2a절. "이스라엘 자손에게 말하고 그들에게 일러라": 이 문구는 6:1-21의 나실인의 규례 본문의 전반부인 2-12절의 도입구 역할을 하는 문구이다. 이 전반부 단원은 나실인의 규례 일반에 대한 내용을 담고 있다.

2b-4절. 이 단락은 나실인이 되기로 서원한 사람이 포도와 관련된 모든 종류의 식품을 절대로 섭취해서는 안 된다는 점을 지시하고 있다. 그 목록은 포도주, 독주, 포도주나 독주로 된 초, 포도즙, 생포도, 건포도 등, "씨로부터 껍질까지"의 모든 것이다(3-4절).

문제는 왜 하나님께서 나실인에게 이렇게 철저히 포도 음식의 섭취를 금지했느냐 하는 것이다. 이와 관련하여 여러 학자들은 포도 재배로 유명했던 가나안의 정착 문화가 가진 악에 대한 거부 차원이었다고 생각한다. 그러나 이런 해석은 왜 하나님의 거룩한 백성이었던 이스라엘 전부가 아니라 오직 나실인에게만 이런 요구를 하셨는가 하는 점을 설명할 수 없기 때문에 적절하지가 않다고 여겨진다.[14]

아마 좀 더 가능성 있는 해석은 하나님께 서원한 나실인이 일반인과는 완전히 다른 방식의 삶을 살아야 한다는 것을 나타내주는 외적 표지로서 포도 금식 규례가 작동하는 것이 아닌가 하는 것이다.[15] 또한 이 점은 나실인의 또 한 가지 중요한 금지 규례인 머리 깎는 것의 금지에 대한 규례에도 적용되는 것으로 여겨진다. 이런 점에서 나실인의 외형적인 삶에 대한 이런 요구의 본질은 레위기의 음식법의 경우와 같다. 음식법은 흔히 착각하듯이 위생상의 문제 같은 것이 아니다. 하나님은 당신의 백성이 이방인들과 구별되는 삶을 살기를 원하셨으며, 이 본질적 가르침을 음식의 구별이라는 외형적인 형태로 상징화하기를 원하셨다.[16] 이와 마찬가지로 나실인의 삶에 있어서도 본질은 하나님께 헌신한 자들의 구별된 삶이며, 하나님은 이것을 포도 음식을 섭취하지 않은 생활이라는 외형적 형태로 상징화하셨던 것이다.

5-12절. 3-4절의 포도 음식 금지 규례와 마찬가지로 머리를 밀지 말라는 규례 역시 나실인의 죄와 부정으로부터 구별된 삶의 외형적 표현으로 보인다. 따라서 나실인이 시체로 인해 부정하게 되면 이 외형적 표현인 긴 머리 역시 무효화되기 때문에 잘라내야만 한다. 바로 이 점이 이 단락의 본질인 것으로 생각된다.

5절은 머리에 대한 규례의 서론적 요약이다. 나실인은 서원을 준수하는 기간 동안 하나님 앞에서 "거룩하다". 따라서 그의 "거룩"의 외적 표현인 머리를 이 기간 동안에는 잘라서는 안 된다.

---

[14] 포도 섭취 금지를 가나안 문화에 대한 거부로 보는 학자들의 목록 및 그에 대한 위의 반박에 대해서는 Timothy R. Ashley, *The Book of Numbers*, The New International Commentary on the Old Testament (Grand Rapids, MI: Wm. B. Eerdmans Publishing Co., 1993), 142를 보라.

[15] Ashley, *Numbers*, 142.

[16] 음식법에 대한 해석은 박철현, *레위기*, 342-349를 보라.

6-8절은 나실인이 죽은 사람의 시신으로 인해 부정하게 되어서는 안 된다는 것을 규정하고 있다. 나실인은 그 거룩함의 정도에 있어서 대제사장과도 많은 상응성을 가지고 있기 때문에[17] 대제사장과 마찬가지로 자기 직계 가족, 즉 "아버지, 어머니, 형제, 자매"로 인해서도 결코 부정하게 되어서는 안 되었다(참고, 레 21:2-3, 11).

아마 7절의 "하나님께 구별하여 드린 것이 그의 머리에 있기 때문이다"라는 표현의 의미는 위에서 설명한 대로 나실인의 헌신의 외형적 상징이 그의 머리라는 말일 것이다. 따라서 시체로 인한 부정이 발생했을 때 정말 부정이 그의 머리털에만 영향을 미친다는 의미가 아니라 부정으로 인해 더 이상 그의 헌신의 외형적 상징인 머리털이 의미가 없어졌다는 의미일 것이다.

9-12절은 시체와의 접촉으로 부정하게 된 나실인의 처리를 다루고 있다. 그 절차는 다음과 같다.

(1) 그는 시체를 만진 지 일곱 째 되는 날인 "몸을 정결하게 하는 날"에 머리를 밀었다(9절). 그 전에 아마 그는 셋째 날과 일곱째 날에 정결하게 하는 잿물로 정결하게 하는 절차를 먼저 밟아야 했을 것이다(민 19:11-12).[18]

(2) 여덟째 날에는 비둘기 두 마리를 회막 문의 제사장에게 가져가서 한 마리는 속죄제물로, 한 마리는 번제물로 드려서 "시체로 말미암아 얻는 죄"를 속죄함으로써 "그의 머리를 거룩하게" 해야 했다(10-11절). 비둘기 두 마리는 곡식을 제외하고는 가장 싼 속죄제물(레 5:7-10)이었다.[19]

(3) 부정으로 인해 이전의 서원이 무효화되었기 때문에 나실인은 다시 날짜를 정하고, 속건제물로 1년 된 숫양을 드렸다(12절).

---

17 이 점에 대해서는 앞의 이 장의 신학 개관을 보라

18 Jacob Milgrom, *Numbers*, The JPS Torah Commentary (Philadelphia: Jewish Publication Society, 1990), 46.

19 레위기 12:8; 14:22, 30. 또는 유출병으로부터의 정결 의식에 비둘기 두 마리가 드려지기도 했다(레 15:14-15, 29-30).

13a절. "나실인의 법은 이러하다": 이 도입구는 나실인의 규례 본문의 두 번째 큰 단원의 도입구이다. 이 단원은 나실인이 하나님께 서원한 날들을 다 채우고 난 뒤 완료 의식을 치르는 것에 대한 규례이다.

13b-15절. 서원을 완료하고 난 후 나실인이 하나님께 드릴 제물의 목록은 다음과 같다.

(1) 번제물: 일년 된 흠 없는 숫양 한 마리

(2) 속죄제물: 일년 된 흠 없는 암양 한 마리

(3) 화목제물: 흠 없는 숫양 한 마리 및 그에 따른 소제와 전제

(4) 무교병 한 광주리, 기름 섞은 곡식 가루로 만든 빵, 기름 바른 무교전병.

16-20절. 이 구절들은 서원 완료 의식의 절차에 대해서 말해주고 있다. 그 순서는 다음과 같다.

(1) 속죄제와 번제를 먼저 드린다(16절).

(2) 화목제물을 무교병 한 광주리와 더불어 드린다. 이 때 소제와 전제도 함께 드린다(17절).

(3) 나실인이 머리를 밀고, 그 머리를 화목제물 밑에 있는 불에 올려 놓는다(18절). 이 때 이 불은 제단의 불이 아니라 19절의 "삶은 숫양의 어깨"라는 표현에서 보듯이 화목제물 중 사람의 몫으로 돌려진 부위를 요리할 때 쓰는 불이다.[20]

(4) 제사장은 삶은 숫양의 어깨와 광주리의 무교병 한 개, 무교전병 한 개를 취해서 나실인의 두 손바닥에 올려 놓는다(19절). 그리고 이것들을 여호와 앞에 "흔들기"로 흔들어드린다(20절). "흔들기"는 개역개정에서 흔히 "요제"라고 번역하는 단어로서 하나님에게 드린 후 다시 제사장의 몫으로 할당되는 몫을 표시하는 행위이다. 무교병 등으로 이렇게 하는 이유는 다른

---

[20] Milgrom, Numbers, The JPS Torah Commentary (Philadelphia: Jewish Publication Society, 1990), 49.

제물들과 달리 이 소제물들은 제단 위에서 태우지 않기 때문이다. 따라서 제사장은 제단을 통해서 하나님께 바쳐지지 않은 이 헌물들을 "흔들기"로 드리는 표시를 함으로써 이것들 역시 하나님께 바쳐진 것임을 표시하는 것이다.

21절. 이 구절은 13-20의 절차에 대한 결론부이다. "이외에도 그는 힘이 미치는 대로 행하여라"는 문구는 중요하다. 왜냐하면 나실인은 단지 앞의 단락에서 규정된 대로만 하는 것이 아니라 자신의 능력이 된다면 더 많이 드려도 좋다는 것을 권장하고 있기 때문이다.

나실인 규례에 대한 해설을 마치기 전에 나실인 제도에 대해서 몇 가지 점들을 더 살펴보고자 한다.[21]

(1) 구약 시대에 나실인은 마치 중세 시대의 수도사나 수녀처럼 존경 받는 존재들이었던 것으로 보인다. 아모스서 2:11-12는 선지자와 나실인을 이스라엘의 두 가지 중요한 신분으로 언급하고 있다.

(2) 요세푸스의 자료나 사도행전의 본문 등을 고려할 때 주후 1세기에도 나실인 제도는 계속 시행되고 있었던 것으로 보인다(행 18:18; 21:23-24). 또한 세례 요한, 예수의 형제 야고보 등이 나실인이었다는 설도 있다.[22]

(3) 나실인 제도는 전적인 헌신을 가르치고 있으며, 이것은 모든 성도들의 삶의 목표여야 한다. 하나님에 대한 헌신 때문에 부모나 자식의 장례식에도 참여할 수 없었던 나실인들처럼 새 시대의 성도들은 자신의 삶의 최우선 순위에 하나님을 모셔야만 한다(마 8:21-22; 눅 14:26).

22절. "여호와께서 모세에게 말씀하셨다": 이 문구는 6장을 크게 두 부분으로 나누는 경계선의 역할을 하고 있는 도입구이다. 이 문구를 통해 앞의 나실인의 규례와 구분되는 제사장 축복문에 대한 본문이 시작된다.

23절. 이 구절은 27절과 짝을 이룸으로써, 24-26절의 제사장 축복문을

---

21 이 내용은 Wenham, *Numbers*, 100에서 주로 참고한 것이다.
22 유세비우스, *교회사*, ii.23.4. Wenham, *Numbers*, 100에서 재인용.

둘러싸는 외곽틀 역할을 하고 있다.

24-26절. 이 본문은 제사장 축복문을 담고 있다.

제사장 축복문은 형식상으로 볼 때 다음과 같다.

(1) 3행으로 이루어져 있다.

(2) 매 행은 여호와란 주어에 두 개의 동사가 따라 나오는 형태로 되어 있다.

(3) 매 행의 점점 더 뒤로 갈수록 마치 음악 기호 중 "크레센도", 즉 "점점 크게"의 효과를 내는 것과 같은 느낌이 나게 구성되어 있다. 각 행의 단어 수는 각각 3, 5, 7개,[23] 음절 수는 12, 14, 16개, 자음의 수는 15개, 20, 25개로[24] 일정하게 숫자가 늘어난다. 이렇게 점점 길어지는 구성을 통해 이 축복문은 뒤로 갈수록 클라이맥스를 향해 가는 느낌이 나게 되어 있다.

이 제사장 축복문은 고대 이스라엘에서 보편화된 문구였을 수가 있는 것으로 보인다. 케테프 힌놈(Ketef Hinnom)이라는 시온산 맞은 편 지역에서 발견된 두 개의 은으로 된 두루마리에는 이 민수기 6:24-26의 제사장 축복문이 적혀 있었는데, 이것은 성경 본문이 기록된 고고학적 자료로는 지금까지 발견된 것들 중 가장 오래된 것이다.[25] 이 본문의 영향은 또한 시편 67편, 121편 등에서 찾아볼 수 있다. 또한 "성전에 올라가는 노래"(시 120-134편) 역시 어느 정도 관련성을 찾아볼 수 있는데, 이 시편 모음집의 시들은 이 제사장 축복문과 같이 "축복하다", "지키다", "은혜 베풀다", "평화"라는 어휘들을 중점적으로 사용하고 있다.[26]

첫 행(24절)은 여호와께서 이스라엘을 축복하고 지켜 주시기를 간구하고 있다. "축복하다"라는 동사는 축복문의 서두로서 적절하다. 특히 축복의 대

---

[23] Ashley, *Numbers*, 151.

[24] Wenham, *Numbers*, 101.

[25] Eugene H. Merrill, Mark F. Rooker, and Michael A. Grisanti, *The World and the Word: An Old Testament Introduction* (Nashville: B&H Publishing Group, 2011), 48.

[26] Ashley, *Numbers*, 151.

상은 3개 행 모두 2인칭 단수의 "너"로 되어 있다. 이것은 일차적으로 제사장의 축복을 받는 대상이 제사장 앞에 있는 사람에게 구체적으로 주어지고 있음을 분명히 해준다. 그러나 히브리어에서는 단수가 공동체 자체를 가리킬 수도 있기 때문에 이 축복문은 공동체를 향하여도 사용될 수 있는 것이었다.

둘째 행(25절)은 여호와께서 마치 태양처럼 얼굴을 백성에게로 향하여 비치셔서, 햇빛이 모든 만물에게 은혜를 베풀듯이 해달라고 기도하고 있다.

셋째 행(26절)은 앞 행과 마찬가지로 "얼굴"이라는 주제를 이어가지만 연결된 동사를 "비추다" 대신 "들다"를 사용하고 있다. 이처럼 하나님의 얼굴이 "들다"(나사, נָשָׂא)란 동사와 사용된 것은 여기가 유일하다.[27] 보통 "얼굴을 든다"는 히브리어 표현은 "(그냥) 보다"(삼하 2:22; 왕하 9:32 등)란 의미나 좀 더 적극적으로 "호의를 가지고 바라보다"(창 19:21; 32:21; 욥 42:8-9) 등을 의미할 수 있다.[28] 밀그롬은 이 문구가 "호의를 베풀다"란 의미로 현재 문맥에서는 사용되고 있다고 보았다.

27절. 제사장 축복에 대한 본문의 마무리 역할을 하는 이 구절은 축복의 주체가 여호와 하나님임을 분명히 해준다. 하나님의 백성 이스라엘에게 있어서 생사화복은 결코 운명에 달려 있는 것도 아니고, 어떤 주술적인 힘에 좌우되는 것도 아니고, 조상의 묏자리 등에 의해 결정되는 것도 아니었다. 오직 하나님의 주권적 결정에 달려 있는 것이었다. 따라서 이스라엘이 민수기 5-6장에 나타난 거룩하신 하나님의 요구를 따라 모든 종류의 죄와 부정으로부터 자신들을 정결하게 지킴으로써 하나님과 좋은 관계를 갖는 것은 아주 중요한 일이었다.

---

[27] Ashley, *Numbers*, 152.
[28] Milgrom, *Numbers*, 52.

5단계: 적용

4절. "모든 포도나무 소산으로부터, 즉 씨로부터 껍질까지 [모든 것을] 절대 먹지 말아라": 하나님은 나실인이 구별된 생활 방식을 통해 자신들의 서원을 표현하게 하셨다. 그것은 그들이 포도로 만들어진 그 어떤 종류의 음식도 먹지 않는 것이었다. 아마 고대 팔레스타인에서 살던 사람들에게 있어서 포도 음식을 먹지 못한다는 것은 큰 헌신을 필요로 했을 것이다.

그러나 우리가 기억해야 할 것은 결코 이런 외적으로 구별되는 생활 방식이 이 금지 규례의 본질은 아니라는 것이다. 하나님이 진짜 요구하시는 것은 본질, 즉 나실인의 헌신된 삶이었다.

이런 관계는 레위기 11장의 음식법의 경우에도 마찬가지였다. 하나님께서 당신의 백성에게 정결과 부정의 원칙에 따라 제한된 음식을 먹고 살라고 하신 이유는 그들이 세상의 다른 백성들과는 다른 하나님의 백성으로서 구별된 삶을 살라는 것에 대한 시청각 교육과 같은 것이었다. 이것은 결코 어떤 특정한 음식이 위생적으로 문제가 있었기 때문에 그런 것이 아니었다.

이처럼 구약의 많은 율법들은 본질과 외형 사이의 관계를 조심해야 한다. 본질을 놓쳐버리고, 외형만 취하면 우리는 율법주의에 빠지게 된다. 하나님께 헌신되고 순종하는 삶이 없는 할례자는 무할례자와 마찬가지다(참고, 롬 2:25-29). 이와 마찬가지로 구별된 삶은 없으면서도 오직 포도주만 안 마시는 나실인은 진정한 나실인이라고 할 수 없다. 본질이 없는 형식은 알맹이가 없는 무가치한 껍질일 뿐이다.

21절. "이외에도 그는 힘이 미치는 대로 행하여라": 나실인은 서원을 마치는 날에 하나님께 각종 제물을 드려야 했다. 이런 제물에 대한 규례(13-20절) 후에 본문은 "이외에도…힘이 미치는 대로"라는 문구를 추가하고 있다. 이 문구가 말하는 바는 앞의 제물에 대한 규례가 하나님의 최소한의 요구이며, 우리의 헌신의 크기에는 제한이 없다는 것이다.

하나님이 우리에게 바라시는 바는 바로 이것이다. 하나님은 뭔가가 부족하고 궁해서 우리에게서 뭔가를 얻어내려고 하시는 분이 아니다(시 50:9-12). 하나님은 단지 우리가 당신과의 관계를 열렬히 사랑하기를 원하실 뿐이며(신 6:5), 그것이 우리에게도 가장 복된 길이기 때문에 우리에게 헌신을 바라시는 것이다(신 6:2-3). 마치 어린 자녀가 자신의 몫으로 주어진 작은 과자 한 조각을 아버지에게 양보할 때, 그것을 바라보고 흐뭇해 하는 아버지처럼 하나님 아버지는 단지 관계의 기쁨을 위해 우리의 헌신을 원하시는 것뿐이다.

우리는 시간이나 물질 중 어느 것을 하나님에게 바칠 때 마치 우리가 하나님에게 뭔가 큰 호의를 베푼 것처럼 착각을 하곤 한다. 그리고 그 정도만으로도 충분히 자신이 할 일을 했다고 생각하기 쉽다. 그러나 착각해서는 안 된다. 하나님은 온 세상의 주인이시며, 부족한 것이 없는 분이시다(시 50:9-12). 나실인에게 힘이 닿는 대로 하나님께서 바치라는, 이런 류의 규례들은 하나님께서 당신과의 관계를 가르치기 위해 요구하신 최소한 것이라는 점을 알아야 한다. 우리가 가진 것들이 정말 다 하나님께서 주신 것이며, 하나님은 나의 돈이나 헌신 없이 아무 것도 부족한 것이 없는 온천하의 주인이신 것을 안다면 헌신에 대한 우리의 태도는 달라져야 것이다. 정말 우리가 하나님을 사랑한다면 우리는 "힘이 미치는 대로", 정성껏 우리의 가진 모든 것으로 하나님을 섬겨야 한다.

6단계: 설교 "구약의 만인제사장주의로서의 나실인 제도"
(민 6:1-21)

종교개혁자 마틴 루터는 로마 카톨릭의 사제 중심주의를 타파하고, 모든 성도가 예수 그리스도의 피로 인해 하나님의 보좌 앞으로 직접 나아가, 직접 하나님을 상대할 수 있게 되었다는 점을 부각시키기 위해 "만인제사장주의"를 주창했습니다. 오늘 본문의 나실인 제도가 바로 구약의 "만인제사장주의"의 표본이라고 할 수 있습니다.

　구약에서 제사장은 오직 레위 지파만, 그 중에서도 오직 아론 가문의 남자만 될 수 있었습니다. 그러나 나실인은 하나님께 헌신하기로 서약만 하면 남녀를 가리지 않고 누구나 될 수 있었습니다(민 6:2-3).

　이처럼 나실인은 비록 일반 백성 중에서 누구나 서원만 하면 될 수 있는 것이었지만 일단 그가 하나님에게 헌신하기로 서원을 하면 일반적인 제사장을 넘어서서 대제사장에 버금가는 엄격한 규례들을 지켜야 했습니다. 그리고 그런 이유로 해서 나실인은 대제사장과 여러 가지 상응성을 띠는 요소들을 갖고 있었습니다. 일례로 나실인의 밀지 않은 머리를 지칭하는 네제르는 대제사장의 머리에 쓴 관 위에 있는, "여호와께 성결"이라고 쓰여진 패를 지칭하는 용어이기도 했습니다. 이 두 가지는 각각 나실인과 대제사장의 거룩성을 상징했습니다. 또 나실인은 직계 가족의 장례를 치르는 것도 금지되어 있었는데, 이런 요구를 받은 유일한 다른 직분은 대제사장이었습니다(레 21:2-3, 11; 민 6:7). 이외에도 나실인은 정결법적 측면에서 여러 가지로 일반적인 제사장들보다 훨씬 더 높은 거룩성을 요구받았습니다. 이런 면에서 나실인은 "만인제사장주의"의 원형이라고 할 수 있습니다.

　이런 나실인에 대한 오늘 본문의 가르침이 주는 사항들을 다음 몇 가지로 살펴보고 교훈을 얻고자 합니다.

　첫째, 나실인 제도는 단지 제사장뿐만 아니라 모든 하나님의 백성이 다 "거룩한 나라, 제사장 백성"이 되도록 부름 받았다는 것을 일깨워줍니다. 구약에서는 이런 부름이 나실인 제도를 통해 잠정적으로 실현되었다면, 신약에서는 예수 그리스도의 피를 통해 모든 성도가 다 하나님의 보좌로 직접 나아갈 수 있게 됨으로써 실제로 실현되었습니다(히브리서 10:19-22).

　둘째, "만인제사장주의"는 단순히 특권만 누리는 것이 아닙니다. 일반 백성이 일반 제사장을 넘어 대제사장과 같은 직분과 상응하는 거룩성을 누리게 되었다고 할 때, 그에 따른 의무도 함께 따라 오는 것입니다. 오늘 본문에서 나실인은 철저하게 포도주나 각종 포도로 만들어진 음식의 섭취가 금지되었습니다(민 6:3-4). 또한 정결법적으로 나실인은 자기 부모의 장례식 마저도 참여할 수가 없었습니다(6:7-8). 또한 그는 실수로라도 시체와 접촉을 한 경우에는 그 동안 지켜왔던 서원의 기간은 전부 무효화되고, 새로 서원의 기간을 정하여 채워야 했습니다(6:9-12).

이와 마찬가지로 신약의 만인제사장들인 성도들 역시 하나님의 보좌로 직접 나갈 수 있는 특권만큼이나 강력한 거룩성을 요구받았다는 사실을 놓쳐서는 안 됩니다. 앞에서 살펴 본 히브리서 본문 중 12절은 "우리가…악한 양심으로부터 벗어나고 몸은 맑은 물로 씻음을 받았으니 참 마음과 온전한 믿음으로 하나님께 나아가자"고 말씀하고 있습니다. 또한 이어지는 히브리서 본문은 만약 이렇게 하지 못할 때 겪어야 할 심판에 대해서 강력하게 경고하고 있습니다. "우리가 진리를 아는 지식을 받은 후 짐짓 죄를 범한즉 다시 속죄하는 제사가 없고 오직 무서운 마음으로 심판을 기다리는 것과 대적하는 자를 태울 맹렬한 불만 있으리라…하물며 하나님의 아들을 짓밟고 자기를 거룩하게 한 언약의 피를 부정한 것으로 여기고 은혜의 성령을 욕되게 하는 자가 당연히 받을 형벌은 얼마나 더 무겁겠느냐 너희는 생각하라"(히브리서 10:26-27, 29).

예수 그리스도의 피로 인하여 하나님의 보좌 앞으로 아무런 제약 없이 나갈 수 있게 된 성도 여러분! 여러분은 구약이 나실인 제도를 통해서 꿈꿨던 그 꿈의 성취자들입니다. 그러나 성도님들이 누리고 있는 큰 특권에는 큰 책임이 반드시 따른다는 사실을 잊지 마십시오. 우리가 구약의 백성들보다 더 큰 특권을 누린 만큼 큰 책임도 있다는 사실을 잊지 마십시오.

민수기 7장
성막을 위한 지파별 봉헌 목록

민수기 7장의 신학 개관

민수기 개관(그말씀 5월호)의 "민수기와 연대기"에서 보았듯이 민수기 1-10장은 연대기적 순서대로 기록되어 있지 않다. 민수기 1-6장의 내용은 출애굽으로부터 제2년 2월 1일에 시행된 인구조사를 바탕으로 하고 있다(민 1:1). 반면에 이 민수기 7-8장의 내용은 제2년 1월 1일을 기점으로 해서 일어난 일을 다루고 있다. 7:1은 "모세가 성막 세우기를 마친 날에"라고 말하고 있는데, 이 날이 바로 그 날인 것이다(출 40:2, 17).

참고로 웬함이 출애굽기 성막 본문(출 25-40장)으로부터 민수기 10장까지의 연대기적 순서를 정리해 놓은 것이 유용하기 때문에 각색하여 옮겨 놓는다.[1] 민수기 7-8장에 관련된 날짜와 사건과 본문은 음영처리를 하였다. 도표상으로 같은 행의 사건은 연대기적 순서상으로 같은 날에 벌어진 것이다.

날짜	사건	본문	사건	본문
2/1/1*	성막 완공	출 40:2	성막 완공	민 7:1 (민 9:15a)

---

[1] Gordon J. Wenham, *Numbers: An Introduction and Commentary*, vol. 4, Tyndale Old Testament Commentaries (Downers Grove, IL: InterVarsity Press, 1981), 103.

	성막에서 율법 수여 시작	레 1:1	제단을 위한 봉헌 시작	민 7:5
	제사장 위임식 시작	레 8:1		
2/1/8	위임식 완료	레 9:1		
	나답과 아비후 사망	레 10:1-2		
2/1/12			제단을 위한 봉헌 완료	민 7:78
			레위 지파 위임식	민 8:5
2/1/14			두 번째 유월절	민 9:2
2/2/1	인구조사 시작	민 1:1		
			연기된 유월절	민 9:11
2/2/20	구름 떠오름	민 10:11		
비고: *년/월/일				

　생각해볼 문제는 왜 저자가 굳이 민수기 1-6장보다 앞선 민수기 7-8장의 사건을 이렇게 뒤에 배치했느냐 하는 것이다. 그 이유는 웬함이 말한 바 대로[2] 아마 4장의 성막 운반과 관련한 레위인의 임무를 알아야 왜 열두 지파의 수장들이 수레 등을 헌납(민 7:2-9)했는지를 알 수 있으며, 민수기 3장의 레위인의 장자됨에 대한 내용을 알아야 왜 8장의 레위인의 봉헌(8:5-26)의 중요성을 알 수 있기 때문일 것이다.

　이제 마지막으로 7장과 8장의 관계를 살펴보도록 하자. 7장은 열두 지파의 장들이 성막에 사용될 예물로 수레, 그것을 끌 소를 헌납하여 그것들이 회막에서의 일들에 쓰이게 하도록 하는 것을 내용으로 한다. 8장은 아론이 레위인들을 헌납하여, 회막에서 봉사하도록 하는 것을 그 내용으로 한다.

　참고로 민수기 7장은 성경 전체에서 시편 119편을 제외하고는 가장 절 수가 많은 장이다(89절). 그러나 아래의 본문 해설을 통해서 보겠지만 그 내용은 지극히 단순하다. 왜냐하면 열두 지파가 12일에 걸쳐서 하루당 한 지파씩 동일한 헌물을 갖다 바치는 것을 일일이 12번, 각 지파당 6절을 할당

2　Wenham, *Numbers*, 64, 104.

하여 반복해서 기술하는 것을 그 내용으로 하고 있기 때문이다. 따라서 이 장은 시편 119편을 제외하고는 성경에서 가장 긴 장이지만 또한 가장 내용이 간단한 장이기도 하다.

1단계: 사역

1 모세가 성막 세우기를 마친 날에 그것에 기름을 바르고 그것과 그것의 모든 물품들과 제단과 그것의 모든 물품들을 거룩하게 구별하였다. 그가 그것들에 기름을 바르고 그것들을 구별하였다.
2 그리고 이스라엘의 지파장들, 곧 조상의 가문의 수장들이 [예물을] 가져 왔다. 이들은 지파의 장들이었다. 이들은 계수된 자들을 감독하는 자들이었다.
3 이들은 예물로 여섯 대의 덮개 있는 수레와 소 열두 마리를 여호와 앞으로 가져왔다. 곧 두 지파장마다 수레 한 개와 한 사람당 수소 한 마리였다. 그들이 그것들을 성막 앞으로 가져왔다.
4 여호와께서 모세에게 말씀하셨다.
5 그들로부터 [그것들을] 받아라. 그것들이 회막에서의 일들에 쓰이게 하여라. 너는 그것들을 레위인들에게 각자 일에 따라서 주어라.
6 모세가 수레와 소를 받아서 레위인들에게 주었다.
7 그가 게르손 자손들에게 그들의 직임대로 수레 둘과 소 네 마리를 주었다.
8 그리고 므라리 자손들에게는 그들의 직임대로 수레 넷과 소 여덟 마리를 주고 제사장 아론의 아들 이다말이 관할하게 하였다.
9 그는 고핫 자손에게는 주지 않았다. 왜냐하면 그들의 성소의 직임은 어깨로 나르는 일이었기 때문이다.
10 제단에 기름을 바르는 날에 지파장들이 제단의 봉헌을 위한 [예물을] 가져왔다. 그 지파장들이 자신들의 예물을 제단 앞으로 가져왔다.
11 여호와께서 모세에게 이르셨다. 지파장들은 하루에 한 사람씩 제단의 봉헌을 위한 예물을 드려라.
12 첫째 날에 그 예물을 드린 자는 유다 지파의 암미나답의 아들 나손이었다.
13 그의 예물은 130세겔 무게의 은 쟁반 하나, 성소의 세겔로 70세겔 [무게의] 은 대야 하나, (이 두 개는 소제물로 기름 섞은 곡식 가루로 채워져 있었다)

14 향으로 채워진 10세겔 무게의 금 냄비 하나,

15 번제물로 드릴 수소 한 마리, 숫양 한 마리, 1년 된 양 한 마리,

16 속죄제물로 드릴 숫염소 한 마리,

17 화목제물로 드릴 소 두 마리, 숫양 다섯 마리, 숫염소 다섯 마리, 1년 된 양 다섯 마리였다. 이것이 암미나답의 아들 나손의 헌물이었다.

18 둘째 날에는 잇사갈의 지파장, 수알의 아들 느다넬이 [예물을] 가져왔다.

19 그의 예물은 130세겔 무게의 은 쟁반 하나, 성소의 세겔로 70세겔 [무게인] 은 대야 하나, (이 두 개는 소제물로 기름 섞은 곡식 가루로 채워져 있었다)

20 향으로 채워진 10세겔 무게의 금 냄비 하나,

21 번제물로 드릴 수소 한 마리, 숫양 한 마리, 1년 된 양 한 마리,

22 속죄제물로 드릴 숫염소 한 마리,

23 화목제물로 드릴 소 두 마리, 숫양 다섯 마리, 숫염소 다섯 마리, 1년 된 양 다섯 마리였다. 이것이 수알의 아들 느다넬의 헌물이었다.

24 셋째 날에는 스불론 자손의 지파장 헬론의 아들 엘리압이었다.

25 그의 예물은 130세겔 무게의 은 쟁반 하나, 성소의 세겔로 70세겔 [무게인] 은 대야 하나, (이 두 개는 소제물로 기름 섞은 곡식 가루로 채워져 있었다)

26 향으로 채워진 10세겔 무게의 금 냄비 하나,

27 번제물로 드릴 수소 한 마리, 숫양 한 마리, 1년 된 양 한 마리,

28 속죄제물로 드릴 숫염소 한 마리,

29 화목제물로 드릴 소 두 마리, 숫양 다섯 마리, 숫염소 다섯 마리, 1년 된 양 다섯 마리였다. 이것은 헬론의 아들 엘리압의 헌물이었다.

30 넷째 날에는 르우벤 자손의 지파장 스데울의 아들 엘리술이었다.

31 그의 예물은 130세겔 무게의 은 쟁반 하나, 성소의 세겔로 70세겔 [무게인] 은 대야 하나, (이 두 개는 소제물로 기름 섞은 곡식 가루로 채워져 있었다)

32 향으로 채워진 10세겔 무게의 금 냄비 하나,

33 번제물로 드릴 수소 한 마리, 숫양 한 마리, 1년 된 양 한 마리,

34 속죄제물로 드릴 숫염소 한 마리,

35 화목제물로 드릴 소 두 마리, 숫양 다섯 마리, 숫염소 다섯 마리, 1년 된 양 다섯 마리였다. 이것은 스데울의 아들 엘리술의 헌물이었다.

36 다섯째 날에는 시므온 자손의 지파장, 수리삿대의 아들 슬루미엘이었다.

37 그의 예물은 130세겔 무게의 은 쟁반 하나, 성소의 세겔로 70세겔 [무게인] 은 대야 하나, (이 두 개는 소제물로 기름 섞은 곡식 가루로 채워져 있었다)

38 향으로 채워진 10세겔 무게의 금 냄비 하나,
39 번제물로 드릴 수소 한 마리, 숫양 한 마리, 1년 된 양 한 마리,
40 속죄제물로 드릴 숫염소 한 마리,
41 화목제물로 드릴 소 두 마리, 숫양 다섯 마리, 숫염소 다섯 마리, 1년 된 양 다섯 마리였다. 이것은 수리삿대의 아들 슬루미엘의 헌물이었다.
42 여섯째 날에는 갓 자손의 지파장, 드우엘의 아들 엘리아삽이었다.
43 그의 예물은 130세겔 무게의 은 쟁반 하나, 성소의 세겔로 70세겔 [무게인] 은 대야 하나, (이 두 개는 소제물로 기름 섞은 곡식 가루로 채워져 있었다)
44 향으로 채워진 10세겔 무게의 금 냄비 하나,
45 번제물로 드릴 수소 한 마리, 숫양 한 마리, 1년 된 양 한 마리,
46 속죄제물로 드릴 숫염소 한 마리,
47 화목제물로 드릴 소 두 마리, 숫양 다섯 마리, 숫염소 다섯 마리, 1년 된 양 다섯 마리였다. 이것은 드우엘의 아들 엘리아삽의 헌물이었다.
48 일곱째 날에는 에브라임 자손의 지파장, 암미훗의 아들 엘리사마였다.
49 그의 예물은 130세겔 무게의 은 쟁반 하나, 성소의 세겔로 70세겔 [무게인] 은 대야 하나, (이 두 개는 소제물로 기름 섞은 곡식 가루로 채워져 있었다)
50 향으로 채워진 10세겔 무게의 금 냄비 하나,
51 번제물로 드릴 수소 한 마리, 숫양 한 마리, 1년 된 양 한 마리,
52 속죄제물로 드릴 숫염소 한 마리,
53 화목제물로 드릴 소 두 마리, 숫양 다섯 마리, 숫염소 다섯 마리, 1년 된 양 다섯 마리였다. 이것은 암미훗의 아들 엘리사마의 헌물이었다.
54 여덟째 날에는 므낫세 자손의 지파장, 브다술의 아들 가말리엘이었다.
55 그의 예물은 130세겔 무게의 은 쟁반 하나, 성소의 세겔로 70세겔 [무게인] 은 대야 하나, (이 두 개는 소제물로 기름 섞은 곡식 가루로 채워져 있었다)
56 향으로 채워진 10세겔 무게의 금 냄비 하나,
57 번제물로 드릴 수소 한 마리, 숫양 한 마리, 1년 된 양 한 마리,
58 속죄제물로 드릴 숫염소 한 마리,
59 화목제물로 드릴 소 두 마리, 숫양 다섯 마리, 숫염소 다섯 마리, 1년 된 양 다섯 마리였다. 이것은 브다술의 아들 가말리엘의 헌물이었다.
60 아홉째 날에는 베냐민 자손의 지파장, 기드오니의 아들 아비단이었다.
61 그의 예물은 130세겔 무게의 은 쟁반 하나, 성소의 세겔로 70세겔 [무게인] 은 대야 하나, (이 두 개는 소제물로 기름 섞은 곡식 가루로 채워져 있었다)

62 향으로 채워진 10세겔 무게의 금 냄비 하나,

63 번제물로 드릴 수소 한 마리, 숫양 한 마리, 1년 된 양 한 마리,

64 속죄제물로 드릴 숫염소 한 마리,

65 화목제물로 드릴 소 두 마리, 숫양 다섯 마리, 숫염소 다섯 마리, 1년 된 양 다섯 마리였다. 이것은 기드오니의 아들 아비단의 헌물이었다.

66 열째 날에는 단 자손의 지파장, 암미삿대의 아들 아히에셀이었다.

67 그의 예물은 130세겔 무게의 은 쟁반 하나, 성소의 세겔로 70세겔 [무게인] 은 대야 하나, (이 두 개는 소제물로 기름 섞은 곡식 가루로 채워져 있었다)

68 향으로 채워진 10세겔 무게의 금 냄비 하나,

69 번제물로 드릴 수소 한 마리, 숫양 한 마리, 1년 된 양 한 마리,

70 속죄제물로 드릴 숫염소 한 마리,

71 화목제물로 드릴 소 두 마리, 숫양 다섯 마리, 숫염소 다섯 마리, 1년 된 양 다섯 마리였다. 이것은 암미삿대의 아들 아히에셀의 헌물이었다.

72 열한째 날에는 아셀 자손의 지파장, 오그란의 아들 바기엘이었다.

73 그의 예물은 130세겔 무게의 은 쟁반 하나, 성소의 세겔로 70세겔 [무게인] 은 대야 하나, (이 두 개는 소제물로 기름 섞은 곡식 가루로 채워져 있었다)

74 향으로 채워진 10세겔 무게의 금 냄비 하나,

75 번제물로 드릴 수소 한 마리, 숫양 한 마리, 1년 된 양 한 마리,

76 속죄제물로 드릴 숫염소 한 마리,

77 화목제물로 드릴 소 두 마리, 숫양 다섯 마리, 숫염소 다섯 마리, 1년 된 양 다섯 마리였다. 이것은 오그란의 아들 바기엘의 헌물이었다.

78 열두째 날에는 납달리 자손의 지파장, 에난의 아들 아히라였다.

79 그의 예물은 130세겔 무게의 은 쟁반 하나, 성소의 세겔로 70세겔 [무게인] 은 대야 하나, (이 두 개는 소제물로 기름 섞은 곡식 가루로 채워져 있었다)

80 향으로 채워진 10세겔 무게의 금 냄비 하나,

81 번제물로 드릴 수소 한 마리, 숫양 한 마리, 1년 된 양 한 마리,

82 속죄제물로 드릴 숫염소 한 마리,

83 화목제물로 드릴 소 두 마리, 숫양 다섯 마리, 숫염소 다섯 마리, 1년 된 양 다섯 마리였다. 이것은 에난의 아들 아히라의 헌물이었다.

84 제단에 기름을 바르던 날에 이스라엘 지휘관들이 드린 제단의 헌물은 다음과 같다. 은 쟁반이 열둘, 은 대야가 열둘, 금 냄비가 열둘인데,

85 은 쟁반은 각각 무게가 130세겔, 은 대야는 각각 무게가 70세겔이니, 모든 물품의

은이 성소의 세겔로 2,400세겔이었다.
86 그리고 향을 채운 금 냄비가 열둘인데, 성소의 세겔로 각각 10세겔 무게였고, 냄비의 금이 모두 120세겔이었다.
87 또 번제물의 가축은 수소 12마리, 숫양 12마리, 1년 된 양 12마리였다. 그것들의 소제물이 [있었으며], 속죄제물은 숫염소가 12마리였다.
88 화목제물의 가축은 수소가 24마리, 숫양 60마리, 숫염소 60마리, 1년 된 양 60마리였다. 이것은 제단에 기름을 바른 후에 드린 바 제단의 헌물이었다.
89 모세가 회막에 들어가서 [여호와께] 말하려고 할 때에 증거궤 위에 있는 속죄소 위의 두 그룹 사이에서 자기에게 말씀하시는 목소리를 들었다. [여호와께서] 그에게 말씀하셨다.

2단계: 사역 해설

1절. "성막": 함미쉬칸(הַמִּשְׁכָּן). 개역개정은 이 단어를 '장막'이라고 번역하고 있다. 그러나 이 단어는 일반적인 '장막'을 가리키는 단어가 아니라 '성막'을 가리키는 전문용어이다. 사역은 이 점을 살려 놓았다.

"~한 날에": 브욤(בְּיוֹם). 이 문구는 히브리어에서 시간절을 이끄는 접속사로 사용되는 경우가 대부분이다. 문제는 이 시간절의 범위를 어디까지로 보아야 하느냐 하는 것이다. 개역개정은 1절 끝에 가서 이 문구를 "날에"라고 번역함으로써 1절 전체가 시간절이라고 간주했던 것 같다. 그러나 사역은 1절의 처음인 "모세가 성막 세우기를 마쳤을 때" 부분만 시간절에 해당한다고 보았으며, 이 점을 반영하여 번역하였다.

"그것과 그것의 모든…거룩하게 구별하였다": 이 부분에서 개역개정은 원문의 히브리어를 잘못 끊어 읽고, 문장들을 뒤섞고 압축하여 번역해 놓았다. 사역은 이런 점들을 원어에 근거해서 바로 잡아 놓았다.

2절. "감독하는 자들": 하오므딤(הָעֹמְדִים). 직역하자면 "서 있는 자들".

3절. "수소": 쇼르(שׁוֹר): 이 단어는 완전히 자란 수소를 가리킨다. 개역개정은 성별을 안 밝히고 단순히 "소"라고 번역하고 있다.

"성막": 1절 사역 해설 참고.

13, 19, 25, 31, 37, 43, 49, 55, 61, 67, 73, 79절. "(이 두 개는 소제물로 기름 섞은 곡식 가루로 채워져 있었다)": 이 둥근 괄호 안의 문구는 원문에 있는 것이다. 단지 저자가 이 문구를 봉헌물 목록 중간에 일종의 설명적 삽입구로 사용하고 있기 때문에 이 점을 나타내기 위해 둥근 괄호를 사용하여 이 점을 표시하였다.

15절. "수소 한 마리": 파르 에하드 벤-바카르(פַּר אֶחָד בֶּן־בָּקָר). 에하드는 1을 의미한다. 이것을 뺀 파르 벤-바카르에서 파르는 "수소"를 의미한다. 그리고 벤-바카르의 벤은 "종류"(kind), 바카르는 "소(떼)"를 의미한다. 따라서 벤-바카르는 "소의 종류"를 의미한다. 여기에서 벤이 통상적으로는 "아들"(son)을 의미하는 단어이기 때문에 전통적으로 벤-바카르가 "소의 아들", 즉 "송아지"로 이해되어 왔지만 이것은 옳지 않다. 레위기 제사법에서 제물과 관련하여 쓰이는 벤은 "아들"이 아니라 "종류"로 이해하는 것이 더 적절하다. 이런 이유로 해서 사역은 이 어구를 개역개정과 달리 "수송아지"가 아닌 "수소"로 번역하였다.[3]

87절. "가축": 바카르(בָּקָר). 바카르는 원래는 네 발 달린 큰 가축, 그 중에서도 특히 소를 지칭하는 집합명사이다. 그러나 이 구절에서는 이 단어는 소와 더불어 작은 네 발 가축들을 포괄하는 단어인 브헤마(בְּהֵמָה)와 같은 의미로 쓰이고 있다.[4] 개역개정은 이 단어를 누락하고 있다는 점을 유념하라.

"수소": 파림(פָּרִים). 파르에 대한 설명은 위의 15절의 설명을 참조하라. 개역개정은 이 단어를 "수송아지"로 번역하고 있는데, 이것은 적절하지 않다. 이 단어의 번역에서 개역개정이 일관성이 없다는 점은 바로 다음 절에서 이 동일한 단어를 "수송아지"가 아닌 "수소"로 번역하고 있다는 점을 통

---

[3] 이에 대한 더 상세한 설명 및 관련 참고문헌은 박철현, 레위기 (서울: 솔로몬, 2018), 65, 160-161을 보라.

[4] 가축을 가리키는 이런 용어들에 대한 자세한 설명은 박철현, 레위기, 60-62를 보라.

해 드러난다.

88절. "가축": 앞의 87절 설명 참조.

89절. "[여호와께]", "[여호와께서]": 이 구절에서는 모세와 대화를 하는 대상의 이름이 명시되어 있지 않다. 그러나 문맥상 이 대상이 여호와임이 분명하기 때문에 이 점을 명시하였다.

3단계: 단락 구분

민수기 7장의 단락 구분은 다음과 같다.

7:1-9 성막을 위한 예물들
    7:1 성막의 완성과 성별
    7:2-9 지파장들의 예물들
    7:2-3 지파장들이 회막의 일을 위한 예물을 가져 옴
    7:4-5 예물에 대한 하나님의 명령
    7:6-9 모세의 명령 수행
7:10-88 지파장들이 제단의 헌물을 가져 옴
    7:10 서론적 언급
    7:11 하나님의 명령
    7:12-83 열두 지파의 예물 목록
    7:84-88 정리: 예물의 총계
7:89 하나님의 임재

민수기 7장의 단락은 상당히 선명하게 구분된다. 7장에는 총 세 번(1, 10, 84절)에 걸쳐서 "~한 날에"라는 표현(on the day of, 브욤[בְּיוֹם]+부정사 연계형)이 나오며, 마지막 한번은 그냥 "~한 때에"(when, 브[בְּ]+부정사 연계형)란 표현을

쓰고 있다. 이 두 가지 표현이 7장 전체를 세 개의 단원으로 나눠준다.

"모세가 성막을 세우기를 마친 날에"란 문구로 시작되는 첫 단원(7:1-9)은 성막이 완공되자 그것을 기념하기 위해 지파장들이 성막을 옮기는데 필요한 수레와 소를 예물로 바치는 것을 내용으로 하고 있다.

"제단에 기름을 바르는 날에"란 문구는 두 번째 단원(7:10-88)을 열어 주는 역할과 더불어 단원 내의 마지막 정리 단락(84-88절)의 시작 표시 역할을 하고 있다. 이 단원은 지파장들이 "제단의 헌물"(84, 88절)을 바치는 내용을 담고 있다. 지파장들은 한 명당 하루씩 해서 총 12일 동안에 걸쳐 헌물을 바친다.

"모세가 회막에 들어가서 [여호와께] 말하려고 할 때에"란 문구로 시작되는 세 번째 단원은 한 절로 이루어졌다(7:89). 이 구절은 앞의 단원들에서 지파장들이 하나님께 예물과 헌물을 가져온 것의 결과로서 하나님께서 지성소 안에 좌정하시고, 모세를 통해 백성들에게 지시를 하는 것을 말씀해주고 있다.

4단계: 본문 해설

1절. "모세가 성막 세우기를 마친 날에": 이 문구는 7장의 첫 단원의 시작을 알리는 문구이다. 이 날, 곧 제 2년 1월 1일(참고, 출 40:2, 17)에 모세는 성막과 제단, 그리고 이것들에 딸린 모든 물품들에 기름을 발라 성별하였다.

2-3절. 이 날 이스라엘의 지파장들은 "회막에서의 일들"(5절)에 쓰일 예물을 가져왔다. 그것은 덮개가 있는 여섯 대의 수레와 수소 열두 마리였다. 두 지파당 수레 한 대, 한 지파당 수소 한 마리씩 가져온 것을 더한 것이었다. 따라서 수레 한 대당 수소가 두 마리가 할당되었던 것으로 생각된다.

4-5절. 하나님은 레위인들이 회막에서의 일들에 사용하도록 이 수레들

과 수소들을 그들에게 주라고 모세에게 명령하신다.

6-9절. 모세는 하나님의 명령대로 한다. 게르손 자손에게 수레 두 대와 소 네 마리를 주고, 므라리 자손에게는 수레 네 대와 소 여덟 마리를 할당했다. 성막에서 가장 거룩한 물건들을 담당했던 고핫 자손(민 4:4-20)은 몸으로 직접 이것들을 메어야 했기 때문에 따로 수레와 수소를 할당하지 않았다.

10a절. "제단에 기름을 바르는 날에": 이 문구는 7장의 큰 두 번째 단원(10-88절)의 도입구 역할을 한다.

10b-11절. 지파장들은 또한 제단에 봉헌할 예물들, 즉 "제단의 헌물"들(84, 88절)을 가져왔다. 하나님은 하루에 한 지파장씩 이 헌물을 바치라고 명령하셨다.

12-83절. 이 긴 단락은 하루당 한 지파씩 제단의 헌물을 갖다 바치는 내용을 매 지파당 6절씩 할애하여 기록하고 있다. 지파가 봉헌하는 순서는 민수기 3:3-31의 진 배치 목록의 순서와 동일하다. 이 배치 목록에 따르면 동서남북의 각 방향으로 세 지파씩 배치가 되었으며, 그 목록의 순서는 동쪽 지파들부터 시작해서 시계방향으로 동-남-서-북의 순서를 따르고 있다. 3:3-31의 본문 해설에 있는 도표를 참고하라.

열두 지파가 바친 헌물은 한 치도 틀림없이 완전히 동일하다. 그 헌물의 목록을 적어보면 다음과 같다.

(1) 130세겔 무게의 은 쟁반 하나.

(2) 성소의 세겔로 70세겔의 은 대야 하나: 이 두 개의 물건은 기름 섞은 곡식 가루의 소제물로 채워져 있음.

(3) 10세겔 무게의 금 냄비 하나: 향으로 채워져 있음.

(4) 번제물: 수소 한 마리, 숫양 한 마리, 1년 된 양 한 마리.

(5) 속죄제물: 숫염소 한 마리

(6) 화목제물: 소 두 마리, 숫양 다섯 마리, 숫염소 다섯 마리, 1년 된 양 다섯 마리.

84-88절. "제단에 기름을 바르는 날에": 이 문구는 큰 두 번째 단원(10-

88절)의 결론부의 시작을 알리는 역할을 한다. 이 세부 단락에는 열두 지파가 바친 물건들의 총계가 제시된다. 이것들의 명세를 적어보면 다음과 같다.

(1) 은 쟁반 12개(개당 130세겔)

(2) 은 대야 12개(개당 70세겔): (1), (2)를 합친 은의 총량은 2,400세겔(한 지파당 200세겔씩).

(3) 금 냄비 12개(개당 10세겔): 금의 총량은 120세겔. 안에 담긴 향품.

(4) 번제물: 수소 12마리, 숫양 12마리, 1년된 양 12마리. 병행하는 소제물.

(5) 화목제물: 수소 24마리, 숫양 60마리, 숫염소 60마리, 1년된 양 60마리

89절. "모세가 회막에 들어가서 [여호와께] 말하려고 할 때에": 이 문구는 7장의 마지막 단원인 이 마지막 구절을 도입하는 역학을 한다.

이 구절은 모세가 이제 막 완성되고 성별되어 하나님께 바쳐진 회막에 들어갔을 때 하나님께서 지성소의 증거궤의 뚜껑인 "속죄소" 위에 있는 두 그룹 사이에서 모세에게 말씀하시는 것을 들었다는 것을 말해주고 있다.

언뜻 보기에는 이런 내용은 7장의 나머지 부분과 너무 달라 생뚱스러운 느낌이 든다. 그러나 사실 이 구절은 이미 성막을 짓게 하실 때 하나님께서 약속하신 사항이었다(출 25:22; 29:38-46). 하나님은 성막이 완성되고, 그곳에서 매일의 상번제가 성실히 드려질 때 모세와 거기에서 만나셔서 이스라엘에게 지시하실 내용을 말씀해 주시며, 그들과 언약의 "하나님과 백성" 사이로 지내겠다고 약속하셨다.

이제 열두 지파가 성막의 완성을 축하하고 하나님께 헌물을 바치는 기록을 담은 7장의 끝에 하나님이 지성소의 증거궤 위에서 모세와 만나서 말씀하시는 것을 보여주심으로써 하나님은 이 약속을 지키셨다. 하나님과 이스라엘은 언약의 하나님과 백성의 관계로 맺어져 있음이 이로써 확인되었다. 그런 면에서 이 생뚱스럽게 느껴지는 마지막 구절은 사실 신학적으로 아주 중요하다. 이 구절이 없다면 아직 성막 건설은 진정한 완성을 이루었

다고 할 수 없었을 것이다.

5단계: 적용

12-83절. 이 본문은 열두 지파의 수장들이 하루에 한 명씩 하나님께 헌물을 바치는 것을 아주 상세히 기록하고 있다. 한 지파당 6절씩 총 72절에 걸쳐서 지파장의 이름을 제외하고는 완전히 동일한 내용을 계속 반복해서 기록하고 있다. 이런 면에서 어쩌면 이 장은 현대인의 시각에는 성경 전체에서 가장 무의미하고 지루한 장으로 여기질 수 있다.

그러나 이런 반복은 중요하다. 이 본문이 강조하는 바는 각 지파가 하나님을 섬기는데 있어서 각자 맡은 바 책임과 담당해야 할 분량이 있다는 점이다. 하나님의 나라는 어떤 사람들만 열심히 섬기고, 다른 사람들은 그의 섬김의 열매를 공짜로 나눠 갖는 것이 아니다. 각자 하나님 섬김에 있어서 해야 할 분량이 있는 것이다. 공동체 일원 하나하나가 이 점을 인식하고, 각자 맡은 분량을 책임지지 못할 때 공동체에는 문제가 생긴다. 공동체의 모든 일원들은 이 점을 잘 기억해야 한다.

6단계: 설교 "각자 맡을 바를 맡으라"(민 7:84-89)

오늘 본문은 원래는 민수기 7장 전체를 다 봐야 합니다. 이 7장에 따르면 성막이 완성되고 봉헌된 날 이스라엘 열두 지파는 각자의 헌물을 하나님께서 바칩니다. 성막을 옮길 수레부터 시작해서 각종 제사에 쓰일 제물들과 제단에 사용될 집기들까지 다양한 것들을 하나님에게 바칩니다. 이렇게 각자가 골고루 정성을 다해 하나님께 헌물을 바쳤을 때 하나님께서 그들 가운데 좌정하시고 그들의 하나님으로 역사하십니다(89절).

저는 오늘 본문에 한국 교회의 가장 큰 병폐 중의 하나에 대한 치료 방법이 있다고 생각합니다. 현재 한국 교회의 가장 큰 문제들 중의 하나는 교인들의 쏠림 현상입니다. 마치 대형 마트들이 급성장하면서 재래시장이나 소규모 구멍가게들이 다 죽어나가듯이 교회도 마찬가지의 일을 겪고 있습니다. 극소수의 대형 교회에 교인들이 몰리면서 대다수의 동네 교회들은 생존이 불가능한 상황입니다.

이런 쏠림 현상은 단순히 다수의 교회가 어려워졌다는 점에서 멈추지 않고, 성도들의 영적 건강에도 영향을 미칩니다. 왜냐하면 교인들이 몰리는 대형교회 내의 성도들간에도 여러 가지 면에서 쏠림 현상이 생길 수밖에 없기 때문입니다.

이 교회 내의 쏠림 현상은 헌신과 봉사의 쏠림 현상입니다. 전통적인 동네 교회가 융성하던 시절에는 교회의 규모상 모든 성도들은 각자가 맡아야 할 몫을 감당해야만 했습니다. 각자가 어떻게든 해야 할 몫을 하지 않으면 작은 교회 유기체는 돌아가기가 힘들었습니다. 그래서 자의든 타의든 간에 동네 교회들에서는 성도들이 일정 수준의 헌신과 봉사를 했습니다.

그런데 교인들이 과도하게 몰리는 대형교회에서는 규모의 경제 때문에 적당한 수준의 일부만 헌신과 봉사를 해도 잘 돌아갑니다. 아니 겉으로 보기에는 누구나 느끼듯이 대형교회가 항상 인력이 딸리는 작은 교회들보다 훨씬 더 매끄럽게 잘 돌아갑니다.

하지만 바로 이 점이 위험한 일입니다. 교회는 누구는 헌신하고 누구는 그 헌신의 열매를 따먹기만 하는 곳이 아닙니다. 하나님께서는 각자에게 다 할 일을 맡기셨습니다(고전 12장; 엡 4:11-12 등). 교회는 하나님께서 각자에게 주신 달란트를 가지고 공동체의 다른 일원들을 위해서 헌신할 때 바로 서는 것입니다(엡 4:16).

대형 교회에서는 교인들간의 헌신의 쏠림 현상 때문에 이런 일이 잘 이루어지지 않는 경우가 많습니다. 봉사하는 사람만 열심히 하고, 상당히 많은 다수는 인의 장막 속에 숨어서 그냥 한 주 한 주를 때우기 식으로 살아가는 경우가 많습니다.

그리고 그 속에서 가장 피해를 사람은 우선 헌신을 놓쳐버린 당사자들입니다. 사람은 정성을 쏟을 때 존재의 의미를 얻을 수 있습니다. 이 점은 신앙과 교회 생활에서도 마찬가지입니다. 그런데 그들은 쏠림 현상에서 자발적이든 비자발적이든 헌신의 기회를 놓쳐버리는 것입니다.

두 번째 희생자는 헌신과 봉사를 열심히 하는 사람들입니다. 이들은 남의 몫까지 하다 보니 어느 순간 피로해지고, 지치게 됩니다. 또 헌신하지 않는 지체들을 향한 원망도 생기게 됩니다.

세 번째 희생자는 교회 공동체입니다. 쏠림 현상으로 헌신하는 사람만 헌신하는 것이 어느 시기까지는 괜찮을지 모르지만 이런 현상이 점점 심화되면 교회는 병들게 되어 있습니다. 기계도 어느 한 부품에만 계속 과부하가 생기면 문제가 생기게 되어 있는 것과 마찬가지인 것입니다. 또한 헌신의 불균형으로 인해 성도들간에 반복이 생기는 것도 교회 공동체에게는 문제가 됩니다.

이런 일을 피하는 것은 쏠림 현상이 생기지 않게 하는 것입니다. 오늘 본문은 열두 지파가 성막과 제단에 필요한 것들을 다 골고루 나누어서 분담한 것을 말씀해주고 있습니다. 이처럼 하나님의 교회도 건강하려면 헌신과 봉사에 있어서 각자 담당할 수 있는 바들을 골고루 잘 나누어서 하는 것이 지혜입니다.

오늘 본문을 통해서 얻을 수 있는 교훈을 쏠림 현상이 극대화되고 있는 현대 교회에서 적용시켜 보면 다음과 같습니다.

첫째, 교회별 쏠림 현상이 반드시 해결되어야 합니다. 지나치게 비대화된 대형교회들은 주변의 연약한 교회들도 다 하나님의 교회의 일원임을 생각하고 그들에게 교인과 재정에 있어서 혜택을 나누어야 합니다.

현재 대형교회들 중 어떤 곳들은 교회 분리 운동을 하기도 합니다. 이것이 과연 성공을 거둘 수 있을지는 두고 봐야겠지만 이런 시도 자체는 한국 교회 전체를 위해서 권장할 만한 일인 것으로 생각됩니다. 하나님의 은혜로 반드시 성과가 있기를 기원합니다.

　둘째, 교회내의 쏠림 현상도 반드시 해결되어야 합니다. 대형교회는 열성적인 소수의 헌신자들의 그늘 속에 숨어서 영적 생활을 연명만 하는 수준의 성도들이 의외로 많이 있습니다. 이들이 자신들의 영적인 건강을 위해서라도 헌신할 수 있는 통로를 만들어주어야 합니다. 또한 과도한 헌신과 봉사로 지쳐 있는 지체들은 좀 쉴 수 있도록 해줘야 합니다.

　이런 점들에 있어서 한국 교회는 심각한 고민을 해야 합니다. 각종 차원에서의 과도한 쏠림 현상으로 인해 모두가 건강하지 못한 한국 교회와 성도들은 오늘 본문처럼 쏠림 현상 없이 각자가 골고루 나누어서 맡은 바 분량을 감당하는 형태로 바뀌어야 합니다. 이럴 때 한국 교회는 좀 더 건강한 상태로 바뀌게 될 것입니다.

민수기 8장

레위인의 봉헌과 사역

민수기 8장의 신학 개관

7장이 열두 지파의 수장이 하나님께 헌물들을 갖다 바친 것을 다루고 있다면 8장은 대제사장 아론이 레위인들을 하나님께 헌납하는 것을 내용으로 하고 있다. 이런 면에서 7장과 8장 사이에는 주제의 연결성이 존재한다는 것에 대해서는 이미 앞의 7장의 신학 개관에서 살펴 보았다.

좀 더 세부적으로 들어가면 8장은 크게 세 개의 단원으로 이루어져 있다. 첫 단원(8:1-4)은 성막 안의 등잔대의 등불이 항상 앞쪽, 즉 진설병이 놓인 상 쪽을 향하게 비춰져야 함을 언급하고 있다. 두 번째 단원(8:5-22)은 위에서 언급한 바와 같이 아론이 레위인을 하나님께 바치는 것을 내용으로 하고 있다. 마지막 단원(8:23-26)은 레위인들의 사역 연령과 은퇴에 대해서 다루고 있다.

우선 첫 단원인 8:1-4의 등잔대 본문이 왜 현재 위치에 배치되어 있느냐 하는 것은 주석가들에게 의문의 대상이 되어 왔다.[1] 이와 관련해서 기존 학자들이 제시한 견해들 중 아마 두 가지 정도의 제안이 어느 정도 가능성

---

1 이에 대한 기존 주석가들의 견해에 대한 간략한 정리는 Gordon J. Wenham, *Numbers: An Introduction and Commentary*, vol. 4, Tyndale Old Testament Commentaries (Downers Grove, IL: InterVarsity Press, 1981), 106 등을 보라. 웬함은 Heinisch, Rashi, Keil 등의 고전적인 주석가들의 견해들을 열거하고 있지만 그들의 견해는 별로 타당성이 없어 보인다

이 있어 보인다.

첫째, 이 등잔대 본문의 주제는 하나님의 임재인데, 그 앞의 7:89의 본문 역시 하나님의 임재라는 주제를 담고 있기 때문에 서로간에 주제적인 연결성이 있는 것으로 보인다. 좀 더 부연 설명을 하자면 8:1-4은 성막의 등잔대에 설치된 일곱 개의 등잔(출 25:37)에 불을 켤 때 빛이 앞쪽을 향해 비춰도록 하라고 지시하고 있다(2-3절). 일곱이라는 숫자는 고대 근동에서 거의 보편적으로 완전성을 의미한다.[2] 그리고 등잔불의 빛이 향하는 앞쪽에는 이스라엘 열두 지파를 상징하는 진설병 상이 위치해 있었는데, 등잔대와 진설병 간의 이런 배치는 하나님이 항상 이스라엘과 함께 하신다는 것을 상징하는 것으로 보인다(참고, 삼상 3:3; 삼하 21:17; 22:19[=시 18:28]; 왕상 11:36; 132:17 등).[3] 이렇게 볼 때 이 등잔대 본문은 하나님의 완전한 임재를 나타내는 것으로 볼 수 있으며, 이런 점에서 7:89와 연결되는 것으로 보인다.[4]

둘째, 웬함은 8:1-4가 7장을 중심으로 해서 그 반대편에 있는 6:22-27의 제사장 축복과도 관련이 있을 수 있다는 지적을 했다.[5] 진설병을 향해 비추는 빛은 위에서 지적한 바와 같이 하나님의 임재를 상징한다. 특히 제사장 축복 본문과 이 등잔대 본문이 "비추다"(오르, אור)란 동사를 공유한다는 점은 흥미롭다(민 6:25; 8:2). 이런 면에서 등잔대 본문은 제사장 축복문의 언어를 통한 청각적 경험(aural experience)을 시각적 경험(visual experience)으로 전환하여 경험하게 해주는 역할을 한다고 볼 수 있다. 이런 면에서 8:1-4이 주변 문맥과 가지는 관계를 도식화해보면 다음과 같다.

---

[2] Timothy R. Ashley, *The Book of Numbers*, The New International Commentary on the Old Testament (Grand Rapids, MI: Wm. B. Eerdmans Publishing Co., 1993), 166. 이 책은 고대 근동에서의 일곱이라는 숫자의 이런 의미에 대한 추가적인 참고문헌들을 제공하고 있다.

[3] 박철현, *레위기* (서울: 솔로몬, 2018), 639-640, 645-646; J. Sklar, *Leviticus*, Tyndale Old Testament Commentaries (Downers Grove: InterVarsity Press, 2014), 288.

[4] Ashley, *Numbers*, 166.

[5] Wenham, *Numbers*, 107.

```
┌─────────────────────────────┐     ┌────┐     ┌─────────────────────────┐
│ 6:22-27 (임재의 청각적 경험) │─────│ 7장│─────│ 8:1-4 (임재의 시각적 경험)│
└─────────────────────────────┘     └────┘     └─────────────────────────┘
                                       │
                              ┌────────────────────────┐
                              │ 7:89 (임재의 비시각적 경험) │
                              └────────────────────────┘
```

위의 두 가지 제안과 더불어 웬함의 추가적 제안 또한 어느 정도 흥미를 끈다. 그는 7장에서 지파장들이 봉헌하는 예물의 대상인 제단(7:10, 11, 84, 88)과 이 8:1-4의 등잔은 제사장이 하루에 두 번씩, 아침 저녁으로 관리해야 하는 물건(출 29:38-42; 30:7-8)이라는 점, 그리고 이 두 물건의 불은 항상 꺼지지 않고 타올라야 한다는 점(레 6:8-13; 24:2-4)이 양 본문을 연결해준다고 주장한다.[6] 비록 본문이 이 불의 관리라는 주제를 직접 언급하고 있지 않은 점이 문제가 되지만 그의 제안 역시 매력이 있다.[7]

이제 두 번째 단원(8:5-22)으로 넘어가도록 하자. 이 단원은 레위인을 하나님께 바쳐서 제사장의 조력자 역할을 하게 하는 것을 내용으로 한다. 이 본문은 7장의 신학 개관에서 이미 지적한 바와 같이 7장의 내용과 잘 상응한다. 일반 지파의 지파장들이 제단을 위한 헌물을 바쳤다면, 레위 지파의 최고의 수장인 대제사장 아론은 레위 지파를 하나님께 헌물로 드려서 성막 봉사에 종사하게 하는 것이다.

세 번째 단원(8:23-26)은 레위 지파의 사역 시작 연령과 은퇴에 대한 내

---

6 Wenham, *Leviticus*, 106-107.

7 Julius Hillel Greenstone, *Numbers, with Commentary: The Holy Scriptures* (Philadelphia: The Jewish Publication Society of America, 1939), 79는 7장과 8:1-4의 관계에 대해서 랍비 문헌의 흥미로운 해석을 소개한다. 유대교 문헌인 *Numbers Rabba*에 나오는 해석에 따르면 아론은 7장에서 일반 지파의 수장들이 하나님께 봉헌을 하는데 반해 레위 지파만 아무 것도 봉헌을 하지 않아 기분이 상했다고 한다. 그 때 하나님은 등잔의 불을 관리하는 임무가 훨씬 더 귀한 것이라고 그에게 말씀해 주셨다고 한다. 물론 본문은 8:1-4의 본문과 7장과의 사이에 이런 식의 연결이 있음을 명시하고 있지 않다. 또한 Greenstone 역시 *Numbers Rabba*의 이런 해석이 단지 "설교적"(homiletic)일 뿐이라고 치부하고 있다. 성경 주석학적으로는 이런 식의 "설교적" 상상은 본문상의 근거가 없기 때문에 별로 가치가 없다. 그러나 이런 식의 상상력이 나름대로 재미를 주는 것도 어느 정도는 사실이다. 이런 상상적 허구를 주석학적으로 확인된 결과물과 혼동하지만 않는다면 목회자들이 설교할 때 재미 있는 양념 정도의 역할은 할 수 있기 때문에 이렇게 소개한다.

용을 골자로 한다(24-25절). 레위인은 비록 은퇴를 한 경우에도 얼마든지 자발적인 봉사는 할 수 있었다(26절).

1단계: 사역

1. 여호와께서 모세에게 말씀하셨다.
2. 아론에게 말하고, 그에게 일러라. 등불을 켤 때에는 일곱 개의 등잔이 등잔대 앞쪽으로 비추게 하여라.
3. 아론이 그렇게 하여 등불을 등잔대 앞쪽으로 비추도록 켰으니, 여호와께서 모세에게 명령하신 대로였다
4. 등잔대의 제작법은 이러하다. 그것은 금을 두드려 만든 것인데, 그 기둥에서부터 그 꽃받침까지 두드려 만든 것이다. 여호와께서 모세에게 보여주신 양식을 따라 그가 이 등잔대를 만들었다.
5. 여호와께서 모세에게 말씀하셨다.
6. 이스라엘 자손 중에서 레위인을 취하여, 그들을 정결하게 하여라
7. 너는 그들을 정결하게 하기 위해서 이렇게 하여라. 그들에게 속죄의 물을 뿌리고, 그들에게 그들의 전신을 면도하고, 그 의복을 빨게 하고, 정결하게 하여라.
8. 그리고 그들이 [번제물로] 수소 한 마리를 기름 섞은 곡식 가루와 더불어 취하게 하고, 또 두 번째 수소를 속죄제물로 취하게 하여라.
9. 그리고 레위인들이 회막 앞으로 나오게 하고, 이스라엘 자손의 모든 회중을 모아라.
10. 레위인들이 여호와 앞으로 나오게 하고, 이스라엘 자손이 그들에게 안수하게 하여라.
11. 아론이 이스라엘 자손을 위하여 레위인을 흔들어 드리기로 여호와 앞에 드려서. 그들이 여호와의 일을 하게 하여라.
12. 그리고 레위인들이 수소들의 머리에 안수하게 하고, 그 하나는 속죄제물로, 또 하나는 번제물로 여호와께 드리게 하여 레위인들을 속죄하여라.
13. 이처럼 레위인들을 아론과 그의 아들들 앞에 세우고, 그들을 여호와께 흔들어 드리기로 드려라.
14. 너는 이스라엘 자손 중에서 레위인을 구별하여 그들이 내게 속하게 하여라
15. 그 후에 레위인들이 회막에서의 일을 위해 들어갈 것이다. 너는 그들을 정결하게 하고 그들을 흔들어 드리기로 드려라.

16. 그들은 이스라엘 자손 중에서 내게 온전히 드린 바 된 자들이다 이스라엘 자손 중에서 모태를 연 모든 첫째들, 곧 모든 처음 태어난 자들 대신 그들을 내가 취하였다
17. 왜냐하면 이스라엘 자손 중에서 모든 첫째들이 사람부터 짐승까지 다 내게 속하였기 때문이다. 내가 애굽 땅에서 모든 첫째들을 친 날에 내가 그들을 나를 위하여 구별하였으며
18. 이스라엘 자손 중의 모든 첫째들 대신에 레위인을 취하였다.
19. 그리고 그들을 이스라엘 자손 중에서 아론과 그의 아들들에게 주어서 그들이 회막에서 이스라엘 자손들을 대신하여 일하게 하며 또 이스라엘 자손들을 위하여 속죄하게 함으로써 이스라엘 자손들이 성소에 가까이 다가갈 때에 그들에게 재앙이 없게 하려 하였다.
20. 모세와 아론과 이스라엘 자손의 온 회중이 여호와께서 레위인에 대하여 모세에게 명령하신 모든 것을 따라서 레위인에게 행하였다. 이스라엘 자손이 그처럼 그들에게 행하였다.
21. 레위인들이 자신들을 정결케 하고 자신들의 옷을 빨았다. 그리고 아론이 그들을 여호와 앞에 흔들어 드리기로 흔들었으며, 그들을 정결하게 만들기 위하여 속죄를 하였다.
22. 그런 후에 레위인들이 회막에서 자신들이 아론과 그의 아들들 앞에서 할 일들을 하기 위해서 들어갔다. 여호와께서 레위인들에 대해서 모세에게 명령하신 대로 그들이 그들을 위해 행하였다.
23. 여호와께서 모세에게 말씀하셨다.
24. 이것은 레위인들에게 해당되는 것이다. 25세 이상은 회막에서의 일을 위해 종사하여라.
25. 50세부터는 그 일에 종사하는 것을 그만 두고 더 이상 하지 않아도 된다.
26. 자기 형제들이 회막에서 사역하는 것을 보조할 수는 있지만 직무는 담당하지 말아라. 너는 레위인의 직무에 대하여 이렇게 하여라.

2단계: 사역 해설

4절. "양식": 타브니트(תַּבְנִית). ……

8절. "수소": 파르 벤-바카르(פַּר בֶּן־בָּקָר). 개역개정은 이 단어를 대부분의 경우 "수송아지"로 번역하고 있다. 그 이유는 이 히브리어 어구 중 벤

(בֶּן)을 "아들"로 해석하고 있기 때문이다. 그러나 이 단어는 "아들"이 아니라 "종류"(kind)로 해석되어야 한다. 파르 벤-바카르는 "수송아지", 즉 "수소의 아들"이 아니라 "소 종류의 수소", 즉 "수소"로 해석되어야 한다. 이 문제에 대한 좀 더 자세한 설명은 민수기 7:15의 사역 해설을 보라.[8]

"두 번째": 쉐니(שֵׁנִי). 이 단어가 개역개정에는 완전히 누락되어 있다.

11절. "흔들어 드리기": 트누파(תְּנוּפָה). 개역개정은 이 구절에서는 이 단어를 "흔들어 바치는 제물"이라고 번역하고 있는데, 보통 다른 본문들에서는 "요제"라는 전문화된 용어를 사용하여 번역하고 있다. 제사법상으로 이 트누파는 하나님께 바쳐진 제물들 중 제사장 몫으로 할당되는 부위들을 흔드는 동작을 통해 표시하는 행위를 지칭하는 용어이다.[9] 개역개정의 번역인 "요제"는 트누파가 마치 번제나 화목제처럼 제사의 한 종류인양 오해하게 만들 소지가 많기 때문에 좋지 않다. 트누파는 제사의 한 종류가 아니라 제물의 고기 중 제사장 몫을 표시하는 행위인 것이다. 11절의 흥미로운 점은 이 트누파를 제물의 고기가 아닌 레위인에게 사용했다는 점이다. 마치 제물의 고기가 트누파를 통해 제사장의 몫으로 귀속되듯이 레위인 역시 이 민수기 8장의 봉헌 절차 중 트누파 절차를 통해 제사장의 몫으로 귀속되어 성막의 일에 종사하게 된다.

15절. "그 후에": 웨아하레-켄(וְאַחֲרֵי-כֵן). 개역개정은 이 히브리어 문구를 이 절의 후반절을 이끄는 시간의 부사절의 접속사인양 "네가 그들을 정결하게 하여 요제로 드린 후에"라고 번역해 놓았다. 그러나 이 문구는 결코 접속사로 사용될 수 없다. 사역은 원문의 구문론을 충실하게 반영하여 번역하였다.

16절. "온전히": 느투님 느투님(נְתֻנִים נְתֻנִים). 이 표현에 대한 상세한 해설은 3:9의 사역 해설을 보라.

---

8 또한 박철현, *레위기*, 65, 160-161을 보라.
9 또한 박철현, *레위기*, 52, 248을 보라.

21절. "자신들을 정결케 하고": 봐이트핟트우(וַיִּתְחַטְּאוּ). 동사 하타(חָטָא)의 히트파엘형. 이 단어의 칼형이 "죄 짓다"(to sin)란 뜻이고, 피엘형이 "죄를 없이 하다"(to de-sin)란 뜻인 것에 기초해서 개역개정은 이 히트파엘형을 "스스로를 속죄하다"로 번역한 것으로 보인다. 그러나 이것은 적절한번역은 결코 아니다. 구약의 제사법 시스템 속에서 레위인들이 스스로를 속죄할 수는 없다. 이 히트파엘형이 의미하는 바는 단지 레위인의 정결 의식이 다 하나님의 명령대로 진행하였다는 것 정도이다. 또한 이 본문을 제외한 나머지 구약성경에서 이 동사가 히트파엘형으로 사용된 총 8번의 경우들 중 예외적인 욥기 41:17을 뺀 나머지 모든 경우에 이 동사는 "스스로를 정결하게 하다"라는 뜻으로 사용되고 있다(19:12[x2], 13, 20; 31:19, 20, 23).[10] 따라서 이 민수기 8:21의 경우에도 이 동사는 개역개정의 "스스로를 속죄하다"란 뜻 대신에 "스스로를 정결하게 하다"로 번역하는 것이 더 타당하다.

3단계: 단락 구분

민수기 8장의 단락 구분은 다음과 같다.

8:1-4 성막 내 등잔의 관리
    8:1 도입구
    8:2 하나님의 명령
    8:3 명령의 수행

---

[10] Francis Brown, Samuel Rolles Driver, and Charles Augustus Briggs, *Enhanced Brown-Driver-Briggs Hebrew and English Lexicon* (Oxford: Clarendon Press, 1977), 307. William Lee Holladay and Ludwig Köhler, *A Concise Hebrew and Aramaic Lexicon of the Old Testament* (Leiden: Brill, 2000), 100은 예외적인 욥기 41:17을 제외하고는 이 동사의 히트파엘형의 뜻으로 "스스로를 정결하게 하다"란 뜻은 제시하지 않고, "자신을 죄로부터 자유롭게 하다"(to free oneself from sin)란 뜻만을 제시하고 있는데 이것은 잘못된 것이다.

        8:4 내레이터의 부연설명
    8:5-22 레위인의 봉헌
        8:5 도입구
        8:6-19 하나님의 명령
            8:6-15 레위인의 봉헌 절차에 대한 지시
            8:16-19 레위인의 봉헌의 신학
        8:20-22 명령의 수행
    8:23-26 레위인의 사역 연령과 은퇴
        8:23 도입구
        8:24 레위인의 사역 시작 연령
        8:25-26 레위인의 은퇴 및 봉사

민수기 8장은 위의 구조에서 보듯이 "여호와께서 모세에게 말씀하셨다"란 도입구, 즉 레위기와 민수기에서 흔히 새로운 단원을 시작할 때 사용하는 도입구를 통해 세 부분으로 선명하게 나뉜다. 각 단원의 내용은 성막 내의 등잔대의 등불의 관리(1-4절), 레위인의 봉헌(5-22절), 레위인의 사역 연령과 은퇴(23-26절)에 대한 내용이다.

위의 세 단원 중 첫 두 단원은 민수기 1-4장의 전반적인 양상을 따라 "명령-수행"의 패턴을 따르고 있다. 단지 세 번째 단원, 즉 일회성이 아니라 상시적으로 발생하는 일을 다루고 있는 레위인의 사역 연령에 대한 본문만이 이 패턴에서 벗어나 있을 뿐이다.

4단계: 본문 해설

1절. "여호와께서 모세에게 말씀하셨다": 레위기와 민수기에서 흔히 보아온 이 도입구는 이 장의 세 단원 중 첫 번째 단원의 도입구 역할을 한다.

5, 23절 역시 마찬가지로 각 단원의 도입구 역할을 한다.

2절. 이 구절은 첫 단원의 주제인 등불의 관리에 대한 하나님의 명령을 담고 있다. 성막은 지성소, 성소, 뜰의 삼중 구조를 띠고 있으며, 이 구조 중 안쪽에 속한 물건일수록 거룩성의 정도가 높다. 이런 현상을 "거룩성의 차등 현상"(the gradation of holiness)이라고 부른다.[11] 성막의 물품들은 성막의 삼중 구조, 즉 지성소, 성소, 뜰의 삼중 구조 디자인 속에서 더 안쪽에 위치한 것일수록 더 귀하다. 따라서 지성소 안에 위치한 물건들이 성막의 다른 곳에 위치한 물건들보다 더 귀하게 마련이다. 그러나 희한하게도 성소의 물건들 중 등잔대는 그 거룩성의 정도가 지성소의 물건에 버금가는 것으로 보인다. 구약에 "순금"(자하브 타호르, זָהָב טָהוֹר, pure gold)이란 표현은 총 27회 사용되었는데, 그 중에서 총 8회가 등잔대 및 그 부속물들에 사용되었다. 즉 등잔대는 법궤를 포함한 그 어떤 물건들의 경우보다 더 많이 이 표현이 사용된 물건인 것이다. 이런 점은 등잔대가 가진 거룩성의 정도를 나타내주는 지표임이 분명하다.

등잔대에 대한 기타 핵심 본문들은 출애굽기 25:31-40; 27:20-21; 37:17-24; 레위기 24:1-4 등이다. 이 본문들 중 출애굽기 27:20-21은 등불의 관리를 "아론과 그의 아들들"이 하는 것으로 말하고 있다. 반면 레위기 24:3과 이 민수기 8:2은 등잔의 관리를 아론이 하라고 말하고 있다. 이러한 차이는 상호모순적이라고 할 수 없다. 단지 출애굽기 27장의 본문이 이 등불의 관리가 제사장 집단에게 속한다는 것을 좀 더 포괄적으로 말하고 있는 반면에 레위기와 민수기의 본문은 좀 더 구체적으로 대제사장에게 국한시키고 있는 것이라고 생각하는 것이 옳을 것이다.

민수기 8:2는 특히 등불이 앞쪽을 향하여 비추도록 하라고 지시하고 있는데, 이 앞쪽에는 진설병이 위치하고 있었다. 등잔불의 빛이 하나님의 임

---

[11] "거룩성의 차등 현상"이란 중요한 개념에 대한 상세한 설명 및 이것을 통한 성막 신학의 이해는 박철현, 출애굽기 산책 (서울: 솔로몬, 2014), 210-212을 참고하라. 또한 성막에 나타난 이 현상에 대한 자세한 분석은 210-216을 보라.

재를 상징하고, 진설병이 이스라엘을 상징한다 할 때 이 지시는 하나님께서 이스라엘과 함께 하신다는 것을 상징하는 것으로 생각된다.[12]

이런 점은 이미 민수기 7장의 본문 해설과 8장의 신학 개관에서 보았듯이 두 가지 점에서 앞의 문맥들과 연결된다. 첫 째, 7:89의 본문 해설에서 보았듯이 하나님은 이스라엘의 지파장들이 번제를 위한 헌물을 봉헌할 때 그에 대한 보답으로 자신의 성막을 통한 임재를 허락하신다. 이어지는 등잔대의 관리에 대한 명령은 하나님의 임재라는 비가시적(non-visual) 요소를 시각적(visual) 상징을 통해 나타내라는 지시라고 할 수 있다. 둘 째, 2절의 "비추다"(오르, אוֹר)란 동사는 6:22-27(특히 24절)의 제사장 축복문의 언어의 청각적(aural) 요소를 시각적(visual) 요소로 전환해준다.

3절. 이 구절은 2절의 하나님의 명령을 아론이 수행했음을 밝히고 있다. 후반절의 "여호와께서 모세에게 명령하신 대로였다"란 문구는 아론의 충실한 순종을 다시 한번 강조해주고 있다. 이런 "명령-실행"의 구도는 민수기 1-4장에서 익히 보아온 바이며, 이스라엘이 광야 여정의 준비 과정(민 1-10장)에서 하나님의 명령에 순종하는 태도를 일관되게 보였다는 점을 부각시켜준다.

4절. 이 구절은 등잔대의 제작법에 대한 내레이터의 부연 설명으로서, 출애굽기 25:31-40의 요약이다. 주석가들에 따르면 4절은 등잔대의 세부적인 모습보다는 전체적인 모양의 제작 방법에 대해서 강조하고 있다. 등잔대는 탈부착이 가능한 등잔을 제외하고는 다 하나의 금 덩어리를 두드려서 만든, 일체화된 것이다.[13] 이 구절은 또한 이 등잔대가 "여호와께서 모세에게 보여주신 모습대로" 만든 것임을 강조하고 있다(참고, 출 25:40).

이 구절에서 한 가지 궁금한 점은 내레이터가 왜 굳이 이 대목에서 등잔

---

12 박철현, 『레위기』, 639-640, 645-646; Sklar, *Leviticus*, 288.
13 Jacob Milgrom, *Numbers*, The JPS Torah Commentary (Philadelphia: Jewish Publication Society, 1990), 60; Baruch A. Levine, *Numbers 1–20: A New Translation with Introduction and Commentary*, vol. 4, Anchor Yale Bible (New Haven; London: Yale University Press, 2008), 272.

대 제작법에 대한 내용을 언급하고 싶어했느냐 하는 것이다. 내레이터가 이 의문에 대한 답을 주고 있지 않고, 주석가들이 이 문제에 대해서 다 침묵하고 있기 때문에 확실하게 파악할 수는 없지만 두 가지 점 정도를 생각해볼 수는 있는 것 같다.

첫째, 등잔대를 하나님께서 보여주신 대로 만들었다는 언급은 앞의 3절의 아론이 하나님의 명령을 수행하였다는 언급과 마찬가지로 철저한 명령 수행을 다시 한번 강조해주고 있는 것으로 보인다.

둘째, 등잔대가 하나의 금 덩어리로부터 만들어졌다는 묘사는 어쩌면 완전한 헌신이라는 주제를 담고 있지 않나 하는 생각을 해볼 수도 있는 듯하다. 이 경우 뒤에 이어지는 레위 지파의 봉헌이라는 주제와 연결성이 좀 더 두드러질 수 있는 것 같다. 하지만 이것이 본문의 명시적 언급을 바탕으로 하고 있지 않다는 점은 유념해야 한다.

5절. 역시 전형적인 단원 도입구를 사용하고 있는 이 구절은 8장의 두 번째 단원(5-22절)의 서두를 여는 역할을 하고 있다. 앞의 단락 구분에서 보았듯이 이 단원은 하나님의 명령(6-19절)과 명령의 수행 기록(20-22)이란 두 개의 하부 단원으로 나뉜다.

6-19절. 이 하부 단원은 레위인의 봉헌에 대한 하나님의 명령을 담고 있다. 하나님의 명령은 레위인의 봉헌 절차에 대한 지시(6-15절)와 그 봉헌의 신학적 의미에 대한 설명(16-19절)으로 나뉜다. 레위인의 봉헌 절차는 크게 정결 의식(6-7절), 안수(9-10절), 흔들어 드리기(11절), 제사(12절)로 나뉜다.[14]

6절은 레위인의 봉헌 절차에 대한 하나님의 지시의 서론 역할을 하고 있다. 봉헌 절차는 레위인들을 정결하게 하는 의식으로부터 시작된다.

---

[14] R. Dennis. Cole, *Numbers*. Vol. 3B. The New American Commentary (Nashville: Broadman & Holman Publishers, 2000), 148-149는 이 절차를 총 9개로 나누어 제시하고 있는데, 그 과정에서 그는 레위인을 흔들어 드리는 절차를 총 두 번(11, 13절)으로 보는 것 등의 오류를 범하고 있다. 이런 오류는 그가 그냥 본문을 너무 단순하게 이해하여, 각 절이 순서대로 절차를 열거하고 있다고 생각한 때문인 것으로 보인다. 그러나 "흔들어 들이기" 절차만 하더라도 11절은 실제의 절차에 대한 언급이며, 13절은 이 봉헌 절차 전체를 포괄하여 요약적으로 묘사한 언급으로 봐야만 본문이 의미가 통한다.

7절은 레위인을 정결하게 하기 위한 세부적인 절차로 네 가지를 언급하고 있다: (1) 속죄의 물 뿌리기, (2) 전신 면도하기, (3) 의복 빨기, (4) 몸 씻기(사역, "정결하게 하기").

여기에서 가장 우선적으로 다뤄야 하는 문제는 (4)의 "몸 씻기" 혹은 "정결하게 하기"이다. 많은 학자들은 7절 서두의 "정결하게 하기 위해서"란 문구와 위의 네 가지 항목 중의 마지막 항목에 해당하는 문구인 "정결하게 하여라"란 문구가 동일한 절차를 가리키는 것이며, 따라서 정결하기 위한 절차는 위의 (1), (2), (3) 세 가지 항목뿐이라고 본다.[15]

비록 서두의 "정결하게 하기 위해서"란 문구와 (4)의 "정결하게 하여라"라는 문구가 모두 동일하게 타하르(טהר)란 동사를 쓰고 있기는 하지만 그 형태가 다르다. 전자는 타하르의 피엘형을 쓰고 있고, 후자는 재귀형인 히트파엘형을 쓰고 있다.

또한 형태의 차이만큼이나 정결 의식 절차의 묘사에서 맡은 역할도 다르다. 전자, 즉 서두의 "정결하게 위해서"란 문구는 (1)부터 (4)까지의 모든 정결 절차를 아우르는 표현이다. 반면에 후자, 즉 7절 마지막의 "정결하게 하여라"는 문구는 정결 의식의 마지막 절차로서 레위인들이 몸을 씻는 행위, 즉 목욕하는 행위를 가리킨다. 이와 관련하여 밀그롬은 타하르의 히트파엘형이 구약에서 막연하게 "정결하게 하다"란 의미가 아니라 항상 "몸을 씻는 것"을 의미한다고 지적한다(참고, 창 35:2; 스 6:20).[16]

이렇게 볼 때 7절의 정결 의식은 개역개정 등의 성경 번역본들이나 다수의 주석가들의 견해와는 달리 총 네 개의 절차로 이루어져 있다고 보는 것이 더 타당하다고 생각된다.

---

15 예를 들어 Ashley, *Numbers*, 169; Cole, *Numbers*, 148-149 등을 보라. 대다수의 주석가들은 이 견해를 취하고 있는 것으로 보인다. 또한 KJV, RSV, NIV, 개역개정 등의 성경번역본들이 이런 해석을 반영하고 있음을 참고하라.

16 Milgrom, *Numbers*, 62. 밀그롬은 이런 차원에서 자신의 주석이 바탕으로 삼고 있는 유대교의 대표적인 현대적 영어 번역 성경, 즉 앞의 각주의 NIV 등과 동일한 이해를 반영하고 있는 TANAKH의 번역을 거부한다.

이 구절에 있어서 다뤄야 할 또 한 가지 점은 "속죄의 물"이다. 웬함 등의 학자들은 이 물이 민수기 19장의 시체의 정결에 쓰이는 "속죄의 물"과의 관계가 있는지 없는지가 모호하다는 언급을 한 바 있다.[17] 그러나 양자는 관계가 없는 것으로 보는 것이 더 타당하다고 생각된다. 그 이유는 다음과 같다.

첫째, 이 두 종류의 물은 히브리어 원어의 명칭이 틀리다. 민수기 8:7의 물은 히브리어로 메 핱타트(מֵי חַטָּאת)이며, 민수기 19장의 물은 메 닏다(מֵי נִדָּה)이다.[18] 전자의 경우 개역개정은 "속죄의 물"로 번역하고 있고(민 8:7), 후자의 경우는 주로 "정결하게 하는 물"(19:9, 13, 20, 21; 31:23)로[19] 번역하고 있다. 이처럼 다른 명칭이 사용되고 있는 두 종류의 물을 어떤 특별한 이유가 없이 동일한 것으로 간주할 이유가 없다.

둘째, 민수기 19장의 "정결하게 하는 물"은 시체로 인해 부정하게 된 자를 정화하는 목적으로 만들어진 물이다(민 19:11-22; 31: 31:13-24 [특히 23절]). 반면에 레위인의 봉헌시의 부정을 씻는 것은 시체로 인한 부정과는 상관이 없다. 따라서 이 민수기 8:7의 "속죄의 물"과 민수기 19장의 "정결하게 하는 물"을 같이 보지 않는 것이 좋다고 생각된다.

마지막으로 한 가지 더 살펴 볼 흥미로운 점은 이 레위인의 정결 의식이 레위기 14:7-9에 나오는 악성 피부병 환자의 정결 의식과 유사하다는 것이다. 이 환자의 경우에도 정결 의식의 절차는 물로 씻고, 전신의 털을 밀고,

---

[17] Wenham, *Numbers*, 108.

[18] 메 닏다의 경우 구약에 사용된 총 5회(19:9, 13, 20, 21; 31:23) 중 첫 번째 경우인 19:9에서는 메 닏다 핱타트(מֵי נִדָּה חַטָּאת)가 사용되고 있는 것은 사실이다. (바로 앞의 문장은 부적절하다. 반드시 수정되어야 한다. 왜냐하면 19:9는 메 닏다와 핱타트 후가 각기 독립된 문장에 속한다.) 그러나 이 외에는 오직 메 닏다만 쓰이고 있다는 점, 그리고 아래의 두 번째 이유로 보듯이 이 물은 오직 시체로 인한 정화 용도로 국한되어 있다는 점을 고려해야 한다.

[19] 좀 더 정확히 말하면 개역개정은 구약에 총 5회 사용된 이 용어를 번역하면서 오직 그 첫 번째 구절인 19:9에서만 "부정을 씻는 물"이라고 번역하고 있고, 나머지의 경우는 위에서 언급한 바와 같이 "정결하게 하는 물"이라고 번역하고 있다. 개역개정은 히브리어의 동일한 표현을 별다른 이유도 없이 이처럼 일관성 없게 번역하는 경우들이 꽤 있는데 이런 점은 반드시 시정되어야 할 것이다.

옷을 빨고, 몸을 물로 씻는 것으로 이루어져 있다.[20] 이 환자의 경우와 마찬가지로 레위인의 봉헌 시에도 이런 정결 의식은 모든 부정을 깨끗하게 씻는다는 것을 의미했을 것이다.[21]

8절. 레위인의 봉헌 의식 절차 중에는 제사도 있다. 제물은 번제물과 속죄제물로 각각 수소 한 마리씩이 요구되고 있다. 번제물의 수소에는 기름 섞은 곡식 가루가 병행된다.

9-10절. 봉헌 의식 절차 중 또 한 가지는 안수이다. 이스라엘 회중이 레위인들의 머리에 안수를 한다. 이 안수의 의미는 죄인이 제사를 드릴 때 안수하는 것과 마찬가지였을 것이다. 레위인들은 하나님 앞에서 이스라엘의 모든 장자들을 대속하기 위해서 하나님께 바쳐지는 존재였다(민 3:40-51). 레위인들의 봉헌에 대해서 다루고 있는 이 민수기 8장 내에서도 19절은 분명히 이 점을 강조하고 있다: "그들이…이스라엘 자손들을 위하여 속죄하게 함으로써".

11절. 이런 의식들을 다 치른 후에 아론은 이스라엘 자손들을 위해 레위인을 "흔들어 드리기"(개역개정의 "요제")로 하나님께 봉헌한다. 이 의식을 통해 이제 그들은 하나님의 일을 하게 될 것이다.

12절. 봉헌 절차의 마지막은 제사이다. 레위인들은 자신들을 대신해서 번제물과 속죄제물로 드려질 수소들의 머리에 안수를 한다. 여기에는 흥미로운 점이 결부되어 있다. 위의 9-10절에서 보듯이 레위인들은 이스라엘 자손들에 대한 속죄의 기능을 하기 위해 하나님께 "흔들어 드리기"로 드려지지만 구약의 제사 시스템 속에서는 결코 사람을 제물로 바치는 것을 허용하지 않기 때문에[22] 다시 레위인들의 목숨을 대신해서 짐승 제물들이 드

---

20 이 마지막 절차는 위의 7절의 정결 의식의 네 번째 절차인 "정결하게 하기"가 몸을 씻는 절차를 가리킨다는 해석을 추가적으로 정당화시켜준다.
21 악성 피부병 환자의 정결 의식의 의미에 대해서는 박철현, *레위기*, 414-415를 보라.
22 Wenham, *Numbers*, 109; 박철현, *레위기*, 514, 553-554. 참고로 레위기 18:21; 20:2-5; 신 12:31; 18:10; 왕하 16:3; 17:17; 21:6; 23:10; 대하 28:3; 33:6; 시 106:37, 38; 렘 7:31; 19:5; 32:35; 겔 20:31; 23:37 등을 보라.

려진다. 안수를 통해 레위인들이 이스라엘 자손들을 대신한 것처럼, 다시 안수를 통해 짐승 제물들이 레위인들을 대신하게 되는 것이다.

13절. 13절은 6-13절의 레위인의 봉헌 절차를 정리하고 마무리하는 역할을 하고 있다. 이 구절에서 레위인을 "흔들어 드리기"로 드린다는 말은 12절에 이어지는 또 하나의 절차로 이해하기 보다는 6-12절의 모든 절차를 갈무리하는 표현으로 이해하는 것이 더 적절하다.[23]

14-15절. 이 본문은 레위인들을 "흔들어 드리기"로 하나님께 봉헌해드리는 것에 대해서 좀 더 부연설명을 한다. 14절이 밝히고 있듯이 레위인들을 이런 의식을 통해 하나님께 봉헌하는 것은 그들이 하나님께 속한 자들임을 표시하는 것이다. 이렇게 하나님께 속하게 된 그들은 제사장들을 도와 회막에서의 일을 하게 될 것이다(15절). 마치 "흔들어 드리기"로 하나님께 드려진 제물을 하나님께서 제사장들의 몫으로 주시듯이, 레위인들 역시 "흔들어 드리기"로 먼저 하나님께 바쳐진 다음에 다시 제사장들의 몫으로 주어진다(19절).

16-19절. 이 본문은 레위인들을 "흔들어 드리기" 절차를 통해 하나님께 바치는 것의 신학적 의미에 대해서 다루고 있다. 이 내용은 이미 민수기 3장에서 다뤄진 바가 있다. 실제로 16-17절은 민수기 3:12-13을 거의 문구 그대로 반복하고 있으며, 18절은 3:45절 전반절과 거의 동일하다. 그 내용의 핵심은 레위인들이 이스라엘의 자손들 중의 모든 장자들의 대신으로 하나님께 바쳐졌다는 것이다.

19절은 16-19절의 레위인의 봉헌의 결과 혹은 기능에 대해서 말해주고 있다. 레위인들은 하나님께 "흔들어 드리기"로 바쳐진 후 아론과 그의 아들들에게 귀속된다. 그 결과 그들은 성막에서의 일을 이스라엘 백성들 대신하며, 또 그것을 통해서 이스라엘 자손들을 위해 속죄를 하는 기능을 한다. 이들의 사역으로 인해 이스라엘 사람들은 "성소에 가까이 다가갈 때에" 재

---

[23] Milgrom, *Numbers*, 63.

앙을 당하지 않게 된다(19절 후반절).

19절 마지막의 이런 내용은 민수기 개관 중 "민수기의 문맥" 항목에서 다루었던 "위험한 거룩성"이란 개념을 잘 보여준다.[24] 그리스도의 속죄 사역을 통해 지성소의 휘장이 찢어진 후 하나님의 보좌로 담대히 나아갈 길을 얻은 후의 시대 (히 10:19-20)에 살고 있는 하나님의 백성들은 하나님께 다가간다는 것이 얼마나 위험한 것인지를 잘 인식하지 못한다. 그러나 구약의 많은 본문들(출 20:18-20; 33:20-23; 레 10:1-2 등)은 사람이 거룩하신 하나님께 다가가는 것이 얼마나 위험한 것인지를 누누이 말씀하고 있다.

그러나 이런 위험한 거룩성은 다른 한 편으로는 하나님과 백성 사이의 교제 및 관계에 커다란 방해 요소가 된다. 따라서 하나님은 자기 백성들과의 교제를 가능케 하는 방편들, 즉 제사 제도 등과 같은 방편들을 여러 가지로 제공하시고 있다. 레위인이 일반 백성들 대신 성막에서의 일을 전담하게 하신 것 역시 이러한 방편들 중의 하나였다. 이런 조치들을 통해 이스라엘 백성들은 "성소에 가까이 다가갈 때에 그들에게 재앙이 없게" 될 수 있었다(19절 하반절).

20-22절. 이 본문은 모세와 아론과 이스라엘 백성들이 앞의 6-19절의 하나님의 명령대로 모든 것을 충실하게 수행했음을 밝히고 있다(20-21절). 그리고 이런 정결 절차가 마무리된 다음에 레위인이 회막에서의 일을 시작했다는 점도 언급하고 있다(22절). 이렇게 해서 8장의 두 번째 단원(5-22절) 역시 첫 번째 단원(1-4절)과 마찬가지로 "명령(6-19절)-수행(20-22절)"의 구조를 따르고 있다.

23절. 이 전형적인 도입구는 세 번째 단원(23-26절)의 도입구 역할을 하고 있다. 이 단원은 레위인의 사역 시작 연령(24절)과 은퇴 연령(25절) 및 자발적 봉사(26절)에 대한 하나님의 지시들을 다루고 있다. 이 사항들은 단회

---

[24] 이 주제에 대해서는 특히 박철현, 출애굽기 산책 (서울: 솔로몬, 2014), 237-241, 396-404를 보라.

적인 명령 수행으로 해결될 수 있는 사항이 아니고, 지속적으로 시행되어야 하는 일이었다. 따라서 이 단원은 앞의 두 단원과는 달리 "명령-수행"의 패턴으로 되어 있지 않고, 단지 하나님의 명령만 기록하고 있다.

24절. 레위인들의 사역 시작 연령은 이 구절에서는 25세라고 되어 있다. 학자들은 이 점이 레위인의 사역 시작 연령을 30세라고 말하고 있는 본문과 충돌하고 있다는 점을 지적해왔다(민 4:3, 23, 30, 35, 39, 43, 47).[25] 그리고 이 점은 아주 고대로부터 인식되어 왔던 것 같으며, 이에 대해서도 여러 가지 시도들이 이루어져 왔다.

첫째, 70인경은 4장의 레위인의 사역 시작 나이를 25세로 낮춰 놓았다. 그러나 이것은 본문의 문제에 대한 해결이라기보다는 그냥 상충되는 점을 억지로 일치시킨 것에 불과하다.[26]

둘째, 랍비들의 전통에 따르면 레위인들은 25세에 사역을 위한 견습을 시작했고, 실제의 본격적 사역은 30세에 했다고 본다.[27] 이 해석은 매력이 있고, 나름대로의 개연성을 갖추고 있기는 하지만 성경 본문 자체에 직접적인 단서가 존재하는 것은 아니다.

셋째, 비평학자들은 고대 이스라엘의 전승들 속에서 후대로 갈수록 레위인들의 사역 시작 연령이 30세에서 25세로, 그리고 다시 20세로 낮아지는 추세를 본문이 반영하고 있다고 본다(민 4장; 8:22-26; 대상 23:3, 24, 27; 대하 31:17; 스 3:8).[28] 그러나 이런 비평학적인 해석은 문맥은 고려하지 않은 채 가상적인 신학 전승들 사이의 차이점들과 그 전승들의 물리적 결합에만 치중함으로써 문제를 해결하기보다는 더 복잡하게만 만드는 것 같다. 예를 들어 그들은 왜 역대상 23:3, 24, 27과 같이 동일한 문맥 내에서 동일한 시기

---

[25] R. K. Harrison, *Numbers*. The Wycliffe Exegetical Commentary (Chicago: Moody Press, 1990), 156-157; Cole, *Numbers*, 154 등을 보라.

[26] Cole, *Numbers*, 154.

[27] Harrison, *Numbers*, 157.

[28] Wenham, *Numbers*, 110.

를 다루는 본문 속에서 레위 지파의 사역 시작 연령에 대한 자료가 차이가 나는지를 설명해주지 못한다. 이 역대상 24장 본문에서 3절은 30세, 그리고 24, 27절은 20세를 레위인들의 사역 연령으로 언급하고 있기 때문이다. 또한 민수기 4장과 8장의 경우는 이미 민수기 7장의 신학 개관에서 살펴본 바와 같이 최소한 본문에 나타난 연대기적 순서상으로는 8장이 4장보다 시간이 앞서는데, 이 점은 비평학자들의 설명과는 상응하지 않는다.

민수기 본문 자체가 이 문제에 대해서 어떤 설명을 해주고 있지 않기 때문에 이 문제에 대한 해답을 찾는 일은 요원하다. 하지만 민수기 8장에서 4장으로의 연대기적인 시간의 흐름을 고려할 때 위의 랍비적 해석이 어느 정도 가능성이 있는 것 같다. 즉 레위인들이 이 구절의 말씀대로 25세 때부터 견습생으로 사역을 시작한 것이 맞다고 보는 것이다. 그러나 이들의 궁극적인 주 임무인 성막 운반의 일은 이들에게 죽음을 야기할 수도 있었기 때문에(4:20)에 좀 더 숙련된 나이인 30세에 가서야 맡을 수 있었다(4장). 이 점은 또한 50세까지가 사역 연령이지만 26절은 이들이 50세 이후에도 "보조" 업무를 담당할 수는 있었다는 말씀과도 어느 정도 상관성이 있지 않을까 생각해 볼 수 있다. 정식 업무를 담당하는 것은 30세이지만 그 전에 25세부터 견습생 역할을 할 수 있는 것처럼, 50세에 사역을 그만 둔 이후에도 보조 업무를 담당하는 것은 할 수 있었기 때문이다. 그러나 물론 이 해석이 충분히 개연성이 있고 합리적이라고 해도 여전히 본문의 직접적인 증거에 바탕을 둔 것이라기보다는 추론일 뿐이라는 점은 유념해야 한다. 하지만 50세 이후에도 어느 정도 보조 업무를 맡는 것이 허용되어 있다는 점을 고려하면 25세부터 견습생 임무를 맡는 것은 꽤 개연성이 있어 보이기는 하지만 말이다.

25절. 이 구절은 레위인이 사역에서 은퇴하는 연령이 50세임을 밝히고 있다. 이 나이는 민수기 4장의 내용과 완전하게 상응하기 때문에 문제될 것은 없다. 하나님은 20여년을 사역한 레위인들에게 쉼을 허락하신다. 하나님은 결코 당신의 사역자들을 노예처럼 부려 먹는 분이 아니셨다.

26절. 50세가 되면 레위인은 더 이상 정식으로 임무는 맡을 수가 없었지만 여전히 자발적으로 동료들을 돕는 것은 가능했다. 따라서 은퇴한 레위인들은 힘에 부치는 성막 운반 등의 일을 의무적으로 할 필요는 없었지만 여전히 하나님을 위한 자발적인 봉사는 할 수 있었다.

5단계: 적용

2절. "일곱 개의 등잔이 등잔대 앞으로 비추게 하라": 본문 해설에서 보았듯이 일곱은 완전을 상징한다. 또한 성막 안의 물품들의 배치 상태에 따르면 등잔대 앞에는 이스라엘 열두 지파를 상징하는 진설병을 올려 놓은 상이 위치해 있었다. 이런 상태에서 하나님은 등잔불이 앞쪽, 즉 진설병 쪽을 향하여 비추게 하라고 명령하신다. 진설병을 향해서 비춰지는 일곱 등잔의 불빛은 하나님의 완전한 임재를 상징한다. 하나님은 제사장 축복문(6:22-27)의 글귀처럼 자기 백성을 향해 "자기 얼굴을 네게 비추시며 네게 은혜 베푸시기를" 원하셨던 것이다. 민수기 1-10장이 누누이 강조하고 있듯이 하나님의 백성이 하나님의 명령대로 사는 삶을 살 때 하나님의 이런 임재의 축복은 완전하고 영원하게 계속될 것이다. 또한 궁극적으로 요한계시록 22:5의 "다시 밤이 없겠고 등불과 햇빛이 쓸 데 없으니 이는 주 하나님이 그들에게 비치심이라 그들이 세세토록 왕 노릇 하리로다"는 말씀처럼 하나님의 백성은 영원히 하나님의 임재 앞에서 함께 하는 삶을 꿈꾼다. 그 날까지 모든 성도는 민수기 1-10장의 이스라엘 백성들처럼 철저히 하나님의 뜻을 따라 사는 삶을 살아야 한다.

지성소의 증거궤를 중심으로 해서 등잔대는 오른쪽, 진설병 상은 왼쪽에 배치되어 있는 모습은 히브리서 8-10장의 하늘 성전의 하나님과 중보자 예수 그리스도, 그리고 그 존전으로 나아가는 구원 얻은 성도의 모습을 연상시킨다. 구약의 성막에서는 증거궤의 오른쪽에 배치된 등잔대의 불이 하나님의 임재를 상징하였다. 그러나 하늘 성소에서는 증거궤의 원형인 하나님의 보좌 오른편에 성자 하나님이시자 우리의 위대한 중보자이신 예수 그리스도께서 등잔대 대신에 직접 서 계신다(히 8:1; 10:12). 그리고 우리 성도는 구세주이자 중보자이신 그리스도의 피를 힘 입어 거룩해진 모습으로 보좌 앞으로 나아갈 권세를 얻은 자들이다(히 10:19-20). 중요한 것은 바로 이 성도들이 "거룩해진" 성도들이라는 점이다. "…거룩함을 따르라 이것이 없이는 아무도 주를 보지 못하리라"(히 12:14)는 것은 성경의 일관된 가르침이다. "주는 죄악을 기뻐하는 신이 아니시니 악인이[29] 주와 함께 머물지 못하며"(시 5:4) 등의 많은 말씀이 주는 교훈을 우리는 결코 놓쳐서는 안 된다.

19절. "(레위인들이)…이스라엘 자손들을 대신하여 일하게 하며 또 이스라엘 자손들을 위하여 속죄하게 함으로써…그들에게 재앙이 없게 하려 하였다": 진정한 대속과 속죄는 오직 예수 그리스도를 통해서만 가능하다. 그러나 하나님께서는 때로 공동체의 누군가의 헌신과 노력을 통해서 다른 사람들이 하나님 앞에서 은혜를 입게 하신다. 일례로 우리는 민수기 25:11-13에서 비느하스가 하나님을 위한 "질투심으로 질투하여 이스라엘 자손 중에서 내 노를 돌이켜서 내 질투심으로 그들을 소멸하지 않게" 하였으며, 그 질투심을 가지고 "이스라엘 자손을 속죄하였음이니라"고 말씀하신다. 이처럼 현재 본문에서 하나님은 레위인들이 특별히 이스라엘 백성들을 대신해서 하나님께 바쳐지고, 하나님의 일을 하게 하심으로써 나머지 백성들이 하나님 앞에서 은혜를 입게 하였다. 우리 시대의 교회 공동체에서도 이 점은 마찬가지다. 하나님은 비느하스나 레위인들처럼 하나님께 헌신함으로써 다른 지체들에게 하나님의 은혜가 미치게 하는 자들을 간절히 원하시고 찾으신다. 이런 헌신자들이 많은 공동체가 복되다 할 것이다.

25절. "50세부터는 그 일에 종사하는 것을 그만 두고 더 이상 하지 않아도 된다": 하나님은 안식일의 주인이시다. 하나님은 안식을 좋아하시며(창

---

29 개역개정의 난외주를 보라.

2:1-3), 당신의 백성들에게도 안식을 주고 싶어하시는 분이다(출 20:8-11; 신 5:12-15). 이 구절에서 하나님은 성막을 위해 봉사한 레위인들에게도 인생의 안식을 주신다. 레위인들은 성막에서의 일을 25세부터 시작한 이후 50세가 되면 사역을 멈추도록 되어 있었다.

현재 한국은 워커홀릭이 넘쳐나고, 워커홀릭이 강요되는 시대이다. 교회나 교회의 설교에서도 마치 열과 성을 다해 진이 빠지도록 살지 않으면 하나님께 죄를 짓는 것처럼 가르치는 경우가 비일비재하다. 이런 속에서 너무 많은 국민들이 지쳐 있다. 오직 이런 삶이 신물이 나면 지지난 대선 때 "저녁이 있는 삶"이란 선거 구호가 전국을 강타했겠는가?

우리는 성경이 일과 안식에 대해서 정말 어떻게 가르치고 있는지를 다시 봐야 한다. 하나님은 자기 백성이 쉼 없이 일하는 것을 결코 원하지 않으신다. 사역할 때는 열심히 해야겠지만 반드시 적절한 쉼도 병행되어야 한다. 일 주일의 삶 속의 쉼, 한 달의 삶 속의 쉼, 일 년의 삶 속의 쉼, 그리고 일생의 삶 속의 쉼에 대해서 깊이 묵상해봐야 할 때다.

6단계: 설교 "거룩한 하나님과 거룩한 우리"(민 8:1-4)

오늘 본 민수기 8:1-4의 본문, 그 중에서도 특히 2절은 등잔대의 불을 진설병 쪽을 향해 비추게 하라는 하나님의 지시를 담고 있습니다.[30] 진설병을 향한 등잔 빛은 하나님의 임재를 상징합니다. 하나님께서 당신의 백성을 향하시고 있는 모습을 형상화한 것입니다. 하나님은 "자기 얼굴을 네게 비추시며 네게 은혜 베푸시기를"이라는 제사장 축복문(6:22-27, 특히 24절)의 문구처럼 이스라엘과 함께 하시며 그들을 돌보시겠다는 약속을 이렇게 등잔

---

[30] 이 해석에 대한 더 자세한 설명은 앞의 민수기 8장의 신학 개관과 8:1-4의 본문 해설을 참고하라.

대와 진설병의 배치를 통해서 다시 한번 시각화해서 보여주신 것입니다.

하나님의 이런 배려와 은혜는 참 감사한 일입니다. 그러나 "아 하나님께서 정말 우리와 함께 하고 싶어하시는구나" 생각하고, 거기에서 우리의 사고를 멈춰버리면 안 됩니다. 왜냐하면 거룩하신 하나님의 임재는 단순히 좋기만 한 것이 아니기 때문입니다. 이것은 우리에게 숙제도 남겨 줍니다.

구약은 하나님께서 거룩하신 분임을 일관되게 가르치고 있습니다. 그리고 이 하나님의 거룩성은 거룩하지 못한 자들에게는 치명적인 위험성을 갖고 있다는 것도 지속적으로 가르치고 있습니다. 가장 대표적인 예들 중의 하나는 성막과 황금 송아지 사건에 대한 본문입니다. 성막은 기본적으로는 하나님이 자기 백성과 함께 하고 싶어하시는 분임을 가르치고 있습니다. 그러나 하나님의 이런 임재의 열망은 오직 자기 백성이 하나님의 말씀을 열성적으로 따를 때뿐입니다. 하나님의 백성이 죄를 짓고, 타락하면 하나님의 임재는 치명적인 위험성을 띠게 됩니다. 성막 본문(출 25-31; 35-40장) 사이에 낀 황금 송아지 이야기 와중에 하나님께서 하신 말씀은 이 점을 잘 보여줍니다. "나는 너희와 함께 올라가지 아니하리니 너희는 목이 곧은 백성인즉 내가 길에서 너희를 진멸할까 염려함이니라…너희는 목이 곧은 백성인즉 내가 한 순간이라도 너희 가운데에 이르면 너희를 진멸하리니…"(33:3, 5). 거룩하신 하나님은 결코 죄를 참아 보지 못하십니다. 죄는 하나님의 진노를 촉발합니다. 전능하신 하나님이 결코 하실 수 없는 일이 하나 있다면 그것은 죄와 동거하는 일입니다. 그러므로 우리가 거룩하신 하나님과 함께 하고자 하면 우리는 그 분의 거룩성에 걸맞은 거룩성을 갖춰야만 합니다.

이런 차원에서 볼 때 제가 한국 교회의 설교들 중에서 자주 들을 수 있지만, 아주 싫어하는 내용이 있습니다. 그 말은 다음과 같은 것입니다. "불신자들 중에서 자신이 교회 안 나가는 이유가 '교회에 나쁜 놈들이 너무 많아서'라고 하는 분들이 있습니다. 그런 분들에게 저는 이렇게 대답합니다. '교회는 죄인들이 모인 곳입니다. 그러니 나쁜 놈들이 많을 수밖에요'라고요". 이런 설교 내용을 들으면 성도들은 재미있고 재치있는 답변이라는 식의 반응을 보이고는 합니다. "그렇지, 교회는 죄인들이 모인 곳이지" 하고 웃으면서요.

그러나 이런 우스개 소리는 일부의 진실은 담고 있을지 몰라도 여전히 하나님의 교회에 대한 모독입니다. 저는 죄와 구원의 관계에 대한 잘못된 지식을 담은 이런 식의 가르침이나 설교들이 한국 교회를 망쳐왔다고 생각합니다. 교회가 죄인들이 모인 곳은 맞습니다. 그러나 여기까지만 말하고 끝나는 것은 하나님의 구원 능력에 대한 모독입니다.

성경적 구원론에 따르면 우리 구원론의 중요한 두 축은 "칭의"와 "성화"입니다.[31] "칭의"는 우리가 아직 죄인일 때에 우리의 아무런 공로가 없이 오직 예수 그리스도의 피의 은혜로 하나님께서 우리를 의롭다고 칭해주시는 것을 가리키는 용어입니다. 이것을 신학적 용어로 "법정적 개념"이라고 합니다. 이 말은 하나님께서 우리를 예수 그리스도의 피 때문에 "의롭다"고 칭해 주셨지만 우리가 정말 아직 실질적으로 의롭게 된 것은 아니라는 것입니다. 우리는 단지 법적인 측면에서 "의인이라고 선언된" 죄인일 뿐입니다.

제대로 된 구원론을 가르치지 않는 교회들은 여기까지만 가르치고 맙니다. 그러나 이렇게 되면 우리 정통 교회가 구원파와 다를 바가 없어집니다. 성경적 구원론에는 "칭의"와 더불어 "성화"라는 개념이 있습니다. "성화"는 하나님께서 "칭의"를 통해 의롭다 하신 자를 거룩하게 만드신다는 것입니다. 즉 법정적으로 일단 의롭다고 칭해진 자를 실제로도 정말 의롭고 거룩한 자가 되게 만드신다는 것입니다.

그래서 성경적 구원론에 따르면 하나님의 부르심을 받고, 구원 얻는 믿음을 갖게 되고, 구원 얻는 회심을 하고, 칭의를 받은 자들은 반드시 이 성화의 과정을 거치게 됩니다. 그러면 하나님은 왜 우리를 구원하시는 과정

---

[31] 이 주제에 대한 탁월한 고전은 20세기의 저명한 개혁주의 신학자인 존 머레이(John Murray)의 구속 (서울: 복있는사람, 2011)이다. 이 책은 잘못된 구원론이 횡행하는 한국 교회의 강단에 제대로 된 교정제이자, 성경적 구원론의 정수를 제공해주고 있다.

중에 이 "성화"의 단계를 거치게 하실까요? 하나님은 거룩한 분이시기 때문에 이처럼 구원 얻는 자가 정말 하나님의 거룩성에 걸맞게 거룩해지지 않고는 그와 함께 할 방법이 없기 때문입니다.

간혹 우리는 결코 우리가 율법의 말씀을 다 지킬 수도 없으며, 이 땅에서 거룩해지는 것은 불가능하다는 식의, 패배주의적 이야기를 많이 듣습니다. 그러나 그런 식의 말은 하나님의 권능을 모독하는 것입니다. 히브리어 9:14은 이렇게 말씀합니다. "하물며 영원하신 성령으로 말미암아 흠 없는 자기를 하나님께 드린 그리스도의 피가 어찌 너희 양심을 죽은 행실에서 깨끗하게 하고 살아 계신 하나님을 섬기게 하지 못하겠느냐".

성도 여러분, 여러분은 하나님이 여러분의 양심을 "죽은 행실에서 깨끗하게 하고 살아 계신 하나님을 섬기게" 하실 능력이 없다고 생각하십니까? 하나님이 그럴 능력이 없다고 정말 생각하십니까?

혹시 이렇게 생각하신다면 여러분은 하나님을 가장 심각하게 모독하는 겁니다. 하나님은 능치 못할 일이 없으신 분입니다. 오직 말씀만으로도 무로부터 온 우주를 창조하신 분입니다. 당신의 의지만으로도 물로 세상을 멸망시킬 수도 있으시고, 물로부터 세상을 구원하실 수도 있는 분입니다.

그 하나님이 여러분을 여러분의 죄에서 깨끗케 하실 능력은 없다고 생각하는 것은 정말 무서운 일입니다. 정말 무서운 신성모독입니다.

하나님은 여러분을 법정적으로 의롭다고 칭하실 수 있는 분이지만, 또한 여러분을 실제로 거룩하게 만드실 수도 있는 분입니다. 여러분에게 "칭의"를 허락하실 수 있는 분이지만, 또한 여러분이 "성화"를 이루게 하실 수 있는 분입니다. "내가 거룩하니 너희도 거룩하라"(벧전 1:16)고 요구하신 하나님은 또한 우리를 거룩하게 만드실 수 있는 하나님입니다. "칭의"의 하나님은 또한 "성화"의 하나님입니다.

따라서 위의 우스개 소리로 돌아가 볼 때 교회는 분명히 죄인들이 모인 곳이 맞습니다. 그러나 교회는 또한 죄인이 거룩하게 되는 곳, 하나님이 죄인들을 거룩하게 만들어 가시는 곳입니다.

거룩할 "성"(聖) 자를 써서 "성도"(聖都)라 일컬음을 받는 여러분, 절대 있지 마십시오. 교회는 분명히 죄인들이 나아올 수 있는 곳이여야 하지만, 그곳에 죄인들의 "성화" 과정이 일어나지 않는다면 그곳은 절대 교회가 아닙니다. 그곳은 그냥 죄인들이 모인 교도소일 뿐입니다. 교회는 "성화"가 일어나야만 교회입니다. "칭의"와 더불어 "성화"가 하나님의 구원의 디자인의 중요한 한 축이라는 것을 망각하지 마십시오.

하나님의 백성은 거룩해질 때 하나님의 임재를 온전히 누릴 수가 있습니다. 하나님의 임재는 거룩한 하나님에 걸맞은 거룩성을 갖춘 거룩한 백성만이 누릴 수가 있는 것이기 때문입니다. 이것이 성경이 가르치는 참된 구원론입니다. 성도 여러분이 참된 구원론을 통해 참으로 거룩한 성도가 되어 참으로 거룩한 하나님의 임재를 온전히 누리게 되기를 주님의 이름으로 축원합니다.

민수기 9장

유월절, 성막을 통한 임재와 동행

민수기 9장의 개관 및 신학

민수기 9장은 크게 두 개의 단원으로 이루어져 있다. 9:1-14는 유월절 준수[1] 및 새로운 규정의 도입에 대해서 다루고 있다. 9:15-23은 이스라엘이 하나님의 임재의 상징인 성막과 더불어 광야를 여행하는 것을 반복상(反復相, frequentative) 형태의 동사들을[2] 사용하여 목가적으로 묘사하고 있다.

시간적인 측면에서 9장의 두 단원은 7-8장의 연장선에 있다. 이미 살펴보았듯이 민수기 7:1은 "모세가 성막 세우기를 마친 날에"라고 언급하고 있는데, 이날은 출애굽 제2년 1월 1일을 가리킨다(출 40:2). 민수기 7장은 이 날부터 시작해서 12일간 이스라엘의 각 지파의 수장들이 각각 하루씩 하나님께 번제단의 봉헌을 위한 예물(민 7:10)을 가져온 것을 기록하고 있다. 그리고 8장의 레위인의 봉헌에 대한 기록은 특별히 날짜는 언급되어 있지 않지만 아마 이 7장의 지파장들의 예물 봉헌이 끝난 직후에 이루어지지 않았을

---

[1] 보통 편하게 "유월절 본문"이라고 일컫지만 엄밀하게 말하면 이것은 "유월절 본문+무교절 본문"이다. 이 두 절기는 상당히 많은 경우 함께 연결되어 언급된다. 그리고 이 점은 이 두 절기에 대한 첫 번째 언급이 나오는 출애굽기 11-13장 때부터 상당히 일관되게 나타나는 경향이다. 레위기 23:4-8과 민수기 9:1-14; 28:16-25 등의 이 두 절기에 대한 대표적인 본문들이 모두 그러하다. 번거로움을 피하기 위해 유월절 본문이라고 간단하게 쓰지만 이것이 좀 더 정확히 말하면 "유월절+무교절" 본문을 의미한다는 점을 유념하라.

[2] "반복상" 형태의 동사는 습관적이거나 반복적으로 일어나는 동작을 나타내는 형태의 동사이다. 이에 대한 좀 더 자세한 설명과 자료 문헌은 16절의 사역 해설을 보라.

까 생각된다.

　여기에 이어지는 9:1-14의 유월절 본문의 시간적 배경은 7장의 지파장들의 봉헌이 끝난 날인 12일로부터 이틀 후인 제2년 1월 14일로부터 시작되는 8일의 기간을 다룬다. 따라서 연대기적으로 7장과 잘 연결된다.

　9:15-23의 광야 여행 본문도 역시 시작은 7장과 연결된다. 9:15의 서두는 "성막을 세운 날에"라고 되어 있는데, 이 날은 7:1의 "모세가 성막 세우기를 마친 날"과 동일한 날이다. 그러나 이렇게 시작된 광야 여행 본문은 민수기 1-10장의 시간의 범위를 넘어서며, 반복상 동사를 사용하여 광야 시대의 전 여정을 포괄하는 서술을 하고 있다.

　9장의 두 단원은 또한 "명령-수행"이라는 조합을 갖고 있다는 점에서 민수기 1-10장의 전반적인 논조와 상응한다. 9:1-14의 본문에서는 9:2-3, 4-5가 각각 "명령"과 "수행"의 주제를 반영하고 있다. 9:15-23의 본문에서는 특히 "늘상 이스라엘 자손이 여호와의 명령을 따라 행진을 하였으며 여호와의 명령을 따라 진을 쳤다"란 문구(18절)가 20, 23절에도 거의 동일하게 반복됨으로써 이 주제를 부각시켜 주고 있다.

　민수기 9장의 이런 유월절과 광야 여행의 조합은 출애굽기 12-13장과도 상응한다. 출애굽기 본문에서는 12:1-13:16이 유월절 본문이고, 이어지는 출애굽기 13:17-22는 광야 여행 본문이다. 특히 13:21-22는 반복상 형태의 동사들을 사용하고 있는데, 이 점은 이 출애굽기 본문과 민수기 9:15-23의 상응성을 더욱 돋보이게 한다. 또한 이런 유월절 본문과 광야 여행 본문의 조합은 나중에 각각 애굽과 시내산에서 떠나 3일을 여행한 것에 대한 언급을 만나게 되는데(출 15:22; 민 10:33), 이 점 역시 이 조합의 상응성을 부각시켜 준다. 오경은 각각 애굽과 시내산에서의 출발 이야기를 이렇게 상응하는 내용의 조합들을 통해서 유사하게 묘사하고 있는 것이다. 이것을 보기 쉽게 표로 정리하면 다음과 같다.

	유월절(+무교절)	광야 여행	3일 여행[3] (근접문맥)
출 12-13장	12:1-13:16	13:17-22	15:22
민 9장	9:1-14	9:15-23	10:33

참고로 유월절 준수에 대한 다음 번 기록은 이스라엘이 가나안 땅에 도착하여 준수한 것을 기록한 여호수아서 5:10-12이다.[4] 유월절 준수 다음날 무교절 준수를 위해 무교병을 먹고, 그 다음날 만나가 그치게 되는데, 만나의 중단은 광야 여행의 종결을 표시한다.

이처럼 흥미롭게도 유월절 본문은 오경에서 계속해서 이스라엘 민족의 경험 중 가장 중요한 시기의 종결과 새로운 시작을 표시해주는 역할을 하고 있다. 출애굽기 12-13장은 애굽 생활의 종결과 광야 시대의 시작, 민수기 9장은 이스라엘의 삶의 기준인 언약과 율법 수여의 장소인 시내산 체류의 종결과 광야 시대의 시작, 그리고 여호수아서는 광야 시대의 종결과 가나안 정착 시대의 시작을 알리는 역할을 하고 있는 것이다.

위에서 다룬 본문들 중 이스라엘의 광야 여정 전체를 반복상 동사를 사용하여 목가적으로 묘사하고 있는 출애굽기 13:21-22; 민수기 9:15-23의 경우에는 출애굽기 40:36-38과의 관계도 반드시 고려돼야 한다. 출애굽기 13:21-22의 본문은 성막이 건설되기 전에 구름 기둥과 불 기둥으로 상징되는 하나님의 인도를 따라 이스라엘 백성이 광야 여행을 하는 것을 묘사하고 있다. 출애굽기 40:36-38은 그 이전의 본문에서 막 완성된 성막(40:1-35) 위에 임한 구름의 움직임으로 상징되는 하나님의 인도를 따라 이스라엘이 광야를 여행하는 것을 그리고 있다. 마지막으로 민수기 9:15-23은 출애굽

---

[3] 개역개정은 각각 "사흘길"(출 15:22)과 "삼 일 길"(민 10:33)로 번역하고 있다. 그러나 히브리어 본문은 쉴로쉐트 야밈(שְׁלֹשֶׁת יָמִים)이란 표현을 공유하고 있다. 그리고 단지 후자의 본문이 여기에 데레크(דֶּרֶךְ)란 단어만을 추가하고 있다는 점에서 한국어 번역보다 훨씬 더 양자간의 상응성이 높다.

[4] 앞의 두 "유월절+광야 여행" 본문과 이 여호수아서 본문 사이의 연결성에 대한 통찰의 단서는 Carolyn Pressler, *Numbers*, Abingdon Old Testament Commentary (Nashville: Abingdon Press, 2017), 70에서 얻었다.

기 40:36-38의 확장판이라고 할 수 있다. 후자의 본문은 전자의 본문과 거의 동일한 용어와 문체를 사용하고 있지만, 좀 더 상세하고 반복적으로 동일한 상황을 묘사하고 있다.

위의 세 개의 광야 여정 묘사 본문들의 공통점은 이 세 본문 모두 해당 문맥의 시간을 초월하여 이후에 전개될 광야 여정의 모습을 반복상 동사로 나타내고 있다는 점이다. 출애굽기 13:21-22는 애굽을 막 출발한 상황, 출애굽기 40:35-38은 성막이 막 건설된 상황, 민수기 9:15-23은 막 시내산을 떠나는 상황에서 아직 시작되지 않은 여정의 모습을 반복상 동사를 활용하여 목가적으로 나타내고 있다.

마지막으로 살펴 볼 사항은 "율법의 상황화"란 주제이다. 민수기 9:1-14는 매년 첫 달 14일에 부득이한 이유로 해서 유월절을 지킬 수 없는 사람들을 위한 조치로 그 다음 달 14일에 지킬 수 있게 유예를 해주는 추가적 규례를 다루고 있다. 이처럼 이미 주어진 규례에 추가적인 요소를 도입하는 내용은 민수기가 앞의 출애굽기 및 레위기와 차별화되는 점으로 보인다. 나중에 민수기의 후반부의 슬로브핫의 딸들 본문(민 27:1-11; 36:1-12) 역시 약속의 땅에서의 기업의 배분과 관련하여 생길 수 있는 특수한 상황에 맞추어 추가적 규정을 도입하는 문제를 다루고 있기 때문이다.

민수기 27:1-11에 따르면 슬로브핫의 딸들은 아들에게만 기업이 상속될 경우 아들이 없이 죽음을 맞이한 자기 아버지의 기업이 사라지게 되는 문제를 제기한다(민 27:1-4). 모세가 그 제기된 문제를 하나님께 아뢰니(27:5), 하나님이 기업 배분에 대한 규례를 그 이의 제기에 따라 조정해 주신다(27:6-11). 이것이 "이스라엘에게 판결의 규례"가 된다(27:11b).

민수기 9:1-14의 본문 역시 이런 패턴을 비슷하게 따라 간다. 출애굽 이후 첫 유월절 절기 때 제의적 부정으로 인해 유월절을 지킬 수 없었던 사람들이 자신들도 절기를 지킬 수 있게 해달라고 요구한다(7절). 모세는 이들의 요구를 하나님께 아뢴다(8절). 하나님은 그 제기된 이의를 고려하여 유월절 규례에 추가 규정을 허락하신다(9-14절). 그것은 놀랍게도 정식 날짜에 유월절을 준수할 수 없었던 자들은 그 다음달에 유월절을 준수하면 된다는 것이다.

이 두 번째 달의 유월절 준수에 대한 규례는 실제로 역대하 30장에 다시 한번 약간의 상황 적용을 가미하여 준수된다(대하 30장). 히스기야가 종교개혁을 하는 와중에 유월절을 맞이하게 되는데, 그 동안 피폐해졌던 종교 상황 때문에 도저히 원래의 날짜에 절기를 지킬 수 없게 되자 두 번째 달에 유월절을 준수한다. 이 때 날짜가 연기된 이유는 "성결하게 한 제사장"들의 부족, 백성이 모이지 못한 것 등이다(3절). 민수기 9:10, 13에 따르면 원래는 시체로 인해 부정하게 된 자와 여행 중에 있는 자가 아니면 유월절을 제 날짜에 지켜야 했다. 그러나 역대하 30장의 본문에서는 자신들이 닥친 상황 속에서 종교개혁의 분위기를 최대한 고조시키기 위해 전 국가가 두 번째 달에 유월절을 지키기로 한다. 그리고 이런 특수한 상황에 따른 율법의 유연한 적용은 성공적인 결과를 낳는다(대하 30:21-27). 하나님께서 히스기야의 이런 상황적 적용을 승인하신 사실은 일부 백성들이 자신들을 제의적으로 정결하게 준비하지 못했음에도 불구하고 유월절 예식에 참여했는데, 이 때 그들의 잘못에 대한 히스기야의 중보 기도를 들어주신 것을 통해서 확증된다(30:17-20).

"율법의 상황화"에 대한 이런 내용은 오경의 율법이 통상적으로 기독교인들이 생각하듯이 피도 눈물도 없이 차가운 강철과 같은 기준이 아니었음을 보여준다. 하나님은 당신의 백성의 정당한 이의 제기를 얼마든지 유연하게 품을 수 있는 분이시며, 율법 또한 하나님의 이런 성품을 반영한다. 진실로 율법은 사람을 옭아매는 올무가 아니라 "자유롭게 하는 온전한 율법"이다(약 1:25).

1단계: 사역

1 애굽 땅에서 나온 후 제2년 1월에 시내 광야에서 여호와께서 모세에게 말씀하셨다.
2 이스라엘 자손은 유월절을 그 정한 기일에 지켜야 한다.
3 그 정한 기일인 이 달 14일 해가 질 때에 너희는 그것을 지켜라. 그 모든 율례와 모든 규례대로 지켜라.
4 모세가 이스라엘 자손에게 유월절을 지키라고 말하였다.
5 그들이 1월 14일 해가 질 때에 시내 광야에서 유월절을 지켰다. 여호와께서 명령하신 모든 것대로 이스라엘 자손이 행하였다.
6 그런데 사람의 시체로 말미암아 부정하게 되어서 그날 유월절을 지킬 수 없는 사람들이 있었다. 그들이 그 날 모세와 아론 앞으로 나아왔다.
7 그 사람들이 그에게 말하였다. 우리가 사람의 시체로 말미암아 부정하게 되었습니다. 그러나 어찌 우리로 하여금 이스라엘 자손과 함께 정한 기일에 여호와께 예물을 드리지 못하게 하십니까?
8 모세가 그들에게 일렀다. 기다려라. 여호와께서 너희에게 어떻게 명령하시는지 내가 들으리라
9 여호와께서 모세에게 말씀하셨다
10 이스라엘 자손에게 말하여라 만약 너희나 너희들 중의 어떤 사람이 시체로 말미암아 부정하게 되든지 먼 여행 중에 있든지 할지라도 여호와를 위해 유월절을 지켜야 한다.
11 2월 14일 해가 질 때에 그것을 지켜라. [유월절 가축을] 무교병과 쓴 나물과 더불어 먹어라
12 그것을 아침까지 남기지 말며, 그 뼈를 부러뜨리지 말아라. 유월절의 모든 율례대로 그것을 행하여라.
13 그러나 정결하고, 여행 중에 있지 않으면서 유월절을 지키지 않는 사람은 그 사람 자신이 백성 중에서 끊어질 것이다. 그가 정한 기일에 여호와께 예물을 드리지 않았으므로 자신의 죄를 짊어질 것이다.
14 만약 거류민이 너희 중에 거류하면서 여호와를 위해 유월절을 지키고자 하면 유월절의 율례와 규례를 따라서 행하여라. 거류민과 그 땅의 본토인에게 그 율례가 동일하다.
15 성막을 세운 날에 구름이 성막 곧 증거의 장막을 덮었다. 그리고 저녁이 되면늘상 성막 위에 불 모양 같은 것이 나타나서 아침까지 있었다.
16 항상 그러했다. [낮에는] 늘상 구름이 그것을 덮었고 밤이면 불 모양이 있었다.
17 구름이 성막에서 떠오르는 때마다 곧바로 이스라엘 자손이 행진하였다. 그리고 구름

이 머무르는 곳마다 그 곳에 이스라엘 자손이 진을 쳤다.
18 늘상 이스라엘 자손이 여호와의 명령을 따라 행진을 하였으며 여호와의 명령을 따라 진을 쳤다. 구름이 성막 위에 머무는 동안에는 그들이 진에 머물렀다.
19 구름이 성막 위에 오랫동안 머무를 때에는 늘상 이스라엘 자손이 여호와의 명령을 지켜서 행진하지 않았다.
20 혹시 구름이 성막 위에 며칠을 머물 때에는 늘상 그들이 여호와의 명령을 따라 진영에 머물다가 여호와의 명령을 따라 행진하였다.
21 혹시 구름이 저녁부터 아침까지 있다가 아침에 구름이 떠오를 때에는 늘상 그들이 행진을 하였다. 그리고 구름이 종일 있다가 밤에 떠오르면 늘상 행진하였다.
22 이틀이든, 한 달이든, 일 년이든 구름이 성막 위에 머무르는 동안에는 이스라엘 자손이 진영에 머물고 행진하지 않았다. 그러나 그것이 떠오를 때에는 행진하였다.
23 여호와의 명령에 따라 그들이 진을 치고, 여호와의 명령에 따라 그들이 행진하였다. 여호와께서 모세를 통하여 주신 여호와의 명령을 따라 그들이 여호와의 말씀을 지켰다.

2단계: 사역 해설

1절. 여호와께서 모세에게 말씀하셨다: 봐예답베르 아도나이 엘-모쉐… 레모르(וַיְדַבֵּר יְהוָה אֶל־מֹשֶׁה לֵּאמֹר). 이 문구는 레위기와 민수기 전체에서 새로운 단원을 도입하는 문구로 주로 사용된다. 이 문구에서 레모르는 개역개정에서 주로 "이르시되"라고 번역하고 있지만 사실은 현대어의 쌍따옴표와 같이 직접화법을 나타내는 표시 역할을 한다. 그래서 이 민수기 사역에서는 일관되게 이 레모르를 번역하지 않고 있다. 9:1의 이 문구가 민수기의 다른 상응구절들(민 3:5 등)과 차이가 나는 점이라면 이 9:1에서는 레모르와 그 앞의 문구들 사이에 "애굽 땅에서 나온 후….시내 광야에서"란, 시공간적 배경 표시 문구가 나온다는 점이다. 이와 동일한 형식으로 구성된 구절은 민수기 전체에서 오직 1:1과 이 9:1뿐이다.

6절. "그날": 바욤 하후(בַּיּוֹם הַהוּא). 원문에는 "그날"이란 표현이 두 번 나오는데 개역개정은 이 중 첫 번째 것을 문장 서두에 "그 때에"로 번역해 놓았다. 그러나 두 번 다 "그날"로 번역하는 것이 원문을 더 충실히 반영하는 것이며, 이것이 문맥을 이해하는 데도 더 낫다.

10절. "어떤 사람이": 이쉬 이쉬(אִישׁ אִישׁ). 이쉬는 "사람, 남자" 등을 의미하는 단어이다. 그리고 히브리어에서 동일한 단어가 반복되는 경우 "각자" 혹은 "~중의 하나"(any of ~)라는 의미를 갖는다. 여기에서는 후자의 의미를 취하였다.

11절. "[유월절 가축을]": 히브리어 원문에는 단지 "그것"(후, הוּ)이라고 되어 있는데, 이것을 개역개정은 "어린 양"이라고 번역하고 있다. 이런 번역은 출애굽기 12:5의 "너희 어린 양은 흠 없고 일 년 된 수컷으로 하되 양이나 염소 중에서 취하고"란 표현이 의존하고 있다. 여기에서 "어린 양"이라고 번역된 히브리어 단어는 쎄(שֶׂה)인데, 사실 이 단어는 "어린 양"이란 뜻이 아니라 "작은 네 발 가축", 즉 양과 염소를 포괄하여 지칭하는 단어이다. 그리고 이 점은 앞의 출애굽기 12:5의 문구에도 반영되어 있다. 이 본문은 분명히 "너희 쎄는…양이나 염소 중에서 취하고"라고 되어 있기 때문이다. 그런데 불행히도 전통적으로 성경번역본들은 쎄를 "어린 양"이라고 번역해왔고, 이런 전통을 답습한 개역개정의 출애굽기 12:5의 본문도 역시 말도 안 되는 문장이 되어버리고 말았다. "어린 양은…양이나 염소 중에서 취하고"란 번역은 도무지 어불성설이다. 이런 문제는 바로 "작은 네 발 가축"을 의미하는 쎄를 "어린 양"이라고 번역한 데서 기인한다. 이런 점을 교정하기 위해 사역에서는 쎄를 좀 더 포괄적인 표현, 즉 양과 염소를 포괄하면서도 자연스러운 표현으로 번역하기 위해 "유월점 가축을"로 번역하였다. 또한 현재 본문에서는 출애굽기 12:5와 달리 이 문구가 단지 "그것"으로만 되어 있다는 점을 반영해서 이 문구를 사각 괄호 속에 넣었다.[5]

15-16절. "[늘상]…나타나서 아침까지 있었다. 항상 그러했다": 9:15-

---

[5] 제물로 사용되는 짐승 용어의 번역, 특히 "작은 네 발 가축"과 관련한 용어들의 의미 및 번역에 대한 자세한 설명은 박철현, *레위기: 위험한 거룩성과의 동행* (서울: 솔로몬, 2018), 60-62, 86을 보라.

23절의 본문의 동사들은 15절의 첫 번째 동사인 "덮었다"와 23절 마지막의 동사인 "지켰다"를 제외하고는 전부 반복적 동작을 나타내는 동사 형태(반복상[相], iterative 혹은 iterative aspect)로 되어 있다.[6] 히브리어에서 반복상 동사는 간단하게 말하자면 완료형이 쓰여야 할 곳에 미완료형이 쓰이고, 미완료형이 쓰여야 할 곳에 완료형이 쓰이는 경우를 가리킨다. 영어성경들은 이런 반복적 동작들을 표현할 때 would, used to, whenever 등의 표현들을 사용하고 있다(NASB, NET 등). 불행히도 한국어 번역에서는 이런 반복상 동사들을 어색하지 않은 문체로 살리기가 쉽지 않은 듯 하다. 개역개정 역시 이런 점에 있어서 한계를 보여주고 있으며, 이 때문에 9:15-23절이 묘사하고 있는 사건들이 반복적인 사건들이 아니라 단회적인 사건들인 것처럼 느껴진다. 개역개정은 오직 17절에서만 서두에 "때마다"란 단어를 사용하고 있을 뿐이다. 그러나 이 문단은 전체가 반복상으로 되어 있다. 사역에서는 반복상을 살리기 위해 "늘상"이란 표현을 집어넣었다.[7]

"[낮에는]": 이 문구는 히브리어 원문에는 나와 있지 않다. 그러나 문맥상 낮에는 구름, 밤에는 불 모양의 것이 나타난다고 되어 있는 것으로 볼 때 이 문구를 추가하는 것이 본문의 의미를 이해하는데 도움이 된다.

17절. "때마다": 우르피(וּלְפִי). 우(ו)는 등위 접속사이며, 현재 문맥에서는 번역하지 않아도 무방하다. 르피(לְפִי)는 보통 "~에 따라서"(according to) 정도의 의미를 갖는 문구이며, 현재 문맥에서처럼 "~할 때마다"란 의미를 갖는 경우는 거의 존재하지 않는다. 그러나 레빈은 예레미야서 29:10의 경우

---

[6] A. H. McNeile, *The Book of Numbers in the Revised Version with Introduction and Notes*. The Cambridge Bible for Schools and Colleges (Cambridge: Cambridge University Press, 1911), 49.

[7] 히브리어의 반복상에 대한 설명은 Friedrich Wilhelm Gesenius, *Gesenius' Hebrew Grammar*. Edited by E. Kautzsch and Sir Arthur Ernest Cowley. 2d English ed. (Oxford: Clarendon Press, 1910), §107b; Christo H. J. Van der Merwe, Jackie A. Naudé, and Jan H. Koeze, *A Biblical Hebrew Reference Grammar* (Sheffield: Sheffield Academic Press, 1999), § 19.1.4, §21.3.1 등을 보라. 후자의 문헌은 반복상 동사를 지칭하는 데 있어서 frequentative 대신에 habitual이란 용어를 사용하고 있음을 유의하라

를 빗대어 이 민수기 9:17의 경우에도 르피가 "~할 때마다"란 의미를 가질 수 있음을 지적한다.[8] 또한 BDB는 이 두 구절의 경우 르피에 따라 나오는 부정사의 동사가 서술하는 상황에 "~에 따라서"란 뜻으로 해석되어야 함을 지적하고 있다. 그리고 여기에서 충분히 "~할 때마다"란 뜻이 나올 수 있음을 유추해볼 수 있다.

21절. "종일": 요맘(יוֹמָם). "날", "낮", "하루 24시간"을 의미하는 욤(יוֹם)과 달리 요맘은 해가 떠있는 기간을 나타낸다.[9] 그리고 이 경우 이 21절의 전반절은 밤에 구름이 머물다가 아침에 떠오르는 경우를 나타낸다면, 후반절은 그 반대의 경우, 즉 낮에 구름이 머물다가 밤에 떠오르는 경우를 나타낸다고 볼 수 있다. 또 이 경우 후반절은 전반절에서 이미 언급된 문장 요소들 중 생략 가능한 것들을 생략한 형태라고 할 수 있다. 기존의 영어역본들이나 주석들이 후반절을 제대로 해석하지 못한 이유는 이런 생략에 대한 오해 때문이라고 할 수 있다. 개역개정의 21절 후반절의 번역인 "구름이 밤낮 있다가 떠오르면"은 적절한번역이 아니며, 문맥의 흐름상 의미가 맞지도 않는다.

3단계: 단락 구분

민수기 9장의 단락 구분은 다음과 같다.

9:1-14 유월절 준수 및 추가적 규례의 도입
    9:1-3 유월절 준수 명령

---

[8] Baruch A. Levine, *Numbers 1–20: A New Translation with Introduction and Commentary*. Vol. 4. Anchor Yale Bible (New Haven; London: Yale University Press, 2008), 299.

[9] Jacob. Milgrom, *Numbers*. The JPS Torah Commentary (Philadelphia: Jewish Publication Society, 1990), 72.

　　　　　9:1 명령 도입구와 시공간적 정보
　　　　　　　　9:2-3 유월절 준수 명령
　　　　　9:4-5 명령 수행
　　　　　9:6-14 유월절 추가적 규례
　　　　　　　　9:6-7 이의 제기
　　　　　　　　9:8 하나님께 문의
　　　　　　　　9:10-14 추가적 규례 지시
9:15-23 광야 여행
　　　　　9:15a 성막 완성과 구름의 임재
　　　9:15b-17 구름의 움직임과 여행
　　　　　9:18-23a 하나님의 명령에 따른 여행
　　　　　9:23b 하나님의 명령 수행 보고

　민수기 9장은 크게 두 개의 단원으로 이루어져 있다. 9:1-14는 유월절 본문이다. 출애굽 후 첫 번째 유월절 준수에 대한 기록과 더불어 추가적 유월절 규례의 도입에 관한 내용을 담고 있다. 9:15-23은 이스라엘의 광야 여행에 대한 목가적 기록이다.
　9:1-14의 유월절 본문은 다시 두 부분으로 나뉜다. 1-5절은 유월절 준수 명령과 그 시행에 대해서 기술하고 있다. 6-14절은 유월절과 관련된 추가적 규례의 도입에 대해서 다루고 있다.
　9:15-23절은 근본적으로 하나의 단일한 단원으로 이루어져 있다. 그러나 동사의 형태와 본문의 구조를 통해 15a절, 15b-17절, 18-23a절, 23b절로 나누어 볼 수 있다. 외곽의 15a절과 23b는 단회적 사건을 기술하는, 통상적 동사 형태를 띠고 있다. 그리고 그 안의 15b-17절과 18-23a절은 반복상 동사 형태를 띠고 있다. 이 단원은 구조적으로 정교한 교차대조법적 형태를 띠고 있는데, 이 점에 대한 상세한 설명은 본문 해설을 통해서 제공하도록 하겠다.

4단계: 본문 해설

1절. "여호와께서 모세에게 말씀하셨다": 이 하나님의 말씀 도입구는 9장의 큰 첫 단원인 1-14절의 유월절 본문을 도입하는 역할과 더불어 2-3절의 하나님의 유월절 준수 명령을 도입하는 이중적 역할을 하고 있다. 이 문구는 레위기와 민수기에서 흔히 새로운 단원의 도입구 역할을 하기는 하지만 이 구절은 약간의 독특성을 갖고 있다. 그것은 이 도입구가 현재 명령의 시공간적 배경을 함께 표시해주는 역할을 하고 있다는 점이다. 이런 식으로 명령 도입구가 시공간적 배경 언급과 함께 사용된 경우는 민수기에서 1:1와 이 구절뿐이다.

이 구절의 시공간적 배경 정보에 따르면 장소는 시내 광야이다. 그리고 시간적 배경은 더 중요한데, 그것은 제2년 1월이다. 구체적인 날짜는 명시되어 있지 않다. 그러나 2절의 하나님의 지시가 "이 달 14일"에 유월절을 지키라는 것이기 때문에 늦어도 14일 이전에 이 명령이 주어졌어야만 한다. 그리고 이달 1일부터 12일까지는 앞의 7장에서 보았듯이 번제단을 위한 예물이 드려졌다. 따라서 추측건대 유월절 명령은 12일 직후에 주어졌거나 이 12일에 가까운 어느 시기에 주어졌을 가능성이 있다. 혹은 그보다 살짝 일찍 주어졌을 수도 있다. 출애굽기 12장의 첫 번째 유월절을 준비하는 과정에 주어진 규례를 보면 유월절에 먹을 가축을 10일에 준비하라는 명령이 나온다(출 12:3). 이런 것들이 이 민수기 9장의 유월절 본문의 하나님의 명령이 주어진 시기로 고려될 수 있을 것이다.

이처럼 짧은 시간적 여유 때문에 6-7절의 어떤 사람들은 "사람의 시체로 말미암아" 생긴 부정을 미처 처리할 수 있는 시간을 갖지 못했을 것이다. 이 부정을 처리하기 위해서는 기본적으로 7일의 기간이 필요했기 때문이다(민 19:11). 그리고 이것은 결과적으로 유월절 규례에 추가 규정, 즉 1월 14일에 부득이한 사정이 있어서 유월절을 지키지 못한 사람은 2월 14일에 유월절을 지킬 수 있다는 규정이 만들어지는 배경이 된다.

2-3절. 하나님은 유월절이 원래의 규정대로 1월 14일, 즉 "그 정한 기일"(2, 3절)에, "그 모든 율례와 모든 규례대로" 준수되어야 한다고 명령하신다. 특히 "그 정한 기일"이라는 표현이 두 번씩이나 반복되고 있는 점은 제 날짜에 유월절을 준수하는 것의 중요성을 부각시켜 주고 있다.

4-5절. 모세는 하나님의 명령을 이스라엘 백성에게 전달한다(4절). 이스라엘은 1월 14일에 "여호와께서 명령하신 모든 것대로" 유월절을 준수한다. 하나님의 명령(2-3절)의 철저한 수행에 대한 언급은 민수기 1-10장의 전반적인 특징이다.

6-7절. 이 두 구절은 이런 철저한 수행의 와중에 특수한 사정으로 인해 하나님의 말씀대로 절기를 준수할 수 없었던 사람들의 이의 제기를 담고 있다. 이들의 특수한 사정은 "사람의 시체로 말미암아 부정하게" 된 것이었다. 이들은 모세와 아론에게 나와서 자신들의 사정을 말하고 이의를 제기한다. "어찌 우리로 하여금 이스라엘 자손과 함께 정한 기일에 여호와께 예물을 드리지 못하게 하십니까?"[10]

한 가지 생각해볼 점은 출애굽기 12-13장의 유월절 규례에는 제의적으로 부정한 자가 유월절 의식에 참여하거나 유월절 음식을 먹을 수 없다는 내용이 들어 있지 않다는 점이다.[11] 그러나 이 첫 번째 유월절 규례로부터 민수기 9장까지의 문맥상 이스라엘 백성들은 하나님이 정한 예식에 참여하는 것과 제의적인 부정이 양립할 수 없지 않으냐 하는 의문을 가질 만큼의 지식을 얻게 되었던 것으로 보인다.[12] 레위기 7:19-21은 부정한 자가 화

---

[10] 이 사람들의 말에서 "이스라엘 자손과 함께"란 표현이 혹시 이들이 이스라엘 중에 섞여 사는 이방 거류민들임을 나타내는 것인가 하는 것은 충분히 타당한 의문인 듯 하다. 그리고 14절의 거류민의 유월절 준수에 대한 규례가 이와 관련된 것인지 하는 궁금증도 떠오른다. 하지만 결론적으로 말해 6-7절의 이의 제기한 사람들이 이방 거류민은 아닌 것으로 생각된다. 왜냐하면 하나님이 9-14절에서 주시는 추가적 규례의 대상은 10절에서 명시되어 있듯이 "이스라엘 자손…너희나 너희들 중의 어떤 사람"이기 때문이다.

[11] Gordon J. Wenham, *Numbers: An Introduction and Commentary*, vol. 4, Tyndale Old Testament Commentaries (Downers Grove: InterVarsity Press, 1981), 111.

[12] 이어지는 내용은 Timothy R. Ashley, *The Book of Numbers*, The New International

목제물을 먹으면 안 된다는 것을 규정하고 있다. 레위기 21:1-12는 제사장들이 제의적으로 부정한 상태에서 제물의 고기를 먹으면 안 된다는 규례를 담고 있다. 또한 민수기 5:1-4은 제의적으로 부정한 자들이 진영 안에 있으면 안 된다는 것을 가르치고 있다. 또한 민수기 6:6-7의 나실인의 규례는 하나님께 특별히 헌신한 나실인이 심지어 부모나 친 형제 자매의 시신으로도 부정하게 되면 안 된다고 명령하고 있다. 이런 상황에서 두 번째 유월절을 맞이하는 백성들 중에서는 자연스럽게 시체로 인해 부정하게 된 자들이 유월절 예식에 참여하고 음식을 먹어도 되는가 하는 의문을 떠올리게 되었을 것이다. 그리고 이 문제는 이 본문을 읽는 현대의 독자들뿐만 아니라 모세마저도 정확히 파악이 안 된 새로운 문제였던 것 같다.

8절. 위의 6-7절의 이의 제기를 듣고 모세는 자신도 딱히 분명한 답을 갖고 있지 않았기 때문에 하나님께 이 문제를 아뢰고, 뜻을 묻는다. 나중에 민수기 27:1-5에서도 모세는 슬로브핫의 딸들이 자신들의 특수한 경우를 가지고 율법의 규정에 대해 이의를 제기하자 똑같이 하나님께 뜻을 묻고, 이 문제를 해결하기 위한 추가적 규례를 받는 경험을 하게 된다.

9절. "여호와께서 모세에게 말씀하셨다": 이 문구는 민수기 전체에서의 일반적인 경우와 달리 새로운 단원의 도입구 역할을 한다기보다는 10-14절의 유월절에 대한 추가적 규례의 도입구 역할을 하고 있다.

10-11a절. "…할지라도 여호와를 위해 유월절을 지켜야 한다": 10-14절의 하나님의 말씀은 일관성과 상황에 따른 유연성을 다 포함하고 있다. 먼저 10절은 일관성을 강조한다. 그것은 이스라엘 백성이 그 어떤 상황이라고 할지라도 반드시 유월절을 지키기는 해야 한다는 것이다. 그러나 다음 구절인 11a절은 유월절을 지키고자 하는 의지는 갖고 있지만 어쩔 수 없는 상황으로 인해 지킬 수 없는 상태에 있는 자들은 그 다음 달에 유월절을 지

Commentary on the Old Testament (Grand Rapids: Eerdmans, 1993), 178-179가 분석한 내용을 정리하고 각색한 것이다.

켜도 된다는 추가적 규례를 담고 있다. 이것은 율법이 상황에 따라 놀라운 유연성을 가질 수 있다는 것을 보여준다. 이처럼 이 본문은 유월절은 반드시 지켜야 한다는 일관성, 그럼에도 불구하고 상황이 허락하지 않는다면 그 다음 달로 유월절 준수를 미룰 수 있다는 유연성을 동시에 보여준다.

11a절은 단지 6-7절에서 제기된 바, 즉 시체로 인해 부정하게 된 자들의 구제에만 국한되지 않는다. 이 구절은 더 나아가서 다른 부득이한 사유, 즉 먼 여행 중에 있어서 유월절을 지킬 수 없게 된 자들도 그 다음 달에 유월절을 지킬 수 있도록 허용해준다.[13] 이처럼 이 본문은 처음 제기된 문제를 넘어서는 경우들에도 "율법의 상황화"를 적용해준다.

이처럼 원래 제기된 사항을 넘어서는 경우에까지 율법의 상황화를 적용시켜준 점을 고려해볼 때 이 추가적 유월절이 단지 이 두 경우에만 국한된 것으로 이해할 필요는 없지 않나 생각된다. 예를 들어 역대하 30장의 히스기야의 유월절의 경우에는 1월 14일의 유월절 대신에 2월 14일의 유월절을 지내기로 결정한 이유가 "성결하게 한 제사장들이 부족하고 백성도 예루살렘에 모이지 못하였으므로 그 정한 때에 지킬 수" 없었기 때문이다(대하 30:3).

이 역대기 본문이 제시하고 있는 유월절 연기의 두 가지 이유는 민수기 9:11a가 제시하고 있는 유예와는 조금씩 차이가 난다.

첫째, 제의 참여자의 부정의 이유의 경우를 살펴 보자. 민수기의 경우는 시체로 인해 부정한 자의 경우를 허용하고 있지만 역대기의 경우는 성결의 준비가 된 제사장의 부족 때문에 유월절이 연기된다. 민수기 본문은 시체로 인한 부정이라는 특수한 경우만 언급하고 있지만 역대기 본문은 성결한 제사장의 부족이라는 것으로까지 부정의 문제를 확장시키고 있다.

둘째, 여행으로 인한 참석 불가의 이유를 살펴보자. 민수기의 경우는

---

[13] 참고로 이스라엘 사람들은 일 년에 세 번의 절기, 즉 무교절과 칠칠절과 초막절에 하나님 앞에 나와야 했다(신 16:16; 참고, 출 23:14-17. 34:22, 23). 여기에서 무교절은 유월절을 포함한 절기를 가리킨다고 이해해야 한다. 이 점에 대해서는 앞의 민수기 9장의 개관 및 신학을 참고하라.

"먼 여행" 중에 있어서 참석하지 못하는 경우를 허용하고 있지만 역대기의 경우는 유월절이 급박하게 치러져야 하는 것 때문에 사람들이 제대로 참석하기 힘들다는 점으로 인해 유월절 연기가 허용된다. 민수기의 여행이란 이유가 역대기에서는 참석의 어려움이란 이유로 확장되는 것이다.

이처럼 민수기 9장의 유월절 추가 규례를 역대하 30장이 이런 식으로 다시 상황화했음에도 불구하고 하나님이 이 히스기야의 유월절을 기뻐 받으셨다는 증거들은 여러 가지가 있다. 하나님의 손이 역사하며(12절), 부정한 상태로 유월절에 참여한 사람들을 하나님이 고쳐 주시며(17-20절), 기도가 하늘에 상달한다(27절).

그러면 민수기 9:10-14의 추가적 유월절 규례와 차이가 남에도 불구하고 하나님이 히스기야의 유월절을 승인하신 이유는 뭘까? 아마 그 이유는 히스기야와 이스라엘 백성들이 하나님을 향한 열심을 가졌기 때문일 것이다(대하 30:1, 11-12, 13, 21-27).

따라서 우리는 민수기 9:11a의 유월절 추가 규례의 적용 대상을 이 구절이 명시하고 있는 두 경우로 제한할 필요가 없다. 아마 이것보다는 역대하 30장의 본문에서 보듯이 하나님과의 관계에 대한 열심이 우선일 것이다. 애초에 이 추가 규례는 하나님의 유월절에 참여하고 싶지만 사정상 참여할 수 없었던 사람들이 이의를 제기해서 제정된 것이다.

11b-12절. 이 구절들은 유월절 가축을[14] "무교병과 쓴 나물과 더불어", 아침까지 남기지 말고 먹으며, 그 뼈를 부러뜨리지 말라는 규정을 담고 있다. 이 규정은 출애굽기 12-13장의 유월절 가축을 먹는 것에 대한 규례 중 핵심 사항들을 압축한 것이다(출 12:8, 10, 46; 13:3, 7 등). 12절 끝의 말씀처럼 "유월절의 모든 율례"를 다 지키라는 말씀이 이런 요약을 통해서 표현된 것이다.

---

[14] "유월절 어린 양"이라는 표현을 쓰지 않고 "유월절 가축"이라는 표현은 쓴 것에 대해서는 11절의 사역 해설을 보라.

13절. 10-11a절의 예외적인 추가 조항을 주신 이후에 하나님은 다시 한 번 유월절은 특별한 이유가 없는 한 반드시 지켜야 한다는 것을 강조하시고 있다. 이처럼 이 추가 규례 본문은 하나님의 법의 준수에 있어서 일관성과 유연성을 동시에 강조하고 있다.

유월절 준수에 대한 하나님의 강조는 정당한 이유 없이 유월절을 제 때에 지키지 않는 자들은 "백성 중에서 끊어질 것"이며, "자신의 죄를 짊어질 것"이라는 문구를 통해서 강조되고 있다. 이 중 전자의 표현은 하나님이 이 죄에 대한 심판의 궁극적인 시행자이며, 그 심판이 내세에까지 영향을 미친다는 것을 나타내는 표현이다.[15]

14절. 이 구절은 이스라엘 중에 거류하고 있는 이방인이 유월절 의식에 참여하고자 하면 "유월절 율례와 규례대로" 하면 된다고 말하고 있다. 많은 사람들이 잘못 생각하고 있는 것과는 달리 유월절 참여 기준은 처음부터 혈통이 아니라 할례였다(출 12:48-49). 즉 아브라함의 직접적 혈통인 이스라엘 자손만 유월절 의식에 참여할 수 있는 것이 아니라 할례를 통해 하나님에 대한 신앙을 확고히 표현한 자들은 누구나 유월절 의식에 참여할 수가 있었던 것이다.[16] 그리고 바로 이 점이 출애굽 당시에 "수많은 잡족"이[17] 출애굽에 참여할 수 있는 이유였다. 민수기 9:14는 앞의 출애굽기의 유월절 본문에 기초하여 이 점을 다시 한번 확인해주고 있다.

---

[15] 이에 대한 설명은 게리 쉬니처, 토라 스토리 (서울: 솔로몬, 2014), 376-377; 박철현, 레위기, 250을 보라.

[16] 이 주제에 대해서는 박철현, "부록 2: 유월절(출 12-13장) 본문의 구원 설교 어떻게 할 것인가", 출애굽기 산책 (서울: 솔로몬, 2014), 354-364를 보라. 특히 359-363쪽이 관련된 내용을 주로 담고 있다.

[17] 이 "수많은 잡족"은 민수기 11:4에 메추라기 사건의 원인이 되는 "섞여 사는 다른 인종"과는 다른 집단으로 이해하는 것이 적절하다. 우선 이 두 단어는 히브리어 자체가 완전히 틀리다. "수많은 잡족"은 에레브 라브(עֵרֶב רַב)이고, "섞여 사는 다른 인종은"은 하사프수프(הָאסַפְסֻף)이다. 또한 하사프수프는 성경에 단 한 번 나오는 단어라 그 정확한 의미를 파악하는 것이 어렵기는 하지만 이스라엘 민족 내의 특정한 집단을 지칭하고 있을 가능성이 높다. 따라서 "섞여 사는 다른 인종"이라는 번역은 잘못된 번역이라고 보아야 한다. 이에 대한 좀 더 상세한 논의와 참고문헌들은 나중에 다루게 될 11:4의 사역 해설에서 제공하도록 하겠다.

15-23절. 이 본문은 시간적으로 "성막을 세운 날"(15절), 즉 제2년 1월 1일로 되돌아간다(참고, 출 40:2). 이 본문은 이스라엘의 광야 여행을 반복상 동사를 사용하여 목가적으로 그리고 있으며, 그런 면에서 출애굽기 13:21-22; 출애굽기 40:35-38과 연결성을 갖고 있다. 이 민수기 9:15-23과 평행 본문들이 오경 및 여호수아서의 내러티브의 흐름상 하는 역할에 대해서는 앞의 민수기 9장의 개관 및 신학의 설명을 참고하라.

이 단원은 민수기 전체에서 수사학적으로 가장 치밀하게 구성되어 있는 본문들 중의 하나이다. 우선 이 단원은 그 시작과 끝(15a, 23b절)에 단회적 사건을 서술하는 동사 형태가 사용되고 있고, 그 안쪽(15b-23a절)의 모든 동사들은 다 반복상 동사 형태로 되어 있다. 또한 안쪽 본문은 다시 좀 더 정교한 구성을 통해서 두 부분(15b-17, 18-23a절)으로 나뉘어 있다. 이것의 구조를 도식화해보면 다음과 같다.

    A. 15a절: 단회적 동사 본문
        B. 15b-17절: 반복상 동사 본문
        B′. 18-23a절: 반복상 동사 본문
    A′. 23b절: 단회적 동사 본문

위의 B와 B′ 본문을 나누는 근거는 후자의 본문이 가진 교차대조법적 구조, 그리고 "늘상 이스라엘 자손이 여호와의 명령을 따라 행진을 하였으며 여호와의 명령을 따라 진을 쳤다"는 문구 및 그와 거의 동일한 문구의 반복이다(18, 20, 23절). 이 두 가지 점을 바탕으로 B′ 본문(18-23b)의 교차대조법적 구조를 도식화하면 다음과 같다. 참고로 아래의 구성은 히브리어 원문의 문구들의 순서를 바탕으로 한 것이다.

    a. 늘상 이스라엘 자손이 여호와의 명령을 따라 행진을 하였으며 여호와의 명령을 따라 진을 쳤다(18a절).

        b. 구름이 성막 위에 머무는 동안에는 그들이 진에 머물렀다(18b절).

           c. 19 구름이 성막 위에 오랫동안 머무를 때에는 늘상 이스라엘 자손이 여호와의 명령을 지켜서 행진하지 않았다(19절).

              d. 혹시 구름이 성막 위에 며칠을 머물 때에는(20a절)

                  x. 늘상 그들이 여호와의 명령을 따라 진영에 머물다가 여호와의 명령을 따라 행진하였다(20b절).

              d′. 혹시 구름이 저녁부터 아침까지 있다가 아침에 구름이 떠오를 때에는 늘상 그들이 행진을 하였다(21a절).

           c′. 그리고 구름이 종일 있다가 밤에 떠오르면 늘상 행진하였다(21b절).

        b′. 이틀이든, 한 달이든, 일 년이든 구름이 성막 위에 머무르는 동안에는 이스라엘 자손이 진영에 머물고 행진하지 않았다. 그러나 그것이 떠오를 때에는 행진하였다(22절).

    a′. 여호와의 명령에 따라 그들이 진을 치고, 여호와의 명령에 따라 그들이 행진하였다(23a절).

위에서 거의 동일한 어구를 반복하고 있음으로 해서 구조의 틀을 잡아주고 있는 a, x, a′는 굵은 글씨로 표시하였다. 위의 구조에서 한 가지 더 흥미로운 점은 가운데의 x를 중심으로 해서 앞부분(a-d)은 머무름에 초점이 가 있는 반면에 뒷부분(d′-a′)은 출발과 행진에 더 초점이 가 있다는 점이다. 그리고 이런 점은 18, 20, 23절의 반복구에도 적용된다. x의 앞에 있는 18절(a)은 "이스라엘 자손이 여호와의 명령을 따라 행진을 하였으며 여호와의 명령을 따라 진을 쳤다"라고 함으로써 행진보다는 진을 치고 체류하는 것에 초점을 맞추고 있다. 반면에 20절(x)와 23절(a′)은 이 어구의 전반절과 후반절의 순서를 바꿈으로써 체류보다는 행진에 초점을 맞추고 있다. 이런 구성은 이제 곧 이스라엘이 시내산을 떠날 문맥적 정황과 잘 어울린다.

23b절. 15-23절의 마지막을 장식하고 있는 이 구절은 이스라엘이 모세를 통해 주어진 하나님의 명령을 충실하게 수행하고 있는 것을 묘사하고 있다. 이것은 민수기 1-10장의 가장 두드러진 특징들 중의 하나인 "명령-수행"의 구성과 잘 상응한다.

5단계: 적용

1-2절. "애굽 땅에서 나온 후 제2년 1월에…이스라엘 자손은 유월절을 그 정한 기일에 지켜야 한다": 출애굽기 12-13장에서 첫 유월절을 준수하고, 그 날 열 번째 재앙을 통해 구원을 경험한 이스라엘은 그 다음 해인 제2년 1월 14일에 다시 한번 유월절을 준수하라는 하나님의 명령을 받는다. 하나님의 큰 구원을 상징하는 이 유월절은 이스라엘에게 있어서 가장 중요한 절기들 중의 하나였다(신 16:16). 이스라엘은 "이 날을 기념하여 여호와의 절기를 삼아 영원한 규례로 대대로" 지켜야했다(출 12:14, 42). 또한 이것을 자손들의 기억 속에 영원히 남게 해야 했다(출 12:24-28; 13:8-10, 14-16).

신앙 생활에 있어서 기억은 중요하다. 기억을 하는 백성은 그 어떤 상황에서도 다시 살아날 수 있다(신 30:1-4). 이스라엘은 자신들의 역사에서 경험한 가장 큰 구원 사원이었던 유월절을 매년의 기념을 통해 기억함으로 자신들의 정체성을 유지할 수 있었다. 우리도 마찬가지다. 우리가 하나님의 부르심을 받고 구원의 감격을 경험한 순간을 기억할 때 우리는 언제든 신앙의 활력을 잃어버리지 않으며, 또 회복할 수가 있다.

6절. "사람의 시체로 말미암아 부정하게 되어서 그날 유월절을 지킬 수 없는 사람들이 있었다": 유월절 의식과 만찬은 정결한 사람들만이 참여할 수 있었다. 민수기 5-6장, 그 중에서도 특히 민수기 5:2-3 등에서 명시적으로 보아온 바와 같이 부정한 자는 결코 거룩하신 하나님과 함께 할 수가 없다.

이와 마찬가지로 "유월절 가축"이신[18] 예수 그리스도(요 1:29; 고전 5:7)께서 당신의 피와 살을 나누어 주심으로써 제정하신 성만찬의 경우에도 부정한 자가 참여하거나 그것을 먹는 것은 철저하게 배제되어야 한다(고전 11:27, 30).[19] 거룩하신 하나님께 나아가고, 거룩하신 하나님의 임재를 경험하는 것이 결코 우리의 죄악과 병행할 수 없다는 것을 모든 성도는 분명하게 인식해야 한다.

7절. "어찌 우리로 하여금 이스라엘 자손과 함께 정한 기일에 여호와께 예물을 드리지 못하게 하십니까?": 민수기 9장의 추가적 유월절 규례가 가르쳐주는 놀라운 교훈은 신앙 생활은 단순한 이분법이 아니라는 것이다. 정결하면 하나님과 교제하고, 부정하면 교제를 할 수 없다는 것이 아니다. 이 본문의 부정한 사람들처럼 자신들의 현재의 문제에도 불구하고 하나님을 섬기는 일에 열망을 가지고 적극적으로 길을 찾는 자들을 하나님은 만나 주신다(참고, 암 5:4, 6).

6단계: 설교 "열린 하나님과 우리의 열심"(민 9:6-14)

민수기 9:6-14의 본문은 원래의 유월절 일자인 매년 1월 14일에 절기를 준수할 수 없는 상황에 처한 사람들을 위해 하나님이 그 다음 달인 2월 14일에 절기를 준수할 있게 허용해주신 내용을 담고 있습니다. 구약의 하나님이 준엄하신 분이며, 율법이 엄격하기 그지없다고 생각하는 많은 기독교인들에게 이런 상황에 따른 유연성은 놀라운 것으로 다가옵니다.

그러나 사실 율법은 원래 생각보다 놀라운 유연성과 상황적합성을 갖고 있는 경우가 많습니다. 율법은 결코 하나님이 일방적으로 규례를 정하시

---

[18] "유월절 어린 양" 대신 이 표현을 쓰는 이유는 민수기 9:11의 사역 해설과 본문 해설을 참고하라. "유월절 어린 양"이란 표현은 반드시 교정되어야 할 사항이라고 생각한다.

[19] Wenham, *Leviticus*, 112.

고, 백성은 무조건 따라야만 하는 것이 결코 아니었습니다. 우선 민수기 내에서도 슬로브핫의 딸들과 관련된 두 번의 에피소드들(민 27:1-11; 36:1-12)은 기업 분배와 관련된 율법을 두 번에 걸쳐서 개정하는 내용을 담고 있습니다. 하나님은 자기 백성의 정당한 이의 제기에 귀를 기울이시고 상황에 맞게 해결책들을 허용해 주십니다.

또한 출애굽기 22:1-15의 각종 손해에 대한 배상법을 보면 그냥 일방적으로 '소 한 마리에 소 다섯 마리, 양 한 마리에 양 네 마리'(출 22:1)의 식으로 강제적인 규정을 적용하는 것이 아닙니다. 손해가 난 상황에 따라 누구에게 혐의가 있는지, 혐의가 악의적인 것인지 부득이한 것인지 등을 판단하고 그에 따라 배상의 정도가 다 달랐습니다.

이처럼 율법은 놀라운 유연성과 상황적합성을 보여주고 있습니다. 그리고 율법의 이런 성격은 곧 하나님의 성품의 반영이기도 합니다.

이런 점들을 바탕으로 하여 볼 때 우리는 오늘 본문인 추가적 유월절 규례 본문을 통해서 다음의 몇 가지 교훈들을 받을 수 있습니다.

첫째, 하나님은 큰 유연성을 가지신 분입니다. 하나님은 어떤 것을 지시하셨다고 해서 모든 상황이나 모든 사람에게 그것을 무작정 밀어붙이시는 분이 아닙니다. 만약 하나님이 그런 분이시라면 여호수아서의 라합은 다른 가나안 사람들과 같이 죽음을 당해야만 했을 것입니다. 또한 신명기 24:3의 "암몬 사람과 모압 사람은 여호와의 총회에 들어오지 못하리니 그들에게 속한 자는 십 대뿐 아니라 영원히 여호와의 총회에 들어오지 못하리라"는 규례에 따르면 모압 여인 룻은 보아스와 혼인을 맺지 못했을 것입니다.[20] 그리고 라합과 룻이 이런 운명을 맞이했더라면 이스라엘의 성군이자 하나님의 마음에 합한 자였던 다윗 왕은 존재하지 못했을 것입니다. 그리고 우리 주 예수 그리스도는 다윗의 아들이라고 불려지지 않았을 것입니다. 다행

---

20 신명기 24:1-8의 "여호와의 총회"에 들어가는 자격에 대한 율법에 대한 이런 해석에 대해서는 게리 쉬니처, 토라 스토리 (서울: 솔로몬, 2014)의 신명기 23:1-8의 해석을 보라.

히도 우리 하나님은 놀라운 유연성을 가지신 분이라 라합과 룻에게 구원의 길을 열어주셨기 때문에 다윗이 이스라엘의 왕이 될 수 있었고, 이 다윗을 통해 그리스도께서 이 땅에 오실 수 있었던 것입니다.

성도 여러분, 하나님의 성품 중 두드러진 한 가지가 유연성이라는 것을 기억하십시오. 이 유연성이 우리로 하여금 하나님 앞에서 희망을 갖게 합니다. 여러분이 하나님을 간구하면 유연하신 하나님은 길을 열어주십니다.

둘째, 하나님은 당신의 백성의 문제 제기에 귀를 기울이시는 분입니다. 오늘 본문에서 시체로 인해 부정하게 된 자들이 그 부정으로 인해 유월절 준수를 지키지 못하는 것에 대해서 이의를 제기하자 하나님은 전혀 생각지도 못한 방식으로 길을 열어 주십니다. 하나님은 이처럼 당신의 백성의 정당한 요구에 항상 귀를 기울이시고, 필요한 경우 해결책을 제공해주시는 분입니다. 우리가 섬기는 하나님은 결코 무소불위의 권력에 취한 폭군이 아닙니다.

따라서 성도 여러분은 신앙 생활을 하는 중에 혹시 의문이 떠오르거나 납득이 안 되는 부분이 있으면 하나님에 의뢰할 수 있습니다. 하나님은 여러분의 문제 제기에 항상 열려 있는 분이라는 점을 잊지 마십시오. 성도 여러분, 여러분은 결코 맹목적인 폭군의 맹목적인 노예들이 아닙니다.

셋째, 하나님의 유연성과 열린 태도는 성도들이 하나님을 향해 열심이 있을 때 의미가 있습니다. 하나님께서 원래의 날짜에 유월절을 준수할 수 없었던 사람들의 이의 제기를 받아 주셨던 이유는 이들이 절기를 준수하고자 하는 열심이 있었기 때문입니다. 역대하 30장의 유월절 이야기에서도 하나님은 제의적으로 부정한 상태에서 유월절에 참여한 자들을 다 수용해 주셨습니다(30:17-20). 그 이유는 이들이 하나님을 진정으로 섬기고자 하는 열정이 있었기 때문입니다. 이런 면에서 이들은 율법을 지키는 것처럼 보이고 싶어하는 외식(外飾)은 있고 진정성은 없었던 후대의 바리새인들과는 달랐습니다. 하나님은 우리가 마음과 뜻과 정성을 다해 당신을 섬기고자 하는 마음으로 나아갈 때 놀라운 관용을 보여 주십니다.

말씀을 정리하겠습니다. 여러분, 우리가 섬기는 하나님은 피도 눈물도 없는 폭군이 아닙니다. 하나님은 놀라울 정도의 유연성과 상황적합성과 관용을 가지신 분입니다. 그리고 이런 하나님의 놀라운 성품들은 우리가 하나님을 향한 진정한 사랑과 열심을 가지고 있을 때 누릴 수 있는 것들입니다. 성도 여러분의 열심이 하나님의 유연성이 만나 하나님에 대한 놀라운 경험들을 하실 수 있기를 축원합니다.

민수기 10장

출발과 행진

민수기 10장의 개관

민수기 1-9장이 시내산을 떠나 약속의 땅으로 가는 여행을 위한 준비 과정을 그리고 있었다면, 이제 10장은 정말로 출발하는 장면을 그리고 있다. 이 장의 모든 내용은 시내산 출발과 직접적으로 관련이 된 내용들이다.

이 장은 크게 두 개의 단원으로 나뉜다. 10:1-10은 행진시의 신호를 위한 나팔의 제작에 대한 내용이다. 그리고 10:11-36은 출발과 행진 과정에 대한 내용들이다.

10:11-36은 좀 더 다양한 세부적 단원들과 내용들로 구성되어 있다. 첫 단원인 11-28절은 처음으로 시내산을 떠나던 날의 기록을 담고 있다. 그 내용은 민수기 2장에서 하나님이 광야 행진시의 이스라엘 지파들의 배열 순서에 대해서 지시하신 내용을 거의 그대로 답습하고 있다(특히 민 2:9, 16, 24, 31). 단지 민수기 2:17이 레위 지파의 행진 위치에 대해서 간단하게만 말하고 있는 것을 민수기 4장의 레위인들의 직무에 대한 상세한 지시를 바탕으로 해서 좀 더 자세하고 구체적으로 취급해주고 있을 뿐이다. 이 점은 분문 해설에서 세부적으로 다룰 것이다.

두 번째 단원인 29-32절은 모세가 처남인 호밥에게 이스라엘과 백성과 동행하면서 안내자가 되어줄 것을 권유하는 내용을 담고 있다. 현재 본문에는 호밥의 대답이 안 나와 있다. 그러나 많은 학자들은 그가 모세의 설득을

받아들인 것으로 본다.[1]

　세 번째 단원인 33-36절은 언약궤와 더불어 이스라엘이 행진하는 모습을 그리고 있다. 특히 35-36절은 모세가 진영의 출발과 행진 종료시 부른 노래를 담고 있다. 이 노래는 민수기 9:15-23과 마찬가지로 반복상 동사를 써서 이스라엘이 광야 여행 중에 늘상 경험했던 일을 목가적인 분위기로 묘사하고 있다.

　이 10장의 본문들을 하나의 주제로 묶어보자면 백성의 광야 여행을 돕는 도구들이라고 할 수 있을 것이다. 1-10절의 나팔은 백성의 출발을 알리는 신호가 된다(특히 5-6절). 11-28절에서는 구름이 그 신호 역할을 한다. 특히 11-12절이 이 점을 분명하게 서술하고 있다. 29-32절의 호밥은 "우리의 눈"(31절)이 되어 달라는 부탁을 모세로부터 받았다. 33-36절에서는 언약궤가 백성의 앞서 진행하며 길을 찾는 역할을 하고 있다.

　이 10장과 더불어 거시적인 측면에서 민수기의 첫 큰 단원인 1-10장의 모든 내용이 막을 내린다. 이 거시적 단원의 핵심적인 주제는 하나님의 명령과 그것의 충실한 수행이었다. 10장 역시 이 주제를 이어가고 있다. 비록 이 주제에 대한 명시적 언급은 1:13에 한번만 나오지만 이 장의 전반적인 분위기는 "명령-수행"의 틀에서 벗어나지 않는다.

　하지만 하나님과 이스라엘의 밀월 분위기는 여기까지이다. 바로 이어지는 11:1은 "백성이 하나님의 귀에 거슬리게 불평을 할 때 하나님이 들으시고 진노하셨다"는 문구로 시작된다. 그리고 이어지는 에피소드들(11:1-3, 4-35; 12장; 13-14장; 16-17장; 20장 등)은 예외없이 이스라엘의 불순종과 불평, 그리고 하나님과의 갈등의 이야기들을 담고 있다. 특히 13-14장의 열두 정탐꾼 이야기는 극히 짧은 기간의 여행만으로도 도달할 수 있었던 가나안

---

1 Gordon J. Wenham, *Numbers: An Introduction and Commentary*, vol. 4, Tyndale Old Testament Commentaries (Downers Grove: InterVarsity Press, 1981), 119; Timothy R. Ashley, *The Book of Numbers*, The New International Commentary on the Old Testament (Grand Rapids: Eerdmans, 1993), 195. 특히 후자는 호밥과 관련된 사사기 1:16; 4:11의 기록의 진정성을 지지하는 사본들과 주석가들의 증거들을 열거하고 있다.

땅(참고, 신 1:2, "열 하룻길")에 40년 동안 들어가지 못하게 되는 결과를 낳는 불순종 이야기의 절정이다.

　이런 극적인 반전의 전환점에 놓인 민수기 10장은 "신앙은 영원한 현재형이어야 한다"라는 교훈을 던져준다. 과거의 경험은 중요하다. 과거의 경험에 대한 기억도 중요하다. 그러나 이 기억이 다시는 돌이킬 수 없는 추억이어서는 안 된다. 신앙은 "영원한 현재형"일 때에야 진정한 의미가 있는 것이다.

1단계: 사역

1 여호와께서 모세에게 말씀하셨다.
2 은 나팔 두 개를 만들어라. 그것들을 두들겨서 만들어라. 그것들은 회중을 소집하고, 진영을 출발시키기 위한 것이다.
3 그들이 나팔 [두 개]를 불 때에는 온 회중이 회막 문 앞 너에게로 모여야 한다.
4 그리고 만약 그들이 하나만 분다면 이스라엘의 천부장들의 수장들, 즉 지파장들이 모여서 너에게로 모여야 한다.
5 너희가 신호 나팔 소리를 내면 동쪽에 진을 치고 있는 진영들이 출발을 해라.
6 두 번째로 신호 나팔 소리를 내면 남쪽에 진을 치고 있는 진영들이 출발을 해라. 그들의 출발을 위해 신호 나팔 소리를 내라.
7 또 회중을 모을 때에도 나팔을 불기는 하지만 신호 나팔 소리는 내지 말아라.
8 아론의 아들인 제사장들이 나팔을 불어라. 이것은 너희 대대의 영원한 율례이다.
9 그리고 만약 너희 땅에서 너희를 압박하는 대적을 치러 나간다면 너희는 신호 나팔 소리를 내라. 그러면 너희가 너희 하나님 여호와 앞에서 기억될 것이며, 너희가 너희 대적으로부터 구원을 받을 것이다
10 또 너희의 기쁜 날과 정한 절기와 초하루에 너희의 번제와 화목제를 위해 나팔을 불어라 그것이 너희 하나님 앞에서 기념이 될 것이다. 나는 여호와 너희 하나님이다.
11 제2년 2월 20일에 구름이 증거의 장막에서 떠올랐다.
12 이스라엘 자손이 시내 광야에서부터 출발하여 길을 갔다. 그리고 구름이 바란 광야에 머물렀다.

13 이렇게 해서 처음으로 그들이 여호와께서 모세를 통하여 주신 명령대로 행진을 하였다.
14 선두로 유다 자손의 진영의 군기에 속한 자들이 지파 부대별로 행진하였다. [유다] 지파 부대는 암미나답의 아들 나손이 지휘했다.
15 잇사갈 자손의 지파의 부대는 수알의 아들 느다넬이 지휘했다.
16 스불론 자손의 지파의 부대는 헬론의 아들 엘리압이 지휘했다.
17 그리고 성막이 걷히고, 게르손 자손과 므라리 자손이 성막을 메고 출발하였다.
18 그리고 르우벤 진영의 군기에 속한 자들이 지파 부대별로 행진하였다. [르우벤]지파 부대는 스데울의 아들 엘리술이 지휘했다.
19 시므온 자손 지파의 부대는 수리삿대의 아들 슬루미엘이 지휘했다.
20 갓 자손 지파의 부대는 드우엘의 아들 엘리아삽이 지휘했다.
21 그리고 고핫 사람들이 성물을 메고 출발하였다. 그리고 그들이 도착하기 전에 성막이 세워져야 했다.
22 그리고 에브라임 자손 진영의 군기에 속한 자들이 지파 부대별로 행진하였다. [에브라임] 지파 부대는 암미훗의 아들 엘리사마가 지휘했다.
23 므낫세 자손 지파 부대는 브다술의 아들 가말리엘이 지휘했다.
24 베냐민 자손 지파 부대는 기드오니의 아들 아비단이 지휘했다.
25 그리고 단 자손 진영의 군기에 속한 자들이 지파 부대별로 행진했다. 이 진영은 모든 지파 부대별 진영들의 마지막에 위치했다. [단] 지파 부대는 암미삿대의 아들 아히에셀이 지휘했다.
26 아셀 자손의 지파 부대는 오그란의 아들 바기엘이 지휘했다.
27 납달리 자손 지파 부대는 에난의 아들 아히라가 지휘했다.
28 이것들이 이스라엘 자손의 지파 부대별 행진 배열이었다. 그들이 출발했다.
29 모세가 모세의 장인 미디안 사람 르우엘의 아들 호밥에게 말했다. 여호와께서 "내가 그것을 주겠다"고 하신 곳으로 우리가 출발합니다. 우리와 함께 가시면 우리가 선대하겠습니다. 왜냐하면 여호와께서 이스라엘에게 좋은 것이 있으리라고 말씀하셨기 때문입니다.
30 호밥이 그에게 일렀다. 나는 가지 않겠습니다. 대신 내 땅과 내 친족에게로 가겠습니다.
31 모세가 일렀다. 청하건데 우리를 떠나지 마십시오. 당신은 우리가 광야에서 진 치는 법을 아니 우리의 눈이 될 것입니다.
32 우리와 동행하면 여호와께서 우리에게 주시는 그 복대로 우리도 당신에게 행할 것입니다.

33 그들이 여호와의 산을 떠나 3일 길을 행진하였다. 여호와의 언약궤가 그 3일 길에 그들 앞에서 행진하면서 머물 곳을 탐색했다.
34 그들이 진영을 출발할 때에 낮 동안 여호와의 구름이 그들 위에 있었다.
35 궤가 출발할 때에 모세가 말하였다. "여호와여 일어나셔서 당신의 대적들을 흩으시고 당신을 미워하는 자들이 당신 앞에서 도망하게 하소서"
36 그리고 궤가 머무를 때는 그가 늘상 말했다. "여호와여 이스라엘의 천천만만에게 돌아오소서".

2단계: 사역 해설

3절. "[두 개]": 히브리어 원문은 "그것들"이라는 뜻에서 3인칭 여성 복수 인칭대명사(헨, הֵן)를 사용하고 있다. 개역개정이 본문의 흐름을 좀 더 명확하게 하기 위해 이것을 "두 개"라고 번역하였고, 사역도 이것을 따랐다. 원문에는 "두 개"라는 단어가 명시되어 있지는 않다는 점을 나타내기 위해 사각 괄호를 사용하였다.

"불 때에는": "(나팔을) 불다"라는 뜻의 동사는 타카(תָּקַע)이다. 이 단어는 "신호 나팔 소리를 내다"라는 뜻의 루아(רוּעַ)와는 구분되어 사용된다. 5, 7절의 관련 단어들의 사역 해설을 참고하라.

4절. "천부장들의 수장들, 즉 지파장들": 라쉐 알페(הַנְשִׂיאִים רָאשֵׁי אַלְפֵי). 이 어구를 개역개정은 "천부장 된 지휘관"이라고 번역함으로써 마치 "천부장"이 "지휘관" 곧 "지파장"들과 동격 관계에 있는 것으로 번역해 놓았다. 그러나 히브리어 원문상으로 분명히 "지파장"들은 천부장들과 동격 관계에 있는 것이 아니라 천부장들의 수장들과 동격 관계에 있다. 개역개정은 그 원인을 알 수 없지만 "수장들"에 해당하는 라쉐를 번역하지 않고 누락시켰기 때문에 사역에서는 이것을 되살려 놓았다.

5절. "신호 나팔 소리": 트루아(תְּרוּעָה). 이 명사는 "소리치다, (나팔을) 불다"란 뜻을 가진 루아(רוּעַ)란 동사에서 파생된 명사이다. 현재 문맥에서는 나팔로 내는 어떤 특정한 '신호음'을 의미한다. 개역개정은 이 단어를 "크게"라고 번역하고 있는데, 그것보다는 "신호 나팔 (소리)"로 번역하는 것이 더 낫다고 생각된다.

7절. "불기는 하지만 신호 나팔 소리는 내지 말아라": 티트크후 베로 타리우(תִּתְקְעוּ וְלֹא תָרִיעוּ). 10장에는 나팔과 관련하여 두 개의 동사가 지속적으로 사용되고 있다. 첫 째, 타카(תקע)는 "(나팔을) 불다"란 단어로서 나팔을 부는 것과 관련된 가장 일반적인 단어이다. 둘 째, 루아(רוע)의 히필형은 "신호 나팔을 불다", "(어떤 특별한 목적을 위해) 신호음을 내다"란 뜻의 단어로서, 진의 출발 등의 특정한 목적을 위해 신호를 보내는 용도로 나팔을 부는 것을 나타낼 때 사용된다(3, 5절 사역 해설 참조).

10절. "너희의 기쁜 날, 즉 정한 절기와 초하루": 여기에서 "기쁜 날"이란 문구는 "정한 정기와 초하루"란 문구와 접속사 봐브(ו)로 연결되어 있다. 문제는 이 봐브의 구문론적 역할 혹은 의미가 무엇이냐 하는 것이다. 개역개정은 많은 주석가들 및 성경 번역본들과 마찬가지로 이 봐브를 등위 접속사, 즉 단순히 "~과"를 의미하는 접속사로 이해한다. 이 경우 "기쁜 날"은 뒤의 "정한 절기"나 "초하루"와 단순히 병렬 관계에 있으며, 이 후자의 두 가지 날들과 구분되는 어떤 날들을 가리킨다. 일례로 카일과 델리취는 이 "기쁜 날"이라는 표현이 "(어떤 날이 됐든 간에 상관 없이) 사람들이 기쁨을 표현하는 한 방법으로 제사가 드린 그 아무 날"을 지칭하는 표현이라고 본다. 즉 특정한 제의적 절기가 아니라 그냥 사람들이 일상 중의 뭔가를 기념하여 제사를 드린 날을 지칭하는 표현이라고 생각하는 것이다.[2] 반면에 이 봐브가 "설명적"(epexegetical or explicative) 역할의 접속사나 강조의 접속사(emphatic conjunction)이며, "즉"(namely, that is)이나 "특히"(especially) 정도의 의미를 갖고 있다고 봐야 한다는 시각도 있다. 이 경우 위의 어구는 "너희

---

2 Carl Friedrich Keil and Franz Delitzsch, *Commentary on the Old Testament*, vol. 1 (Peabody, MA: Hendrickson, 1996), 687.

의 기쁜 날, 즉 정한 절기와 초하루"나 "너희의 기쁜 날, 특히 정한 절기와 초하루" 정도로 번역하면 될 것이다.[3] 비록 구문론적 해설을 제공하고 있지는 않지만 일부 성경 번역본들과 주석들이 이 후자의 견해를 반영하고 있는 것으로 보인다.[4] 만약 후자의 견해를 따르지 않는다고 할 경우 "기쁜 날"이 개인의 경사를 기념하여 드리는 아무 날이 되어 버리기 때문에 후자의 견해가 더 타당해 보인다. 사역은 이 점을 반영하였다.

13절. "처음으로": 바리쇼나(בָרִאשֹׁנָה). 개역개정은 이 부사 어구를 "~하기 시작하였는데"로 번역하고 있는 것으로 보인다. 그러나 이 경우 이 문구가 마치 동사 역할을 하는 것처럼 착각하기 좋다. 이 어구는 분명히 "처음으로"(for the first time)란 뜻을 가진 부사 어구이며, 저자가 역사상 처음으로 이스라엘이 시내산을 떠나는 그 첫 순간의 감격을 강조해주기 위해 사용하고 있는 어구이다. 사역은 이 점을 살려서 번역하고 있다.

14절. "[유다]": 원문상으로는 이 단어는 나와 있지 않고, 단지 소유격 인칭대명사 3인칭 남성 단수만 사용되고 있다. 하지만 문맥상 이 소유격이 유다 지파를 지칭하는 것이 분명하기 때문에 사역에서 "유다"란 이름을 살려서 번역하였다. 이 점에 있어서는 개역개정판도 동일한 방식을 따르고 있다.

"지휘했다": 전치사 알(עַל). 현재 문맥에서 이 전치사는 "담당하고 있는, 지휘하고 있는"(in charge of, in command over)이란 의미를 갖고 있다.[5] (창 39:4; 43:16; 삼하 20:24; 왕상 4:6; 5:28; 12:18 등).[6] 사역은 이것을 한국어 어법에 맞게 동사로 처리했다. 이 점은 이후 27절까지 동일한 전치사의 번역에 있어서 다

---

[3] 이 후자의 두 가지 견해는 모두 *The NET Bible. First Edition* (Biblical Studies Press, 2005), 314의 번역 해설에서 가져온 것이다.

[4] NIV; R. K. Harrison, *Numbers*. The Wycliffe Exegetical Commentary (Chicago: Moody Press, 1990), 169; R. Dennis Cole, *Numbers*. Vol. 3B. The New American Commentary (Nashville: Broadman & Holman Publishers, 2000), 162.

[5] Baruch A. Levine, *Numbers 1–20: A New Translation with Introduction and Commentary*, vol. 4, Anchor Yale Bible (New Haven; London: Yale University Press, 2008), 308.

[6] Levine, *Numbers 1–20*, 308.

적용된다.

14-27절. "진영"(마하네, מַחֲנֵה)/"지파 부대"(짜바, צָבָא): 이스라엘 지파는 성막을 중심으로 해서 그 동쪽, 서쪽, 남쪽, 북쪽의 4방향에 각기 세 지파씩 배치되었다. 현재 본문에서는 이 세 지파의 집단을 마하네라고 하고, 각 집단에 속한 각 지파를 짜바라고 부르고 있다. 따라서 14절의 경우 "유다 지파의 진영(마하네)"이라는 표현이 나오는데, 이 표현을 "유다 지파만 배속된 진영"이라고 오해하면 안 된다. 이 표현은 "유다 지파가 포함된 동쪽 세 지파의 진영"을 가리키기 때문이다. 그리고 이 동쪽의 세 지파의 진영에 속한 지파들 각각은 "지파 부대"라고 불리는 것이다. 14절 후반절의 암미나답이 "자기 지파 부대"를 지휘했다고 말할 때, 그의 지파 부대는 유다 지파를 가리킨다. 이 점은 14-27절의 동서남북의 모든 진영과 지파 부대에 일관되게 적용되고 있는 사항임을 유념하라.

18절. "[르우벤]": 앞의 14절 사역 해설의 "[유다]"에 대한 설명을 참조하라.

21절. "세워져야 했다": 붸헤키무(וְהֵקִימוּ). 쿰(קוּם)의 히필형("세우다", to set up)은 주어가 명시되지 않은 상태에서 3인칭 남성 복수 형태로 되어 있는데, 이런 경우는 수동적 의미로 해석될 수 있다.[7] 이런 점을 살려 애쉴리(Ashley)는 이 21절을 다음과 같이 의역한다: "그리고 고핫 자손, 즉 성물의 운반자들이 출발했다. 그들이 도착할 때까지는 성막이 <u>세워질 수 있도록</u> 하기 위한 것이었다".[8]

22절. "[에브라임]": 앞의 14절 사역 해설의 "[유다]"에 대한 설명을 참

---

[7] A. H. McNeile, *The Book of Numbers in the Revised Version with Introduction and Notes*. The Cambridge Bible for Schools and Colleges (Cambridge: Cambridge University Press, 1911), 54.

[8] Ashley, *Numbers*, 191. 이런 번역에 대한 구문론적인 설명은 Friedrich Wilhelm Gesenius, *Gesenius' Hebrew Grammar*. Edited by E. Kautzsch and Sir Arthur Ernest Cowley. 2d English ed. (Oxford: Clarendon Press, 1910), 477; Davidson, *Introductory Hebrew Grammar Hebrew Syntax*, 183-184 등을 보라.

조하라.

33절. "그 3일 길에 그들 앞에서 행진하면서": 이 문구를 개역개정은 "그 삼 일 길에 앞서 가며"라고 번역하였다. 이것은 언약궤가 이스라엘과 3일 정도 갈 정도의 거리를 띄운 채 진행했다는 의미로 이해한 것이다. 그리고 이 점에 대해서 현실성이 없다는 비판을 하는 비평학자들이 많이 있었다.[9] 또한 추가적으로 어떤 학자들은 33절의 두 번째의 이 비현실적인 "3일 길"이란 표현은 필사가가 사본을 베끼는 중에 실수로 앞의 것을 다시 중복해서 쓴 것이기 때문에 삭제해야 한다고 주장하기도 했다.[10] 그러나 히브리어 원문은 NET 성경 등이 번역하고 있는 바와 같이 법궤가 "그들의 앞에서 3일 동안을 여행했다"는 의미로 이해할 수도 있다.[11] 이 경우 히브리어 원문은 아무 문제 없이 이해되며, 사역은 이런 이해를 반영하고 있다.

36절. "[늘상]": 이 구절의 단어는 반복상(iterative)을 띠고 있다. 아마 뉘앙스상으로만 따지면 35절 역시 이에 맞추어 해석하는 것이 옳을 것이다. 그러나 어쩌면 35절에서 단회적 사건을 묘사하는 동사 형식을 썼다가 36절에서 자연스럽게 반복상 동사로 전환함으로써 단회적 사건과 반복적 사건을 융합하는 수사학적 기법을 썼을 수도 있기 때문에 사역에서는 이렇게 36절에만 "늘상"이라는 표현을 사용하여 번역하였다.

3단계: 단락 구분

민수기 10장의 단락 구분은 다음과 같다.

---

[9] 예를 들어 N. H. Snaith, *Leviticus and Numbers*, The Century Bible (London: Thomas Nelson, 1967), 225; Milgrom, *Leviticus*, 80 등을 보라.

[10] Levine, *Numbers 1–20*, 318.

[11] 또한 Ashley, *Numbers*, 198-199를 보라.

1:1-10 나팔에 대한 명령

　　　　1:1 명령 도입구

　　　　1:2 나팔의 제작 명령

　　　　1:3-10 나팔 사용에 대한 지시

　　1:11-36장 출발과 행진

　　　　1:11-28 첫 출발의 기록

　　　　1:29-32 호밥의 동행에 대한 요청

　　　　1:33-36 언약궤의 인도를 따르는 여행

민수기 10장은 10:1-10과 10:11-36의 두 개의 단원으로 크게 나뉜다.

첫 단원인 1-10절은 "여호와께서 모세에게 말씀하셨다"란 단원 도입구를 통해서 그 시작이 표시된다. 단원의 나머지 내용인 2-10절은 전부 신호용 나팔의 제작과 사용법에 대한 하나님의 명령으로 구성되어 있다.

두 번째 큰 단원인 11-36절은 이스라엘이 시내산으로부터 첫 출발을 해 광야 여행을 할 때의 일상적인 모습을 다양한 방식으로 묘사하고 있다. 이 단원은 내용상 크게 세 부분으로 나눈다. 11-28절, 29-32절, 33-36절이 그것들이다.

이 중 그 첫 단원인 11-28절은 처음으로 시내산을 떠나던 날의 기록을 담고 있다. 민수기 2장의 행진시의 지파별 진행 순서에 대한 지시가 그대로 시행되고 있다. 단지 여기에 민수기 4장에 나오는 레위 지파 가문별 성막 물품 운반 임무에 따라 레위 각 가문이 다른 지파들의 사이 사이에 배치되는 내용이 추가되어 있다.

두 번째 단원인 29-32절은 모세가 자기 장인 르우엘의 아들, 즉 처남 호밥에게 동행과 인도를 요청한 내용을 담고 있다.

마지막 단원인 33-36절은 이스라엘 백성이 "3일길을 행진"한 것에 대한 언급을 통해 앞 단원과 구분된다. 이어서 본문은 앞의 광야 행진과 관련된 지시 속에서 언급되지 않았던 좀 더 세밀한 내용, 즉 언약궤가 백성들의 맨 앞에서 백성들을 인도하는 역할을 했다는 것과 관련된 정보들을 제공해 준다. 이 단원은 반복상 동사의 사용을 통해 이 문단의 묘사 내용이 광야 여행 중에 일상적으로 행해졌던 내용임을 표시하는 것으로 마감된다. 이런 방식의 마무리는 앞 장인 민수기 9장의 두 번째 단원인 15-23에 사용된 것과 비슷하다.

4단계: 본문 해설

1절. "여호와께서 모세에게 말씀하셨다": 이 단원 도입구는 1-10절의 나팔에 대한 하나님의 명령과 지시 사항들을 도입하는 역할을 한다.

2절. 우선 하나님은 은 나팔 두 개를 만들라는 명령을 주신다. 이 나팔의 히브리어는 하쪼쯔라(חֲצֹצְרָה)이며, 숫양의 뿔로 만든 나팔인 쇼파르(שׁוֹפָר)와 구분된다.[12] 구약성경 전체에서 쇼파르가 하쪼쯔라보다 훨씬 더 많이 쓰이며, 이 두 종류의 나팔 사이에 기능의 차이는 크게 없었던 듯 하다.[13] 오경에서는 하쪼쯔라는 이 민수기 10:1-10(2, 8, 9, 10절)과 35:6에 총 5회 사용된 것이 전부이다. 2절의 하나님의 지시에 따르면 이 나팔은 회중을 소집하거나 진영을 출발하는 표시로 사용될 것이다. 그리고 이어지는 본문은 좀 더 상세하게 다양한 상황에서 사용될 추가적 용도들에 대한 정보를 추가하고 있다.

3-7절. 여기에는 위에서 만든 두 개의 나팔을 가지고 신호를 보내는 법에 대한 하나님의 지시를 담고 있다. 나팔을 부는 방법에 대해서는 타가(תָּקַע)와 루아(רוּעַ, 히필형)란 동사가 사용되고 있다. 이 두 동사가 나팔을 부는 방법에 대해서 진짜 어떻게 틀린 지는 현재로서는 확인할 방법이 없다.

---

[12] Ashley, *Numbers*, 187.
[13] 구약성경 전체에서 쇼파르가 72회, 하쪼쯔라가 29회 사용된다. 전자가 2.5배 가까이 더 많다.

그러나 고대의 유대 문헌들에 따르면 타카는 길게 부는 방식을 나타내고, 루아는 짧게 스타카토로 부는 방식을 나타내는 단어였다고 한다.[14] 또한 타카의 길이는 세 번의 루아 길이만큼이었다고 한다.[15]

또한 부는 나팔의 개수도 신호 방법이 되었던 것 같다. 3-4절에 따르면 타카 방식으로 나팔 두 개를 동시에 불 경우에는 온 회중이 회막으로 모이고, 한 개만 불 경우에는 "지파장들"만[16] 모였다는 점을 말하고 있다. 루아의 경우에는 개수의 차이에 대한 언급은 없다.

5-6절은 루아, 즉 "신호 나팔 소리" 방식으로 나팔을 불 때마다 성막의 동, 남, 서, 북 방향에 각각 진을 치고 있던 지파들이 차례로 출발을 하라고 지시하고 있다.

7절은 이미 3절에 지시되어 있는 바와 같이 회중을 모을 때는 루아가 아닌 타카 방식으로 나팔을 불어야 한다는 것을 다시 한번 언급하고 있다.

8절. 이 구절은 은 나팔을 부는 임무가 제사장들의 몫임을 밝히고 있다. 이 임무의 중요성은 "너희 대대의 영원한 율례"라는 문구가 대변해준다(참고, 레 3:17; 6:11; 10:9; 23:14, 31, 41; 24:3, 9; 민 15:15; 18:23 등).[17]

9절. "신호 나팔"은 단순히 이스라엘이 진을 거두고 출발할 때뿐만 아니라 나중에 약속의 땅에 들어가서 적과 싸우기 위해 출정을 할 때도 불도록 되어 있었다. 이렇게 하면 이스라엘이 "여호와 앞에서 기억될(자카르, זָכַר) 것이며, 너희가 너희 대적으로부터 구원을 받을 것"이라고 하나님은 약속하신다.

여기에서 여호와의 기억과 구원의 관계는 아주 중요하다.[18] 구약의 굉장히 많은 본문들은 하나님의 기억과 구원을 연결시키고 있다. 노아 홍수 이

---

14 Wenham, *Numbers*, 114-115
15 Milgrom, *Numbers*, 74.
16 이 해석과 개역개정이 반영하고 있는 히브리어 해석의 차이는 4절의 사역 해석을 참고하라.
17 이 문구가 적용된 다른 예들에 대한 상세한 목록은 Ashley, *Numbers*, 188을 보라.
18 박철현, *레위기*, 106-107.

야기(창 6:9-9:29)에서는 8:1의 "하나님이 노아와 그와 함께 방주에 있는 모든 들짐승과 가축을 기억하사"라는 문구와 더불어 하나님의 구원이 시작된다.[19] 또한 하나님이 롯을 구원하신 이유는 아브라함을 기억하셨기(자카르) 때문이다.[20] 라헬이 레아와의 출산 경쟁의 끝에 겨우 아들을 얻을 수 있었던 것도, 이스라엘이 애굽에서 구원을 얻은 것도 결국은 모두 하나님이 그들을 기억하셨기 때문이다(창 30:22; 출 2:24).[21] 이와 마찬가지로 현재 본문에서도 하나님은 이스라엘이 전쟁을 나가면서 나팔을 불면 그들이 하나님에 의해 기억될 것이고, 대적으로부터 구원을 받을 것이라고 말씀하신다.

10절. 마지막으로 나팔은 "기쁜 날, 즉 정한 절기와 초하루"에 제사를 드릴 때도 불어서 그것들이 하나님 앞에서 "기념물"(지카론[זִכָּרוֹן], 자카르에서 파생)이 되게 하였다. 이 "정한 절기와 초하루"에 대한 상세한 목록 및 제사에 대한 정보는 레위기 23장과[22] 민수기 28-29장에 나온다. 9-10a절이 말하고 있듯이 결국 나팔 소리는 하나님이 이스라엘을 기억하게 하는 것이기 때문에 10절을 마무리하는 문구인 "나는 여호와 너희 하나님"이란 문구가 의미심장해진다. 하나님과 이스라엘 사이에 바른 관계, 즉 "나는…너희의 하나님이 되고 너희는 내 백성이 될 것이니라"(레 26:12 등)란 말씀이 제시하고 있는 상호관계가 전제되지 않는 한 나팔 소리는 무의미하다. 그 소리를 듣고 반응하시며, 자기 백성을 돕고 구원해주실 분이 없는 나팔 소리는 그저 의미 없이 울리는, "소리 나는 구리와 울리는 꽹과리"일 뿐이다(참고, 고전

---

[19] 노아 홍수 본문은 완벽한 교차대조법 구조를 이루고 있고, 창세기 8:1의 그 교차대조법의 중심 위치에서 '멸망→구원'의 전환점 역할을 하고 있다. 홍수 본문의 교차대조법 구조 및 8:1의 역할에 대해서는 고든 웬함, 창세기, WBC (서울: 솔로몬, 2000), 318-322, 357-358을 참고하라.

[20] 개역개정은 자카르를 자꾸 "생각하다"로 번역하는 경향이 있다. 그러나 이런 번역은 원문의 의미를 모호하게 할 뿐만 아니라 구속사에서의 이 중요한 신학적 어휘의 흐름을 독자들이 포착하지 못하게 한다는 점에서 안타깝다.

[21] 기억과 구원의 관계는 꼭 하나님의 경우뿐만 아니라 사람의 경우에도 역시 중요하게 작동할 수 있다. 창세기 40:14, 23, 41:9에서의 술 맡은 관원장의 경우가 그러하다. 물론 하나님과 달리 이 관원장 자체가 구원을 직접 줄 수는 없지만 말이다.

[22] 레위기 23장의 절기에 대한 설명 및 민수기 28-29장 본문과의 관계에 대한 상세한 설명은 박철현, *레위기*, 610-629를 보라.

13:1).

"나는 여호와 너희 하나님이다"란 문구는 오경의 다른 부분들에서 단원을 구분 지어주는 역할을 한다. 이 본문에서도 이런 역할을 하고 있는데, 현재 문맥에서는 나팔에 대한 하나님의 명령(2-10절)을 마무리 지어주는 역할을 하고 있다.[23]

11-12절. 출애굽한 다음 해인 제2년 2월 20일에 출발의 신호로 구름이 "증거의 장막", 즉 성막 위에서 떠오르고 이스라엘이 시내산에서 출발을 한다. 이스라엘이 이 산에 도착한 것은 제1년 3월 1일이었다(출 19:1). 따라서 이스라엘은 거의 1년 동안 시내산에 머물렀던 것이다.

12절 끝에서 저자는 "구름이 바란 광야에 머물렀다"고 말하고 있다. 이 바란 광야에 도착한 내용은 사실 이 민수기 10장의 시간의 범위를 넘어서서 민수기 12장 끝에 나오는 내용이다. 이 곳에 이르기까지는 아직 이스라엘은 다베라(11:3), 기브롯 핫다아와와 하세롯(11:35)을 거쳐야만 한다(12:16). 따라서 이 12절 끝에서 저자는 시간의 순서를 뒤틀어서 아직 나중에 가서야 벌어질 여정을 미리 말해주고 있는 것이다.

13-28절. 이 본문은 이스라엘이 광야를 출발하는 모습을 상세하게 묘사하고 있다. 처음의 13절과 끝의 28절이 도입부와 결론부의 역할을 하고 있다.

13절은 이 본문의 도입부이다. 이 구절에서 가장 중요한 표현은 "처음으로"란 표현이다.[24] 14-27절이 묘사하고 있는 이스라엘의 광야 행진 모습은 이 첫 장면이 묘사하고 있는 방식대로 앞으로 계속 이루어질 것이다. 이 감격적인 첫 순간을 저자는 이 표현을 통해 나타내고 있다.

이 구절은 또한 "여호와께서 모세를 통하여 주신 명령대로"란 표현을

---

[23] 이 표현이 오경의 다른 부분들에서 하고 있는 역할에 대한 여러 가지 예들은 박철현, *레위기: 위험한 거룩성과의 동행* (서울: 솔로몬, 2018), 499-500, 509-511, 529-531, 665 등을 보라. Ashley, *Numbers*, 186-187은 이 문구가 단원의 끝을 표시한다고 지적하지만 이것은 이 표현의 역할을 너무 좁게 본 것이다.

[24] 이 표현은 개역개정에는 잘 반영되어 있지 않다. 앞의 사역 해설을 참고하라.

사용하고 있다. 이 문구는 이미 민수기 1-10장에 수도 없이 많이 사용되어 왔다(민 1:54; 2:34; 3:16, 42 등). 민수기 10장 역시 이런 "명령-수행"의 패턴을 따르고 있는 것이다.

14-27절은 성막을 중심으로 동서남북으로 배치되어 주둔했던 이스라엘 지파들이 하나님께서 민수기 2장에서 이미 지시하신 행진 순서대로 출발하는 모습을 그리고 있다. 하나님의 말씀에 따르면 이스라엘 지파는 동서남북에 세 지파씩이 배치되었다. 이 때 네 방위의 각각의 세 지파 연합은 "진영"(마하네, מַחֲנֶה)이라고 지칭되고, 그 지파 연합에 속한 각 지파는 "지파부대"(짜바, צָבָא)라고 불린다.[25] 이처럼 동서남북 네 진영의 행진 순서 중간 중간에 레위 지파의 각 가문이 민수기 4장에서 제시된 성막 임무에 따라 배치된다.

14-16절에 따르면 성막의 동쪽에 배치된 세 지파 연합, 즉 "유다 자손의 진영"의 세 지파인 유다 지파, 잇사갈 지파, 스불론 지파가 선두로 출발한다.

17절은 동쪽 지파의 다음 자리에 게르손 자손과 므라리 자손이 성막을 메고 출발했다고 말하고 있다. 이들이 지성소와 성소의 가장 거룩한 물품들의 운반을 담당한 고핫 자손보다 앞서서 행진하는 이유는 어떤 장소에 도착했을 때 이들이 먼저 성막 구조물을 설치했어야 하기 때문인 것으로 생각된다(21절).[26]

18-20절에 따르면 이 레위 가문들 뒤에 남쪽 진영의 지파들, 즉 르우벤 지파 진영의 르우벤 지파, 시므온 지파, 갓 지파가 배치됐다.

21절에 따르면 고핫 자손들이 그 뒤를 이었다. 이들이 도착하기 전에 앞의 게르손 자손과 므라리 자손이 성막을 조립해 놓아야 했다고 이 구절은 말하고 있다.

---

[25] 이에 대한 좀 더 상세한 설명은 앞의 14-27절의 사역 해설을 참고하라.
[26] Wenham, *Numbers*, 118.

지금까지의 지시 내용을 정리해 보면 행진 순서는 동쪽 지파, 게르손과 므라리 가문, 남쪽 지파, 고핫 가문이다. 그리고 이 뒤에 서쪽과 북쪽 지파가 따르게 되기 때문에 성막에서 가장 귀한 물건들을 운반하는 고핫 지파가 가운데 자리를 차지하고 있었다.

이런 행진 순서에 대한 서술은 33-36절의 내용, 즉 언약궤가 이스라엘의 선두에서 행진하는 것과 충돌한다고 보는 역사비평학자들이 많이 있었다.[27] 그러나 이것은 진정한 모순이라고 볼 필요는 없는 것으로 생각된다. 오경에는 처음에 내용을 간단하게 약술하고, 필요한 경우 그 내용을 좀 더 세밀하게 다시 서술해주는 경우가 많다. 레위 지파의 행진시의 순서와 관련해서도 민수기 2:17은 단지 "그들이 진영들의 중간에서 행진할 것"이라고만 말하고 있지만 민수기 10장에서는 게르손, 므라리 자손과 고핫 자손이 각기 다른 위치에서 행진하고 있음을 말하고 있다(17, 21절). 이와 마찬가지로 10:33-36절이 다시 한번 고핫 자손들 중에서도 언약궤를 담당한 자들만 따로 다른 고핫 자손들과 분리되어 진의 선두에 서서 행진할 수가 있는 것이다. 또는 33-36절의 본문이 일반적인 행군 상황이 아니라 특별히 세밀한 길의 탐색이 필요한 특수한 경우를 상정하고 있을 수도 있는 것이다.[28] 특히 33절은 "탐색했다"(투르, תּוּר란 동사를 사용하고 있는데 이 동사는 정탐꾼 사건에서 특히 많이 사용된 단어이다(민 13:2, 16, 17, 21, 25, 32[x2]; 14:6, 7; 34, 36, 38)[29] 이 동사가 이 본문에 사용된 이유가 바로 이런 특수한 경우를 상정한 것일 가능성도 충분히 있다고 생각된다.

---

[27] Martin Noth, *Numbers: A Commentary*, The Old Testament Library (Philadelphia: The Westminster Press, 1968), 78-79 등을 참고하라. 또한 역사비평학자들의 이런 주장의 약점에 대해서 동일한 역사비평학적 논리를 가지고 비판한 것은 Wenham, *Numbers*, 118, n. 3을 보라. 위의 본문 해설에서는 역사비평학적 논리를 가지고 논의를 진행하고 있지 않기 때문에 이런 논의를 본격적으로 다루지 않고 있음을 유념하다.

[28] Harrison, *Numbers*, 179.

[29] 이 동사는 구약 전체에서 총 24회가 사용되었는데 그 중에서 총 12회, 즉 구약 전체의 정확히 50퍼센트가 민수기 13-14장의 정탐꾼 사건에 사용되었다. 민수기에는 이외에도 10:33; 15:39에 한 번씩 더 사용되어, 총 14번이 사용되었다.

22-24절과 25-27절은 나머지 이스라엘 진영들, 즉 서쪽의 에브라임 진영의 지파들인 에브라임 지파, 므낫세 지파, 베냐민 지파, 그리고 북쪽의 단 진영의 지파들인 단 지파, 아셀 지파, 납달리 지파가 그 뒤에 배치되었다는 것을 말하고 있다.

마지막의 28절은 결론구 역할을 하고 있다. 이 구절은 전체를 갈무리하면서, 그들의 실제의 출발을 알린다.

29-32절. 이 본문에서 모세는 자기 처남[30] 호밥에게 이스라엘과 동행할 것을 권한다(29절). 호밥은 거절한다(30절). 모세는 다시 한번 간청한다. 그는 호밥에게 "당신은 우리가 광야에서 진 치는 법을 아니 우리의 눈이 될 것"이라고 말한다(31절). 또한 동행하면 하나님이 이스라엘에게 베푸실 복을 그에게도 베푸실 것이라고 설득한다(32절).

모세의 반복된 간청에 대한 호밥의 반응이 무엇인지는 현재 문맥에 나와 있지 않으며, 구약의 역사 속에서도 그는 후손에게 이름만 남긴 채 더 이상 언급되지 않기 때문에 이 문제에 대해서 직접적인 답을 찾는 것은 불가능하다. 단지 사사기 1:16; 4:11의 언급들을 종합해볼 때 호밥이 모세의 간청을 받아들이지 않았을까 추측하는 정도가 최선이다.

33-36절. 이 마지막 문단은 언약궤가 이스라엘의 앞에서 행진을 하는

---

[30] 사사기 4:11에서 호밥이 모세의 "장인", 즉 호텐(חֹתֵן)이라고 표기된 것 때문에 비평학자들 사이에서는 호밥의 정확한 정체가 처남인지, 아니면 이드로 자신인지에 대한 격렬한 논의가 있어 왔다. 이 문제에 대한 정리는 Harrison, *Numbers*, 176-177; Robert H. O'Connell, "חֹתֵן", in Willem VanGemeren (ed.), *New International Dictionary of Old Testament Theology & Exegesis* (Grand Rapids, MI: Zondervan Publishing House, 1997), II: 325-328을 보라. 현 단계에서는 호밥을 처남으로 보는 설도, 이드로로 보는 설도 언어학적 정보와 본문상의 증거의 한계 때문에 어떤 확실한 결론에 도달하기는 힘들다. 그러나 다음의 몇 가지 점에 근거해 볼 때 호밥이 모세의 장인이 아니라 처남이라고 이해하는 것이 더 옳다는 견해가 대세이다. 첫째, 출애굽기 18:1-27에 따르면 이드로는 이미 자기 집으로 돌아간 상태이기 때문에 호밥이 그와 동일 인물이라고 보기 힘들다. 둘째, 전통적으로 호텐은 "장인"을 의미한다고 이해되어 왔다. 그러나 최근의 학자들은 호텐이 결혼 관계로 인해 맺어진 다양한 친척 관계를 다 지칭할 수 있는 용어라고 보는 경향이 많다. 따라서 사사기 4:11의 호텐 역시 "장인"이 아니라 "처남"이라고 해석될 수가 있다. 셋째, 고대 히브리어 성경에는 자음 본문밖에 없었기 때문에 호텐을 모음만 달리 찍으면 "처남"이라는 의미의 단어인 하탄(חָתָן)으로 이해하는 것에 무리가 없다.

모습을 그리고 있다. 이 본문은 광야 여행을 목가적으로 그리고 있는 민수기 9:15-23처럼 일반 동사와 반복상 동사가 결합된 형태로 되어 있다. 다시 말해 이 문단은 민수기 10장의 문맥이 그리고 있는 시내산 출발의 묘사로부터 시작하여 결국은 광야 여행 중 자주 행해지던 일상적 모습에 대한 묘사로 넘어가는 기법을 취하고 있는 것이다.

33절은 이스라엘이 산을 떠나서 3일길을 행진하는 동안 여호와의 언약궤가 이스라엘 백성의 앞에서 행진하며 진을 칠 곳을 찾는 모습을 묘사하고 있다. 언약궤가 고핫 자손의 자리에서 이동하지 않고 진영의 맨 앞에서 진행하는 모습에 대해서는 비평가들이 앞의 민수기 2:17; 10:21과 모순된다고 주장하곤 했다. 그러나 굳이 그렇게 볼 필요가 없다는 점에 대해서는 앞의 10:21의 본문 해설에서 다루었다.

34절은 다시 첫 출발 때의 모습으로 다시 돌아가서 그 때의 장면을 서술하고 있다. 저자는 이 출발 때의 인상적인 모습을 한 가지 부각시키고 있는데, 그것은 행진하는 이스라엘 백성 위에 구름이 떠 있었다는 사실이다. 나중에 정탐꾼 사건 때 모세는 하나님이 이스라엘에게 베푸신 은혜를 중보기도 중에 나열하면서 이 사실을 다시 한번 언급한다(민 14:14). 아마 이 구름은 현대의 역법(曆法) 체계로는 5월, 즉 늦은 봄에서 여름으로 넘어가는 이 시기(2월 20, 민 10:11-12)에 새로 광야 여정을 시작하는 이스라엘에게 햇빛을 가리는 그늘을 제공해주는 역할을 했을 것이며,[31] 그런 면에서 하나님의 섬세한 배려를 상징하는 것이었다(참고, 시 105:39; 사 25:4-5). 이처럼 광야 여행 재개시에 이스라엘은 하나님의 은혜를 다시 한번 경험했다. 그리고 이것은 곧바로 이어지는 광야에서의 불평 이야기들(민 11-14장 등) 속의 이스라엘 백성들이 감사하지 못하는 모습을 보이는 것의 문제를 더욱 강하게 부각시켜 준다.

---

[31] Cole, *Numbers*, 178.

35-36절은³² 34절을 이어받는다. 35절에서는 34절과 마찬가지로 일반적인 동사가 사용되고 있다. 그러나 36절은 반복상을 나타내는 동사로 전환된다. 이런 동사의 변화는 앞의 민수기 9:15-23에서 사용된 것과 동일하다. 이 두 구절에서도 내레이터는 동사의 변화를 통해 민수기 10장의 출발 상황으로부터 시작해서 광야 여행의 일상적 움직임에 대한 묘사로 전환하는 기법을 사용하고 있는 것이다. 따라서 독자들은 히브리어 동사의 형태만 보고 단순히 35절의 내용은 출발 당시의 상황이고, 36절의 상황은 광야 여정의 일상적 상황이었다고 판단하면 안 된다. 이 두 가지 상황은 동사의 전환이라는 수사학적 기법을 통해 하나의 패키지가 되었으며, 이 두 구절이 합쳐진 내용이 광야 여정의 일상적 상황이라고 이해해야 한다.³³

---

32 35-36절의 시작과 끝에는 "뒤집힌 눈"(inverted *nun*), 즉 히브리어 자음 눈(נ)이 뒤집힌 형태가 사용되었다. 이 "뒤집힌 눈"이 무엇을 표시하기 위한 것인지에 대해서는 학자들 사이에 논쟁이 있지만 대체로 이 기호가 해당 본문이 원래의 문맥으로부터 분리되어 잘못된 위치에 있다는 것을 나타낸다는 데 의견의 일치를 보이고 있다. 그러나 Ashley, *Numbers*, 199가 잘 지적하고 있듯이 원래의 문맥이 무엇인지를 찾아내려는 시도는 무의미해 보이며, 우리가 갖고 있는 성경 본문에서는 이 본문이 현재 문맥 속에 있기 때문에 어떻게 현재 문맥에 이 문구가 어울리는지를 설명하는 것이 더 중요하다. 또한 이 점과 관련하여 분명히 인식해야 하는 점은 이 "뒤집힌 눈"에 대한 학자들의 대체적인 의견을 인정한다 해도 여전히 이것이 정확히 어느 시기인지 파악할 수 없는 이른 시기의 필사가들의 본문에 대한 이해일 뿐 원저자의 이해는 결코 아니라는 점이다. 내 견해로는 이 본문은 앞의 민수기 10장의 개관과 신학에서 설명한 바와 같이 민수기 9:15-23과 더불어 민수기 1-10장이라는 큰 단원을 마무리 짓는 역할에 적합하며, 현재 문맥의 흐름과도 하나도 어색함이 없이 잘 어울린다. 오히려 도대체 왜 초기 필사가들이 "뒤집힌 눈"으로 표시를 했는지가 궁금할 정도다. 참고로 이 기호에 대한 추가적이고 상세한, 그러나 나의 입장과는 정반대의 논의는 Milgrom, *Leviticus*, 375-376에 있는 "Excursus 23: The Inverted 'Nuns' (10:35-36)"를 보라. 그의 입장은 문맥적 이해 없이 너무 필사가들의 사본상의 표시와 역사비평학적 논리에 경도되어 있는 것으로 보인다. 역사비평학적인 논의는 문맥상의 난점이 분명히 존재할 때에야 비로소 의미가 있다고 생각한다.

33 아마 앞의 각주에서 다룬 "뒤집힌 눈"을 표시한 초기 필사가들은 이런 수사학적 기법을 이해하지 못했기 때문에 이런 표시를 할 수밖에 없었을 것이다. 그러나 오경 저자가 민수기 9:15-23 등에서 이런 수사학적 기법을 자주 활용하고 있다는 점을 알고 나면 이 본문의 흐름은 전혀 문제가 안 된다. 이 기법을 좀 더 깊이 이해하기 위해서는 소위 "몰시간적 기법"이란 내러티브 기법을 아는 것이 큰 도움이 된다. 이를 위해서 박철현, "부록: 출애굽기 33:7-11의 '회막' 기사(the 'tent of meeting' narrative)에 대한 서사비평적 해석: 이 본문을 몰시간적 기법(achrony)의 한 예로 읽기", *출애굽기 산책* (서울: 솔로몬, 2014), 366-394를 참고하라. 이 소논문은 오경 역사상 가장 난해하고, 잘못 인식된 문제들 중의 하나인 성막과 회막의 관계 문제를 "몰시간적 기법"이란 개념으로 푼 것이다. 이 기법을 이해하고 나면 성경의 비슷한 여러 본문들에 대한 이해를 현저히 높일 수 있을 것이다.

이처럼 이 두 구절의 내용이 담고 있는 광야 여정의 일상적 모습에 따르면 모세는 이스라엘의 행군을 선두에서 지휘하는 하나님의 궤가 출발할 때 "여호와여 일어나셔서 당신의 대적들을 흩으시고 당신을 미워하는 자들이 당신 앞에서 도망하게 하소서"라고 노래하고, 궤가 멈춤으로써 이스라엘이 주둔을 하게 될 때는 "여호와여 이스라엘의 천천만만에게 돌아오소서"라고 노래하였다. 이런 모습은 민수기 1:2-4를 다룰 때 설명한 바와 이스라엘이 마치 전쟁을 위한 군대처럼 광야를 행진하고 있음을 선명하게 보여준다. 하나님은 이 군대의 장수이시며, 이스라엘은 그 휘하의 용사들인 것이다. 그리고 이 장수와 용사들 사이의 관계는 긴밀하다.

이런 용맹한 군대의 모습은 이미 10장을 다루면서 몇 번 언급한 바와 같이 아쉽게도 다음의 장들에서 확 바뀐다. 이스라엘은 군기가 엉망인 군인들처럼 끊임없이 불평을 해댐으로써 하나님을 진노하게 만든다. 그리고 하나님은 엄한 장수처럼 그들을 벌하신다. 출애굽기 19장으로부터 민수기 10장에 이르기까지 아주 긴 본문 속에서 하나님과 언약을 맺고 하나님 나라의 법도를 배워온 하나님의 백성과 하나님 사이의 밀월은 순식간에 끝을 맺고, 끊임없는 갈등이 앞으로 민수기의 상당 부분을 메꾸게 된다. 35-36절의 모세의 언약궤의 노래는 문맥상으로 이런 변화의 경계선에 서 있다.

5단계: 적용

9절. "너희가 너희 하나님 여호와 앞에서 기억될 것이며, 너희가 너희 대적으로부터 구원을 받을 것이다": 기억은 누구에게나 소중한 것이다. 특히 하나님과 관련해서 기억은 소중하다. 이 구절에서 기억은 구원과 연결되어 있다. 사실 이런 하나님의 기억과 구원의 연결은 구약성경에서 여러 번 나타난다(창 8:1; 19:29; 30:22; 출 2:24 등).

그러나 하나님의 기억과 구원에 대한 소망은 또한 우리가 하나님을 기억하는 것으로 연결되어야만 한다. 우리는 하나님의 크신 구원에 대한 기억을 우리가 하나님을 경외하고 하나님의 말씀대로 사는 삶을 통해서 구현해야 한다(신 6:20-25). 그럴 때 하나님은 우리에게 다시 복된 삶으로 은혜를 베풀어 주신다. 하나님의 기억과 구원, 그리고 그 구원에 대한 기억과 순종은 하나님과 그 백성 사이의 선순환의 고리를 만드는 길이다.

29-32절. 민수기 10장은 하나님께서 당신의 백성을 인도하시는데 사용하는 각종 방법들에 대해서 말씀하고 있다. 나팔(1-10절), 구름(11-12절), 언약궤(33-36절) 등이 그것들이다. 그런데 하나님께서 직접 지시하신 이런 방식들 외에도 하나님은 사람을 통하여서도 인도를 해주신다. 팔레스타인 주변 지역에서 목축업을 하던 미디안 족속의 일원인 호밥은 광야를 잘 알았기 때문에 모세는 "당신은 우리가 광야에서 진 치는 법을 아니 우리의 눈이 될 것입니다"라고 간청한다.

사실 성경에서 사람의 도움을 통해서도 하나님께서 역사하시는 것은 새로운 일이 아니다. 이미 출애굽기 18:13-27에서 호밥의 아버지이자 모세의 장인인 이드로는 모세가 너무 많은 업무를 혼자 떠맡고 있는 것을 보고 그의 일을 나눠서 해줄 사람들을 뽑을 것을 조언을 하였고, 모세는 그 조언을 따랐다.

나아만 장군의 경우에도 그를 구원의 길로 이끈 것은 전쟁터에서 잡혀온 이스라엘의 작은 소녀였다(왕하 5:2). 또한 그는 엘리사가 자기를 충분히 경의를 표하며 환대하지 않는 것을 보고 화가 나서 그냥 고국으로 돌아가려고 할 때 신하들의 조언에 귀를 기울임으로써 병 고침을 받을 수가 있었다(왕하 5:13-14). 이처럼 하나님은 사람들의 말을 통해서도 우리의 삶을 인도하신다.

34절. "그들이 진영을 출발할 때에 낮 동안 여호와의 구름이 그들 위에 있었다": 광야 여행에 대한 본문들 속에서 구름은 주로 하나님의 임재나 인도를 의미한다. 그러나 현재 본문에서는 구름은 하나님의 섬세한 배려와 보호를 의미하기도 하는 것으로 보인다. 하나님은 거의 1년만에 다시 행군을 시작하는 이스라엘을 위해 낮의 강한 햇빛으로부터 보호해주는 구름을 그들 위에 덮어 주셔서 시원한 그늘이 그들 위에 드리우게 하신다. 하나님은 전쟁에서 승리를 가져다 주실 수도 있고, 성이 무너지게 할 수도 있고, 해가 멈추게 하실 수도 있다. 그러나 하나님은 또한 이런 작은 부분에서 자기 백성에게 배려를 베푸시는 분이기도 하다. 하나님은 전쟁의 신이기도 하지만 섬세한 연인이기도 하다.

6단계: 설교 "리멤버 미"(민 10:9)

오늘 말씀은 "…대적을 치러 나간다면 너희는 신호 나팔 소리를 내라. 그러면 너희가 너희 하나님 여호와 앞에서 기억될 것이며, 너희가 너희 대적으로부터 구원을 받을 것이다"라는 민수기 10:9의 말씀입니다. 성도 여러분, 기억은 중요합니다. 오늘은 이 "기억", 특히 "하나님의 기억"이라는 주제를 가지고 말씀을 나누고자 합니다.

최근에 애니메이션 영화 "코코"가 성황리에 상영되었습니다. 이 영화는 우리 나라뿐만 아니라 전세계적으로도 대히트를 하였습니다. 인터넷 후기들을 보면 이 영화를 보고 감동해서 울었다는 사람들이 참 많습니다.

사실 이 영화는 멕시코의 "죽은 자의 날"이란 축제를 기본 모티프로 해서 카톨릭과 멕시코 민간 신앙 등을 버무려 만든 작품으로서, 우리 개신교적 신앙과는 별로 어울리지 않습니다. 그래서 신학적으로는 좀 껄끄러움이 느껴지는 영화이기도 합니다.

그러나 어쨌든 저는 우리 집의 아이들과 이 영화를 보면서 이 영화의 중심 주제인 "기억"(remembrance)이라는 주제에 대해서 많은 끌림을 받았습니다. 영화에 따르면 멕시코의 전통 축제일인 "죽은 자의 날"은 죽은 영혼들이 1년에 한번 살아 있는 가족들을 만나러 이 세상으로 돌아올 수 있는 날입니다. 마치 우리 나라의 추석에 비신자들이 조상들에게 제사를 드리면 조상들이 찾아와서 그 제사 음식을 먹는다고 믿는 것처럼 멕시코의 이 축제 날에도 역시 죽은 자들이 집으로 와서 산 가족들이 차려 놓은 음식을 먹고 잔치를 즐기다가 돌아간다고 합니다. 이렇게 산 가족들이 죽은 사람을 기념하고 기억해주면 죽은 사람들은 그 기억의 힘으로 죽은 자들의 땅에서 계속 살아갈 수 있습니다.

하지만 산 사람들 중에서 죽은 자를 더 이상 기억해주는 사람이 없으면 그 죽은 사람은 소멸되고 맙니다. 극 중에서 주인공 미구엘의 고조 할아버지는 타지에서 음악 활동을 하던 중에 음악을 같이 하던 동료에게 아무도 모르게 살해를 당합니다. 소리소문 없이 사라져버린 고조 할아버지 때문에 가족들은 그가 무참히 가족들을 버렸다고 생각하고, 가족 중 그 누구도 그에 대해서 이야기를 못하게 합니다. 심지어 가족 사진에서 고조 할아버지의 얼굴마저도 찢어내 버렸을 정도였습니다. 이렇게 그는 가족들에게서 망각되어져 가고, 망자의 땅에서 소멸될 위기에 처해 있습니다. 이 소멸의 위기를 주인공 미구엘이 우연히 망자의 땅으로 가서 우여곡절 끝에 해결합니다. 고조 할아버지는 다시 가족들에 의해서 기억되게 되고, 산 자와 죽은 자는 모두가 다 행복해집니다.

이 영화의 핵심 주제인 "기억"은 고조 할아버지가 만든 것으로 설정된 "리멤버 미"(Remember me), 즉 "기억해 줘"라는 제목의 노래를 통해서 부각됩니다. 영화 내내 이 노래는 여러 상황 속에서 반복적으로 연주됨으로써 "기억"이라는 주제를 관람객들에게 각인시킵니다.

기억은 성경에서도 중요한 작용을 합니다. 억울한 누명을 쓰고 감옥에 갇혀 있던 요셉은 술 맡은 관원장의 꿈을 듣고 그가 곧 복권하리라는 해석을 해줍니다. 그리고 그가 복권이 됐을 때 자신을 기억해달라고 부탁합니다(창 40:14). 그러나 이 관원장은 요셉의 해몽대로 복권된 후에는 그를 까맣게 기억 속에서 잊어버립니다(40:23). 2년 동안이나 말입니다(41:1)! 어쩌면 이 기간이 요셉에게는 인생에서 가장 힘든 순간이었을지 모릅니다. 차라리 희망이 없었을 때는 모르지만 희망이 생겼다고 생각한 순간 와야 할 구원이

오지 않을 때, 그 때가 어쩌면 정신적으로는 가장 어두운 터널의 기간이었을지도 모릅니다. 이 절망의 순간은 이 관원장이 기억을 회복할 때에야 겨우 해결의 실마리를 찾습니다(41:9).

이처럼 사람끼리의 기억도 중요하지만 하나님과 그의 백성 사이의 기억도 참으로 중요합니다. 이 점을 가지고 말씀을 좀 살펴보도록 하겠습니다.

첫째, 하나님이 우리를 기억하시는 것은 중요합니다. 특히 하나님의 기억은 당신의 백성들에게는 구원의 문제와 직결되어 있기 때문에 중요합니다.

성경의 몇 가지 예를 들어보면 다음과 같습니다. 우선 창세기 8:1은 노아 홍수 이야기에서 아주 중요한 순간입니다. 이 구절 전까지는 하나님께서 세상을 멸망시키려고 내리신 홍수는 점점 심해집니다. 그러다 이 구절에서 "하나님이 노아와 그와 함께 방주에 있는 모든 들짐승과 가축을 기억하사"란 말씀이 나온 것과 더불어 홍수는 가라앉기 시작합니다. 나중에 창세기 9:15, 16에 다시 한번 하나님은 당신의 언약을 기억하고, 홍수로 세상을 멸망시키지 않겠다고 약속하십니다.

출애굽기에서도 기억은 중요합니다. 하나님이 애굽에서 노예 생활하던 이스라엘 백성을 구원하기 시작하시는 것은 출애굽기 2:24의 "하나님이 아브라함과 이삭과 야곱에게 세운 그의 언약을 기억하사"란 말씀이 나온 다음부터입니다.

이처럼 하나님에게 기억되는 것이 중요하기 때문에 모세는 황금 송아지 우상의 범죄로 인해 온 이스라엘이 다 멸절 당하게 되었을 때 "주의 종 아브라함과 이삭과 이스라엘을 기억하소서"라고 기도했습니다. 사무엘의 어머니 한나와 유다 왕 히스기야도 인생의 가장 절망적인 순간에 하나님께서 자신들을 기억해달라고 기도했습니다(삼상 1:11; 왕하 20:3).

여러분, 혹시 자신의 삶에서 어두운 순간을 지나고 있습니까? 도무지 뭘 어찌 해야 할 지 모르는 상황에 처해 있습니까? 위의 신앙의 선조들처럼 하나님께서 여러분을 기억해 주시기를 간구하십시오. 오늘 본문의 말씀처럼 여러분이 "하나님 여호와 앞에서 기억"이 되면 여러분이 그 어떤 상황에 처해 있든지 간에 구원을 받게 될 것입니다.

둘째, 하나님이 여러분을 기억하고 구원을 주시는 것으로 끝나서는 안 됩니다. 그에 대한 반응으로 여러분도 하나님과 그 구원 역사를 기억해야 합니다. 이 점이 중요하기 때문에 하나님은 위대한 구원의 역사를 기억해야 한다는 명령을 반복해서 하고 계십니다(출 13:3; 레 15:39-40; 7:18 등). 여러분, 기억에는 기억으로 반응해야 합니다.

셋째, 그리고 여러분이 이처럼 하나님의 은혜를 기억한다는 것을 증명하는 길은 여러분이 하나님의 말씀대로 사는 것입니다. 신명기 6:10-19는 이렇게 말씀합니다. "네 하나님 여호와께서 네 조상 아브라함과 이삭과 야곱을 향하여 네게 주리라 맹세하신 땅으로 너를 들어가게 하시고…네게 배불리 먹게 하실 때에 너는 조심하여 너를 애굽 땅 종 되었던 집에서 인도하여 내신 여호와를 잊지 말고 네 하나님 여호와를 경외하며 그를 섬기며…너희의 하나님 여호와께서 너희에게 명하신 명령과 증거와 규례를 삼가 지키며 여호와께서 보시기에 정직하고 선량한 일을 행하라". 이처럼 하나님을 기억해서 잊지 않고, 그 기억의 증거로 하나님의 "명령과 증거와 규례를 삼가 지키며 여호와께서 보시기에 정직하고 선량한 일을" 행하는 삶을 사는 것이 바로 하나님의 구원을 기억하는 것에 대한 바른 대응입니다.

신약에서도 사도 바울은 하나님의 구원에 대한 바른 반응으로서의 거룩한 삶에 대해서 로마서 6:6, 11에서 이렇게 말씀하십니다. "우리가 알거니와 우리의 옛 사람이 예수와 함께 십자가에 못 박힌 것은 죄의 몸이 죽어 다시는 우리가 죄에게 종 노릇 하지 아니하려 함이니 이는 죽은 자가 죄에서 벗어나 의롭다 하심을 얻었음이라…이와 같이 너희도 너희 자신을 죄에 대하여는 죽은 자요 그리스도 예수 안에서 하나님께 대하여는 살아 있는 자로 여길지어다".

성도 여러분, 오늘 말씀과 같이 여러분이 하나님에게 기억되는 분이 되시기를 축원합니다. 또 그 기억으로 인해 구원을 얻고, 그 구원에 대한 기억과 감격으로 하나님이 원하시는 삶을 사는 자들이 되시기를 축원합니다. 하나님의 기억과 여러분의 기억이 선순환 되는 역사가 여러분의 삶에 나타나기를 주님의 이름으로 축원합니다.

민수기

광야 이야기의 개관과 신학

A. 새로운 시작

앞의 민수기 1-10장의 단원은 다음의 몇 가지 측면에서 확실한 종결을 보여주었다. 첫째, 민수기 1-10장은 이스라엘의 시내산 출발을 준비해왔는데, 이 출발과 새로운 여행의 시작은 민수기 9:15-23과 10:35-36의 반복상동사 본문을 통해서 확실하게 정리된다. 이스라엘은 이 출발을 통해서 시내산을 떠나서 광야 여행이라는 새로운 시기로 전환될 것이다. 둘째, 새로운 단원의 시작인 11장을 통해서 시내산은 더 이상 오경 속의 이스라엘과 관계되는 장소가 아니게 된다. 셋째, 민수기 10:33의 "3일길"은 새로운 시대의 시작을 알리는 또 하나의 표시 역할을 한다. 앞의 "민수기 9장의 개관과 신학"에서 보았듯이 출애굽기 15:22이 이스라엘이 애굽을 완전히 떠났음을 표시해주는 역할을 한 것처럼 시내산으로부터의 "3일" 역시 시내산이라는 장소적 배경으로부터의 완전한 결별을 나타내는 역할을 한다.[1]

그러나 민수기 11장 이하가 1-10장과 내러티브적으로 연결되어 있기 때문에 양자간에는 물론 연속적인 요소들이 있으며, 또한 이 연속적인 요소

---

[1] 성경에서의 "3일"이라는 시간이 가진 이러한 역할이나 기타 기능들에 대한 설명은 박철현, 내러티브의 공간적, 시간적, 사회적 배경 이해하기", 목회와신학 통권 295호 (2014년 1월), 197-199를 보라.

에 변화가 도입되어 있는 부분들도 있다. 이런 점들을 좀 살펴 보도록 하자.

첫째, 등장인물들이 일치한다. 11장 이하에서도 13-14장의 정탐꾼 사건을 제외하고는 21장에 이르기까지는 이스라엘은 주변 민족들과의 접촉이 거의 없이 주로 자신들끼지만 여행을 하는 중에 있기 때문에 등장인물에 있어서의 변화는 거의 없다. 그리고 정탐꾼 사건의 경우에도 이방인은 오직 이스라엘 백성들 사이의 대화 속에서만 등장할 뿐이다.

시내산을 떠나 새로운 광야 여정을 시작하는 민수기 11장 이하의 내용은 이런 면에서 출애굽기의 광야 본문과 차이가 난다. 출애굽기의 경우에는 출애굽기 1:1-15:21에서 중요한 역할을 하던 바로와 애굽 사람들이 15:22-18:27의 광야 여정 본문에서는 더 이상 등장하지 않기 때문에 등장인물에 있어서 확실한 차이가 있었다. 반면 민수기의 광야 여정은 앞 부분들과 이 점에 있어서 연속성을 갖고 있는 것이다.

둘째, 출애굽기 25-40장에서 건설되고, 민수기 1-10장에서 광야 여정 출발 준비 단계에서 그 중심 자리를 차지하고 있던 성막이 민수기 11장 이하의 광야 여정 본문에서도 역시 그 중심 자리를 차지한다. 이스라엘 백성은 이제 일이 생기면 성막으로 모인다(민 11:16; 12:4-5; 14:10; 16:41-50; 17장 등).

그러나 위의 연속적인 요소들 중에 차이점도 분명히 존재한다. 특히 인상적인 것은 이스라엘 백성들의 태도의 변화이다. 지금까지 살펴본 민수기 1-10장에서는 이스라엘은 항상 하나님의 명령에 철저하게 순종하는 모습을 견지해왔다. 그러나 광야 여행이 재개되고 난 후 첫 번째 에피소드를 다룬 민수기 11:1-3부터 이미 이스라엘 백성들은 하나님에게 불순종하는 모습을 보이고, 거기에 대해서 하나님은 진노하신다(민 11:1). 하나님과 이스라엘 백성이 시내산 본문(출 19-민 10장), 그 중에서도 특히 민수기 1-10장에서 보여주던 밀월관계는 끝났다. 시내산 출발 이후의 이스라엘은 끊임 없이 하나님을 거역하고, 하나님은 그들에게 진노하신다.

B. 민수기의 광야 사건들의 이해

이제 민수기 11장부터 시작되는 광야 사건들에 대한 거시적 시각들과 이해하기 위해서 시내산을 전후로 한 두 시기의 광야 사건들의 관계에 대한 거시적 관찰을 좀 해보도록 하자.[2] 민수기 11-36장에 나오는 광야 사건들의 상당 부분은 출애굽기 15:22-18:27의 광야 사건들과 상응한다. 양자 사이에는 동일한 사건의 다른 판본이거나 본질적으로 같은 주제를 담은 이야기의 다른 형태인 것처럼 보이는 이야기들이 여럿이 존재한다.

1. 모세오경의 광야 시대 사건들의 구조

오경의 광야 사건 본문들은 시내산 본문(출 19-민 10장)을 앞뒤로 해서 다음과 같이 구성되어 있다.

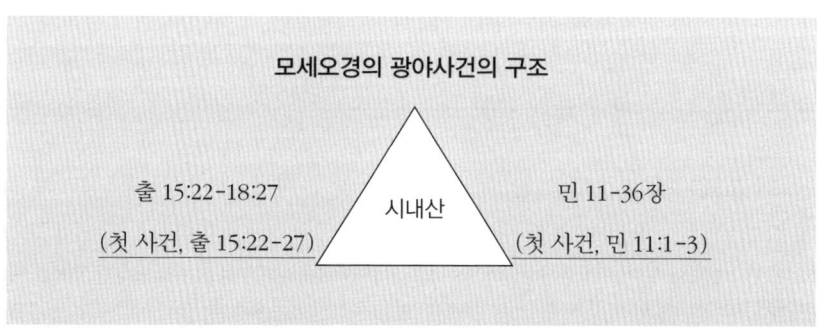

이 중 시내산 본문 앞부분은 편의상 광야 시대 1기, 뒷부분은 광야 시대 2기로 명명하고, 이 두 시기를 비교해보면, 이미 민수기 개관 중 "민수기의 문맥"이란 항목에서 간단하게 소개한 바와 같이 서로 비슷한 에피소드들을

---

[2] 이후의 내용들은 박철현, 『출애굽기 산책』 (서울: 솔로몬, 2014), 142-167에 상당히 의존하고 있다. 물론 현재 민수기 글의 방향에 맞추어 이 책의 내용들을 다시 서술하기는 했지만 굳이 수정을 가하는 것이 필요하지 않는, 일부 특정한 부분들은 그대로 차용하기도 했다는 점을 유념하라.

여러 개를 갖고 있다.³

	광야 시대 1기 (출애굽기)	광야 시대 2기 (민수기)
첫 사건	마라의 쓴 물→엘림의 풍부한 물 (출 15:22-27)	다베라("불사름"이라는 뜻) (불: "여호와의 불")⁴ (민 11:1-3)
식량	만나(와 메추라기⁵) 사건(16장)	메추라기 사건(11:4-35)
물	맛사 또는 므리바 사건(르비딤) (17:1-7) 이름의 해설: "그가 그 곳 이름을 맛사 또는 므리바라 불렀으니 이는 이스라엘 자손이 다투었음이요 또는 그들이 여호와를 시험하여 이르기를 여호와께서 우리 중에 계신가 안 계신가 하였음이더라"(17:7)	므리바(가데스) (20:1-13) 이름의 해설: "이스라엘 자손이 여호와와 다투었으므로 이를 므리바 물이라 하니라"(20:13)
전쟁	아말렉(17:8-16).	아말렉(과 가나안인) (14:39-45) 참고: 호르마(민 21:1-3에서 복수함)
행정제도	천부장, 백부장, 오십부장, 십부장 (18:13-27) "이 일이 네게 너무 중함이라. 네가 혼자할 수 없으리라"(18:18)	70장로 임명(메추라기 사건과 연계) (민 11:4-35) "책임이 심히 중하여 나 혼자는 이 모든 백성을 감당할 수 없나이다"(11:14)

이 도표가 보여주고 있는, 두 광야 시대의 관계에 대한 점들을 정리해보

---

3 광야 시대의 이 두 시기의 유사점들과 차이점들에 대한 최근의 연구들에 가장 커다란 통찰을 제공해준 것은 B. S. Childs, *The Book of Exodus*, 254-264이다. 이것을 좀 더 다듬은 것은 Marvin Sweeney, "The Wilderness Traditions of the Pentateuch: A Reassessment of Their Function and Intent in Relation to Exodus. 32-34", *Society of Biblical Literature Seminar Papers* (1989), 290-299이다.

4 각 시기의 첫 사건이 각각 물과 불을 주제로 한다는 점이 인상적이다. 나는 이 본문이 각각 광야 시대 1기와 2의 패러다임을 제시하는 것이라고 생각한다. 우 두 사건 중 출애굽기 15:22-27의 물 사건을 패러다임적으로 이해하는 해석에 대해서는 박철현, 출애굽기, 135-159를 보라. 민수기 11:1-3의 불 사건은 이 물 사건과 대조되는 에피소드를 담고 있는 것으로 보인다

5 출애굽기 16장은 단순히 만나만이 아니라 메추라기도 분명하게 언급하고 있다(16:3, 8, 12-13). 이 때문에 이 두 시기의 사건들의 기록의 연대기적 순서의 문제가 야기되는데 이에 대한 해결의 시도는 Cassuto, *A Commentary on the Book of Exodus* (Jerusalem, Magnes Press, 1967), 186-200; Nahum Sarna, *Exploring Exodus* (New York: Schocken Books, 1986), 88 등을 보라.

면 다음과 같다.

첫째, 두 광야 시대 기록의 연대기적인 문제를 이해하는 것은 중요하다. 그러나 불행히도 현재까지 이 문제에 대한 인식과 몇 가지 해결의 시도들이 있을 뿐, 체계적이고 완전한 답은 아직 제시되지 못한 것으로 보인다. 이 연대기적인 문제와 관련해서는 몇 가지 점을 고려해야 한다.

(1) 오경은 꽤 많은 본문들에서 필요하면 연대기적인 순서보다 주제적인 순서를 우선시하는 경우들이 있다는 점을 기억해야 한다.[6] 이미 살펴 본 민수기 1-10장의 본문에서도 저자는 여러 차례 이런 이유로 해서 연대기적인 순서를 뒤바꿔 놓은 경우들이 있었다. 이에 대한 자세한 내용은 민수기 개관 중 "민수기와 연대기" 항목을 참고보라.[7]

(2) 도표의 맨 왼쪽 열의 제목들이 보여주듯이 이 광야 시대 1기와 2기의 사건들은 어떤 정해진 주제를 따라 선별된 것으로 보인다.[8] 즉 이 본문들 속에서 내레이터는 광야 시기 40년의 전 과정을 연대기적으로 기록하려고 했던 것이 아니라 몇 가지 주제에 맞추어서 대표적인 사건들을 뽑아서 배열하고 있는 것으로 보인다. 이 점은 광야 시대 1기의 본문이 물, 음식, 전쟁, 조직의 체제 등 아주 특정한 주제들에 대해서만 말해주고 있다는 점, 그리고 광야 시대 2기의 경우 1기와 상응하는 것들과 더불어 추가적인 몇 개 사건의 시기가 광야 시대 초기와 끝에 집중되어 있다는 점에서 더욱 그런 것으로 보인다.[9]

(3) 거의 모든 해석자들이 놓치고 있는 점이지만 광야시대 1기는 1기와

---

[6] 이 문제에 대한 유대교 랍비들의 견해에 대한 설명은 Abraham Joshua Heschel, *Heavenly Torah: As Refracted through the Generations* (New York: Continuum, 2007), 240-243을 보라.
[7] 또한 레위기에서 연대기적 순서의 변화는 박철현, *레위기: 위험한 거룩성과의 동행* (서울: 솔로몬, 2018), 267-268을 보라.
[8] Waldemar Janzen, *Exodus* (Believers Church Bible Commentary; Waterloo, Ontario: Herald Press, 2000), 200-201도 역시 이와 비슷한 점을 지적한다. 그에 따르면 출애굽기의 광야 사건들은 신학적인 동기에서 파생된 배열순서를 갖고 있다.
[9] 광야 시대 2기의 기록이 이처럼 광야 40년 세월 중 처음과 끝의 시기에 집중하고 있다는 점은 민수기의 개관 중 "민수기의 연대기" 항목을 보라.

2기의 내용을 종합하고 있는 것으로 봐야만 현재 우리가 갖고 있는 성경 본문의 증거가 가장 잘 설명되는 것으로 보인다.[10] 민수기 11:4-35의 내용을 고려하면 메추라기는 이스라엘이 만나만 먹는 것에 신물이 나서 고기를 달라고 불평을 해댐으로써 주어진 것이 거의 확실해 보인다(11:6, 13). 하지만 출애굽기 16장의 만나 이야기 속에 이미 메추라기가 등장한다(출 16:8, 12-13). 물론 민수기 11:4-35와 달리 출애굽기 16장의 본문 내에서 메추라기에 대한 언급은 극히 제한적인 것을 고려할 때 출애굽기 본문 내에서 메추라기가 출애굽기 본문의 주안점은 아닌 것으로 생각된다. 또한 물 사건(출 17:1-7; 민 20:1-13)의 경우도 광야시대 1기의 본문이 2기의 본문을 품고 있을 가능성이 높다. 2기의 물 사건의 장소는 "므리바"였다. 반면 1기 물 사건의 장소는 "맛사 또는 므리바"라고 되어 있다. 하지만 이 경우에도 원래는 "맛사"가 이 장소의 원래의 이름일 가능성이 높다. 단지 저자는 광야 시대 1기의 본문이 2기를 품게 한다는 저술 방침을 따라 1기의 "맛사"에서 벌어진 물 사건에 2기의 물 사건의 장소인 "므리바"란 이름을 첨가한 것이 아닌가 생각된다. 이처럼 1기는 단순한 1기가 아니라 "1기+2기"라고 봐야 광야 시대에 대한 본문들의 내용이 제대로 설명될 수 있는 것 같다. 물론 현대의 독자들에게는 이런 식의 연대기 사용법이 정말 이상하게 느껴질 수 있지만 연대기 문제에 있어서 오경의 저자는 현대의 독자들과는 약간 다른 관념을 가졌을 수도 있다는 점을 유념해야 한다. 물론 이 문제에 대한 확정적인 결론은 오직 오경 전체의 연대기 운용에 대한 총체적인 연구, 그리고 광야 시대 본문들의 연대기 활용법에 대한 총체적인 연구가 시행된 다음에야 얻어지겠지만 말이다.

---

10 이 문제에 대한 진정한 결론은 오경 저자의 전반적인 연대기 운용 방식, 그리고 글쓰기 방식 등에 대한 훨씬 깊고 방대한 논의를 통해서 가능하다. 오경의 한정된 문맥의 맥락에서는 이런 점들에 대한 간략한 언급들이 존재하지만 안타깝게도 오경 전반에 걸쳐 이 문제에 대한 총체적인 연구를 수행한 해석자는 현재까지는 한 명도 존재하지 않는 것으로 보인다. 또한 이 글의 성격 및 지면 제약상 이에 대한 깊은 논의를 하기도 힘들다. 따라서 위의 제안은 현재 단계에서는 주장이라기보다는 제언에 가깝다는 점을 독자들이 양해해주기 바란다.

둘째, 이 도표는 또한 광야시대 1기와 2기의 첫 사건들이 패러다임적인 성격을 갖고 있다는 것을 보여주는 것으로 보인다. 광야 시대 1기의 첫 본문은 "물"이라는 주제를 중심으로 해서 이스라엘의 하나님 경험을 패러다임화 해서 이야기하고 있고,[11] 2기의 첫 본문은 "불"이라는 주제를 중심으로 해서 광야 시대 2기를 패러다임화하고 있는 것 같다. 1기의 첫 본문에서는 엘림에서 풍부한 물 이미지를 통해 긍정적인 결말을 이야기하고 2기의 첫 본문은 하나님의 진노에 의해 "여호와의 불"로 심판을 받는 부정적 결말을 이야기하고 있다. 이러한 두 첫 사건의 분위기는 정반대인데, 이런 분위기 차이가 두 시대의 차이를 나타내 주고 있는 것으로 생각된다.

셋째, 위 도표의 마지막 행에 나오는 에피소드들, 즉 행정제도에 대한 에피소드들이 각종 율법의 중심 본문인 시내산 본문(출 19장-민 10장)의 직전과 직후에 배치되어 있다는 점도 광야 본문의 주제적 배열의 우선성의 또 하나의 증거인 듯하다. 위 도표의 에피소드들 중 이 두 에피소드만큼 시내산 본문의 시작과 끝을 알리는 역할에 적합한 것은 없을 것이다. 따라서 이 점 역시 출애굽기와 민수기의 광야 시기의 사건들이 단순히 연대기적인 배열을 넘어서서 주제적 배열 등의 다른 기준들을 따라 배열되었음을 보여주는 또 하나의 증거라고 여겨진다.

2. 광야 시대 사건들의 특징들

출애굽기와 민수기에 나오는 광야 시대의 사건들의 특징을 정리해보면 다음과 같다.

첫째, 시내산 본문 양 쪽의 광야 사건들은 기본적으로 다음과 같은 요소들을 공통적으로 갖고 있다.

---

11 이에 대한 분석은 박철현, 출애굽기 산책, 142-167의 해당 부분을 보라.

(1) 문제의 발생

(2) 이스라엘 백성들의 부르짖음

(3) 모세의 중재 혹은 기도

(4) 하나님의 구원 응답

광야 시대 1기의 사건들은 거의 예외없이 이 패턴을 따르고 있다. 그러나 광야 시대 2기의 에피소드들에는 한 가지 중요한 요소가 새로 추가된다. 그것은 "하나님의 징벌"이라는 요소이다. 물론 1기에도 하나님의 진노와 책망에 대한 언급이 없는 것은 아니지만 하나님이 실제로 이스라엘을 징벌하시는 내용은 나오지 않는다. 그러나 2기의 광야 에피소드들 속에서는 항상 하나님의 징벌이라는 요소가 들어 있다.

이처럼 "하나님의 징벌"이란 요소의 유무는 광야 시대 1기와 2기를 나누는 가장 커다란 특징이다. 그러면 왜 이렇게 두 시기의 사건들은 뚜렷한 차이를 갖고 있는가? 이에 대해서 많은 학자들은 언약과 율법이 있고 없는 것이 이런 차이를 만들어낸다고 주장한다.[12] 광야 시대 1기에는 아직 언약 관계가 맺어지지 않았고 율법들도 아직 주어지지 않았기 때문에 하나님께서 그냥 놔두신 것이고, 2기에는 이런 것들이 있었기 때문에 하나님이 그것들에 근거해서 잘못한 사람들을 벌하셨다는 것이다.

하지만 만약 정말 언약관계의 유무가 이런 차이를 만들어낸다고 한다면 우리는 하나님과 언약을 맺은 것이 과연 유익하냐는 질문을 던질 수밖에 없다. 언약과 율법이 없기 때문에 자비를 누릴 수 있다면 차라리 그 편이 더 낫지 않겠는가? 따라서 광야 시대 1기와 2기의 징벌 유무의 차이를 언약과 율법의 존재 여부에서 찾아서는 안 된다고 나는 생각한다.

그러면 이 언약과 율법이 아닌 다른 무엇이 양 시기의 이스라엘의 불평

---

[12] 예를 들어 Jacob Milgrom, *Numbers*, The JPS Torah Commentary (Philadelphia: Jewish Publication Society, 1990), xvi; 빅터 해밀턴, 오경개론 (파주, 크리스챤다이제스트, 2007), 238 등을 참고하라. Milgrom의 자료에는 추가적인 문헌들에 대한 정보가 있다.

에 대한 하나님의 대응 방식의 차이를 만들어낸 것일까? 나는 그것은 이스라엘이 하나님에 대해서 경험한 정도의 차이라고 생각한다. 광야시대 1기에서는 이스라엘은 아직 하나님에 대한 체험이 적다. 물론 이들은 출 1:8-15:21에서 하나님의 권능을 여러 번 체험하기는 했다. 그러나 이러한 경험은 아직 하나님의 여러 측면들 중의 한 면일 뿐이다. 이들은 대적자의 손아귀로부터 자신들을 구원해내는 구원자로서의 하나님만을 보았다. 아직 하나님을 알게 된 지가 얼마나 안 되는, 신앙적으로 갓난 아이와 같은 이들이 광야 생활 중의 먹을 것이나 마실 것 등의 어려움 때문에 하나님께 칭얼댄다고 해서 금방 벌을 하신다면 하나님의 진노는 정당성을 확보하기가 어려울 것이다. 이런 점 때문에 하나님은 이스라엘의 인내심 없음을 꾸지람하시면서도 이들을 벌하시지는 않은 것 같다. 마치 갓난 아기 때는 아기가 아무리 보채도 혼을 내지 않는 것처럼 말이다. 그러나 광야 시대 2기의 경우에는 사정이 완전히 틀리다. 이 시기에는 이스라엘은 이미 광야 시대 1기를 통해서 구원자로서의 하나님에 대한 경험을 넘어서서 자신들을 돌보시는 보호자로서의 하나님에 대해서도 놀라운 경험들을 많이 하였다. 그리고 이런 경험들을 바탕으로 해서 하나님과 언약도 맺었다(출 19:4). 또한 하나님의 함께 하심의 상징인 성막도 건설하였다(출 25-40장). 각종 제사 제도와 더불어 하나님의 백성으로 살아가는 방식을 다루는 세세한 율법들도 받았다(레 1-27장). 또한 시간상으로도 광야시대 2기가 시작될 때쯤에는 이스라엘이 하나님을 알고 경험한지 이미 1년 정도의 시간이 흘렀다(참고, 민 10:11). 좀 더 정확히 말하자면 광야 시대 2기는 출애굽으로부터 제2년째 되는 해부터 제40년째 되는 해까지의 기간을 다루고 있다. 그러므로 이들은 이제 하나님과의 관계에서 더 이상 어린 아이들이 아니라 다 자란 청년과 같은 자들이다. 그런데도 불구하고 이들은 불행히도 하나님을 처음 만났을 때와 같은 갓난 아이와 같은 모습을 계속 보여주고 있다. 그러므로 2기에는 이스라엘은 당연히 하나님의 징벌을 당할 만한 시기와 상태에 처해 있었다. 이스라엘은 이제 젖이나 먹는 아기가 아니라 단단한 고기를 먹는 자들과 같이 되어 있어야 하는데, 이들은 그러지 못했던 것이다(히 5:12-14). 이처럼 광야 시대 1기와 2기의 이스라엘에 대한 하나님의 대처 방식의 차이는 하나님에 대한 지식과 경험의 정도의 차이로 이해하는 것이 더 적절해 보인다. 이스라엘은 하나님과의 관계가 깊어짐에 따라서 신앙적으로 더 깊어지고 자랐어야 함에도 불구하고 그러지 못했던 것이다.

둘째, 시내산 이전의 광야사건들 속에서는 진정한 의미에서의 하나님과 이스라엘 사이의 갈등은 존재하지 않는 것 같다. 광야 여행 중의 하나님과 이스라엘간의 진정한 갈등은 오직 민 13-14장의 정탐꾼 사건 이후에 발생한다. 이 사건을 통해서 하나님은 이스라엘을 속히 가나안으로 인도해 가시려던 계획을 바꾸고 그 세대가 다 죽기까지 40년을 기다리신다. 그러므로 출애굽기의 광야 사건들을 읽을 때 중요한 것은 이 모든 사건들이 이 때까지만 해도 아주 한시적인 여행의 일부였다는 것을 염두에 둘 필요가 있다. 오경의 내용에 익숙한 독자들은 광야 생활이 40년이라는 개념을 이 출애굽기의 광야 사건들을 읽을 때에도 투영하는 경향이 있는데 이것은 잘못된 것이다. 민수기 13-14장의 사건이 없었더라면 이스라엘의 광야 생활은 아주 짧은 것이 되었을 것이라는 점을 염두에 두고 이 사건들을 읽어야 한다.

셋째, 광야 시대 1기의 사건들과 2기의 사건들의 또 하나의 중요한 차이점은 전자의 경우 이스라엘은 정말 갑급한 필요에 의해 하나님께 부르짖는다는 것이다. 반면 후자의 경우에는 이스라엘은 상황상 절대적으로 필요한 것이 아닌 것들까지도 자꾸 요구한다. 이 점은 각각 출애굽기의 만나 사건과 민수기의 메추라기 사건에서 이스라엘 백성들이 불평한 내용을 비교해 보면 확연하게 드러난다. 출 16:2-3에서 이스라엘은 광야에 정말 먹을 것이 없었기 때문에 "온 회중이 주려 죽게 하는도다"라고 불평하였다. 비록 불평의 방식이나 표현이 잘못 되었기는 하지만 이스라엘은 정말 식량의 측면에서 심각한 상태에 봉착했다. 반면에 민 11:4-5에서는 이스라엘은 "만나 외에는 보이는 것이 아무 것도 없도다"라고 말하면서 고기를 먹게 해달라고 요구한다. 바로 앞의 항목에서 언급한 바와 같이 민 11장의 상황만 해도 하나님께서는 이스라엘을 광야에서 40년 동안 방랑하게 만드실 예정이 아니셨다. 그들은 이제 곧 가나안 땅으로 들어가도록 되어 있었다(신 1:2). 그 짧은 기간 동안만 견디면 그들은 곧 가나안 땅의 풍성하고 다양한 음식들을 즐기게 될 것이었다. 게다가 하나님은 그들이 배고프지 않도록 계속해서 만나를 식량으로 공급하고 계셨다. 그런 상황에서 그들은 광야라는 일시적이고 특수한 상황을 고려하지 않고 마치 영양가 많은 식사가 차려진 밥상 앞에서 반찬투정을 하는 아이처럼 하나님께 꼭 필요하지도 않은 것에 대해서 불평을 하고 무리한 요구를 하고 있는 것이다.

3. 광야 사건의 중요한 어휘들 및 해설

광야 시대의 사건들의 가장 큰 특징은 이스라엘 백성의 투덜거림 혹은 불평(murmuring)이다. 이 때문에 학자들은 이 광야 시대의 이런 특징을 소위 "불평 모티프"(the murmuring motif)라는 이름으로 부른다. 이 모티브의 중심적인 단어들은 다음과 같은 것들이 있다.[13]

(1) 룬(לון): "투덜거리다, 불평하다"(to murmur, complain). 이 동사는 여호수아서 9:18을 제외하고는 오직 광야 이야기들에서만 등장한다(출 15:24; 16:2, 7-8; 17:3; 민 14:2, 27[x2], 29, 36; 16:11; 17:6, 20). 이 동사는 주로 니팔형(Niphal)이나 히필형(Hiphil)으로 쓰인다. 이 단어와 "~대항하여"란 뜻을 가진 전치사 알(על)의 결합은 이 단어의 의미를 더욱 강화시킨다.

(2) 야아드(יעד, 니팔형, "모이다"[to meet at an appointed place], 민 14:35; 16:11; 27:3)와 카할(קהל, 앞 단어와 비슷, 니팔형 혹은 히필형, 출 32:1; 민 16:3,19; 17:7; 20:2; 렘 26:9). 이 단어들도 광야의 불평 사건들과 관련된 경우가 많다. 이 단어들이 사용되는 경우 대부분은 불평을 위해 이스라엘 백성들이 모여드는 것을 나

---

[13] 이 모티프에 대한 선구자적이고 체계적인 연구는 G. W. Coats, *Rebellion in the Wilderness: The Murmuring Motif in the Wilderness Traditions of the Old Testament* (Nashville: Abingdon Press, 1968)이다.

타낸다.

(3) 다바르(דבר)의 피엘형("말하다"). 이 동사가 전치사 브(ב)가 결합된 어구도 때로는 불평 사건들과 연결되어 있다(민 21:5, 7; 시 78:19).

(4) "시험하다"(나사, נסה): 창 22:1[하나님께서 아브라함을 시험]; 출 15:25; 16:4; 17:2,7; 20:20; 민 14:22; 신 4:34; 6:16; 8:2,16; 13:4; 28:56; 33:8; 삿 2:22; 3:1, 4; 6:39; 삼 17:39; 왕 10:1; 대하 9:1; 32:31; 욥 4:2; 시 26:2; 78:18,41,56; 95:9; 106:14; 전 2:1; 7:23; 사 7:12; 단 1:12,14).

C. 광야 시기의 신학

1. 광야사건에 대한 기억

광야사건에 대한 기억은 이스라엘의 뇌리에 깊은 인상을 남겼던 것 같다. 출애굽기 이후의 구약의 본문들은 이 시기에 대한 많은 언급들을 하고 있다.

특히 엘리야-엘리사 시대는 광야 시대의 사건들과 많은 상응성을 갖고 있다. 물과 떡 모티프(왕상 17:1-7; 19:1-8), 물을 고치는 사건(왕하 2:19-25) 등의 요소들은 출애굽기와 민수기의 광야 사건들과의 연결 속에서 읽어야만 그 중요성과 진짜 의미가 드러난다.[14]

또한 시편과 선지서들 역시 이 시기에 대한 언급을 많이 하고 있다(시편: 78:14-41, 52-53; 81:7; 95:8-11; 105:37-42; 106:13-27; 렘 2:2-6; 겔 20:20-26; 호 2:14-15; 13:4-5; 암 2:10; 5:25 등). 그 중에서도 특히 바벨론 유수로부터의 귀환을 "새 출

---

14 Thomas L. Brodie, O.P., *The Crucial Bridge: The Elijah-Elisha Narrative as an Interpretive Synthesis of Genesis-Kings and a Literary Model for the Gospels* (Collegeville, Minnesota: A Michael Glazier Book, 2000)는 모세에서 엘리야-엘리사를 거쳐 가는 유사한 사건들의 관계 및 흐름에 대한 연구를 담고 있다.

애굽기"(the New Exodus)이란 시각에서 새롭게 바라보고 있는 이사야서는 오경의 광야 시기의 본문들로부터 추출해낸 여러 가지 주제들을 발전시키고 있다. 예를 들어 광야에 길을 내는 것(사 40:3-5; 42:16; 43:19; 참고, 11:16; 35:8-10), 음식과 물을 제공해주신 것(사 41:17-20; 43:19-21; 49:10; 48:21[바위에서 물을 내심]), 그리고 출애굽기의 경험을 초월하여 광야가 놀라운 변신을 하게 되는 것(사 49:9-11; 55:13; 참고, 35:6-7) 등이 그것이다.

2. 광야에 대한 두 관점

구약성경이 광야에 대해서 언급하는 것들은 긍정적 관점과 부정적 관점의 두 가지 시각으로 나누어 볼 볼 수 있다.

a. 긍정적 관점

긍정적인 관점에서 광야를 보는 시각에 따르면 비옥한 애굽이 하나님의 긴 부재의 장소였다면 척박한 광야는 하나님의 임재의 장소, 그리고 지속적인 돌보심과 계시의 장소였다. 이 관점 속에서의 광야는 이스라엘이 하나님의 신부로서 하나님께 친밀함과 신실함을 보인 곳으로 묘사되고 있다(렘 2:2; 참고, 호 2:15).

b. 부정적 관점

부정적인 관점에서의 광야를 보는 시각에 따르면 광야는 이스라엘이 하나님께 반항과 반역을 하던 장소로 묘사된다. 시편 78편은 이 점을 다음과 같이 부각시키고 있다.

> 그들은 계속해서 하나님께 범죄하여
> > 메마른 땅에서 지존자를 배반하였도다.
> 그들이 그들의 탐욕대로 음식을 구하여

> 그들의 심중에 하나님을 시험하였으며
>
> 그뿐 아니라 하나님을 대적하여 말하기를
>
> 하나님이 광야에서 식탁을 베푸실 수 있으랴.
>
> 보라 그가 반석을 쳐서 물을 내시니 시내가 넘쳤으나
>
> 그가 능히 떡도 주시며
>
> 자기 백성을 위하여 고기도 예비하시랴 하였도다.
>
> …
>
> 그들이 광야에서 그에게 반항하며
>
> 사막에서 그를 슬프시게 함이 몇 번인가
>
> 그들이 돌이켜 하나님을 거듭거듭 시험하며
>
> 이스라엘의 거룩하신 이를 노엽게 하였도다. (17-20, 40-41)

광야에 대한 이런 부정적인 관점은 신약의 히 3:7-11; 4:3-11 등에서도 찾을 수 있다.

c. 신학적 통찰

광야 시기에 대한 성경의 신학적 가르침은 신명기의 모세의 설교를 통해서 가장 잘 살펴볼 수 있다. 왜냐하면 신명기는 기본적으로 민수기 20장의 맛사 또는 므리바에서의 물 사건 때문에 약속의 땅을 들어갈 수 없게 된 모세가 이 땅의 경계선에 이스라엘 백성을 모아 놓고 마지막 설교를 한 것들을 담고 있기 때문이다. 이 설교들 중에서 모세는 오경의 이전의 내용들, 그 중에서도 특히 출애굽기부터 민수기까지의 역사를 반추하면서 이스라엘이 장차 어떻게 살아가야 할 지에 대해서 가르침을 준다. 이 가르침들 중 특히 신명기 8장은 광야의 신학과 관련하여 중요한 신학적 통찰들을 제공해주고 있다.

이 모세의 설교에 따르면 광야는 궁극적으로 이스라엘이 하나님의 아들로서 시험과 가르침을 받은 장소였다. "너는 사람이 그 아들을 가르치는 것

같이 네 하나님 여호와께서 너를 가르치는 줄 마음에 깊이 깨달으라"(사역, 신 8:5). 이스라엘이 이 광야에서의 시험과 관련하여 꼭 기억해야 할 점은 하나님께서 물과 음식으로 그들을 시험하시는 와중에도 그들을 초자연적인 은총으로 보호하시고 계셨다는 점이었다(8:4). 이런 점들을 통하여 그들은 자신들이 "떡으로만 사는 것이 아니라 여호와의 입에서 나오는 모든 말씀"으로 살아간다는 사실(8:3)과 시험의 목적은 "마침내 복을 주려 하심"(8:16)이라는 것을 깨닫는 것이었다.

모세가 신명기 8장에서 광야의 시험 이야기를 길게 하는 목적은 19-20절에 나와 있다. 그는 광야 시절의 이스라엘이 하나님의 인도와 보호하심을 깨닫고 하나님께서 순종하는 것이 중요했던 것처럼 약속의 땅에서도 그들에게 중요한 것은 하나님의 인도하심을 받아들이고 그에게 순종하는 것이라는 점을 주지시키고자 했다(8:19-20).

신앙인에게 있어서 장소는 그 어디가 되든지 상관이 없다. 척박한 광야든지 비옥한 약속의 땅이든지 간에 결국은 장소가 우리 자신과 하나님 사이의 관계를 결정짓는 것은 아니다. 우리가 어느 곳에 처해 있든지 하나님은 우리가 당신을 전적으로 신뢰하기를 원하신다. 즉 우리들이 떡으로 사는 것이 아니라 하나님의 말씀으로 산다는 것을 깨닫기를 원하시는 것이다. 이런 면에서 광야의 신학은 우리가 신앙인으로 삶아가는데 있어서 커다란 교훈이 된다. "내 영혼이 은총 입어"란 찬송가의 한 소절처럼 "궁궐이나 초막이나 내 주 예수 계신 곳이 그 어디나 하늘 나라"라는 마음가짐을 가지는 것이 진정으로 성도가 취할 태도이다. 자신의 처지나 환경에 따라 하나님에 대한 태도가 달라지는 것은 신앙이 아니다.

민수기 11장

광야 시대 2기의 패러다임: 불과 메추라기

민수기 11장의 개관과 신학

민수기 11장과 더불어 드디어 이스라엘의 광야 시대 2기가 시작된다. 11장은 크게 두 개의 에피소드로 구성되어 있다. 11:1-3의 짧은 본문은 다베라라고 하는 장소에서 벌어진 사건을 다루고 있고, 11:4-35의 긴 본문은 기브롯 핫다아와라고 하는 장소에서 벌어진 사건을 다루고 있다.

이 두 장소의 이름은 모두 각 장소에서 벌어진 사건에서 기인했다. 다베라(타브에라, הַתַּבְעֵרָה), 즉 "불사름"이란 지명은 그 장소에서 하나님이 이스라엘을 불로 심판하신 것을 기념하여 붙여졌다(11:3).[1] 그리고 기브롯 핫다아와(키브로트 핫타아봐, קִבְרוֹת הַתַּאֲוָה), 즉 "탐욕의 무덤들"이란 지명은 그 장소에서 이스라엘 백성이 고기를 탐하다가 많은 사람이 죽은 것을 기념하여 붙여졌다(11:34).

한 가지 흥미로운 점은 구약성경에서 11장의 첫 번째 장소의 이름인 다베라는 이름이 이 본문을 제외하고는 오직 신명기 9:22에만 나오며, 민수기

---

[1] 다베라, 즉 히브리어의 정확한 음역으로는 타브에라는 "불타다"(to burn)란 뜻을 가진 바아르(בָּעַר)에서 파생된 것으로 보는 것이 정확할 것이다. 이 어원이 정확한 어원이 아니라고 보는 주장들이 없지는 않으나 성경 본문이 제시하고 있는 지명 해설을 배격할 만한 본질적인 이유는 없어 보인다. 찬반 논쟁에 대한 정보는 Timothy R. Ashley, *The Book of Numbers*. The New International Commentary on the Old Testament (Grand Rapids: Eerdmans, 1993), 203을 보라.

33장의 광야 여정 기록 속에는 언급이 빠져 있다는 점이다(참고, 민 33:15-16). 또한 민수기의 다른 본문들(참고, 11:35; 12:15-16)을 비교해볼 때 이스라엘이 다베라에서 기브롯 핫다아와로 이동했다는 언급이 없다. 이런 증거들에 기초해서 밀그롬 등의 학자는 어쩌면 이 두 지명이 하나의 장소에 대한 두 개의 이름일 수 있다는 주장을 했다. 이스라엘이 하나님에 대한 불평 때문에 그 장소에 붙들려 있는 동안 벌어진 일련의 사건들 때문에 한 동일한 장소에 두 개의 지명이 붙게 되었을 가능성이 있다는 것이다.[2] 충분히 흥미롭고 타당성이 있는 이 주장을 좀 더 발전시켜 보자면 다음과 같다. 우선 11:1-3에서 이스라엘은 오경에서 흔히 그러하듯이 자신들이 특별한 경험을 한 장소에 그 경험 내용을 바탕으로 한 '다베라'란 이름을 부여하였다. 그런데 이스라엘은 그 장소를 미처 떠나기도 전에 다시 한번 하나님께 거역을 하여 크게 징계를 받았으며, 그 결과로 '다베라'란 장소를 다시 '기브롯 핫다아와'란 이름으로 변경하게 되었다는 것이다.[3]

문맥적으로 볼 때 광야 시대 2기를 여는 민수기 11장의 내용이 앞의 민수기 1-10장과 현저한 대조를 이룬다는 점은 이미 앞에서 언급한 적이 있다. 민수기 1-10장이 "명령-수행"의 구도를 주로 따름으로써 이스라엘의 순종적인 모습을 강조하고 있는 반면에 민수기 11장은 이스라엘의 반역을 주로 다루고 있다.

이런 대조는 특히 경계선에 있는 민수기 10장과 11장 사이에도 잘 나타

---

[2] Jacob Milgrom, *Numbers*. The JPS Torah Commentary (Philadelphia: Jewish Publication Society, 1990), 83.
[3] 물론 이런 추측에 걸림돌이 되는 것은 다베라가 다시 한 번 유일하게 언급되는 신명기 9:22의 본문이다. 이 본문은 "다베라와 맛사와 기브롯 핫다아와"라고 언급하고 있다. 하지만 이 신명기 본문은 장르가 일종의 설교이며, 민수기 33장과 같은 광야 여정 기록이 아니다. 이 신명기 본문은 모세가 백성을 권면하는 중에 그들의 대표적인 반역 사건을 열거한 것을 담고 있다. 다시 말해 모세의 말에 있어서 초점은 여정의 기록이나 장소가 아니라 사건 자체에 있는 것이다. 이런 점에서 이 신명기 본문은 두 장소 이름을 모두 보존하고 있는 민수기 11장과 같은 노선에 있으며, 이름이 두 개라고 해서 장소가 꼭 두 개여야 한다는 것에 대한 증거는 되지 않는다.

나 있다.⁴ 우선 10장에서 이스라엘은 미래를 바라보는 반면에 11장에서 이스라엘은 과거를 바라본다(민 10:29; 11:5, 18, 20). 또한 10장은 하나님의 선대하심에 대한 기대를 표명하고 있는 반면에 11장은 하나님의 박대하심에 대한 항의가 나타나 있다(10:32; 11:11).⁵

이제 오경의 좀 더 거시적인 맥락에서 볼 때 광야 시대 2기를 여는 민수기 11장의 두 단원(11:1-3, 4-35)은 광야 시대 1기를 여는 두 본문(출 15:22-27; 16장)과 비슷한 상응성을 갖고 있는 것으로 보인다. 첫째, 두 기의 상응하는 두 본문들은 "짧은 본문(출 15:22-27; 민 11:1-3)-긴 본문(출 16장; 민 11:4-35)"의 구성으로 되어 있다.⁶ 둘째, 두 기의 첫 본문들(출 15:22-27; 민 11:1-3)은 각각 "물"과 "불"이라는 패러다임적 주제를 갖고 있고, 두 기의 두 번째 본문들(출 16장; 민 11:4-35)은 둘 다 먹는 것의 문제, 즉 만나와 메추라기라는 내용을 담고 있다는 점에서 서로 상응한다.

메추라기 본문(민수기 11:4-35)은 만나 본문(출 16장)과만 상응성을 갖고 있는 아니라 광야 시대 1기 끝 본문인 출애굽기 18:13-27절의 재판장 선임 본문과도 분명한 상응성을 갖고 있다. 이 두 본문은 모두 모세의 임무를 나눠질 사람들을 뽑는 내용을 공통으로 담고 있으며, 이 내용과 관련하여 상응하는 문구들을 갖고 있다.

	광야 시대 1기(출 18:13-27)	광야 시대 2기(민 11:4-35)
모세의 대리자들 임명	천부장, 백부장, 오십부장, 십부장 임명 "이 일이 네게 너무 중함이라. 네가 혼자할 수 없으리라"(출 18:18)	70장로 임명(메추라기 사건과 연계) "책임이 심히 중하여 나 혼자는 이 모든 백성을 감당할 수 없나이다"(민 11:14)

---

4 이 통찰은 Gordon J. Wenham, *Numbers: An Introduction and Commentary*, vol. 4, Tyndale Old Testament Commentaries (Downers Grove, IL: InterVarsity Press, 1981), 120을 보라.
5 이 점은 "선대하다"(to treat kindly)라는 뜻을 가진 동사 야타브(יטב)의 히필형과 반대어인 "박대하다"(to treat badly)란 뜻을 가진 동사 라아(רעע)의 히필형 사이의 대조를 통해서 부각되어 있다.
6 Wenham, *Numbers*, 120

특히 이처럼 모세의 짐을 짊어질 보조자들을 임명하는 문제를 다루고 있는 이 두 본문이 오경의 대표적인 율법들을 포괄하고 있는 본문인 시내산 본문(출 19-민 10장)의 앞뒤를 감싸주는 역할을 하고 있다는 점도 흥미롭다. 이 수미쌍괄적 본문들은 그 사이에 낀 시내산 본문에서 하나님께서 수여하신 율법들을 바탕으로 해서 모세를 도와 이스라엘 백성들을 다스리고 관리하는 일을 할 사람들의 이야기를 담고 있는 것이다.

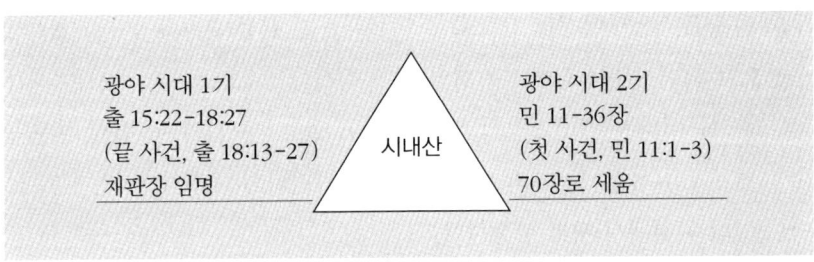

이제 문맥에 대한 해설을 벗어나서, 민수기 11장의 두 단원 자체를 조금 더 구체적으로 고찰해보도록 하자. 우선 광야 시대 2기의 첫 본문인 민수기 11:1-3의 다베라 사건은 그 상응 본문인 광야 시대 1기의 출애굽기 15:22-27의 본문의 내용과 비슷하게 패러다임적인 성격을 갖고 있다. 이 출애굽기 본문은 "물이 없음 → 쓴 물 → 단 물 → 풍부한 물"이라는 "물"의 변화와 더불어 12와 70이란 숫자, 즉 이스라엘 지파의 숫자와 70장로를 가리키는 숫자를 상징적으로 사용함으로써 강한 패러다임적 성격을 보여준다.[7]

이 광야 시대 1기의 출애굽기 "물" 본문과 상응하는 광야 시대 2기의 "불" 본문(민 11:1-3) 역시 다음의 몇 가지 점에서 패러다임적인 성격을 띠고 있다. 첫째, "물"과 상응하면서도 대조를 이루는 주제인 "불"이 중심을 차지한다는 점이 그 패러다임적 성격을 보여준다. 둘째, 이 광야 시대 2기의 패

---

[7] 출애굽기 15:22-27의 본문이 가진 이런 패러다임적 성격들에 대한 좀 더 자세한 설명은 박철현, 출애굽기 산책 (서울: 솔로몬, 2014), 155-159을 보라.

러다임적 본문에서 이스라엘이 불평을 하자 하나님이 바로 진노하시고, 불로 징계를 하신 점은 광야 시대 1기와 2기의 가장 커다란 차이이다. 1기에서는 하나님이 이스라엘의 불평에 대해 진노하시거나 징계하신 적이 없다.[8] 그런데 광야 시대 2기의 서두를 장식하는 이 본문이 광야 시대 1기의 본문들과 선명한 대비를 이처럼 처음부터 부각시키고 있다는 점은 이 본문이 패러다임적 성격을 갖고 있음을 보여주는 것으로 보인다. 광야 시대 2기의 본문들은 이 첫 본문이 제시한 패러다임을 따라 '불평에 대한 하나님의 징계'를 특징으로 하게 될 것이다.

민수기의 두 번째 단원인 11:4-35는 앞에서 말한 대로 음식 문제와 리더십 문제를 겸해서 다루고 있다. 이런 면에서 이 본문은 광야 시대 1기의 만나 본문(출 16장)과 재판장 선출 본문(18:13-27)에 상응하는 내용이 결합된 형태로 되어 있다.

이 본문은 먼저 출애굽기 16장의 만나 본문과 비슷한 구조를 따라 (1) 문제의 발생, (2) 이스라엘 백성들의 부르짖음, (3) 모세의 중재 혹은 기도, (4) 하나님의 구원 응답의 구조를 따라간다. 그러나 여기에 하나님의 징벌이라는 요소가 더해진다. 하나님은 이스라엘이 하나님을 거부한 것에 대해서 징벌을 하신다(11:31-34, 특히 33절, "심히 큰 재앙").

또한 민수기의 이 본문에는 출애굽기 18:13-27과 상응하는 주제도 함께 결합되어 있다. 고기를 먹지 못하는 것에 대한 백성의 불평을 들었을 때 모세는 하나님께서 자신에게 맡기신 이 백성이라는 무거운 짐에 대해서 한탄한다(민 11:11-12, 14-15). 이 한탄의 목소리는 출애굽기 18장에서 이드로가 모세의 힘든 임무를 보고 "이 일이 네게 너무 중함이라"라고 말한 것과 문구가 상응한다(민 11:14; 출 18:18). 그리고 출애굽기 18장에서 하나님께서 "천부장과 백부장과 오십부장과 십부장"(출 18:21)을 세워 모세의 임무를 대신

---

[8] 이 차이에 대한 설명은 지난 호의 "민수기 광야 이야기의 개관과 신학" 중에 나오는 "광야 시대 사건들의 특징들" 항목을 참고하라.

하게 하셨던 것처럼 민수기의 이 본문에서는 백성의 지도자가 될 장로 70명에게 모세의 영을 나눠주셔서 그들이 모세의 짐을 나눠질 수 있게 해주셨다.

이제 하나님께서 왜 광야 시대 1기에는 이스라엘의 불평에 대해서 진노를 하지 않으시고 그들의 요청을 들어주시다가 이 2기에 와서는 그들이 불평하는 족족 진노하시고 강력한 징계를 하셨는지에 대해 잠깐 살펴보도록 하자. 이 점을 이해하기 위해서는 광야 시대 2기의 원래 예정된 광야 여정의 길이를 고려해야만 한다. 흔히 오경의 독자들은 '광야 40년'이란 문구에 익숙하기 때문에 이스라엘이 원래부터 광야에서 오랫동안 머물도록 계획되어 있었다는 생각을 하기 쉽다. 심지어는 이런 착각은 오경 전문학자들의 글과 주석들의 해석의 밑바탕에 은밀하게 깔려 있는 경우도 상당히 많다. 그러나 사실 신명기 1:2가 명시하고 있듯이 시내산으로부터 약속의 땅 입구까지의 여정은 "열 하룻길"밖에 안 된다. 물론 이스라엘 백성은 숫자도 많고, 노인과 아이들과 가축들도 있었기 때문에 평균적인 여행자가 걷는 속도보다 느릴 수밖에 없었기 때문에 이보다는 더 걸렸을 것이다. 그럼에도 불구하고 여전히 이 여정은 아무리 길어야 2-3개월이 안 걸리는 거리였다. 이런 짧은 여정이 40년 동안의 체류로 바뀌게 된 것은 오직 민수기 13-14장의 열두 정탐꾼 사건을 통해 이스라엘이 가나안 입성을 거부했기 때문이다(민 14:33-34). 따라서 우리는 최소한 이 사건 이전의 광야 여정 이야기들은 극히 짧은 여정이라는 맥락에서 해석해야만 한다.

위에서 말한 점들을 고려할 때 민수기 11장의 메추라기 사건에서 이스라엘의 문제가 분명해진다. 물론 이스라엘 백성은 출애굽기 16장이 말한 광야 여정의 초기부터 민수기 11장의 시기 동안, 즉 1년 어간의 시간 동안 만나만 먹은 것 때문에 지겨웠을 수는 있다(민 11:4-6). 그러나 그들은 그 앞의 민수기 1-10장과 같이 하나님께 순종하는 태도를 견지하기만 하면 얼마 안 가 여정을 끝내고 하나님의 도움으로 정복 전쟁을 승리한 뒤에 땅의 소산물들을 먹게 될 것이었다(참고, 수 5:10-12). 그러나 중요한 전쟁을 앞둔 군대로서의 이스라엘은 그 짧은 기간을 견디지 못하고 음식 투정을 하다가 하나님의 징계를 받았다. 메추라기 사건을 둘러싼 이런 맥락은 이스라엘의 죄의 문제를 더욱 부각시켜 준다.

이런 면에서 마태복음 4:1-11에서 예수께서 광야에서 시험받으신 이야기는 중요하다. 광야에서 음식으로 인한 시험을 이기지 못하고 실패했던 옛 이스라엘과 달리 새 이스라엘로서의 예수 그리스도는 광야에서 40일 동안 금식하시고 주리신 상태에서 마귀에서 시험을 받으셨지만 신명기 8:3의 말씀과 같이 "사람이 떡으로만 살 것이 아니요 하나님의 입으로부터 나오는 모든 말씀"으로 살아야 한다는 것을 몸소 보여주셨다. 하나님에 대한 신뢰를 가지고 사는 성도는 예수께서 가르치신 기도의 말씀과 같이 하나님 아버지께서 무엇을 주시든 그 허락하신 "일용할 양식"에 따라 살아야 한다. 이것이 바로 참 이스라엘이신 예수께서 보이신 모범이다.

1단계: 사역

1. 백성이 정말로 하나님의 귀에 거슬리게 불평을 해댔다. 그러자 하나님이 들으시고 진노하셨다. 그래서 여호와의 불이 그들 가운데에 타올라서 진영의 끝을 태웠다.
2. 그래서 백성이 모세에게 부르짖었고, 모세가 여호와께 기도하여 불이 꺼졌다.
3. 그리고 그 장소의 이름을 다베라라고 불렀다. 왜냐하면 여호와의 불이 그들 가운데에서 타올랐기 때문이다.
4. 그들 중에 있는 무리 짓기 좋아하는 사람들이 욕심을 품었다. 그러자 이스라엘 자손도 다시 울며 말했다. "누가 우리로 하여금 고기를 먹게 해줄 것인가
5. 우리가 애굽에 있을 때에 공짜로 먹었던 생선과 오이와 수박과 양파와 대파와 마늘들을 기억한다.
6. 그러나 이제는 우리 눈에 만나 외에는 아무 것도 없어 우리의 영혼이 시드는구나".
7. 만나는 고수 씨앗 같으며, 그것의 모양은 브델리움 호박과 같았다.
8. 백성이 [늘상] 돌아다니면서 그것을 거두었다. 그들이 [늘상] 맷돌로 갈거나 절구에 빻은 것을 가마에서 구워서 과자를 만들었다. 그 맛은 기름 과자 맛 같았다.
9. 밤에 이슬이 진영에 내릴 때마다 만나도 함께 내렸다.

10. 백성의 온 종족들이 각기 자기 장막 문에서 우는 것을 모세가 들었다. 여호와께서 크게 진노하셨고, 모세의 눈에도 악하였다.
11. 모세가 여호와께 말하였다. "왜 당신의 종을 박대하시며, 왜 제가 주의 눈에 은혜를 누리지 못하게 하셔서 이 모든 백성의 짐을 저에게 맡기시나이까?
12. 제가 이 모든 백성을 잉태하였나이까, 제가 그들을 낳았나이까? 그런데도 당신은 저에게 말씀하시기를 '너는 그들을 젖먹이를 돌보는 자처럼 품에 안고 내가 그들의 조상들에게 맹세한 땅으로 데려가라'고 하셨습니다.
13. 이 모든 백성에게 줄 고기를 제가 어디에서 얻겠습니까? 그런데도 그들이 저를 향하여 울며 이르기를 '우리에게 고기를 주어 먹게 하라'고 합니다.
14. 저 혼자는 이 모든 백성을 짊어질 수 없습니다. 저에게는 너무 무겁습니다.
15. 당신이 저에게 이렇게 하실 것이면 저에게 은혜를 베푸시사 저를 그냥 죽이셔서 제가 저의 고난을 목도하지 않게 하소서".
16. 여호와께서 모세에게 이르셨다. "이스라엘 노인 중에 네가 알기로 백성의 장로와 지도자가 될 70명을 나를 위해서 모아서 회막으로 데려와 너와 함께 거기에 서게 하여라.
17. 내가 내려가서 거기서 너와 말할 것이다. 그리고 너의 위에 있는 영을 가져다 그들 위에 두어 그들이 백성의 짐을 너와 함께 짊어지며 너 혼자 지지 않게 할 것이다.
18. 또 너는 백성에게 말하여라. '내일을 위해 너희 스스로를 거룩하게 하여라. 너희가 고기를 먹게 될 것이다. 이는 너희가 여호와의 들으시기에 울면서 말하기를 누가 우리로 하여금 고기를 먹게 할 것인가? 우리가 애굽에 있을 때가 좋았다라고 했기 때문이다. 여호와께서 너희에게 고기를 주어 먹게 하실 것이다.
19. 너희가 하루나 이틀이나 닷새나 열흘이나 20일만 먹을 것이 아니라
20. 한 달이 될 때까지, 곧 그것이 너희의 코로 나와 그것이 너희에게 싫증이 날 때까지 그리할 것이다. 이는 너희가 너희 가운데 계신 여호와를 거부하고 그의 앞에서 울면서 우리가 도대체 왜 애굽에서 나왔던가'라고 말하였기 때문이다'".
21. 그러자 모세가 말하였다. "저와 함께 있는 이 백성의 보행자가 60만 명입니다. 그런데 당신은 그들에게 고기를 주어 그들이 한 달 동안 먹게 할 것이라고 말씀하십니다.
22. 그들을 위하여 작은 네 발 가축 떼와 소 떼를 잡는다 해도 충분하겠으며, 바다의 모든 고기를 모은다 해도 충분하겠습니까?"
23. 여호와께서 모세에게 말씀하셨다. "여호와의 손이 짧으냐 이제 네가 내 말이 너에게 이루어지는지 아닌지를 볼 것이다".
24. 모세가 나가서 여호와의 말씀을 백성에게 알렸다. 그리고 백성의 늙은이들 중에서 칠십 명을 모아서 그들을 장막 둘레에 세웠다.

25. 그리고 여호와께서 구름 가운데 내려오셔서 그와 말씀하셨다. 그리고 그의 위에 있는 영을 70장로에게 주었다. 그 영이 그들 위에 임할 때 그들이 예언을 하다가 다시는 하지 아니하였다

26. 두 명의 사람이 진영에 남아 있었다. 한 명의 이름은 엘닷이고, 다른 한 명의 이름은 메닷이었다. 이 두 사람에게도 영이 임하였다. 이들은 기명된 자들이었는데 장막으로 나가지 않았었다. 그런데 그들도 진영 내에서 예언을 하였다.

27. 한 소년이 달려와서 모세에게 말하여 일렀다. 엘닷과 메닷이 진중에서 예언하고 있습니다.

28. 그러자 젊은 시절부터 모세를 섬겨온, 눈의 아들 여호수아가 대답하여 말하였다. "내 주 모세여, 그들을 막으소서".

29. 모세가 그에게 말하였다. "네가 나를 위해서 시기하느냐? 여호와의 모든 백성이 선지자가 되기를 원하노라! 진실로 여호와께서 자기 영을 그들 위에 주시기를!"

30. 모세와 이스라엘 장로들이 진영으로 돌아왔다.

31. 바람이 여호와로부터 나와서 바다에서 메추라기를 몰아 진영 곁 이쪽으로 하룻길, 저쪽으로 하룻길만큼 진영 사방으로 지면 위에 두 규빗 정도 내리게 하셨다.

32. 백성이 일어나 그 날 온 낮과 온 밤, 그리고 그 다음 날 하루 동안 메추라기를 모았다. 적게 모은 자도 10호멜을 모았다. 그들이 자기들을 위하여 [그것들을] [줄줄이] 진영 사면에 펴 두었다.

33. 고기가 아직 이 사이에 있고 씹히기도 전에 여호와이 백성을 향해 진노하셨다. 그래서 여호와께서 그 백성을 심히 큰 재앙으로 치셨다.

34. 그래서 그 곳의 이름이 기브롯 핫다아와라고 불렸다. 이는 욕심을 낸 백성이 거기 묻혔기 때문이었다.

35. 백성이 기브롯 핫다아와로부터 하세롯으로 가서 거기에 있었다.

2단계: 사역 해설

1절. "백성이 정말로…계속해서 불평을 해댔다": 하암 크미트온님 (הָעָם כְּמִתְאֹנְנִים). 크미트온님의 전치사 크(כְּ)는 강조의 역할을 하는 크, 혹은 전통적인 문법 용어로 "진실의 크"(kaph veritatis)라고 불리는 역할을 하는 것으로 이해하는 것이 좋아 보인다. 이 크는 주어를 서술해주는 보어 앞에

와서 "진실로, 정말 그런"(truly, such a) 정도의 의미를 나타낸다. 다시 말해 이 크는 그 다음에 오는 단어에 의해 서술되는 주어가 정말로 그런 존재임을 강조해주는 역할을 하는 것이다. 따라서 원래는 이 크가 사용된 11:1a는 "이 백성이 정말로 불평을 해대는 자들이었다" 정도로 해석되는 것이 정확한번역일 것이다. 그러나 사역은 문맥의 흐름을 고려하여 좀 더 자연스럽게 번역을 하였으며, 강조의 의미를 살리기 위해 "정말로"란 문구를 넣었다.[9]

또한 크 다음에 온 미트온님은 아난(אנן)이란 동사의 히트파엘형이다. 이 동사는 구약성경에서 단 두 번(민 11:1; 애 3:39)만 사용되었으며, 이렇게 모두 히트파엘형으로만 되어 있다. 따라서 이 드문 단어가 현재 본문에서 정확히 어떻게 사용되었는가 하는 것은 파악하기가 쉽지가 않다. 그러나 아마도 히트파엘형이 나타내는 용법 중의 하나인 반복적 행위(iterative)를 나타내는 것일 수가 있다고 생각되며,[10] 또 이렇게 보는 것이 현재의 문맥과 잘 어울린다. 사역에서는 이 점을 살리기 위해 "계속해서"라는 문구를 넣었다.

4절. "무리 짓기 좋아하는 사람들": 하사프수프(הָאסַפְסֻף). 구약성경에 단한 번 사용된 하팍스 레고메논(hapax legomenon)이다. 개역개정은 이 단어를 "섞여 사는 다른 인종들"이라고 번역함으로써 출애굽기 12:38의 "수많은 잡족"(에레브 라브, עֵרֶב רַב), 즉 출애굽 당시에 이스라엘 백성들과 함께 애굽을 탈출했던 이방 민족들을 가리키는 표현과 완전히 동일시하고 있는 것으로 보인다. 그리고 전통적인 주석들과 현대의 다수 주석들 역시 이런 견해를 지지하는 경우들이 많다.[11] 그러나 엄연히 이 두 단어는 어근이 전혀 다

---

[9] 이런 견해에 대해서는 Ashley, *Numbers*, 200을 보라. 또한 크의 이런 용법에 대해서는 Friedrich Wilhelm Gesenius, *Gesenius' Hebrew Grammar*, ed. E. Kautzsch and Sir Arthur Ernest Cowley, 2d English ed. (Oxford: Clarendon Press, 1910), §118x; Ronald J. Williams, *Williams' Hebrew Syntax*, 3rd ed. Revised and Expanded by John C. Beckman (Toronto: University of Toronto Press, 2007), §261을 보라.

[10] 히트파엘의 이런 용법에 대해서는 Bill T. Arnold and John H. Choi, *A Guide to Biblical Hebrew System* (Cambridge: Cambridge University Press, 2003), 48을 보라.

[11] August Dillmann, *Numeri, Deuteronomium, Josua*, KHAT (Leipzig: S. Hirzel, 1886), 56; George Buchanan Gray, *A Critical and Exegetical Commentary on Numbers*, International

른 단어이다. 따라서 하사프수프라고 지칭된 집단과 에레브 라브라고 지칭된 집단을 언어학적으로 동일시할 근거는 없다고 봐야 한다. 이 하사프수트는 어근상으로 볼 때 아사프(אסף), 즉 "모이다"(to gather)란 뜻의 동사이며, 이 어근에서 두 번째와 세 번째 자음인 사메크(ס)와 페(פ)를 두 번 반복함으로써 '모여서 무리를 짓는' 특성이 강한 성향을 가진 사람들을 지칭하는 단어로 쓰인 것으로 보인다. 따라서 이 단어는 사역처럼 "무리 짓기 좋아하는 사람"이라는 번역하는 것이 적절하다고 생각된다. 이 견해가 맞을 경우 이 단어는 집합명사로서, 광야 방랑 중에 있는 이스라엘 백성 중에서 특히 배타적으로 무리를 지어서 다니는 집단 정도로 이해하는 것이 좋은 듯하다. 또한 이 해석을 따를 경우 이 메추라기 사건의 원흉이 굳이 이스라엘 중에 섞여 살던 이방인들 무리라고 이해하지 않아도 된다.

6절. "영혼": 네페쉬(נֶפֶשׁ). 이 단어는 기본적으로 "숨"(breath)이란 뜻을[12] 바탕으로 하여 "영혼"(soul), "생명"(life), "목구멍"(throat) 등의 의미를 파생적으로 가진 단어이다. 그러나 이 단어는 문맥에 따라 굉장히 다양한 의미를 가질 수 있는 것으로 악명이 자자하다. 사역에서는 가장 흔하고 포괄적인 의미로 채택되는 "영혼"이라는 뜻을 선택했다. 개역개정은 "기력"이라는 뜻을 택하고 있다. 참고로 이 네페쉬와 "시들다"란 뜻의 동사 야베쉬(יָבֵשׁ)의 조합은 구약성경 전체에서 여기에만 나온다.

7절. "고수": 가드(גד). 개역개정은 이것을 원어 발음을 살려서 "갓"이라

Critical Commentary (New York: C. Scribner's Sons, 1903), 102; A. H. McNeile, *The Book of Numbers in the Revised Version with Introduction and Notes*. The Cambridge Bible for Schools and Colleges (Cambridge: Cambridge University Press, 1911), 59; Ashley, *Numbers*, 207, n. 22; Milgrom, *Numbers*, 83; R. Dennis. Cole, *Numbers*. Vol. 3B. The New American Commentary (Nashville: Broadman & Holman Publishers, 2000), 184; Roy Gane, *Leviticus, Numbers*. The NIV Application Commentary (Grand Rapids: Zondervan, 2004), 508; Baruch A. Levine, *Numbers 1–20: A New Translation with Introduction and Commentary*. Vol. 4. Anchor Yale Bible (New Haven: Yale University Press, 2008), 321등을 보라.

[12] D. C. Fredericks, "נֶפֶשׁ", in Willem VanGemeren (ed.), *New International Dictionary of Old Testament Theology & Exegesis* (Grand Rapids: Zondervan Publishing House, 1997), 3:133.

고 음역하고, 이것의 씨앗을 "깟씨"라고 부르고 있다. 그러나 요즘의 한국어 음역 방식을 따를 경우 가드로 하는 것이 좋을 것이다. 이 가드는 "코리안더"(coriander), "고수", "향채(샹차이)"를 가리킨다. 중국이나 동남아시아의 음식, 특히 베트남 국수 등에 많이 들어가며, 한국인들에게는 호불호가 뚜렷하게 갈리는 식물이다. 예전에 한글로 성경이 처음 번역되었을 때에는 이것이 무엇인지 몰라서 발음 그대로 옮겼다 하더라도 이제는 제대로 뜻을 살려 번역해줄 필요가 있다.

"브델리움 호박": 브돌라흐(בְּדֹלַח). 이 단어는 성경에 단 두 번만 나온다(창 2:12; 민 11:7). 개역개정은 이 단어를 "진주"라고 번역하고 있다. 그러나 이것은 분명한 오역이다. 이 단어는 특정한 나무의 진액이 굳어지면서 땅의 여러 가지 광물 원소들과 결합하여 만들어진 향기롭고, 투명하고, 옅은 노란 색이나 흰 색을 띠는, 보석의 일종인 호박(琥珀)을 가리키는 단어이다.[13] 사역은 "브델리움 호박"으로 이것을 번역하였다. "브델리움"이라는 발음은 구약성경의 히브리어 단어에 바탕을 둔 라틴어 단어의 발음을 따른 것으로, 제롬의 불가타 역본이 채택하고 있는 단어이다.

8절. "[늘상]": 이 구절의 동사는 반복상 형태로 되어 있는 것으로 보인다.[14] 반복상 동사에 대한 좀 더 자세한 설명은 9:15-16의 사역 해설을 참고하라.

9절. "때마다": 이 구절의 동사는 반복상 형태로 되어 있다.

20절. "너희가…거부하고": 므아스템(מְאַסְתֶּם). 동사 마아스(מָאַס)의 의미로 BDB는 두 가지 의미, 즉 "거부하다"(to reject)와 "멸시하다"(to despise)를 제시하고 있으며, 이 중에서 현재 구절의 의미로는 첫 번째의 것을 제시하

13　Milgrom, *Numbers*, 84.
14　Ashley, *Numbers*, 204. Ashley는 A. B. Davidson, *Introductory Hebrew Grammar Hebrew Syntax*, 3d ed. (Edinburgh: T&T Clark, 1902), §54 remark 1에 기초하고 있다. 또한 S. R. Driver, *A Treatise on the Use of the Tenses in Hebrew and Some Other Syntactical Questions* (Oxford: Oxford University Press, 1892), §114를 보라. 그러나 이런 반복상을 살려서 번역한 성경 역본들은 극히 드문 것 같다. NASB, TNK 정도가 이런 원문의 구문을 살려서 번역하고 있다.

고 있다. 영어 성경들 가운데에서는 이 두 가지 의미가 서로 비슷한 정도로 선택되고 있는 것으로 보인다. 여기에서는 BDB의 제안을 따라서 "거부하다"로 번역하였다.

22절. "작은 네 발 가축": 쫀(צֹאן). 개역개정은 이 단어를 집합명사로 이해하여 "양 떼"라고 번역하고 있다. 그러나 사실 이 단어는 집합명사로서 양과 염소를 포함하는 단어이다. 따라서 "양 떼"로 번역하는 것은 적절치 않으며, 좀 더 나은 한국어 용어를 찾아내기 전에는 "작은 네 발 가축 떼"이라고 번역하는 것이 옳다고 생각한다.[15]

28절. "젊은 시절부터": 밉브후라브(מִבְּחֻרָיו). "젊은 시절"이라고 번역된 단어에 해당하는 히브리어 단어인 브후림(בְּחוּרִים)의 뜻에 대해서는 사실 두 가지 완전히 견해가 제시되어 왔다. 첫 번째 견해는 이것이 구약에 한번만 나오는 하팍스 레고메논으로서 "젊은 시절"(period of youth)을 의미한다는 것이다. 이 뜻은 이 단어가 "젊은이"를 뜻하는 바후르(בָּחוּר)와 연관된 것으로 보인다. 고대의 탈굼, 시리아 역본 등과 현대의 많은 학자들의 지지를 받고 있다(BDB). 두 번째 견해는 이 단어가 "선택하다"(to choose)란 뜻의 동사인 바하르(בָּחַר)의 칼 분사 수동형이라고 보는 것이다. 이 경우 브후림의 뜻은 "선택된 자들"(those who are chosen)이 된다. 고대의 칠십인경 등과 불가타, 그리고 NET, ESV 등이 이 번역을 택하고 있다. 이처럼 역본들, 그리고 주석들은 이 두 가지 견해들 사이에 나뉘어 있으나 첫 번째 견해가 좀 더 문맥상 타당성을 갖고 있지 않은가 생각된다. 사역은 이 견해를 택하였다. 반면 개역개정은 두 번째 견해를 반영하고 있다.

29절. "되기를 [원하노라]": 우미 잍텐(וּמִי יִתֵּן). 미 잍텐(מִי יִתֵּן)은 소망을 나타내는 관용적 표현 중의 하나이다.[16]

---

15 쫀에 대한 더 자세한 설명은 박철현, *레위기: 위험한 거룩성과의 동행* (서울: 솔로몬, 2018), 60-62, 86을 보라.

16 Friedrich Wilhelm Gesenius, *Gesenius' Hebrew Grammar*. Edited by E. Kautzsch and Sir Arthur Ernest Cowley. 2d English ed. (Oxford: Clarendon Press, 1910), 477; Davidson, *Introductory Hebrew Grammar Hebrew Syntax*, 183-184.

32절. "[그것들을]": 이 목적어는 본문에는 명시되어 있지 않다. 그러나 번역의 매끄러운 흐름을 위해 추가하였다.

"[줄줄이]]": 샤토아흐(שָׁטוֹחַ). 앞의 "펴놓다"는 뜻을 가진 동사 샤타흐(שָׁטַח)의 부정사 절대형. 부정사 절대형은 앞에 놓인 동일한 어근의 동사의 의미를 강조해주는 역할을 한다. 따라서 현재 문맥에서 이 샤토아흐는 백성들이 엄청나게 거둔 메추라기를 진영 둘레에 잔뜩 펼쳐 놓은 것을 강조해서 부각시켜주는 역할을 한다. 사역의 "줄줄이"란 표현은 이런 뉘앙스를 살리기 위한 것이다.

3단계: 단락 구분

민수기 11장의 단락 구분은 다음과 같다.

11:1-3 다베라의 불 사건
    11:1-2 사건의 기술
    11:3 다베라 지명의 해설
11:4-35 메추라기 사건
    11:4-9 이스라엘의 음식에 대한 불평
    11:10 모세와 여호와의 반응
    11:11-23 모세의 간구와 하나님의 대답
        11:11-15 모세의 간구
            11:11a 도입구
            11:11b-12 백성 지도 임무에 대한 탄식
            11:13 음식 불평에 대한 탄식
            11:14-15 백성 지도 임무에 대한 탄식
        11:16-20 하나님의 대답

　　　　11:16a 도입구

　　　　11:16b-17 백성 지도 임무에 대한 응답

　　　　11:18-20 음식 불평에 대한 응답

　　11:21-22 모세의 반응

　　　　11:21a 도입구

　　　　11:21b-22 하나님의 응답에 대한 의문

　　11:23 하나님의 재반응

　　　　11:23a 도입구

　　　　11:23b 모세의 의문에 대한 반응

11:24-33 사건의 결말

　　11:24-30 음식 불평에 대한 응답의 시행

　　11:31-33 지도 임무에 대한 응답의 시행

11:34 기브롯 핫다아와 지명의 해설

11:35 여정 기록

"11장의 개관과 신학"에서 본 것과 같이 이 장은 두 개의 단원으로 나뉜다. 11:1-3은 다베라의 불 사건을 담고 있고, 11:4-35는 메추라기 사건을 담고 있다.

첫 단원인 11:1-3은 1-2절에서 사건의 흐름을 기술하고 있다. 3절은 이 사건의 결과로 생긴 지명인 "다베라"에 대한 설명을 담고 있다.

둘째 단원인 11:4-35는 길이가 훨씬 길며, 내용도 복잡하다. 4-9절은 사건의 발단이 되는 이스라엘 백성의 불평을 담고 있다. 그리고 이어지는 10절은 이 불평에 대한 모세와 하나님의 반응을 담고 있다.

11-23절의 긴 본문은 하나님과 모세 사이의 두 번의 대화로 이루어져 있다. 각 대화의 말의 서두마다 화자와 청자가 누구인지를 밝히는 도입구가 있기 때문에 구조 및 흐름을 파악하기가 쉽다. 먼저 백성들의 음식에 대한 불평을 들은 모세는 하나님께 탄식을 한다(11-15절). 이 탄식의 내용은 두 가

지로 이루어져 있다. 즉 고기 요구를 충족시킬 수 없다는 것에 대한 탄식(13절)과 이 백성을 인도해야 하는 임무에 대한 탄식(11b-12, 14-15절)이다. 이 두 가지 탄식에 대해 하나님은 해결해 주시겠다고 대답하신다(16-20절). 임무에 대한 탄식에 대해서는 모세의 위에 있던 영을 이스라엘의 장로들에게도 나눠 주어 그들이 그의 짐을 나눠지게 하시고(16b-17절), 백성들에게는 고기를 질릴 만큼 먹게 해 주시겠다고 하신다(18-20절).

고기와 임무, 이 두 가지 요소를 중심으로 한 하나님과 모세의 대화에서 중요한 점은 이 두 요소가 서로 밀접하게 연결되어 있다는 점이다. 나중에 본문 해설에서 좀 더 자세하게 다루겠지만 백성의 고기에 대한 감당할 수 없는 요구는 모세로 하여금 이 백성을 인도해야 하는 자신의 임무가 너무 무겁다는 생각을 하게 했던 것으로 보인다. 다시 말해 고기 요구는 방아쇠이고, 임무에 대한 탄식은 이 방아쇠가 당겨진 결과물인 것이다.

하나님의 대답 중 후자의 대답, 즉 모세의 두 가지 탄식의 원인이 된 고기 요구에 대한 해결책을 듣고 모세는 그것이 어떻게 가능한지에 대한 의문을 표시한다(21-22절). 이에 대한 응답으로 하나님은 당신이 이것을 가능케 할 능력이 있음을 강조해서 말씀하신다(23절).

이어지는 24-33절은 사건의 결말에 대해 기술하고 있다. 그 내용은 모세가 처음에 하나님께 했던 말의 내용, 즉 임무에 대한 탄식과 고기 마련에 대한 탄식이라는 이중적 내용에 맞추어 역시 이중적으로 되어 있다. 즉 전반부인 24-30절은 임무에 대한 탄식의 해결을 담고 있고, 후반부인 31-33절은 고기 문제에 대한 탄식의 해결을 담고 있다. 물론 이 해결은 예상과 다른 충격적 결말을 내포하고 있지만 말이다(33절).

이 24-33절의 두 부분(24-30절, 31-33절) 사이의 관련성에 대해서 한 가지 흥미로운 점이 있다. 그것은 "영"(spirit) 혹은 "바람"(wind)을 뜻하는 루아흐(רוּחַ)란 단어가 이 두 부분을 연결시켜 준다는 점이다.[17] 첫 부분(24-30절)

---

[17] Cole, *Numbers*, 196 등을 보라. 많은 주석들이 이 점에 대해서 지적하고 있다.

이 다루고 있는 문제, 즉 임무에 대한 모세의 탄식은 그의 위에 있던 "영", 즉 루아흐를 70명의 장로들에게 나눠주는 것을 통해서 해결된다. 두 번째 부분(31-33절)이 다루고 있는 문제, 즉 고기 마련에 대한 탄식은 하나님께서 "바람", 즉 루아흐로 메추라기 떼를 이스라엘 진영으로 몰고 오시는 것을 통해서 해결된다.

34절은 이 메추라기 사건으로 인해 정해진 지명을 소개하고 있다. 11장의 첫 단원인 1-3절의 끝이 지명에 대한 소개로 끝났듯이, 4-35절도 거의 끝에 가서 동일하게 지명에 대한 소개로 끝을 맺는다. 이렇게 해서 11장의 두 큰 단원은 형식적 상응성을 보여 준다.

마지막으로 35절은 이스라엘이 장소를 이동한 것에 대한 언급을 담고 있다. 앞의 11장의 개관과 신학에서 언급한 바와 같이 장소 이동에 대한 정보가 첫 단원(1-3절)의 끝에는 안 나오고, 이 두 번째 단원의 끝에만 나온다는 점을 고려할 때 이 두 단원의 무대가 되는 장소는 동일한 곳이었을 가능성이 있다.

4단계: 본문 해설

1a절. "백성이 정말로 하나님의 귀에 거슬리게 불평을 해댔다": 민수기 1-10장을 마무리 짓고, 민수기의 두 번째 큰 단원인 11-15장의 단원을[18] 시작하는 첫 구절인 이 11:1의 전반부는 더 이상 강렬할 수 없는 방식으로 앞 단원과 단절을 맺는다. 지금까지 민수기의 독자들은 1-10장에서 하나님의 명령을 성실하게 수행하는 이스라엘 백성의 모습만을 보아왔다. 그런데 바로 그 다음 구절인 이 11:1a에서 민수기 저자는 강조 어법을 사용하여 백

---

[18] 민수기의 거시적 구조에 대한 설명은 이 연재 글의 "민수기 개관" 중 "민수기의 구조" 항목을 보라. 이 구조에 따르면 민수기는 A. 1-10장, B. 11-15장, C. 15-19장, B′. 20-25장, A′. 26-36장의 다섯 개의 단원이 교차대조법을 이루고 있는 구조로 되어 있다.

성이 하나님의 귀에 크게 거슬릴 정도로 계속해서 불평을 해대는 모습을 부각시키고 있다(참고, 11:1의 사역 해설). 이렇게 해서 11-15장의 단원은 앞 단원인 1-10장과 완전히 대조된 모습을 띠고 있다. 그리고 이런 대조적 모습은 이어지는 본문들의 분위기를 패러다임적으로 미리 보여주는 역할을 한다.[19]

1b절. "하나님이 들으시고 진노하셨다": 광야 시대 1기와 2기의 이야기 전체를 통틀어서 하나님이 이스라엘에게 진노하셨다는 표현은 여기가 처음이다. 하나님께서는 광야 시대 1기의 여러 사건들 속에서 이스라엘 백성들의 불평을 들으시면서도 아직까지는 단 한번도 그들에게 진노하는 모습을 보이지 않으셨다. 그런데 드디어 하나님이 이스라엘에게 진노를 하신다.

"그래서 여호와의 불이 그들 가운데에서 타올라서 진영의 끝을 태웠다": 하나님께서 이스라엘의 불평을 들으시고 그들을 징계하신 내용 역시 광야 시대 1, 2기를 통틀어서 여기가 처음이다. 이 점 역시 1, 2기의 광야 에피소드들을 구분 짓는 가장 큰 요소들 중의 하나이다. 1기에서는 하나님이 불평을 들으시면서도 이스라엘을 벌하시지 않으셨지만 2기에서는 그들이 불평하는 족족 하나님이 그들을 징계하신다.

이 광야 시대 2기의 첫 에피소드에서 하나님의 징계의 도구로 "불"이 사용된 점은 광야 시대 1기의 첫 에피소드(출 15:22-27)의 중심 요소로 "물"이 사용된 점과 상응하면서도 대조를 이룬다. 이 후자의 본문에서는 이스라엘은 처음에는 광야에서의 생존을 위해 필수적인 "물"을 찾지 못했지만 결국 아주 풍성한 "물"이 있는 곳에 이르게 된다.[20] 반면에 이 민수기 11:1-3에서는 하나님의 심판의 강력한 도구인 "불"로 징계를 받는다.

이처럼 이 패러다임적 본문에서 하나님이 불로 징계를 하신 것은 광야 시대 2기의 전반적인 분위기에 대한 예고의 역할을 한다. 이스라엘은 이 2기 내내 하나님께 잘못을 저지를 때마다 하나님의 강력한 징계들을 받게

---

[19] 민수기 11:1-3이 광야 시대 2기 본문의 패러다임적 역할을 하는 본문이라는 점에 대해서는 지난 호의 "민수기 광야 이야기의 신학과 개관" 항목을 보라.
[20] 좀 더 자세한 설명은 앞의 "민수기 11장의 개관과 신학"을 보라.

될 것이다. 그리고 이런 패턴은 멀리 갈 것도 없이 바로 다음 에피소드부터 이미 시행된다.

2절. 이 구절의 내용은 광야 이야기 본문들의 일반적인 패턴을 따르고 있다. 다시 말해 하나님의 징계에 대해서 모세가 기도를 하니 하나님이 징계를 멈추신다.

3절. 저자는 간략하게 기록된 이 사건으로 인해 이 곳의 지명이 "다베라"라고 정해진 것을 언급하고 있다. 저자의 설명에 의하면 이 이름은 "여호와의 불이 그들 가운데에서 타올랐다"는 뜻이라고 한다. 이렇게 해서 11장의 첫 번째 단원이 막을 내린다.

4a절. 두 번째 단원(4-35절)의 시작 역시 앞의 단원과 마찬가지로 이스라엘의 문제에 대한 언급으로부터 시작된다. 1-3절에서는 이스라엘 전체에 팽배한 불평이 문제였다면, 4-35절에서는 이스라엘 중에 있는 "무리 짓기 좋아하는 사람들"(하사프수프, הָאסַפְסֻף)이 문제가 된다. 이 하사프수프는 앞의 4절의 "사역 해설"에서 이미 설명한 바와 같이 이스라엘 중에 속한 이방인 출신의 "중다한 잡족"(에레브 라브, רַב עֵרֶב, 출 12:38)을 가리키는 칭호가 아니라 이스라엘 백성 내부의 무리 짓기 좋아하는 사람들을 가리키는 용어였던 것으로 보인다.

"욕심을 품었다": 여기에 사용된 "욕심"이란 단어의 히브리어인 타아봐(הִתְאַוּוּ)는 이 두 번째 단원이 벌어진 장소인 기브롯 핫다아와(키브로트 핫타아봐, קִבְרוֹת הַתַּאֲוָה, "탐욕의 무덤들")란 지명의 바탕이 된다.

"그러자 이스라엘 자손도 다시 울며": 출애굽기부터 지금까지의 맥락 속에서 이스라엘이 울었다는 표현은 여기가 처음이다.[21] 그러나 "다시"란 표현이 사용된 것을 볼 때 이 구절은 민수기 11:1의 이스라엘의 반복적이고 지속적인 불평을 염두에 두고 있는 것 같다.

---

[21] 레위기 10:6에는 하나님이 이스라엘로 하여금 나답과 아비후의 죽음을 애도하여 울라고 명령하신 것이 나오기는 하지만 실제로 그들이 운 기록 자체는 나와 있지 않다.

4b-6절. 이 본문은 이스라엘의 불평의 내용을 직접화법 형태로 담고 있다. 이 불평에서 문제는 그들이 현실은 과장해서 아주 우울하게 묘사하고 있는 반면에 과거는 장밋빛으로 색칠하고 있다는 점이다. 그들은 고기가 먹고 싶다고 말하면서(4절), 자신들이 애굽에 있었을 때에는 생선 등의 각종 음식을 "공짜로" 먹었던 것을 "기억한다"고 말한다(5절). 물론 출애굽기 당시의 애굽이 먹을 것이 풍성한 곳이었다는 증거들이 있기는 하다.[22] 그러나 노예 신분의 이스라엘이 이런 음식들을 "공짜로" 마음껏 먹을 수 있었을 리는 없다. 그들은 바로가 요구한 힘든 노예 생활 속에서 지속적으로 하나님에게 울부짖어야만 하는 상황 속에 있었다(출 2:23-25). 그런데 그들은 이런 과거의 진실을 왜곡하고, 자신들이 이런 음식들을 "공짜로" 먹은 것을 "기억한다"라고 단언한다. 그리고 이 왜곡된 기억이 이들의 불평의 원천이다(참고, 출 16:3 등). 왜곡된 기억 속의 장밋빛이 화려하면 할수록 현실은 더욱더 회색 빛으로 보일 수밖에 없다. 그래서 이스라엘은 지금까지 자신들을 배부르게 해줬던, "꿀 섞은 과자"(출 16:31) 같았던 만나마저도 하찮은 것으로 멸시한다(민 11:6).

이들의 이런 불평은 또한 이들의 남은 여정을 고려할 때 지나친 면이 있다. 이들은 이제 조금만 더 가면 가나안 땅에 들어가게 되어 있었다(참고, 신 1:2, "열 하룻길"). 따라서 그들이 설혹 먹을 것이 만나밖에 없다고 해도 아주 조금만 더 견디면 약속의 땅의 소산물들로 음식에 대한 욕구를 해소할 수가 있었다. 그러나 그들은 마치 본능에만 충실한 갓난아이들처럼 그 사이를 참지 못하고 심하게 투정을 부린다. 그리고 이런 투정은 하나님과 자신들 사이의 관계에 점점 더 큰 균열을 만들어낸다.

7-9절. 이 본문에서 내레이터는 잠깐 사건의 진행 과정에 대한 묘사를 중단하고, 만나의 모습에 대한 묘사와 더불어 백성들의 만나 수집 및 사용 방법에 대한 내용을 서술한다. 이런 서술은 기본적으로 출애굽기 16장에

---

22 Milgrom, *Numbers*, 83-84.

나온 내용들과 거의 비슷하다(출 16:13-14). 단지 "브델리움 호박"같다는 표현이 새로 추가되어 있는데, 이 일종의 보석은 "사역 해설"에서 설명한 바와 같이 옅은 노란 색이나 흰 색을 띠었다.

10절. 이 본문에서 내레이터는 다시 사건의 진행 과정에 대한 서술로 돌아간다. 본문은 백성이 고기의 일로 울면서 투정을 부리는 것에 대한 하나님과 모세의 반응을 담고 있다. 하나님은 11:1에 이어 다시 한번 진노하셨다. 그리고 모세는 이 일이 악하다고 판단하였다.

문제는 모세가 "악하다"고 판단한 것이 무엇이냐 하는 것이다. 언뜻 보기에는 본문은 모세가 악하다고 판단한 대상이 이 백성의 불평이라고 말하고 있는 것처럼 생각된다. 그러나 원문상의 흐름을 고려할 때 이런 해석은 잘못된 것으로 보인다. 왜냐하면 이 해석은 이 10절의 "악하다"라는 뜻의 히브리어 형용사 라아(רַע)와 11절의 동족어인 "박대하다" 혹은 "악하게 대하다"란 뜻의 동사 라아(רָעַע) 사이의 관계를 제대로 고려하지 않고 있기 때문이다. 이 11절에서 모세는 "왜 당신의 종을 박대…하셔서 이 모든 백성의 짐을 저에게 맡기시나이까"라고 말한다. 이 두 동족어 사이의 연결성을 볼 때 모세가 악하다고 생각한 것은 이 백성의 불평이 아니라 하나님께서 자기에게 이 백성이란 짐을 떠맡기신 점이다.

11-15절. 이 본문은 모세의 탄식을 담고 있는데, 그 내용은 두 가지로 이루어져 있다. 첫째, 모세는 이 백성들을 돌보는 임무가 너무 힘들다는 점에 대해서 탄식을 한다. 둘째, 고기를 달라는 백성들의 요구를 전달하면서 자신의 무기력감을 표명한다. 이 두 탄식은 다음과 같이 교차대조법적 구조로 이루어져 있다.

 a. 백성을 돌보는 임무에 대한 탄식(11b-12절)
   x. 고기 마련 가능성에 대한 탄식(13절)
 a′. 백성을 돌보는 임무에 대한 탄식(14-15절)

먼저 위 구조의 가운데 부분을 구성하고 있는 13절을 살펴 보자. 11-15절의 모세의 모든 탄식의 출발점은 자신들에게 고기를 먹게 해달라는 백성들의 요구이다. 그는 광야에서 이 백성들이 먹을 고기를 어디서 얻을 수 있겠냐고 한탄한다. 모세는 마치 자신이 직접 이 요구를 책임져야 하는 것처럼 말한다. 이 점은 "고기를 내가 어디에서 얻겠습니까"라는 그의 표현에서 찾아볼 수 있다.

그러나 그의 이런 탄식은 자신의 임무에 대한 오해 때문이다. 하나님께서 그에게 맡기신 임무는 이 백성이 먹일 고기를 그가 스스로 어디선가 구해 오는 것이 아니었다. 그의 임무는 그냥 이 백성을 인도하는 것이었다. 하나님께서 그에게 맡기신 임무는 인도자로서의 임무였지 요리사나 식량 공급자로서의 임무가 아니었다. 이런 점에서 볼 때 그의 이런 탄식은 민수기 20:10에서 그가 "반역한 너희여 들으라 우리가 너희를 위하여 이 반석에서 물을 내랴"고 말하면서 월권 행위를 하는 것의 전조처럼 느껴진다. 민수기 11장과 20장의 본문 모두에서 그를 불행하게 만드는 것은 자신의 임무에 대한 이런 착각이다.

그의 이런 잘못된 인식은 자신의 고통을 실제보다 더 크게 느껴지게 만들었다. 그는 고기 마련에 대한 탄식(13절)을 둘러싼 본문인 11b-12절과 14-15절에서 반복적으로 자신의 임무, 곧 이 백성을 돌보는 임무가 너무 힘들다는 것에 대해서 탄식을 한다.

이 탄원의 전반부인 11b-12절에서 그는 자신이 이 백성을 떠맡은 것이 하나님이 자신을 "박대"(라아[רָעַע]의 히필형)하시기 때문이라고 말한다. 그리고 하나님이 자기로 하여금 마치 엄마가 자기 아기를 품에 안고 다니듯이 이 백성을 안아서 약속의 땅까지 데려가게 만드셨다고 말한다. 자신의 임무에 대한 이런 비유적 묘사는 어떤 면에서는 이스라엘 백성들이 앞에서 한 탄식(4-6절)과 비슷한 측면이 있다. 양자 모두 자신들이 처한 상황을 과장하고 있는 것이다.

임무에 대한 탄식의 후반부인 14-15절은 전반부(11b-12절)의 과장에서 파생되는 당연한 귀결을 담고 있다. 그는 자신의 임무가 도저히 감당할 수 없을 만큼 무거우니 차라리 자기를 죽여 달라고 요청한다.

참고로 그의 이런 요청은 그가 하나님께 비슷한 요청을 했던 다른 경우, 즉 황금 송아지 사건 속에서의 그의 비슷한 요청(출 32:32)과 현저한 대조를 이룬다. 이 후자의 본문에서 그는 만약 하나님께서 황금 송아지를 만든 죄에 대해서 이스라엘을 용서하지 않으실 생각이시라면 자기도 이스라엘과 더불어 하나님의 책에서 지워 달라고 요청했다. 비록 이스라엘이 도저히 용서받지 못할 큰 죄를 지은 것은 사실이지만, 그럼에도 불구하고 그는 이 백성과 운명을 같이 하기를 간구했다(출 32:30). 마치 배수진을 친 것과 같은 이 요청으로 인해 하나님은 큰 은혜를 베푸시게 된다.[23] 그러나 민수기의 이 본문 속에서 모세는 이 백성의 죄와는 상관 없이, 그저 자신이 맡은 임무에 대한 과대망상 때문에 자신을 죽여 달라고 요청한다. 이런 점에서 황금 송아지의 사건의 영웅적인 중보 기도와 여기에서의 근거 없는 탄식은 강한 대조를 이룬다.

16-20절. 모세의 탄식에 대한 하나님의 대답은 탄식의 이중적인 내용에 상응하여 역시 이중적인 내용으로 구성되어 있다. 16a절의 도입구에 이은 16b-17절은 백성을 인도하는 임무가 버겁다는 모세의 탄식에 대한 응답을 담고 있고, 18-20절은 백성들의 고기를 달라는 요구에 대한 응답을 담고 있다.

우선 16b-17절의 모세의 임무의 무거움에 대한 하나님의 조치는 모세의 영을 70명의 장로에게 나눠 주어 그들로 하여금 모세의 짐을 나눠 지게 하는 것이었다. 여기에서 한 가지 주의할 점은 70명이란 숫자는 어림수라는 점이다. 원래는 각 지파 당 6명씩 해서 총 72명(12x6)이 맞는 숫자이다. 그러나 1의 자리 숫자를 사사오입해서 그냥 70명이라고 편하게 부르는 것

---

[23] 이 황금 송아지 이야기에서의 모세의 태도와 역할에 대한 해설은 박철현, 출애굽기 산책, 241-318을 보라.

이 구약의 통상적인 관행이라는 점을 유의하라.

또 한 가지 주의할 점은 17절 서두에서 하나님이 "내가 내려가서 거기서 너와 말할 것이다. 그리고 너의 위에 있는 영을 가져다가"라고 말씀하시고 있다는 점이다. 이처럼 하나님이 모인 장로들 앞에서 먼저 모세와 말씀을 하시고 나서 그의 위에 있는 영을 장로들에게 나눠 주는 절차는 25절에서 그대로 시행된다. 따라서 하나님이 영을 나눠 주시기 전에 먼저 모세와 이야기를 하는 절차는 중요했던 것으로 보인다. 아마 하나님께서 이렇게 먼저 모세와 말씀을 나누신 이유는 모세가 다른 장로들보다 더 권위 있는 지도자임을 보여주시기 위한 것으로 생각된다.

하나님의 응답의 두 번째 부분인 18-20절은 고기를 먹게 해달라는 백성들의 요구를 어떻게 충족시킬 수 있느냐는 모세의 말에 대한 하나님의 응답을 담고 있다. 하나님은 "내일을 위해 너희 스스로를 거룩하게 하여라. 너희가 고기를 먹게 될 것이다"란 말을 이스라엘 백성에게 전하라고 모세에게 명령하신다(18절). 여기에서 "스스로를 거룩하게 하여라"란 명령은 출애굽기 19:20-21의 경우에서 볼 수 있는 바와 같이 이스라엘이 하나님과 대면해서 큰 일을 치르게 될 때 하시는 통상적인 명령이다.

그러나 현재 본문에서는 하나님의 이 명령은 냉소적인 뉘앙스를 띠고 있는 것 같다. 이스라엘은 분명 고기를 먹게 될 것이다. 그것도 한 달 동안 지긋지긋할 정도로 먹게 될 것이다. 그들이 이렇게 먹게 되는 이유는 아이러니컬하게도 그들이 "너희 가운데 계신 여호와를 거부"했기 때문이다. 이처럼 그들이 하나님을 거부했음에도 불구하고 그들의 불평에 찬 요구가 응답된다는 것은 무서운 일이다. 하나님의 이 말씀 속에는 아직 그 진실이 완전하게 드러나 있지 않지만, 이스라엘은 이 고기로 인해 곧 "큰 재앙"을 당하게 될 것이며, 많은 사람들이 죽게 될 것이다(민 11:33-34). 이 메추라기 사건에 기초하고 있는 것이 분명한 시편 106:15의 말씀과 같이[24] "여호와께

---

[24] 이 시편 구절과 밀접하게 연결되어 있는 바로 앞 절인 14절은 타아봐(תַּאֲוָה), 즉 "탐욕"이란 명

서는 그들이 요구한 것을 그들에게 주셨을지라도 그들의 영혼은 쇠약"하게 하실 것이다.

21-22절. 이 본문은 모세의 이중적인 탄식에 대한 하나님의 응답을 듣고 모세가 보인 반응을 담고 있다. 모세는 고기 음식에 대한 백성들의 요구를 하나님에게 보고하면서 자신의 임무가 너무 힘들다는 하소연을 한 적이 있다(11-15절). 그에게 있어서 고기 음식에 대한 백성들의 요구와 그들을 인도하는 자신의 임무는 서로 연결되어 있다. 고기에 대한 요구를 해결해 줄 능력을 갖고 있지 못하다는 점에 대한 그의 인식은 그로 하여금 이 백성을 인도하는 임무가 너무 무겁다는 생각을 하게 만들었다. "이 모든 백성에게 줄 고기를 내가 어디에서 얻겠습니까"라는 그의 탄식의 말(13절)과 백성을 인도하는 임무가 너무 무겁다는 그의 탄식(14절)이 결합되어 있는 것이다.

물론 모세의 이런 인식은 그의 착각일 뿐이다. 그러나 문제는 그의 자신의 임무에 대한 착각, 그리고 자신의 능력의 한계에 대한 뼈저린 좌절이 그로 하여금 하나님의 능력마저도 축소해서 생각하게 만든 것으로 보인다는 점이다. 자신을 괴롭히는 무능력의 문제에 대한 집착이 전능자 하나님의 능력까지도 제대로 보지 못하게 만든 것이다.

따라서 그는 이 백성이 한 달 동안이나 먹을 양의 고기를 하나님이 제공해 주시겠다고 말씀하셨을 때 의문을 제시한다. 60만 명이나 되는 사람들을 한 달 동안 먹이는 것이 과연 가능하냐는 것이다. 그는 과장법을 써서 말하기를 심지어 모든 가축들을 다 잡고, 바다의 고기를 다 잡은 한들 어찌 그런 일이 가능하겠느냐고 말한다(21절).

23절. 모세가 제기한 의문에 대해서 하나님은 이후의 구약성경의 유명한 고전이 될 표현을 써서 "여호와의 손이 짧으냐"라고 반문하신다(참고, 사

사를 쓰고 있는데, 이 명사는 민수기 11:4, 34에 나온다. 또 이 명사의 동족어 동사인 아봐(אָוָה) 역시 이 민수기의 두 구절에 함께 쓰이고 있다. 그리고 내용적으로도 106:4-15는 메추라기 사건을 염두에 있는 것으로 보인다. 따라서 위에서 인용한 시편 106:15가 이 사건을 언급하고 있음이 틀림없다.

50:2; 59:1).

24-30절. 이 본문은 모세의 두 가지 탄식 중 첫 번째 탄식인 임무의 무거움(11b-12, 14-15절)에 대한 해결책으로 하나님이 약속하신 말씀(16-17절)를 시행하시는 내용을 담고 있다.

24절에서 모세는 먼저 하나님의 말씀을 백성들에게 알리고 나서, 자신이 선택한 장로 70명을 회막 앞에 모이게 한다. 이 구절의 본문상으로는 "그 장막"이라고 되어 있지만 이것은 "회막"을 가리킨다(참고, 16절).

25절에서 하나님은 17절에 말씀하신 바와 같이 먼저 모세와 대화를 하신 후에 그의 위에 있던 영을 장로들에게도 나눠 주셨다. 영을 받은 장로들이 "예언을 하다가 다시는 하지 아니하였다"라고 본문은 말하고 있는데, 아마 이 일회성 사건은 이들이 모세의 영을 나눠 가졌다는 표시를 모든 사람들이 인식하도록 하기 위해서 하나님께서 허락하신 일로 보인다.

26-29절은 이 단순한 사건에 흥미로운 변주를 보여준다. 아마 원래는 이스라엘 열두 지파의 각 지파에서 6명씩 선출해서 총 72명의 장로 중에 포함되어 있었던 것으로 보이는 엘닷과 메닷이란 장로가 어떤 이유에서인지는 몰라도 회막으로 가지 않고 자기네 장막에 남아 있었음에도 불구하고 이들마저도 예언하는 일이 발생했다. 이것이 모세에게 보고되었을 때 모세와 친밀한 관계에 있었던 여호수아, 즉 "젊은 시절부터 모세를 섬겨온" 자라고 묘사되고 있는 눈의 아들 여호수아가 이들이 예언하는 일을 막으라고 모세에게 요청한다.

여호수아의 이런 요청에 대하여 모세는 두고두고 남을 기념비적인 말을 한다. "네가 나를 위해서 시기하느냐? 여호와의 모든 백성이 선지자가 되기를 원하노라! 진실로 여호와께서 자기 영을 그들 위에 주시기를!"(29절). 모세가 여러 가지 단점에도 불구하고 지도자로서 훌륭한 점들 중의 하나는 이처럼 하나님의 영을 독점하려 하지 않고 모든 하나님의 백성들이 하나님의 영을 받을 수 있기를 바랐다는 점이다.

모세의 이 바람은 요엘서 2:28-29에서 다시 한번 종말론적으로 예언된다. 그리고 사도행전 2:17-21에 의해 잠정적으로 실현된다.[25] 하나님의 나라는 이처럼 소수의 사람들에게만 한정적으로 주어졌던 하나님의 영으로 모든 사람이 충만하게 될 때 완성될 것이다.

30절. 모세와 장로들이 회막을 떠나 진영 속으로 돌아감으로써 이 일은 마무리된다.

31-33절. 이 본문은 모세가 하나님께 하소연했던 두 번째 문제에 대한 하나님의 응답, 즉 백성들에게 충분한 양의 고기를 공급하시겠다는 약속의 실현을 담고 있다.

31-32절은 하나님께서 제공하신 메추라기의 양에 대해서 다음과 같은 다각적인 정보를 준다.

첫째, 31절에 따르면 하나님이 메추라기를 바다에서 몰아와서 진영의 각 방향으로 하룻길만큼의 면적에 메추라기가 내리게 하셨다고 말하고 있다. 하룻길은 구약 시대에 12-15마일 정도, 즉 대략 19-24킬로미터 정도였다고 한다.[26] 이것이 진영 밖으로 한쪽 방향의 거리이기 때문에 양쪽 방향으로의 거리를 합하면 38-48킬로미터 정도의 길이가 된다. 메추라기가 땅을 덮은 면적을 정확하게 파악하기 위해서는 진영 자체의 모양이나 진영의 한 변의 길이에 대한 정보를 알아야만 한다. 그러나 이에 대한 정보가 없기 때문에 할 수 없이 진영을 빼고 한 변의 길이가 이 정도, 즉 하룻길의 두 배 길이인 76-96킬로미터 정도 되는 사각형의 면적을 내면 대략 1400-2300평방 킬로미터 정도가 된다. 그리고 이 면적의 가운데 부분에 이스라엘 진영이 들어 있고, 앞에서 말한 하룻길이라는 거리는 이 진영의 바깥 경계선으로부터의 거리라는 점을 고려할 경우 메추라기가 뒤덮은 지역의 실제 면적

---

[25] Willem A. VanGemeren, *Interpreting Prophetic Word: An Introduction to the Prophetic Literature of the Old Testament* (Grand Rapids: Zondervan, 1990), 123-127; I. Howard Marshall, "Acts," in G. K. Beale and D. A. Carson (eds.), *Commentary on the New Testament Use of the Old Testament* (Grand Rapids: Baker Academic, 2007), 531.
[26] Cole, *Numbers*, 197.

은 기하급수적으로 더 커지게 된다.[27] 이 어마어마한 면적을 메추라기 떼로 채운다면 그 양은 정말 상상을 초월할 정도의 양일 것이다.

둘째, 메추라기가 지면 위에 "두 규빗", 즉 1미터 정도의 높이에 "내리게 하셨다"는 문구 역시 학자들에게 난제가 된다. 어떤 학자들은 이 높이가 메추라기가 쌓인 높이를 의미한다고 본다. 반면에 어떤 학자들은 이 높이가 메추라기가 땅 위에 떠 있는 높이를 가리키며, 이스라엘 백성들이 당시의 관행을 따라 그물로 이것들을 잡았을 것이라고 본다.[28] 개인적으로는 전자의 견해의 따를 경우 메추라기의 양이 너무 많기 때문에 후자가 현실적으로 더 가능성이 높은 것으로 보인다. 그러나 저자가 이 둘 중 어떤 것을 말하고자 했는지는 여전히 모호하다.

셋째, 백성들이 열심히 메추라기를 모아 보니 "적게 모은 자도 10호멜을 모았다"고 본문은 말하고 있다(32절). 10호멜은 약 2,200리터 정도에 이르는 어마어마한 양이다. 한 사람당 이 정도의 양을 잡았을 경우 60만명이 잡은 양은 문자 그대로 천문학적인 양일 것이다.

이 상상을 초월하는 양이 저자의 시적인 과장으로 의도된 것인지, 실제적인 기록으로 의도된 것인지는 파악하기가 쉽지 않다. 그러나 이 어머어마한 양이 말하고자 하는 바는 분명하다. 그것은 하나님이 모세가 상상한 것(참고, 22절)을 훨씬 넘어서서 당신의 능력을 보여주셨다는 것이다.

33절은 메추라기로 인한 하나님의 놀라운 이적 속에 숨겨져 있던 하나님의 무서운 진노의 심판을 드디어 드러낸다. 현재까지 민수기 11장은 이스라엘의 불평에 대해 하나님이 진노하셨다는 간단한 언급(10절)과 더불어 하나님의 냉소적인 태도(참조, 18절 본문 해설)만을 넌지시 내비쳤을 뿐이다. 그러나 약간의 미묘한 긴장 정도만을 암시했던 하나님의 진노는 드디어 이스라엘을 강타한다. 이스라엘은 자신들의 지나친 욕심에 대해 차고 넘치도록

---

27 Cole은 면적 계산에서 진영의 크기를 고려하지 않는 오류를 범하고 있다.
28 각 주장을 하는 학자들에 대한 정리는 Cole, *Numbers*, 197, n. 65를 보라.

많은 메추라기로 응답을 받았지만 그 응답은 하나님의 무서운 진노를 감싼 위장용 가면일 뿐이었다. 그들이 고기를 제대로 씹기도 전에 하나님은 그들을 "심히 큰 재앙"으로 치셨다.

이렇게 해서 11:1-3에 패러다임적으로 제시된 광야 시대 2기의 특징, 즉 이스라엘이 하나님에게 불평을 할 때마다 하나님께서 그들을 징계하는 것이 정규화된 패턴임이 드러나게 된다. 그리고 이런 정규화된 패턴은 민수기 13-14장에서 총체적인 파국에 이르게 될 것이다.

34절. 이 구절은 이 충격적인 사건을 기념하여 다시 한번 지명이 정해진 것을 기록하고 있다. 이 장소의 이름은 "기브롯 핫다아와"(키브로트 할타아봐, קִבְרוֹת הַתַּאֲוָה), 즉 "탐욕의 무덤들"이란 이름이다. 저자가 해설을 달고 있듯이 "욕심을 낸 백성이 거기 묻혔기 때문"이다.

35절. 11장의 이 마지막 구절은 이스라엘이 이 비극적 장소를 떠나 하세롯이란 장소로 이동한 것을 기록하고 있다. 11:3이 "다베라"란 지명의 기원에 대해서만 말하고 장소 이동에 대한 언급을 하지 않은 점, 그리고 민수기 33:15-16의 광야 여정 기록 속에 다베라에 대한 언급이 없는 것을 볼 때 이 두 장소는 앞의 "민수기 11장의 개관과 신학"에서 다룬 바와 같이 동일한 장소였을 가능성이 높다.

5단계: 적용

11-12절. "왜…이 모든 백성의 짐을 저에게 맡기시나이까? 제가 이 모든 백성을 잉태하였나이까, 제가 그들을 낳았나이까? 그런데도 당신은 저에게 말씀하시기를 '너는 그들을 젖먹이를 돌보는 자처럼 품에 안고 내가 그들의 조상들에게 맹세한 땅으로 데려가라'고 하셨습니다": 백성들의 불평과 요구에 지친 모세는 하나님께서 이 백성을 자기에게 떠맡기신 것에 대해서 원망을 한다. 특히 그는 자기가 낳아서 기르는 아이도 아닌 이스라엘 백성

을 마치 엄마가 자기 아기를 "품에 안고" 다니듯이 그렇게 안고 맹세한 땅으로 가라고 하신다고 탄식한다.

모세의 이런 탄식은 이사야서 46:1-4의 말씀을 연상시킨다. 이 본문에서 여호와 하나님은 자신을 바벨론의 신 마르둑 및 그의 아들 느보와[29] 비교하신다. 이 가짜 신들은 생명이 없는, 목석으로 만든 우상들이라 짐승들이나 가축들에게 실려 다니며, 그들의 짐이나 되는 존재다(1-2절). 반면에 하나님은 살아 계신 참된 신이라 사람과 짐승들의 짐이 되는 것이 아니라 오히려 그들을 품에 안고, 등에 업고 다니신다.

이 이사야서의 말씀 중 특히 3-4절의 말씀은 모세의 말과도 대조를 이룬다. "야곱의 집이여 이스라엘 집에 남은 모든 자여 내게 들을지어다 배에서 태어남으로부터 내게 안겼고 태에서 남으로부터 내게 업힌 너희여 너희가 노년에 이르기까지 내가 그리하겠고 백발이 되기까지 내가 너희를 품을 것이라 내가 지었은즉 내가 업을 것이요 내가 품고 구하여 내리라". "모래 위의 발자국"이란 신앙시를 연상시키는 이 본문에서 하나님은 당신의 백성 이스라엘이 태어나서 늙어 죽을 때까지 그들을 안고, 업고 다니시면서 그들을 구원하시겠다고 하신다. 이런 하나님의 말씀은 모세가 "제가 그들을 낳았나이까? 그런데도 당신은…그들을…품에 안고…데려가라"고 하신다고 불평한 것과 대조된다.

우리가 진정으로 의지할 분은 우리 하나님뿐이다. 우리는 진정으로 의지할 대상이 누구인지를 망각하지 말아야 한다. 우리 삶의 희망과 안위와 구원은 오직 여호와께 속한 것임을 잊지 말아야 한다(시 3:8; 욘 2:9).

13절. "이 모든 백성에게 줄 고기를 내가 어디에서 얻겠습니까? 그런데도 그들이 나를 향하여 울며 이르기를 "우리에게 고기를 주어 먹게 하라"고 합

---

[29] 1절의 "벨"(Bel)은 바벨론의 최고 신인 마르둑의 별칭이며, "느보"(Nebo)는 그의 아들 신의 이름이다. 느보는 성경외적 문헌들에서는 "나부"(Nabu)라고 불린다. Stephen Bertman, *Handbook to Life in Ancient Mesopotamia* (Oxford: Oxford University Press, 2005), 122를 보라.

니다": 소위 '구원자 신드롬'이라는 것이 있다. 영화나 드라마에서 흔하게 보듯이 마음이 착한 여자가 못된 남자에게 연민을 느끼고 그를 받아들이는 경우가 그것이다. 이런 경우 그런 남자를 사랑하는 여자는 자기라도 그 남자를 품어주어야 한다고 생각하거나 자기가 헌신을 하면 그 남자의 인생이 변화될 것이라고 생각한다. 그러나 현실에서는 이런 '구원자 신드롬'을 겪는 사람들이 상대방을 변화시키기는커녕 자기 자신마저 불행해지는 경우가 많다.

우리 인간이 항상 경계해야 하는 것 중의 하나가 자신이 다른 사람의 구원자 노릇을 할 수 있다는 착각이다. 우리가 연민을 느끼는 대상만큼이나 우리 자신도 연약한 인간일 뿐임을 망각해서는 안 된다.

이 13절의 본문에서 모세는 자신이 백성에게 나눠줄 고기를 어디에서 얻겠느냐고 말한다. 모세의 이 말은 그가 처음으로 하나님의 소명을 받았을 때 그가 던졌던 질문을 생각나게 한다. "내가 누구이기에 바로에게 가며 이스라엘 자손을 애굽에서 인도하여 내리이까"(출 3:11). 이로부터 시작돼서 출애굽기 4:17까지 계속되는 대화에서 하나님은 모세가 당신의 부름을 따르기만 하면 된다고 말씀하시는 데 반해 모세는 계속해서 자신이 뭘 할 수 있겠느냐고 말을 한다.

이런 면에서 민수기 11:13의 모세 역시 '구원자 신드롬'을 겪고 있다고 할 수 있다. 하나님은 그에게 당신의 대리자로서의 역할을 수행하라고 하신 것이지 그 자신이 직접 구원자 노릇을 하라고 하신 것이 아니었다. 모세의 이런 착각은 교회의 사역자들이나 평신도 지도자들, 그리고 신앙의 가정의 부모들에게서도 흔히 발견할 수 있다. 하나님이 맡은 자에게 바라시는 것은 충성이지 어쭙잖은 하나님 노릇이 아니다.

6단계: 설교 "므두셀라 증후군을 벗어나라"(민 11:4-6)

심리학 용어로 "므두셀라 증후군"이라는 것이 있습니다. 네, 여기의 므두셀라는 성경의 인물들 중 가장 오래 산 것으로 알려진 바로 그 므두셀라입니다. 과거의 인물인 므두셀라가 이렇게 오래 산 것을 부러워하듯이 과거에 대해 무작정 좋은 것만 기억하려고 드는 "퇴행 심리"를 "므드셀라 증후군"이라고 부릅니다. 이 증후군에 따르면 현재 처한 상황이 안 좋으면 안 좋을수록 과거는 더욱 더 찬란하게 생각하게 됩니다.

이런 므두셀라 증후군과 비슷하면서도 우리에게 좀 더 익숙한 심리학적 표현으로는 "장밋빛 회고"(rosy retrospection)란 것이 있습니다. 우리가 과거에 대해 너무 좋게만 생각하면서 미래는 너무 비관적으로 보게 될 수가 있습니다.

오늘 본문인 민수기 11:4-6에서 이스라엘 백성들이 내뱉는 탄식이 바로 이런 점을 보여줍니다. 이들은 자신들이 노예 생활을 하면서 매일 하나님께 울부짖던 것은 잊어버리고, 마치 자신들이 애굽에서 귀족처럼 살았던 것처럼 "우리가 애굽에 있을 때에 공짜로 먹었던 생선과 오이와 수박과 양파와 대파와 마늘들을 기억한다"고 말합니다(5절). 죽도록 노예 생활만 하던 이방 노예 출신인 자신들이 "공짜로" 애굽의 좋은 음식들을 먹었다고 말합니다. 자신들이 그랬던 것을 "기억한다"고 단언합니다. 그들은 과거를 더 이상 화려할 수 없는 아름다운 색으로 채색하고 있습니다.

이렇게 과거를 장밋빛으로 회상하면 할수록 현실은 더욱 더 칙칙하게 보일 수밖에 없습니다. 바로 이것이 이스라엘 백성이 겪고 있는 퇴행적 심리입니다. 이 때문에 그들은 이렇게 말합니다. "그러나 이제는 우리 눈에 만나 외에는 아무 것도 없어 우리의 영혼이 시드는구나"(6절).

이렇게 현실이 칙칙하게 보이니 이들이 할 것이라고는 계속 울어대는 것밖에 없습니다(10절). 이 때문에 그들은 하나님이 진노를 불러 일으키고, 결국은 "큰 재앙"으로 많은 사람이 죽는 벌을 받게 됩니다(33절).

이런 구약의 신앙의 선배들의 오류를 반복하지 않기 위해서 우리는 다음의 몇 가지 점을 염두에 둬야 합니다. 이 점들을 과거, 현재, 미래의 시간과 결부시켜 살펴보도록 하겠습니다.

첫째, 과거를 기억하되, 객관적으로 정확하게 인식하는 것이 중요합니다. 현재의 삶이 힘들다고 해서 자꾸 돌이킬 수 없는 과거의 경험을 미화시키면 우리는 점점 더 퇴행을 겪을 수밖에 없습니다. 앞으로 나아가기 위해서 우리는 과거의 경험에 대해서 정확한 인식을 해야 합니다.

오늘 본문의 경우를 가지고 살펴 보면 이스라엘은 자신들이 과거에 힘든 노예 생활을 했다는 점을 직시해야 합니다. 이 때문에 그들은 "고된 노동으로 말미암아 탄식하며 부르짖어야만" 하는 삶을 살아야 했습니다(출 2:23). 또한 자신들에 적대적인 바로 때문에 모두가 멸절 당할 위기를 겪었습니다(출 1장). 그들이 민수기 11장의 상황에서 광야에 있게 된 것은 바로 노예 생활로부터 하나님께서 그들을 구출해내셨기 때문입니다. 과거의 노예 생활과 비교해볼 때 비록 현재는 만나밖에 먹을 것이 없다고 할지라도 이 자유인의 삶은 비교불가능할 정도로 좋은 것입니다. 과거에 대한 정확한 인식을 했더라면 그들의 현재의 삶은 덜 고통스러웠을 것입니다.

둘째, 현재의 상태를 정확하게 꿰뚫어 볼 수 있어야 합니다. 이스라엘의 광야 여정은 민수기 13-14장의 정탐꾼 사건이 있기 전까지는 결코 40년의 기간으로 예정된 것이 아니었습니다. 만약 이스라엘 백성들이 하나님께 순종하여 원래의 계획대로 가나안 땅에 들어가게 되었다면 그들은 극히 짧은 시간 동안만 견디면 되었을 것입니다(참고, 신 1:2). 오늘의 본문인 민수기 11장의 본문에서 이스라엘이 아무리 다른 음식을 먹고 싶었더라도 단지 몇 주나 몇 달만 견디면 된다고 생각했더라면 그들은 음식 투정에 에너지를 쏟는 대신에 차라리 하나님께 충성된 모습으로 열심히 여행을 하는 데에 열중했을 것입니다. 불행히도 광야의 이스라엘은 이런 현실 인식을 제대로 하지 못했기 때문에 그 짧은 기간을 견디지 못하고, 결국은 더 큰 고통을 당하게 되었던 것입니다.

한 때 유명했던 베스트셀러였던 마쉬멜로우 이야기에 나오는 한 심리학 실험은 이런 점을 잘 보여줍니다. 이 실험에 의하면 눈 앞에 놓인 마쉬멜로우 한 개를 15분간 먹지 않고 견디는 아이에게는 한 개를 더 주고, 못 견디고 먹는 아이는 그 한 개만 먹고 끝이 납니다. 이렇게 실험을 한 후 15분을 견딘 아이와 못 견딘 아이의 삶을 추적해보니, 견딘 아이들이 훨씬 더 큰 인생의 성공을 거두었다고 합니다. 15분이란 시간은 인생의 길이를 생각하면 참으로 짧으나 당장 실험에 참여한 아이에게는 아주 길게 느껴질 수도 있는 시간이었을 것입니다. 이 때 이 15분이란 시간의 길이에 대한 정확한 현실 인식을 하고 견딘 아이에게 성공이 따라왔던 것입니다.

셋째, 미래의 것, 당장 손 안에 없지만 장차 얻게 될 것을 바라보는 눈을 키워야 합니다. 믿음 장으로 유명한 히브리서 11장의 첫 두 절은 "믿음은 바라는 것들의 실상이요 보이지 않는 것들의 증거니 선진들이 이로써 증거를 얻었느니라"고 말씀하고 있습니다(히 11:1-2). 그리고 이 믿음으로 인해 과거의 모든 고통과 시련을 견딘 선진들의 모범을 열거하고 있습니다.

또한 히브리서 3:19는 광야 시대의 이스라엘 백성들 중 약속의 땅에 들어가지 못한 자들에 대해서 말씀하시기를 "이로 보건대 그들이 믿지 아니하므로 능히 들어가지 못한 것이라"고 하고 있습니다. 결국은 현재의 고난과 시련을 견디는 힘은 장차 누릴 영광을 현재 믿음으로 직시하고 쟁취하는 데 있습니다.

말씀을 정리합니다. 성도 여러분, 우리가 어떻게 해야 하나님과 바른 관계를 갖고, 하나님의 약속들의 후사가 될 수 있을까요? 그것은 우리가 과거, 현재, 미래를 바로 보는 눈이 있을 때 가능합니다. 우선 과거를 지나치게 장밋빛으로 채색함으로써 현실의 고난에 눈 감으려고 해서는 안 됩니다. 그리고 현재의 어려운 상황을 정확히 분석하고, 객관적으로 파악할 필요가 있습니다. 마지막으로 하나님께서 약속하신 미래를 믿음으로 현재화 시키는 것이 필요합니다. 성도 여러분이 오늘 민수기 본문의 과거의 선배들의 실패에서 교훈을 받아 어떤 것이 바른 믿음의 삶인지를 깨닫고, 그 깨달음대로 살 수 있게 되시기를 축원합니다.

민수기 12장

모세의 리더십에 대한 도전

민수기 12장의 개관과 신학

민수기 12장은 언뜻 보기에는 11장과 전혀 다른 이야기를 하고 있는 것처럼 보일 수 있지만 사실 어휘상으로 볼 때 여러 가지 비슷한 요소들을 공유하고 있다.[1] 그것들을 정리해보면 다음과 같다. (1) 여호와 혹은 모세가 이스라엘 백성의 불평 소리를 듣는다(12:2; 11:1, 10).[2] (2) 하나님이 진노하신다(12:9; 11:1, 10, 33).[3] (3) 하나님이 징계를 내리신다(12:10; 11:1, 33). (4) 죄인이 하나님의 자비를 구한다(12:11; 11:2). (5) 모세가 중보 기도를 한다(12:13; 11:2). (6) 여정의 기록이 나온다(12:16; 11:35).

이런 어휘상의 연결뿐만 아니라 주제적인 측면에서도 11장은 12장과 연결점들을 갖고 있다. 민수기 12장은 아론과 미리암이 하나님과 백성 사이의 유일한 중계자로서의 모세의 특별한 권위에 대해서 반기를 드는 것을 주요 내용으로 하고 있는데, 사실 이 모세의 권위의 문제는 민수기 11장의

---

[1] Gordon J. Wenham, *Numbers: An Introduction and Commentary*, vol. 4, Tyndale Old Testament Commentaries (Downers Grove: InterVarsity Press, 1981), 124.

[2] 사실 Wenham은 이것 앞에 "비방하다"(to speak against)란 사항을 집어넣는다. 그러나 민수기 11장에는 "불평하다"(11:1) 등의 어휘는 나오지만 12:1의 "비방하다"란 표현과 동일하거나 엄밀한 의미에서 유사한 어휘가 나오지는 않는다. 따라서 이 항목은 제외시켰다.

[3] "민수기 11장의 개관과 신학"에서 살펴 본 바와 같이 "하나님의 진노"란 주제는 광야 시대 1기와 2기를 통틀어서 민수기 11자에서 처음으로 나온다. 이 주제가 다음 장인 12장에도 연속해서 나온다는 점은 이 두 장의 연결적 측면에서 중요하다.

메추라기 사건에서도 이미 미묘하게나마 잠재되어 있었다. 고기에 대한 요구(민 11:4-6)로 촉발된 위기 속에서 모세는 혼자서 백성을 인도하는 임무가 너무 버겁다는 탄식을 한다(11:11-15). 이런 탄식에 대해서 하나님은 그의 위에 있는 영을 그가 택한 70명의 장로들에게 나눠 주심으로서 반응하신다. 그리고 이렇게 영을 나눠 주기 전에 일부러 그와 대화를 나누는 모습을 보여주심으로써 그가 하나님과 특별한 관계에 있는 존재임을 넌지시 보여주셨다(참고, 민 11:17, 25의 본문 해설).

이처럼 11장에서는 아직 충분히 수면 위로 드러나지 않았던 문제인 모세의 권위의 문제가 드디어 민수기 12장에서는 본격적으로 제기된다. 그것도 다른 사람이 아닌 그의 친 형제자매인 미리암과 아론이 모세의 배타적인 권위에 대해서 도전을 한다. "여호와께서 모세하고만 말씀하셨느냐? 우리와도 말씀하지 아니하셨느냐"(2절). 이처럼 모세가 하나님과 말씀과 관련하여 특별한 지위를 누리고 있다는 점은 위에서 언급한 바와 같이 11장에서 하나님께서 모세의 영을 70인의 장로들에게 나눠 주시는 과정에서 암시적으로 드러난 바가 있다. 그런데 이제 미리암과 아론은 이 문제를 명시적으로 끌어내고 있다. 이로 인해서 12장에서 하나님은 이 문제에 대한 당신의 분명한 생각을 밝히시게 된다. 그것은 모세가 다른 어느 누구와도 완전히 차별되는 권위를 하나님의 말씀과 관련하여 갖고 있다는 것이다.

미리암과 아론의 신분을 고려할 때 이들의 도전에는 단순히 가족내의 갈등이라는 차원을 넘어서는 면이 있다. 미리암은 선지자였다(출애굽기 15:20, "선지자 미리암"). 또한 아론은 대제사장으로서 제사장 직분을 대표하는 자였다. 따라서 이들이 모세의 권위에 대해 도전을 한 것은 모세에 대한 선지자와 제사장 집단의 반발을 원형적으로 반영한 것이라고 할 수 있다. 이 두 집단 역시 하나님과 백성 사이의 중개자 역할을 하는 존재들이기 때문에 이들은 언제든 상황만 되면 "여호와께서 모세하고만 말씀하셨느냐"고 따지고 들 수 있는 자들인 것이다. 이런 면에서 이 민수기 12장의 메시지는 분명하다. 하나님이 모세와만 말씀을 나누시는 것은 아니지만 모세가 하나님의 말씀과 관련하고 갖고 있는 권위는 이런 직분자들의 것과는 비교할 수 없을 만큼 특별하다. 하나님은 이 점을 민 12:6-8에서 이렇게 밝히신다.

> 너희 중에 선지자가 있으면 나 여호와가 환상 속에서 나를 그에게 알리거나 꿈 속에서 그와 말할 것이다 그러나 내 종 모세와는 그렇지 않다….나는 그와 입에서 입으로 명백히 말하고 수수께끼 같은 말로 하지 아니하였다. 그는 또 여호와의 형상을 본다. 그런데 너희가 어찌하여 내 종 모세 비방하기를 두려워하지 않느냐?

모세가 가진 이런 특별한 권위는 이후에 모세의 발자취를 좇는 모든 선지자들의 모델이 된다. 그 중에서도 특히 이 민수기 12장의 본문과 관련하여 주목할 선지자는 예레미야이다. 그는 하나님의 부름을 받았을 때 "나는 아이라 말할 줄을 알지 못하나이다"(렘 1:6; 출 4:10; 6:30)라고 말하는 것 등 모세의 삶을 생각나게 하는 많은 유사점들을 보여준 선지자이다. 이처럼 첫 소명의 사건부터 모세와 비슷한 점을 많이 갖고 있는 그는[4] 예레미야서 23장에서 거짓 선지자들을 향한 비판 속에서 특별히 민수기 12장과의 관련성을 보여주고 있다. 그는 거짓 선지자들의 헛된 가르침과 묵시는 "자기 마음으로 말미암은 것이요 여호와의 입에서 나온 것 아니니라"고 지적한다(렘 23:16). 또한 이런 선지자들은 꿈이 자신들의 계시의 통로라고 말하지만 이것은 거짓말이다. 그는 "여호와의 회의"에 직접 참석해서 하나님의 말씀을 들은 선지자라면 거짓 선지자들처럼 죄인들을 향해 화평을 외치지 않고, 하나님의 말씀대로 "내 백성에게 내 말을 들려서 그들을 악한 길과 악한 행위에서 돌이키게 하였으리라"고 말한다(23:22). 이처럼 예레미야는 참 선지자

---

[4] Dale C. Allison Jr., *The New Moses: A Matthean Typology* (Eugene: Wipf & Stock, 1993), 53-61; Gary E. Yates, "Intertextuality and the Portrayal of Jeremiah the Prophet", *Bibliotheca Sacra* 170 (2013), 285-290 등을 보라. 물론 이사야나 에스겔 등의 다른 선지자들에게서도 모세와의 유비를 찾아볼 수 있는 것은 당연한 사실이지만 예레미야의 경우가 특별히 더 강하게 유비가 나타난다고 할 수 있다.

로서의 자신과 거짓 선지자들 사이의 차이를 하나님으로부터 직접 말씀을 들었느냐, 아니면 거짓 꿈이나 묵시를 꾸며댔느냐 하는 것의 차이라고 말했다. 예레미야는 이런 구분의 모티프의 출발점은 민수기 12:6-8의 하나님의 말씀이라고 생각된다.

모세가 하나님의 말씀에 대해 가진 특별한 권위는 신명기 18:15의 "네 하나님 여호와께서 너희 가운데 네 형제 중에서 너를 위하여 나와 같은 선지자 하나를 일으키시리니 너희는 그의 말을 들을지니라"라는 말로 연결된다. 앞의 예레미야의 경우에서 보듯이 구약의 선지자들은 이 "나와 같은 선지자", 곧 모세와 같은 선지자가 되기를 꿈꾸었다. 하지만 신명기는 또한 "그 후에는 이스라엘에 모세와 같은 선지자가 일어나지 못하였나니"라고 말하고 있다. 이래서 구약에서는 결국 모든 선지자들과 모든 백성에게 결국 "나와 같은 선지자", 곧 모세와 같은 선지자는 꿈을 꿀 뿐 결코 스스로는 도달할 수 없는 존재, 즉 메시야적인 존재에 대한 소망의 대상이 되었다. 그리고 이 소망은 신약의 예수 그리스도, 곧 모세보다 큰 자에게 가서야 최종적으로 성취된다. 히브리어 3:1-6, 그 중에서도 특히 5-6절은 분명히 민수기 12:7의 말씀을 발전적으로 활용하여 말씀하시기를 "또한 모세는 장래에 말할 것을 증언하기 위하여 하나님의 온 집에서 종으로서 신실하였고 그리스도는 하나님의 집을 맡은 아들로서 그와 같이 하셨으니"라고 말하고 있다. 즉 이 히브리서 본문은 모세는 하나님의 집에서 종의 신분에 불과하지만 예수 그리스도는 아들의 신분이라고 선포하고 있는 것이다. 따라서 우리는 이 예수 그리스도의 음성을 들을 때 그의 목소리에 온전히 충성해야 한다(히 3:7-18). 그럴 때 우리는 그리스도의 일에 참여하는 자가 될 수 있을 것이다(히 3:14).

1단계: 사역

1 그리고 미리암과 아론이 모세가 취한 구스 여인 때문에 그를 비방했다. 왜냐하면 그가 구스 여인을 취하였기 때문이다.

2 그들이 "여호와께서 모세하고만 말씀하셨느냐? 우리와도 말씀하지 아니하셨느냐"고 말했다. 여호와께서 [그것을] 들으셨다.

3 이 사람 모세는 그 겸손함이 지면의 모든 사람보다 더하였다.

4 여호와께서 갑자기 모세와 아론과 미리암에게 말씀하셨다. 너희 세 사람은 회막으로 나오라. 그 세 사람이 나왔다.

5 여호와께서 구름 기둥 가운데 내려오셔서 장막 문에 서셨다. 그리고 아론과 미리암을 부르셨다. 그 둘이 나갔다.

6 그가 말씀하셨다. 내 말을 들으라. 너희 중에 선지자가 있으면 나 여호와가 환상 속에서 나를 그에게 알리거나 꿈 속에서 그와 말할 것이다

7 그러나 내 종 모세와는 그렇지 않다. 그는 나의 온 집에 충성스럽다.

8 나는 그와 입에서 입으로 명백히 말하고 수수께끼 같은 말로 하지 아니하였다. 그는 또 여호와의 형상을 본다. 그런데 너희가 어찌하여 내 종 모세 비방하기를 두려워하지 않느냐?

9 여호와께서 그들에게 진노하시고 가시면서

10 구름도 장막 위에서 떠나가는 즉시 미리암이 악성 피부병에 걸려 눈과 같았다. 아론이 미리암으로 돌이켜 보니 그녀가 악성 피부병에 걸려 있었다.

11 아론이 모세에게 말했다. 아 내 주여. 우리가 어리석게 행동하여 지은 죄를 우리가 짊어지게 하지 마소서

12 그녀가 살이 반이 썩어 모태로부터 죽은 채로 나온 것처럼 되지 않게 하소서

13 그러자 모세가 여호와께 부르짖어 말하였다. 하나님이시여 그녀를 제발 고쳐 주소서

14 여호와께서 모세에게 이르셨다. 그녀의 아버지가 그녀의 얼굴에 침을 뱉었을지라도 그녀가 7일 동안 부끄러워하지 않겠느냐? 그녀를 진영 밖에 7일 동안 가두고 그 후에 돌아오게 하여라.

15 미리암이 진영 밖에 7일 동안 갇혀 있었고, 백성은 그녀가 다시 돌아오게 될 때까지 행진하지 않았다.

16 그 후에 백성이 하세롯에서 진행하여 바란 광야에 진을 쳤다

2단계: 사역 해설

1절. "비방했다": 봐트답베르(וַתְּדַבֵּר). "말하다"라는 뜻의 동사 다바르(דָּבַר)의 피엘 미완료 3인칭 여성 단수. 다바르는 원래 극히 예외적인 경우를 제외하고는 피엘형, 즉 딥베르 형태가 기본형의 역할을 한다. 이 딥베르가 전치사 브(בְּ)와 함께 사용되는 경우가 민수기 12장에 총 6회가 나온다(1, 2[x2], 6, 8[x2]). 이 중에서 1절의 경우와 8절의 두 번째 경우가 "~를 비방하다"(to speak against)란 의미로 사용되고 있고, 나머지 경우들은 "~와 이야기하다"(to speak with)란 의미를 갖고 있다. 이 두 의미 사이의 구분은 문맥이 결정하므로 문맥 파악이 중요하다.

이 동사와 관련해서 또 한 가지 중요한 점은 이 피엘 미완료가 3인칭 여성 단수이며, 주어는 미리암과 아론이라는 점이다. 따라서 원래는 동사가 3인칭 남성 복수 형태가 쓰였어야만 했다. 히브리어에서는 남자와 여자가 포괄된 주어의 경우에는 고대 히브리어에서 대표 성의 역할을 했던 남성형을 썼기 때문이다. 그러나 때로는 이 구절의 "미리암과 아론"과 같이 주어가 합성 주어로 되어 있는 경우에는 주어의 구성원들 중에서 더 중요한 사람만이 주어인 것처럼 동사가 사용되는 경우가 있다. 이 구절의 경우에도 비록 주어는 미리암과 아론 두 명이지만 동사는 마치 주어가 미리암밖에 없는 것인 양 3인칭 여성 단수 형태를 띠고 있다. 이런 동사의 쓰임새를 볼 때 이 12장의 초두에서 내레이터는 이 장의 에피소드의 초점이 되는 인물이 아론이 아니라 미리암이라는 점을 미리 밝히고 있는 것으로 보인다.

3절. "겸손함": 아나브(עָנָו). 구약 성경에서 단수로 쓰인 유일한 경우이다. 이 단어는 성격이 부드럽고 순응적인 사람들의 성품을 가리키는 뜻의 "온유함"(meekness)보다는 스스로를 대단한 존재로 여기지 않고 자기를 낮추는 사람이나 아예 원래부터 낮은 처지에 있는 사람을 가리키는 표현인 "겸손함"(humbleness)이라는 뜻으로 번역하는 것이 더 타당하다. "온유함"이란 번역은 KJV 성경 등의 전통을 따른 것이지만 이것은 단어의 원래 뜻이나 문맥적 뜻을 고려할 때 타당하지 않다.⁵ 이 단어는 가난하고 고통 당하는 자들(암 2:7; 사 11:4)을 가리키기도 하지만 하나님에게 순응하고 하나님의 뜻을 찾는 태도와 연결되어 있는 경우가 많다(시 22:6; 25:9; 37:11; 습 2:3).⁶ 현재 문맥에서도 이 단어는 하나님의 뜻에 순응하는 태도를 의미하는 것으로 보인다.

8절. "입에서 입으로": 페 엘-페(פֶּה אֶל־פֶּה). 이 표현은 모세의 경우에는 다른 사람들의 경우와 달리 환상이나 꿈과 같은 매개체를 사용하지 않고 직접 말씀하신다는 개념을 전달하고 있다. 통상적으로 이것은 영어 성경들의 경우에는 출애굽기 31:11; 신명기 34:10의 비슷한 의미의 숙어인 파님 엘-파님(פָּנִים אֶל־פָּנִים)에 기초하여 보통 "대면하여"(face to face)라고 번역되며, 개역개정도 이것을 따르고 있다. 사역에서는 원어를 살리고, 또 앞의 "대면하여"란 뜻의 관용어인 파님 엘-파님을 담고 있는 두 본문과의 차별성을 부각시키고 위해 히브리어를 사잔적인 의미 그대로 직역하고 있다.

"명백히": 우마르에(וּמַרְאֶה). 단순 접속사 우(ו)에 마르에(מַרְאֶה)란 단어가 추가된 형태. 마르에란 단어는 "보다"(to see)란 뜻의 동사 라아(רָאָה)에서 나온 단어로서 "모양, 외모"(appearance) 등을 의미하는 단어이다. BDB는 고대 역본들(사마리아 모세오경, 칠십인경, 탈굼, 시리아역 성경)을 따라서 우마르에 대신에 브마르에(בְּמַרְאֶה, 접속사 우(ו) 대신에 전치사 브(B.)가 붙은 형태)를 따르며, 이 경우 이 전치사구의 의미는 "직접적 면전에서"(in personal presence)란 뜻이라고 제시한다.⁷ 다른 한 편으로 굳이 히브리어 원문을 바꿀 필요가 없

---

5 James Swanson, *Dictionary of Biblical Languages with Semantic Domains: Hebrew* (Old Testament) (Oak Harbor: Logos Research Systems, Inc., 1997). 또한 Jacob Milgrom, *Numbers*, The JPS Torah Commentary (Philadelphia: Jewish Publication Society, 1990), 94를 보라.

6 Milgrom, *Numbers*, 94; Phillip J. Budd, Numbers, vol. 5, Word Biblical Commentary (Dallas: Word, 1998), 136; R. Dennis Cole, *Numbers*, vol. 3B, The New American Commentary (Nashville: Broadman & Holman Publishers, 2000), 202.

7 A. H. McNeile, *The Book of Numbers in the Revised Version with Introduction and Notes*. The Cambridge Bible for Schools and Colleges (Cambridge: Cambridge University Press,

다고 보는 학자들은 우마르에 자체로 충분히 의미가 통하며, 그 의미는 바로 이어지는 어구인 "수수께끼 같은 말로"(브히도트, בְּחִידֹת, 전치사 브[בְּ]+히다[חִידָה]의 복수)라는 문구와 대조를 이루는 것으로 본다.[8] 이런 견해에 따르면 마르에는 "명백함"(clearness)이라는 뜻을 갖고 있으며,[9] 현재 문맥에서는 이 마르에란 명사가 부사적으로 활용된 경우라고 할 수 있다. 위의 두 견해 중 어느 견해가 맞든지 간에 상관 없이 이 히브리어 어구가 가진 의미 자체는 명백하다. 그것은 하나님께서 모세와 소통하시는 방식은 전혀 모호함이 없이 직접적이고 선명하다는 것이다. 이런 점들을 바탕으로 해서 사역은 "명백하게"라고 이 어구를 번역하였다.

9b-10a절. "…가시면서 구름도…떠나가는": 10절 전반절의 서두는 통상적인 봐브 연속법 구문으로 되어 있지 않다. 그 대신 바뀐 주어가 완료형 동사와 함께 사용되고 있다. 이런 경우 그 앞의 문장인 9절 후반절과 이 10절 전반절은 동시에 벌어지는 동시동작적 사건을 진술한다.[10] 사역은 이 점을 살려서 번역하였다.

10절. "즉시": 붸힌네(וְהִנֵּה). 붸힌네는 히브리어 내러티브에서 굉장히 중요한 역할들을 수행한다. 현재 문맥에서는 이 단어는 앞 문장의 상황이 발생한 것에 이어서 "즉시" 어떤 일이 벌어짐을 나타내주는 역할을 하고 있다.[11]

1911), 67도 비슷하게 "직접 나타나서"(in a personal manifestation)란 뜻을 제시한다.
8 George Buchanan Gray, *A Critical and Exegetical Commentary on Numbers*. International Critical Commentary (New York: C. Scribner's Sons, 1903), 126.
9 James Swanson, *Dictionary of Biblical Languages with Semantic Domains: Hebrew* (Old Testament). (Oak Harbor: Logos Research Systems, 1997).
10 이에 대한 구문론적 설명은 S. R. Driver, *A Treatise on the Use of the Tenses in Hebrew and Some Other Syntactical Questions* (Oxford: Oxford University Press, 1892), §169. Gray, Numbers, 127 등도 이런 해석을 수용하고 있다.
11 T. O. Lambdin, *Introduction to Biblical Hebrew* (New York: Scribner's, 1971), §135. Timothy R. Ashley, *The Book of Numbers. The New International Commentary on the Old Testament* (Grand Rapids: Eerdmans, 1993), 221은 이 점을 따르고 있다. 또한 Driver, *A Treatise on the Use of the Tenses in Hebrew*, §169는 앞의 9b-10a절의 동시적 상황에 대한 구문

"악성 피부병에 걸려": 므쪼라아트(מְצֹרַעַת). 동사 짜라(צָרַע)의 푸알 분사 형태이며, 이 동일 구절에 이 형태가 두 번 사용되고 있다. 그 의미는 "악성 피부병에 걸려 있는"(struck with a skin disease) 정도의 의미이다.

동사 짜라 및 그 동족어들이 나타내고 있는 병명은 전통적으로는 "나병"으로 이해되어 왔다. 그러나 현대적인 성경 연구에 따르면 이 병은 결코 현대적 개념의 "나병", 즉 "문둥병" 혹은 "한센씨 병"이 아니다. 나병은 최소한 신약 이전 시대의 팔레스타인이나 그 주변 지역에서는 존재하지 않았다. 또한 성경에 묘사된 증세도 나병과는 틀리다. 따라서 현대 주석가들은 이 단어가 여러 가지 종류의 피부병을 지칭하는 용어라고 생각한다. 사역에서는 이것을 일관되게 "악성 피부병"으로 번역하고 있다.[12]

"보니": 붸힌네(וְהִנֵּה). 이 10절의 두 번째 붸힌네는 첫 번째 붸힌네와 달리 내러티브상의 시점을 내레이터의 시점으로부터 등장인물의 시점으로 바꿔주는 역할을 한다.[13] 즉 이 "보니"에 따라 나오는 "그녀가 나병에 걸려 있었다"란 진술은 내레이터의 시각에서 보이는 상황의 진술이 아니라 아론의 시각에서 보이는 상황에 대한 진술인 것이다. 이런 면에서 10절 끝의 이 진술은 10절의 전반절에 나오는 내레이터 시점의 진술인 "즉시 미리암이 나병에 걸려 눈과 같았다"는 것과 차이가 있다.

11절. "아 내 주여": 비 아도니(בִּי אֲדֹנִי). 이 표현은 자기보다 더 상위에 있는 존재와 대화를 할 때 자신의 말에 대한 허락을 요청하는 표현이다.

론을 다루면서 붸힌네가 이 동시적 상황의 두 번째 문장에 사용되기도 한다는 점을 지적했다. 그러나 이것은 현재 본문에 적용되는 사항이 아닌 것으로 보인다. 왜냐하면 이 붸힌네 문장은 동시동작 구문의 두 번째 문장에 추가적으로 따라오는 문장의 일부이기 때문이다.

12 이에 대한 추가적 해설은 5:2의 사역 해설과 박철현, *레위기* (서울: 솔로몬, 2018), 333, n. 178을 보라.

13 붸힌네의 이런 시점 이동 표시 기능에 대해서는 A. Berlin, *Poetics and Interpretation of Biblical Narrative* (Sheffield: The Almond Press, 1983), 91-99를 보라. 붸힌네의 이 기능을 이해하고 나면 구약의 내러티브들 중에서 흥미롭게 해석될 수 있는 부분들이 상당히 많아진다.

3단계: 단락 구분

민수기 12장의 단락 구분은 다음과 같다.

12:1-3 미리암과 아론의 문제 제기
12:4-8 하나님의 개입과 모세의 권위에 대한 확언
    12:4-5 하나님의 개입
    12:6-8 모세의 권위에 대한 하나님의 확언
12:9-10 하나님의 진노와 징계
12:11-12 아론이 모세에게 한 반성과 부탁
12:13-14 모세의 중보 기도와 하나님의 반응
    12:13 모세의 중보 기도
    12:14 하나님의 반응
12:15 징계의 결과
12:16 여정의 기록

지금까지 보아 온 바와 같이 하나님의 명령 부분과 그 수행에 대한 기록이 뚜렷이 구분되고, "여호와께서 말씀하셨다"는 말씀 도입구 등이 사용됨으로써 구조 분석이 용이한 민수기 1-10장 등과 달리 민수기 12장에는 단락 구분을 위한 지표들이 두드러지게 나타나 있지 않다. 따라서 위의 분석은 그냥 내용의 흐름을 요약해 놓은 것이라고 이해하면 된다.

12장의 에피소드의 시작은 모세의 친가족이자, 선지자 직분과 제사장 직분을 각각 가진 미리암과 아론이 하나님의 말씀과 관련하여 모세의 권위에 도전장을 내미는 것으로 시작된다. 이들이 도전을 해오자마자 "갑자기"(4절) 하나님께서 개입하신다(4-5절). 그리고 모세의 권위가 하나님의 말씀을 대언하는 다른 모든 자들과 전혀 다른 특별한 위치에 있음을 강력하게 천명하신다(6-8절).

하나님이 이렇게 말씀 후에 떠나 가시는 "즉시"(10절) 미리암은 하나님의 징계의 결과로 나병이 걸린다. 아론이 그녀의 나병에 대해서 모세에게 반성의 말(11-12절)를 하자 모세가 하나님께 중보 기도를 한다(13절). 하나님은 그녀가 병으로 인해 7일 동안 진 밖에 머물러야 한다고 말씀하신다(14절). 이스라엘은 미리암이 돌아오는 7일 동안 행진을 하지 않고 기다리다가 그녀가 돌아오고 난 후 여행을 재개하여 바란 광야로 간다(15-16절).

4단계: 본문 해설

1-3절. 1-3절이 담고 있는 바, 12장 에피소드의 발단은 미리암과 아론이 모세가 아내로 취한 구스 여인의 일로 그를 비방한 것으로부터 출발한다(1절). 그러나 정작 이들이 모세를 향하여 꺼낸 말은 전혀 엉뚱한 말, 즉 모세가 하나님의 말씀에 대하여 과연 자신들과 차별화되는 특별한 권위를 갖고 있느냐 하는 문제였다(2절). 이들이 이런 문제를 제기한 것을 언급한 직후에 3절에서 갑자기 내레이터는 모세가 아주 겸손한 사람임을 언급한다. 이 내레이터의 언급은 언뜻 보기에는 약간 생뚱맞아 보인다.

먼저 에피소드의 발단, 즉 내러티브의 방아쇠 역할을 하는 1절은 몇 가지 반드시 다루고 가야 할 흥미로운 점들을 갖고 있기 때문에 이에 대해서 살펴 보도록 하자.

첫 번째 다룰 점은 왜 내레이터가 "미리암과 아론"이라는 표현 속에서 미리암의 이름을 아론의 이름 앞에 놓고 있느냐 하는 것이다. 그 이유는 이 민수기 12장의 모세의 권위에 대한 도전의 이야기에서 좀 더 초점의 대상이 되는 것이 미리암이기 때문인 것으로 보인다. 이런 판단이 옳다는 것은 다음의 몇 가지 사항들을 통해서 논증할 수가 있다.

(1) 이 "미리암과 아론"이라는 주어와 함께 쓰인 동사는 3인칭 여성 단수이다. 앞의 "사역 해설"에서 설명한 바와 같이 성경 히브리어에서 이처럼

주어와 동사가 불일치하는 경우에는 주어의 구성 인물들 중 동사와 상응하는 사람이 중심인물이고, 상응하지 않는 사람은 보조적 인물일 뿐이다. 즉 미리암이 중심인물인 것이다.

(2) 나중에 이 문제로 인해서 하나님의 징계를 받고 악성 피부병에 걸리는 사람은 미리암뿐이다(10절). 이처럼 그녀만 직접적으로 징계를 받은 것은 그녀가 이 문제에 있어서 아론보다 주도적인 역할을 했다는 것에 대한 방증이 될 수 있다.

(3) 선지자로서의 미리암(참고, 출 15:20)과 대제사장으로서의 아론의 신분 역시 이 문제와 연결되어 있는 것으로 보인다. 물론 제사장도 하나님과 백성 사이에서 일정 수준의 중계자 역할을 하기는 했겠지만 하나님의 말씀을 대언하는 역할을 주로 하는 것은 역시 선지자였다. 이들이 제기한 문제, 즉 "여호와께서 모세하고만 말씀하셨느냐? 우리와도 말씀하지 아니하셨느냐"는 문제(2절)는 선지자의 임무와 좀 더 밀접하다. 이런 면에서 이 민수기 12장에서 이들이 제기한 문제에서 주동자 역할은 미리암이 했고, 아론은 동조자 정도의 역할을 하지 않았나 판단된다.

따라서 위의 여러 가지 사항들을 고려해볼 때 미리암의 이름이 아론보다 먼저 언급된 것은 내레이터의 생각에 누가 이 12장에서 더 주동적인 인물인지에 대한 정보를 독자들에게 넌지시 건네 주고 있는 장치인 것으로 보인다.

두 번째 다룰 점은 12장의 갈등의 단초를 제공한 구스 여인이 누구냐는 것이다. 이에 대해서 해석자들은 고래로부터 여러 가지 주장들을 해왔다. 그 중에 대표적인 견해 두 가지는 이 구스 여인이 모세의 원래의 아내인 십보라(출 2:21)라는 설과 모세가 십보라의 사후든 아니든 간에 새 아내를 얻었다는 설이다.[14]

우선 구스 여인이 십보라라는 설에 대해서 가장 큰 걸림돌은 십보라가

---

[14] 이에 대한 간략한 정리는 Ashley, *Numbers*, 223-224를 보라.

미디안 족속의 여인임이 분명한 반면에 구스는 현재의 에디오피아 지역을 지칭하는 표현이라는 것이다. 이에 대해서는 구약에 구스가 여러 가지 다른 민족을 가리키는 경우가 있으며, 미디안와 구스가 동일시되는 것으로 보이는 본문(합 3:17)도 있다는 점으로 반박할 수가 있다.[15]

그리고 두 번째 설, 즉 모세가 십보라가 아닌 다른 여인이라는 설에 따르면 모세는 십보라가 죽은 후에 재혼을 하였거나 십보라 외에 다른 아내를 얻었다는 것인데, 이 설에 대해서는 사실 어떠한 찬반 논증도 불가능하다.

그러나 결국 위의 두 가설의 경우에 있어서 모두 이 구스 여인의 정체에 대해서는 그 어떤 결론에도 도달할 수 없다. 이 여인의 정체에 대해서 내레이터가 독자들에게 어떤 추가적인 정보도 제공하고 있지 않기 때문이다.

그리고 각 설의 타당성 여부보다 더 중요한 점은 사실상 본문 속에서 구스 여인의 문제는 전혀 중요한 문제가 아니라는 점이다. 이 여인의 문제는 미리암과 아론이 모세의 권위에 도전하기 위한 빌미 이상의 아무 것도 아니기 때문이다. 이들이 설혹 이 여인의 문제를 제기하는 것으로부터 자신들의 말을 시작했다 할지라도 결국 이들이 정말 하고 싶었던 말은 2절에 있듯이 모세가 배타적으로 누리고 있는 하나님의 말씀에 대한 권위의 문제였다. 이들이 정말 제기하고 싶었던 논쟁의 핵심에 도달하고 나면 단순한 핑계거리였던 구스 여인의 문제는 관심의 영역에서 사라진다. 이것이 바로 이 민수기 12:1-3에서 벌어지고 있는 일이다.

이런 논의들을 거쳐서 1절의 내용에 대해서 정리해보면 다음과 같다. 첫째, 민수기 12장의 모세의 권위에 대한 항거에 있어서 주동적 역할은 한 것은 미리암이었던 것으로 보인다. 둘째, 구스 여인의 정체가 어찌 됐든 이 여인과 모세의 결혼은 미리암과 아론이 진짜 문제 삼고 싶었던 사항인 2절의 내용, 즉 모세가 하나님의 말씀에 대한 권위를 독점하는 것에 대한 문제를 제기하기 위한 핑계에 불과하다.

---

15 Ashley, *Numbers*, 223-224.

이제 2절로 넘어가보도록 하자. 1절과 달리 2절은 주어도 복수이고, 동사도 복수이다. 비록 미리암이 주동을 했을지라도 결국은 그녀와 아론은 모세에 대항하여 연합 전선을 편다. 미리암은 선지자이다. 또한 아론은 대제사장으로서. 제사장 직분의 대표이다. 따라서 이들의 반발은 구약의 3대 직분인 왕, 제사장, 선지자 중 후자의 두 개 직분의 대표자들이 모세의 권위에 대한 도전을 한 것이라고 볼 수 있다.[16]

2절 후반절은 하나님이 미리암과 아론의 반발에 대해서 들으셨다고 말하고 있다. 앞 장인 11장에서 이스라엘의 불평에 대한 하나님의 들으심은 징계를 가져 왔다. 과연 12장에서는 다를 것인가? (12:2; 11:1, 10)

위의 질문을 남겨 놓은 채 3절에서 내레이터는 사건의 흐름에 대한 서술을 멈추고 갑자기 모세의 성품의 대한 진술을 한다. 언뜻 보기에 내레이터의 이런 움직임은 무질서하게 보인다. 그러나 사실 12장의 에피소드를 이해하는데 있어서 이 정보는 중요하다.

모세의 "겸손함이 지면의 모든 사람보다 더하였다"라는 진술은 3인칭 전지적 시점의 내레이터에 의해 주어진 것이다. 내러티브 이론적으로 말해서 이런 3인칭 전지적 시점의 내레이터의 진술은 해당 이야기 본문 속에서 확고한 진리로 받아들여야만 한다. 독자는 이런 내레이터가 말한 진술이 틀림 없는 사실이라는 것을 수용하고 이 에피소드를 읽어야만 하는 것이다.

현재 대목에서 중요한 것은 내레이터가 왜 갑자기 사건의 흐름에 대한 서술을 멈추고 이런 정보를 독자에게 제공하고 있느냐 하는 것이다. 그 이유는 아마 모세가 하나님의 말씀에 대하여 그 누구와도 필적할 수 없는 배타적 권한(참고, 6-8절; 신 34:10)을 갖고 있음에도 불구하고 극히 겸손한 성품을 가진 사람임을 분명히 해주고자 했기 때문으로 생각된다. 이 3절에서 내레이터가 주는 정보를 따를 경우 이 12장에서 모세는 현재 사태에 대해서 책임이 없다. 이 세상의 누구보다 겸손한 성품을 가진 그가 자신의 권위를

---

[16] Cole, *Numbers*, 200.

남용하거나 자랑하거나 하지 않을 것이기 때문이다. 따라서 현 사태에 대한 책임은 부당한 문제 제기를 한 미리암과 아론이 온전히 질 수밖에 없게 된다. 바로 이 점을 부각시키기 위해 내레이터는 사건의 흐름에 대한 진술을 중단하고, 모세의 성품에 대한 언급을 하고 있는 것이다.

4-5절. 이 본문에서 내레이터는 다시 사건의 흐름에 대한 서술로 되돌아간다. 특히 여기에서 중요한 것은 "갑자기"란 표현이다. 하나님은 이들이 모세의 권위에 도전하는 것에 대해서 시차를 두고 반응하신 것이 아니라 즉각적으로 반응하신다. 이런 점은 모세의 리더십에 대해서 하나님이 지대한 관심을 갖고 계심을 보여준다.

하나님은 문제의 당사자인 모세와 아론과 미리암을 회막으로 나오라고 명령하신다. 그리고 그들을 만나기 위해서 구름 기둥 가운데 내려 오신다(참고, 민 11:24-25). 그리고 아론과 미리암을 부르신다.

6-8절. 하나님은 이들이 제기한 문제, 즉 하나님의 말씀에 대한 모세의 권위에 대해서 당신의 생각을 말씀해 주신다. 이 하나님의 말씀은 다음과 같이 교차대조법적 구조를 이루고 있다.

   a. 일반 선지자에게 말씀을 주시는 방식(6절)
        x. 모세의 특별함(7절)
   a′. 모세에게 말씀을 주시는 방식(8절)

먼저 6절에서 하나님은 일반 선지자들에게 말씀을 주시는 방식에 대해서 언급하신다. 이들의 경우에도 하나님이 말씀을 주시는 것은 사실이다. 그러나 모세의 경우와 비교할 때 약간은 간접적인 방법들, 즉 환상이나 꿈을 통해서 그렇게 하신다고 말씀하신다.

7절은 모세가 일반 선지자와 전혀 다른 차원의 존재라는 점을 강조하고 있다. 그의 특별함은 그에 대한 두 가지 수식어를 통해서 알 수 있다. 첫째,

하나님은 모세를 "내 종"이라고 부르고 있는데,[17] 이 표현은 구약에서 극히 드문 숫자의 사람들에게만 적용된 표현이다. 아브라함(창 26:24), 갈렙(민 14:24), 여호수아(수 24:29; 삿 2:8), 다윗(삼하 3:18; 7:5, 8; 왕상 11:38; 14:8; 대상 17:4, 7 등) 등의 극히 중요하고 한정된 인물들에게만 부여된 칭호였다. 둘째, 하나님은 모세가 "나의 온 집에 충성스럽다"고 말씀하시고 있다. 이 중 "충성스럽다"(네에만, נֶאֱמָן)라는 표현은 구약성경의 내러티브 본문들 중에서 오직 모세와 사무엘(삼상 3:20)에만 사용되었다. 이런 수식어들은 모세가 하나님 앞에서 진정으로 독보적인 존재임을 보여준다.

8절은 6절과 대조를 이룬다. 이 구절에서 하나님은 모세에게 말씀을 주시는 방식에 대해서 말씀하신다. 이 방식은 다음과 같이 몇 가지로 표현되어 있다.

(1) 그와 "입에서 입으로"(페 엘-페, פֶּה אֶל־פֶּה) 말씀하신다. 이 표현의 의미는 사역 해설을 보라. 이 표현은 구약성경에서 단 한번 나오는 표현이며, 이와 비슷한 다른 표현인 "얼굴과 얼굴을 마주하고"(파님 엘-파님, אֶל־פָּנִים פָּנִים)란 표현과 동의어적 표현이다. 이 후자의 표현 역시 출애굽기에서 신명기까지의 본문에서 오직 모세에게만 사용된다(출 33:11; 신 34:10).[18] 그리고 이 두 표현은 모두 모세 말씀 대언자 직분과 관련하여 그가 가진 유일무이성을 강조하는 표현이다. 그와 같은 대언자는 있을 수가 없는 것이다.

(2) "명백히 말하고 수수께끼 같은 말로 하지" 아니하신다.

(3) 모세는 여호와의 "형상"을 본다. 물론 이 말이 정말 모세가 여호와

---

17 신 34:5; 수 1:1, 2, 7, 13, 15; 11:12, 15; 12:6; 13:8; 14:7; 18:7; 22:2, 4, 5. 앞의 여호수아서의 "여호와의 종 모세"라는 표현의 목록에서 보듯이 여호수아서는 이 표현을 상당히 자주 사용한다. 반면에 모세의 발자취를 평생 따른 여호수아는 오직 죽은 후에야 이 칭호를 받게 된다(수 24:29; 삿 2:8). 이것은 마치 여호수아의 인생 전체가 자기가 섬기던 선임자의 영광스러운 칭호를 물려 받기 위해 열심히 산 인생처럼 보이게 만들 정도다.

18 이 표현은 구약에서 이 두 번 외에도 세 번이 더 사용되었다. 창세기 32:31의 얍복강 사건에서 아브라함이, 그리고 사사기 6:22에서 기드온이 신비로운 하나님 체험을 하고 나서 독백으로 한 말 중에서 이 표현이 사용되었다. 그리고 에스겔서 20:35의 하나님의 심판의 메시지 중에서 이스라엘이 하나님을 직접 상대해야만 한다는 점을 표현하는 와중에 마지막으로 한 번 사용되었다.

의 모습을 보았다는 의미로 이해되어서는 안 된다(출 33:20). 또한 "형상"에 해당하는 트무나(תְּמוּנָה)란 단어는 구약성경에서 총 10회 사용된 단어인데 욥기 4:16을 제외하고는 다 어떤 실제적인 "형태"를 가리키는 표현으로 사용된다(출 20:4; 신 4:12, 15-16, 23, 25; 5:8; 시 17:15). 그러나 이 단어가 꼭 정확히 파악할 수 있는 어떤 형태를 가리키는 것이 아님은 욥기 4:16이 잘 보여준다. 따라서 결코 이 민수기 12:8이 모세가 하나님의 진짜 모습을 보았다는 것을 의미하는 것은 아니다. 그러나 문맥상 여전히 이 표현 역시 모세가 다른 선지자들과는 다른 하나님 체험을 하고 있으며, 이런 체험이 그가 받은 말씀의 권위를 보장해주고, 그가 특별한 지위를 갖고 있음을 보여준다는 점만은 분명하다.

따라서 하나님은 "그런데 너희가 어찌하여 내 종 모세 비방하기를 두려워하지 않느냐"고 반문하심으로써 말씀을 마치신다.

9-10절. 이 본문은 하나님의 진노와 징계를 담고 있다. 징계는 처음에 하나님이 미리암과 아론의 항의를 듣고 즉각적으로 반응(2, 4절)하셨던 것처럼 즉각적이다. 이 즉각성은 9절의 사역 해설에서 보듯이 원문상으로 두 가지 방식으로 표현된다. 첫째, 본문은 "즉시"란 표현을 쓰고 있다. 둘째, 하나님이 해당 장소에서 떠나시는 것과 미리암에게 하나님의 징계의 결과로 악성 피부병이 발생한 것이 동시적 상황임을 나타내는 구문을 사용하고 있다. 그리고 이 점을 아론이 분명하게 인식했다.

전통적으로 해석자들은 미리암과 아론이 다 잘못했는데 왜 미리암만 징계를 받았느냐 하는 것에 대해 의문을 제기해왔다. 그리고 이에 대해서 충분히 설득력 있는 답이 그 동안 별로 없었던 것 같다.[19] 예를 들어 어떤 학자는 아론이 징계를 피한 이유가 그가 대제사장으로서 담당해야 할 사역이 많았기 때문이라고 한다. 물론 대제사장이 허물이 있게 되어 그것을 제의적으로 처리해야 하는 일이 발생하는 경우 대제사장 본인과 이스라엘 회

---

[19] 예를 들어 Wenham, *Numbers*, 128을 보라.

중이 겪어야 하는 절차와 수고는 말할 수 없이 크다는 점은 맞다(참고, 레위기 4:3-12의 대제사장의 속죄제의 신학 등).[20] 그러나 이것 때문에 미리암만 징계를 받았다고 한다면 하나님이 너무 편파적이시라고 할 수밖에 없다. 잘못은 같이 했는데 아론이 하는 일 때문에 벌은 받지 않는다는 식의 생각은 위에서 지적한 대제사장의 속죄제의 신학이 주는 가르침과는 상반된다. 왜냐하면 이 속죄제의 신학에 가르치는 바에 따르면 높은 자리에 있는 사람일수록 죄의 무게, 그리고 쳐야 할 책임도 크기 때문이다.[21]

따라서 미리암만 징계를 받은 것에 대해서는 좀 더 본질적인 이유를 본문상의 증거들을 통해서 찾아봐야 한다고 생각한다. 그리고 다행히도 앞에서 1절 등의 본문 해설에서 살펴 본 바들을 고려할 때 이에 대한 답을 찾을 수 있는 것으로 보인다. 민수기 12장의 첫 구절부터 내레이터는 미리암이 주동자이며, 아론은 동조자에 불과하다는 사실을 여러 가지 방식으로 암시해주고 있다. 그리고 이런 암시가 주는 복선은 결국 이 9-10절에서 미리암만 징계를 받는 것을 통해 실현되고 있는 것으로 생각된다.

11-12절. 이 두 구절에서 아론은 앞의 구절들에서 미리암에게 닥친 상황을 인식하고 모세에게 중보의 역할을 해줄 것 간구한다. 그는 이 간구를 "아내 주여"라는 탄식으로 시작하는데, 이 표현은 앞에서 그가 모세의 권위에 대해서 도전을 한 것과 대비를 이룬다. "내 주"라는 표현을 통해 그는 자신의 모세의 권위 아래에 있음을 인정하고 있는 것이다.

이어서 그는 자신과 미리암이 "어리석게 행동하여" 죄를 지었다는 것을 고백한다. 그리고 이 죄값을 짊어지지 않게 해주며, 미리암의 병이 낫게 해주는 기도를 모세가 해줄 것을 부탁한다.

13-14절. 이 본문은 모세의 중보 기도와 하나님의 응답을 담고 있다.

---

[20] 이에 대해서는 박철현, *레위기: 위험한 거룩성과의 동행* (서울: 솔로몬, 2018), 144-184에서 대제사장의 속죄제에 대한 부분(173-178쪽)을 특히 주의 깊게 살펴 보라.
[21] 이 점은 박철현, *레위기*, 182-184의 샘플 설교의 제목인 "죄의 무게가 소명의 무게"와 그 내용을 통해서 압축적으로 제시되어 있다.

13절에서 모세는 아론의 말대로 하나님께서 미리암을 고쳐 주실 것을 기도한다.

이에 대해 하나님은 "만약 그녀의 아버지가 그녀의 얼굴에 침을 뱉었을지라도 그녀가 7일 동안 부끄러워하지 않겠느냐"고 반문을 하시면서 그녀가 7일 동안 진영 밖에 갇혀 있다가 들어와야 한다고 말씀하신다. 아버지가 침을 뱉었을 때 7일 동안 부끄러워해야 한다는 구절은 구약성경에는 없다. 단지 신명기 25:9이 형사취수 제도의 의무를 이행하지 않는 사람의 얼굴에 침을 뱉어 공동체에서 수치가 되게 하라는 규례를 담고 있을 뿐이다. 따라서 하나님의 이 말씀은 그냥 미리암의 죄에 대해서 하나님이 무작정 면죄부를 주지는 않으시겠다는 의미로 이해하면 될 것이다.

악성 피부병이 발병한 미리암을 진영 밖에 7일 동안 감금해 놓은 것은 민수기 5:2-3과 레위기 13-14장의 악성 피부병 의심자 및 확진자의 처리 규례를 따른 것으로 보인다. 격리된 환자가 7일 후에 장막으로 돌아오는 것에 대해서는 특히 레위기 14:8-20 등을 보라.[22] 이 규례에 따르면 나병 환자는 완치된 이후에도 7일을 진 밖에 체류하다가 제8일에 정결 의식을 치르고서야 진 안으로 들어오게 된다. 이 규례를 기초로 하여 판단해볼 때 하나님은 미리암의 문둥병은 모세가 기도한 즉시로 낫게 하셨으며, 단지 정결을 기다리는 기간인 7일 동안 진 안으로 돌아오지 못하게 하신 것으로 보인다.

15절. 하나님의 징계는 말씀하신 대로 충실하게 7일 동안 시행되었다. 그 동안 이스라엘은 여행을 하지 않고 기다렸다. 이것은 그녀가 이스라엘 회중 가운데에서 가진 위상을 보여준다.

이 15절을 끝으로 해서 12장이 미리암과 관련해서 말하고 있는 바들을 정리하면 다음과 같다. 첫째, 미리암은 이 장의 사건 속에서 모세의 특별한 지위에 대한 도전을 주도했으며, 아론은 그에 동조해서 행동을 같이 한 것

---

[22] 레위기의 악성 피부병에 대한 처리와 신학에 대한 설명은 박철현, *레위기*, 378-425를 보라.

으로 보인다. 둘째, 이런 이유로 해서 하나님은 미리암에게만 징계를 했다. 그러나 하나님의 징계는 이 장을 둘러싸고 있는 앞뒤의 장들의 경우를 고려하면 상당히 온화한 것이라고 할 수 있다. 11장에서 우리는 이스라엘의 많은 사람들이 크게 징계를 당한 것을 보았다(11:33, "심히 큰 재앙"). 또 13-14장에서 우리는 정탐꾼 사건으로 인해 이스라엘이 한 세대 후에나 가나안 땅에 들어가는 징계를 당하게 되는 것을 보게 될 것이다. 또한 16-17장의 고라 자손의 반역 역시 광야 시대의 가장 심각한 사건들 중의 하나이다. 이런 주변 문맥과들과 비교해볼 때 이 12장의 하나님의 징계는 약간은 익살스럽다는 느낌까지 들 정도다. 마치 모세의 중보 기도에 대해 하나님은 미소를 띤 채 살짝 윙크를 하시면서 "잘못은 했으니 혼은 나야지"라고 하시는 것처럼 보인다. 셋째, 15절이 보여주고 있듯이 백성들 가운데서 미리암의 위상은 크게 손상을 입은 것 같지 않다. 물론 9절에서 하나님이 "그들에게 진노"하셨다는 언급은 나오지만 여전히 이 12장의 사건은 이렇게 찻잔 속의 태풍과도 같은 작은 해프닝 선에서 마무리되는 것으로 보는 것이 적절하다고 생각된다.

16절. 12장은 미리암이 진영으로 돌아온 뒤에 "하세롯에서 진행하여 바란 광야에" 이른 것으로 마무리를 짓는다. 이 바란 광야는 시나이 반도의 북동쪽에 위치한 곳으로 약속의 땅 코밑이었다. 이곳에서 이스라엘은 광야 시대 역사상 가장 큰 비극, 즉 해당 세대 전체가 여호수아와 갈렙을 제외하고는 약속의 땅에 들어가지 못하는 비극을 겪게 된다.

5단계: 적용

1-2절. "미리암과 아론이…구스 여인 때문에 그를 비방했다…여호와께서 모세하고만 말씀하셨느냐?": 이 두 구절에서 모세의 가족의 일원인 미리암과 아론이 그의 권위에 대해 도전을 한다. 그러나 이들이 진짜 문제로 삼

은 사항은 하나님의 말씀에 대한 모세의 배타적 권한이었음에도 불구하고 처음부터 이 문제를 들고 나오지 않는다. 대신 이들은 본질이 아닌 문제, 즉 모세의 결혼 문제에 대해서 비방을 해댄다. 이처럼 우리는 진짜 본질은 숨겨 놓고 다른 것을 트집 잡아 상대방을 괴롭히는 일이 많다. 그러나 이런 태도는 결코 상호간의 관계를 유지하는데 있어서 도움이 안 된다. 우리는 상대방에 대해서 불만스러운 점이 있는 경우 그것을 관용할 수 있으면 그렇게 하되, 그것을 견디지 못하겠다면 차라리 정직하게 그 문제만을 한정해서 상대방과 대화를 나누는 것이 낫다.

이 본문에서 생각해볼 수 있는 다른 한 가지 점은 하나님의 일을 두고서 모세의 친가족이 그와 갈등을 일으켰다는 것이다. 굳이 가족이 문제를 일으키지 않아도 모세는 자신의 사역과 관련해서 이미 이스라엘 백성들로 인해 고통을 당하고 있는 중이었다. 상황이 이러함에도 불구하고 모세는 유일한 지원과 보호 세력이어야 할 가족에 의해서도 고통을 받았다. 예수께서도 이와 비슷한 일들을 경험하셨다(막 3:21; 눅 4:24-29; 요 4:44; 7:5). 또한 이런 일은 예레미야의 예에서 보듯이 누구나가 겪을 수 있는 일이다(렘 11:21; 12:6; 참고, 렘 1:1, "아나돗의 제사장들 중…예레미야").

그런 경우에도 중요한 것은 우리가 자신의 중심을 잘 지키고, 악을 악으로 갚지 않는 것이다. 민수기 12장에서 모세가 바로 이렇게 행동한다. 그는 아론이 미리암의 일로 인해 중보 기도를 요청했을 때 그렇게 한다(13절). 하나님이 모세를 인정하시고 그에게 특별한 지위를 허락하신 데에는 그의 이런 성품도 한몫했을 것이다(참고, 3절).

4절. "여호와께서 갑자기 모세와 아론과 미리암에게 말씀하셨다": 하나님은 자기 종("내 종", 7-8절)인 모세의 권위가 도전을 받았을 때 본문의 "갑자기"란 단어가 나타내주고 있듯이 즉각적으로 개입하신다. 앞의 민수기 11:17, 25에서도 하나님은 자기 종 모세의 권위를 사람들이 인식할 수 있도록 섬세하게 배려를 해주신 바가 있다. 이처럼 하나님은 당신이 세우신 종들의 권위를 높여 주기 위해 신경을 쓰신다. 하나님은 사람에게 일만 맡시고 그냥 수수방관하시는 분이 아니다.

6단계: 설교 "내 말이 불과 방망이 같지 아니하냐"
(민 12:6-8; 렘 23:16-32)

　오늘 설교를 통해 저는 민수기 12장의 모세의 말씀의 권위에 대한 본문, 그리고 이 본문에 바탕을 둔 것으로 보이는 예레미야서 23장의 예레미야와 거짓 선지자의 갈등에 대한 본문을 살펴보고, 이 본문들을 통해 오늘날 한국 교회가 귀담아 들어야할 메시지를 몇 가지 간추려 살펴보도록 하겠습니다.

　민수기 12장에서 선지자였던 미리암과 대제사장이었던 아론은 여호와의 말씀에 대한 권위의 문제를 가지고 모세에게 반기를 듭니다. 그들은 "여호와께서 모세하고만 말씀하셨느냐? 우리와도 말씀하지 아니하셨느냐"고 따집니다(민 12:2). 그들의 이 말을 듣고 하나님이 직접 개입하셔서 이들과 모세 사이에는 분명한 권위의 차이가 있다는 점을 밝히십니다. 이 때 하신 말씀이 바로 오늘 성경 본문 말씀 중의 하나인 민수기 12:6-8입니다. 하나님은 일반적인 선지자들의 경우에는 환상이나 꿈 등의 수단을 통해서 말씀을 전달하시지만 당신의 특별한 종인 모세의 경우에는 "입에서 입으로 명백히 말하고 수수께끼 같은 말로 하지 아니"하신다고 말씀합니다. 이처럼 하나님과 직접 만나서 얼굴을 보고 대화하듯이 말씀을 주시느냐, 아니면 이와 비교해서 상대적으로 덜 분명한 방식으로 말씀을 주시느냐의 차이가 모세와 다른 말씀의 중개자들 사이를 가릅니다.

　모세 시대 이후의 선지자들은 모두 모세와 같은 선지자(신 18:18)가 되고자 하는 열망을 갖고 있었습니다. 그 중에서도 특별히 모세와 많은 연관성을 보여주는 선지자가 예레미야입니다. 그는 선지자 사역을 하는 내내 거짓 선지자들에 의해서 박해를 받았고, 그들과 끝도 없이 싸워야 했습니다. 그러던 와중에 그는 예레미야 23:16-32의 말씀을 통해서 거짓 선지자들과 자신의 차이를 강조하면서 이 민수기 12장의 모티프를 끌어다 쓰고 있는 것으로 보입니다.

앞에서 본 바와 같이 미리암과 아론은 상대적으로 모호한 말씀 전달 매체인 환상이나 꿈을 통해서 하나님의 말씀을 접하는 반면에 모세는 하나님과 직접 만나서 하나님의 형상을 보고 "입에서 입으로" 전달되는 말씀을 접했습니다. 물론 미리암 및 아론과는 차이가 있지만 예레미야의 대적들인 거짓 선지자들 역시 꿈이나 묵시를 보았다고 말을 합니다(렘 23:16, 25). 그러나 그들의 꿈은 "거짓 꿈"(23:32)이며, 그들의 묵시는 "자기 마음으로 말미암은 것이요 여호와의 입에서 나온 것이" 아닙니다(23:16). 반면에 예레미야는 자신은 "여호와의 회의"에 참석해서 하나님의 말씀을 직접 "보고 들었다"고 말하고 있습니다(23:18).[23]

결국 자신들의 마음에서 나온 묵시나 헛된 꿈을 꾼 거짓 선지자들과 정말 하나님의 말씀을 직접 들은 참 선지자인 예레미야는 이처럼 계시 방법의 차이만큼이나 그 메시지에 있어서도 완전히 차이가 납니다. 거짓 선지자들은 악인들에게 결코 재앙이 임하지 않을 것이며 평안만 있을 것이라고 여호와의 이름을 팔아 가면서 외칩니다(23:17). 반면에 여호와의 회의에 참석하여 하나님의 말씀을 직접 들은 참 선지자는 백성들에게 심판의 말씀을 전하면서 "그들을 악한 길과 악한 행위에서 돌이키게" 하려고 합니다(23:22).

저는 예레미야가 자기 시대에 몸소 겪었던 이런 거짓 선지자와 참 선지자의 차이는 단순히 그 시대만의 이야기가 아니고 현재 한국 교회에 현재 진행형으로 전개되고 있는 상황이라고 생각합니다. 따라서 이 본문이 준 메시지를 현재 한국 교회에 적용시켜 볼 때 다음의 몇 가지 교훈을 얻을 수 있

---

[23] 개역개정은 렘 23:18의 이 표현, 즉 봬예레 봬이쉬마(וַיֵּרֶא וַיִּשְׁמַע)란 원문의 표현을 "알아들었으며"라고 번역하고 있지만 이것은 지나친 의역으로 생각된다. 이 원문의 두 동사는 각각 "보다"란 뜻의 라아(רָאָה)와 "듣다"란 뜻의 샤마(שָׁמַע)이다. 따라서 "보고 듣다"라고 직역하는 것이 더 적절하며, 또 이 직역이 원문의 취지나 문맥과도 더 잘 어울린다.

다고 생각합니다.

첫째, 지금 한국 교회에도 밑도 끝도 없이 무조건 평안만을 외치는 삯꾼 목자들이 존재합니다. 그러나 성경 전체가 분명하게 가르치고 있는 바는 악한 길과 악한 행위가 거룩하신 하나님과 함께 할 수가 없다는 점입니다. 이런 성경의 일관된 가르침을 무시하고 회개 없는 구원, 성화 없는 신앙을 외치는 자들이 바로 거짓 선지자들입니다. 성도 여러분은 이런 거짓된 가르침에 미혹되어서는 안 되겠습니다(참고, 23:32).

둘째, 거짓 선지자와 같은 가르침을 내뱉는 설교자들과 교회 지도자들은 단순히 잘못된 가르침을 내뱉을 뿐만 아니라 자기 자신들이 잘못된 삶을 살 수밖에 없습니다. 죄를 지어도 평안하고, 죄값을 치를 필요가 없다고 생각하는 사람들이 어찌 타락하지 않을 수 있겠습니까?

셋째, 그런 자들은 자신들과 죄를 지을 뿐만 아니라 자신들의 말을 듣는 사람들도 같이 죄에 빠뜨립니다(23:13-15). 이런 자들에게 하나님의 말씀은 불과 같고, 바위를 쳐서 부스러뜨리는 방망이와 같습니다(23:29). 이 불과 방망이와 같은 하나님이 그런 자들을 쳐서 멸할 것입니다(23:30).

넷째, 이처럼 여호와의 회의에 참석해보지 못한, 그리고 여호와의 말씀을 입에서 입으로 전달받지 못한 거짓 선지자들과 같은 목회자들이 횡행하는 시대의 해결책 중의 하나는 평신도들이 깨어서 분별력을 갖추는 것입니다. 신명기 18:18에서 하나님은 모세와 같은 선지자를 당신의 백성에게 주실 것을 약속하시면서, 백성들에게 그런 선지자를 분별해야 하는 책임을 주셨습니다(신 18:20-22). 심지어 하나님은 거짓 선지자가 나와서 거짓 예언을 할 경우에 그런 "선지자는 죽임을 당하리라"고까지 말씀하셨습니다. 한국 교회가 현재와 같은 영적 침체에서 벗어나려면 단순히 참된 말씀 선포자들이 나타나는 것뿐만 아니라 성도들이 영적 분별력을 갖추는 것도 반드시 필요합니다.

말씀을 정리합니다. 성도 여러분, 지금 한국 교회는 미혹의 영이 너무 많이 횡행하고 있습니다. 목회자, 평신도 할 것 없이 깊은 타락과 죄악 속에

신음하고 있고, 어찌 할 바를 모르고 있습니다. 이런 때일수록 우리는 하나님의 바른 말씀, 하나님을 대면하여 직접 들은 것과 같은 말씀의 조명을 받아야 할 때입니다. 하나님의 일관된 가르침은 결코 하나님의 거룩과 죄가 공존할 수 없다는 것입니다. 죄인을 향한 하나님의 메시지는 결코 평안이 아니라 불과 방망이입니다. 이 불과 방망이 아래에서 거짓 선지자들과 그들에게 미혹된 자들은 다 멸망하게 될 것입니다. 깨어 있는 성도는 이런 거짓 선지자들의 가르침에 휩쓸리지 않고 영적 분별력을 갖춰야 합니다. 이러할 때 비로소 한국 교회는 미혹의 영과 타락의 영으로부터 벗어나서 다시 한 번 세상의 빛과 소금의 역할을 회복할 수 있을 것입니다.

민수기 13장

정탐꾼 사건과 이스라엘의 운명(1)

민수기 13장의 개관과 신학

민수기 전체 본문 중에서 가장 중요한 본문을 꼽으라고 하면 아마 13-14장일 것이다. 사실 이 두 장은 출애굽기에서 신명기까지의 본문 전체를 통해서도 가장 중요한 본문들 중의 하나이다. 왜냐하면 시내산으로부터 가나안 땅까지의 여정은 고작 "열 하룻길"(신 1:2)에 불과했기 때문이다. 비록 아이들과 가축들이 포함되어 있고, 무리의 숫자가 많은 점을 고려할지라도 이 여행은 불과 몇 달이면 마무리될 수 있는 것이었다. 본문상의 증거들을 고려할 때 실제로 이스라엘은 가나안 어귀에 도착할 때까지 한 두 달 정도가 걸린 것 같다. 시내산 출발이 2월 20일(민 10:11)이었는데, 구약의 2월은 현대의 역법으로는 4월에서 5월에 걸쳐 있다. 그리고 13장에서 정탐꾼이 파견되던 시기가 "포도가 처음 익을 때"라고 말하고 있는데(13:20), 이 때는 현대의 역법 체계로는 6월 말 정도가 된다.[1] 이 짧은 여정만으로도 이스라엘은 시내산으로부터 약속의 땅까지의 여정을 완료했던 것이다.

그런데 이처럼 약속의 땅 입성을 눈 앞에 두고 이스라엘이 다시 광야로 돌이켜 40년 동안의 광야 생활을 할 수밖에 없는 운명으로 바뀌게 된 것은

---

[1] Gordon J. Wenham, *Numbers: An Introduction and Commentary*, vol. 4, Tyndale Old Testament Commentaries (Downers Grove, IL: InterVarsity Press, 1981), 132.

이 민수기 13-14장의 정탐꾼 사건 때문이었다. 이 사건을 통해 이스라엘이 가나안에 들어가기를 거부함으로써 하나님은 이 세대 중 의사결정을 할 수 있는 연령에 있었던 사람들, 곧 20세 이상의 모든 사람들이 다 광야에서 멸절할 때까지 가나안 땅에 들어가는 것을 허락하지 않기로 결정하셨다(민 14:29-35; 참고, 신 1:34-39, 특히 39절). 따라서 이스라엘의 운명, 특히 민수기의 광야 시대의 운명과 관련하여 가장 결정적인 사건을 기록하고 있는 본문이 민수기 13-14장이라고 할 수 있다.

이 민수기 13-14장의 서두는 마치 민수기 1-10장을 연상시키는 것과 같은 모습으로 "명령-수행"의 형식으로 시작된다. 하나님은 가나안 땅에 대한 정탐을 모세에게 명령하시고(13:1-2), 모세와 이스라엘은 그 명령을 성실히 수행한다(13:3-26). 이 때까지만 해도 갈등은 눈에 띄지 않는다.

이런 갈등이 서서히 수면 위로 떠오르는 것은 13:27-29에서 정탐꾼들이 입을 열면서부터이다. 이 갈등은 13:30-33에서 갈렙과 나머지 정탐꾼이 의견을 달리하고, 후자의 사람들이 약속의 땅에 대해 "악평"(32절)을 하기 시작하면서 드디어 표면화된다.

이 갈등은 "악평"을 들은 이스라엘 회중이 통곡하기 시작하면서 걷잡을 수 없이 악화일로를 걷는다(14:1-4). 모세, 갈렙, 그리고 여호수아가 아무리 상황을 반전시키려고 해도 소용이 없었다(14:5-9).

결국 하나님이 진노하셔서 이스라엘을 멸절시키기로 결정하신다(14:10-12). 모세가 황금 송아지 사건(출 32-34장) 때의 중보 기도를 연상시키는 표현들과 내용을 가지고 이스라엘을 위해 중보기도(민 14:13-19)를 해서 겨우 멸절은 피했지만 하나님은 당신의 약속을 멸시한 광야 1세대, 즉 이 당시에 20세 이상의 사람들이 다 약속의 땅에 들어가지 못하게 하시겠다고 선포하신다(14:20-35). 모세의 중보 기도로 인해 오직 여호수아와 갈렙, 그리고 이 당시에 "아이"였던 자들(14:31), 즉 20세 미만의 사람들만 약속의 땅에 들어가게 하시겠다는 점만 양보하셨다.

14:36-38은 시간상으로 앞뒤의 문단과 분리되어 있다. 미리 시간의 흐

름을 건너뛰어 나중에 이 하나님의 심판의 성취된 것을 알려주고 있다.

14:39-45는 광야 시대에 일어난 일들 중 가장 아이러니한 사건들 중의 하나를 기록하고 있다. 앞에서 이스라엘은 가나안 땅에 들어가기를 강력하게 거부하고 애굽 땅으로 돌아가려고 했다가 하나님의 징계를 받았다. 하나님은 그들 중 20세 이상의 사람들이 죽을 때까지 40년 동안 광야에 머물러야 한다고 하셨다. 그러자 이 하나님의 강력한 심판과 징계의 말씀을 듣고 나서 이 백성은 심히 슬퍼하고 죄를 반성하는 것처럼 하기는 하지만 여전히 다른 방식으로 고집을 피운다(14:39). 그들은 이 번에는 가나안 땅으로 들어가겠다고 한다(14:40). 이에 대해 모세는 이것이 또 하나의 명령 거부이며, 하나님과 언약궤가 그들과 함께 하지 않을 것이라고 분명하게 말했지만 그들은 여전히 자신들의 생각을 포기하지 않는다(14:41-44). 그 결과 그들은 아말렉 사람들과 가나안 사람들에 의해서 호르마까지 쫓김을 당한다(14:45). 그들이 당한 이 패배는 40년 후에 복수할 때까지 회복되지 못한다(민 21:1-3).

이 정탐꾼 사건에서 신학적으로 중요한 점은 다음의 몇 가지이다. 첫째, 약속의 땅을 두고 정탐꾼들 사이에 벌어진 논쟁과 그에 대한 백성들의 반응의 핵심은 단순히 가나안 땅을 정복할 수 있느냐 없느냐 하는 것의 문제가 아니라 창세기에서부터 계속되어 왔던, 언약의 핵심 중의 하나인 땅의 약속을 수용하느냐 마느냐 하는 것이다.[2] 이스라엘 백성들은 약속의 땅을 차지할 수 없고 그 땅의 거민들에 의해서 죽임을 당할 것이면 차라리 지도자를 새로 세우고 애굽으로 돌아가자고 말한다(13:31-33; 14:3-4). 이렇게 해서 이스라엘은 하나님과의 언약, 그리고 지금까지의 하나님의 모든 은혜와 섭리를 전부 다 무효로 돌리려고 한다.

둘째, 백성의 이런 생각은 결국 하나님에 대한 불신과 거부의 표시이다(출 14:11, 23). 하나님은 그들을 멸하심으로써 반응하려고 하신다(14:12).

셋째, 여호수아와 갈렙, 그리고 이들의 반대편에 선 나머지 열 정탐꾼

---

[2] 이 통찰은 Wenham, *Numbers*, 129에 바탕을 둔 것이다.

의 차이는 결국 하나님에 대한 신앙에 바탕을 둔 시각으로 상황을 보느냐, 아니면 자신들만의 눈으로 상황을 보느냐 하는 것이다. 열 정탐꾼은 "우리가…보았다"는 말을 자주한다(13:28, 32-33). 반면에 여호수아와 갈렙은 "만약 여호와께서 우리를 기뻐하신다면 그가 우리를 이 땅으로 들어가게 하실 것이고, 우리에게 이것, 곧 젖과 꿀이 흐르는 땅을 우리에게 주실 것입니다"라고 말한다(14:8). 이런 시각의 차이가 이들의 운명을 가른다.

1단계: 사역

1 여호와께서 모세에게 말씀하셨다.
2 사람을 보내어 내가 이스라엘 자손에게 주는 가나안 땅을 정탐하게 하여라. 그들의 조상의 지파당 한 명씩을 보내라. 그들은 모두 지파장이어야 한다.
3 모세가 여호와의 명령을 따라 그들을 바란 광야에서 파견하였다. 그들은 다 이스라엘 자손의 수장들이었다.
4 그들의 이름은 이러했다. 르우벤 지파에서는 삭굴의 아들 삼무아,
5 시므온 지파에서는 호리의 아들 사밧,
6 유다 지파에서는 여분네의 아들 갈렙,
7 잇사갈 지파에서는 요셉의 아들 이갈,
8 에브라임 지파에서는 눈의 아들 호세아,
9 베냐민 지파에서는 라부의 아들 발디,
10 스불론 지파에서는 소디의 아들 갓디엘,
11 요셉 지파 곧 므낫세 지파에서는 수시의 아들 갓디,
12 단 지파에서는 그말리의 아들 암미엘,
13 아셀 지파에서는 미가엘의 아들 스둘,
14 납달리 지파에서는 웝시의 아들 나비,
15 갓 지파에서는 마기의 아들 그우엘이었다.
16 이것들이 모세가 땅을 정탐하러 보낸 자들의 이름들이었다. 모세가 눈의 아들 호세아를 여호수아라 불렀다.
17 모세가 가나안 땅을 정탐하러 그들을 보내며 그들에게 일렀다. 자 이제 너희는 네게브를 통해서 올라가라. 산지로 올라가라.

18 그리고 그 땅이 어떤 지를 살펴봐라. 즉 그 땅 거민이 강한지 약한지, 많은지 적은지,
19 그들이 사는 땅이 좋은지 나쁜지, 그들이 사는 성읍들이 진영으로 되어 있는지 요새로 되어 있는지,
20 그 땅이 비옥한지 메마른지, 나무가 있는지 없는지 등이다. 담대하여라. 그 땅의 실과들을 가져와라. (시절이 포도가 처음 익을 때였다.)
21 그러자 그들이 올라가서 신 광야로부터 하맛 어귀의 르홉까지 그 땅을 정탐하였다.
22 그리고 네게브를 통해서 올라가서 헤브론까지 갔다. 거기에는 아낙 자손 아히만과 세새와 달매가 있었으며, 헤브론은 애굽 소안보다 칠 년 전에 세워진 곳이었다.
23 또 에스골 골짜기에 이르러 거기서 포도송이가 달린 가지 하나를 베었다. 그리고 두 사람이 운반용 틀로 운반했다. 또 석류와 무화과도 그리했다.
24 이스라엘 자손이 거기서 벤 포도송이 때문에 그 곳을 에스골 골짜기라 불렀다.
25 사십 일 후에 그들이 그 땅을 정탐하는 것으로부터 귀환했다.
26 그들이 가데스의 바란 광야에 있는 모세와 아론과 이스라엘 자손의 온 회중에게 나아왔다. 그리고 그들이 그들과 온 회중에게 보고를 하고, 그 땅의 과일을 보여주었다.
27 그리고 모세에게 말하여 일렀다. 당신이 우리를 보낸 땅에 갔는데, 그곳은 정말 그 땅에 젖과 꿀이 흐르는 곳이며, 이것은 그 땅의 과일입니다
28 하지만 그 땅의 거주민은 강하고 성읍은 요새화되어 있고, 심히 큽니다. 또한 우리가 거기서 아낙 자손을 보았습니다.
29 아말렉 사람은 네게브 땅에 거주하고, 헷 사람과 여부스 사람과 아모리 사람은 산지에 거주하고, 가나안인은 해변과 요단 가에 거주하고 있습니다.
30 갈렙이 모세 앞에서 백성을 조용하게 하고 말했다. "우리가 곧장 올라가서 그 곳을 취합시다. 우리가 반드시 그것을 쟁취할 것입니다".
31 그러나 그와 함께 올라갔던 사람들이 말했다. "우리는 그 백성에게로 올라갈 수 없을 것입니다. 그들이 우리보다 강하기 때문입니다".
32 그리고 그들이 자신들이 정탐한 땅에 대해서 이스라엘 자손들에게 악평을 내놓았다. "우리가 정탐을 위해 두루 다녀 온 땅은 그 거주민을 삼키는 땅입니다. 그리고 그 가운데에서 우리가 본 모든 백성은 거대한 사람들입니다.
33 거기서 네피림 후손, 즉 네피림에서 나온 아낙 자손들을 보았습니다. 우리가 보기에 우리는 메뚜기 같았는데, 그들이 보기에도 그랬을 것입니다".

2단계: 사역 해설

2절. "지파장": 나씨(נָשִׂיא). 나씨는 기본적으로 지파의 수장을 가리키는 단어이며, 아주 가끔 지파의 하부 단위인 가문의 수장을 가리킬 때도 있다(민 3:24, 30).³ 현재 문맥에서는 "조상의 지파당 한 명씩" 파견된 자들로, "가문장"이 아니라 "지파장"이란 의미로 사용된 것으로 판단되어 사역에서는 이렇게 번역하였다. 추가적인 논의는 본문 해설을 보라.

17절. "자 이제": 제(הֵ). 개역개정은 이 단어를 번역에서 완전히 배제하고 있다. 이 단어는 두 가지 정도의 방향으로 해석된다. 첫째, 최근의 인기 있는 견해는 이 단어가 "이 길을 통하여"(this way through) 정도의 의미를 가지며 방향을 나타내주는 부사적 역할을 하고 있을 수 있다는 것이다.⁴ 둘째, 좀 더 이전 시대의 해석은 이 단어가 독일어의 "nun"이나 영어의 "now", 그리고 한국어의 "자 이제"처럼 별 의미 없이 일종의 추임새로 사용된다는 것이다.⁵

"네게브를 통해서 올라가라": 반네게브(עֲלוּ בַנֶּגֶב). 동사 알라(עָלָה)와 전치사 브(בְּ)의 결합은 "~을 통해서 올라가다"라는 의미를 가질 수 있다(창 28:12; 겔 40:22, 49). 이 점은 이 17절의 모세의 지시에 대한 실행을 서술하고 있는 22절의 표현을 통해서도 확인할 수 있다.⁶

20절. 둥근 괄호의 내용은 모세의 말이라기보다는 내레이터의 해설로

---

3 이에 대한 상세한 해설은 민수기 1:16의 사역 해설을 보라.

4 Jacob Milgrom, *Numbers*. The JPS Torah Commentary (Philadelphia: Jewish Publication Society, 1990), 102; Baruch A. Levine, *Numbers 1–20: A New Translation with Introduction and Commentary*. Vol. 4. Anchor Yale Bible (New Haven; London: Yale University Press, 2008), 352.

5 이런 유의 해석에 대해서는 George Buchanan Gray, *A Critical and Exegetical Commentary on Numbers*. International Critical Commentary (New York: C. Scribner's Sons, 1903), 139; A. H. McNeile, *The Book of Numbers in the Revised Version with Introduction and Notes*. The Cambridge Bible for Schools and Colleges (Cambridge: Cambridge University Press, 1911), 69 등을 보라.

6 Milgrom, *Numbers*, 102.

보인다.

21-21절. "올라가서…올라가서": 봐야알루…봐야알루(יַעֲלוּ…יַעֲלוּ). 21절과 22절은 둘 다 동일한 동사를 사용하여 정탐꾼들이 탐색한 다른 지역들을 언급하고 있다. 양자의 관계가 무엇인가 하는 것에 대해서 주로 비평학자들은 두 개의 문서가 조합된 증거로 본다. 그러나 21절은 정탐한 전체 지역을 묘사하고, 22절은 세부적으로 특별히 강조하고 싶은 부분을 추가 진술하고 있는 것으로 보는 것이 더 적절해 보인다.[7] 내용상으로 보면 21절은 신 광야로부터 하맛 입구의 르홉까지 약속의 땅의 경계보다 더 넓은 영역을 포괄해서 언급하고 있으며, 22절은 네게브에서 출발하여 가나안의 남쪽 영역인 헤브론까지 이른 것을 언급하고 있다는 점이 이런 설명을 정당화시켜주는 것으로 생각된다.

23절. "운반용 틀": 모트(מוֹט). 이 단어의 의미 및 해석에 대해서는 민수기 4:10의 사역 해설을 참조하라.

24절. "에스골": 에쉬콜(אֶשְׁכּוֹל). 에쉬콜이라는 단어는 "포도송이"라는 뜻을 가진 단어이다.

28절. "하지만": 에페스-키(אֶפֶס כִּי). 이 접속사는 앞의 문장에 대조적인 사항을 언급할 때 사용하는 반접 접속사이다. 27절의 내용이 이스라엘의 시각에 긍정적인 내용을 담고 있었다면 이 28절의 내용은 부정적인 내용을 담고 있는 것이다.

30절. "곧장…반드시": 이 두 부사는 히브리어 원문상으로는 모두 부정사 절대형을 써서 강조의 의미를 띄고 있다. 사역은 여호수아의 이런 강한 말투를 살리고자 하였다.

33절. "네피림 후손, 즉 네피림에서 나온 아낙 자손": 개역개정은 두 번째 네피림을 "거인"이라고 번역하고 있다. 그러나 네피림이란 표현의 출처인 창세기 6:4에는 이들이 거인이었다는 언급이 없다. "거인"이란 표현

---

[7] Ashley, *Numbers* 2nd ed, 205-206.

은 이 민수기 13:33의 네피림에 대한 70인경의 번역인 투스 기간테스(τοὺς γίγαντας)를 따른 것이다.[8] 물론 이 구절에서 정탐꾼들이 발한 바와 같이 이 아낙 자손과 비교해서 자신들이 메뚜기와 같다는 표현이나 기타 아낙 자손이 상당히 체구가 큰 사람들이었다는 다른 성경 전통들(신 1:28; 2:10-11, 21 등)에 따르면 분명히 아낙 자손이 신장이 큰 민족이었기는 하겠지만 이들을 "거인"이라고 부르는 것은 이들에 대한 신화적 상상력을 자꾸 부추기는 원인이 된다. 성경 본문을 결코 이것을 말하고 있는 것은 아니다.

3단계: 단락 구분

민수기 13장의 단락 구분은 다음과 같다.

13:1-2 여호와의 정탐 명령
13:3-25 모세와 이스라엘의 정탐 명령 수행
    13:3a 도입구
    13:3b-16 정탐꾼 목록
    13:17-20 모세의 정탐 지시 내용
13:21-25 실제 정탐 과정
13:26-33 정탐 보고
    13:26 귀환 및 획득물 제시
    13:27-29 전체 보고
    13:30 갈렙의 의견 제시
    13:31-33 열 정탐꾼의 의견 제시

---

8 70인경의 장절 구분에 따르면 이 "거인"이란 표현은 민수기 13:34에 나오는 것으로 되어 있다. 그 이유는 앞 장인 민수기 12장의 마지막 절인 16절을 70인경에서는 13:1로 표기하고 있어서 절의 숫자가 한 절씩 밀리기 때문이다.

13:31 부정적 견해제시

13:32-33 추가적 악평

    민수기 13-14장의 정탐꾼 사건 본문의 전반부인 13장의 시작은 바로 앞의 11-12장보다는 그 앞의 민수기 1-10장의 본문과 더 비슷한 느낌이 난다. 왜냐하면 이 장의 3분의 2 지점(1-25절)까지는 이 후자의 본문의 특징인 "명령-실행"의 구성으로 되어 있기 때문이다. 그러다 정탐꾼이 돌아와서 약속의 땅의 획득물을 보여주면서 보고를 하는 과정에서 서서히 바로 앞의 민수기 11-12장의 본문과 비슷한 느낌으로 흘러가게 된다. 그러다 다음 장인 14장에서 가서 이스라엘과 하나님 사이의 관계는 파국을 향해 치닫게 된다.

    그러면 여기에서는 13장의 단락 구분에 대해서만 약간의 설명을 하고자 한다. 1-2절에서 하나님은 약속의 땅을 정탐할 것을 명령한다.

    3a절은 3-25절의 도입구 역할을 한다. 민수기 1-10장의 "명령-실행"의 구도를 따라 모세가 하나님의 명령대로 하였음을 미리 밝힌다. 13:3b-16의 정탐꾼 목록에 언급된 사람들은 각 지파의 "지파장"들인데, 이 목록은 1:5-16에서 인구 조사를 보조하기 위해서 열거된 지파장의 목록과 비슷한 느낌이 난다.

    17-20절에서 모세는 정탐꾼들이 약속의 땅에서 정탐해야 할 내용들을 상세하게 지시한다. 이 내용들은 실제로 정탐꾼들이 가져온 정보들(26-33절)과 상응한다. 21-25절은 정탐꾼들의 정탐 과정을 지리 및 기타 정보들과 함께 제시하고 있다.

    26절에 정탐꾼들은 귀환하면서 가져온 약속의 땅의 획득물들을 보여준다. 이어서 27-29절에서 이들은 개괄적인 1차 보고를 한다. 이 때까지도 갈등은 표면으로 확 드러나지 않는다.

    30절에서 갈렙이 백성들을 "조용하게 하고" 서둘러 정복 활동을 개시할 것을 제시할 때 갈등은 좀 더 표면으로 떠오른다. 갈렙이 백성들을 조용하게 만들어야 했을 만큼 전체 보고는 백성들을 동요하게 만드는 요소가 있었던 것으로 판단된다.

31-33절에서 갈렙과 의견이 다른 열 정탐꾼이 정복에 대한 포기를 종용하면서 강력하게 "악평"을 해댐으로써 드디어 갈등의 표면화된다. 이 갈등으로 인해 이스라엘은 중대한 갈림길에 서게 된다.

4단계: 본문 해설

1-2절. 하나님이 열두 지파의 지파장들을 보내 가나안 땅을 정탐하게 명령하신다. 하나님은 이들이 다 "지파장"(나시, נָשִׂיא)이어야 한다고 명시하신다. 나시가 때로는 지파의 하부 단위인 가문의 수장을 가리킬 때도 있기는 하다(3:24, 30 등).[9] 그러나 현재 본문에서 이 단어는 지파당 한 명씩 차출되어 지파를 대표하는 "지파장"이라고 보는 것이 더 타당해 보인다.

이들이 지파 전체의 "지파장"이라고 할 경우 이들과 민수기 1:5-16의 인구조사 때의 지파장들과 어떤 관계에 있는지가 분명하지 않다. 어쩌면 이전 지파장들이 나이로 인하여 정탐의 일을 하기에 적절하지 않기 때문에 그 후계자가 될 사람들이 후임 "지파장"으로 선출되고, 첫 사역으로 정탐을 담당한 것일 수도 있다. 이 점은 결국 갈렙이 유다를 대표하는 지파장 역할을 하게 된다는 점을 고려할 때 가능성은 있어 보인다(참고, 34:19).[10] 그러나 현재 문맥에서는 더 이상 확고한 결론을 도출하는 것은 한계가 있다.

3a절. 이 본문은 3-25절의 긴 본문 전체의 도입구이자 요약의 역할을

---

9 이에 대한 해설은 민수기 1:16의 사역 해설을 보라.
10 갈렙에게 나시라는 표현이 적용되지는 않았지만 동일한 목록(민 34:16-29) 속의 다른 지파의 대표자들 중에 이 표현이 적용된 경우가 여럿인 것을 볼 때 갈렙 역시 지파장인 것으로 보인다(참고, 민 34:18, 22-28에 총 8회 사용됨). 또한 34장에서 갈렙 외의 나머지 지파장들의 이름은 이 13장의 이름과 다른데, 그 이유는 13장의 각 지파의 지파장이자 정탐꾼 역할을 한 사람들이 불신앙으로 인해 다 죽임을 당했기 때문인 것으로 보인다(민 14:36-37). 또한 에브라임 지파의 지파장이 다른 이유는 여호수아가 모세의 후계자로서 백성 전체를 총괄하는 일을 해야 했으므로 다른 사람을 대신 뽑았기 때문일 것이다(민 34:17, 24).

한다. 모세와 이스라엘은 하나님께서 명령하신 대로 열두 지파의 지파장들을 보내 가나안 땅을 정탐하였다.

13장의 내용의 흐름 및 분위기 파악을 위해 중요한 사항은 1-25절의 내용 전체가 앞의 "민수기 13장의 개관과 신학"과 "단락 구분"에서 언급한 바와 같이 민수기 1-10장의 기본 구도인 "명령-실행" 구도를 충실히 따르고 있다는 점이다. 이 본문의 범위 내에서는 아직까지 하나님과 백성 사이의 갈등을 찾기 보기 힘들다. 진정한 갈등은 오직 정탐꾼들이 귀환하여 정탐 내용을 말하는 27-29절에 가서야 서서히 부상하다가 결국은 13장의 끝부분과 14장에서 폭발한다. 이처럼 민수기 전체에서 가장 비극적인 사건은 그 시작은 무난하고 좋은 분위기에서 시작된다.

3b-16절. 이 본문은

	지파(1:4-16절)	지파장	지파(13:4-16절)	지파장
1	르우벤	엘리술	르우벤	삼무아
2	시므온	슬루미엘	시므온	사밧
3	유다	나손	유다	갈렙
4	잇사갈	느다넬	잇사갈	이갈
5	스불론	엘리압	에브라임	호세아
6	에브라임	엘리사마	베냐민	발디
7	므낫세	가말리엘	스불론	갓디엘
8	베냐민	아비단	므낫세	갓디
9	단	아히에셀	단	암미엘
10	아셀	바기엘	아셀	스둘
11	갓	엘리아삽	납달리	나비
12	납달리	아히라	갓	그우엘

각 지파에서 차출된 정탐꾼의 목록을 담고 있다. 3b는 이 목록의 서론 역할을 한다. 이후의 도표의 지파 목록의 순서는 1장의 것과 좀 다르다. 처

음 네 개의 지파, 즉 잇사갈 지파까지는 순서가 같다(회색 칸들). 그러나 갑자기 에브라임 지파와 베냐민 지파가 원래의 순서를 벗어나서 앞으로 나온다. 이어지는 지파들은 이 두 지파를 제외하고는 원래의 순서대로 간다. 그러다 마지막에 가서 납달리 지파와 갓 지파가 다시 순서를 바꾼다(회색 칸들). 이 순서가 왜 이렇게 뀌는지에 대해서는 아직까지는 적절한 설명이 존재하지 않는다.

17-20절. 이 구절은 2절의 하나님의 명령 속에서는 간단히 표시된 정탐과 관련된 구체적인 내용들에 대해서 자세하고 언급하고 있다. 17절은 정탐의 경로를 언급하고 있다. 그리고 18-20a절은 정탐할 사항들에 대해서 언급하고 있다. 20b절은 마음가짐, 그리고 정탐시 획득물에 대한 구체적인 내용을 담고 있다.

17절은 정탐의 경로에 대해서 다루고 있다. 정탐꾼들은 현재 이스라엘 사람들이 주둔하고 있는 네게브 지역을 통해서 산지로 올라가는 경로를 사용하라고 되어 있다.

18-20a절이 명령하고 있는 정탐 사항들은 땅의 상태, 땅 거민들의 강약, 다소, 땅의 좋고 나쁨, 성읍들의 요새화 상태, 땅의 비옥함의 정도, 나무의 유무 등이다.

20b절은 두 가지 사항을 말하고 있다. 우선 모세는 정탐꾼들에게 담대한 음가짐을 요구하고 있다. 그리고 땅의 실과들을 가지고 귀환하라고 명령하고 있다. 나중에 정탐꾼들이 가져온 보고 사항을 보면 정탐꾼들이 모세의 이런 정탐 지시 내용을 다 충실히 수행한 것으로 보인다.

21-22절. 이 본문은 정탐꾼들이 정탐을 한 경로들에 대해서 기술하고 있다. 21절은 이들이 정탐한 지역이 개괄적으로 신 광야에서부터 하맛 어귀의 르홉까지라고 말하고 있다.

신 광야는 현재 이스라엘 백성이 주둔하고 있는 바란 광야(민 12:16; 13:26)과 어느 정도 겹치는 것으로 보인다. 왜냐하면 가데스란 지명이 이 성경 구절들에서는 분명히 바란 광야에 있는 것으로 되어 있지만 민수기 20:1

에서는 신 광야에 있다고 되어 있기 때문이다.[11]

하맛 어귀에 있는 르홉이라는 장소에 대해서는 알려지지 않다. 그러나 이 명칭은 르보 하맛이란 곳에 속한 세부 지역을 지칭하는 이름일 가능성이 높다. 또한 "하맛 어귀"란 표현의 히브리어가 바로 "르보 하맛"이다. 개역개정 성경은 이 지명과 관련하여 이 두 가지 표기, 즉 "하맛 어귀"와 "르보 하맛"이란 표기를 섞어서 번역하고 있다. 어찌 됐든 르홉이란 곳이 르보 하맛에 속한 지역이라고 할 경우 정탐꾼들은 전통적인 가나안의 최북단 경계선까지 올라간 것이다. 다시 말해 정탐꾼들은 이스라엘이 현재 위치해 있는 곳인 바란 광야, 즉 가나안 땅의 최남단부터 최북단인 하맛 어귀까지 다 정탐한 것이다.

이렇게 큰 틀에서 정탐 범위를 기술한 이후에 본문은 세부적인 정탐 지역들과 관련해서는 정탐꾼들이 네게브를 통해서 헤브론으로 갔다고 말하고 있다. 그리고 이 헤브론에 있던 아낙 자손들의 이름들, 즉 아히만, 세새, 달매의 이름을 열거하고 있으며, 헤브론의 수립 연대까지 말하고 있다.

이처럼 가나안 땅의 여러 지역들 중에서 특히 이 헤브론에 대해서 상세하게 언급하고 있는 이유는 이곳이 가진 역사적 중요성과 현재 민수기 본문에서의 중요성 때문인 것으로 보인다.

먼저 역사적으로는 이곳은 아브라함 및 창세기의 조상들과 여러 가지 연관성을 갖고 있다. 창세기 13장에서 아브라함은 롯과 헤어진 후에 해당 지역을 하나님께서 약속의 땅을 주시겠다는 약속을 받고는 헤브론의 마므레 상수리 수풀에서 체류한다(창 13:18). 또한 창세기 23장에 따르면 이곳은 아브라함이 자기 아내 사라를 매장하기 위해 구입한 막벨라 굴이 있는 곳이다. 이 매장지 구입 사건은 이 약속의 땅에 소유권의 표시로 중요하다. 그

---

[11] Timothy R. Ashley, *The Book of Numbers*. The New International Commentary on the Old Testament (Grand Rapids: Eerdmans, 1993), 237. R. Dennis Cole, *Numbers*, vol. 3B, The New American Commentary (Nashville: Broadman & Holman Publishers, 2000), 220은 신 광야가 더 광역 지명인 바란 광야에 속한, 북동쪽 귀퉁이 지역을 가리키는 용어라고 보기도 한다.

의 가족들은 거의 다 이곳에 매장된다(창 49:30-31; 50:13). 따라서 이 헤브론을 정탐한 것은 약속의 땅에 대한 소유권 확인 작업이라고 할 수 있다.

저자가 헤브론을 중요시 여긴다는 점은 이곳을 애굽의 수도인 소안, 즉 헬라어 문헌에서는 타니스(Tanis)라고 알려진 곳과 연결시켜서 언급하고 있다는 것을 통해서도 드러난다. 이곳은 출애굽 시대 조금 전까지 애굽을 통치했던 이방 왕조인 힉소스 왕조(BC 1782-1570)의 수도였다. 그런데 헤브론이 이 애굽의 수도 소안보다 7년 전에 세워졌다는 언급은 이곳이 가나안에서 전통 있고 중요한 곳이었음을 다시 한번 부각시켜준다.[12]

이런 역사적인 중요성 외에도 본문은 현재의 문맥과 관련해서도 헤브론의 중요성을 부각시키고 있는데, 이것은 아낙 자손들에 대한 언급과 관련이 있다. 불행히도 정탐꾼들의 시각에서는 당시 헤브론을 지배하고 있던 아낙 자손이 자신들을 좌절시키는 원인이 되었던 것 같다. 이들은 아낙 자손에 대해서 보고하기를 이들의 거대한 신장과 비교해서 자신들은 메뚜기 같으며, 결코 자신들이 그들을 이길 수 없을 것이라고 한다(민 13:28, 32-33). 아마 헤브론이 가진 이런 여러 가지 중요성 때문에 본문은 정탐군들이 정탐한 지역들 중에서 세부적인 지역으로는 오직 이것만 언급한 것 같다.

23-24절. 이 본문은 이스라엘이 모세의 명령을 따라 에스골 골짜기에서 포도송이와 석류와 무화과 열매를 확보해서 운반용 틀로 운반한 것에 대해서 말하고 있다. "에스골"이라는 단어 자체가 "포도송이"란 뜻을 갖고 있다.

"포도송이 때문에 그곳을 에스골 골짜기"로 정탐꾼들이 이름하였다는 것과 원래 이곳 지명이 에스골 골짜기였다는 내레이터의 말은 모순된다고 볼 필요는 없다. 창세기 12:8은 아브라함이 하나님의 명령을 따라 간 장소

---

[12] John D. Currid, *A Study Commentary on Numbers*, EP Study Commentary (Darlington, England; Carlisle, PA: Evangelical Press, 2009), 186. Milgrom, *Numbers*, 102은 헤브론이 소안보다 7년 먼저 세워진 것을 다윗의 헤브론에서의 통치와 연결시킨다(삼하 2:11; 5:4-5). 그러나 이것이 현재의 문맥상 내레이터의 의도가 아님은 자명하다.

들 중 하나의 이름을 "벧엘"이라고 부르고 있는데, 이 이름은 창세기 28:19에 따르면 야곱이 그곳에서 하나님을 만나고 나서 지은 이름이며, 이곳의 원래의 지명은 루스였다. 그러나 오경은 나중에 지어진 이름이 이처럼 그곳의 원래 이름이었던 것처럼 언급하는 경우들이 자주 있다. 에스골 골짜기의 경우도 이런 경우일 수가 있는 것이다. 혹은 정탐꾼들의 말의 뜻은 그냥 포도송이에서 받은 깊은 인상 때문에 "아 이래서 이곳 이름이 에스골 골짜기라고 하는구나" 정도의 취지로 말한 것일 수도 있다.

현재 본문을 가지고 어느 견해가 더 옳은 경우인지를 파악하는 것은 불가능하다. 어찌 됐든 이 지명이 특별히 언급된 이유는 여기에서 확보한 포도송이 등의 과일이 나중에 정탐꾼들이 이 땅을 "과연 젖과 꿀이 흐르는 땅"이라고 보고하게 만드는 토대가 되기 때문이다.

25절. 이 본문은 정탐꾼들이 정탐을 한 기간이 40일 동안이라고 밝히고 있다. 이 40일은 나중에 하나님께서 이스라엘 백성의 반역의 결과로 40년 동안 광야 생활을 하게 만드시는 근거가 된다(민 14:34).

26절. 이 구절은 정탐꾼들이 귀환하여 정탐 내용을 보고하고, 자신들이 획득한 가나안의 과실들을 내놓은 것에 대해서 언급하고 있다. 이 때까지만 해도 본문의 흐름은 마치 민수기 1-10장의 구도처럼 "명령-실행"의 구도를 충실히 따르고 있다.

27-29절. 이어서 내레이터는 정탐꾼들의 정탐 보고 내용을 그들의 말을 직접 인용하여 제공하고 있다. 이들의 보고 내용은 18-20a절에서 모세가 상세하게 제시한 정탐 내용과 대체로 상응한다. 거기에는 긍정적인 평가와 부정적인 평가가 섞여 있다.

먼저 27절에서 그들은 가나안 땅 자체에 대해서는 긍정적인 평가를 내린다. 그들은 "그곳은 정말…젖과 꿀이 흐르는 곳"이라고 말한다. 그리고 그에 대한 증거로 이곳에서 가져온 과일들을 보여준다.

28-29절을 이해하는데 있어서 가장 중요한 사항 중의 하나는 그 서두의 접속사이다. 사역 해설에서 보았듯이 28절을 여는 접속사인 에페스 키

(אֶפֶס כִּי)는 그 이전에 한 말과 강하게 대조가 되는 사항을 도입할 때 사용된다. 따라서 27절이 긍정적인 내용이라면 28-29절은 부정적인 내용을 담고 있으리라는 점이 이미 이 접속사를 통해서 암시된다.

28절의 정탐꾼들의 평가에 따르면 가나안 땅의 거주민들은 강하다. 그리고 성읍들은 요새화되어 있고, 심히 크다. 또한 이미 22절에서 내레이터가 상세하게 제공한 정보에 나오는 바와 같이 이 땅에는 아낙 자손이 있다. 이외에도 29절에서 계속 정탐꾼들이 보고한 바와 같이 가나안 전역은 아말렉 사람, 헷 사람, 여부스 사람, 아모리 사람, 가나안 사람들이 이미 자리를 잡고 있다는 정보를 제공해주고 있다.

현재까지 28-29절의 정탐꾼들의 말투는 27절의 경우와 마찬가지로 객관적인 사실에 바탕을 둔 중립적인 느낌이 강하다. 약속의 땅은 긍정적인 요소도 있고, 부정적인 요소도 있는 것이다. 그들은 아직까지는 이런 정보들을 종합할 때 정복 활동에 대한 자신들의 최종적인 견해가 무엇인지는 드러내지 않았다.

30절. 정탐꾼들의 정보들 중 특히 부정적인 정보들에 대해서 이스라엘 백성들이 어떻게 반응했는지에 대해서 본문은 정보를 제공하고 있지 않다. 그러나 30절 서두에서 갈렙이 "백성을 조용하게" 만들어야 했다는 점을 고려하면 백성들은 상당히 동요하게 된 듯하다. 아마 갈렙이 다른 정탐꾼들의 보고에 침묵하지 않고 급히 나서게 된 것은 이런 동요 때문일 것이다.

이런 부정적 상황을 반영한 때문인지 갈렙은 사역 해설에서 설명한 바와 같이 히브리어의 강조어법, 즉 부정사 절대형을 써서 강하게 자신의 주장을 내세우고 있다. 그는 "곧장 올라가서 그 곳을 취합시다. 우리가 반드시 그것을 쟁취할 것입니다"라고 말한다.

31절. 갈렙이 이렇게 강한 어조로 백성을 종용하자 그와 반대편에 선 정탐꾼들도 드디어 27-29절의 객관적 정보 속에 감추고 있던 진짜 속마음을 드러낸다. 그들은 서둘러 가나안 땅으로 올라가 정복 활동을 시작하자는 갈렙의 주장에 정면으로 반박하고 나선다. 그들은 가나안 땅의 거주민들이 강하기 때문에 자신들이 거기로 올라가면 안 된다고 말한다.

32a절. 이 단계에서 정탐꾼들의 말을 중단시키고, 본문은 이 정탐꾼들의 말에 대한 평가를 내놓는다. 본문에 따르면 이 정탐꾼들의 말은 "악평"(딥바, hB'DI)에 해당한다. 약속의 땅에 대해서 이렇게 "악평"을 냄으로써 하나님의 명성과 계획에 흠집을 내려고 한 이들은 결국 재앙으로 죽임을 당하게 될 것이다(민 14:36-37, 2회).

32b-33절. 내레이터는 다시 정탐꾼들의 말의 인용으로 돌아간다. 그들의 말에 따르면 악평의 내용은 다음과 같다.

첫째, 이들의 말에 따르면 약속의 땅은 "그 거주민을 삼키는 땅"이다. 앞에서 그들은 자신들의 입으로 이 땅이 "젖과 꿀이 흐르는 곳"이라고 말한 바가 있다(27절). 그런데 이제 그들은 이곳이 그 안에서 사는 사람들을 해치는 곳이라고 악평하고 있다. 그들은 이렇게 약속의 땅에 대해 악의적인 평가를 함으로써 그곳으로 올라가지 않기 위한 핑계거리를 만들려고 한다.

문제는 이 말이 그들이 이미 보고한 사항과 상충된다는 점이다. 그들은 이곳에 많은 거주민들이 살고 있음을 보고 했고, 또한 이들이 "강하다"고 말한 바가 있다(28-29절). 그런데 어떻게 그 땅이 "그 거주민을 삼키는 땅"일 수가 있겠는가? 이처럼 이들의 보고는 억지스러운 모순을 내포하고 있기 때문에 "악평"이 될 수밖에 없다.

둘째, 정탐꾼들은 또한 자신들이 본 땅에 "거대한 사람들"이 살고 있는 땅이라고 보고한다. 그리고 이것을 강조하기 위해 이들이 노아 홍수 이전에 살았던 고대의 존재들(창 6:1-4)인 "네피림의 후손, 즉 네피림에서 나온 아낙 자손"이라고 말을 한다.

그러나 이 두 번째 "악평" 역시 악평일 수밖에 없는 이유는 그들의 이 말이 몇 가지 점에서 문제가 있기 때문이다.[13] 먼저 창세기 6:1-4는 네피림

---

[13] 이에 대해서는 Gary Edward Schnittjer, *The Torah Story: An Apprenticeship on the Pentateuch* (Grand Rapids: Zondervan, 2006), 406을 보라.

들이 "거대한 사람들"이라는 언급을 전혀 하고 있지 않다. 또한 이 네피림이 아무리 고대에 유명했던 존재들이라 할지라도 이들과 아낙 자손은 혈통적으로 전혀 연결이 없다. 정탐꾼들이 네피림과 아낙 자손의 관계를 들먹이는 것은 단지 땅에 대해 자극적으로 악평함으로써 자신들의 부정적 주장을 강화하려는 것뿐이다.

그러나 이 악평자들은 다음과 같은 점들을 간과하고 있다. 첫째, "거주민을 삼키는 땅"으로서의 가나안 땅은 하나님과의 관계에 따라서 얼마든지 달라질 수 있다. 구약성경에서 땅이 사람을 삼킨다는 표현은 이 민수기 13:32를 제외하고는 오직 에스겔서 36:13에만 나온다. 에스겔 선지자가 이스라엘의 땅을 향하여 전하는 이 말씀(겔 36:6-15)에 따르면 이스라엘이 하나님의 심판을 받아 멸망한 것으로 인해 주변 열방들이 이스라엘 땅을 "사람을 삼키는 곳"(겔 36:13)이라고[14] 말했다고 한다. 그러나 하나님께서 이스라엘 백성을 구원하시기로 작정하시면 더 이상 이 땅이 그렇게 불리지 않게 될 것이다. 따라서 이스라엘 땅, 곧 가나안 땅이 거주민을 삼키는 땅인가 아닌가 하는 것은 땅의 고유한 속성에 달린 것이 아니라 하나님의 의지 및 하나님과의 관계에 달린 것이다.

이처럼 땅을 의인화해서 말하고 있는 다른 대표적인 본문은 레위기 18:25, 28이다. 이 본문에서는 "삼키다"란 표현 대신에 "토하다"란 표현을 쓰고 있는데, 양자의 의미는 본질적으로 같다고 할 수 있다. 하여튼 이 레위기 본문에서 땅이 거주민을 토하느냐 아니냐 하는 것은 그 땅의 거주민들이 하나님이 보시기에 가증한 일을 행하느냐 하지 않느냐 하는 것에 달려 있다. 이스라엘 이전의 가나안 족속들은 가증하였기 때문에 하나님께서 땅으로 하여금 그들을 토해내게 하신 것이다. 이와 마찬가지도 이스라엘 역시 하나님의 법도와 규례를 지키지 않고 그 땅의 원래 주민들처럼 가증한 일

---

[14] 개역개정은 "사람을 삼키는 자"라고 표현하고 있는데, 이것은 에스겔이 이스라엘 땅을 의인화해서 말하고 있기 때문이다. 따라서 이 표현은 현재 민수기 본문의 "사람을 삼키는 땅"과 상응한다.

을 하면 하나님이 땅으로 하여금 그들을 토해내게 하실 것이다(레 18:26-28).

따라서 정탐꾼들이 보고 온 땅이 이스라엘에게 있어서 "거주민을 삼키는 땅"이 될 것이냐 아니냐 하는 것의 문제는 땅이 가진 고유한 속성에 달린 것이 아니라 이스라엘 백성이 하나님과 바른 관계를 갖고 있느냐 아니냐 하는 것에 달린 것이다. 정탐꾼들이 정말 깨어 있는 자들이었다면 그들은 땅에 대한 악평을 늘어놓기 전에 자신들과 하나님과의 관계를 먼저 신경 썼을 것이다.

둘째, 아낙 자손에 대한 사항 역시 아무리 강해 보인다 하더라도 그들의 육체적 크기나 능력이 싸움을 결정하는 것은 아니었다. 실제로 민수기 13-14장에서 열 정탐꾼과 반대편에 섰던 갈렙은 나중에 여호수아에게 아낙 자손이 있는 산지를 맡겨 달라고 요청한다(여호수아 15:12): "그곳에는 아낙 사람이 있고 그 성읍들은 크고 견고할지라도 여호와께서 나와 함께 하시면 내가 여호와께서 말씀하신 대로 그들을 쫓아내리라". 그리고 실제로 그는 이 일에 성공하였다(삿 1:20). 결국 악평을 한 정탐꾼들이 정말 여호와의 말씀에 대한 믿음으로 용기를 냈더라면 이스라엘은 40년 동안 시간을 낭비하지 않고 당장 가나안 땅을 차지했을 것이다.

5단계: 적용

27절. "그곳은 정말…젖과 꿀이 흐르는 곳이며, 이것은 그 땅의 과일입니다": 하나님은 처음 모세를 부르실 때 당신이 이스라엘 백성을 "젖과 꿀이 흐르는 땅"으로 데려가겠다고 말씀하셨다(출 3:8). 이제 민수기 13장에서 약속의 땅을 정탐하고 온 정탐꾼들은 하나님의 말씀이 맞았다는 것을 자신들이 눈으로 본 것을 통해 증언한다. 또한 이 증언이 맞다는 것을 자신들이 가져온 과일들을 통해 보여준다. 이들이 이렇게 이스라엘 앞에 내놓은 증언과 증거는 하나님이 신실하신 분임을 증명해준다.

이처럼 우리 삶에서도 하나님이 약속을 지키시는 신실하신 분임을 증명하신 순간들을 경험할 때가 있다. 중요한 것은 이 때 우리가 어떤 반응을 보이느냐 하는 것이다. 민수기 13-14장은 두 갈래의 반응을 보여준다. 하나님의 약속의 말씀을 믿고 여호수아와 갈렙처럼 담대히 나갈 것인가, 아니면 이들과 반대편에 선 열 정탐꾼들처럼 이 약속을 보았음에도 불구하고 하나님을 거역할 것인가? 신앙이란 이런 두 갈래 길에서 하나님의 약속과 신실하심의 증거를 붙드는 것이다.

28, 31-33절. "우리가 보았습니다…우리는 그 백성에게로 올라갈 수 없을 것입니다. 그들이 우리보다 강하기 때문입니다. 우리가 본 모든 백성은 거대한 사람들입니다…거기서…아낙 자손들을 보았습니다. 우리가 보기에 우리는 메뚜기 같았는데, 그들이 보기에도 그랬을 것입니다: 가나안 땅 입성에 부정적인 열 정탐꾼의 말에서 가장 인상적인 대목은 그들이 자신들이 본 것을 강조하고 있다는 점이다. 그들은 하나님께서 약속하신 땅이 과연 "젖과 꿀이 흐르는 땅"임을 보았다. 또 그 땅의 풍성한 과일들도 직접 보고, 그것을 획득하기도 했다. 이런 모든 것들은 하나님이 약속을 지키는 신실하신 분임을 보여준다(출 3:8). 그러나 이런 증거 앞에서도 그들은 자신들의 관점만을 중요하게 여긴다. 이들은 다음과 같이 생각한다. "자신들이 보기에 약속의 땅을 이미 차지하고 있는 주민들은 이스라엘과 비교해서 너무 강하다. 자신들이 보기에 그 땅의 사람들은 거대하고, 자신들은 초라한 메뚜기 같다. 따라서 자신들이 보기에 결코 이스라엘 백성들은 그 땅으로 올라가서 그들을 이길 수가 없다". 열 정탐꾼은 이처럼 하나님의 약속과 그 약속의 증거보다는 자신들의 감각이 지시하는 바대로 보고 생각한다. 그들은 신앙대로 생각하지 않고, 감각에 따라 생각한다. 이것이 그들이 망하게 되는 이유다.

성도는 육신의 눈으로 보는 것이 아니라 하나님이 말씀이 지시하는 대로 보고, 생각해야 한다. 폴 부르제라는 저술가가 "정오의 악마"라는 책에서 "생각하는 대로 살지 않으면 사는 대로 생각하게 된다"라는 유명한 말을 한 바가 있다. 이것을 현재 본문에 맞추어서 각색해 보면 "믿는 대로 보지 않으면 보는 대로 믿게 된다"라고 할 수 있을 것이다. 이래서 히브리서 11:1은 "믿음은 바라는 것들의 실상이요 보이지 않는 것들의 증거니"라고 말씀했다.

30절. "우리가 곧장 올라가서 그 곳을 취합시다. 우리가 반드시 그것을 쟁취할 것입니다": 다른 정탐꾼들이 가나안 땅의 정복에 대해서 부정적인 뉘앙스를 취하자 갈렙은 서둘러서 이렇게 말했다. 물론 그도 나머지 정탐꾼들처럼 가나안이 요새화되어 있고, 강한 사람들이 사는 것을 보았다. 그러나 그는 다른 이들과 달리 자신의 육신의 감각이 지시하는 대로 보지 않았다. 그는 "여호와께서 우리를 기뻐하신다면"이라는 기준의 시각을 갖고 있었기 때문에 이들과 다르게 상황을 바라볼 수 있었다(민 14:8). 그리고 다른 정탐꾼들과 달리 약속의 땅을 차지할 수 있다고 믿을 수 있었다.

그는 이런 하나님 중심의 시각을 평생 보존한다. 그 증거로 나중에 그는 여호수아가 기업을 분배할 때도 일부러 가장 힘든 곳, 즉 거대한 아낙 자손이 차지하고 있는 곳을 달라고 한다(수 15:12). 이 때도 그의 사고의 기준은 하나님이다: "여호와께서 나와 함께 하시면 내가 여호와께서 말씀하신 대로 그들을 쫓아내리이다". 참 신자는 이 갈렙처럼 자기 앞에 닥친 모든 일들을 판단할 때 항상 하나님이 기준이 되어야 한다.

6단계: 설교 "당신이 보는 것이 당신이 얻게 되는 것이다"
(민 13:30-33)

지금은 컴퓨터 운영체제가 워낙 발달하여 문서 작성을 할 때 인쇄될 모양 그대로의 모습을 미리 보면서 작업을 합니다. 글씨를 굵은 글씨체로 인쇄하고자 하면 미리 화면에서 굵은 글씨 모양으로 보면서 작업하는 식입니다. 그러나 개인용 컴퓨터가 막 보급되기 시작하던 당시에는 윈도우즈 대신에 도스라는 운영체제를 썼습니다. 이 도스 체제에서는 예를 들어 굵은 글씨체로 인쇄하고 싶어도 그것을 문서 작성시에 화면으로 보지는 못합니다. 그냥 굵은 글씨로 나중에 인쇄를 하라는 명령만 컴퓨터에 지시할 수 있을 뿐입니다. 실제 그 명령대로 될 지 안 될 지는 인쇄물을 뽑아봐야만 알 수 있었습니다.

당시에 간혹 좀 더 발전된 프로그램이나 성능 좋은 컴퓨터에서는 인쇄될 모양을 어느 정도 반영해주는 경우도 있었습니다. 그 당시의 기준으로 이런 선진적인 프로그램을 지칭할 때 "위지윅"(WYSIWIG)이라고 하였습니다. 이것은 "당신이 보는 것이 당신이 얻게 되는 것이다"(What you see is what you get)이라는 말의 약자입니다. 즉 화면에 보이는 대로 인쇄시에도 구현된다는 것입니다.

이 컴퓨터 용어는 우리 신앙 생활에서도 딱 맞는 말입니다. 우리 성도들은 우리가 보고 생각하고 믿는 대로 하나님으로부터 받게 될 것입니다. 만약 우리가 히브리서 11:1의 "믿음은 바라는 것들의 실상이요 보이지 않는 것들의 증거니"라는 말씀처럼 아직 우리 앞에 가시화되지 않은 것일지라도 신앙의 눈으로 바라보고, 그것을 당장 눈 앞의 현실보다 더 현실적인 것으로 받아들인다면 우리의 믿음대로 될 것입니다. 반면에 우리가 신앙의 눈이 보여주는 대로 보지 않고, 우리 육신의 눈이 보여주는 것만을 진짜라고 믿는다면 우리는 육신의 눈이 본 것대로 역시 얻게 될 것입니다.

이처럼 무엇에 의지하여 무엇을 보느냐 하는 것의 문제가 오늘 본문의 열 정탐꾼과 갈렙 사이를 갈라 놓습니다. 이들이 본 것, 그리고 그 본 것을 통해 각자가 얻은 것이 무엇인가 하는 것을 통해서 신앙적 교훈을 얻고자 합니다.

첫째, 열 정탐꾼은 자신들이 육신의 눈으로 본 것을 자꾸 강조합니다. 그들은 오늘 본문에서 "우리들이 보았습니다"라는 말을 자꾸 합니다. 그들은 자신들이 육신의 눈으로 본 것에 너무 집착합니다. 그 결과는 하나님이 주신 약속의 땅과 그 땅의 쟁취 가능성에 대한 "악평"입니다(32절). 그들은 이렇게 단언합니다. "우리는 그 백성에게로 올라갈 수 없을 것입니다. 그들이 우리보다 강하기 때문입니다"(31절). 더 나아가서 그들은 아예 가나안 땅을 포기하고, 자신들이 노예 생활했던 애굽으로 돌아가버리자고 이야기합니다(민 14:1-4).

이렇게 육신의 눈으로 보고 하나님의 약속을 저버린 대가로 그들은 자신들이 본 대로 얻게 됩니다. 다시 말해 이들이 자신들이 보기에 "우리는 그 백성에게로 올라갈 수 없을 것입니다"라고 말한 대로 하나님은 이들이 약속의 땅에 들어가지 못하고 광야를 방랑하다가 죽어서 사라지는 운명을 겪게 만드십니다(14:22-23, 36-37).

둘째, 갈렙은 하나님의 시각으로 동일한 문제를 바라봅니다. 그는 열 정탐꾼과 달리 "곧장 올라가서 그곳을 취합시다. 우리가 반드시 그것을 쟁취할 것입니다"(30절)라고 말합니다. 그는 백성들 앞에서 열 정탐꾼의 악평과 맞서 싸우면서 하나님의 신실하심을 굳게 믿고 붙잡았습니다. "우리가 두루 다니며 정탐한 땅, 그 땅은 극히 아름다운 땅입니다. 만약 여호와께서 우리를 기뻐하신다면 그가 우리를 이 땅으로 들어가게 하실 것이고, 우리에게 이것, 곧 젖과 꿀이 흐르는 땅을 우리에게 주실 것입니다…여호와께서는 우리와 함께 하십니다. 그들을 두려워하지 마십시오"(민 14:7-9).

이렇게 하나님의 관점으로 보고 하나님의 약속을 굳게 붙든 대가로 갈렙 역시 자신이 본 대로 얻게 됩니다. 하나님은 광야 1세대 중에서 오직 갈렙 및 그의 동조자 여호수아만 약속의 땅으로 들어가게 하셨습니다(14:30-31, 38).

말씀을 정리합니다. 성도 여러분, 우리 신앙 생활에서 중요한 진리 중의 하나는 마치 옛날 컴퓨터 용어처럼 "당신이 보는 것이 당신이 얻게 되는 것이다"(What you see is what you get)라는 점입니다. 우리는 우리가 보고 믿는 대로 결과를 얻게 될 것입니다. 우리가 갈렙처럼 하나님의 신실하심을 믿고 그 믿음대로 보고 생각한다면 우리는 그 믿음대로 일이 이루어지는 것을 보게 될 것입니다. 반면 열 정탐꾼처럼 자신들의 육신의 눈이 조종하는 대로 보고, 육신의 눈이 믿으라는 대로 믿는다면 우리는 열 정탐꾼이 당한 것과 같은 운명을 겪게 될 것입니다. "보는 대로 얻게 된다"는 것은 컴퓨터뿐만 아니라 우리의 신앙 생활 속에서도 분명한 진리입니다. 여러분이 다 갈렙과 같은 분이 되시고, 갈렙과 같은 은혜를 하나님으로부터 누리게 되시기를 축원합니다.

민수기 14장

정탐꾼 사건과 이스라엘의 운명(2)

민수기 14장의 개관 및 신학

민수기 14장은 앞의 13장과 짝을 이루고 있으며, 13장의 후편이라고 할 수 있다. 13-14장의 전체 개관 등은 이미 13장의 "개관 및 신학"에서 다루었으므로 전반적인 것은 거기를 참고하기 바란다.

여기에서는 단지 두 가지 점만 다루고자 한다. 첫 번째 다룰 점은 민수기 14장의 내용이 크게 두 부분으로 나뉜다는 점이다. 첫 부분인 14:1-38은 13장에서 시작된 정탐꾼 사건을 계속 이어가고 있다. 1-10절에서 열 정탐꾼은 계속 부정적인 발언을 하고, 거기에 대해서 여호수아와 갈렙이 대응을 하지만 결국 백성들은 열 정탐꾼 편에 선다. 11-35절에서 하나님은 심판을 선언하시고, 모세는 중보 기도를 한다. 그러나 하나님의 심판 전부를 막지는 못한다. 이스라엘의 광야 1세대는 여호수아와 갈렙을 제외하고는 전부 광야에서 방랑하다 죽고, 이 당시 어렸던 아이들만 광야에 들어가는 것으로 심판이 완화되는 것 정도가 중보 기도를 통해 얻을 수 있는 것이었다. 36-38절은 열 정탐꾼이 재앙으로 죽고, 여호수아와 갈렙만 생존하게 되었음을 보고하고 있다.

민수기 14장의 큰 두 번째 부분인 14:39-45는 다 끝나버린 것 같은 정탐꾼 사건의 연장성에서 백성들이 다시 한번 불순종하다 벌을 받는 것을 기술하고 있다. 정탐꾼 사건으로 인해 하나님이 내린 심판의 메시지(26-35,

39절)를 들은 이스라엘은 다시 한번 고집을 피운다. 앞에서는 절대 가나안 땅으로 올라가지 않겠다고 하다가 이 번에는 반드시 가나안 땅으로 올라가 겠다고 이들은 말한다(40절). 이에 대해 모세가 이것 역시 잘못임을 경고했음에도 불구하고 소용이 없었다(41-44절). 그 결과 이들은 가나안 족속과 아말렉 족속의 연합군에 의해 패퇴를 당한다(45절). 이 또 한번의 불순종 사건은 정탐꾼 사건에서 하나님이 내리신 심판의 정당성을 확증해주는 역할을 한다.

이제 민수기 14장을 이해하는데 있어서 중요한 다른 한 가지 사항을 언급하고자 한다. 그것은 이 민수기 14장에서 하나님께서 이스라엘을 징계하기로 결정하신 내용과 그에 대한 모세의 중보 기도에 사용된 어휘와 내용이 출애굽기 32-34장의 황금 송아지 사건과 상응하는 바들이 많다는 점이다. 이것들을 정리해보면 다음과 같다.

민 14장	출 32-34장
여호와의 영광(10절[참고, 21절])	여호와의 영광(24:16-17; 40:34-35)[1]
…그들을 폐적(廢嫡)하고…(12절)	…우리를 주의 기업으로 삼으소서(34:9)[2]
내가…너를 그들보다 크고 강한 나라(고이 가돌 붸아쭘, נוי־גָדוֹל עָצוּם)를 만들리라(12절).	내가… 너를 큰 나라(고이 가돌, נוי־גָדוֹל)가 되게 하리라(32:10)

---

[1] 비록 민수기 14장과 황금 송아지 사건의 모세의 중보 기도의 연관성은 주로 출애굽기 32-24장에 집중되어 있지만 사실 황금 송아지 사건은 출애굽기 24:12-40:38의 본문 전체의 흐름 속에서 이해해야 한다. 그리고 이 경우 "여호와의 영광"이라는 주제는 여러 가지 면에서 극히 중요한 역할들을 한다. 이 점에 대해서는 박철현, 출애굽기 산책 (서울: 솔로몬, 2014), 172, 200-201, 300-303, 314-316 등을 보라.

[2] 모세가 황금 송아지 사건에서 중보 기도의 말미에 한 "우리를 주의 기업으로 삼으소서"란 기도의 내용을 역으로 반영하여 하나님은 정탐꾼 사건에서는 이스라엘을 "폐적", 즉 기업을 상속받을 자격을 박탈하겠다고 선언하신다. Jacob Milgrom, *Numbers*. The JPS Torah Commentary (Philadelphia: Jewish Publication Society, 1990), 110은 결국 이런 취지로 이 점을 지적하고 있는 것으로 보인다.

당신이 당신의 능력(코아흐, כֹּחַ)으로 이 백성을 애굽인들 가운데서 인도하여(알라[עלה]의 히필형)³ 내셨는데(13절)	그 큰 권능(코아흐, כֹּחַ)과 강한 손으로 애굽 땅에서 인도하여(야짜[יצא]의 히필형) 내신 주의 백성에게(32:11)
만약 [그 애굽인들이] [이 소식을] 듣는 다면 이 땅 거주민들에 전할 것입니다. …열방들은 말하기를 "여호와가 이 백성에게 주기로 맹세한 땅에 들여보낼 능력이 없기 때문에 그들을 광야에서 죽였다"라고 할 것입니다(13, 15-16절)	어찌하여 애굽 사람들이 이르기를 "여호와가 자기의 백성을 산에서 죽이고 지면에서 진멸하려는 악한 의도로 인도해 내었다"고 말하게 하시려 하나이까 …(32:12)
여호와는 노하기를 더디하시고, 인자가 많으시고, 죄악과 허물을 사하시지만 형벌 받을 자는 절대 사하지 않으시고, 아버지의 죄악을 자식들에게 갚아 삼사 대까지 이르게 하리라(18절)	여호와라…노하기를 더디하고 인자와 진실이 많은 하나님이라…악과 과실과 죄를 용서하리라 그러나 벌을 면제하지는 아니하고 아버지의 악행을 자손 삼사 대까지 보응하리라(34:6-7)
이 백성의 죄악(아본, עָוֹן)을 용서하신 것처럼…사하여 주시옵소서(살라흐, סלח)(19절)	…우리의 악(아본, עָוֹן)과 죄를 사하시고 (살라흐, סלח)…(34:9)
여호와께서 이르셨다. 내가 네 말(다바르, דָּבָר)대로 사하겠다(20절)	여호와께서 모세에게 이르셨다. 네가 말하는 이 말(다바르, דָּבָר)도 내가 행하겠다 (33:17, 사역)

위의 도표에서 보듯이 민수기 14장의 정탐꾼 사건에서 모세는 마치 출애굽기 32-34장의 황금 송아지 사건 때 했던 중보 기도와 같은 기도를 하고 있다. 그러나 양 본문의 모세의 중보 기도에는 어느 정도 온도 차이가 있음을 파악하는 것이 중요하다. 그 점들은 다음과 같다.

첫째, 황금 송아지 사건에서 모세가 중보 기도 속에 사용하는 중요한 키워드들 중의 하나는 "당신의 백성"(암므카, עַמְּךָ)이란 표현이다(출 32:11, 12; 33:13, 16). 모세는 하나님이 아무리 이스라엘에게 진노하신 중에도 그들이 하나님의 백성임을 절대 잊지 마시라는 의미에서 이스라엘을 계속 "당신의 백성"(your people)이라고 부른다. 이 표현은 모세의 중보 기도에서 강력한

---

3 "인도하다"란 단어는 출애굽기 32-34장의 황금 송아지 사건 본문 내에서도 "올라가다"(to go up)란 뜻을 가진 알라(עלה)의 히필형과 "나가다"(to go out)란 뜻을 가진 야짜(יצא)의 히필형이 병행해서 사용되고 있다. 따라서 이 두 동사는 거의 호환가능한 동의어라고 이해하면 된다.

수사학적 효력을 가진 표현이다.[4] 모세는 이 강력한 표현을 민수기에서는 쓰지 않는다. 대신 그는 "이 백성"(하암 핫제, הָעָם הַזֶּה)이라는 중립적인 표현을 사용한다.

둘째, 황금 송아지 사건에서 모세는 중보 기도를 하면서 하나님을 설득하는 다른 강한 수단으로 자신이 하나님의 은총을 입은 자라는 사실을 계속 강조한다(출 33:12, 13, 16, 17; 34:9). 그는 계속해서 "내가 참으로 주의 목전에 은총을 입었사오면 원하건대…"라고 말하면서 자신이 하나님께 받는 은총을 백성을 향한 하나님의 은혜를 얻어내기 위한 수단으로 사용한다.[5] 이처럼 황금 송아지 사건에서는 모세는 자신이 하나님 앞에서 동원할 수 있는 모든 수단을 써서 백성을 구해내려고 한다.

셋째, 황금 송아지 사건에서 모세는 자신의 운명을 이 백성의 운명과 강력하게 연결시킨다. 그는 "이 백성이…큰 죄를 범하였나이다. 그러나 이제 그들의 죄를 사하시옵소서 그렇지 아니하시오면 원하건대 주께서 기록하신 책에서 내 이름을 지워 버려 주옵소서"라고 기도하였다(출 32:31-32). 그는 만약 하나님이 이스라엘을 벌하시기로 한 결정을 취소하지 않으시면 자기도 그 이스라엘과 운명을 같이 하겠다고 말한 것이다.[6] 반면에 모세는 정탐꾼 사건에서는 이런 식의 기도를 하지 않는다. 또한 나중에 백성들이 가나안 땅에 들어가지 못하게 하겠다는 하나님의 징계의 말씀을 듣고 나서 오히려 가나안 땅을 가겠다고 우길 때 모세는 "여호와께서 너희와 함께 하

---

4 이 중요한 표현에 대해서 현재 글에서는 지면 관계상 더 상세하게 서술할 수는 없다. 이 표현에 대한 상세한 논의는 박철현, 출애굽기 산책 (서울: 솔로몬, 2014), 251-253, 258-262, 296 등을 보라. 하나님과 모세가 이스라엘을 서로 "당신의 백성"(암므카)라고 미루는 것이 아주 묘미가 넘친다. 개역개정에서는 이 동일한 히브리어 어구를 한글 특유의 존댓말 때문에 하나님이 모세에게 말할 때와 모세가 하나님에게 말할 때에 각각 "네 백성"과 "주의 백성"으로 달리 번역함으로써 이 묘미가 포착하기 힘들게 되어 버렸다는 점이 심히 안타깝다.

5 박철현, 출애굽기 산책, 294-307.

6 사도 바울의 로마서 9:2의 간구, 즉 "나의 형제 곧 골육의 친척을 위하여 내 자신이 저주를 받아 그리스도에게서 끊어질지라도 원하는 바로라"라는 간구는 이 모세의 출애굽기 32:32의 기도에 바탕을 두고 있는 것으로 보인다.

지 아니하시리라"(민 14:43)고 말하고, 자신도 그들과 함께 행동하지 않는다.

거의 비슷한 모티프와 어휘들을 사용하면서도 이런 결정적 차이가 있다는 점은 중보 기도시의 모세의 태도를 반영하는 듯하며, 이스라엘의 운명에 있어서도 차이를 가져온다. 이런 차이는 또한 광야 시대 2기의 특징이기도 하다.

결국 민수기 14장의 정탐꾼 사건과 그 후속 사건을 통해서 이스라엘의 운명은 확정된다. 이제 이스라엘 백성은 제40년에 다시 가나안 땅을 향해 가기 전까지는 광야에서 한 세대가 완전히 사라지기까지 기다리는 스올과 같은 시간을 지내게 될 것이다.

1단계: 사역

1 온 회중이 소리를 높여 부르짖고, 백성이 밤새도록 울었다.
2 이스라엘 자손이 다 모세와 아론에게 불평을 하며, 온 회중이 그들에게 일렀다. "우리가 애굽 땅에서 죽었거나 이 광야에서 죽었으면 좋았을 것을
3 왜 여호와는 우리를 그 땅으로 데려 가서 칼에 쓰러지게 하려고 하는가? 우리의 아내들과 아이들이 사로잡히게 될 것이다. 우리가 애굽으로 돌아가는 것이 낫지 않겠느냐?"
4 그리고 자기들끼리 말하였다. "우리가 우두머리를 세우고, 애굽으로 돌아가자".
5 그러자 모세와 아론이 이스라엘 자손의 온 회중의 총회 앞에 엎드렸다.
6 그 땅을 정탐한 자들 중 눈의 아들 여호수아와 여분네의 아들 갈렙이 자기들의 옷을 찢고
7 이스라엘 자손의 온 회중에게 말하였다. "우리가 두루 다니며 정탐한 땅, 그 땅은 극히 아름다운 땅입니다.
8 만약 여호와께서 우리를 기뻐하신다면 그가 우리를 이 땅으로 들어가게 하실 것이고, 우리에게 이것, 곧 젖과 꿀이 흐르는 땅을 주실 것입니다.
9 다만 여호와를 거역하지 말며, 그 땅 백성을 두려워하지 마십시오. 그들은 우리의 밥입니다. 그들을 보호하는 자들은 그들을 떠나갔지만 여호와께서는 우리와 함께 하십니다. 그들을 두려워하지 마십시오".

10 온 회중이 그들을 돌로 치자고 말하였다. [그 때] 여호와의 영광이 회막에서 이스라엘 자손 모두에게 나타나셨다.
11 여호와께서 모세에게 말씀하셨다. "이 백성이 어느 때까지 나를 멸시하겠느냐? 내가 그들 중에 베푼 모든 이적들에도 불구하고 어느 때까지 나를 믿지 아니 하겠느냐?
12 내가 전염병으로 그들을 치며, 그들의 폐적(廢嫡)하고, 너를 그들보다 크고 강한 나라를 만들리라".
13 모세가 여호와께 말했다. "당신이 당신의 권능으로 이 백성을 애굽인들 가운데서 인도하여 내셨는데 만약 [그 애굽인들이] [이 소식을] 듣는다면
14 이 땅 거주민들에 전할 것입니다. 이들도 당신 여호와께서 이 백성 가운데 계신다는 것을, 곧 당신 여호와께서 눈과 눈을 마주하여 보이시며, 당신의 구름이 그들 곁에 서 있으며, 당신이 낮에는 구름 기둥, 밤에는 불 기둥 가운데에서 그들 앞에서 행하시는 들었습니다.
15 만약 당신이 이 백성을 한 사람 [죽이는 것]같이 죽이시면 당신에 대한 풍문을 들은 열방들은 말하기를
16 '여호와가 이 백성에게 주기로 맹세한 땅에 들여보낼 능력이 없기 때문에 그들을 광야에서 죽였다'라고 할 것입니다.
17 이제 당신께서 말씀하신 대로 내 주의 권능을 크게 하십시오.
18 여호와는 노하기를 더디하시고, 인자가 많으시고, 죄악과 허물을 사하시지만 형벌 받을 자는 절대 사하지 않으시고, 아버지의 죄악을 자식들에게 갚아 삼사대까지 이르게 하리라 하셨습니다.
19 당신의 큰 인자를 따라, 그리고 당신이 애굽에서부터 지금까지 이 백성의 죄악을 용서하신 것처럼 사하여 주시옵소서".
20 여호와께서 이르셨다. "내가 네 말대로 사하겠다.
21 그러나 진실로 내가 살아 있는 것과 여호와의 영광이 온 세계에 가득할 것을 두고 맹세하건데
22 내 영광과 애굽과 광야에서 행한 내 이적들을 보고도 이같이 열 번이나 나를 시험하고 내 목소리를 청종하지 않은 그 사람들은
23 내가 그들의 조상들에게 맹세한 땅을 결코 보지 못할 것이다. 나를 멸시하는 모든 사람들은 정말 그것을 보지 못할 것이다.
24 그러나 나의 종 갈렙은 그 마음이 그들과 다르고 나를 충실하게 따랐으므로 내가 그를 그가 갔던 땅으로 들어가게 할 것이며 그의 자손들이 그 땅을 차지하게 할 것이다.
25 아말렉 사람들과 가나안 사람들이 골짜기에 거주하고 있으니 너희는 내일 돌이켜서

홍해 길을 따라 광야로 들어가라".

26 여호와께서 모세와 아론에게 말씀하셨다.

27 "나를 원망하는 이 악한 회중에게 내가 어느 때까지 [참겠느냐] 이스라엘 자손이 나를 향하여 원망하는 그 원망의 말을 내가 들었다.

28 그들에게 일러라. 여호와의 말씀이다. 나의 살아 있음을 두고 맹세하건데 너희가 나의 귀에 한 말대로 내가 너희에게 행할 것이다.

29 너희 시체가 이 광야에 엎드러질 것이다. 너희 중에서 이십 세 이상으로서 계수된 자 곧 나를 원망한 자 모두가

30 여분네의 아들 갈렙과 눈의 아들 여호수아 외에는 내가 너희로 살게 해주겠다고 맹세한 땅에 결코 들어가지 못할 것이다.

31 그러나 너희가 사로잡히게 될 것이라고 말한 너희 아이들은 내가 들어가게 하여 그들로 하여금 너희가 거부하던 땅을 누리게 할 것이다.

32 너희 시체는 이 광야에 엎드러질 것이고

33 너희의 자녀들은 40년 동안 광야에서 목축을 하면서 너희 시체가 소멸될 때까지 너희의 음란함을 짊어질 것이다.

34 너희가 그 땅을 정탐한 날의 수인 40일을 하루당 일 년씩 쳐서 40년간 너희의 죄악을 짊어짐으로써 너희가 나의 언짢음을 알게 될 것이다.

35 나 여호와가 말하였다. 나를 거슬려 모인 이 악한 회중 모두에게 내가 반드시 이렇게 하리니 같이 그들이 이 광야에서 소멸되어 거기서 죽게 될 것이다".

36 모세가 땅을 정탐하라고 보냈는데 돌아와서 그 땅에 대해 악평을 함으로써 온 회중이 그를 원망하게 만든 사람들,

37 곧 그 땅에 대하여 악평을 한 사람들은 여호와 앞에서 재앙으로 죽었다.

38 그러나 그 땅을 정탐하러 갔던 사람들 중에서 눈의 아들 여호수아와 여분네의 아들 갈렙은 생존했다.

39 모세가 이런 말들을 이스라엘 모든 자손에게 말했다. 그러자 백성이 크게 슬퍼하였다.

40 그리고 아침에 일찍이 일어나 산 꼭대기로 올라가며 일렀다. "보십시오. 우리가 여기 있습니다. 우리가 여호와께서 말씀하신 곳으로 올라가겠습니다. 우리가 죄를 지었기 때문입니다".

41 그러나 모세가 일렀다. "도대체 너희가 왜 여호와의 명령을 범하려고 하느냐? 이 일이 성공하지 못할 것이다.

42 너희가 대적 앞에서 패하지 않도록 올라가지 말아라. 왜냐하면 여호와께서 너희 중에 계시지 않기 때문이다".

43 아말렉 사람들과 가나안 사람들이 너희 앞에 있으므로 너희가 그 칼에 쓰러지게 될 것이다. 너희가 여호와로부터 돌이켰으니 여호와께서 너희와 함께 하지 않으실 것이다.
44 그러나 그들이 무모하게 산 꼭대기로 올라갔다. 하지만 여호와의 언약궤와 모세는 진영을 떠나지 않았다.
45 아말렉 사람들과 산지에 사는 가나안 사람들이 내려와서 그들을 쳐서 호르마까지 내쫓았다.

2단계: 사역 해설

5절. "이스라엘 자손이 다 모인 회중": 콜-크할 아다트 브네 이스라엘 (כָּל־קְהַל עֲדַת בְּנֵי יִשְׂרָאֵל). 오경, 특히 출애굽기로부터 신명기에서 이스라엘 자손을 가리키는 용어는 크게 세 가지, 즉 브네 이스라엘, 에다, 카할이다. 오경, 그리고 구약 전체에서 이 세 용어를 연계형 구조를 통해 하나로 묶어서 사용한 유일한 두 구절이 바로 이 민수기 14:5와 출애굽기 12:6이다. 이 중에서 브네 이스라엘이란 표현은 "이스라엘 자손"이라는 뜻으로 흔히 사용되는 표현이고, 어려움도 없다. 문제는 에다(עֵדָה)와 카할(קָהָל)이다. 학자들은 대부분 에다는 이스라엘 전체 회중 가운데에서 대표자들로 구성된 의사결정 집단인 지도부를 가리키는 용어이고, 카할은 좀 더 일반적인 의미에서 이스라엘 백성 전체를 가리키는 용어라고 생각하는 경향이 있다. 그러나 반면에 결국은 에다 역시 이스라엘 집단 전체를 대변하는 역할을 하기 때문에 에다 역시 이스라엘 전체를 가리키는 용어로 사용된 경우가 많다. 따라서 에다가 카할과 아무런 의미 차이가 없는 동의어처럼 사용된 경우도 역시 상당히 많은 것으로 생각된다. 따라서 이 두 용어는 정확한 구분이 불가능하거나 무의미한 경우가 많다. 민수기 14:5의 경우에도 결국 에다와 카할의 구분이 불가능해 보인다.

본문의 해석과 관련하여 가장 중요한 것은 왜 이렇게 이스라엘 무리를 가리키는 표현들을 총동원하고 있느냐 하는 것이다. 아마 그 이유로 생각할 수 있는 것은 출애굽기 12:6과 민수기 14:5이 이스라엘 자손의 운명과 관련하여 가장 중요한 계기가 되는 순간들이기 때문일 수 있는 것으로 보인다. 출애굽기 12:6는 유월절 식사와 관련된 본문이다. 이스라엘 백성 전부가 이 식사에 참여하여, 그에 대한 의례를 신중히 잘 지키는 것이 애굽으로부터의 구원에 결정적이었다. 그리고 민수기 14:5는 이스라엘 백성이 속히 가나안 땅으로 들어가게 되느냐, 아니면 광야에서 죽게 되느냐 하는 것을 결정하는 순간이다. 이스라엘 전체에 대한 이런 복합적 칭호는 이 점을 강조하고 있는 것으로 보인다.

9절. "거역하지 말며": 알-팀로두(אַל־תִּמְרֹדוּ). "거역하다"(마라드, מרד)란 단어는 구약에서 29회가 사용되었는데, 놀랍게도 오경에는 단 두 번만 사용되었다(창 14:4; 민 14:9). 이 중 창세기 14:4에서는 엘람 왕 그돌라오멜에게 소돔 왕 등이 반역을 했다는 것을 기술할 때 사용되었기 때문에 오경에서 하나님에게 "거역"했다는 것을 표현하는 의미로는 오경에서 오직 이 민수기 구절에만 사용되었다.

"그들을 보호하는 자들": 찔람(צִלָּם). 쩰(צֵל)은 원래는 "그늘"이라는 뜻이다. 현재 문맥에서는 "보호하는 힘 혹은 세력" 등의 의미로 사용되었다. 이 표현은 아마 가나안의 신들을 가리키는 표현일 것이다. 사역에서는 "보호하는 자"란 의미로 번역하였다.

10절. "[그 때]": 이 표현 자체가 본문에 나와 있는 것은 아니다. 그러나 10절 후반절의 히브리어 구문이 전반절과 동시적 상황임을 나타내는 구문이기 때문에 이 점을 살리고자 사역에서는 이 어구를 추가하였다.

12절. "내가…그들을 치며": 악켄누(אַכֶּנּוּ). 이 독특한 변화 형태는 "치다"(to strike)란 동사 나카(נכה)의 히필 미완료 1인칭 공통 단수(אַכֶּה)에 강세를 위한 눈(nun energicum)과 목적격 인칭대명사 3인칭 남성 단수(후, הוּ)가 붙은 형태이다.

"폐적(廢嫡)하고": 붸오리쉔누(וְאוֹרִשֶׁנּוּ). 야라쉬(יָרַשׁ)의 히필형. 야라쉬는 칼형에서 "~를 차지하다"(to take possession of), "~을 상속하다"(to inherit) 혹

은 "~의 상속자의 신분이다"(to be an heir)라는 뜻을 갖고 있다. 그러나 또한 이것들과는 정반대로 "(군사적 행동이나 폭력 등에 의해서) ~의 소유물을 빼았다"(dispossess)라는 의미를 갖고 있기도 하다. 그리고 히필형의 경우에는 "~을 차지하다"라는 의미를 갖고 있지만 "~의 상속권을 박탈하다"(to disinherit), "~를 패적하다"(to dispossess an heir)란 의미를 갖고 있기도 하다. 현재 문맥상 이 마지막 의미, 즉 "폐적하다"의 의미가 가장 적절한 것으로 여겨지기 때문에 사역은 이 해석을 택하였다. 이 해석에 따르면 이 구절에서 하나님은 이스라엘 백성이 이 정탐꾼 사건에서 하나님을 배격하자 그들이 하나님의 자녀로서 그 기업을 물려 받을 수 있는 권리를 박탈하시겠다고 선언하고 있는 것이다. 참고로 개역개정은 이 단어를 "멸하다"라고 번역하고 있는데, 이 번역은 좀 지나친 의역이라고 생각된다.

"크고 강한 민족": 고이 가돌 붸아쭘(גוֹי־גָּדוֹל וְעָצוּם). 이 문구는 구약성경에서 오직 창세기 18:18과 이 구절에만 나타난다. 전자의 구절에서 하나님은 소돔과 고모라를 치시기 전 아브라함에게 그 계획을 알리기로 마음 먹으시면서 "아브라함은 '크고 강한 민족'(개역개정 번역은 "강대한 나라")가 되고 천하 만민은 그로 말미암아 복을 받게 될 것이 아니냐"라고 말씀하셨다. 현재 구절은 이 말씀을 인용하고 있다.

13절. "[그 애굽인들이]": 원문상으로는 애굽인들은 한 번만 사용되고, 다른 한 번은 대명사로 처리되어 있다. 그러나 현재 문맥에서는 이럴 경우 이 대명사의 선행사가 누구인지를 파악하기가 어려운 경향이 있다. 그래서 대명사를 살려서 번역하는 대신 사곽 괄호에 애굽인들을 명시하여 처리하였다.

"당신의 능력으로 이 백성을 인도하여 내셨는데": 키(כִּי)로 인도되는 절. 이 구절은 13절의 모세의 말을 여는 문구인 "만약 애굽인들이 [이 소식을] 들으면"과 14절 초입의 "이 땅 거주민들에 전할 것입니다"란 문구 사이에 들어 있는 삽입구, 즉 인쇄된 책에서 두 개의 긴 하이픈(—) 사이에 들어가 있는 것과 같은 문구로 이해하면 좋을 것이다. 사역에서는 이 삽입구와 그 주변의 문장들 사이의 관계의 혼란을 방지하기 위해서 아예 모세의 말의 서두에 배치했다.

"만약…들으면": 우샤므우(וְשָׁמְעוּ) 모세의 말의 서두를 여는 접속사 붸(ו)는 여기에서는 전제절(protasis)의 접속사 역할을 하는 것으로 보인다. 그리고 이런 경우 구문상으로는 '단순 접속사+동사 완료형'의 구문이 두 번 반복되는 형태로 이루어지며, 이 중 두 번째 '단순 접속사+동사 완료형'은 귀결적의 역할을 하게 된다.[7] 이런 점에 기초해서 사역에서는 이것을 "만약"이라고 번역하였다.

"[이 소식을]": 히브리어 원문에는 이 문구가 빠져 있기는 하지만 문맥의 흐름상 전제되어 있다. 사역은 이 점을 살리기 위해 추가하였다.

14절. "눈과 눈을 마주하여": 아인 브아인(עַיִן בְּעַיִן). 히브리어 원문을 사역은 그대로 직역을 하였다. 개역개정은 이것을 "대면하여"(face to face)라고 의역하였다. 어느 번역이 됐든 간에 원문의 의미는 분명하다. 즉 하나님께서 자신을 선명하게 나타내 보이셨다는 것이다.

15절. "만약…죽이시면…말할 것입니다": 붸헤마타…붸아므루(וְאָמְרוּ… וְהֵמַתָּה). '단순 접속사+동사 완료형"이 반복되는 구문이 각각 조건문의 전제절과 귀결절 역할을 한다는 점에 대해서는 13절의 "만약…들으면"이란 문구에 대한 해설과 참고문헌 정보를 보라.

"[죽이는 것]": 히브리어의 특성상 이 문구는 원문에는 생략되어 있다. 사역에서는 이 생략된 것을 살려서 번역하였다.

19절. "죄악을 사하신": 나싸타(נָשָׂאתָה). 여기에서 동사 나싸(נָשָׂא)는 죄악 같은 것을 "용서하다"라는 뜻으로 사용되었다. 그리고 이런 경우 '죄악'이라는 단어를 목적어로 갖는 경우도 있고, 그냥 동사 단독으로 "죄악을 사하다"란 뜻으로 사용되기도 한다. 이 구절의 경우는 이 후자의 경우인 것이다.

---

[7] S. R. Driver, *A Treatise on the Use of the Tenses in Hebrew and Some Other Syntactical Questions* (Oxford: Oxford University Press, 1892), §146-149.

21절. "그러나": 울람(אוּלָם). 이 단어는 앞의 내용과 강하게 대조되는 사항을 도입하는 역할을 하는 단어이다. 본문의 이해를 위해 중요하다.

21-23절. 이 세 구절은 맹세 본문으로 되어 있다. 구문론적으로 히브리어의 맹세 본문은 그 문장 구성이 상당히 복잡하지만 최대한 간단하고 쉽게 설명하자면 다음과 같다. 맹세 본문은 '맹세의 서두'와 '맹세의 내용'으로 구성되어 있다. 우선 '맹세의 서두'는 21절이다. 이 서두의 특징적인 문구는 하이-아니(חַי־אָנִי)이다. 이 문구는 히브리어의 굉장히 독특한 문구로서, 그냥 직역하기가 상당히 힘들다. 그러나 보통 "나의 살아 있음을 두고 맹세하건데" 정도로 번역하면 된다. 이 때 이 아니의 자리에는 사람의 맹세의 경우에는 하나님의 이름들인 엘로힘이나 여호와 등이 올 수도 있다. 그러나 이 21절의 경우에는 하나님 자신이 스스로의 삶을 두고 맹세하는 것이기 때문에 아니, 즉 "나"(I)라는 문구가 사용되었다.

'맹세의 내용'은 22-23절이다. 22절은 이 맹세의 대상을 밝히고 있으며, 이 대상은 문장의 주어 역할을 하고 있다. 23a절은 맹세의 내용을 담고 있는 술부(predicate)이다. 즉 맹세의 내용은 22절이 주어, 23a절이 술부 역할을 하고 있는 하나의 문장으로 되어 있는 것이다. 이 맹세 문장을 이끄는 접속사는 22절 처음에 나오는 키(כִּי)이다. 그리고 독특하게 23a절의 첫 자리, 즉 술부의 시작 부분에 다시 한번 접속사 임(אִם)이 사용되고 있다. 보통은 맹세의 내용을 담은 문장은 이 두 접속사 중 하나만 사용한다.

맹세 문장의 히브리어 구문을 이해하는데 있어서 필수적으로 중요한 점은 이것이 일종의 불완전 문장이라는 점이다. 즉 우리 본문의 경우를 예로 들자면 "나의 살아 있음을 두고 맹세하건데 나를 멸시하는 자들이 그 땅을 보게 된다면 저주가 있을 것이다"란 문장에서 "저주가 있을 것이다"란 맹세 부분이 생략되어 있다고 보면 된다. 다시 말해 이 맹세 문장이 말하고자 하는 바는 "나를 멸시하는 자들이 그 땅을 결코 보지 못할 것이다"라는 것이다. 따라서 히브리어 원문의 맹세 문장에는 "보게 된다면"이라고만 되어 있고, 거기에 부정어가 따로 없지만 실제 해석을 할 때는 부정어를 추가하여 "보지 못할 것이다"로 해석해야 한다.

"나를 멸시하는 모든 사람들은 정말": 베콜-므나아짜이(וְכָל־מְנַאֲצַי). 여기에서 "정말"이라고 번역된 히브리어 단어는 서두의 접속사 베(ו)이다. 이 접속사는 강조적인, 혹은 확언적인 발언을 도입하는 역할을 하는 불변화사(particle)나 내용의 강화를 나타내주는 불변화사로 이해하는 것이 정확할 것이다. 사역은 이런 점을 반영하여 "정말"이라고 번역하였다.

27절. "[참겠느냐]": 이 문장은 이 "참겠느냐"란 표현이 생략되어 있는 문장이고, 이 표현은 히브리어 본문에는 존재하지 않는다. 이런 식으로 문장의 내용 전부를 다 언급하지 않고 생략하는 수사법을 중단법(中斷法, aposiopesis)이라고 한다. 이 수사법은 말하는 사람의 분노 등을 나타내기 위해 일부러 문장을 채 마무리 짓지 않는 기법을 가리킨다.

30절. "맹세한": 나싸티 에트-야디(נָשָׂאתִי אֶת־יָדִי). 직역하자면 "나의 손을 들었다". 나싸 야다(נָשָׂא יָד), 즉 "손을 들다"라는 표현은 맹세나 약속의 행위로 손을 드는 것을 나타낸다.

31절. "누리게": 베야드우(וְיָדְעוּ). 동사의 원형은 야다(יָדַע), 즉 "알다"(to know)란 뜻의 동사이다. 현재 문맥에서는 "경험을 통해 어떤 것에 아주 친숙하게 되다" 정도의 뉘앙스로 사용되었는데, 이것을 개역개정은 "누리다"라는 단어로 번역하고 있다.

33절. "목축을 하면서": 로임(רֹעִים). "목축을 하다, 목자 노릇을 하다"(to shepherd)란 뜻의 동사인 라아(רָעָה)의 칼 분사형. 개역개정은 "방황하는 자가 되리라"로 의역하고 있다.

"음란함": 즈누트(זְנוּת). 구약에서 총 9회 사용된 이 단어는 "간음하다"(to commit adultery)라는 뜻을 가진 자나(זָנָה)에서 파생된 동족어이다. 자나는 영적, 육적 간음을 뜻하는 단어이다. 즉 인간끼리의 결혼 관계나 하나님과 언약 관계에서 신실하지 못함을 뜻하는 단어이다. 개역개정은 "반역한 죄"라고 의역하고 있으나 사역과 같이 원래의 기본 뜻을 살려서 번역하는 것이 본문의 의도를 더 잘 살리는 것으로 생각된다. 이스라엘이 하나님의 말씀을 거역한 것은 영적 간음과 마찬가지인 것이다.

35절. 이 구절은 맹세 문장으로 되어 있으며, 이 맹세 문장을 도입하는 접속사는 임-로(אִם־לֹא)이다. 표면적으로는 이 문장은 "~하지 않는다면(임-로)"으로 되어 있기 때문에 마치 부정문처럼 오해하기 쉽다. 그러나 사실은 이 문장은 원래는 "~하지 않는다면 저주를 받게 될 것이다"라고 말해야 할 것인데 그냥 이 저주 부분을 생략하고 말한 것이기 때문에 결과적으로 이 임-로 문장은 강한 긍정문으로 번역해야 의미가 통한다. 맹세 문장에 대한 추가적인 설명은 앞의 21-23a절의 사역 해설을 보라.

34절. "무모하게": 아팔(עָפַל)의 히필형. 원문이 손상을 입었을 가능성이 있는 하박국 2:4의 경우를 제외하면 아팔은 여기에만 나오는 하팍스 레고메논이다. 이 동사와 동족어로 보이는 오펠(עֹפֶל)이 피부의 부풀어 오른 증상(swell)이나 지형상의 솟아오른 곳을 가리키는 점과 더불어 셈족어의 다른 언어들에서 유추해볼 수 있는 의미의 가능성을 생각해볼 때[8] 이 단어는 "('감히' 혹은 '무모하게') ~을 하다"(to have the audacity to~)란 뜻을 갖고 있다고 생각된다. 사역은 이런 점을 고려하여 "무모하게"라고 번역하였다.

3단계: 단락 구분

민수기 14장의 단락 구분은 다음과 같다.

14:1-10a 열 정탐꾼의 보고에 대한 반응들
    14:1-4 백성의 반응
    14:5 모세와 아론의 반응
    14:6-9 여호수아와 갈렙의 반박

---

[8] Timothy R. Ashley, *The Book of Numbers*. The New International Commentary on the Old Testament (Grand Rapids: Eerdmans, 1993), 272-273.

　　　　14:10a 둘의 반박에 대한 백성의 반응
　14:10b-12 하나님의 반응
　　　　14:10b 여호와의 영광이 나타남
　　　　14:11-12 하나님의 심판 선언
　14:13-19 모세의 중보 기도
　14:20-35 하나님의 응답
　　　　14:20-25 모세에게 주시는 말씀
　　　　　　14:20a 말씀 도입구
　　　　　　14:20b-25 기도에 대한 응답
　　　　14:26-35 백성에게 전할 말씀
　　　　　　14:26a 말씀 도입구
　　　　　　14:26b-35 수정된 심판 선언
　14:36-38 심판의 잠정적 성취
　14:39-45 또 한번의 반역

　첫 단원인 1-10절은 민수기 13장 끝의 열 정탐꾼의 부정적 보고에 대한 이스라엘 진영의 각 집단, 즉 백성, 모세와 아론, 여호수아와 갈렙의 반응들을 긴박하게 보고하고 있다(1-9절). 특히 마지막 절인 10a절에서 백성들은 여호수아와 갈렙의 반박 보고를 듣고 그들을 돌로 치려고 한다. 이렇게 이 단원은 긴장감이 고조되는 방식으로 구성되어 있다.

　두 번째 단원인 10b-12은 이런 상황 속에서 하나님의 즉각적인 개입과 심판의 말씀을 담고 있다.

　세 번째 단원인 13-19절은 모세의 중보 기도를 담고 있다. 앞의 "민수기 14장의 개관과 신학"에서 설명한 바와 같이 모세의 중보 기도는 구약에서 가장 강력하고 효과적이었던 중보 기도들 중의 하나인 황금 송아지 사건 속의 기도와 어휘 및 내용이 비슷하다.

　네 번째 단원인 20-35절은 앞의 모세의 기도에 대한 하나님의 응답을 담고 있다. 주목할 점은 이 응답이 두 부분, 즉 20-25절과 26-35절로 나뉘어 있다는 점이다. 이 두 부분은 각자 독자적인 도입구를 통해서 선명하게 구분된다. 20-25절의 도입구는 "여호와께서 이르셨다"이며, 26-35절의 도입구는 "여호와께서 모세와 아론에게 말씀하셨다"이다.

이처럼 선명하게 다른 도입구를 통해서 구분된 두 부분은 대상 청중이 누구냐 하는 것을 통해서도 구분된다. 20-25절에서는 하나님은 모세의 중보 기도에 대한 응답에 집중하신다. 그리고 26-35절에서는 이스라엘 백성에게 전할 메시지에 집중하신다. 비록 이 두 부분의 내용 자체는 거의 상응하지만 그 내용의 청중이 누구냐 하는 면에서는 이처럼 선명하게 차이가 난다.

다섯 번째 단원인 36-38절은 정탐꾼 사건에서 서로 반대편에 섰던 열 정탐꾼, 그리고 여호수아와 갈렙의 운명이 어떻게 되었는지에 대한 내레이터의 보고를 담고 있다. 열 정탐꾼은 광야에서 스러질 1세대의 운명을 반영하고, 여호수아와 갈렙은 40년 후까지 살아 남아서 가나안 땅에 들어가게 될 2세대의 운명을 반영한다.

마지막 단원인 39-45절은 하나님의 심판의 말씀을 듣고 회개하는 듯한 반응을 보인 이스라엘이 다시 한번 하나님의 뜻을 거역함으로써 가나안 사람들과 아말렉 족속의 연합군에게 패퇴하는 내용을 담고 있다.

4단계: 본문 해설

1-4절. 이 본문은 13장 마지막의 열 정탐꾼의 부정적인 보고(민 13:31-33)을 듣고 이스라엘 백성이 보인 반응을 담고 있다. 그 내용은 크게 세 부분으로 나뉜다. 먼저 1절은 이들이 행동으로 보인 반응이다. 2-3절은 이들의 불평이다. 4절은 이들이 새로 제시한 계획이다.

우선 1절에서 이들은 크게 통곡을 한다. 이들은 목소리를 높이고, "밤새도록" 운다.

2-3절에서 이들은 광야 시대의 일반적 패턴을 따라서 불평을 해댄다. "불평하다"란 단어는 앞의 "민수기 광야 이야기의 개관과 신학"에서 이미 다뤘던 바와 같이 룬(לון)이라는 단어인데, 이 단어는 불평 모티프(the murmuring motif)의 대표적 어휘이다.

이들은 가나안 땅에 들어가려 하다가 칼에 죽느니 차라리 광야에서 죽는 것이 낫다고 말한다. 또한 애굽으로 돌아가는 것이 낫지 않겠느냐고 말한다. 이 중에서 광야에서 죽는 것이 낫겠다는 이들의 말은 아이러니컬하게도 하나님의 심판의 말씀(민 14:27-29, 32-33, 35) 속에 반영되고, 또 그렇게 시행된다(민 26:64-65).

4절에서 이스라엘은 출애굽 이후 지금까지 한번도 정식으로 입밖으로 내뱉지 않았던 새로운 생각을 내세운다. 그것은 정식으로 지도자 하나를 새로 세우고, 애굽으로 돌아가자는 것이었다. 물론 그들은 만나 사건이나 메추라기 사건의 와중에 애굽에서의 생활을 장밋빛으로 회상하면서 현재의 자신들의 생활을 비관적으로 표현한 적은 있다(출 16:2-3; 민 11:4-6). 또한 황금 송아지 사건 때 모세가 산 위에서 돌아오지 않자 그를 대신해서 자신들을 인도해 줄 존재를 만들어 내려고 한 적은 있다(출 32:1-4). 그러나 아직까지 단 한번도 그들이 구체적으로 애굽으로 돌아가야겠다는 생각을 내비친 적은 없었다.

이들이 제시한 이 새로운 생각은 지금까지의 하나님의 구원의 역사를 정면으로 모독하는 것이었다. 이들은 하나님이 세우신 지도자 모세를 대신하는 지도자를 뽑고, 하나님의 구원 역사의 시계 바늘을 되돌려 애굽으로 되돌아가려고 한 것이다.

하나님은 출애굽의 구원을 완성하는 시점에 말씀하시기를 "여호와께서 오늘 너희를 위하여 행하시는 구원을 보라. 너희가 오늘 본 애굽 사람을 영원히 다시 보지 아니하리라"고 하신 바가 있다(출 14:13). 또한 신명기에서는 왕의 임무 중 하나를 말씀하시는 와중에 이 출애굽기 말씀을 인용하시면 "그 백성을 애굽으로 돌아가게 하지 말 것이니 이는 여호와께서 너희에게 이르시기를 너희가 이 후에는 그 길로 다시 돌아가지 말 것이라 하셨음이며"라고 하셨다(신 17:16). 이런 점에서 이 4절의 백성들의 새 계획에 대한 11절의 하나님의 말씀, 즉 "이 백성이 어느 때까지 나를 멸시하겠느냐? 내가 그들 중에 베푼 모든 이적들에도 불구하고 어느 때까지 나를 믿지 아니하겠느냐"고 하신 말씀은 아주 적절하다.

이런 이유로 해서 이스라엘의 애굽 귀환에 대한 계획은 이후의 성경의 책들 속에서 두고두고 하나님에 대한 반역과 불순종의 대표적 모습이나 심판의 증거로 언급된다(신 28:68; 느 9:16-17; 사 30:1-5; 31:1; 렘 42:13-16; 행 7:39[9]).

5절. 백성들이 열 정탐꾼의 부정적 보고를 듣고 보인 반응들을 보고 모세와 아론은 총회 앞에 엎드린다. "~앞에 엎드린다"는 표현은 아랫사람이 윗사람에게 존경이나 복종의 표시로 절을 하는 것을 의미한다(삼하 9:6; 14:4 등).[10] 그러나 현재 문맥에서 모세와 아론이 회중이 무서워서 그들에게 굴복하는 의미로 엎드린 것은 아닌 것으로 보인다. 특히 민수기의 문맥에서 이 둘이 이런 행동을 취하는 경우는 하나님의 임박한 임재가 예상되는 경우들이다.[11] 이들은 이런 상황 속에서 하나님이 개입하시리라는 것을 예견하고 미리 엎드린 것이다.

6-9절. 하나님이 개입하시기 전에 먼저 여호수아와 갈렙이 나서서 열 정탐꾼의 말에 반박을 하고, 백성들의 마음을 돌이키려고 시도한다. 6절은 이들의 행동에 대해서 기술하고 있고, 7-9절은 이들의 말을 담고 있다.

6절에서 이들은 옷을 찢는다. 이 행위는 성경에서 비통함의 표현으로 자

---

9 이 본문에서 스데반 집사는 자신의 연설 내내 흔히 그러하듯이 오경의 말씀들을 뭉뚱그려 압축하고 있다. 즉 사도행전 7:39의 말씀은 분명히 이 민수기 14:4를 반영하고 있지만 이에 이어지는 7:40에서는 황금 송아지 사건 중에 이스라엘이 한 말을 인용하고 있음이 분명하다(참고, 출 32:1).

10 Timothy R. Ashley, *The Book of Numbers*. The New International Commentary on the Old Testament (Grand Rapids: Eerdmans, 1993), 247.

11 Gordon J. Wenham, *Numbers: An Introduction and Commentary*. Vol. 4. Tyndale Old Testament Commentaries (Downers Grove: InterVarsity Press, 1981), 136.

주 언급된다(창 37:29, 34; 44:13; 삿 11:35; 왕하 19:1; 욥 1:20 등). 이것은 이들의 마음 상태를 보여준다.

7-8절에서 이들은 자신들이 정탐한 땅이 "극히 아름다운 땅"이며, "젖과 꿀이 흐르는 땅"이라고 말한다. 이 중 후자의 묘사는 13:27의 열 정탐꾼의 묘사와 상응한다. 최소한 땅의 객관적인 상태에 대한 판단에서는 두 정탐꾼 집단은 일치한다.

단지 차이점이라면 땅을 과연 차지할 수 있다고 보느냐 아니냐는 점이다. 열 정탐꾼은 자꾸 자신들이 보는 시각을 강조했다. 그 시각에 따르면 그 땅의 백성들이 자신들보다 훨씬 더 크고 강력하고, 그 땅이 "거주민을 삼키는 땅"이기 때문에 자신들이 그 땅을 차지할 수 없을 것이라고 말했다(13:31-33). 반면에 여호수아와 갈렙은 여호와께서 어떻게 생각하시느냐 하는 것을 더 강조했다. 그들은 "만약 여호와께서 우리를 기뻐하신다면"(8절) 이스라엘이 이 땅을 차지할 수 있을 것이라고 말한다.

9절에서 여호수아와 갈렙은 먼저 두 가지 권면을 한다. 먼저 두 가지 권면은 "여호와를 거역하지 말라"는 것과 "그 땅 백성을 두려워하지 말라"는 것이다.

그 이유로 이들은 대담한 선언을 한다. "그들은 우리의 밥입니다". 성경에서 단 한번 나오는 이 표현은 그만큼 가나안 백성을 정복하는 것이 쉽다는 것을 강렬하게 표현하고 있다. 이 표현은 이스라엘이 결코 가나안 백성들을 이길 수 없을 것이라는 다른 정탐꾼들의 시각과 대조를 이룬다.

이어서 여호수아와 갈렙은 이런 쉬운 승리가 가능한 이유를 이렇게 이야기한다. "그들을 보호하는 자들은 그들을 떠나갔지만 여호와께서는 우리와 함께 하십니다". "그들을 보호하는 자들"이란 표현은 사역 해설에서 설명한 바와 같이 원어로는 "그들의 그늘"이다. 이 "그늘"은 가나안인들이 믿는 신들을 가리키는 표현일 것이다(참고, 시 91:1). 그 신들은 다 떠났지만 이스라엘의 하나님 여호와는 자신들과 함께 하므로 승리가 확정되었다는 것이다. 이어서 이들은 다시 한번 적들을 두려워하지 말라고 권면한다.

10a절. 불행히도 여호수아와 갈렙의 호소는 효과를 거두지 못했다. 이스라엘 온 회중이 그들을 돌로 치려고 했다.

10b절. 이 10절 후반절은 사역 해설에서 설명한 바와 같이 히브리어 원문의 구문상 10절 전반절과 동시동작적 상황을 나타낸다. 여호수아와 갈렙이 위험에 처한 것과 동시에 "여호와의 영광"이 회막에서 이스라엘 자손들 모두 앞에 나타난다.

"여호와의 영광"은 하나님의 임재를 나타내는 대표적인 상징이다. 성막 본문에서 이 상징은 성막 건설과 더불어 하나님의 임재와 계시의 장소가 시내산에서 성막으로 이동하여, 성막이 장차 항구적인 임재와 계시의 장소가 될 것을 나타내주는 역할을 했다(출 24:16-17; 40:34-35; 레 9:6, 23).[12]

반면에 광야 이야기들 속에서는 "여호와의 영광"은 주로 심판을 위한 하나님의 임재를 나타낸다(출 16:7, 10; 민 14:10, 21; 16:19, 42; 20:6). 현재 본문에서도 여호와의 영광의 등장은 이 후자의 경우를 위한 것이다.

11-12절. 이 본문에서 하나님은 이스라엘의 잘못을 지적하고 강력한 심판의 선언을 하신다. 이 본문과 이어지는 모세의 중보 기도가 황금 송아지 사건의 경우와 어휘 및 내용을 공유한다는 점에 대해서는 "민수기 14장의 개관과 신학"에서 다룬 바가 있다.

먼저 11절에서 하나님은 이스라엘이 하고 있는 바가 당신을 "멸시"하는 것이라고 지적하신다(또한 23절). 이런 멸시적 태도는 그들이 하나님께서 지금까지 베푸신 모든 이적들에도 불구하고 여전히 하나님을 믿지 못하기 때문에 나오는 것이다.

참고로 이 "멸시하다"란 단어인 나아쯔(נאץ)는 구약성경에 총 24회가 쓰이며, 오경에는 5회가 나온다(민 14:11, 23; 16:30; 신 31:20; 32:19). 이 드물게 쓰이는 단어가 이 장에만 두 번 사용되었다는 것은 하나님께서 이 사건을 통해 이스라엘 때문에 느끼신 모멸감이 정말 심각하다는 것을 말해준다.

---

12 이에 대한 자세한 설명은 박철현, 출애굽기 산책 (서울: 솔로몬, 2014), …을 보라.

12절은 이런 이스라엘의 잘못에 대한 하나님의 심판을 구체적으로 나열하고 있다. 그 내용은 세 가지이다.

첫째, 전염병(데베르, דֶּבֶר)으로 그들을 치겠다고 하신다. 이 데베르는 막게파(מַגֵּפָה), 즉 "재앙"이란 단어와 동의어로 보인다. 민수기 25:18은 바알 브올의 일로 인해 하나님께서 "염병"(개역개정, 막게파)을 내리셨다고 되어 있는데, 민수기 31:16은 이 동일한 사건을 언급하면서 역시 "염병"이란 표현에 데베르를 사용하고 있다. 민수기 14장에서는 하나님은 결국 모세의 중보 기도를 받아들여서 이스라엘 백성 전체를 데베르로 치는 것은 취소하셨지만 여전히 열 정탐꾼은 "재앙"(막게파)으로 치셨다고 말하고 있다. 이것은 황금 송아지 사건에서 하나님이 이스라엘 백성 전체는 용서하셨지만 좀 더 적극적인 참여자였을 것으로 보이는 삼천 명은 죽게 하신 것과 비슷하다(출 32:25-29).

둘째, 그들을 "폐적하겠다"(야라쉬[יָרַשׁ]의 히필형)고 하신다. 야라쉬란 동사는 창세기의 족장들로부터 시작해서 민수기의 이 본문에 이르기까지 하나님과 이스라엘 사이의 관계에 있어서 아주 중요한 단어들 중의 하나이다. 누가 하나님의 백성의 정통성을 상속받느냐 하는 문제, 그리고 그 상속권에 따라 약속의 땅을 차지할 것이냐의 문제가 이 단어로 표현된다(창 15:3, 4, 7, 8; 21:10; 22:17; 24:60). 특히 이삭은 가나안을 떠나 하란을 향해 가는 야곱에게 축복하기를 "아브라함에게 허락하신 복을 네게 주시되 너와 함께 네 자손에게도 주사 하나님이 아브라함에게 주신 땅 곧 네가 거류하는 땅을 네가 차지하게(야라쉬의 히필형) 하시기를 원하노라"라고 하였다. 이런 약속에 기초해서 하나님은 가나안 땅을 이스라엘이 차지하게 해주겠다고 하신다(레 20:24; 25:46). 이처럼 야라쉬는 상속권의 문제, 그리고 상속권에 따라 땅을 쟁취하는 권리를 둘 다 표현해주는 단어이다. 이런 전통을 배경으로 해서 정탐꾼 사건에서도 갈렙은 백성들을 격려하면서 "우리가 곧장 올라가서 그 곳을 취합시다(야라쉬)"라고 말한 적이 있다. 갈렙에게 있어서 땅의 소유권은 이스라엘에게 있는 것이다.

그런데 이제 하나님은 이스라엘이 이런 약속의 땅으로 들어가기를 거부하자 그들이 가진 상속자의 권리를 폐기하시겠다고 하신다. 즉 그들의 상속자의 신분을 박탈하는 "폐적"(廢嫡)을 하겠다고 하신다. 참고로 이 야라쉬란 동사의 히필형이 가진 흥미로운 점은 동일한 단어가 문맥에 따라 "상속을 하게 하다", "(상속자의 권리에 따라) 땅을 차지하게 해주다"란 뜻도 되고, 그와 정반대로 "상속권을 박탈하다", "땅을 빼앗다"는 의미도 될 수 있다는 점이다. 하나님께서 야라쉬란 단어와 관련하여 쓰신 의미는 바로 이것이다. 하나님은 이스라엘이 지금까지 갖고 있던 상속권을 폐기하시겠다고 한다. 이것은 다시 말해 이스라엘이 아브라함 이래로 하나님과 누리던 관계가 완전히 무효화됨을 의미한다.

"폐적하다"란 표현에 이어서 하나님은 모세에게 위의 황금 송아지 사건에서와 마찬가지로 "너를 그들보다 크고 강한 나라"로 만들어 주시겠다고 제안하신다(참고, 출 32:10, "너를 큰 나라가 되게 하리라"). 이 말씀의 뜻은 아브라함 이래로 지금까지 계속되어 왔던 이스라엘과의 관계를 끝내고, 그 대신에 모세를 새로운 약속의 조상으로 세워서 새롭게 구속사를 써 나가시겠다는 뜻이다.

황금 송아지 사건에서 하나님의 이 충격적인 제안은 아이러니컬하게도 모세로 하여금 아주 강력하고 효과적인 중보 기도(출 32:11-13; 34:9)를 하게 만드는 계기가 되었다.[13] 이와 마찬가지로 이 민수기 본문에서도 모세는 어휘 및 내용 측면에서 이 출애굽기의 중보 기도를 연상시키는 기도를 한다.

13-19절. 이 본문은 모세의 중보 기도를 담고 있다. 앞의 "민수기 14장의 개관 및 신학"과 위의 12절의 해설에서 지적한 바와 같이 이 기도는 황금 송아지 사건의 중보 기도와 여러모로 상당히 흡사하다.

모세의 이 기도는 크게 두 부분으로 구성되어 있다. 13, 17절에 각각 한 번씩 사용된 "권능"(코아흐, חכ)이란 단어가 이런 구조의 길라잡이 역할을 한

---

13 박철현, 출애굽기 산책, 254-260.

다. 참고로 민수기에서 이 단어가 오직 이 두 구절에만 나온다는 점을 고려하면 이 단어의 역할은 더욱 두드러진다.

   13-16절: 하나님의 명성에 호소(13절, "당신의 권능")
   17-19절: 하나님의 자비에 호소(17절, "내 주의 권능")

먼저 첫 부분의 서두인 13a절에서 모세는 하나님이 이 백성을 "당신의 권능"으로 애굽에서 구원하셨다는 점을 강조한다. 이 내용은 출애굽기 32:11의 그의 기도를 연상시킨다.

다음으로 13b-16절에 그는 만약 하나님께서 이 백성을 멸절하시겠다고 하는 이런 소식을 듣게 되면 애굽 사람들이 이런 소식을 가나안 땅의 거민들에게 전하고(14절), 또한 이 소식을 들은 열방들도 말하기를 하나님께서 이렇게 하신 이유가 그들을 약속의 땅에 들여 보낼 능력이 없었기 때문이라고 떠들어댈 것이라고 언급한다. 모세의 이 중보 기도는 출애굽기 32:12, "어찌하여 애굽 사람들이 이르기를 여호와가 자기의 백성을 산에서 죽이고 지면에서 진멸하려는 악한 의도로 인도해 내었다고 말하게 하시려 하나이까"란 기도 내용을 조금 확장시킨 것이다. 그 내용과 어휘에 있어서 거의 동일하다.

기도의 두 번째 부분의 서두에서 모세는 다시 한번 "권능"이라는 단어를 사용한다. "권능"으로 이스라엘을 구원하셨던 하나님(13절)께서 이 번에는 다른 면, 즉 당신의 은혜를 베푸시는 일(18-19절)에 "권능"을 크게 보여 달라고 간구한다.[14]

18절은 황금 송아지 이야기의 종반부인 출애굽기 34:6-7에서 모세에게 나타나셔서 하신 말씀을 약간 줄여서 인용한 것이다. 이 말씀의 전반부는

---

[14] Baruch A. Levine, *Numbers 1-20: A New Translation with Introduction and Commentary*, vol. 4, Anchor Yale Bible (New Haven: Yale University Press, 2008), 366.

하나님의 자비로운 성품을 강조하고 있고, 후반부는 하나님의 공의적인 성품을 강조하고 있다. 아마 이 말씀은 성경 전체에서 가장 자주 인용되는 성구들 중의 하나일 것이다(예를 들어 느 9:17; 시 86:15; 103:8; 145:8; 욜 2:13; 욘 4:2; 미 7:18; 나 1:2, 3 등).

이 하나님 자신의 성품에 대한 계시 말씀의 인용에 바탕을 두고 19절에서 모세는 "당신의 큰 인자를 따라, 그리고 당신이 애굽에서부터 지금까지 이 백성의 죄악을 사하신 것처럼 용서를 하여(살라흐, סְלַח) 주시옵소서"라고 마지막으로 간구한다. 이 마지막 기도 중 마지막 문구인 살라흐는 황금 송아지 사건에서의 모세의 마지막 기도 문구(출 34:9)와 동일하다.

이처럼 민수기의 이 중보 기도는 황금 송아지 사건 본문의 중보 기도들 중의 처음 것(출 32:11-13)과 마지막 것(출 34:9)을 활용하고 있다. 양 사건 모두에서 이스라엘은 광야 시대 최대의 위기를 맞았으며, 모세는 두 번 모두 강력한 중보 기도를 하고 있다.

그럼에도 불구하고 두 사건의 모세의 기도에는 미묘한 온도 차이가 있다는 점을 앞의 "민수기 14장의 개관 및 신학"에서 지적한 바가 있다. 이런 차이는 18절에서 모세가 출애굽기 34:6-7을 인용하는 데에서도 미묘하게 반영되어 있음을 볼 수 있다. 이를 위해 먼저 양 본문의 대조를 보도록 하자.

민 14:18	출 34:6-7
여호와는 • 노하기를 더디하시고, • 인자가 많으시고, • 죄악과 허물을 사하시지만 • 형벌 받을 자는 절대 사하지 않으시고, 아버지의 죄악을 자식들에게 갚아 삼사대까지 이르게 하리라 하셨습니다	여호와라 • 자비롭고 은혜롭고 • 노하기를 더디하고 • 인자와 진실이 많은 하나님이라 • <u>인자를 천대까지 베풀며</u> • <u>악과 과실과 죄를 용서하리라</u> • 그러나 벌을 면제하지는 아니하고 아버지의 악행을 자손 삼사 대까지 보응하리라

위의 비교표에서 볼 수 있는 양 본문의 차이점은 다음의 몇 가지이다. 첫째, 밑줄 그은 부분들에서 보듯이 출애굽기 본문은 민수기 본문에 비해서

하나님의 은혜로운 성품을 훨씬 더 길게 수식하고 있는 반면에 민수기에서는 은혜로운 성품과 공의적인 성품에 대한 묘사의 길이가 거의 동일하다. 둘째, 출애굽기 본문은 "인자를 천대까지 베풀며"라는 표현과 "악행을 삼사 대까지 보응하리라"는 표현을 대조시키고 있다. "1000대"와 "3,4대"의 차이에서 보듯이 출애굽기 본문은 하나님의 은혜에 더 큰 방점을 찍고 있다. 반면에 민수기는 "인자를 천대까지 베풀며"란 표현을 생략함으로써 하나님의 공의적인 성격을 더 부각시키고 있다.

양 본문의 이런 차이는 결국 그의 중보 기도의 결과와 상응한다. 황금 송아지 사건의 경우에는 하나님이 훨씬 더 진노하신 것 같지만 놀랍게도 이스라엘은 거의 처벌을 받지 않고 용서를 받는다. 반면에 정탐꾼 사건에서는 비록 멸절은 피했다 할지라도 광야 1세대는 여호수아와 갈렙을 제외하고는 다 광야에서 죽어야 했다. 또 그들이 다 죽기까지 이스라엘은 40년을 광야에서 머물러야 했다. 민수기에서는 하나님의 공의가 은혜보다 더 크게 작용을 한 것이다.

마지막으로 모세가 황금 송아지 사건과 이 정탐꾼 사건에서 중보 기도에서 공통적으로 사용하고 있는 수사학적 전략에 대해서 간단히 정리해보자. 첫째, 모세는 하나님께서 백성들을 위해서 수고를 하신 것에 초점을 맞춘다(출 32:11; 민 14:13). 둘째, 모세는 백성의 죄에 초점을 맞추어서 기도하지 않는다. 하나님의 용서를 받아내는 데 있어서 죄에 집중하는 것은 별로 지혜로운 일이 아니다. 대신 그는 하나님의 명성과 하나님의 성품에 기초해서 중보 기도를 한다. 그는 만약 하나님께서 이스라엘을 진멸하신다면 애굽인들과 열방이 하나님의 능력이나 의도에 대해서 비방을 할 것이라고 말한다(출 32:12; 민 14:13b-16). 셋째, 모세는 하나님의 성품에 호소한다(출 34:6-7; 민 14:18-19). 이처럼 모세의 중보 기도의 특징은 이스라엘의 죄에 집중하는 것이 아니라 하나님이 하신 일, 하나님의 성품, 하나님의 명예에 집중하는 것이다.

20-25절. 이 본문은 20-35절의 일부이다. "단락 구분"에서 본 바와

같이 이 본문은 20절과 26절의 두 번의 말씀 도입구를 통해서 구분된다. 20-25절은 모세의 중보 기도에 대한 대답으로 그에게 주시는 하나님의 응답을 담고 있다. 그리고 26-35절은 그가 백성에게 전해야 할 하나님의 응답을 담고 있다.

20절에서 하나님은 모세의 19절의 기도, 즉 "사하여 주시옵소서"란 기도에 상응하게 "내가 네 말대로 사하겠다"고 말씀하신다. 하지만 하나님의 이 말씀을 모든 심판과 징계의 종료로 생각하면 안 된다. 비록 하나님께서 이 말씀을 하심에도 불구하고 여전히 심판과 징계의 취소의 정도는 하나님의 주권에 달린 일이다.[15] 현재 본문에서도 하나님은 이 백성을 폐적하는 대신 모세를 새로운 약속의 조상으로 세워서 구속사를 새롭게 시작하시겠다는 계획(12절)은 취소하셨지만 여전히 이스라엘 백성들과 열 정탐꾼은 하나님의 징계들을 받는다(26-38절).

이처럼 하나님의 용서에 유보사항들이 있다는 점을 21절의 서두에 사용된 단어인 울람(אוּלָם, "그러나")이 잘 표현해준다. 이 단어는 앞의 사항과 강한 대조를 나타낼 때 사용하는 단어이다.

이 울람에 이어지는 21-23a절의 본문은 '사역 해설'에서 히브리어 원문을 가지고 설명한 바와 같이 맹세의 형식으로 되어 있다. 이것은 심판에 대한 하나님의 강한 결심을 보여준다.

먼저 21절은 '맹세의 서두'이다. 이 서두는 맹세를 할 때 어떤 것에 근거해서 맹세를 하는가를 밝히고 있다. 이 본문에서는 이 맹세의 근거는 "내가 살아 있는 것"과 "여호와의 영광이 온 세계에 가득할 것"이다. 10절에서 백성들 앞에 "여호와의 영광"의 나타남이 무슨 의미인지를 고려할 때 이것이 맹세의 근거로 사용된다는 점은 맹세의 내용에 어떤 것일지에 대한 예측을 가능하게 한다.

---

15 이에 대한 상세한 신학적 논의는 박철현, *레위기: 위험한 거룩성과의 동행* (서울: 솔로몬, 2018), 41-47을 보라.

22절은 '맹세의 내용'의 전반부이다. 이 구절은 하나님의 심판의 대상이 누구이며, 이 대상의 잘못이 무엇인지를 구체적으로 밝히고 있다. 이 구절에 따르면 이 대상은 하나님의 영광을 본 자들(참고, 출 24:16-17; 출 40:34-35), 그리고 애굽과 광야에서 하나님이 베푸신 이적들을 본 자들이다. 이들은 하나님에 대해서 이런 경험을 해놓고도 하나님을 "열 번"이나 시험하고 그 목소리를 청종하지 않았다. 여기에서 "열 번"이란 말씀을 랍비들은 문자 그대로 이해하여 광야 시대에 이스라엘이 하나님을 시험한 열 번의 사건이 무엇인지를 따져보고는 했다.[16] 그러나 이것은 불필요한 시도이다. "열 번"이란 표현은 그냥 "수도 없이"라는 뜻을 가진 관용어 정도로 이해하면 될 것이다(참고, 창 31:7, 41; 느 4:12; 욥 9:3).

23a절은 '맹세의 내용'의 후반부이다. 앞에서 명시된 맹세의 대상이 당할 징계 내용을 밝히는 역할을 하고 있다. 이들은 약속의 땅을 보지 못하게 될 것이다.

23b절은 앞의 하나님의 맹세의 말씀을 다시 한번 확증해준다. "나를 멸시하는 모든 사람들은 정말 그것을 보지 못할 것이라"란 문구는 11절의 말씀인 "이 백성이 어느 때까지 나를 멸시하겠느냐"란 문구와 맞물린다. 비록 모세의 중보 기도로 인해 이스라엘이 폐적(야라쉬)되는 것과 아브라함 대신 모세가 약속의 조상이 되는 일은 시행되지 않았지만 이스라엘은 약속의 땅을 구경하지는 못할 것이다.

24절의 갈렙의 운명은 23절의 이스라엘의 운명과 대조를 이룬다. 하나님을 멸시하였던 이스라엘 백성들(23절)과 달리 갈렙은 약속의 땅에 들어가게 될 것이며, 그의 후손들이 땅을 차지하게 될 것이다.

25절에서 하나님은 "아말렉 사람들과 가나안 사람들"을 피해 "홍해 길

---

[16] 랍비들이 제시한 열 번의 경우들의 목록은 John Peter Lange, *Numbers, or the Fourth Book of Moses*, Translated and Enlarged by Samuel T. Lowrie and A. Gosman (New York: Charles Scribner's Sons, 1899), 79; Ashley, *Numbers*, 260-261을 보라. 현대에 와서 제시된 이런 비슷한 시도들에 대해서는 Phillip J. Budd, *Numbers*, vol. 5, Word Biblical Commentary (Dallas: Word, Incorporated, 1998), 158에 열거된 것을 참고하라.

을 따라서 광야로 들어가라"고 모세에게 지시하신다. 이처럼 하나님은 이스라엘이 무서워하는 이들 족속들을 피할 수 있게 해주려고 배려하셨지만 불행히도 이스라엘은 14장 끝에 가서 다시 한번 하나님의 뜻을 거역하고 이들과 싸우려 들다가 패배를 하게 된다.

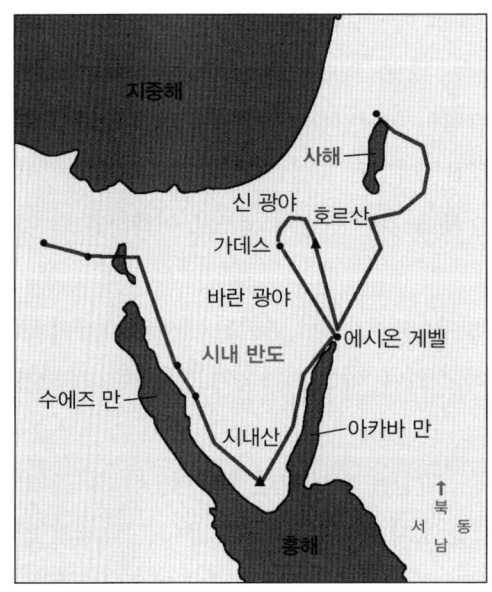

"홍해 길"은 아마 신 광야에서 남동쪽 방향으로 틀어서 나중에 에시온 게벨이라고 알려진 곳, 즉 시내 반도의 동쪽 편의 아카바 만쪽으로 가는 길일 것이다. 이스라엘은 이 길을 따라 내려갔다가 바란 광야 쪽으로 돌아가서 40년을 방랑했던 것 같다(참고: 옆의 지도). 이 "홍해 길"은 이스라엘이 지금까지 왔던 길과 정확히 같은 경로는 아니다. 그러나 시내 반도를 둘러싼 바다가 전부 홍해이고, 이스라엘이 처음 애굽을 탈출할 때 홍해를 건넜기 때문에 "홍해길은 이스라엘이 애굽으로 돌아감을 시사한다. 이 이야기 속의 아이러니의 전형적인 특징처럼 이들이 받는 심판은 이들의 죄와 상응한다".[17]

---

[17] Wenham, *Numbers*, 138. 죄와 벌이 상응한다는 원칙, 즉 인과응보의 원칙은 성경의 공의의 대원칙이다(출 21:23-25; 레 24:19-20; 신 19:21; 마 5:38; 7:2). "인과응보"라는 용어가 불교 용어라고 생각하는 기독교인들이 의외로 많다. 그러나 이것은 대부분의 고등 종교에서 기본적인 공의 개념이기도 하다. 성경의 인과응보에 대한 개관적인 글로는 E. A. Martens, "Sin, Guilt", in T. Desmond Alexander and David W. Baker (eds.), *Dictionary of the Old Testament* (Downers Grove, IL; IVP, 2003), 764-778 (특히 771)과 거기에 논의된 중요한 학자들의 글을 보라. 핵심적인 논의는 K. Koch, "Is There a Doctrine of Retribution in the Old Testament?" in J. L. Crenshaw (ed), *Theodicy in the Old Testament* (Philadelphia: Fortress, 1983), 57-87의 선구자적인 논문과 그에 대한 교정제의 역할을 하는 P. D. Miller, Jr., *Sin and Judgment in the Prophets: A Stylistic and Theological Analysis* (SBLDS 27; Chico, CA: Scholars Press, 1982)의

26-35절. 이 본문은 하나님께서 이스라엘에게 전달하라고 모세에게 주신 말씀이다. 26절의 새로운 말씀 도입구인 "여호와께서 모세와 아론에게 말씀하셨다"라는 문구를 통해 앞의 말씀과 구획되어 있다.

27절의 "나를 원망하는 이 악한 회중에게 내가 어느 때까지 [참겠느냐]"라는 말씀은 "사역 해설"에서 설명한 바와 같이 '중단법'(中斷法, aposiopesis)으로 되어 있다. "참겠느냐"는 표현은 번역상의 문구를 매끄럽게 하기 위해서 추가한 것이다. 원문을 있는 그대로 반영하자면 이 표현 대신 말 줄임표인 "…"를 써야 한다. 하나님은 말씀을 채 마무리 짓지 못하실 정도로 "악한 회중"에게 크게 진노하고 계신 것이다. 이 "중단법"은 이스라엘을 향한 하나님의 감정과 말씀의 분위기를 느끼게 해준다. 이스라엘의 "원망의 말" 때문에 하나님의 격앙되어 있으시다.

28절은 29-35절에 주어질 징계의 말씀이 가진 단호하고 확정적인 성격을 중첩적인 문구들을 사용하여 강조하고 있다. "그들에게 일러라", "여호와의 말씀이다", "나의 삶을 두고 맹세하건데"라는 문구들이 그것들이다. 특히 맹세의 문구는 21-23절에 사용된 맹세 문구를 연상시킨다.

이 구절에서 특별히 눈 여겨 볼 사항은 "너희가 나의 귀에 한 말대로 내가 너희에게 행할 것이다"라는 말씀이다. 앞의 25절에서 설명한 바와 같이 이스라엘이 받는 징계는 그들이 정탐꾼들의 보고를 듣고 했던 원망의 말에 대한 인과응보이다.

29-35절에서 진술된 징계의 내용은 앞의 모세에게 주신 말씀인 22-25절의 내용이 확장되고 구체화된 것이다. 이 점들을 정리해보면 다음의 몇 가지이다.

(1) 22-23절에서는 이스라엘 사람들이 약속의 땅을 결코 보지 못할 것이라고만 되어 있는데, 이 본문에서는 좀 더 정확하게 말해 광야 1세대가 다

글 등을 중심으로 해서 이루어진다. 또한 이런 원칙이 오경 내에서 잘 나타나 있는 것에 대한 예는 레위기 24장과 레위기 26장에 대한 박철현, *레위기*, 646-647, 683-711의 설명을 보라.

광야에서 죽게 될 것임을 밝히고 있다(29, 32, 33, 35절). 이 본문은 이 1세대의 멸절을 총 네 번의 상응하는 문구를 통해서 점층적으로 강조하고 있다.

29절: "너희 시체가 이 광야에서 엎드러질 것이다".
32절: "너희 시체는 이 광야에서 엎드러질 것이며"
33절: "너희 시체가 소멸될 때까지"
35절: "그들이 이 광야에서 소멸되어 거기서 죽게 될 것이다".

29절과 32절은 히브리어 원문상으로 거의 동일하다. 그러나 33절에서는 "이 광야에서 엎드러진다"는 표현을 "소멸되다"라는 표현으로 바꾼다. "소멸되다"의 히브리어는 타맘(תָּמַם)인데, 이 단어는 "완전히 종결되다"(to be complete)라는 의미를 갖는다. 이스라엘의 1세대가 완전히 소멸될 때까지는 상황은 종료되지 않을 것이다. (참고로 민수기 26:64-65는 이 심판의 선언의 성취를 보고하고 있다.) 마지막으로 35절은 "소멸되다"라는 표현에 "거기서 죽게 것이다"라는 표현을 덧붙임으로써 "소멸됨"이 결국 어떤 의미인지를 밝혀 준다.

(2) 1세대가 다 죽게 된다는 말은 정말 출애굽 사건에 참여한 모든 사람이 다 죽는다는 의미는 결코 아니다. 이들 중 20세 미만의 아이들은 살아남아서 약속의 땅에 들어가게 될 것이다(29, 31절).

아이러니컬하게도 이 아이들의 운명은 이스라엘 백성들이 하나님께 원망의 말을 늘어놓으면서 했던 말과 반대로 된다. 31절에서 하나님은 3절의 백성들의 말을 원용하시면서 말씀하시기를 "너희가 사로잡히게 될 것이라고 말한 너희 아이들은 내가 들어가게 하여 그들로 하여금 너희가 거부하던 땅을 누리게 할 것이다"라고 말씀하신다.

참고로 이 말씀은 24절의 모세에게 주신 말씀이 확장된 것이다. 24절에서는 하나님은 1세대 중에서 갈렙만이 땅에 들어가고, 그의 자손들이 그 땅을 차지하게 될 것이라고 말씀하셨다. 그러나 이제 29-35절의 백성들에게 전할 말씀 속에서는 광야 2세대 전체가 땅에 들어가서 땅을 누리게 될 것이라고 말씀하신다.

(3) 이 본문에서는 이스라엘이 형벌을 받는 기간을 40년이라고 명시하신다(33-34절). 이 기간은 정탐꾼들이 약속의 땅을 정탐한 40일의 기간을 하루당 일년씩으로 환산한 것이다.

(4) 24절에서는 갈렙만 약속의 땅에 들어가게 될 것이라고 언급하셨지만 이 본문에서는 여호수아를 추가하신다.

(5) 광야 1세대가 하나님의 징벌로 인해 다 소멸될 때까지 2세대도 1세대의 "음란함"과 "죄악"을 함께 짊어지게 될 것이다(33-34절). 이것은 모세가 출애굽기 34:6-7을 인용하며 앞의 18절에서 했던 중보 기도의 내용과 상응한다. "아버지의 죄악을 자식들에게 갚아 삼사대까지 이르게 하리라"는 내용이 실현된다. 1세대와 2세대는 운명 공동체이기 때문에 1세대가 죄악으로 인해 심판을 받을 때 2세대가 그 영향력으로부터 완전히 벗어날 수는 없는 것이다.

35절은 하나님의 심판의 말씀을 담은 본문 중 마지막 구절이다. 이 구절에서 하나님은 심판의 의지가 확고하심을 여러 가지 방식으로 표현하시고 있다. 우선 하나님은 "나 여호와가 말하였다"란 말씀 도입구를 스스로 언급하시고 있다. 또한 "내가 반드시 이렇게 하리니"라고 다시 한번 다짐하시고 있다. 이런 면에서 이 구절은 28절의 서두와 비슷하다. 이 마지막 말씀을 통하여 하나님은 이 백성이 "광야에서 소멸되어 거기서 죽게 될 것"이라는 심판의 말씀이 반드시 성취될 것임을 마지막으로 다시 한번 천명하신다. 이렇게 해서 이스라엘의 운명은 확정되었다.

뒤에 나오는 39-45절의 해프닝은 바로 이 구절을 통해 확인된 하나님의 굳은 결심의 맥락에서 이해해야 한다. 이스라엘은 마치 자신들이 반성하고, 원래의 하나님의 말씀을 따라 약속의 땅으로 올라가겠다고 하면 모든 것이 무마될 것처럼 행동하지만 하나님의 결심은 확고하다. 그리고 이 확고한 결심을 거스르는 것 역시 또 하나의 반역임을 이스라엘이 깨닫지 못한다는 점이 그들의 불행의 원인이 된다.

36-38절. 이 본문에서 내레이터는 35절과 39절 사이의 흐름을 잠시 끊고, 심판의 성취에 대해서 서술하고 있다. 이 성취가 시간적으로 정확히 언제 시행되었는지에 대해서는 독자들이 파악할 방법이 없다. 어찌 됐든 내레이터는 이렇게 심판의 부분적 성취에 대한 보고를 통해서 정탐꾼 사건을 일차적으로 마무리한다. 아마 이어지는 39-45절의 에피소드가 없었다면 이 이야기는 그 자체로 잘 완성된 이야기처럼 보였을 것이다.

이 심판의 성취에 대한 보고 본문에서 "악평"(13:32)을 한 정탐꾼들은 죽임을 당했고, 여호수아와 갈렙은 살아남았다. 이런 심판의 성취는 하나님의 남은 심판과 2세대의 희망에 대한 말씀 역시 반드시 실현될 것에 대한 증거로 작용한다.

39-45절. 이 본문은 마치 정탐꾼 사건의 스핀-오프(spin-off) 혹은 리부트(reboot)와 같은 에피소드를 담고 있다. 앞의 36-38절을 통해서 정탐꾼 사건은 대단원의 막을 내린 것 같았다. 그러나 예상하지 못했던 이스라엘의 돌출 행동 때문에 다 사그라진 불과 같았던 이야기가 다시 한번 요동친다.[18]

39절에서 모세가 26-35절의 심판의 말씀을 이스라엘 백성에게 전하자 백성은 크게 슬퍼한다. 이들은 정탐꾼들의 "악평"(민 13:32; 14:36, 37)을 듣고 밤새도록 목소리를 높여서 울부짖은 바가 있다(14:1). 다시 한번 그들은 새롭게 들려진 하나님의 말씀에 크게 반응한다.

그러나 이 슬퍼함을 우리는 잘 분별해야 한다. 모든 애통이 다 거룩하고 선한 것은 아니다. 진정한 애통, 하나님과 화해를 가능하게 하는 애통은 하나님의 뜻과 상응하고, 하나님의 뜻에 순종하게 하는 애통이어야 한다(참고, 고린도서 7:11-13). 불행히도 이 구절의 이스라엘의 애통은 이런 종류의 것이 아니다. 이것은 또 하나의 불순종의 통로이다.

---

18 이런 비슷한 경우로는 나아만 장군 이야기(왕하 5장)를 들 수 있다. 이 이야기는 나아만 장군이 완치되고 자기 나라로 돌아가는 것을 통해서 이야기가 완결되는 듯 보인다(1-19절). 그러나 엘리사의 사환 게하시가 나아만에게 가서 물품을 요구함으로써 이야기는 다시 한 번 요동친다(20-27절).

40절에서 이스라엘은 하나님의 심판의 말씀을 듣고 "우리가 죄를 지었기 때문"이라고 고백하면서 원래 "여호와께서 말씀하신 곳"으로 올라가겠다고 고집한다. 또 이 고집을 행동으로 옮긴다. 앞에서 그들은 약속의 땅에 대한 정탐꾼들의 악평을 듣고는 차라리 애굽으로 돌아가겠다고 말한 바가 있다. 그러나 이제 하나님이 올라가지 못하게 하겠다고 하시자 이 번에는 그들은 올라가겠다고 한다. 언뜻 보기에는 이들의 반성, 그리고 원래의 하나님의 말씀대로 하겠다는 모습은 좋은 것처럼 보인다. 그러나 우리가 분명히 알아야 할 것은 하나님의 말씀대로 하는 것이 다 선한 것은 아니라는 점이다. 순종이란 것도 타이밍이 중요하다. 타이밍을 놓친 순종은 위장된 불순종일 뿐이다.

41-43절에서 모세는 이 점을 분명히 한다. 그는 이스라엘의 거짓 순종, 즉 이미 하나님의 확고한 심판의 결정이 확정적으로 내려진 상황에서 가나안 땅으로 쳐들어가려는 것이 여호와의 명령을 범하는 것이라고 지적한다(41절). 그리고 명령을 어기고 올라가면 하나님께서 그들과 동행하지 않을 것이기 때문에 그들이 패하게 될 것이라고 경고한다(42-43절).

44절에서 내레이터는 그들이 결국 모세의 말을 무시하고 가나안 사람들이 있는 산지로 "무모하게" 올라갔다고 말하고 있다. 반면에 이들의 행위를 인정하지 않는 모세는 언약궤와 함께 진영에 머무른다. 언약궤의 인도를 받지 않는 백성의 움직임은 하나님의 인도에 대한 불순종이다(참고, 민 10:33-36 및 본문 해설).

45절은 아말렉 사람들과 가나안 사람들에 의해 이스라엘이 패배를 당하고, 호르마까지 내쫓겼다고 말하고 있다. 광야 2세대가 다시 한번 이들과 싸워 이기고 나서야 이스라엘은 이 패배의 수치를 극복할 수 있었다(민 21:1-3).

이 두 번의 호르마 사건은 민수기의 거시적 구조를 고려할 때 광야 40년을 앞뒤로 감싸는 수미쌍괄적 사건이라고 할 수 있다. 참고로 민수기의 거시적 구조를 다시 한번 표시해보면 다음과 같다.

A. 1-10장: 제1세대의 가나안 여행 준비
　　　B. 11-15장: 제1세대의 실패와 희망
　　　　C. 16-19장: 반역 세대의 소멸
　　　B´. 20-25장: 제2세대의 실패와 희망
　　A´. 26-36장: 제2세대의 가나안 입성 준비

위 구조에서 첫 번째 호르마 사건(민 14:39-45)은 B단원의 거의 끝부분에 위치해 있으며, 그 다음의 15장이 제사에 대한 율법 본문이기 때문에 최소한 내러티브적으로는 B단원의 마지막 사건이다. 이 사건을 시작으로 해서 이스라엘은 거의 40년 동안의 광야 유배 생활을 하게 된다(C단원).

두 번째 호르마 사건(민 21:1-3)은 구조상 B단원과 마주보고 있는 B´ 단원의 앞쪽에 있다. 광야 40년 방랑이 거의 끝나가는 민수기 20장에서 광야 1세대의 리더들인 미리암(20:1), 아론(20:22-29)이 죽고, 모세마저 가나안 입성이 하나님에 의해 거부됨(20:12)으로써 광야 1세대의 퇴출이 기정사실화 된 상태에서 가장 먼저 발생한 사건이 호르마에서의 2차전이었다. 이 전쟁에서의 승리는 광야 시대의 종언을 나타내며, 이렇게 해서 두 번의 호르마 사건은 광야 방랑의 시작점과 종결점을 역할을 한다.

5단계: 적용

4. 11절. "우리가 우두머리를 세우고, 애굽으로 돌아가자"…"내가 그들 중에 베푼 모든 이적들에도 불구하고 어느 때까지 나를 믿지 아니 하겠느냐?": 이스라엘은 가나안 땅을 앞에 두고 하나님이 허락하신 땅을 포기하고 자신들의 노예의 땅이었던 애굽으로 돌아가겠다고 말한다. 하나님은 이것에 대해 분노하신다. 그들의 말은 하나님이 보여주신 모든 은혜와 이적들을 무시하는 처사였다.

이와 마찬가지로 우리는 신앙 생활을 하다가 조금만 어려운 시련이 닥쳐와도 견디지 못하고, 마치 돌밭에 뿌려진 씨앗처럼 하나님에 대한 신뢰를 포기하는 경우들이 많다. 그러나 이런 태도는 하나님께서 기뻐하지 않으신다. 베드로 사도는 "의의 도를 안 후에 받은 거룩한 명령을 저버리는 것보다 알지 못하는 것이 도리어 그들에게 나으니라. 참된 속담에 이르기를 개가 그 토하였던 것에 돌아가고 돼지가 씻었다가 더러운 구덩이에 도로 누웠다 하는 말이 그들에게 응하였도다"(벧후 2:21-22)라고 경고하였다. 우리가 가져야 할 태도는 히브리서 10:36, 38-39가 말씀하고 있듯이 "너희에게 인내가 필요함은 너희가 하나님의 뜻을 행한 후에 약속하신 것을 받기 위함이라…나의 의인은 믿음으로 말미암아 살리라. 또한 뒤로 물러가면 내 마음이 그를 기뻐하지 아니하리라 하셨느니라. 우리는 뒤로 물러가 멸망할 자가 아니요 오직 영혼을 구원함에 이르는 믿음을 가진 자"여야 한다.

18절. "여호와는 노하기를 더디하시고, 인자가 많으시고, 죄악과 허물을 사하시지만 형벌 받을 자는 절대 사하지 않으시고, 아버지의 죄악을 자식들에게 갚아 삼사대까지 이르게 하리라": 하나님은 인자의 하나님이시기도 하지만 공의의 하나님이시기도 하다. 하나님은 황금 송아지 사건에서는 놀라운 은혜를 베푸셨다. 반면에 정탐꾼 사건에서는 비록 이스라엘을 완전히 멸하시는 것은 취소하셨다 할지라도 여전히 그들에게 강력한 심판들을 시행하셨다. 이처럼 하나님은 은혜와 공의를 모두 쥐신 분이다.

현대 기독교인들은 너무 예수 그리스도의 아버지이신 사랑의 하나님이란 개념에만 치중하다 보니까 하나님께서 온 세상의 주권자이시고, "세상을 심판하시는" 분이시자 "정의를 행하시는" 분이시라는 것을 망각하고는 한다(창 18:25). 우리가 신앙에 있어서 균형을 잡고, 하나님께서 기뻐하시는 삶을 유지하기 위해서는 하나님께서 단순히 사랑의 하나님이신 것뿐만 아니라 공의의 하나님이시기도 하다는 것을 기억하는 중요하다.

6단계: 설교 "하나님의 뜻대로 하는 근심"

(민 14:39-45; 삼하 12:15-25; 고후 7:10-11)

고린도후서 7:10-11에서 사도 바울은 "하나님의 뜻대로 하는 근심은 후회할 것이 없는 구원에 이르게 하는 회개를 이루는 것이요 세상 근심은 사망을 이루는 것이니라. 보라 하나님의 뜻대로 하게 된 이 근심이 너희로 얼마나 간절하게 하며 얼마나 변증하게 하며 얼마나 분하게 하며 얼마나 두렵게 하며 얼마나 사모하게 하며 얼마나 열심 있게 하며 얼마나 벌하게 하였는가 너희가 그 일에 대하여 일체 너희 자신의 깨끗함을 나타내었느니라"라고 설파하였습니다.

그의 가르침의 핵심 키워드는 "하나님의 뜻대로 하는 근심"입니다. 이런 종류의 근심은 후회가 없는 구원에 이르도록 하는 회개를 가져다 주는 반면에 세상 근심은 사망을 이룬다고 합니다. 또 이런 종류의 근심은 하나님에 대해 아주 열심을 내게 만들어주어 결국 우리로 하여금 "깨끗함을 나타내게" 해준다고 합니다.

이런 사도 바울의 가르침에 비추어 볼 때 민수기 14:39-45의 이스라엘과 사무엘하 12:15-23의 다윗의 이야기는 우리의 주목을 끕니다. 이 두 부류의 사람들은 다 자신들의 행위 때문에 하나님 앞에서 근심하게 됐고, 또 그 근심으로 인해 열심을 냈지만 결과적으로는 완전히 다른 운명을 겪게 됩니다. 이들의 경험을 살펴 봄으로써 영적 교훈을 얻고자 합니다.

먼저 민수기 14:39-45의 말씀을 보고자 합니다. 이 본문의 배경에는 정탐꾼 사건이 있습니다. 이스라엘이 가나안 땅에 들어가기 전에 파견한 열두 정탐꾼 중 여호수아와 갈렙은 하나님께서 주시기로 약속하신 땅에 대해서 "악평"을 늘어놓습니다(민 13:32; 14:36, 37). 그 결과 하나님은 이스라엘의 광야 1세대가 다 소멸하기까지 약속의 땅에 들어가지 못하게 하는 징계를 내리십니다(14:26-35).

하나님의 이 엄중한 말씀을 듣고 이스라엘이 "크게 슬퍼"하는 것이 오늘 민수기 본문의 시작입니다(14:39). 이들은 자신들의 불순종이 가져온 결과에 대해서 크게 애통해 하며 근심했습니다. 그러나 여기에 조심할 것이 있습니다. 예수님께서 "애통하는 자에게는 복이 있나니"(마 5:4)라고 하셨지만 모든 종류의 애통이 다 하나님 앞에서 복되고 귀한 것은 아닙니다. 모든 종류의 애통이 우리로 하여금 하나님에게 더 가까이 다가가게 하고, 하나님과 화평을 이루게 하는 것은 아닙니다. 진정한 애통은 "하나님의 뜻대로 하는 근심", 하나님의 뜻을 따르는 근심이어야 합니다.

불행히도 이스라엘은 이런 종류의 애통, 이런 종류의 근심을 갖지 못했습니다. 그들은 하나님이 정작 약속의 땅을 차지하게 해주시겠다고 했을 때는 그것을 강력하게 거부하다가 하나님이 약속의 땅에 들어가지 못하게 하시겠다고 하자 이 번에는 그 땅으로 굳이 들어가겠다고 고집을 피웁니다(민 14:40). 그러다 그들은 그 땅의 거민들에 의해서 패배를 당합니다(14:45). 이처럼 그들은 하나님의 엄중한 말씀 때문에 애통과 근심을 하기는 했지만 그 결과로 엉뚱하게도 다시 한번 "하나님의 뜻"을 따르지 않았기 때문에 불행을 자초했습니다.

이런 이스라엘 백성과 대조가 되는 것이 사무엘하 12:15-23의 다윗의 이야기입니다. 성도 여러분이 잘 아시다시피 그 앞 장(삼하 11장)에서 다윗은 자기 인생에서 가장 끔찍하고 소름 끼치는 죄를 저질렀습니다. 그는 왕이라는 절대 권력의 힘을 빌려 밧세바를 간음했습니다. 그리고 그 죄를 덮기 위해 사악한 음모를 꾸며 그녀의 남편 우리아를 죽입니다. 그리고 이 때문에 오늘 본문의 앞쪽에서 나단 선지자를 통해 하나님의 심각한 심판의 선언을 듣게 됩니다.

이 심판의 말씀을 듣고 다윗은 즉각적으로 회개를 합니다(삼하 12:13). 그 회개에 대해 나단 선지자는 다음과 같이 말합니다. "여호와께서도 당신의 죄를 사하셨나니 당신이 죽지 아니하려니와 이 일로 말미암아 여호와의 원수가 크게 비방할 거리를 얻게 하였으니 당신이 낳은 아이가 반드시 죽으리이다"(삼하 12:13-14). 이것이 바로 오늘 사무엘서 본문의 배경입니다.

밧세바와의 사이에서 태어난 아이가 반드시 죽을 것이라는 하나님의 말씀을 들었을 때 다윗은 어떻게 행동할까요? 오늘 본문의 시작 부분에서 보면 다윗 역시 민수기의 이스라엘 백성들처럼 고집을 피우는 것처럼 보입니다. 그는 금식을 하고, 밤새도록 엎드려서 슬퍼하고 기도하며, 식음을 전폐합니다. 7일 동안이나 이렇게 합니다. 얼마나 간절하게 그렇게 했는지 신하들이 아이의 죽은 것을 알고도 다윗이 상심할까 봐 감히 보고를 못할 정도였습니다.

그런데 다윗이 누구입니까? 다윗은 신하들의 동태가 이상함을 깨닫고 상황을 직감합니다. 그리고 아이에 대해서 묻습니다. 신하들이 마지 못해 사실대로 보고한 것을 들은 다윗의 다음 행동이 굉장히 흥미롭습니다. "다윗이 땅에서 일어나 몸을 씻고 기름을 바르고 의복을 갈아입고 여호와의 전에 들어가서 경배하고 왕궁으로 돌아와 명령하여 음식을 그 앞에 차리게 하고 먹은지라"(삼하 12:20)

아이가 죽기 전에는 그렇게도 애통해 하던 다윗이 갑자기 돌변하자 신하들은 황당해 합니다. 아이가 죽기 전에는 그렇게도 슬퍼하더니 아이가 죽자마자 마치 아무 일이 없었던 것처럼 몸을 씻고, 먹고 마시다니요?

신하들은 다윗이 왜 이러는지에 궁금해서 "어찌 됨"이냐고 묻습니다(12:21). 정상적인 경우라면 아이가 죽기 전에 애통해 할 것이 아니라 아이가 죽은 후에 애통해야 하는 것 아닙니까? 신하들이 보기에는 다윗이 애통을 거꾸로 하는 것 같더라는 것입니다.

그런데 이 때 다윗이 하는 말이 백미입니다. 이 대답을 듣고 나면 하나님이 왜 그를 "내 마음에 합한 자"라고 자주 말씀하셨는지를 깨닫게 됩니다.

그는 이렇게 답합니다. "아이가 살았을 때에 내가 금식하고 운 것은 혹시 여호와께서 나를 불쌍히 여기사 아이를 살려 주실는지 누가 알까 생각함이거니와 지금은 죽었으니 내가 어찌 금식하랴 내가 다시 돌아오게 할 수 있느냐 나는 그에게로 가려니와 그는 내게로 돌아오지 아니하리라".

다윗의 말은 이것입니다. 그는 아직 하나님의 말씀에 뭔가 관용을 바랄 수 있는 기회와 여지가 있을 때에는 그는 하나님의 마음을 바꾸기 위해 최선을 다해서 애통하며 기도했습니다. 그러나 아이의 죽음을 통해서 하나님께서 선포하신 심판에 대해 단호함을 보이시자 그는 기꺼이 하나님의 뜻을 받아들입니다. 그리고 자신은 이미 끝나버린 일에 대해서는 마음을 접고 다음의 삶을 새로 시작합니다. 자식의 죽음이 아무리 힘들지라도 하나님의 드러난 뜻에 자신을 맞춥니다. 이런 그의 결심을 상징적으로 보여주는 그의 행동이 바로 씻고, 먹고, 마시는 것입니다.

이스라엘과 다윗의 차이는 이것입니다. 영적 통찰이 부족한 이스라엘은 하나님의 뜻을 따르는 문제에 대해서 엇박자를 보입니다. 이들은 하나님이 약속의 땅으로 올라가라 하셨을 때에는 못 올라간다고 난리 피웁니다. 그러다 하나님이 엄중한 목소리로 정 그렇다면 올라가지 말라고 하시니까 이때는 또 자신들이 잘못했다면서 굳이 올라가겠다고 난리를 피웁니다. 모세가 이런 고집이 잘못된 것이고, 하나님과 자신이 그들과 함께 하지 않겠다고 분명히 경고했음에도 기어이 올라갑니다. 그리고 망합니다(민 14:44-45).

반면 다윗은 자신의 죄의 열매로 태어난 아들의 생명에 대해 아직은 하나님의 은혜를 바랄 수 있는 것으로 생각될 때는 최선을 다해서 아이를 위해 애통해 하며 하나님의 자비를 얻어내기 위해 힘씁니다. 그러나 아이의 죽음을 통해 하나님이 심판의 단호함을 보이시자 그 일은 훌훌 털고 일어나서 삶의 새출발을 향해 나아갑니다. 그는 하나님이 결정하신 일에 아무런 토를 달지 않습니다.

이런 다윗에게 하나님은 선물을 주십니다(삼하 12:24-25). 죽은 아이 대신에 밧세바와의 사이에 새로운 아들을 주셨는데, 그 아이가 바로 솔로몬입니다. 하나님은 앞에서 다윗의 죄를 들추어내기 위해 파견하신 나단 선지자를 이 번에는 하나님의 사랑을 표현하기 위해 파견하십니다. 나단 선지자는 와서 아이의 이름을 여디디야, 즉 "여호와께 사랑을 입음"이라고 짓습니다. 내레이터는 그 이유가 "여호와께서 사랑하셨기 때문"이라고 밝힙니다.

성도 여러분, 애초에 우리가 하나님께 항상 순종함으로써 근심하도 애통할 일을 안 만드는 것이 좋습니다. 그러나 우리가 어떤 이유로 해서 근심하고 애통할 일이 생겼다면 우리는 다윗과 같아야 할 것입니다. 우리의 근심은 "하나님의 뜻대로 하는 근심"이 되어야 합니다. 하나님과 타이밍을 맞추는 근심이 되어야 합니다. 이것이 진정한 신앙의 지혜입니다.

혹시 지금 하나님 앞에서 근심이 있는 분들이 계시다면 "하나님의 뜻대로 하는 근심"에 대한 사도 바울의 가르침을 잘 새겨들으시기를 바랍니다. 또 다윗이 보여준 영적 통찰에서 지혜를 얻으시기를 바랍니다.

민수기 15장

제사 및 옷술에 대한 규례

민수기 15장의 개관 및 신학

민수기 15장은 민수기의 거시 구조상 두 번째 큰 단원인 11-15장의 마지막 장이다. 이 장은 율법 본문으로 되어 있다는 점에 있어서 바로 앞의 13-14장의 정탐꾼 사건 내러티브와 장르상으로 차이가 난다. 또한 내용에 있어서도 앞의 정탐꾼 사건과는 별로 상관이 없어 보이는 제의법(1-36절)이나 옷에 다는 술에 대한 내용(37-41절)을 담고 있다. 이런 면에서 15장은 앞의 문맥과 이질적인 본문으로 생각되기 쉽다.

그러나 사실 면밀한 검토를 해볼 때 민수기 15장은 문맥상 중요한 역할, 특히 13-14장과 관련하여 중요한 역할을 하고 있음이 분명하다. 이런 점을 파악하는 것이 15장의 이해에 있어서 중요하다.

그러면 15장의 문맥적 이해를 위해 먼저 그 내용을 개괄적으로 단원별로 살펴 보겠다. 그리고 나서 각 단원이 어떻게 앞의 13-14장의 정탐꾼 사건과 관계가 있는지를 따져보도록 하겠다.

먼저 15장의 내용을 살펴 보자. 이 장의 내용은 바로 앞의 11-14장의 내러티브보다는 1-10장의 본문과 좀 더 형식과 내용면에서 비슷하다. 우선 형식적인 측면에서는 이 장의 단원들은 레위기 전체에서 흔히 볼 수 있는 단원 표시 방식을 따르고 있다. 다시 말해 각 단원의 서두 부분은 말씀 도입구와 청중 표시의 결합 형태로 되어 있다. "여호와께서 모세에게 말씀하셨다. 이스라엘 자손에게 말하고 그들에게 일러라"(1-2, 17-18, 37-38절)는 말씀이 그것이다. 이 시작 문구가 15장에 총 세 번이 나오고, 거기에 따라 15장의 내용 역시 세 개의 단원으로 나뉜다.

이렇게 구획된 세 단원은 1-16절, 17-36절, 37-41절이다. 1-16절은 화제 중에서 번제, 화목제(서원제와 자원제), 그리고 절기에 드려지는 제사들에 대한 규례들을 담고 있다. 구약의 5대 제사의 대표 본문인 레위기 1-7장의 본문과의 차이점은 이 민수기 본문에는 번제 및 화목제에 병행되어 드려지는 제물들인 소제 및 전제의 분량에 대한 정보가 상세하게 제시된다는 점이다.

17-36절은 크게 두 가지 사항, 즉 반죽통의 첫 것에 대한 규례(19-21절)와 속죄제에 대한 규례(22-36절)를 담고 있다. 특히 속죄제 본문에는 안식일에 일을 하다가 사형을 당하는 사람의 이야기(32-36절)가 포함되어 있는데, 이 이야기는 속죄제로 해결할 수 없는 죄의 경우, 즉 "오만하게" 지은 죄(30절)를 지은 사람의 처리 방식을 다룬 판례 같은 것으로 이해하면 된다.

마지막의 37-41절은 이스라엘이 율법을 항상 기억함으로써 하나님 앞에서 거룩하게 살라는 가르침을 망각하지 않게 해주는 도구로서 옷 끝단에 다는 술에 대한 규례를 담고 있다.

지금까지 서술한 규례들을 담은 민수기 15장의 내용은 언뜻 보기에는 앞의 문맥, 특히 13-14장의 정탐꾼 사건 내러티브와 아무런 관련성을 갖고 있지 않는 것처럼 여겨진다. 그러나 좀 더 꼼꼼하게 내용을 살펴 볼 때 다음과 같은 여러 가지 직간접적인 연결점들을 찾아볼 수 있다. 또한 이런 연결점들은 정탐꾼 사건으로 인한 심판 및 절망과 대조적으로 이스라엘에게 희망을 주는 요소로 작용한다.

(1) 13-14장의 정탐꾼 사건에서 하나님은 불순종한 이스라엘이 40년 동안 광야를 방랑해야만 한다고 선언하셨다(14:29-35). 이로 인해 좌절하고 있을 이스라엘 백성들에게 하나님은 15장에서 가나안 입성에 대한 강조를 계속 하고 계신다. 2, 18절의 거의 비슷한 말씀, 즉 "내가 너희의 거처로 준 땅에 들어가게 되면"이라는 말씀과 "내가 너희를 데리고 가는 그 땅에 너희

가 들어가거든"이라는 말씀을 통해 하나님은 이스라엘이 반드시 약속의 땅에 들어가게 될 것이라는 희망을 주고 계신다.

(2) 15장의 각종 제사에 대한 규례들에서 가장 두드러지는 점은 소제 및 전제에 대한 강조이다. 소제의 곡식과 전제의 포도주는 농사를 통해 얻을 수 있는 것들이기 때문에 이것들 또한 약속의 땅에 반드시 들어가게 될 것임을 보여주는 또 하나의 희망의 표시이다.

(3) 19-21절의 "땅의 양식"이란 표현 역시 약속의 땅 입성을 전제로 하고 있다.

(4) 32절의 "이스라엘 자손이 광야에 있을 때에"란 표현은 마치 미래의 시각에서 광야 시절을 바라보는 것과 같은 느낌을 준다. 이것 역시 약속의 땅이 즉시 들어갈 곳이라는 느낌을 강화해준다.

(5) 율법을 기억하기 위해 옷에 다는 술에 대한 규례 본문은 "너희로 하여금 음란하게 따르게 만드는 너희의 마음과 너희의 눈을 따라 방황하지 않고"란 표현을 쓰고 있는데(39절), 이 말씀 역시 정탐꾼 사건과 연결되어 있다. 먼저 "음란하다"란 표현의 단어는 자나(זָנָה)인데 이 단어는 14:33에 나온 "음란함"(즈누트, זְנוּת)과 동일한 어근을 갖고 있는 표현이다. 또한 "방황하다"란 표현의 동사는 투르(תּוּר)인데, 이 단어는 13-14장의 정탐꾼 사건에 주로 사용된 단어이다. 좀 더 통계를 보자면 이 단어는 구약 전체에서 총 24회(23구절) 사용되었으며, 그 중 민수기에만 거의 60퍼센트에 해당하는 14회(13구절)가 사용되었다(10:33; 민 13:2, 16, 17, 21, 25, 32[x2]; 14:6, 7; 34, 36, 38; 15:39). 또한 정탐꾼 사건 외에 이 단어가 사용된 경우는 민 10:33과 정탐꾼 사건 본문 직후에 나오는 이 15장의 옷술 규례 본문(15:39)뿐이다. 이런 점을 고려할 때 15장과 13-14장 사이의 연결성은 확고해 보인다.

(6) 13-15절과 29-31절은 관련 법이 "본토인"과 "거류민"에게 동일하다는 점을 강조하고 있다. 여기에서 "본토인"이란 단어는 에즈라흐(אֶזְרָח)인데, 이 단어의 어원으로 제시된 자라흐(זָרַח)는 "뜨다, 나오다, 나타나다"(to rise, come out, appear) 정도의 뜻이다. 따라서 에즈라흐는 "본토에서 나고 자

란 사람"(one arising from the soil)이란 뜻을 갖고 있다고 보면 된다.¹ 이 단어는 이스라엘이 땅에 정착하게 된 상황을 상정하는 것이다.² 따라서 이 단어 역시 약속의 땅에 대한 희망을 내포하고 있다고 볼 수 있다.

1단계: 사역

1 여호와께서 모세에게 말씀하셨다.
2 이스라엘 자손에게 말하고 그들에게 일러라. 내가 너희의 거처로 준 땅에 들어가게 되면
3 여호와께 번제, 서원이나 자원한 것을 갚는 제사, 절기에 드리는 [제사]로 소나 작은 네발 가축으로부터 향기로운 냄새가 되도록 화제를 여호와께 드려라.
4 자기의 예물을 드리는 자는 여호와께 곡식 가루 1/10[에바]에 기름 1/4힌을 섞은 소제와
5 포도주 1/4힌의 전제를 양 한 마리의 번제나 [화목]제와 더불어 드려라.
6 그리고 숫양의 경우에는 소제로 곡식 가루 2/10[에바]에 기름 1/3힌을 섞어서 드리고,
7 전제를 위한 포도주 1/3힌을 여호와 앞에 향기로운 냄새로 드려라
8 번제나 서원을 갚는 제사나 화목제로 소 종류를 여호와께 드릴 때에는
9 소제로 고운 가루 3/10[에바]에 기름 1/2을 섞어 소 종류와 함께 드리고
10 전제로 포도주 1/2힌을 여호와 앞에 향기로운 화제로 드려라
11 수소나 숫양 한 마리당, 그리고 작은 네 발 가축 중 양들이나 염소들의 어느 한 마리당 이처럼 행하여라.
12 너희가 드리는 수효에 맞추어 그 숫자의 한 마리당 이렇게 행하여라.
13 모든 본토인은 여호와께 향기로운 화제를 드릴 때에 이 법대로 해야 한다
14 거류민이 너희 중에 거류하거나 너희 중에 대대로 있다면 그는 여호와께 향기로운 화제를 드려야 한다. 너희가 하는 대로 그도 해야 한다.
15 회중, 곧 너희나 거류하는 거류민들에게나 율례는 한 가지다. [이것은] 너희의 대대의 영원한 율례이다. 여호와 앞에서 너희와 거류민에게 마찬가지이다.

---

1 Francis Brown, Samuel Rolles Driver, and Charles Augustus Briggs, *Enhanced Brown-Driver-Briggs Hebrew and English Lexicon* (Oxford: Clarendon Press, 1977), 280.

2 R. Dennis Cole, *Numbers*, vol. 3B, The New American Commentary (Nashville: Broadman & Holman Publishers, 2000), 247.

16 하나의 법도, 하나의 규례가 너희 및 너희와 함께 거류하는 거류민에게 있다.
17 여호와께서 모세에게 말씀하셨다.
18 이스라엘 자손에게 말하고, 그들에게 일러라. 내가 너희를 데리고 가는 그 땅에 너희가 들어가거든
19 그 땅의 양식을 먹을 때에 너희는 여호와께 들어올리기로 올려 드려야 한다.
20 너희 반죽통의 첫 것으로 된 떡을 타작 마당의 들어올리기 같이 들어올리기로 드려라
21 너희 반죽통의 첫 것을 대대에 여호와께 들어올리기로 드려라.
22 너희가 비고의적으로 잘못을 저질러서 여호와께서 모세에게 말씀하신 이 모든 명령들을 지키지 못하여,
23 즉 여호와께서 모세를 통해 너희에게 명령하신 모든 것을 여호와께서 명령하신 날로부터 너희 대대로 지키지 못하여
24 어떤 것이 회중의 눈에 비고의적으로 저질러졌다면 온 회중은 수소 한 마리를 여호와께 향기로운 화제를 위해 번제로, 그리고 규례에 따라 그것의 소제와 전제를, 또 숫염소 한 마리를 속죄제로 드려라
25 제사장이 이스라엘 자손의 온 회중을 위하여 속죄하면 그들이 사함을 받을 것이다. 왜냐하면 그것이 비고의적인 것이었으며 또 자신들의 비고의적 잘못에 대하여 자신들의 예물의 화제와 자신들의 속죄제물을 여호와께 드렸기 때문이다
26 이스라엘 자손의 온 회중과 그들 중에 거류하는 거류민도 사함을 받을 것이다. 이는 온 백성이 비고의적인 잘못에 관계되어 있기 때문이다
27 만일 한 사람이 비고의적으로 죄를 지으면 일 년 된 암염소로 속죄제를 드려라
28 제사장은 비고의적으로 잘못을 저지른 사람을 위해서—즉 그가 여호와 앞에서 비고의적으로 죄를 범했을 때 그를 속죄하기 위하여—속죄를 하여라. 그러면 그가 사함을 얻을 것이다.
29 이스라엘 자손 중 본토인이든지 그들 가운데 거류하는 거류민이든지 비고의적으로 잘못을 한 것에 대한 율법이 동일하다.
30 그러나 본토인이든 거류민이든지 간에 오만하게 행한 사람, 그는 곧 여호와를 모독한 자다. 그 사람은 자기 백성 중에서 끊어질 것이다.
31 그는 여호와의 말씀을 멸시하고 그의 명령을 파괴하였다. 그 사람은 반드시 끊어질 것이다. 그의 죄악이 그에게 있다.
32 이스라엘 자손이 광야에 있을 때에 어떤 사람이 안식일에 나무를 하는 것이 발견되었다.
33 그가 나무하고 있는 것을 발견한 자들이 그를 모세와 아론과 온 회중 앞으로 데려갔다.

34 그러자 그들이 그를 감금해두었다. 왜냐하면 그를 어떻게 처치해야 할지 결정되지 않았기 때문이다.
35 여호와께서 모세에게 이르셨다. 그 사람은 반드시 죽임을 당해야 한다. 온 회중이 진영 밖에서 돌로 그를 쳐라
36 온 회중이 그를 진영 밖으로 데려 가서 돌로 그를 쳐서 그가 죽었다. 여호와께서 모세에게 명령하신 대로였다.
37 여호와께서 모세에게 말씀하셨다.
38 이스라엘 자손에게 말하고 그들에게 일러라. 그들이 대대로 자신들의 옷단 귀에 술을 만들고, 자색 실을 그 귀의 술에 더하여라
39 이 술은 너희를 위한 것이다. 너희가 그것을 보고 여호와의 모든 계명을 기억하고, 준행하며, 너희로 하여금 음란하게 따르도록 만드는 너희의 마음과 너희의 눈을 따라 방황하지 않고,
40 너희가 내 모든 계명을 기억하고 행함으로써 너희의 하나님 앞에서 거룩하게 있도록 위함이다.
41 나는 너희를 위하여 너희 하나님이 되려고 애굽 땅에서 너희를 인도해 낸 여호와 너희 하나님이다. 나는 여호와 너희 하나님이다.

2단계: 사역 해설

3절. "작은 네 발 가축": 쫀(צֹאן). 쫀은 고대 이스라엘에서 기르던 네 발 가축들 중 양과 염소를 포괄하는 용어이다.³ 개역개정은 이 점을 무시하고 이 단어를 자꾸 "양"이나 "어린 양"(출 12:21)으로 번역함으로써 오경의 제사법 본문들의 내용을 파악하기 힘들게 만드는 경향이 있다. 이 민수기 해설의 사역은 쫀을 항상 "작은 네 발 가축"으로 번역하고 있다. 이런 비슷한 현상은 관련 단어인 11절의 쎄(שֶׂה)의 경우에도 일어나고 있으니 이 단어에 대한 설명도 참고하라.

"화제": 잇쉐(אִשֶּׁה). 이 단어는 전통적으로 "화제", 즉 "불로 태워 드리

---

3 박철현, 레위기: 위험한 거룩성과의 동행 (서울: 솔로몬, 2018), 61–62.

는 제사"(fire offering)라고 번역되어 왔다. 그 이유는 이전 학자들이 이 단어의 어원이 "불"이라는 뜻이 에쉬(אֵשׁ)에서 파생되었다고 생각해왔기 때문이다. 그러나 요즘의 학자들은 이런 어원 해석에 대해서 의문을 품고, 셈족 계열의 아카드어 어원 등에 기초해서 잇쉐가 "음식 제사"(food offering)나 "선물 제사"(gift offering)라는 뜻이라고 보는 경향이 있다. 그러나 아직까지 이에 대한 논의는 완전히 확정적이지는 않기 때문에 사역에서는 일단 "화제"란 번역을 유지한다.[4]

4, 6, 9절. "[에바]": 곡식 등과 같은 마른 물건의 부피를 재는 단위인 에바, 즉 에파(אֵיפָה)는 히브리어 원문에는 나오지 않는다. 그러나 제사법의 다른 본문들을 고려할 때 곡식 제물의 양의 단위가 에파임은 분명하다. 사역에서는 이 점을 반영하는 대신 원어 본문에는 이 단어가 나오지 않는다는 점을 고려하여 사곽 괄호로 표시하였다.

5절. "양": 케베스(כֶּבֶשׂ). 개역개정은 이 단어를 "어린 양"이라고 번역하고 있다. 그러나 히브리어 단어 케베스는 "양"(sheep)을 가리키는 총칭적 어휘일 뿐 그 자체에 "어린"이란 나이 개념을 갖고 있지 않다.[5] 오경의 제사 본문들에서는 정말 나이가 중요한 경우에는 그 제물의 연령이 몇 살인지를 명시한다. 사역은 이런 점을 고려하여 "어린"을 삭제하였다.

"[화목]제": 제바흐(זֶבַח). 이 단어는 각종 희생 제사를 일컫는 일반적인 단어로 사용될 수도 있지만 현재 문맥에서는 분명히 화목제(제바흐 쉘라밈, זֶבַח שְׁלָמִים)의 약칭으로 사용되는 것으로 보인다(3절).[6] 사역은 이 점을 살려서 번역하였다.

---

[4] 박철현, 레위기, 68의 좀 더 자세한 설명을 꼭 참고하라. 또한 Gordon J. Wenham, *Numbers: An Introduction and Commentary*. Vol. 4. Tyndale Old Testament Commentaries (Downers Grove: InterVarsity Press, 1981), 56, n. 8; James W. Watts, *Leviticus 1-10*. Historical Commentary on the Old Testament (Leuven: Peeters, 2013), 219-222 등도 참고하라.

[5] 박철현, 레위기, 293; René Péter-Contesse and John Ellington, *A Handbook on Leviticus* (UBS Handbook Series; New York: United Bible Societies, 1992), 15, 40.

[6] Timothy R. Ashley, *The Book of Numbers*. The New International Commentary on the Old Testament (Grand Rapids: Eerdmans, 1993), 278

8절. "화목제": 쉴라밈(שְׁלָמִים). 원래 이 단어는 화목제 전체를 아우르는 총칭으로 사용된다. 그러나 현재 문맥에서 3절의 내용을 고려할 때 이 단어는 '자원제'를 가리키는 좁은 의미로 사용되고 있는 것으로 보인다. 밀그롬은 그 이유로 '자원제'가 화목제의 가장 일반적인 경우이기 때문에 그렇다고 지적한다. 그의 주장이 타당한지는 논란의 대상이긴 하지만 3절의 내용을 고려할 때 이 단어가 '자원제'를 지칭하는 용어로 사용되고 있는 것 자체는 분명한 듯하다. 그러나 여전히 논란의 여지가 남아 있기 때문에 사역에서는 원문을 직역하여 개역개정과 마찬가지로 "화목제"란 번역을 유지하였다.

"소 종류": 벤-바카르(בֶן־בָּקָר). 개역개정은 이 문구를 "수송아지"로 번역하고 있다. 그러나 이것은 벤이란 단어를 단순히 "아들"(son)로 이해하였기 때문이다. 하지만 제사법에서 이 단어는 "종류"(kind)란 개념으로 더 자주 쓰인다. 사역은 이 후자의 입장을 반영하였다.[7]

11절. "작은 네 발 가축": 쎄(שֶׂה). 이 단어는 쫀(צֹאן, 레 1:2 등)과 마찬가지로 양과 염소를 포괄하는 총칭(generic term)이다. 쫀이 양과 염소를 지칭하는 집합명사적 성격이 강하다면 쎄는 단일 개체들을 지칭하는 경향이 있다.[8]

19절. "들어올리기": 트루마(תְּרוּמָה). "들어올리다"란 뜻을 가진 동사 룸(רוּם)의 명사형. 이 단어는 제의법의 문맥에서는 제물의 부위들 중 하나님께 바쳐졌다가 다시 제사장의 몫으로 귀속되는 부위를 지칭할 때 사용되는 단어이다.[9] 따라서 이 구절에서도 반죽통의 첫 것은 먼저 하나님께 봉헌되고 나서 다시 제사장의 몫이 된다는 의미로 이해하면 된다.

20절. "반죽": 아리사(עֲרִסָה). 구약성경에 총 4회(민 15:20, 21; 겔 44:30; 느 10:38) 나오는 이 단어의 의미는 불분명하다. 개역개정은 이 단어를 "가루

---

[7] 이에 대한 더 자세한 사항은 박철현, *레위기*, 65, 160-161을 보라.
[8] 쫀 및 기타 제사용 짐승에 대한 히브리어 명칭에 대한 전반적 설명은 박철현, 레위기, 61-62를 보라. 쎄에 대한 보충적 설명은 박철현, *레위기*, 86을 보라.
[9] 민수기 5:9의 이 단어의 사역 해설을 보라. 또한 박철현, 레위기, 52-53, 248; Richard Averbeck, "תְּרוּמָה", in Willem VanGemeren (ed.), New International Dictionary of Old Testament Theology & Exegesis (Grand Rapids: Zondervan, 1997), 4:335-338을 보라.

떡"이라고 번역하고 있다. 그러나 현재 대체적으로 학자들은 곡식 가루에 물을 섞어 빚어진 "반죽"(dough)이나 "반죽통"(kneading dough)을 의미한다고 생각한다.[10]

22절. "비고의적으로 잘못을 저질러서": 티쉬구(תִּשְׁגּוּ). "(비고의적으로) 잘못을 범하다"(to do wrong [involuntarily])란 뜻의 동사 샤가(שׁגה)의 미완료 2인칭 남성 복수. 샤가는 또한 샤가그(שׁגג)로 표기되기도 한다. 또한 이 동사들과 거기에서 파생된 명사 쉬가가(שְׁגָגָה)는 '비자발적인 죄'를 다루는 속죄제 및 속건제와 관련하여 아주 중요하다. 이 때 이 '비자발적인 죄'라는 개념은 통상적으로 이해하는 바와 같이 '알고 저지른 죄/알지 못하고 저지른 죄'의 이분법 속에서 정말 죄를 짓는지를 아예 '알지 못하고 저지른 죄'만을 지칭하는 개념이 아니다. 이 단어 및 그 파생어들은 "결코 언제나 범죄자의 완전한 인식의 결여를 의미하지는 않는다…[이것들은] 때로는 범죄자가 인식은 있지만 연약한 인간으로서의 그의 정신 작용의 한계로 인해 그 죄의 실행에 대한 욕구에 충분히 저항하지 못한 경우까지도 포함할 수 있다".[11]

참고로 개역개정은 이 단어 혹은 그 동족어들을 "그릇 범죄하여"라고 번역하고 있고, 15장의 다른 구절들(24, 25, 26, 27, 28절)에서는 모두 "부지중에"라고 번역하고 있다. 이것은 몇 가지 점에서 문제가 된다. 첫째, 동일한 장 속의 나머지 구절들에서는 전부 "부지중에"라고 번역하고 있는 단어를 오직 이 구절에서만 "그릇"이라고 번역하는 것은 일관성 면에서 적절하지 못하다. 둘째, 이 "그릇"이라는 한국어 부사는 국어 사전에 따르면 "어떤 일

---

[10] John E. Hartley, "עֲרִיסָה", in Willem (ed), VanGemeren, *New International Dictionary of Old Testament Theology & Exegesis* (Grand Rapids: Zondervan Publishing House, 1997), 3:534.

[11] 박철현, *레위기*, 155. 이 단어의 정확한 개념을 위해서는 이 책의 154-158쪽의 이 단어에 대한 설명 전체를 상세하게 살펴보기를 권한다. 이 개념에 대한 바른 이해가 없이는 구약의 속죄제 및 속건제에 대한 이해, 그리고 현재 민수기 15장의 속죄제 본문에 대한 이해를 제대로 하는 것이 불가능하다고 생각된다.

이 사리에 맞지 않거나 잘못되게" 또는 "어떤 상태나 조건이 좋지 않게"란 뜻이다(네이버 사전 참고). 따라서 이 단어는 히브리어 원문이 가진 뉘앙스를 제대로 전달해주지 못한다. 사역에서는 일관성을 위해 샤가 및 그 동의어들과 관련된 어구들을 전부 "비고의적"이라는 뜻으로 번역하고 있다.[12]

　　24절. "수소": 파르 벤-바카르(פַּר בֶּן־בָּקָר). 개역개정은 "수송아지"라고 번역하고 있으나 이것이 적절한번역이 아니다. 이렇게 번역하게 된 이유는 벤(בֶּן)이라는 단어 를 "아들"이라고 잘못 해석했기 때문이라는 점은 앞의 8절의 사역 해설에서 설명했다. 이런 설명에 기초해서 파르 벤-바카르를 직역하면 "소떼 종류의 수소" 정도가 된다. 그런데 "수소"가 결국은 "소떼 종류"이기 때문에 이런 동어반복적인 요소를 빼고 "수소"라고 번역하였다.[13]

　　"번제로": 르올라(לְעֹלָה). 개역개정은 이 "번제"란 단어의 번역을 누락하고 있다. 그러나 이 단어가 분명히 원문에 있기 때문에 이것을 살려서 번역하였다. 이 수소의 번제는 레위기 4:1-5:13의 속죄제의 규례, 그 중에서도 특히 온 회중의 속죄제를 다루고 있는 4:13-21의 본문과 관련하여 중대한 난제를 던져주고 있다. 왜냐하면 이 레위기 본문에서는 온 회중의 속죄제의 경우 수소 한 마리를 속죄제물로 바치도록 되어 있으나(레 4:14) 이 민수기 15:24에서는 속죄제로는 숫염소 한 마리를 드리고, 그것과 병행하여 수소를 번제로 드리라고 되어 있기 때문이다. 이런 문제점을 분명히 드러내기 위해서도 "번제로"라는 문구를 살려서 번역하는 것이 중요하다.

　　25절. "그것이 비고의적인 것이었으며": 쉬가가 히(שְׁגָגָה הִוא). 여기에서 히는 앞의 구절들에서 회중이 지은 죄를 지칭하며, 쉬가가는 "비고의적인 죄"를 가리키는 용어임이 분명하다. 그런데 개역개정은 이 문장을 번역하면서 "그(즉 회중)가 부지중에 범죄함이며"라고 번역하고 있는데, 이것은 명백한 오역이다. 대명사 히는 절대 '회중'을 받는 단어가 아니다. 또한 쉬가

---

[12] 박철현, 레위기, 154.
[13] 이에 대한 더 상세한 설명 및 관련 참고문헌은 박철현, 레위기 (서울: 솔로몬, 2018), 65, 160-161을 보라.

가는 죄의 성격을 규정 짓는 명사이지 "범죄하다"란 동사가 아니다. 사역은 이것을 바로잡아 놓았다.

28절. "비고의적으로 잘못을 저지른 사람을 위해서—즉 그가 여호와 앞에서 비고의적으로 죄를 범했을 때 그를 속죄하기 위하여—속죄를 하여라": 이 28절은 거의 동일한 문구가 두 번 반복되고 있다. 즉 번역상으로 외곽을 둘러싸고 있는 "비고의적으로 잘못을 저지른 사람을 위해서…속죄를 하여라"라는 주문장의 문구와 그 사이에 삽입문처럼 낀 "즉 그가 여호와 앞에서 비고의적으로 죄를 범했을 때 그를 속죄하기 위하여"란 문구가 거의 동일한 내용을 반복하고 있다. 사역은 주문장과 이런 병행구 사이를 구분해 주기 위해 삽입구 표시(—)를 병행구 앞뒤에 넣어서 표시하였다.

"죄를 범했을 때": 브헤트아(בְּחֶטְאָה). 여기에서 헤트아란 단어에 대한 분석은 독자들을 당황하게 한다. 바이블웍스(BibleWorks)나 로고스(Logos) 성경 프로그램은 이 단어가 명사라고 명시해놓고는 정작 이 단어에 링크된 어휘 사전 정보는 동사인 하타(חָטָא)로 연결된다. 이런 프로그램상의 오류는 아마 이 문구에 대한 학자들의 견해의 차이가 반영된 결과 때문인 것으로 보인다. BDB 사전의 경우 이것을 동사 부정사 연계형으로 읽는다.[14] 반면에 HALOT 사전은 이것을 동사 하타에서 파생된 동족어 명사로서 성경에 단 한번 나오는 형태로 제시한다. 그리고 부연설명을 달기를 일반적으로는 이 명사를 이런 독자적 형태의 단어로 보는 것이 아니라 좀 더 일반적 형태의 명사인 헤트(חֵטְא)에 3인칭 여성 단수 소유격 인칭대명사인 호(ה)가 결합된 형태로 본다는 점을 적시하고 있다.[15] 현대의 대부분의 히브리어 사전은 HALOT가 택한 해석을 채택하고 있는 것으로 보인다. 그러나 히브리어 구문을 고려할 때 아마 BDB처럼 이 히브리어 단어를 동사 부정사 형태로 이

---

14 Francis Brown, Samuel Rolles Driver, and Charles Augustus Briggs, *Enhanced Brown-Driver-Briggs Hebrew and English Lexicon* (Oxford: Clarendon Press, 1977), 306.

15 Ludwig Koehler and Walter Baumgartner, *The Hebrew and Aramaic Lexicon of the Old Testament*, Vol I (Leiden: Brill, 2001), 306.

해하는 것이 더 낫다고 생각된다.[16] 물론 이 경우 마지막의 헤(h)를 HALOT이 소개한 견해처럼 3인칭 여성 단수 소유격 인칭대명사로 보는 것은 상당히 가능성이 있는 것으로 여겨진다. 사역은 이 최종적인 견해를 바탕으로 하고 있다.

30절. "자기 백성 중에서 끊어질 것이다": 붸니크르타…미크레브 암마흐(וְנִכְרְתָה מִקֶּרֶב עַמָּהּ). 이 표현은 죄인이 정확히 어떤 식으로 처벌받는지는 정확히 알 수 없지만 하나님이 그 벌의 시행자가 될 것이라는 점과 그 벌이 단순히 현세뿐만 아니라 내세에도 영향을 미칠 것임을 나타내는 표현이다. 이 표현과 반대가 되는 표현은 창세기 35:29 등의 "열조에게로 돌아간다"라는 표현이다.[17]

"오만하게": 브야드 라마(בְּיָד רָמָה). 이 중요한 단어에 대한 설명이 이 민수기 원고에는 전혀 표기되지 않았다. 반드시 집어 넣어야 한다.

32절. "발견되었다": 봐이므쯔우(וַיִּמְצְאוּ). 동사 자체는 3인칭 남성 복수 능동태 형태로 되어 있다. 그러나 히브리어에서는 때때로 3인칭 남성 단수나 복수 능동형의 주어가 막연한 경우에는 의미상 수동형으로 번역하는 것이 더 좋을 때가 있다.[18]

41절. "나는 여호와 너희 하나님이다": 한국어 어순상 부득이하게 사역에서는 이 문구가 두 번 연속 반복된 것처럼 번역하였다. 그러나 히브리어 원문상으로는 이 문구는 이 41절의 앞과 뒤를 감싸는 수미쌍괄식(inclusio)을 형성하고 있다. 한국어 어순과 구문론을 배제하고 히브리어의 어순에 우선순위를 두고 번역하자면 "나는 여호와 너희 하나님이다. 너희 하나님이

---

[16] 좀 더 자세한 설명과 더불어 기타 문헌들의 논의 등에 대해서는 George Buchanan Gray, *A Critical and Exegetical Commentary on Numbers*, International Critical Commentary (New York: C. Scribner's Sons, 1903), 181-182를 보라.

[17] 이에 대한 자세한 설명은 박철현, 레위기, 250; 게리 쉬니처, 토라 스토리 (서울: 솔로몬, 2014), 376-377을 보라.

[18] Ronald J. Williams, *Williams' Hebrew Syntax*, 3rd ed. Rev. and Expanded by John C. Beckman (Toronto: University of Toronto Press, 2007), §169.

되려고 애굽 땅에서 너희를 인도해 낸 자이다. 나는 여호와 너희 하나님이다" 정도가 될 것이다.

3단계: 단락 구분

민수기 15장의 단락 구분은 다음과 같다.

15:1-16 화제에 대한 규례
    15:1 말씀 도입구
    15:2a 청중에 대한 명시
    15:2b 규례 적용 시기 명시
    15:3 화제 규례 서론
    15:4-10 화제의 개별 제물에 따른 규례
        15:4-5 양
        15:6-7 숫양
        15:8-10 소
    15:11-12 화제 규례 정리
    15:13-16 적용 대상: 본토인과 거류민
15:17-36 반죽통의 첫 것과 속죄제에 대한 규례
    15:17 말씀 도입구
    15:18a 청중에 대한 명시
    15:18b 규례 적용 시기 명시
    15:19-21 반죽통의 첫 것에 대한 규례
    15:22-36 속죄제에 대한 규례
        15:22-23 속죄제 봉헌 조건 언급: "비고의적 죄"
        15:24-26 온 회중의 속죄제

15:24-25 온 회중의 속죄제
15:26 이 속죄제의 효과 범위: 거류민 포함
15:27-28 개인의 속죄제
15:29 속죄제 특별 사항: 본토인과 거류민
15:30-36 속죄제 특별 조항: "오만한 죄"
15:30-31 속죄제 특별 조항: 본토인과 거류민
15:32-36 속죄제 특별 조항 적용 예시
15:37-41 옷술에 대한 규례
15:37 말씀 도입구
15:38a 청중에 대한 명시
15:38b-40 옷술에 대한 규례
15:41 언약 공식의 재천명

15장의 단락 구분은 민수기 11-14장의 내러티브 본문들과는 달리 선명하다. 마치 레위기나 민수기 1-10장의 율법 본문들과 비슷하게 이 장은 여러 가지 규례를 담은 세 개의 단원들로 구성되어 있고, 각 단원들은 "여호와께서 모세에게 말씀하셨다"란 말씀 도입구(1, 17, 37절)에 이어 대상 청중을 밝히는 문구인 "이스라엘 자손에게 말하고 그들에게 일러라"란 문구(2a, 18a, 38a절)가 따라 나오는 형태로 구성되어 있다. 이렇게 해서 구획된 세 단원은 각각 화제에 대한 규례(1-16절), 반죽통의 첫 것과 속죄제에 대한 규례(17-36절), 옷술에 대한 규례(37-41절)이다.

이렇게 구획된 세 단원 중 첫 두 단원은 다음과 같은 몇 가지 공통점을 더 갖고 있는 것으로 보인다.

(1) 첫 단원(1-16절)과 두 번째 단원(17-36절)은 그 도입부에 "내가 너희의 거처로 준 땅에 들어가게 되면"(2b절)이란 구절과 "내가 너희를 데리고 가는 그 땅에 너희가 들어가거든"(18a절)이란 유사한 문구를 공통으로 갖고 있다.

(2) 두 단원은 모두 제사법을 그 중심 내용으로 하고 있다. 첫 단원은 약

속의 땅에 들어가서 화제, 즉 번제와 화목제로 소, 숫양, 양을 드릴 때 함께 드려야 할 소제와 전제의 분량에 대한 정보를 제공하고 있다. 두 번째 단원은 약속의 땅에 들어가서 매번 식사를 위해서 반죽을 빚을 때 그 첫 부분을 하나님에게 드리라는 규례(19-21절)와 속죄제에 대한 규례(22-36절)를 그 내용으로 하고 있다.

(3) 두 단원은 모두 해당 규례가 본토인과 거류민에게 공통적으로 적용된다는 것을 규정하고 있는 본문으로 끝이 난다(13-16절; 29-31절).

첫 단원은 그 내용의 흐름이 단순하기 때문에 위의 단락 구분을 훑어보는 것만으로도 충분하지만 두 번째 단원은 좀 복잡하기 때문에 설명이 필요하다. 이 단원은 크게 두 개의 세부 단원, 즉 반죽통의 첫 것에 대한 규례 단원(19-21절)과 속죄제에 대한 규례 단원(22-36절)으로 나뉜다.

문제가 되는 것은 두 번째 세부 단원인 속죄제 단원(22-36절)이다. 이 단원은 상당히 복잡하기 때문에 흐름을 잘 파악해야 한다. 먼저 속죄제의 봉헌 조건(22-23절)을 밝히고 나서 온 회중의 속죄제(24-26절)와 개인의 속죄제(27-28절)를 다룬다. 그리고 속죄제 규례가 본토인과 거류민에게 공통으로 적용된다는 점(29절)을 밝힌 후에 속죄제로 다룰 수 없는 죄인 "오만하게" 지은 죄를 다룬다(30-31절). 그리고 마지막으로 이 "오만하게" 지은 죄의 실제 예로 안식일에 일하다 사형당하는 사람의 에피소드(32-36절)로 마무리된다.

마지막 단원인 세 번째 단원(37-41절)은 하나님의 계명들을 기억하고 지키라는 표시로 옷에 술을 달라는 규례를 담고 있다. 이 규례는 죄를 지었을 때 속죄제를 드리라는 규례를 담고 있는 본문, 그리고 특히 바로 앞의 안식일 규례 위반 에피소드(32-36절)에 대한 교정제 역할을 하는 본문이다. "예방이 치료보다 낫다"(Prevention is better than cure).[19] "기억하고 행함으로써 너희의 하나님 앞에서 거룩"한 것이 죄를 짓고 나서 죄를 씻기 위해 제사를 드리는 것보다 나은 법이다(40절).

---

19 Wenham, *Numbers*, 148.

4단계: 본문 해설

1-2a절. 이 본문은 15장의 첫 단원(1-16절), 즉 화제에 대한 본문의 도입부이다. 전형적인 말씀 도입부인 "여호와께서 모세에게 말씀하셨다"란 문구와 청중이 누구인지를 밝히는 문구로 이루어져 있다.

2b절. "내가 너희의 거처로 준 땅에 들어가게 되면": 이 문구는 민수기 13-14장의 정탐꾼 사건으로 40년 동안 가나안 땅에 들어가지 못하게 된 이스라엘 백성들에게 큰 위로와 은혜와 희망이 될 말씀이다. 좌절한 그들에게 이 말씀을 통해 하나님은 땅에 대한 약속을 반드시 지키실 것임을 확증해 주신다.

3절. 이 구절은 화제 규례 본문의 서론이다. 레위기 1-7장의 5대 제사 본문에 따르면 '화제'에는 번제, 소제, 화목제가 속해 있다.[20] 그러나 여기에서는 5대 제사 중의 하나로서의 소제에 대한 언급은 없고, 번제와 화목제에 대해서만 언급하고 있다.

이 구절에서 몇 가지 유의할 점들을 살펴 보고자 한다.

(1) '번제'라는 이름은 이 구절이 명시하고 있지만 '화목제'란 이름은 명시하고 있지 않다는 점이다. 대신에 '서원이나 자원한 것을 갚는 제사'란 표현이 사용되고 있다. 이 이름들은 각기 '서원제'와 '자원제'를 가리키는 것인데, 이 제사들은 화목제의 하부 범주들이다.[21]

(2) '절기에 드리는 제사'의 목록은 레위기 23장과 민수기 28-29장에서 상세하게 다루어지고 있다.[22] 물론 절기에 드려지는 제사의 목록은 번제, 소제, 화목제 외에도 속죄제도 드려지는 경우가 있다(참고, 레 23:19). 따라서 화제의 한 종류로서의 '절기에 드리는 제사', 즉 '절기제'라는 표현은 엄밀한

---

20 박철현, *레위기*, 35-36.
21 화목제의 하부 범주들에 대한 간략한 설명은 박철현, *레위기*, 117을 보라.
22 박철현, *레위기*, 610-614, 622-629에 이 두 본문에 절기제에 대한 개관, 설명 및 비교, 논란이 되는 점 등을 정리해 놓았다.

표현이라기보다는 약간 느슨하고 포괄적인 표현으로 이해하는 것이 좋을 것이다.

(3) 드려지는 제물의 종류는 '소나 작은 네 발 가축'이라고 되어 있다. 이 중 후자의 것인 '작은 네 발 가축'은 히브리어로 쫀인데, 이 단어는 양과 염소를 다 포괄하는 단어이다. 이에 대한 좀 더 상세한 설명은 앞의 사역 해설을 참고하라.

(4) 앞의 사항을 고려할 때 화제로 드려지는 제물은 소, 양, 염소가 되어야 한다. 그러나 이어지는 4-10절의 각 가축의 화제와 관련한 본문에서는 소, 양, 그리고 양의 하부 범주인 숫양에 대해서만 언급하고 있고, 염소는 언급하고 있지 않다. 그리고 11절에 가서는 다시 '염소'가 언급되고 있다. 왜 염소에 대한 언급을 4-10절에서는 빠뜨리고 있는지는 현재로서는 설명이 요원하다.

4-10. 이 본문은 5대 제사에 대한 핵심 본문인 레위기 1-7장 중 화제에 대한 본문(1-3장)에서 취급되고 있지 않은 사항을 다루고 있다. 그것은 번제와 화목제를 드릴 때 반드시 소제와 전제가 병행되어야 한다는 점, 그리고 제물로 드려지는 짐승의 종류에 따라 이 소제와 전제의 양이 달라진다는 점이다. 제물의 크기와 소제 및 전제의 양은 비례한다.

각 짐승에 따른 소제와 전제의 양을 도표화하면 다음과 같다.

본문	짐승	소제(+기름)	전제
4-5절	양	1/10에바(+1/4힌)	1/4힌
6-7절	숫양	2/10에바(+1/3힌)	1/3힌
8-10절	소	3/10에바(+1/2힌)	1/2힌
1/10에바≈2.2리터, 1힌≈3.6리터[23]			

---

[23] Baruch A. Levine, *Numbers 1–20: A New Translation with Introduction and Commentary*, vol. 4, Anchor Yale Bible (New Haven; London: Yale University Press, 2008), 391.

11-12절. 이 구절은 화제에 대한 규례의 정리이다. 수소, 숫양, 양, 염소에 대해서 한 마리당 도표에 명시된 것과 같은 양의 소제와 전제를 병행해서 드리라고 규정하고 있다. 물론 앞에서 지적한 바와 같이 4-10절에는 염소에 대한 언급이 없기 때문에 도표에서도 빠져 있다.

13-16절. 이 본문은 화제에 대한 규례가 본토인과 거류민 모두에게 적용된다는 점을 규정하고 있다. 유대교나 기독교인들 사이에서 상당히 집요하게 존재해 온 오해들 중의 하나는 이스라엘 회중의 자격 조건이 아브라함의 혈통이라는 시각이다.

이 본문은 이런 시각에 대해 분명한 반명제(反命題, Antithesis)로서 작용하고 있다. 15절은 "회중, 곧 너희나 거류하는 거류민"이라는 표현을 사용함으로써 이스라엘 회중이 본토인과 거류민을 모두 포괄하는 개념임을 밝히고 있다. 이처럼 회중이 양자를 포괄하는 개념이기 때문에 이 양자 모두에게 "율례는 한 가지다. 이것은 너희의 대대의 영원한 율례이다. 여호와 앞에서 너희와 거류민에게 마찬가지이다. 하나의 법도, 하나의 규례가 너희 및 너희와 함께 거류하는 거류민에게 있다"라고 본문은 밝히고 있다(15-16절).

이처럼 본토인과 거류민 모두에게 동일한 법이 적용된다는 점에 대한 언급은 이미 민수기 9:14의 유월절 규례에서 본 것과 같은 사상을 담고 있으며, 이 점은 오경 전체의 율법의 사상과 상응한다(참고, 출 12:19; 레 16:29-31; 17:8, 10-12, 15-16; 18:26; 20:2; 22:18-20; 24:6; 민 9:14; 15:16, 30; 19:10-12; 35:15 등[24]).

17-18a절. 이 본문은 15장의 두 번째 단원(17-36절)의 도입구이다. 내용은 1-2a절과 완전히 상응한다.

18b절. "내가 너희를 데리고 가는 그 땅에 너희가 들어가거든": 이 구절의 어휘 및 내용은 2b절과 상당히 유사하다. 이 구절과 마찬가지로 13-14장의 정탐꾼 사건으로 좌절한 이스라엘 백성들에게 희망을 주는 문구이다.

19-21절. 이 본문은 두 번째 단원의 첫 하부 단원이다.

---

[24] 이 율법 구절들의 목록은 Ashley, *Numbers*, 281, n. 26에서 가져온 것이다.

19a절은 "그 땅의 양식을 먹을 때에"라고 되어 있다. 앞의 2b, 18b의 약속의 땅 입성에 대한 문구와 더불어 이 문구 역시 좌절한 이스라엘 백성들에게 강력한 희망의 메시지를 던져 주었을 것이다. 비록 현재의 자신들은 불순종의 죄로 인해 40년 동안 광야에서 방랑해야 하지만 결국은 반드시 "그 땅의 양식"을 먹게 될 것이다.

19b-20절은 그 땅의 양식을 먹을 때에 "반죽통"(아리사, עֲרִיסָה)의 "첫 것"(레쉬트, רֵאשִׁית)을 하나님께 "들어 올리기로 드려야" 한다고 말하고 있다. 여기에서 각 따옴표 된 내용은 전부 조금씩 살펴 보아야 할 사항들이다.

첫째, "반죽통"으로 번역한 아리사는 구약성경에 단 네 번(민 15:20-21; 겔 44:30; 느 10:38)만 나오는 단어이다. 이 단어는 탈무드에 쓰이는 동족어와 70인경의 번역에 기초하여 반죽통(kneading trough) 혹은 반죽통의 반죽(the dough of one kneading trough)라고 보통 이해된다.[25] 즉 이 본문은 이스라엘 백성들이 음식을 요리할 때 반죽통의 첫 것을 떼어 하나님께 드릴 것을 규정하고 있다.

둘째, "첫 것"이라는 뜻의 레쉬트가 무엇을 지칭하는 것인가 하는 점을 좀 따져봐야 한다. 이것을 위해서는 먼저 "첫 것"으로 번역될 수 있는 다른 단어도 같이 고려해봐야 하는데, 이 단어는 빅쿠림(בִּכּוּרִים)이다. 이 두 단어의 사이의 관계에 대해서는 다음 몇 가지 가능성을 고려할 수 있다.

(1) 밀그롬이라는 학자에 따르면 레쉬트는 '가공한 소산물들 중 첫 번째의 것'(the first processed)를 가리키고, 빅쿠림은 '처음 익은 것들'(the first ripe)을 가리킨다고 한다.[26] 민수기 18:12-13의 "그들이 여호와께 드리는 첫 소산(레쉬트) 곧 제일 좋은 기름과 제일 좋은 포도주와 곡식을 네게 주었은즉 그들이 여호와께 드리는 그 땅의 처음 익은 모든 열매(빅쿠림)는 네 것이니 네 집에서 정결한 자마다 먹을 것이라"는 말씀이 양자의 차이를 보여주고

---

25 Ashley, *Numbers*, 283.
26 J. Milgrom, *Leviticus 1-16* (AB; New York: Doubleday, 1998), 190. 이 견해에 대한 간략한 정리는 박철현, *레위기*, 109-110을 보라.

있다고 밀그롬은 주장한다.

(2) 다른 한 가지 가능성은 레쉬트가 초실절(레 23:9-14, 특히 10절)의 봉헌물을 가리키고, 빅쿠림이 그로부터 7주가 지난 다음에 치러지는 칠칠절(레 23:15-22, 특히 17, 20절)의 봉헌물을 가리킨다고 보는 것이다. 이 두 절기에 바쳐지는 제물에 대해서는 이렇게 분명히 다른 용어가 사용되고 있는 것으로 보인다.

(3) 빅쿠림과 달리 레쉬트는 꼭 초실절의 봉헌물만을 가리키는 전문 용어가 아니라 그냥 영어의 first와 마찬가지로 처음의 것이나 최고의 것을 나타내는 의미로 사용될 수도 있다. 일례로 창세기 1:1의 "태초"란 표현에 쓰인 것이 이 단어이다.

레쉬트의 의미에 대한 이런 여러 가지 가능성과 용례들을 고려할 때 현재의 문맥에서는 이 단어는 초실절(레 23:9-14)의 제물을 가리키는 용어가 아니라 그냥 매일의 식사로 먹는 떡을 위해 준비하는 반죽의 첫 것 혹은 가장 좋은 부분을 가리키는 의미로 이해하는 것이 좋은 것 같다.[27]

셋째, "들어올리기"(트루마, תְּרוּמָה)란 명사와 "들어 올려 드리다"(헤림, הֵרִים)란 동사에 대한 설명이 필요하다. 이 명사와 동사는 "높다"란 뜻을 가진 동사 룸(רוּם)의 히필형 동사와 그 파생 명사이다. 제의법 문맥에서 이 단어들은 제물 중 하나님의 몫으로 귀속되었다가 하나님이 다시 제사 관리자인 제사장들의 몫으로 할당해 주는 부분들을 지칭할 때 사용하는 용어이다(참고, 사역 해설). 따라서 반죽통의 첫 것을 들어올리기로 드리라는 명령은 반죽통의 첫 부분 혹은 가장 좋은 부분이 일단 하나님의 몫으로 봉헌된 다음에, 이것이 다시 제사장의 몫으로 귀속된다는 의미이다.

지금까지 살펴 본 "반죽통", "첫 것", "들어 올리기"에 대한 해석을 종합할 때 19b-20절은 이스라엘 백성들이 약속의 땅에 들어가서 식사를 준비할 때 반죽통의 곡식의 첫 부분 혹은 가장 좋은 부분을 따로 구분하여 하나

---

27 Ashley, *Numbers*, 282-283; Cole, *Numbers*, 247.

님께 바치라는 명령을 담고 있는 것으로 이해할 수 있다.

21절은 19-20절이 지시하고 있는 규례를 대대로 지키라고 명령하고 있다. 이 규례는 제2성전 시대의 멸망 후에도 경건한 이스라엘 백성들 사이에서는 반죽통의 반죽에서 한 작은 조각을 떼어내어 축복문을 암송한 다음 불 속에 던져 넣는 행위를 통해서 상징적으로 계속 지켜졌다고 한다.[28] 이런 규례의 현대적 적용 중의 하나는 우리 나라 교회에서 성미를 바쳤던 전통이다. 최근에는 성미를 바치는 전통을 지키는 교회가 거의 없는 듯 하지만 지금으로부터 20-30년까지만 하더라도 믿음의 가정에서는 주부가 식사를 준비하면서 쌀 한 줌을 들어내어 모아 두었다가 교회에 성미로 바쳤다. 그리고 그 성미는 한국의 목회자들이 어렵게 생활했던 시절 목회자 가정의 식량으로 사용되기도 하고, 가난한 자들의 구제에 사용되기도 했다.

22-23절. 이 본문은 22-36절의 속죄제 규례의 서론이다. 이 본문에서 속죄제를 드려야 하는 조건의 핵심은 "비고의적"(샤가[hg"v] 및 그 동족어, 사역 해설 참고)이란 표현이다. 사역 해설에서 설명한 바와 같이 이 표현은 죄인이 자신의 행위 자체를 아예 인식하지 못하고 있다는 것을 의미하지 않는다. 이 표현은 죄인이 자신의 행위 자체는 인식하고 있지만 그것이 죄가 된다는 점에 대해서는 충분히 인식하거나 느끼지 못하는 경우도 포괄하는 표현이다. 이것을 세이든이란 학자는 다음과 같이 설명한다:

[샤가 및 그 동족어로 표현되는] 죄는 인간이 율법에 저항해서 저지른 것이 아니라 단지 인간의 일반적인 불완전함 때문에 저지른 모든 죄들을 다 포괄해야 한다. 그 죄가 완전히 비고의적인 것이었든, 아니면 단지 정확히 알지 못해서 저지른 것이든 간에 말이다….[샤가 및 그 동족어는] 완전한 무지로부터 완전한 지식에 이르기까지의 모든 종류의 인간의 정신 상태를 다 포괄하고 있는 것으로 보이는데, 이 인간의 정신은 인간의 연약함에 의해 영향을 받은 상태이거나

---

[28] Jacob Milgrom, *Numbers*, The JPS Torah Commentary (Philadelphia: Jewish Publication Society, 1990), 121.

흐려진 상태이다".[29]

따라서 "비고의적"이란 표현은 좀 더 엄밀하게 말하면 단순히 "비고의적"인 죄뿐만 아니라 "고의적"이지만 죄인이 충분히 그 죄됨을 인식하지 못하고 저지른 죄까지도 다 포괄하는 표현이다.

이런 앞의 두 부류의 죄, 즉 "비고의적" 죄 및 "고의적' 죄와 대조를 이루는 것이 30절의 "오만하게"(브야드 라마, בְּיָד רָמָה, "높이 들린 손으로"[with a high hand]란 의미) 지은 죄이다. 이 죄는 앞의 두 종류의 죄와 달리 "율법에 저항해서", 즉 "하나님의 율법을 반역하고자 하는 마음에서(in the spirit of rebellion against the Law of God) 지은 죄"를 가리킨다.

이처럼 구약의 속죄제와 관련해서 죄는 세 개의 범주, 즉 "비고의적" 죄, "고의적" 죄, 그리고 "오만한" 죄의 세 가지로 나누어야 제대로 이해할 수 있다. 이 중에서 처음 두 개는 속죄제가 해결을 할 수 있다. 반면 마지막의 죄는 속죄제로 속죄하는 것이 불가능하다. 민수기 15장의 속죄제 본문은 죄에 대한 이런 이해를 바탕으로 해야만 정확한 이해가 가능하다.[30]

지금까지의 설명을 바탕으로 할 때 개역개정의 민수기 15:22-31의 속죄제 본문에 대한번역 중 샤가 혹은 그 동족어들을 "그릇" 혹은 "부지중에"라고 번역하고, 30절의 브야드 라마를 "고의로"라고 번역한 것은 문제가 많으며, 또한 오해의 소지가 크다. 이런 번역 혹은 이해 때문에 레위기 학자들의 논의, 그리고 레위기에 대한 해설서들 중에는 속죄제가 다루는 죄의 종류를 위의 설명처럼 3구분하지 않고 "비고의적/고의적"의 2구분으로 하는 경우가 많다. 그리고 이런 2구분 체계에 따르면 속죄제가 비고의적인 죄만

---

[29] P. Saydon, "Sin-Offering and Trespass-Offering", *CBQ* 8 (1948), 394-395. 인용문의 사각괄호 부분에서 보듯이 이 인용문은 현재의 문맥에 맞춰 약간 각색한 것이다. 원래의 논문의 더 충실한 번역은 박철현, *레위기*, 157에서 찾아볼 수 있다.

[30] 민수기의 이 짧은 본문을 바탕으로 해서 속죄제의 원리와 신학에 대해서 충분하게 다루는 것은 지면상 불가능하다. 박철현, *레위기*, 144-201의 속죄제에 대한 해설과 41-50쪽의 "제사와 속죄의 관계"라는 항목을 충실히 읽고 제대로 된 이해를 하는 것이 중요하다.

해결해주고, 고의적으로 지은 죄는 해결해주지 못한다는 생각을 하게 된다. 하지만 레위기 4:1-5:13의 속죄제 본문에는 분명히 고의적으로 죄를 지은 경우로 볼 수밖에 없는 경우들이 존재한다. 예를 들어 레위기 5:4의 "만일 누구든지 입술로 맹세하여 악한 일이든지 선한 일이든지 하리라고 함부로 말하면 그 사람이 함부로 말하여 맹세한 것이 무엇이든지 그가 깨닫지 못하다가 그것을 깨닫게 되었을 때에는"이라는 구절에서 "입술로 맹세"하거나 "함부로 말하면"이란 부분은 그 행동을 비고의적으로 하는 것은 불가능하다.[31] 그러나 분명히 해당 본문은 이런 죄도 속죄제로 해결이 됨을 밝히고 있다.

24-26절. 이 본문은 온 회중의 속죄제에 대해서 다루고 있다. 원래 레위기 4:1-5:13장의 속죄제 본문은 속죄제를 드려야 하는 죄인이 누구인가 하는 것을 기준으로 해서 크게 네 가지 종류의 속죄제를 다루고 있다. 대제사장의 속죄제(레 4:3-12), 온 회중의 속죄제(4:13-21), 지파장의 속죄제(4:22-26), 일반 백성의 속죄제(4:27-35)가 그것이다. 레위기 5:1-13은 앞의 일반 백성의 속죄제에 대한 일종의 부연 설명이라고 볼 수 있다.[32] 이 중에서 민수기 15장의 속죄제 본문은 단 두 종류, 즉 온 회중의 속죄제(민 15:24-26)와 일반 백성, 즉 개인의 속죄제(15:27-28)만을 다루고 있다. 이런 점으로 볼 때 이 민수기 15장의 속죄제 본문은 레위기 4:1-5:13의 속죄제 본문에 대한 대체 본문이라기보다는 이것을 현재 문맥에 필요한 만큼만 취사선택해서 활용하고 있는 것으로 생각된다.

24절은 온 회중이 비고의적으로 죄를 저질렀을 때는 번제로 수소 한 마

---

[31] 민수기의 이 짧은 본문을 바탕으로 해서 속죄제의 원리와 신학에 대해서 충분하게 다루는 것은 지면상 불가능하다. 박철현, *레위기*, 144-201의 속죄제에 대한 해설과 41-50쪽의 "제사와 속죄의 관계"라는 항목을 충실히 읽고 제대로 된 이해를 하는 것이 중요하다.
[32] 사실 이 5:1-13과 레위기 4장의 속죄제 사이의 관계의 문제에 대한 학자들의 견해는 통일되어 있지도 않고, 제시된 견해들이 그다지 선명하지도 않다. 그러나 박철현, *레위기*, 186-187에 나의 입장과 근거를 밝혔다. 이것이 지금까지 제시된 견해들 중 가장 간단명료하고, 적절한 설명이라고 생각한다.

리와 그것에 수반된 소제와 전제(참고, 위의 8-10절), 그리고 속죄제로 숫염소 한 마리를 드려야 한다고 규정하고 있다.

문제는 온 회중의 비고의적 죄에 대해서 드려야 하는 제물의 종류가 레위기 4:13-21의 속죄제 본문의 경우와 차이가 난다는 점이다. 레위기 본문에서는 온 회중의 속죄제물로 수소를 드려야 했다. 반면에 이 민수기 본문은 수소는 번제로 드리고, 숫염소를 속죄제물로 드리라고 말하고 있다. 이 때문에 심지어 상당히 보수적인 성경관을 가진 학자들마저도 이 경우에는 역사비평학자들처럼 본문의 형성 과정에 뭔가 다른 전통들이 개입되어 있을 가능성을 인정해야 한다고 지적하기도 한다.[33] 현재까지는 이 양 본문 사이의 명백한 차이를 설명할 길은 없는 것 같다.

25절은 온 회중이 자신들의 비고의적 죄에 대해 이렇게 속죄제를 드리면 사함을 받을 것을 명시하고 있다. 이 본문의 문구는 레위기 4:20과 내용 및 어휘가 상당히 비슷하다.

26절은 이처럼 온 회중의 속죄제가 미치는 사죄의 효과가 단순히 이스라엘 백성뿐만 아니라 그들과 함께 하는 거류민들에게도 미친다는 점을 밝히고 있다. 이 점은 앞의 13-16절, 그리고 뒤의 29-31절과도 맥을 같이 한다.

27-28절. 이 본문은 개인의 속죄제에 대한 내용을 다루고 있다. 현재 구절에서는 "일 년 된 암염소"를 제물로 드리라고 되어 있지만 평행 본문인 레위기 4:27-5:13은 암염소(4:27-31), 암양(4:32-35), 비둘기 두 마리(5:7-10), 고운 가루 1/10에바(5:11-13) 등의 다양한 제물을 허용하고 있다. 아마 민수기 본문은 레위기의 이 평행 본문의 내용을 압축하여 가장 대표적인 제물인 암염소만을 언급하고 있는 것으로 보인다. 따라서 양 본문이 모순된다고 볼 이유는 없다.

---

[33] 예를 들어 Roy Gane, *Leviticus, Numbers*, The NIV Application Commentary (Grand Rapids: Zondervan, 2004), 621은 "(본문의 형성 과정에 있어서) 통시적인 (발전 과정이 개입되어 있을) 가능성"(diachronic possibility)이 있다는 것을 고려해야만 한다고 주장한다.

28절 끝의 사죄에 대한 언급은 그 평행 본문인 4:31과 내용 및 어휘가 상당히 비슷하다. 이 점은 이 민수기 15장의 본문이 레위기 4:1-5:13의 속죄제 본문에 기초하고 있다는 것을 보여주는 것으로 생각된다.

29절. 이 구절은 13-16절과 본질적으로 같은 내용을 담고 있다. 화제(3-10절)의 경우와 마찬가지로 속죄제의 경우에도 본토인과 거류민에게 동일한 율법이 적용된다.

30-31절. 이 본문은 본토인과 거류민에 대한 언급이라는 측면에서는 앞의 29절과 연결되어 있다. 그러나 이 본문은 또한 속죄제 신학과 관련하여 지금까지 언급되지 않았던 굉장히 중요한 사항, 즉 "오만하게" 지은 죄의 경우를 다루고 있다. 지금까지 살펴 본 바와 같이 속죄제는 두 종류의 죄, 즉 "비고의적" 죄와 "고의적" 죄의 문제를 해결해준다. 그러나 속죄제는 하나님에게 "오만하게" 지은 죄는 해결해주지 않는다. 속죄라는 것은 기본적으로 하나님께 용서를 비는 것이다. 그런데 "오만하게" 죄를 짓는다는 것은 이 하나님과 그의 계명들을 거부한다는 것을 의미한다. 그 분과 그 분의 명령을 의도적으로 거부하면서 그 분에게 용서받기를 바랄 수는 없는 것이다.

31절은 "오만하게" 죄를 짓는다는 것이 무슨 의미인지에 대한 부연설명을 제공하고 있다. 그것은 "여호와의 말씀을 멸시하고 그의 명령을 파괴"하는 것이다.

이런 자들이 당할 운명은 "끊어지는" 것이다. 다시 말해 이들은 어떤 방식으로든 하나님의 심판을 받게 될 것이며, 내세에도 문제가 있게 될 것이다(참고, 사역 해설).

32-36절. 주변 단락들과 달리 내러티브 형식으로 되어 있는 이 본문은 "오만하게" 죄를 지은 자들이 당하게 될 운명에 대해서 실례를 들고 있다.

이 본문의 내용의 흐름은 레위기 24:10-23의 여호와의 이름을 모독하고 저주한 사람의 이야기와 비슷하다. 이 두 이야기 모두 내용의 흐름은 다

음과 같다.[34]

　(1) 죄인이 죄를 지은 것의 목격과 체포(민 15:32-33; 레 24:10-11)

　(2) 죄인을 가두고 하나님의 판결을 기다림(민 15:34; 레 24:12)

　(3) 하나님의 판결(민 15:35; 레 24:13-22)

　(4) 심판의 시행(민 15:36; 레 24:23)

이 두 본문은 또한 해당 율법의 적용이 본토인과 거류민에게 동일하다는 점에 있어서도 역시 상응하다. 단지 레위기 본문에서는 하나님의 판결 내용(레 24:16, 22) 속에 이 점이 명시되어 있는 반면에 민수기 본문에서는 이 에피소드 직전의 구절(민 15:30-31)이 이 점을 명시하고 있다는 점이 다를 뿐이다.

이제 앞에서 본 내용의 흐름을 따라 본문의 내용을 살펴 보면 다음과 같다. 32-34절에서 어떤 사람이 안식일이 일을 하다가 발견되고, 그 사람은 모세와 아론과 회중 앞에 세워지게 된다. 그러나 그 사람에 대한 하나님의 처분이 어떻게 될 지를 모르기 때문에 일단 그를 가둔 채 기다린다. 35절에서 하나님의 판결이 내려진다. 하나님은 그와 같이 안식일 규례를 어긴 사람은 돌로 치는 형에 처해야 한다고 규정하신다. 36절은 이 심판의 시행에 대해서 알리고 있다. 문맥상 중요한 점은 이 규례가 본토인과 거류민에게 공히 적용되어야 한다는 점이다. 이런 점에서 이 에피소드는 민수기 15장의 다른 규례들과 연결되어 있다.

특히 36절의 끝에는 "여호와께서 명령하신 대로였다"는 표현이 나온다. 이 표현은 민수기 1-10장의 기본 틀인 "명령-수행"의 틀을 보여주고 있다. 그리고 이런 모습은 민수기 11-14장이 보여준 이스라엘의 반역의 모습과 대조가 된다. 이런 면에서 이 본문은 심판 받은 이스라엘에게 다시 한번 희망의 메시지를 던져주는 역할을 한다.

37-38a절. 이 본문은 15장의 세 번째 단원(37-41절), 즉 옷단 귀에 술을

---

[34] 이 레위기 본문에 대한 상세한 분석은 박철현, *레위기*, 640-641, 646-648을 보라.

달라는 규례단원의 도입구이다. 내용은 1-2a, 17-18a절과 완전히 상응한다.

38b절. 이 구절은 이스라엘 백성들이 대대로 지켜야할 규례 중의 하나로 옷단 귀퉁이에 술(찌찌트, צִיצִת)을 달아야 하는데, 이 술은 자색(트켈레트, תְּכֵלֶת)의 실을 넣어서 만들어야 한다고 규정하고 있다. 이 자색 실은 법궤의 덮개(민 4:6)나 성막의 휘장(출 26:31, 36 등), 대제사장의 옷(출 28:31, 37 등)에 사용된 색으로서, 왕을 상징하는 것이며, "제사장 나라, 거룩한 백성"(출 19:6)의 왕이신 하나님을 나타내는 것이었다.[35] 이런 면에서 아마 자색 실은 하나님의 지속적인 임재를 나타내는 것으로 보인다. 즉 단순히 제사를 드리러 성막으로 나아갈 때뿐만 아니라 삶의 모든 영역에서 신전의식(神前意識)을 갖고 살라는 코람 데오(Coram Deo) 정신을 형상화한 것으로 이해하면 될 것이다.

참고로 이 구절의 평행 구절인 신명기 22:12 역시 이와 동일한 규례를 담고 있는데, 여기에 사용된 히브리어 어휘는 차이가 난다. 이 신명기 본문에는 찌찌트 대신에 그딜림(גְּדִלִים)이라는 단어가 사용되고 있다. 그러나 이 둘은 동일한 것을 지칭하는 것으로 생각된다.

39a절. 39-40절은 옷술을 다는 이유를 제시하고 있다. 그 중에서 이 39a절은 자색 실이 "너희를 위한 것"이라고 밝히고 있다. 우리는 간혹 하나님을 섬기는 것이 단지 "하나님만을 위한 것"이라고 착각하는 경향이 있다. 그러나 하나님을 섬기는 것은 우리에게도 유익한 것임을 잊지 말아야한다. 세상의 창조주이시고, 세상의 모든 것의 주인이시며, 거룩하고 선하신 하나님을 섬기는 것보다 우리에게 더 유익한 것은 있을 수가 없다.

39b-40절. 이 본문은 옷술을 다는 이유를 제시하고 있다. 이 본문을 이해하는데 있어서 우선적인 사항은 이 본문이 느슨하게나마 교차대조법적 구조를 띠고 있다는 점이다.

---

[35] Wenham, *Numbers*, 149.

a. 너희가 그것을 보고
　　　　b. 여호와의 모든 계명을 기억하고 준행하며
　　　　　　x. 너희로 하여금 음란하게 따르게 만드는 너희의 마음과 너희의
　　　　　　　눈을 따라 방황하지 않고
　　　　b′. 너희가 내 모든 계명을 기억하고 행함으로써
　　a′. 너희의 하나님 앞에서 거룩하게 있도록 하기 위함이다.

위의 구조에서 a-a′ 부분의 관계는 상대적으로 느슨하다. 그러나 내용상으로 볼 때 "그것을 보고…하나님 앞에서 거룩하게 있도록 하기 위함"이라는 양 구절의 문구는 이 구조를 통해 서로 자연스럽게 연결된다. b-b′ 부분은 어휘와 내용에 있어서 완전한 상응성을 보여준다. 이런 상응성을 통해 가운데의 x부분이 부각되는 효과가 생긴다.

이 구조에서 최외곽에 있는 a-a′는 자색 실로 된 옷술의 궁극적인 목적을 말해준다. 그것은 하나님의 임재를 상징하는 자색 실로 된 옷술을 바라보는 것을 통해 이스라엘이 그 하나님 앞에서 거룩한 모습을 유지하도록 하기 위한 것이다.

이어지는 b-b′ 부분과 x 부분은 각각 이 옷술을 바라보는 행위가 무엇을 하도록 촉구하고, 또 무엇을 하지 않도록 방지하기 위한 것인지를 다루고 있다. 먼저 b-b′는 이 자색 실을 바라보는 것이 "여호와의 모든 계명을" 기억하게 함으로써 그것들을 행하도록 촉구하는 역할을 하기 위한 것이라고 말하고 있다.

마지막의 x 부분은 자색 실의 옷술이 이스라엘로 하여금 무엇을 하지 않도록 방지하고자 하는 것인지에 대해서 언급하고 있다. 그것은 이스라엘이 "음란하게 따르는 너희의 마음과 눈을 따라 방황하지" 않게 하는 것이다. 이스라엘은 자색 실로 대변되는 코람 데오의 정신에 따라 하나님의 계명들을 기억하고 그것들을 실천에 옮길 때 자신들의 마음이 영적인 음란함에 빠지지 않고 방황하지 않을 수 있게 되는 것이다.

이 x 부분의 내용은 또한 정탐꾼 사건과의 관계에서도 역시 중요하다. 앞의 15장의 개관 및 신학에서 설명한 바와 같이 이 구절의 "음란하다"(자나, זָנָה)는 표현과 "방황하다"(투르, תּוּר)란 표현은 13-14장의 정탐꾼 사건에서 나온 표현들이다. 이런 면에서 볼 때 옷술은 정탐꾼 사건에서와 같은 음란과 방황이 다시 일어나지 않도록 하기 위한 장치라고 할 수 있다.

옷술을 달라는 이런 명령은 쉐마의 후반부(신 6:6-9)의 내용을 상기시킨다. 여기에서 이스라엘은 "오늘 내가 네게 명하는 이 말씀을 너는 마음에 새기고 네 자녀에게 부지런히 가르치며 집에 앉았을 때에든지 길을 갈 때에든지 누워 있을 때에든지 일어날 때에든지 이 말씀을 강론할 것이며 너는 또 그것을 네 손목에 매어 기호를 삼으며 네 미간에 붙여 표로 삼고 또 네 집 문설주와 바깥 문에 기록할지니라"는 명령을 받았다. 이 쉐마의 말씀은 "마음에 새긴다"는 것이 무엇인지를 풀어서 설명하기를 자녀에게 열심히 계명을 가르치는 것, 다시 말해 자기 세대뿐만 아니라 다음 세대에도 말씀이 살아 있게 지키는 것, 생활의 모든 순간에 계속해서 말씀에 대해서 이야기하는 것,[36] 손목과 미간과 문설주와 바깥 문이 상징하듯이 삶의 모든 영역에서 말씀이 드러나게 하는 것이라고 말하고 있다. 이처럼 옷에 다는 술 역시 항상 사람의 몸에 붙어 있으면서 그의 생활의 모든 영역에서 그의 눈 앞에서 말씀을 상기시킴으로써 그가 말씀대로 살고, 말씀을 벗어나는 일들을 하지 않도록 해주는 역할을 하는 것이었다.

여기에서 한 가지 주의할 점은 이 외적인 기억 보조 도구인 옷술보다 더 중요한 것은 그 착용자의 마음가짐이라는 점이다. 착용자가 경건의 모양을 자랑하기 위해 옷술을 달고 다니면서 정작 하나님의 말씀에 대한 태도가 잘못되어 있고, 그것들을 실천하지 않는다면 옷술은 하나의 위선적인 가면에 불과할 뿐이다. 신약에서 예수께서 서기관들과 바리새인들의 위선을 비

---

[36] 개역개정이 "강론하다"라고 번역하고 있는 단어는 "~에 대해서 이야기하다"(다바르[피엘] 브, דִּבֶּר בְּ)이다. "강론하다"라는 단어는 "강의하다"라는 뉘앙스가 강한데 이것은 원문이 의도하는 바가 아니다.

판하시면서 "그들의 모든 행위를 사람에게 보이고자 하나니 곧 그 경문 띠를 넓게 하며 옷술(크라스페돈, kra,spedon)을[37] 길게 하고"(마 23:5)라고 하셨다는 것을 우리는 잊지 말아야 한다.

참고로 예수께서도 이 옷술을 달고 다니셨던 것으로 보인다. 마태복음 9:20에서 혈루병 걸린 여인이 만진 "겉옷 가"(크라스페돈)가 바로 이 옷술을 가리킨다. 또한 마태복음 14:36에 따르면 게네사렛에서 병자들이 "다만 예수의 옷자락(크라스페돈)에라도 손을 대게 하시기를 간구하니 손을 대는 자는 다 나음을 얻으니라"고 되어 있다. 이 "옷자락" 역시 옷술을 의미하는 것으로 보인다.

예수 그리스도 이 이야기는 사도 행전의 사도들의 병 고침 이야기의 바탕이 되는 듯하다. 하나님께서 역사하시자 사도 바울의 손수건이나 앞치마만 닿아도 병든 사람이 나았다(행 19:11-12). 그리고 베드로의 경우에는 심지어 병자들의 그의 그림자라도 닿기를 바랐고, 또 많은 사람들이 병 고침을 받았다(행 5:15-16).

5단계: 적용

2, 18절. "내가 너희의 거처로 준 땅에 들어가게 되면…내가 너희를 데리고 가는 그 땅에 너희가 들어가거든": 민 14:18에서 모세는 출애굽기 34:6-7을 인용하면서 하나님의 공의와 자비의 속성의 결합에 호소한 바 있다. 이 중에서 민 13-14장의 정탐꾼 사건에서는 하나님은 불순종한 이스라엘에게 공의를 더 강조하셨다. 즉 "형벌 받을 자는 절대 사하지 않으시고, 아버지의 죄악을 자식들에게 갚아 삼사대까지 이르게"(민 14:18) 하는 하나

---

[37] 70인경은 민수기 15:37-41의 "술"(찌찌트)이란 단어를 크라스페돈이라고 번역하고 있는데, 이 단어가 바로 이 마태복음 23:5에 사용되고 있는 것이다.

님에 치중하셨다. 반면에 15장에서 하나님은 당신의 은혜의 속성, 즉 "노하기를 더디하시고, 인자가 많으시고, 죄악과 허물을 사하시는" 속성을 더 강하게 보여주신다. 비록 이스라엘은 하나님께서 불순종함으로 인해 광야에서 40년 동안 유랑해야 하지만 민수기 15:2, 18의 말씀대로 결국 하나님께서 약속하신 땅으로 들어가게 될 것이다. 하나님의 말씀대로 "내가 너희를 데리고" 가실 것이기 때문이다(15:18).

우리가 완전한 절망 중에도 소망이 있는 이유는 바로 하나님의 이런 성품 때문이다. 하나님은 "진노 중에라도 긍휼을 잊지" 않는 분이시다(합 3:2). 하나님은 "넘치는 진노로 내 얼굴을 네게서 잠시 가렸으나 영원한 자비로 너를 긍휼히" 여기는 하나님이시다(사 54:8). 이 하나님의 자비는 결코 흔들리지 않으며 영원하다(사 54:10) (또한 미 7:18; 습 2:3; 눅 1:72, 78 등을 참고하라). 죄인인 우리의 희망은 바로 이런 하나님의 자비에 있다.

13-16. "…회중, 곧 너희나 거류하는 거류민들에게나 율례는 한 가지다…하나의 법도, 하나의 규례가 너희 및 너희와 함께 거류하는 거류민에게 있다": 하나님의 백성의 법은 아브라함의 혈통을 가진 이스라엘 "본토인"에게만 미치는 것이 아니라 그들과 함께 하는 거류민들에게도 동일하게 적용된다. 구약에서도 분명히 하나님의 백성이 되는 자격은 혈통을 넘어서 있다. 이것은 신약이 외치고 있는 구원의 도와 상응한다. 요한복음 1:12-13에 따르면 "영접하는 자 곧 그 이름을 믿는 자들에게는 하나님의 자녀가 되는 권세를 주셨으니 <u>이는 혈통으로나</u> 육정으로나 사람의 뜻으로 <u>나지 아니하고 오직 하나님께로부터 난 자들이니라</u>"고 말씀하고 있다. 또한 로마서 10:12-13도 "유대인이나 헬라인이나 차별이 없음이라…누구든지 주의 이름을 부르는 자는 구원을 받으리라"고 말씀하고 있다. 중요한 것은 이런 구원의 도가 이미 오경에도 나타나 있다는 점이다. 구약에서도 하나님의 백성의 되고자 하는 모든 자들에게 길은 열려 있었다. 마찬가지로 현재에도 진정으로 하나님의 백성이 되고자 하는 모든 자들에게 구원의 길은 열려 있다.

19-20절. "그 땅의 양식을 먹을 때에…너희 반죽통의 첫 것으로 된 떡을…드려라": 이스라엘은 하나님의 은혜로 약속의 땅에 들어가서 그 땅의 음식을 먹게 될 때 자신들의 식사를 위한 반죽의 첫 번째 부분 혹은 가장 좋은 부분을 하나님께 드렸다. 이렇게 함으로써 그들은 약속의 땅, 그리고 그 땅의 소산이 하나님의 선물인 것을 기념하고, 망각하지 않을 수 있었을 것이다.

이런 전통은 유대교에서 유구하게 준수되어 오고 있다. 또한 우리 나라의 경우에도 성미라는 형태로 준수된 바 있다. 이렇게 모인 성미는 과거에 목회자들의 식량으로 사용되기도 하고, 불우한 이웃의 구제용으로 사용되기도 했다.

비록 현재에 와서는 한국의 목회자들에게 성미가 더 이상 필요 없고, 혹시 가난한 목회자나 주변 이웃을 돕는 방식이 현재에는 차라리 금전적인 것이 더 낫다 할지라도 이 반죽통의 첫 것에 대한 규례가 가르치는 정신은 지금도 전수되는 것이 좋다고 생각된다. 현재의 우리도 자신의 삶에 주어지는 모든 것들이 바로 하나님께서 주신 것임을 알고 기억하는 정신은 망각해서는 안 된다.

6단계: 설교 "성도는 구별된 삶을 사는 자입니다"(민 15:37-41)

오경의 율법들 중에는 하나님께서 특별히 당신의 백성이 이방인들의 삶과 확연히 구분된 삶을 살도록 하기 위해 요구하신 것들이 있습니다. 레위기 11장의 음식법에 기초해서 이스라엘 백성들은 이방인들과 구분되는 음식을 먹어야 했습니다. 또한 이스라엘 백성들은 두 가지 재료로 짠 옷을 입으면 안 되었습니다(레 19:19; 신 22:11).

이런 율법들과 마찬가지로 오늘 본문에서 하나님은 자신들의 백성들이 이방인들과 구별되는 방식으로 또 한 가지 사항을 요구하십니다. 그것은 이스라엘 백성들이 옷의 끝단에 술을 다는 것이었습니다. 그 옷술은 자색 실을 넣어 짠 것이었습니다.

여기에서 자색 실은 원래 성막의 가장 거룩한 기물들에 사용된 색입니다. 이 색은 고대 근동에서 왕의 색깔이었습니다. 이 자색 실을 성막에 사용할 때 하나님은 자신이 이스라엘의 참된 왕이심을 나타내시고자 했던 것 같습니다. 이스라엘 백성들은 제물을 가지고 성막에 들어가서 하나님의 존전에 설 때마다 하나님이 자신들의 왕이고, 자신들은 하나님의 백성임을 기억해야 했습니다.

이제 하나님은 이 자색 실이 이스라엘 백성의 옷술에도 들어가야 한다고 요구하셨습니다. 이것을 통해 하나님께서 주시고자 한 메시지는 이스라엘이 단지 제의적이고 영적인 측면에서만 왕이신 하나님을 섬기는 것이 아니라 삶의 모든 영역에서도 역시 왕이신 하나님을 섬겨야 한다는 것을 가르쳐 주시고자 했던 것으로 보입니다. 이 때문에 하나님은 오늘 본문에서 강조하시기를 "너희가 그것을 보고 여호와의 모든 계명을 기억하고, 준행하며, 너희로 하여금 음란하게 따르도록 만드는 너희의 마음과 너희의 눈을 따라 방황하지 않고, 너희가 내 모든 계명을 기억하고 행함으로써 너희의 하나님 앞에서 거룩하게 있도록" 하기 위함이라고 말씀하셨습니다.

오늘 본문이 가르치고 있는 이런 점들에 기초해서 몇 가지 영적 교훈을 얻고자 합니다.

첫째, 옛 이스라엘과 마찬가지로 현재의 우리는 자신들이 하나님과 특별한 관계에 있는 자들임을 알아야 합니다. 오늘 본문의 41절에서 하나님은 "나는 …너희 하나님"이라는 말씀을 두 번에 걸쳐서 합니다. 또 이처럼 "너희 하나님"이 되시기 위하여 "애굽 땅에서 너희를 인도해"냈다고 말씀하십니다. 신약에서도 하나님은 우리의 하나님이 되시기 위해 독생자 예수의 십자가 사건을 통해서 우리를 죄로부터 구원해 의의 길로 인도하셨습니다. 이처럼 하나님은 구원 사건을 통해서 당신이 우리의 하나님이 되시고, 우리는 그의 백성이 되게 만드시고자 하셨습니다. 따라서 믿는 우리는 현재 하나님과 특별한 관계에 있는 존재들임을 잊어서는 안 됩니다.

둘째, 하나님의 백성인 우리는 세상과 구별된 삶을 가져야 합니다. 하나님은 구약 이스라엘이 특별한 하나님의 백성으로서 세상과 다른 방식으로 살기를 원하셨습니다. 그래서 하나님은 이스라엘 백성들에게 다른 음식을 먹게 하셨고, 다른 옷을 입게 하셨고, 다른 옷 장식을 달게 하셨습니다. 이처럼 하나님의 백성은 세상과 분명히 다른 모습을 가져야 합니다.

지금 한국 교회의 불행은 하나님의 백성이 세상과 다른 모습을 갖지 않은 것에 그 원인이 있습니다. 현재 하나님의 백성은 너무나도 세상과 같은 모습을 하고 있습니다. 세상 사람들과 다르지 않으니 사람들은 교회를 더 이상 특별한 곳으로 생각하지 않게 되어버렸습니다. 교회는 더 이상 이 험한 세상에서 구원의 방주처럼 보이지 않고 다른 흔한 배들처럼 되어버렸습니다. 교회는 세상 사람들이 구원을 얻기 위해 반드시 갈아 타아야 할 방주의 모습을 갖고 있지 못합니다.

셋째, 하나님이 구별된 삶으로 요구하신 것은 궁극적으로는 외적인 모습이 아니라 내적인 모습입니다. 구약의 음식법이나 옷감이나 옷술에 대한 규례는 일종의 멀티미디어 교재 혹은 시청각 교육 같은 것입니다. 하나님의 계시가 아직 충만하게 주어지지 않은 오경의 시대, 즉 아직 하나님의 백성이 충분히 영적인 통찰을 갖추지 못한 시대에 하나님은 이런 시각적이고 외형적인 규례들을 통해서 이들에게 좀 더 본질적이고 영적인 교훈을 깨닫게 해주고자 하셨던 것입니다.

이처럼 외형적인 것이 아니라 내면적인 것이 궁극적으로는 더 중요하다는 점은 이미 현재 본문에서도 드러나 있습니다. 39-40절은 "너희가 그것을 보고", 즉 외형적인 기억 보조 장치인 옷술을 보고 "여호와의 모든 계명을 기억해야" 한다고 가르치고 있습니다. 그리고 이 기억은 그 계명들을 "준행"하는 것으로 전환되어야 한다고 가르칩니다. 이렇게 될 때에야 하나님의 백성은 "음란하게 따르도록 만드는 너희의 마음과 너희의 눈을 따라 방황하지" 않게 되는 것입니다. 이처럼 옷술에 대한 규례의 진짜 강조점은 외형적인 구별이 아닙니다. 바로 내면적인 구별입니다.

만약 우리가 이 외형과 내면 사이에 진짜 본질이 무엇인지를 놓쳐 버리면 그것이 바로 외식(外飾)입니다. 예수님께서는 마태복음 23:5에서 이 점을 지적하셨습니다. "그들의 모든 행위를 사람에게 보이고자 하나니 곧 그 경문 띠를 넓게 하며 옷술(크라스페돈, kra,spedon)을 길게 하고"라고 말씀하시면서 그 당시의 서기관들과 바리새인들의 외식을 비판하셨습니다. 그 당시의 종교 지도자들은 자신들의 내면적 본질을 갖추는데 신경 쓰지 않고 겉으로 드러난 행위와 모습에만 치중했던 것입니다.

사도 바울도 외형과 내면 사이의 이런 관계에 대해서 설파한 적이 있습니다. "네가 율법을 행하면 할례가 유익하나 만일 율법을 범하면 네 할례는 무할례가 되느니라…무릇 표면적 유대인이 유대인이 아니요 표면적 육신의 할례가 할례가 아니니라 오직 이면적 유대인이 유대인이며 할례는 마음에 할지니 영에 있고 율법 조문에 있지 아니한 것이라"(롬 2:25-29). 즉 하나님의 백성의 언약적 표시인 할례는 원래는 마음에 해야 하는 것입니다. 육신적 할례는 마음에 할례 받은 것에 대한 외형적인 표시일 뿐입니다. 만약 마음에 할례 없이 육신만 할례를 한다고 해서 참 하나님의 백성이 되는 것이 아닙니다.

그러므로 하나님의 참 신부가 되는 성도는 베드로전서 3:1-5의 말씀에 귀를 기울일 필요가 있습니다. "아내들아…너희의 단장은…외모로 하지 말고…오직 마음에 숨은 사람을 온유하고 안정한 심령의 썩지 아니할 것으로 하라 이는 하나님 앞에 값진 것이니라 전에 하나님께 소망을 두었던 거룩한 부녀들도 이와 같이 자기 남편에게 순종함으로 자기를 단장하였나니". 물론 베드로전서의 이 말씀은 원래는 믿는 집안의 부녀자들에게 주신 말씀입니다. 그러나 그리스도의 참 신부인 하나님의 교회의 성도들에게도 오늘 본문의 내용과 관련하여 이보다 더 적절한 가르침은 없습니다. 진정한 그리스도의 신부는 "외모"가 아닌 "마음에 숨은 사람"을 단장해야 하는 것입니다.

말씀을 정리합니다. 성도 여러분, 여러분은 하나님이 피값으로 사신 특별한 백성입니다. 특별한 백성은 세상과 구분되는 특별한 모습을 가져야 합니다. 그리고 그 구별되는 특별한 모습은 외형적인 것이 아닌 내면의 진실입니다. 그 진실은 하나님의 모든 계명에 순종함으로써 하나님 앞에서 진정으로 거룩한 모습을 갖추는 것입니다. 성도 여러분인 이런 모습을 갖춤으로써 세상에서 방황하지 않고 천국 가는 길까지 하나님께 충성스러운 백성으로서 살아가실 수 있기를 축원합니다.

민수기 16장

모세의 리더십에 대한 다른 도전들(1)

민수기 16장의 개관 및 신학

민수기 16장의 개관 및 신학에 대해서 논하기 먼저 살펴 봐야 하는 점은 민수기 전체의 거시적 구조와 문맥이다. "민수기 개관" 중 "민수기의 구조" 항목에서 보았듯이 민수기 16-19장은 다음과 같이 민수기의 거시 구조 중 가운데 부분을 차지하고 있다:

A. 1-10장: 제1세대의 가나안 여행 준비
  B. 11-15장: 제1세대의 실패와 희망
    C. 16-19장: 반역 세대의 소멸
  B′. 20-25장: 제2세대의 실패와 희망
A′. 26-36장: 제2세대의 가나안 입성 준비

이처럼 광야 1세대인 "반역 세대의 소멸"을 다루고 있는 16-19장은 광야 시대 총 40년의 역사 중 가장 긴 시간인 대략 38년 정도의 시간을 포괄하고 있다. 민수기 1-10장은 광야 여행 제2년 1월 1일의 성막 건설 완성(9:15)으로부터 시작해서 2년 2월 1일의 인구조사(1:1)를 거쳐 2월 20일의 시내산 출발(10:11-12) 전후의 이야기들을 다루고 있다. 그리고 민수기 11-14장의 사건은 이 시내산 출발 이후의 얼마 안 되는 상황들을 다루고 있다. 이어서 16-19장이 총 38년 어간의 상황을 포괄적으로 기술한 후 민수기 20장의 사건은 갑자기 제40년의 상황으로 건너 뛴다(20:1, "신 광야"; 참고, 33:36-39의 광야 여정기의 "신 광야"에 대한 언급).[1] 따라서 민수기의 가운데 단원인 16-19장은 제2년 초로부터 시작해서 제40년의 어느 시기 사이의 총 38년 어간의 긴 시간을 포괄하고 있다.

이처럼 민수기의 광야 여정 기간 중 거의 대부분의 시간, 즉 95퍼센트 이상의 시간을 다루고 있는 16-19장은 이 시기의 역사 기록으로는 오직 16-17장의 연속된 사건들을 담은 에피소드 하나만을 담고 있다. 그리고 이 단원의 나머지 부분인 18-19장은 역사적 사건들에 대한 기록이 아니라 규례 본문을 담고 있다. 따라서 38년의 긴 역사는 16-17장의 에피소드로 압축되어 있다고 할 수 있다.

우선 이 16-19장의 내용을 간단하게 개괄해보자면 다음과 같다. 우선 16-17장은 레위 지파의 일원인 고라 및 그 일당의 반역과 르우벤 지파의 일원인 다단과 아비람의 반역으로 인해 촉발된 갈등에서 파생된 일련의 연쇄적 사건들을 담고 있다. 고라 무리는 주로 레위 지파와 아론 제사장 가문 사이의 관계에 대한 불만을 제기하고(16:3-11), 다단과 아비람은 주로 모세의 리더십에 대해 문제를 제기한다(16:12-15).[2] 이들의 반역에 대해 하나님은 땅이 그들을 삼키게 하시는 것을 통해서 심판하시고, 이 사건이 영원히 기억될 수 있게 조치를 하신다(16:31-40[16:31-17:5]).[3] 놀랍게도 이들의 심판

---

1 민수기의 각 단원과 시간의 길이의 문제는 "민수기 개관" 중 "민수기의 연대기" 항목을 보라.
2 사실 이 문제는 본문의 통일성, 두 반역 무리 사이의 관계 등에 대해서 여러 가지 복잡한 사항들이 연루되어 있다. 현재의 개관 단계에서는 이 문제들을 다 다룰 수 없기 때문에 이 문제는 나중에 가서 다시 다루기로 한다.
3 민수기 16:36이하부터 17장 전부의 본문은 개역개정과 히브리어 원문의 장절 번호가 틀리다. 그 이유는 개역개정의 16:36-50절의 부분을 히브리어 원문은 17:1-15로 표기하고 있기 때문이다. 따라서 개역개정의 17장의 절들은 숫자 15를 더해야 원문의 번호와 일치한다. 본 글에서는 나는 이런 장절상의 차이가 있을 경우 개역개정의 표기를 따르도록 하겠다. 히브리어 원문상의 장절의 표기는 괄호 안에 넣어서 표기할 것이며, 본문 사역 등과 내용 전개상 필수불가결한 경우에만 히브리어 원문의 장절을 표기하도록 하겠다.

을 보고도 나머지 이스라엘의 온 회중이 저항을 하자 하나님은 이들을 역병으로 다시 벌하시며, 모세와 아론의 속죄 사역을 통해서야 겨우 하나님의 진노가 그친다(16:41-50[17:6-15]). 이어서 하나님은 아론과 열두 지파의 장들이 지팡이를 가져 오게 하시고, 그 중에서 아론의 지팡이에만 싹이 나게 하심으로써 그의 권위를 세워주신다(17:1-13[17:16-28]). 이렇게 해서 고라 등의 반역으로 인해 촉발된 모든 갈등이 마무리된다.

이어지는 18장은 레위 지파와 제사장의 기업의 문제와 그들이 차지해야 할 몫에 대한 규례들을 담고 있다. 그리고 19장은 시체를 만짐으로 인해 발생한 "부정을 씻는 물"에 대한 규례를 담고 있다.

이제 16-19장과 앞의 문맥과의 연결점들을 좀 살펴보도록 하자. 아래에서는 16-17장의 에피소드와 18-19장의 규례 부분을 나누어서 다루도록 하겠다.

먼저 16-17장의 에피소드와 앞의 문맥 간의 관계로는 다음과 같은 것들이 있다. 첫째, 이 에피소드는 민수기 11-14장의 내러티브와 마찬가지로 리더십에 대한 도전을 담고 있다. 차이점이라면 11-14장에서는 주로 모세의 리더십이 도전을 받았다면 16-17장에서는 모세와 아론의 리더십 모두가 도전을 받으며, 또한 아론에게 더 도전이 집중된다는 점이다. 다단과 아비람은 16:12에서 "왜 당신은 우리 위에 군림하기까지 하려 합니까"라고 말함으로써 모세를 향한 도전을 나타냈다. 그리고 고라는 16:3의 "회중이 다 각각 거룩하고 여호와께서 그들 중에 계시는데, 너희가 어찌하여 여호와의 총회 위에 스스로 높이느냐"라고 말함으로써 양자에 대해 도전을 나타냈다. 그러나 사실 고라의 진짜 반역의 의도는 아론의 제사장 직분에 있다는 점이 16:10-11의 "너희가 제사장의 직분까지 노리느냐…아론이 누구라고 너희가 그에게 불평을 하느냐"는 모세의 말, 그리고 향로를 통한 시험(16:5-7, 17-18, 35)과 지팡이를 통한 시험(17:1-13[17:16-28])을 통해 분명히 드러난다.

둘째, 약속의 땅으로 올라가느냐 마느냐 하는 주제도 16-17장의 에피소드와 그 앞의 11-14장의 반역 사건들, 그 중에서도 특히 마지막의 13-14장의 정탐꾼 사건과 연결시켜 준다. 이 후자의 본문에서 이스라엘 백성들은 약속의 땅에 올라가느냐 마느냐 하는 문제를 가지고 다투었다(올라, עָלָה, 13:30-31; 14:40-44). 그런데 16-17장에서 다단과 아비람 역시 이 중요한 주제를 꺼낸다(16:12-14).

셋째, 정탐꾼 사건(13-14장)에서 이스라엘은 약속의 땅이 "그 거주민을 삼키는 땅"이라고 말한 바가 있다(13:32). 그러나 이제 16-17장의 반역 사건에서 하나님은 땅으로 하여금 반역자들을 삼키게 만드신다(16:32). 땅의 삼킴 문제로 약속의 땅에 들어가기를 거부한 자들이 이 16-17장의 사건을 통해서 땅에 삼킴을 당하는 것이다.

16-19장과 앞 문맥의 연결은 이처럼 내러티브 본문끼리만 있는 것은 아니다. 앞의 11-15장의 마지막 장인 15장의 마지막 부분(15:37-41)의 옷에 다는 술에 대한 규례 본문은 이스라엘이 하나님 앞에서 거룩한 존재로 살아야 한다는 점을 말하고 있다. 그런데 바로 이어지는 16장의 서두(16:3)에서 고라는 모세와 아론에게 반발하면서 "회중이 다 각각 거룩하고 여호와께서 그들 중에 계신다"는 말을 한다. 물론 그의 말은 자신들의 반역을 정당하기 위한 핑계에 불과하기는 하다. 그럼에도 불구하고 이 말은 앞의 규례 본문과의 연결 고리 역할을 하고 있음은 분명하다.[4]

15장의 규례는 또한 당연히 18-19장의 규례 본문들과도 몇 가지 연관성을 갖고 있다. 첫째, 15:19-21의 "반죽통의 첫 것(레쉬트, רֵאשִׁית)"과 "들어 올리기"(트루마, תְּרוּמָה)에 대한 규례는 18:8-20의 제사장 몫에 대한 규례와 연결된다. 이 후자의 본문에도 레쉬트(18:12)와 트루마(18:8, 11, 19)란 단어가 사용되고 있다. 물론 이 후자의 본문은 제사장 몫에 대해 15장의 평행 본문보다 더 많고, 자세한 항목들과 규정들을 담고 있기는 하다.

---

[4] 이 통찰은 George Buchanan Gray, *A Critical and Exegetical Commentary on Numbers*, International Critical Commentary (New York: C. Scribner's Sons, 1903), 187로부터 가져온 것이다.

둘째, 비록 18-19장이 광야 1세대의 소멸을 이야기하는 단원에 속해 있기는 하지만 여기에도 여전히 15장의 규례 본문과 마찬가지로 가나안 땅에 대한 희망적인 언급을 담고 있다. 제사장과 레위인은 광야에서뿐만 아니라 약속의 땅에 들어가서도 땅을 기업으로 갖지 못할 것이라는 말씀(18:20, 24)은 역설적이게도 이스라엘이 결국은 약속의 땅에 들어가게 될 것임을 전제로 하고 있다.

셋째, 15장은 본토인과 거류민에게 법이 동일하게 적용된다는 점을 언급했는데, 이 점은 19장의 경우에도 역시 마찬가지다(15:13-15, 29-31; 19:10).

이제 민수기 16-19장의 단원 내부의 본문들 사이의 연결 관계에 대해 좀 더 집중해보자. 16-17장의 내러티브 본문과 18-19장의 규례 본문들(레위인의 기업에 대한 규례[18장], 부정을 씻어내는 물에 대한 규례[19장]) 사이에도 몇 가지 연결점들이 있다.

첫째, 16-17장의 끝(17:12-13[17:27-28])에 가서 하나님의 심판으로 인해 많은 사람들이 죽는 것을 보고 공포에 빠진 이스라엘 백성들이 모세에게 "보십시오…여호와의 성막에 가까이 나아가는 자들이 죽게 될 것입니다. 우리가 사멸할 때까지 죽어야 합니까?"라고 물었는데, 18-19장의 규례들은 이 질문에 대한 하나님의 대답이라고 할 수 있다.[5] 그리고 그 대답의 내용은 한 마디로 말해서 "아니다"라는 것이다. 이스라엘은 하나님과 성막에 가까이 다가갈 때 죽지 않아도 된다.

그러면 어떻게 이스라엘이 거룩하신 하나님과 성막에 가까이 다가가면서도 죽지 않을 수 있는가? 우선 18장의 제사장 및 레위 지파에 대한 규례들은 이들이 이스라엘 백성들을 위해서 사역을 하고, 하나님 앞에 다가서는 일에 대해서 관리를 함으로써 그들이 죽지 않게 해준다고 말씀하고 있다

---

5 Gordon J. Wenham, *Numbers: An Introduction and Commentary*. Vol. 4. Tyndale Old Testament Commentaries (Downers Grove: InterVarsity Press, 1981), 159; Jacob Milgrom, *Numbers*, The JPS Torah Commentary (Philadelphia: Jewish Publication Society, 1990), 145 등은 이런 이해를 깔고 있는 듯하다.

(18:1, 3, 5, 7, 22, 32). 그리고 19장의 부정을 씻는 물에 대한 규례는 부정을 씻어내기 위해 특별하게 만들어진 물을 사용함으로써 부정으로 인한 죽음을 피하게 하는 방법에 대해서 취급하고 있다(19:19-20). 이처럼 18-19장의 규례는 16-17장의 에피소드의 끝에서 백성들이 던진 질문, 즉 자신들이 하나님께 다가서다가 다 죽어야 하느냐는 질문에 대한 해결책을 제시함을 통해서 서로 연결되어 있다.

둘째, 16-17장의 에피소드와 그 다음의 18장 사이에는 레위 지파와 제사장의 관계 문제라는 중요한 주제적 연결을 갖고 있다. 16-17장에서 레위 지파의 일원인 고라는 레위인들과 제사장들 사이의 권한 문제에 대해 이의를 제기한다. 18장의 제사장과 레위인들의 역할 및 기업에 대한 규례는 이 권한 문제에 대해 답변을 준다. 레위인들은 제사장들을 돕기 위해 하나님께서 제사장들에게 허락하신 자들이다(18:2-3, 6-7; 참고, 레 3:9; 8:19). 또한 성물에의 접근 권한에 있어서 레위인들은 제사장들보다 더 제한되어 있었다(18:3-4, 7). 레위인들은 하나님께서 정해주신 이런 질서에 순종해야 한다.[6]

이제 좀 더 시야를 좁혀 16-17장의 에피소드의 문제들을 좀 살펴보도록 하자. 두 장에 걸쳐 진행되는 이 에피소드는 며칠 동안(참고, "그 다음 날", 16:41[17:6]; 17:8[17:23]) 진행된 일련의 사건들이 중첩되어 있는 듯하다. 우선 이 에피소드는 레위 지파 중 고핫 가문의 일원인 고라, 르우벤 지파의 다단과 아비람이 모세를 거스려 일으킨 반역 사건이 그 시발점이다(16:1-2).[7] 이 사건의 결과로 고라 및 "고라에게 속한 모든 사람"과 그 무리와 그들의 재물을 땅이 삼켰다(16:31-33).[8] 그리고 반역에 동참했던 250명의 사람들을 여호와의 불이 태웠다(16:2, 17, 35). 또한 이들에 대한 하나님의 심판을 보고도

---

[6] 이런 주제는 또한 민수기 3장에서도 찾아 볼 수 있다. 이 장의 본문 해설을 참고하라.
[7] 16:1의 "벨렛의 아들 온"에 대해서는 아래의 "사역 해설"을 참고하라. 그의 이름은 필사상의 오류일 가능성이 농후하다.
[8] 참고로 민수기 26:9-11에 따르면 고라는 땅에 삼켜졌지만 "고라의 아들들"은 죽지 않았다. 따라서 16:32의 "고라에게 속한 모든 사람"은 고라의 가족이 아니라 고라 일당을 의미하는 것으로 보는 것이 더 적절할 것 같다.

여전히 모세와 아론에게 대적한 사람들이 심판을 받아 염병으로 14,700명이 죽었다(16:49[17:14]). 이어서 하나님은 아론과 이스라엘 열두 지파의 지파장들의 지팡이를 가져오게 하여 그 중에서 아론의 지팡이에만 싹이 나게 하심으로써 아론의 권위를 세워주셨다(17:1-13[17:16-28]).

아마 이 사건의 중심은 고라가 같은 레위 지파의 일원인 모세와 아론이 특출하게 하나님의 총회에서 지도자와 제의의 감독자로서의 지위를 누리는 것에 불만을 가진 점이었을 것이다. 이것이 중심이기 때문에 16-17장의 하나님의 뜻의 확인 방법들이나 상황의 해결 방법들은 주로 제의적인 측면을 중심으로 해서 전개된다. 16:5에서 보듯이 이 두 장에서 문제의 핵심은 하나님이 누구를 자기에게 선택하셨느냐의 문제이다. 이 문제를 해결하기 위해 우선 모세는 고라와 그 일당에게 "향로"를 여호와 앞으로 가져오게 한다(16:5-7, 17-18). 나중에 그 향로는 제단을 싸는 판이 된다(16:37-40[17:2-5]). 또 아론은 자기 향로를 취하여 염병으로 죽은 자와 산 자 사이에 섬으로써 그것이 그치게 한다(16:46-48[17:11-13]). 마지막으로 17장의 지파별 열두 지팡이의 이야기는 하나님께서 레위 지파와 아론을 특별히 세우셨음을 보여줌으로써 그들의 권위를 인정해주는 사건이었다.

이런 차원에서 볼 때 다단과 아비람의 이야기는 좀 부차적인 측면이 있다. 비록 이들이 고라와 더불어 반역을 하기는 했지만, 이들은 고라의 일당과 함께 향로를 들고 하나님에게로 나아가지 않았던 것 같다. 아마 그 때문에 모세는 그들을 부르기 위해 따로 사람을 보내야 했던 것 같다(16:12). 또한 이들이 제기한 문제도 제사장의 특권 및 레위인들과의 권한의 차이 문제가 아니라 모세의 리더십에 대한 항의이다(16:13-14). 이런 면에서 다단과 아비람의 반역 사건은 고라 및 그의 일당이 제기한 문제와는 좀 성격이 다른 것으로 보인다.

그러나 여전히 고라 이야기와 다단과 아비람의 이야기 사이의 관계는 선명하지 못한 측면이 남아 있고, 이야기의 흐름도 정확한 흐름을 파악하기 힘든 측면들이 있다. 이 때문에 성경의 통일성에 대한 강력한 지지자들 중의 하나라고 할 수 있는 로버트 올터(Robert Alter) 같은 학자도 이 민수기 16장에 대해서만은 역사비평학적인 방법을 따라 본문의 배후에 문서설이 주장하는 것과 같이 몇 개의 문헌 자료들이 깔려 있다는 점을 인정할 수밖에 없었다.[9]

이런 이유 때문에 민수기 16-17장은 다양한 문서설적 분석의 대상이 되어 왔다.[10] 가장 고전적면서도 가장 표준에 가까운 분석은 아마 다음과 같을 것이다.[11] 이에 따르면 민수기 16-17장은 두 개의 자료, 즉 이른 시기의 문서인 JE와 후대의 문서인 P에 의존하고 있으며, P에는 후대에 보충된 내용(Ps)이 들어있다. 이 중 민수기 17장이 P문서로만 이루어져 있다는 것에는 분석가들이 만장일치로 의견이 통일되어 있기 때문에 16장의 것만 정리하면 다음과 같다.

JE: 1b-2a, 12-15, 26-26, 27b-34

P: 1a, 2b-7a, 18-24, 27a, 32b, 35, 41-50(17:6-15)

Ps: 7b-11, 16-17, 36-40(17:1-5)

---

[9] Robert Alter, *The Art of Biblical Narrative*, revised and updated (New York: Basic Books, 2011), 166-168.

[10] 이 본문은 간략히 개관하는 것만으로는 그 내용을 다 담을 수 없을 정도로 문서설적 분석이 세밀한 곳까지 닿아 있다. 현재 글에서는 이런 점들을 본격적으로 다룰 수가 없다. 그러나 이런 좀 더 상세한 분석을 좀 더 잘 살펴 보고자 한다면 R. E. Friedman, *The Bible with Sources Revealed: A New View into the Five Books of Moses* (New York: HarperOne, 2003), 268-272를 보라. 그는 다른 글에서 이 민수기 16장이 "토라 속에서 가장 복잡한 문헌들의 복합체"라고 지적하였다. R. E. Friedman, *The Exile and Biblical Narrative* (HSM, 22; Chico; Scholars Press, 1981), 109. R. P. Gordon, "Compositeness, Conflation and the Pentateuch", *Journal for the Society of Old Testament* 51 (1991), 64에서 재인용.

[11] 아래의 분석은 영미권에서 가장 표준적인 문서설적 분석의 개관서로 간주되는 S. R. Driver, *An Introduction to the Literature of the Old Testament* (New York: C. Scribner's Sons, 1906), 63-65에 기초한 것이다. 또한 R. Dennis Cole, *Numbers*. Vol. 3B. The New American Commentary (Nashville: Broadman & Holman Publishers, 2000), 258-259은 그레이(G. B. Gray), 버드(Phillip J. Budd), 레빈(Baruch A. Levine) 등의 분석, 그리고 비록 문서설주의자는 아니지만 본문에 두 개의 이야기가 엮여져 있음을 인정하는 애쉴리(Timothy R. Ashley) 등 중요한 민수기 주석가들의 분석을 요약해서 정리해주고 있다.

문제는 본문을 통일된 본문으로 읽는데 있어서 여러 가지 어려움이 있음에도 불구하고 이런 문서설적인 분석들 역시 만족스럽지는 않다. 왜냐하면 이것은 이 가상적인 문서들을 넘나들면서 존재하는 연결성을 제대로 설명해주지 못하기 때문이다.

이런 요소들로는 다음과 같은 몇 가지가 있다.[12] 첫째, 고라의 무리는 모세와 아론에게 몰려와서 "너희가 분수에 넘치는구나"(3절)라고 말하였는데, 이 P문서의 문구는 7절의 Ps의 동일한 문구, 즉 모세가 고라 무리를 비판하여 한 말인 "레위 자손들아, 너희가 분수에 넘치는구나"라는 문구와 맞물린다. 이 두 동일한 문구 사이에는 이처럼 분명한 언어유희가 존재하는데, 만약 이 두 문구가 각기 다른 문서에 속한다고 하면 이 문구가 가진 통렬한 수사학적 효과는 상실되고 만다.

둘째, 모세가 고라에게 그의 레위 직분이 "너희에게 작은 일이냐"라고 질문하는데(9절, Ps), 다단과 아비람은 모세의 권위에 도전하면서 그가 백성들을 광야에서 죽이려 드는 것이 "작은 일입니까"라고 따진다(13절, JE). 이 상응하는 문구 역시 서로 이웃하는 문단들을 연결시켜 주는 고리로서 작용하고 있음이 틀림 없다. 따라서 이것을 위의 문서설적 분석과 같이 각기 다른 문서에 배치하는 것이 적절한가 하는 의문이 든다.

셋째, 다단과 아비람은 "우리는 올라가지 않을 것입니다"란 말을 두 번에 걸쳐서 사용한다(12, 14절). 이 때 "올라가다"란 동사는 알라(עלה)인데, 이 동사는 이후의 흐름 속에서 중요하다. 24, 27절에서 모세는 이스라엘 회중에게 "다단과 아비람의 성막 둘레에서 떠나라"고 명령하고, 회중은 그 명령대로 행한다. 이 때 이 "떠나라"는 단어가 바로 알라 동사를 쓰고 있다(참고, 사역 해설). 또한 30, 33절은 반역의 무리의 마지막 운명에 대해서 다루면서 이들이 "스올로 내려가게 된다면…스올로 내려갔고"라고 말하고 있는데,

---

[12] 아래의 세 가지 사항들은 Alter, *The Art of Biblical Narrative*, 169-170과 Gordon, "Compositeness, Conflation and the Pentateuch", 66-67의 분석과 나의 통찰을 병행한 것이다.

이 때 "내려가다"란 뜻의 단어는 야라드(ירד)이다. 이 단어는 올라의 반의어이다. 반역도들이 자신들은 "올라가지 않겠다"고 말하자 하나님은 그들이 "내려가게" 만드신 것이다. 문제는 이 구절들 역시 문서설에 따르면 서로 다른 문서들 사이에 흩어져 있다는 것이다. 즉 12, 14, 30, 33절은 JE, 24, 27절은 P에 속하는 것으로 분류되는데, 이런 분석은 본문의 수사학적인 흐름과는 잘 상응하지 않는다.

이런 이유로 해서 앞에서 언급한 올터(Alter)는 "성경의 내러티브 본문들이 가진 복합적 성격들 중에는 우리가 가진 설명적 체계들로 자신 있게 해결할 수 없는 측면들이 있다"고 하였다. 따라서 우리는 비록 민수기 16-17장의 본문이 그 내용의 흐름을 다 일관되게 설명하기 힘든 부분들이 있다고 할지라도 이것이 꼭 문서설의 타당성을 확증해주는 것은 아니라는 점을 이해할 필요가 있다.[13]

1단계: 사역

1 레위의 증손 고핫의 손자 이스할의 아들 고라, 르우벤 자손 엘리압의 아들 다단과 아비람, (그리고 벨렛의 아들 온)이 [사람들을] 취하였다.
2 그리고 그들이 250명의 사람들과 함께 모세 앞에서 들고 일어났다. 이들은 이스라엘 회중의 가문장들로서 명성이 있는 사람들이었다.
3 그들이 모세와 아론에게로 몰려와서 그들에게 말하였다. 너희가 분수에 넘치는구나. 회중이 다 각각 거룩하고 여호와께서 그들 중에 계시는데, 너희가 어찌하여 여호와의 총회 위에 스스로 높이느냐
4 모세가 듣고 엎드렸다.
5 그리고 그가 고라와 그의 모든 일당에게 말하였다. 아침에 여호와께서 자기에게 속한 자와 거룩한 자를 보이시고 그를 다가오게 하실 것이다. 곧 그가 선택하신 자를 자기에게 다가오게 하실 것이다.

---

13 Gordon, "Compositeness, Conflation and the Pentateuch", 68.

6 너희는 이렇게 하여라 너 고라와 네 모든 일당은 향로를 가져와라.
7 그 안에 불을 담고, 그 위에 내일 여호와 앞에서 향을 두라. 여호와께서 택하신 사람이 거룩하게 될 것이다. 레위 자손들아, 너희가 분수에 넘치는구나
8 모세가 고라에게 일렀다. 너희 레위 자손들아 들으라.
9 이스라엘의 하나님이 이스라엘 회중에서 너희를 구별하여 자기에게 가까이 오게 하셔서 여호와의 성막의 일을 하게 하시고 회중 앞에 서서 그들을 위해 사역하게 하신 것이 너희에게 작은 일이냐
10 하나님이 너와 네 모든 형제 레위 자손들을 너와 더불어 다가오게 하셨는데, 너희가 제사장의 직분까지 노리느냐?
11 그것 때문에 너와 너의 일당이 여호와를 거스르는 자가 되었구나 아론이 누구라고 너희가 그에게 불평을 하느냐
12 그리고 모세가 엘리압의 아들 다단과 아비람을 부르기 위해 사람을 보냈다. 그러나 그들이 일렀다. 우리는 올라가지 않을 것입니다.
13 당신이 우리를 젖과 꿀이 흐르는 땅에서 이끌어 내어 광야에서 죽이려 하는 것이 작은 일입니까? 그런데 도대체 왜 당신은 우리 위에 군림하기까지 하려 합니까?
14 또한 당신이 우리를 젖과 꿀이 흐르는 땅으로 데려 가지도 않고, 밭과 포도원의 기업도 우리에게 주지 않습니까? 당신이 이 사람들의 눈을 파내려고 합니까? 우리는 올라가지 않을 것입니다.
15 모세가 심히 진노하여서 여호와께 아뢰었다. 주는 그들의 예물을 돌아보지 마시옵소서. 저는 그들의 나귀 한 마리도 빼앗지 않았으며 그들 중의 한 사람도 해하지 않았습니다
16 그리고 모세가 고라에게 일렀다 너와 너의 모든 일당, 곧 너와 그들과 아론은 내일 여호와 앞으로 나와라
17 너희는 각자 향로를 취하여 그 위에 향을 얹고 각 사람이 자기 향로를 여호와 앞으로 가져와라. 향로는 250개이다. 너와 아론도 각자 자기 향로를 가져와라
18 그러자 그들이 각자 자기 향로를 취하여 그 위에 불을 담고 그 위에 향을 얹었다. 그리고 그들과 모세와 아론이 회막 문에 섰다.
19 고라가 온 회중을 회막 문에 모아서 그들을 대적하려 할 때 여호와의 영광이 온 회중에게 나타났다.
20 여호와께서 모세와 아론에게 말씀하셨다.
21 너희는 이 회중에게서 떠나라 내가 순식간에 그들을 멸할 것이다
22 그들이 엎드려 아뢰었다. 하나님, 모든 육체의 생명의 하나님. 한 사람이 범죄하였는데 온 회중에게 진노하십니까?

23 여호와께서 모세에게 말씀하셨다.
24 회중에게 말하기를 "너희는 고라와 다단과 아비람의 성막 둘레에서 떠나라"고 하여라
25 모세가 일어나서 다단과 아비람에게로 갔고, 이스라엘 장로들이 그를 따라갔다
26 모세가 회중에게 말하였다. 이 악한 사람들의 장막들로부터 떠나고, 그들의 모든 죄로 인해 너희도 멸망하지 않도록 그들에게 속한 것들을 아무것도 만지지 말아라
27 사람들이 고라와 다단과 아비람의 성막 둘레에서 떠났다. 그리고 다단과 아비람은 자기들의 아내들과 자녀들과 아이들과 함께 나와서 자기네 장막들의 문에 섰다.
28 모세가 일렀다. 이를 통해 너희는 여호와께서 나를 보내서 이 모든 일들을하게 하신 것을 알게 될 것이다. 이것이 내 뜻에서 나온 것이 아니기 때문이다.
29 만약 이들이 모든 사람의 죽음과 같은 죽음을 죽으며, 모든 사람이 당하는 것과 같은 운명을 맞이하면 여호와께서 나를 보내시지 않은 것이 된다.
30 그러나 만약 여호와께서 새 일을 행하셔서 땅이 입을 열어 이 사람들과 그들에게 속한 모든 것들을 삼켜서 산 채로 스올로 내려가게 된다면 이 사람들이 여호와께 불경스럽게 행한 것임을 너희가 알게 될 것이다
31 그가 이 모든 말을 마치자마자 그들 아래의 땅이 갈라졌다.
32 그리고 땅이 그 입을 열어 그들과 그들의 집과 고라에게 속한 모든 사람과 그들의 재산을 삼켰다.
33 그들과 그들에게 속한 모든 것들이 산 채로 스올로 내려갔고, 땅이 그들 위에 덮였고, 그들이 회중 가운데에서 멸망하였다.
34 그들 주변에 있던 온 이스라엘이 그들의 부르짖음을 듣고 도망하며 말하였다. 땅이 우리도 삼키지 않기를.
35 그리고 여호와로부터 불이 나와서 향을 가져온 250명을 불살랐다.
36 (17:1) 여호와께서 모세에게 말씀하셨다.
37 (17:2) 너는 제사장 아론의 아들 엘르아살에게 말하여 탄 것들 가운데에서 향로를 취하여 그 불을 다른 곳에 쏟아라. 그것들이 거룩하기 때문이다.
38 (17:3) 목숨으로 값을 치른 이 죄인들의 향로들은 제단을 싸는 판으로 만들어라. 그들이 이것들을 여호와 앞에 드렸으므로 그것들이 거룩하게 되었기 때문이다. 그것들이 이스라엘 자손에게 증표가 되게 하여라.
39 (17:4) 제사장 엘르아살이 불에 탄 사람들이 드렸던 놋 향로들을 취하여 제단을 위한 판으로 두드려 만들었다.
40 (17:5) 이것은 이스라엘 자손을 위한 기념물이 되었으니, 아론 자손이 아닌 자, 곧 허락되지 않은 자가 향을 여호와 앞에 드리다가 고라 및 그의 일당과 같이 되지 않게

하기 위한 것이었다. 여호와께서 모세를 통해 그에게 명령하신 대로였다.

41 (17:6) 그 다음날 이스라엘 자손의 온 회중이 모세와 아론에게 원망하여 일렀다. 너희가 여호와의 백성을 죽였다.

42 (17:7) 회중이 모세와 아론에 대적하여 모였을 때 그들이 회막을 향하여 보니 구름이 회막을 덮었고 여호와의 영광이 나타났다.

43 (17:8) 그리고 모세와 아론이 회막 앞으로 왔다.

44 (17:9) 여호와께서 모세에게 말씀하셨다.

45 (17:10) 너희는 이 회중에게서 떠나라. 내가 순식간에 그들을 멸할 것이다. 그러자 그들이 엎드렸다.

46 (17:11) 그리고 모세가 아론에게 말하였다. 너는 향로를 취하여 제단의 불을 그 위에 놓고 향을 담아 급히 회중에게로 가서 그들을 위하여 속죄하여라. 여호와로부터 진노가 발하여 염병이 시작되었느니라

47 (17:12) 아론이 모세의 명령대로 [향로를] 가지고 회중(카할) 가운데로 달려갔다. 보라, 염병이 백성 가운데에서 시작되었다. 그가 향을 피우고 백성을 위하여 속죄하였다.

48 (17:13) 그리고 그가 죽은 자와 산 자 사이에 서자 염병이 그쳤다.

49 (17:14) 고라의 일로 죽은 자 외에 염병 때문에 죽은 자들이 14,700명이었다.

50 (17:15) 염병이 그치자 아론이 회막 문에 있는 모세에게로 돌아왔다.

2단계: 사역 해설

1절. "(그리고 벨렛의 아들 온)": "벨렛의 아들 온"은 이 민수기 16장뿐만 아니라 성경 전체에서 다시는 언급되지 않는다. 일부 학자들은 벨렛의 아들 온에 대한 언급이 어떤 알 수 없는 사본비평적 이유로 여기에 첨가되었으며, 본문에서 삭제되어야 한다고 주장하기도 한다.[14] 왜냐하면 그에 대한 언급이 16-17장에서 더 이상 나오지 않기 때문이다. 참고로 맥닐(McNeile)은 온이 앞의 엘리압(אֱלִיאָב)의 끝 부분의 세 글자에 대한 필사상의 오류이며, 원래의 원문은 "르우벤 자손인 벨렛의 아들인 엘리압"으로 되어 있다고 보

---

14 Phillip J. Budd, *Numbers*. Vol. 5. Word Biblical Commentary (Dallas: Word, 1998), 179.

는 의견을 제시하기도 했다. 그의 의견이 불가능한 것은 아니지만 벨렛은 이 구절 외에는 오직 대상 2:23에만 나오는데, 이 사람은 유다 지파의 사람으로서 이 구절의 벨렛과는 상관이 없다. 따라서 구문론적으로는 그의 설명이 불가능한 것은 아니지만 지지해줄 역사적 자료가 전무하다. 이유가 어찌 됐든 간에 "온"은 필사상의 오류일 가능성이 거의 확실하다. 따라서 현재 사역에서는 둥근 괄호를 써서 "그리고 벨렛의 아들 온"을 둥근 괄호로 처리하였다.

"[사람들을]": 원문에는 이 "사람들을"이란 목적어가 없이 그냥 동사 라카흐(לָקַח)의 미완료형만 나온다. 원문이 손상되었을 가능성이 높으며, 정확한 해법을 찾기는 어렵다. 한 때 이 단어를 라카흐로 보지 않고, "불순종하다"(to disobey)란 뜻의 아랍어에 기초해서 야카흐(יָקַה)라는 어근을 가진 동사라고 보는 주장이 선호되기도 했으나 현재는 근거가 희박한 것으로 간주된다.[15] 개역개정의 "당을 짓다"라는 번역은 KJV의 "took men"이란 번역을 답습한 것이다.[16]

2절. "가문장들": 느씨에(נְשִׂיאֵי). 원형은 나씨(נָשִׂיא). 이 단어는 열두 지파의 수장이나 지파의 하부 단위인 가문의 수장을 가리키는 단어이며, 경우에 따라 "지파장"과 "가문장"으로 번역된다. 1:16의 "지파장"에 대한 사역 해설을 참고하라.

5절. "그의 모든 일당": 콜-아다토(כָּל־עֲדָתוֹ). 여기에서 "일당"이라고 번역한 단어는 에다(עֵדָה)이다. 이 단어는 원래는 이스라엘 "회중"을 가리키는

---

[15] 이 단어의 어원에 대한 논의의 정리는 Gordon, "Compositeness, Conflation and the Pentateuch", 664-65를 보라.

[16] 여기에서 확실하지도 않은 것을 가지고 더 깊이 다룰 필요는 없지만 주석가들이 여러 가지 다른 해법을 제시하기도 했다. 이런 자료들은 다음과 같은 곳들에서 찾아볼 수 있다. M. Noth, *Numbers*. The Old Testament Library (Philadelphia: The Westminster Press, 1968), 123, 번역자 각주; N. H. Snaith, *Leviticus and Numbers*, 255-56; Jacob Milgrom, *Numbers*. The JPS Torah Commentary (Philadelphia: Jewish Publication Society, 1990), 130, n. 2; Budd, *Numbers*, 180; Baruch A. Levine, *Numbers 1–20: A New Translation with Introduction and Commentary*. Anchor Yale Bible, Vol. 4 (New Haven; London: Yale University Press, 2008), 410-411. 이 중 Milgrom이 가장 상세한 정보를 제공하고 있다.

용어이다(민 16:2, 3, 9 등). 그러나 민수기 16장에서는 고라와 그의 일당들을 가리킬 때도 역시 사용되고 있다. 사역에서는 이 단어가 이스라엘 회중을 가리킬 때와 고라의 집단을 가리킬 때를 구분해주기 위해 전자의 경우에는 "회중"으로, 후자의 경우에는 "일당"으로 번역하고 있다.

6절. "향로": 마흐토트(מַחְתֹּת). 마흐타(מַחְתָּה)는 오경에서 여러 가지 다양한 물품들을 지칭하는 용어로 사용된다. 이 단어는 성막 안의 등잔대에서 나오는 불똥들을 처리하기 위한 금 "불똥 그릇"(출 25:38; 37:23; 민 4:9)을 의미할 수도 있고, 성막 뜰의 번제단에서 나오는 재들을 처리하기 위한 놋 불똥 그릇(출 27:3; 38:8; 민 4:14)을 가리킬 수도 있다. 그러나 이 오경에서 민수기 16장 이전의 본문들 중 두 본문(레 10:1; 16:12)에서는 이 단어가 향을 담는 '향로'를 의미하는 것으로 보인다. 그리고 이 민수기 16:6에서 역시 이 단어는 문맥을 볼 때 앞의 레위기 본문들과 마찬가지로 '향로'를 의미하는 것으로 보인다. 그러나 이 '향로'는 성막에서만 쓰이던 향로가 아니라 각자 개인이 가지고 있던 향로도 지칭하는 것 같다.[17]

13절. "도대체…군림하기까지": 티쓰타레르…감-히쓰타레르(גַּם־הִשְׂתָּרֵר תִשְׂתָּרֵר). 히쓰타레르는 티쓰타레르의 부정사 절대형으로서 후자를 강조해주는 역할을 하고 있다. 여기에 다시 한번 강조의 의미로 감(גַּם)이란 강조의 불변화사가 사용되고 있다. 사역은 이런 점을 살리고자 하였다.

24절. "성막": 이 문구에 사용된 히브리어 단어는 미쉬칸(מִשְׁכַּן)이다. 이 단어에 대한 해석은 단순히 어휘를 언어학적으로 어떻게 해석하느냐의 문제를 넘어서서 주석학적인 문제들과 깊게 연결되어 있으므로 본문 해설에서 다루고자 한다. 단지 사역은 이 단어가 오경의 다른 부분들과 마찬가지로 "성막"으로 해석되어야 한다는 견해를 따르고 있다는 점을 분명히 밝힌다.

24, 27절. "떠나라…떠났다": 헤알루(הֵעָלוּ)…봐예알루(וַיֵּעָלוּ). 둘 다 "올

---

[17] 이 설명은 Timothy R. Ashley, *The Book of Numbers*. The New International Commentary on the Old Testament (Grand Rapids: Eerdmans, 1993), 307을 참고한 것이다.

라가다"란 뜻의 동사인 알라의 히필형을 쓰고 있다.

29절. "운명": 프쿠다(פְקֻדָּה). 민수기에 여러 번 사용된 이 단어는 현재의 문맥에서는 "운명"이라는 독특한 의미로 사용되었다(참고, 민 3:32, 36; 4:16; 16:29). 물론 이 동사의 어근인 파카드(פָקַד)에서 충분히 나올 수 있는 가능한 의미이다. 개역개정은 이 단어를 "벌"(punishment)이라고 번역하고 있는데, 이런 번역 역시 불가능한 것은 아니지만 이 단어의 문맥적 뉘앙스를 너무 부정적인 것으로만 국한시키고 있다는 점에서 좋은 번역은 아니라고 생각된다.

47절(17:12). "보라": 붸힌네(וְהִנֵּה). 이 어구에 대해서는 민수기 12:10의 사역 해설에서 이미 다룬 바가 있다. 이 단어는 내레이터의 3인칭 시점에서 등장인물의 1인칭 시점으로 시점을 바꿔주는 역할을 한다.[18]

3단계: 단락 구분

민수기 16장의 단락 구분은 다음과 같다.

16:1-40(16:1-17:5[19])
    16:1-2 사건의 발단: 고라, 다단과 아비람의 반역
    16:3-11 모세와 고라 일당
        16:3 고라 일당의 반역

---

[18] A. Berlin, *Poetics and Interpretation of Biblical Narrative* (Sheffield: The Almond Press, 1983), 91-99.

[19] 앞에서 언급한 바와 같이 개역개정판과 히브리어 본문의 장절 구분은 차이가 있다. 히브리어 원문에서는 16:1-35까지는 장절이 일치하지만 16:36부터는 17장에 귀속시키고 있다. 위의 단락 구분의 장절 표시는 개역개정의 장절을 기준으로 하고, 히브리어 본문과 차이가 있는 경우 히브리어 본문의 장절 구분을 괄호 안에 표시하였다. 이런 표시 체계를 이런 차이가 계속되는 민수기 17장에서도 이어 가도록 하겠다.

　　　　　16:4 모세의 엎드림

　　　　　16:5-7 모세의 첫 번째 말

　　　　　16:8-11 모세의 두 번째 말

　　　16:12-15 모세와 다단과 아비람

　　　　　16:12a 모세가 다단과 아비람을 부름

　　　　　16:12b-14 다단과 아비람의 반응

　　　　　16:15 모세의 반응

　　16:16-24 모세와 고라

　　　　　16:16-17 모세의 말

　　　　　16:18-19a 고라 일당의 반응

　　　　　16:19b 하나님의 등장

　　　　　16:20-21 하나님의 말씀

　　　　　16:22 모세와 아론의 중보 기도

　　　　　　　16:23-24 하나님의 말씀

　　16:25-27 모세와 다단과 아비람

　　　　　16:25 모세가 다단과 아비람에게 감

　　　　　16:26 모세의 말

　　　　　16:27 사람들의 반응

　　16:28-35 모세의 마지막 말과 하나님의 심판

　　　　　16:28-30 모세의 말

　　　　　16:31-35 하나님의 심판

　　16:36-40(17:1-5) 하나님의 추가적 지시와 실행

　　　　　16:36-38(17:1-3) 하나님의 추가적 지시

　　　　　16:39-40(17:4-5) 지시의 실행

16:41-50(17:6-15) 백성들의 추가적인 반항 및 결과

　　　16:41-42a(17:6-7a) 백성의 반응

　　　16:42b-43(17:7b-8) 여호와의 등장과 모세의 반응

16:44-45(17:9-10) 여호와께서 모세에게 주신 지시

16:46(17:11) 모세의 지시 전달

16:47-50(17:12-15) 아론의 지시 시행과 결과

민수기 16장의 내러티브는 흔히 해당 장르의 본문이 그렇듯이 단락 나누기가 쉽지 않다. 그러나 큰 틀에서 보자면 두 개의 단원으로 나뉜다. 첫 단원(16:1-40[16:1-17:5])은 고라와 다단과 아비람의 반역 사건이 시작해서 일차적으로 마무리되는 단계까지를 다루고 있다. 두 번째 단원(16:41-50[17:6-15])은 이 반역자들이 하나님의 심판을 받은 후에 온 백성들이 추가적으로 반항을 한 것과 그 결과를 다루고 있다. 기타 상세한 점은 위의 단락 구분을 참고하기 바란다.

4단계: 본문 해설

1-2절. 이 두 구절은 민수기 16-19장이 다루고 있는 약 38년간의 광야 방랑 시기 중 유일하게 기록된 사건인 고라와 다단과 아비람의 반역 사건의 주동자들을 소개하고 있는 구절이다. 이들은 크게 두 무리로 구성되어 있다.

첫 번째 무리는 레위 지파의 사람인 고라와 그를 따르는 집단이다. 우선 고라에 대해서 좀 살펴보자. 출애굽기 6:16-25의 레위 지파 족보와 민수기 3:19, 27의 족보 및 이 16:1의 정보에 따르면 고라(참고, 출 6:21)는 고핫 가문의 일원으로서 모세와 아론의 아버지인 아므람의 형제 이스할의 아들이었으며, 모세와 아론의 친조카였다. 고핫 가문이 성막에서 가장 거룩한 물건들을 운반하는 임무를 담당했다는 점(민 3:29-34)을 고려할 때 고라는 같은 고핫 가문의 일원인 아론 집안이 제사장 직분을 담당하고, 자기네는 그 아래에서 성막 운반 및 관련 임무들만 담당하는 것에 대해서 불만을 가지게

되었을 것으로 보인다.[20]

그러나 사실 고라는 아론이 자신의 위에 있는 것만 보고, 자신의 집안이 레위 지파 중에서 가장 거룩한 성물들에 대한 임무를 담고 있다는 점은 보지 못하였다(참고, 민 3장). 이처럼 하나님께서 맡기신 일에 집중하여 충성하지 못하고, 자꾸 다른 사람들과 비교하며, 특히 자기 아래 쪽이 아니라 위 쪽만 바라보고 질투를 한 것이 그의 불만의 출발점이었던 것으로 생각된다.

이제 고라의 일당으로 눈을 돌리자. 아마 2절의 "250명의 사람들"은 고라 쪽 사람들이 아니었나 생각된다. 왜냐하면 16:5-7에서 모세는 "고라와 그의 모든 일당", "고라와 네 모든 일당"에게 향로를 가져와서 여호와 앞에 두라고 명령하는데, 이들이 가져온 향로의 숫자가 250개이기 때문이다(16:17, 35). 그리고 또한 이 명령의 대상들을 지칭하기를 "레위 자손들아"라고 부르고 있기 때문이다.

물론 2절의 250명에 대한 부연 설명으로 "이들은 이스라엘 회중의 가문장들로서 명성이 있는 사람들이었다"라는 표현만으로는 언뜻 보기에는 이들이 다른 지파의 사람들도 포함하고 있는 것처럼 여겨질 수도 있다. 그러나 이들이 리더십에 대해 도전하는 것과 관련하여 정말 하나님이 누구를 선택하시는지를 보여주기 위해 향로를 가져오게 하는데, 이 때 향로는 이들의 숫자와 맞게 250개가 준비된다. 이 향로는 "여호와께서 자기에게 속한 자와 거룩한 자를 보이시고 그를 다가오게 하실 것…곧 자신이 선택하신 자를 자기에게 다가오게 하실 것"에 대한 시험 도구이다(16:5). 그리고 이런 표현은 주로 제사장과 관련된 용어들이다. 또한 이 250명이 여호와 앞에 향로를 가져갔다가 "여호와로부터 불이 나와서 불살라"진 일(16:35)은 레위기 10:1-2의 나답과 아비후 사건을 연상시킨다.[21] 양 본문은 정확히 동일한 히

---

[20] William T. Millers, *A Compact Study of Nubmers* (Eugene: Wipf & Stock, 2013), 72-73.

[21] 민수기 16:35의 "불살랐다"란 표현은 히브리어로 "먹다, 삼키다"(to eat, devour)란 뜻을 가진 아칼(אכל)이다. 비록 레위기 10:1-2의 개역개정이 "불살랐다" 대신 "삼키다"라고 번역하고 있지만 히브리어 어휘는 전자의 구절과 동일하다.

브리어 표현을 사용하고 있다. 이런 점은 이 250명이 향로를 가지고 여호와 앞에 나간 일이 그냥 단순히 하나님이 일반 이스라엘 백성들 중 누구를 선호하시는지에 대한 시험을 위한 것이 아니라 누구를 제사장으로 선택하셨는지에 대한 시험을 위한 것이라고 이해하는 것이 적절할 것이다. 이런 면에서 이 250명은 일반 백성의 지도자들이 아니라 고라에 동조한 레위 지파의 일원들이라고 이해하는 것이 더 좋은 것 같다.

두 번째 무리는 르우벤 지파의 일원인 다단과 아비람이다. 이들은 이 반역 사건의 주동자들인 고라 일당과 약간은 거리가 있는 듯하다. 또한 이들의 동선도 역시 고라 일당과 좀 달라 보인다. 이 때문에 모세는 자기 앞에 와 있던 고라 일당(16:3-11, 16-24)과 달리 이들을 불러오기 위해 사람을 보내거나 본인이 직접 가야 했던 것 같다(16:12, 25). 그리고 이들이 가졌던 불만(16:12-14)도 고라 일당의 것(16:3-11)과 좀 달랐던 것 같다. 르우벤 지파의 사람들인 이들이 모세에게 주로 불만이 있었던 반면에 레위 지파의 일원인 고라 무리는 제의적인 직분과 관련하여 아론 및 제사장 집단에게 불만이 있었던 것으로 보인다.

마지막으로 "온"이라는 사람에 대해서는 1절의 사역 해설을 참고하라. 이 사람은 실존 인물이 아니라 단지 필사상의 오류의 결과물인 것으로 생각된다.

3절. "그들이 모세와 아론에게로 몰려와서": "몰려오다"란 표현은 "모으다"란 뜻의 동사인 카할(קהל)의 니팔형에 전치사 알(עַל)이 조합된 형태이다. 이 단어는 광야 사건들 중에서 "불평 모티프"(the murmuring motif)를 담은 에피소드들에 주로 사용되는 전형적인 표현들 중의 하나이다.[22] 이 표현은 이스라엘이 적대적인 이유로 모세와 아론에게 다가오는 것임을 나타내고 있다.

---

22 이에 대해서는 민수기 10장과 11장 해설 사이에 있는 "민수기 광야 이야기의 개관과 신학" 중 "B. 민수기의 광야 사건들의 이해"의 세 번째 항목인 "광야 사건의 중요한 어휘들 및 해설"을 참고하라.

"너희가 분수에 넘치는구나": 이들이 모세와 아론의 리더십에 대해서 도전하면서 한 이 말을 모세는 7절에서 그대로 그들에게 돌려준다: "레위 자손들아, 너희가 분수에 넘치는구나". 이들이 모세와 아론에게 했던 이 말은 사실 자기 자신들에게 해야 하는 말이었다. 만약 그들이 이처럼 자아성찰을 할 수 있었다면 16-17장의 불행한 일은 발생하지 않았을 것이다. 이런 면에서 이 3절과 7절의 상응하는 문구는 수사학적으로 통렬하기 그지없다.

"회중이 다 각각 거룩하고 여호와께서 그들 중에 계시는데, 너희가 어찌하여 여호와의 총회 위에 스스로 높이느냐": 모세와 아론의 리더십에 대항함으로써 자신들의 욕심을 채우려는 것이 이들의 진의이지만 이들은 마치 자신들이 "회중" 전체의 유익을 위해 나선 것으로 포장한다. 이처럼 개인의 이익을 추구하는 사람들이 자신들의 욕심을 대의명분으로 위장하는 일을 우리는 많이 보게 된다. 결국 하나님은 이들의 이런 허울 좋은 포장에 만홀히 여김을 당하지 않으신다.

4절. 고라와 그 일당의 항의를 듣고 모세는 엎드린다. 이 엎드림은 민수기 14:5의 경우와 마찬가지로 굴복의 의미가 아니다. 이것은 하나님의 임박한 임재의 준비, 그리고 중재자로서 하나님의 지시에 대한 기다림의 태도의 반영이라고 보는 것이 좋을 것이다. 그가 일어났을 때 그는 고라가 반역의 말을 한 것에 대한 조치와 그 숨은 동기에 대해서 대답할 것이 준비되어 있었다.[23]

5절. 5-11절에서 모세는 두 가지 내용의 말(5-7, 8-11절)을 한다. 이처럼 이 두 가지 내용은 각각 앞의 4절의 해설에서 지적한 두 가지 사항, 즉 고라의 반역에 대한 조치(5-7절)와 그의 숨은 동기에 대한 지적(8-11절)을 담고 있다. 이 두 말은 각각의 도입구를 통해서 구분된다(5, 8절).

먼저 5-7절을 보도록 하자. 모세의 말의 도입구(5a절)을 제외한 이 본문의 세부 구조는 다음과 같다.

---

[23] Ashley, *Numbers*, 306.

a. 하나님께서 선택한 자를 보이실 것(5b절)
      b. 뜻을 보이시는 방법(6-7a절)
   a'. 하나님께서 선택한 자를 보이실 것(7b절)
      c. 고라의 반역에 대한 지적(7c절)

우선 a구절에서 모세는 3절의 고라와 그 일당이 제기했던 항의, 즉 왜 이스라엘 회중 가운데에서 오직 모세와 아론만이 특별한 권위를 차지해야 하는가 하는 항의에 대한 답변으로 하나님께서 누구를 선택하셨는지를 직접 보여주실 것이라고 대답한다. 여기에서 "자기에게 속한 자와 거룩한 자를 보이시고 그를 다가오게 하실 것"이라는 표현은 결국 하나님께서 누구를 제사장으로 택하신 것인지를 보이시겠다는 의미로 이해하면 된다.[24]

b구절에서 모세는 하나님께서 누구를 제사장으로 택하셨는지에 대한 뜻을 보이시는 방법으로서 고라와 그의 모든 "일당"(에다, עֵדָה, 참고, 사역 해설)에게 향로에 불을 담아 "여호와 앞"에 두라고 이야기한다. 고라와 그 일당은 이 시험이 끝나기 전까지는 제사장으로서 인정된 것이 아니기 때문에 이들이 향로를 성막 안에 두었을 리는 없고, 아마 성막 뜰에서 성막 구조물 입구로 들어가는 통로에 놓았을 것이다.[25] 이 향로를 통한 시험은 레위기 10:1-2의 나답과 아비후의 죽음 사건과 많이 비슷하며, 그 결과도 비슷하다(민 16:35). "허락하지 않은 불"을[26] 가지고 "여호와 앞"으로 나아가는 자는 죽음을 당하게 될 것이다(레 10:1-2).

참고로 이들의 무리를 지칭할 때 원래는 이스라엘 "회중"(민 16:2, 3 등)을

---

24 Ashley, *Numbers*, 306-307.

25 Jacob Milgrom, *Numbers*, The JPS Torah Commentary (Philadelphia: Jewish Publication Society, 1990), 132.

26 "허락되지 않은 불"(에쉬 자라, אֵשׁ זָרָה)을 개역개정은 "다른 불"로 번역하고 있다. 그러나 자라는 "다른"이라는 막연한 표현보다는 "허락되지 않은"으로 번역하는 것이 훨씬 더 낫고 분명하다. 이런 번역의 근거에 대한 설명은 박철현, *레위기: 거룩한 위험성과의 동행* (서울: 솔로몬, 2018), 313-314의 사역 해설을 참고하라.

가리키는 에다란 단어를 사용하고 있는 점은 흥미롭다. 이것은 일종의 냉소적인 표현으로서, 이들이 정통적인 하나님의 "회중"과는 다른 규례를 내세우는 잘못된 "회중"이라는 것을 풍자적으로 나타내는 듯하다.[27]

7b구절(a′)은 5b구절(a)와 맞물린다. 하나님은 당신이 택하신 사람을 거룩하게 만드실 것이다. 이 말씀의 뜻은 하나님께서 누가 제사장 직분자로 세움을 입었는지를 밝히신다는 의미이다.

마지막으로 7c구절은 고라의 반역에 대한 총체적인 평가의 말을 하는데, 이 말은 그 진짜 적용 대상이 누구여야 하는지를 밝히는 호칭을 제외하고는 3절의 고라의 말과 완전히 상응한다: "레위 자손들아, 너희가 분수에 넘치는구나" 16:8-11. 7c구절에서 이미 간단하게 "분수에 넘친다"는 표현을 하기는 했지만 이 두 번째 말인 8-11절의 말을 통해서 모세는 고라 일당의 문제를 본격적으로 파헤친다.

8절은 모세의 말이 새로운 주제로 전환됨을 알리는 도입구로 시작되며, 그의 말의 대상 청중이 누구인지를 밝힌다. 앞의 5절에서는 그 대상 청중이 "고라와 그의 모든 일당"이었지만 여기에서는 "고라" 개인이다. 물론 모세의 말 속에서는 "너희 레위 자손들"(8절), "너희" 등의 복수가 사용되고 있기는 하지만 결국은 반역의 핵심은 고라 자신이며, 그의 욕심이다.

9절에서 모세는 레위인들이 이미 이스라엘 가운데에서 특별한 지위를 누리고 있다는 점을 지적한다. 하나님은 이들을 "구별하여 자기에게 가까이 오게 하셔서 여호와의 성막의 일을 하게 하시고 회중 앞에서 그들을 위해 사역하게" 하셨다. 고라 일당이 정말 하나님과 바른 관계에 있었더라면 시편 기자의 말처럼 "주의 궁정에서의 한 날이 다른 곳에서의 천 날보다 나은즉 악인의 장막에 사는 것보다 내 하나님의 성전 문지기로 있는 것이 좋사오니"라는 심정으로 하나님께서 그들을 특별히 선택하셔서 당신 앞에서 사역하게 하신 것에 감사하고 기뻐했어야 한다. 그들이 맡은 사역은 결코

---

[27] Ashley, *Numbers*, 306.

"작은 일"이 아니었다. 그러나 이들은 이것을 "작은 일"로 여김으로써 불행을 자초하고 말았다.

10-11절에서 모세는 고라와 그 일당들이 원하는 바가 제사장 직분임을 밝힌다. 이들은 레위인으로서 봉사하는 일에 만족하지 못했던 것이다. 이들의 이런 욕심과 반역은 궁극적으로는 "여호와를 거스르는" 행위였다(11절; 참고, 민 14:35, "나를 거슬려 모인 이 악한 회중", 노아딤, נועדים).

12-15절. 이 본문에서 저자는 고라의 일당에게서 다단과 아비람으로 시점을 이동한다. 본문의 내용을 볼 때 다단과 아비람은 고라의 일당이 모세와 아론에게 몰려왔을 때 함께 오지 않았던 것 같다. 그래서 모세는 이들을 부르러 사람을 보내야 했다(12a절).

12b-14절의 이들의 말을 원문의 어순을 살려서 구조 분석을 해보면 다음과 같다.

    a. 우리가 올라가지 않을 것입니다(12b절).
        b. 작은 일입니까(13a절)
            c. 당신이 우리를 젖과 꿀이 흐르는 땅에서 이끌어 내어 광야에서 죽이려 하는 것이(13b절)
                x. 도대체 왜 당신은 우리 위에 군림하기까지 하려 합니까?(13c절)
            c′. 당신이 우리를 젖과 꿀이 흐르는 땅으로 데려 가지도 않고 밭과 포도원의 기업도 우리에게 주지 않습니까(14a절)
        b′. 당신이 이 사람들의 눈을 파내려고 합니까(14b절)
    a′. 우리는 올라가지 않을 것입니다(14c절)

위의 구조에서 보듯이 이 본문은 교차대조법적 구조를 띠고 있다. 최외각 부분(a-a′)은 "우리가 올라가지 않을 것입니다"란 문구로 되어 있다. b-b′ 부분은 모세에 대한 비난을 담고 있다. c-c′ 부분은 "젖과 꿀이 흐르는 땅"이란 문구를 통해 서로 상응한다. 물론 이 문구가 가리키는 대상은 각각 애굽 땅과 가나안 땅이라는 점에서 차이가 있기는 하지만 말이다. 이 구조의 가운데 부분(x)은 다단과 아비람이 하고 싶은 핵심적인 말을 담고 있다. 이들은 모세가 자신들 위에 군림하는 것이 싫은 것이다.

다단과 아비람의 말은 확실히 고라 및 그 일당과는 불만의 내용에 있어서 차이가 있다. 레위 지파로 구성된 후자의 사람들은 아론과 그 집안이 제사장 직무를 독점하는 것에 대해서 반발하였다. 반면에 전자의 사람들의 말은 마치 13-14장의 정탐꾼 사건의 일부인 것처럼 느껴진다. 이 정탐꾼 사건의 핵심적인 주제가 약속의 땅에 올라가느냐 마느냐 하는 문제였다는 점을 이미 우리는 살펴본 바가 있다.

이들의 말에서 가장 충격적인 점은 이들이 애굽을 "젖과 꿀이 흐르는 땅"이라고 부르고 있다는 점이다(13b절). 하나님은 처음 모세에게 출애굽 계획을 밝히실 때부터 애굽은 고통의 땅인 반면에 당신이 이들을 데리고 가실 가나안 땅은 "젖과 꿀이 흐르는 땅"(출 3:8)이라고 묘사해 오셨다. 심지어 열 정탐꾼들도 가나안 땅이 이렇다는 것을 인정한 바 있다(민 13:27). 그런데 이 명칭을 다단과 아비람은 애굽 땅에 부여하고 있다. 그들의 이 말은 만나 사건(출 16:3), 메추라기 사건(민 11:4-7) 때의 애굽에 대한 장밋빛 회상보다 더 하나님의 구원 사역에 대한 모독이다.

"광야에서 죽이려 한다"(13b절)는 표현 역시 이스라엘이 광야 여정 중에 자주 쓰는 표현이다(출 14:11; 16:3; 17:3; 민 14:2-3; 20:4). 이 표현 역시 다단과 아비람의 관심사는 고라 자손의 것과는 다르며, 다른 광야의 불평 사건들과 좀 더 가깝다는 것을 보여준다.

이들은 모세가 자신들 위에 군림한다는 것이 싫다는 것(x부분)을 표현한 후에 추가적인 불평, 즉 모세가 애굽과 더불어 다른 "젖과 꿀이 흐르는 땅"인 가나안 땅으로도 데리고 가지 않는다고 불평을 하면서, 자신들은 모세의 호출에 응하지 않겠다는 것을 밝힌다. 그러나 이들이 모세에게 이런 문제를 따지는 것은 방향이 잘못된 것이다. 40년 동안 광야에 머물게 된 것은 모세의 책임이 아니라 이 반역의 주동자들인 다단과 아비람 및 기타 이스라엘 백성들이 약속의 땅에 들어가기를 거부한 것에 대한 하나님의 심판 때문에 생긴 일이었다(민 13-14장). 따라서 그들은 자기네들 스스로를 탓하거나 하나님에게 직접 불만을 표출해야만 했다. 그들은 엉뚱한 데에다 불만을 토로하고 있는 것이다.

16-19절. 여기에서 다시 내레이터는 고라와 그 일당에게로 초점을 돌린다. 모세는 5-7절에서 고라 일당에게 향로에 향을 놓고 불을 붙여 여호와 앞에 가져다 놓으라고 말한 바가 있다. 이제 이 본문에서 그는 이들에게 이 명령을 좀 더 상세하고 구체적으로 부연해서 말해주고 있다. 고라의 일당이 가져올 향로는 그들의 숫자를 따라서 250개이다. 그리고 고라와 아론 역시 각자의 향로를 가져오라고 말하고 있다(17절).

18절은 고라 일당이 이 명령대로 한 것을 언급하고 있다. 그러나 이들은 이것을 다시 한번 모세와 아론에 대한 대적의 기회로 삼았다(19a절). 상황이 이렇게 긴박하게 돌아갈 때 드디어 여호와의 영광이 온 회중에게 나타난다. 광야의 불평 이야기들 속에서 이 여호와의 등장이 심판을 위한 것임은 민수기 14:10의 해설에서 설명한 바 있다.

20-21절. 이 두 구절은 모세와 아론이 위협을 받는 상황 속에서 긴박하게 등장하신 하나님이 하신 말씀을 담고 있다. 하나님은 이들에게 이 회중을 떠나라고 말씀하시면서, "순식간에 그들을 멸할 것"이라고 말씀하신다.

22절. 이 구절은 모세와 아론의 반응을 나타낸다. 이들은 하나님 앞에 엎드리며 다시 한번 중보기도를 한다. 자신들의 권위가 도전 받고, 온 회중이 다 자신들을 배격하고 있음에도 불구하고 이들은 그들을 위해 중보기도를 한다. 이런 점에 있어서 이들은 지도자로서의 좋은 면모를 보여준다.

이들은 "하나님, 모든 육체의 생명의 하나님, 한 사람이 범죄하였는데 온 회중에게 진노하십니까"라고 말한다. 이들의 기도는 오경에서 이 기도 이전에 나왔던 모범적인 중보 기도들을 연상시킨다.

첫째, "하나님, 모든 육체의 생명의 하나님"이란 표현을 통해 이들은 하나님의 속성에 호소한다. 이것은 모세가 정탐꾼 사건에서의 중보 기도 중에서 먼저 하나님의 성품과 노력과 속성에 집중한 것을 연상시킨다(민 14:13-19 및 본문 해설).

둘째, 한 사람이 잘못한 것에 대한 벌로 온 회중을 심판하시는 것의 부당성에 대한 지적은 창세기 18장에서 아브라함이 소돔을 위한 중보 기도를 하면서 했던 수사학적 전략을 연상시킨다. 이 기도에서 아브라함은 "주께서 의인을 악인과 함께 멸하려 하시나이까…주께서 이같이 하사 의인을 악인과 함께 죽이심은 부당하오며 의인과 악인을 같이 하심도 부당하니이다 세상을 심판하시는 이가 정의를 행하실 것이 아니니이까"라고 기도한 바 있다(창 18:23-25).

23-24절. 아브라함의 기도나 정탐꾼 사건에서의 모세의 기도의 경우처럼 이 경우에도 하나님은 이들의 기도를 수용하신다. 그리고 회중으로 하여금 "고라와 다단과 아비람의 성막 둘레를 떠나게" 하라고 지시하게 하신다. 이 지시의 말씀의 핵심은 모세와 아론의 중보 기도대로 하나님이 심판의 대상을 반역 죄를 지은 사람들 자신에게만 국한시키시겠다는 것이다.

"고라와 다단과 아비람의 성막"이라는 표현 중에서 "성막"(미쉬칸, מִשְׁכָּן)이 과연 무엇을 가리키는 것인가 하는 것은 커다란 논쟁거리이다. 이 난해한 문제에 대한 학자들의 견해를 애쉴리가 정리한 것을[28] 바탕으로 해서 기타 견해들의 논의를 정리해보면 다음과 같다.

첫 번째 견해는 미쉬칸이 실제로 여호와의 "성막"을 의미한다고 본다. 다시 말해 이 견해는 고라, 다단, 아비람이 하나님의 정식 "성막"에 대한 경쟁 "성막"을 세웠다고 보는 것이다. 애쉴리는 이 견해가 불가능하지는 않지만 별로 타당하지는 않다고 본다. 왜냐하면 정말 저자가 이것을 의미하려고 했다면 그는 이 대안적 성막의 존재에 대해서 좀 더 분명하게 언급을 했을

---

[28] Ashley, *Numbers*, 315

것이라고 생각되기 때문이다.[29]

두 번째 견해는 "성막"을 수식하는 "고라와 다단과 아비람"을 전부 제거하는 것이다. 이 경우 본문은 "너희는 성막(즉 여호와의 '성막') 둘레에서 떠나라"가 되며, 이 '성막'이라는 단어가 가진 난점 자체는 해소가 된다.[30] 이 견해는 본문에 언급된 이름들을 지워야 한다는 단점을 제외하면 현재 구절과 문맥의 흐름을 가장 자연스럽게 만들어준다. 그러나 이 견해가 가진 가장 큰 결함은 이 16장에서 고라의 반역 사건과 다단과 아비람의 반역 사건이 밀접한 연결을 갖고 있다는 것을 강조하고자 했던 현재 본문의 의도를 완전히 배제시켜버린다는 것이다.[31]

세 번째 견해는 미쉬칸이 그냥 "처소"(dwelling)라는 의미를 갖는다고 이해하며, 고라가 이스라엘 회중을 성막으로 데리고 갔다가 다시 다단과 아비람의 장막으로 데려왔다고 보는 것이다. 애쉴리는 이 견해가 가장 타당성이 높다고 본다. 그러나 그 자신이나 다른 학자들이 많이 지적했듯이 미쉬칸은 민수기 16:24, 27 외의 나머지 오경 본문에서는 단수로 사용된 경우 예외없이 항상 여호와의 성막을 가리키며, 사람들이 사는 장막을 의미하는 경우는 없다. 또한 이 단어가 현대의 많은 성경 번역본들이 반영하고 있는 바와 같이 집합명사로 사용되어 "장막들"(tents)이나 기타 비슷한 용어로 번역될 수 있는 가능성도 역시 없다.[32]

위의 세 가지 중에서 가장 가능성이 높은 것은 첫 번째의 것으로 생각된

---

[29] 이 견해의 제시자는 Budd, *Numbers*, 179이다.

[30] Ashley가 나열한 Dillmann, Gray, McNeile, Binns, Heinisch, Noordtzij 등의 주석가들 외에 Jacob Milgrom, *Numbers*, 136 등이 이 견해를 따른다.

[31] Ashley, *Numbers*, 315.

[32] John Williams Wevers, *Notes on the Greek Text of Numbers*, Septuagint and Cognate Studies 46 (Atlanta: Scholars Press, 1998), 270. Wevers에 따르면 영어 성경들은 "abodes"(NJPS), "dwellings"(NRSV), "tents"(NIV) 등의 해석을 하고 있다. 개역개정은 "장막"이라고 되어 있기는 하지만 이것 역시 복수 개념으로 이해해야 할 것이다. 한글은 단수와 복수를 뚜렷하게 구분하지 않고 사용하는 경우가 많기 때문이다. 제롬의 라틴어 역본인 불가타 역본(the Vulgate)도 현대의 번역본들처럼 "장막들"로 해석하고 있다.

다. 위에서 살펴 본 바와 같이 애쉴리는 민수기 저자가 이 24절의 미쉬칸을 정통 "성막"에 대한 경쟁 "성막"을 만든 것으로 묘사하려고 했다면 이 점을 좀 더 명확히 말했을 것이라고 지적한 바 있다. 그러나 그는 결국은 같은 성격의 문제, 즉 민수기 저자가 고라 무리를 이스라엘 "회중"(에다, עֵדָה)에 대한 경쟁적 집단으로 묘사하고자 하는 "풍자적" 차원(a parody)에서 역시 에다라고 불렀다는 점(3절의 본문 해설)에 대해서는 저자가 별다른 언급을 하지 않았음에도 불구하고 타당성을 인정한 바 있다.[33] 이처럼 애쉴리의 문제는 에다와 미쉬칸에 대해서 이중적 잣대를 들이대고 있다는 점이다. 그의 말대로 고라의 무리를 에다라고 지칭한 것에 민수기 저자의 비판적인 시각이 담겨 있다면 미쉬칸의 경우도 역시 마찬가지라고 보지 못할 이유가 없다. 결국 에다와 미쉬칸에 대한 민수기 저자의 용법은 완전히 동일한 성격을 갖고 있다. 따라서 이 점을 받아들이고 나면 애쉴리가 이 첫 번째 견해와 관련하여 지적한 문제는 사라진다.

25절. 12-15절에서 모세는 다단과 아비람을 부르기 위해 사람을 보낸 적이 있다. 그러나 이들은 모세에게 오기를 거부했다. 그래서 이 번에는 모세가 그들에게로 간다. 장로들이 그를 따른다.

26절. 이 구절은 모세가 다단과 아비람에게 한 말을 담고 있다. 그는 회중에게 말하기를 이들과 함께 멸망을 당하지 않도록 이들의 장막들에서 멀어지고, 이들의 물건도 건드리지 말라고 명령한다.

27절. 모세가 24절에서 했던 지시에 따라 사람들이 고라와 다단과 아비람의 성막에서 떠난다. 27절 자체에 나오지는 않지만 사람들은 26절의 모세의 지시에 따라 다단과 아비람의 개인 장막들에서도 떠난 듯하다. 결과적으로 다단과 아비람만 자기 식구들, 즉 "자기들의 아내들과 자녀들과 아이들"과 함께 자기네 장막들에 남는다. 또한 32절의 말씀에 기초해볼 때 고라와 그 일당은 자기네들의 대안적 "성막" 주변에 남았던 것 같다.

---

[33] Ashley, *Numbers*, 306.

결국 32-33절에 따르면 고라의 무리와 다단과 아비람, 그리고 다단과 아비람의 모든 식구들, 특히 이들의 "아이들"(타프, טַף)까지도 다 심판에 의해 죽음을 맞이한다. 특히 "아이들"의 죽음이 가진 통렬함은 두 가지이다. 첫째, 민수기 14:31에 따르면 하나님은 비록 정탐꾼 사건을 통해서 광야 1세대는 다 광야에서 죽게 만든다 해도 그들의 "아이들은 내가 들어가게 하여 그들로 하여금 너희가 거부하던 땅을 누리게 할 것"이라고 약속하셨다. 그런데 그 "아이들"이 자기네 아버지들의 잘못으로 인해 이 약속의 시행을 보지 못하고 광야 1세대와 더불어 광야에서 죽는다. 둘째, 이 아이들의 죽음은 다시 한번 민수기 14:18절의 모세의 중보 기도 중에 인용된 출애굽기 34:6-7의 하나님의 말씀대로 "형벌 받을 자는 절대 사하지 않으시고, 아버지의 죄악을 자식들에게 갚아 삼사대까지 이르게 하는" 처벌을 대상이 된다. 하나님은 비록 "노하기를 더디하시고, 인자가 많으신" 하나님이시지만 또한 철저하게 인과응보를 시행하시는 공의의 하나님임을 우리는 잊으면 안 된다(민 14:18).

28-30절. 이 본문에서 모세는 자신이 전달한 24, 26절의 하나님의 말씀대로 심판이 시행되는지의 여부에 따라 자신이 참 대언자인지 아닌지가 판가름 난다는 점을 밝힌다(참고, 신 18:22).

31-35절. 실제로 모세가 전한 말씀대로 심판이 시행됨으로써 그가 참 대언자임이 증명된다. 땅이 갈라져 반역자들을 삼킨다. 또한 여호와께 향로를 가져온 250인도 불에 태워진다.

36-38절(17:1-3).[34] 이 본문에서 하나님은 앞의 35절의 향로와 관련하여 불타 죽은 자들의 향로를 처리하는 문제를 36절의 말씀 도입구에 이어 지시하시고 있다.

37-38절은 이 문제에 대한 하나님의 명령을 담고 있다. 37절에서 하나

---

[34] 여기에서부터는 히브리어 본문과 개역개정 본문 사이에 장절 표기가 달라진다. 각 본문의 표제에만 두 본문의 장절을 병행해서 표기하고, 세부 논의에서는 개역개정의 장절만을 표시하도록 하겠다.

님은 아론의 아들 엘르아살로 하여금 향로를 취하여 그 안의 불을 다른 곳에 쏟으라고 명령하신다. 이 명령의 이유는 "그것들이 거룩하기 때문"이라고 하신다. 이 표현은 정말로 이 향로나 그 불이 통상적인 의미에서 거룩하다는 뜻이 아니라 이것들이 비록 시험을 위한 것이기는 하지만 이미 하나님에게 바쳐진 것이라는 뜻이다. 일단 하나님께 드려진 것은 다시 다른 세속적인 방식으로 사용되어서는 안 된다.

38절에서 하나님은 이 시험에 사용된 향로들로 제단을 싸는 판을 만들라고 하셨다. 이미 출애굽기 38:2가 성막 제작시 제단을 놋으로 싸라는 명령을 담고 있기 때문에 학자들은 이 명령에 대해 의아하게 생각해왔다. 이미 제단이 놋으로 싸여 있는데, 이것을 놋으로 싸라는 명령을 어떻게 이해해야 할까? 이에 대해서 학자들은 세 가지 정도 의견을 제시했다.[35]

첫 번째 의견은 역사비평학적인 해법이다. 이에 따르면 이 민수기 본문은 출애굽기 본문과는 다른 전승을 보존하고 있다는 것이다. 그러나 이것은 문제의 해결이라기 보다는 해결할 수 없는 문제를 가설적인 전승에 떠넘기는 것밖에 안 된다.

두 번째 의견은 이미 제단이 놋으로 싸여 있기는 하지만 이것을 다시 한 번 싸라는 것으로 이해하는 것이다.

세 번째 의견은 이 제단이 흔히 학자들이 생각하듯이 번제단을 가리키는 것이 아니라 금으로 싸여 있는 분향단이라고 본다. 이 금향로를 다시 놋으로 싸라고 하신다는 것이다. 금으로 싸여 있어야 할 분향단이 놋으로 싸이게 되면 이것이 38절 끝의 하나님의 말씀처럼 이스라엘 자손에게 "증표"가 되기에 좋다는 것이다. 그러나 성막 안의 기물들은 거의 다 금으로 싸여 있고, 놋은 주로 성막 뜰에 국한되어 있다는 점, 그리고 성막 안의 향단을 볼 수 있는 사람은 제사장들에게 국한되어 있기 때문에 이것이 일반 백성들에게 증표로 작용하기 힘들다는 점을 고려할 때 이 마지막 견해는 가능

---

[35] Ashley, *Numbers*, 325-326.

민수기 16장 모세의 리더십에 대한 다른 도전들(1)

성이 별로 없다고 생각된다.

따라서 애쉴리의 견해와 마찬가지로 두 번째 견해가 가장 가능성이 높아 보인다. 하나님께서 이렇게 이미 한번 싸여 있는 번제단을 다시 향로의 놋으로 싸라고 하신 이유는 이것을 이 반역 사건에 대한 "증표"로 삼기 위한 것이라고 하나님은 말씀하신다.

39-40절(17:4-5). 이 본문은 엘르아살이 하나님의 명령대로 시행한 것에 대한 보고 및 그것의 의미를 담고 있다. 향로의 놋으로 싼 제단은 "이스라엘 자손을 위한 기념물"로 작용할 것이다. 이 기념물의 기억의 내용은 "아론 자손이 아닌 자, 곧 허락되지 않은 자"가 하나님께서 그에게 부여하신 제사장 직분을 탐해서는 안 된다는 것이다.

41-45절(17:6-10). 앞의 16:1-40(16:1-17:5)을 통해서 고라와 다단과 아비람의 반역 사건은 완전히 끝난 것 같았다. 그러나 16:41-50(17:6-15)은 꺼진 불과 같았던 이 사건에 여전히 불씨가 남아 있음을 보여준다. 41-42a절은 새로 타오르는 반역의 불길의 시발점이 된다. 반역자들을 땅이 삼키고, 향로를 바친 250명이 불타 죽는 사건을 목도했음에도 불구하고 이스라엘 온 회중은 반성하기는커녕 모세와 아론을 원망하고, 그들의 죽음의 책임을 이들에게 돌린다. 그래서 그들은 다시 한번 이들에게 대항하여 모인다(16:3, 19, 42; 카할[קהל]의 니팔형). 이어지는 내용들은 마치 녹화한 영상을 재생하듯이 앞의 고라와 다단과 아비람의 반역 사건과 내용들이 비슷하게 전개된다. 하나님이 다시 한번 개입하신다. 즉 여호와의 영광이 다시 한번 나타나는 것이다(16:19, 42). 하나님은 다시 한번 말씀하시기를 "너희는 이 회중에게서 떠나라. 내가 순식간에 그들을 멸할 것이다"라고 말씀하신다(16:21, 45). 그러자 모세와 아론이 엎드린다(16:22, 45).

46절(17:11). 여기에서부터는 큰 플롯의 흐름은 동일하지만 내용 자체는 앞과 좀 달라진다. 앞에서는 모세가 하나님의 심판의 말씀(16:21)을 듣고 중보 기도(16:22)를 했지만 여기에서는 아론에게 지시를 한다. 그 내용은 그가 향로에 불을 놓고 향을 담아서 급히 회중에게로 가서 "속죄를 하라"는 것이다. 모세가 이처럼 앞과 달리 중보 기도 대신 즉각적인 조치를 취한 이유는 이미 심판이 시행되기 시작했기 때문인 것 같다. 급박한 상황 때문에 그는 임기응변적인 조치를 취할 수 밖에 없었던 것으로 생각된다.[36]

모세는 향로를 가지고 가서 "속죄하여라"고 지시한다. 여기에서의 속죄의 의미에 대해서 어떤 학자들은 이것이 레위기 본문들에서 사용된 것과 같은 전문적인 의미가 아니라 "여호와의 진노, 즉 재앙이라는 형태로 이미 사람을 죽이기 시작한 여호와의 진노를 피하게 한다"는 일반적인 의미로 사용되고 있다고 지적한다.[37] 그러나 이 구절의 "속죄" 개념이 레위기의 것들과 다르다고 볼 필요는 전혀 없다. 여호와의 진노는 이스라엘이 여호와를 거역한 것 때문에 촉발된 것이며, 앞의 41-45절의 본문 해설에서 보았듯이 그 전개 과정이 고라와 다단과 아비람의 반역 사건의 경우와 거의 동일하게 전개되었기 때문이다.

이처럼 이 구절의 속죄 개념이 레위기의 것들과 같다고 할 때 또 한 가지 유념하여야 할 점은 구약에서 속죄의 수단이 결코 제사로 국한되어 있지 않다는 점이다.[38] 속죄는 하나님의 주권에 속한 문제이며, 하나님은 당신의 주권적 판단을 통해서 얼마든지 다른 방법들을 통해서도 속죄를 하실 수가 있다.[39]

따라서 모세의 "속죄하여라"는 지시는 모세가 이렇게 함으로써 정말 속죄가 이루어질 수 있다고 생각했다기보다는 긴박한 상황 속에서 어떻게든

---

36 Milgrom, *Numbers*, 141.

37 Ashley, *Numbers*, 328.

38 앞의 Ashley, *Numbers*, 328는 "피의 제사 없이 속죄하는 것이 이례적"이라고 말했다. 그러나 그 자신이 출애굽기 30:15의 "속전"을 예외적인 경우로 이미 괄호 속에 제시하고 있다.

39 이런 점에 대한 논의는 박철현, *레위기: 위험한 거룩성과의 동행* (서울: 솔로몬, 2018), 41-50에 있는 "제사와 속죄의 관계"를 꼭 숙지하기를 바란다. 레위기 학자들이 상당히 많은 경우 너무 레위기의 속죄 신학을 너무 편협하고 기계론적인 방식으로 이해하고 있다. 그러나 하나님의 주권 개념과 하나님의 절대자로서의 자유라는 개념을 뺀 속죄 신학은 구약의 사상과 상응하지 않는다는 점을 유념해야 한다. 또한 이 점은 구약의 속죄 개념을 목회적으로도 적용하는데 있어서도 중요하기 때문에 특히 목회자들이 잘 숙지해야 한다.

지 하나님의 자비를 이끌어낼 수 있는 수단을 강구했다고 봐야 할 것이다.

왜 이 속죄의 수단으로 향로가 선택되었는지에 대해서 본문이 명확하게 밝히고 있지는 않다. 그러나 고대 근동에서 향은 신들을 달래는 수단이었다.[40] 또한 모세가 아론에게 준비하라고 한 향로는 그가 속죄일에 지성소 안으로 들어갈 때 사용한 향로로 보이는데, 이것을 통해서 그는 죽음을 면할 수 있었다(레 16:12-13).[41] 현재 문맥에서 모세는 이런 점들을 고려하여 이런 조치를 임기응변적으로 강구한 것이 아닌가 생각된다.

그러나 이와 관련하여 꼭 기억해야 하는 것은 앞에서 말한 대로 속죄는 하나님의 주권 영역이다. 결코 모세가 이런 수단을 동원했기 때문에 하나님이 속죄를 하신 것이 아니고, 하나님 자신이 이스라엘을 이 정도의 처벌로 용서하시기로 작정하셨기 때문에 속죄를 하셨다는 점이다. 하나님이 "진노 중에라도 긍휼을 잊지" 않으시는 분이시기에 죄인에게 희망이 있다는 것을 우리는 잊어서는 안 된다(참고, 합 3:2; 또한 사 54:8; 애 3:32; 사 54:7-10; 미 7:18).

47-48절(17:12-13). 아론이 모세의 지시를 따라 향로를 가지고 백성들에게로 간다. 본문은 긴박감을 자아내는 여러 가지 요소들을 갖고 있다. 먼저 아론은 "달려갔다"(47절). 이 행동은 상황의 긴박성을 반영한다. 또한 아론이 급히 뛰어가서 바라보는 상황의 묘사를 도입하는 문구인 "보라"(붸힌네, וְהִנֵּה)라는 문구는 내래이터의 3인칭 시점에서 등장인물인 아론의 1인칭 시점으로 시점을 바꿔주는 역할을 하는 하는 표현이다. 이 표현은 독자가 아론의 눈을 빌려 1인칭적으로 상황을 바라보게 해주는 역할을 한다. 이 표현을 통해 독자는 상황의 긴박성을 직접 체험하게 된다. 이렇게 그의 눈으로 직접 현장을 바라보니, "염병이 백성 가운데에서 시작되었다".

이런 긴박한 상황 속에서 아론은 자신이 할 일을 한다. 그는 향을 피워서 속죄를 하는 작업을 준비하고는 죽은 자와 산 자의 사이에 선다. 그러자

---

40 Milgrom, *Numbers*, 142.
41 Ashley, *Numbers*, 327-328.

염병이 그친다. 이 일을 통해서 아론은 다시 한번 권위가 확립된다. 하나님은 당신과 백성 사이에 세우신 이 대제사장이 백성을 속죄하기 위해 한 행위를 수용하셔서 염병을 중단하셨다. 이로 인해서 16장에서 그에 대해 제기된 반발들은 그 정당성을 잃게 되었다.

49절(17:14). 이 구절은 백성들의 추가적 반역의 결과로 재앙을 당해 죽은 사람이 14,700명임을 보고하고 있다. 고라와 다단과 아비람의 반역으로 죽은 사람은 직접 가담자들과 그 식솔들에 국한되어 있었는데, 이들의 심판을 목도하고도 회중이 다시 반역함으로써 광야 시기 중 가장 비극적인 결과가 나오고 말았다.

50절(17:15). 앞의 구절들의 긴장감에 비하면 너무나도 조용하게 장이 마무리된다. 아론은 염병이 그친 것을 보고 회막 문의 모세에게로 돌아간다. 이런 조용한 마무리는 사실 아직 추가적인 내용이 17장에서 더 이어지기 때문이다. 하나님은 17장에서 다시 한번 아론의 권위를 세워 주시기 위해 일을 준비하신다.

5단계: 적용

1절. "레위의 증손 고핫의 손자 이스할의 아들 고라": 고라가 하나님과 모세와 아론에게 반역자 무리의 수장이 된 이유는 아마 그의 혈통과 밀접한 관계가 있는 듯하다. 그는 레위 지파, 그 중에서도 고라 가문의 일원이었으며, 모세와 아론의 친조카였다(참고, 16:1의 본문 해설). 아마 그는 자기의 삼촌인 아론과 자신의 사촌들이 대제사장과 제사장 직분을 독차지한 반면에 자신과 자신의 가문은 성막을 운반하는 일만을 해야 한다는 사실을 참을 수 없었던 것 같다. 그래서 그는 "너희가 분수에 넘치는구나…너희가 어찌하여 여호와의 총회 위에 스스로 높이느냐"고 따진다(3절).

그러나 그가 보지 못한 것이 여러 가지가 있다. 첫째, 그는 모세가 지적한 바와 같이 "하나님이 이스라엘 회중에서 너희를 구별하여 자기에게 가까이 오게"(9절) 하셨다는 점을 기억하지 않았다. 그가 맡은 일은 하나님께서 직접 정하신 일이지 결코 모세와 아론이 인간적인 권위에 의존해서 그의 가문에게 떠넘긴 허드렛일이 아니었다. 따라서 그의 비난의 방향은 잘못된 것이다.

둘째, 하나님께서 그의 가문에게 맡긴 일, 즉 "여호와의 성막의 일을 하게 하시고 회중 앞에 서서 그들을 위해 사역하게 하신" 일은 결코 "작은 일"이 아니었다(9절). 그는 사도 바울이 말한 바, "사람아 네가 누구이기에 감히 하나님께 반문하느냐 지음을 받은 물건이 지은 자에게 어찌 나를 이같이 만들었느냐 말하겠느냐 토기장이가 진흙 한 덩이로 하나는 귀히 쓸 그릇을, 하나는 천히 쓸 그릇을 만들 권한이 없느냐"(롬 9:20-21)라고 한 것처럼 절대 주권자이신 하나님이 그에게 정해주신 일에 대해서 항거하면 안 된다는 점을 기억해야 했다. 하물며 그 일이 하나님의 성막에서 섬기는 영광스러운 일이고, 결코 "작은 일"이 아니라 할 때 더욱 더 말해서 뭐하겠는가?

셋째, 그는 자신의 기준으로 보기에 자기보다 낫다고 생각하는 쪽만 바라보고 레위 지파의 다른 가문들이 하는 일들(참고, 민수기 3장)을 바라보지 못했다. 성막 신학에 따르면 성막은 지성소, 성소, 뜰의 3중 구조를 띠고 있으며, 이 중에서 안쪽의 자리일수록 그 거룩성이 더하고, 바깥쪽의 자리일수록 거룩성이 덜한 형태를 갖고 있다. 이런 구조에 따르면 고라 자손이 속한 고핫 가문은 게르손 지파나 므라리 지파보다 더 거룩한 것을 담당하였다. 따라서 혹시 고라가 하나님께서 맡기신 일을 그 자체로 소중한 것으로 이해하지 않았다고 하더라도 그는 단순히 자신의 위에 있다고 생각되는 모세와 아론만을 바라볼 것이 아니라 자신보다 아래에 있다고 생각되는 나머지 레위 가문을 바라보기도 했다면 아마 그는 덜 불행했을 것이다. 물론 하나님께서 맡기신 일에 "작은 일"이 없기 때문에 이런 생각마저도 잘못이기는 하지만 말이다. 어찌 됐든 사람의 불행은 자신이 하는 일에 대한 소명 의식이 없이 오직 다른 사람들과 상대비교를 하면서, 자신보다 잘난 사람들만을 바라볼 때 생기는 법이다. 이런 태도와 시각은 옳지 않을 뿐만 아니라 자신을 불행하게만 만든다.

만약 그가 정말 하나님 안에서 깨어 있는 자였다면, 그는 쓸데없는 상대비교에 집착하지 않고 하나님께서 어떤 일을 그에게 맡기셨다는 사실만으로도 기쁨을 누렸을 것이다. 그는 시편 기자처럼 "주의 궁정에서의 한 날이 다른 곳에서의 천 날보다 나은즉 악인의 장막에 사는 것보다 내 하나님의 성전 문지기로 있는 것이 좋사오니"(시 84:10)라고 고백할 수 있었을 것이다.

3절. "회중이 다 각각 거룩하고 여호와께서 그들 중에 계시는데, 너희가 어찌하여 여호와의 총회 위에 스스로 높이느냐": 고라가 이 말을 한 것은 사실 허울 좋은 포장일 뿐이다. 그의 관심은 온 회중의 거룩이 아니라 아론의 직분을 대신 차지하고 일에 있다. 모세는 "하나님이 너와 네 모든 형제 레위 자손들을 너와 더불어 다가오게 하셨는데, 너희가 제사장의 직분까지 노리느냐"(10절)는 말로 그의 이런 거짓 가면을 벗겼다.

성경에서 우리는 자신의 진짜 욕심을 이처럼 거짓된 포장으로 위장하는 경우들을 종종 찾아볼 수 있다. 일례로 가룟 유다는 마리아가 비싼 향유를 가져다가 예수님의 발에 붓는 것을 보고 "이 향유를 어찌하여 삼백 데나리온에 팔아 가난한 자들에게 주지 아니하였느냐"(요 12:5)라고 속으로 말한다. 그러나 요한복음 저자는 그의 진짜 마음에 대해서 폭로하기를 "이렇게 말함은 가난한 자들을 생각함이 아니요 그는 도둑이라 돈궤를 맡고 거기 넣는 것을 훔쳐 감이러라"고 지적하였다(12:6).

현실에서도 이처럼 진실을 거짓된 명분으로 위장하는 경우를 우리는 많이 본다. 잠언 26:24-25는 "원수는 입술로는 꾸미고 속으로는 속임을 품나니 그 말이 좋을지라도 믿지 말 것은 그 마음에 일곱 가지 가증한 것이 있음이니라"고 하였다.

혹시라도 우리가 이처럼 거짓으로 포장하고 싶고, 거짓된 명분을 내세우고 싶을 때 기억해야 할 말씀이 있다. "스스로 속이지 말라 하나님은 만홀히 여김을 받지 아니하시나니 사람이 무엇으로 심든지 그대로 거두리라"(갈 6:7). 우리가 속이려고 해도 결코 속임을 받지 않으시는 하나님으로 인해 우리는 심은 대로 거두게 될 것이다. 이 하나님이 무섭다면 거짓 명분을 내세우기를 삼가라.

6단계: 설교 "죄의 끈질김과 우리의 소망"(민 16:41-50)

영국의 대부흥 운동의 지도자들에게 가장 깊은 영향을 준 것으로 꼽히는 기독교 사상가인 윌리엄 로(William Law)는 자신의 책에서 "기독교란 종교의 모든 성격은 이 두 개의 큰 기둥, 즉 우리의 타락의 큼과 우리의 구원의 큼 위에 놓여 있다"(The whole nature of the Christian religion stands upon these two great pillars, namely, the greatness of our fall and the greatness of our redemption)고 설파한 바가 있습니다.[42] 우리가 믿는 신앙을 제대로 이해하기 위해서는 우리의 타락이 얼마나 깊고, 죄의 성품이 얼마나 집요한지, 그리고 그런 우리를 향한 하나님의 구원의 은혜는 얼마나 깊고 큰지를 알아야만 합니다. 오늘 살펴보고자 하는 본문의 내용은 바로 이 두 가지 점에 대한 통찰들을 제공해주고 있습니다.

그러면 오늘 본문을 좀 살펴보도록 하겠습니다.

첫째, 이 본문은 우리의 타락이 얼마나 크며, 우리의 죄가 얼마나 집요한지를 보여주고 있습니다.

이 본문의 바로 앞인 민수기 16:1-40은 고라와 다단과 아비람의 반역에 대해서 다루고 있습니다. 이 반역의 결과로 이 반역도들은 땅에 의해서 삼

---

[42] Ralph L. Smith, *Old Testament Theology: Its History, Method, and Message* (Nashville: Broadman and Holman Publishers, 1993), 275에서 재인용.

킴을 당하였고, 여호와의 불이 하나님 앞에 향로를 가져온 250명을 죽였습니다(16:31-35). 또한 하나님은 이 반역의 일을 백성들이 망각하지 않도록 향로의 놋을 펴서 제단을 싸라고 명령하기까지 하셨습니다(16:36-40).

이 모든 일이 자신들의 눈 앞에서 바로 직전에 벌어졌을 때 여러분은 과연 어떻게 하시겠습니까? 여러분은 무서운 심판을 목격하고도 그들과 동일한 죄를 지으시겠습니까?

아마 그렇게 하는 사람은 거의 없을 것입니다. 그러나 놀랍게도 오늘 본문의 이스라엘 온 회중은 그렇게 합니다.

더욱 놀라운 것은 이들의 죄 짓는 모습과 성격이 자신들의 바로 앞에서 심판으로 인해 죽은 사람들의 것과 상당히 닮았다는 것입니다. 오늘 본문에서 이스라엘 백성들은 "너희가 여호와의 백성을 죽였다"고 말하면서 모세와 아론에게 원망을 합니다(16:41). 이 때 이 "여호와의 백성"이란 표현은 고라가 사용한 "여호와의 총회"(16:3)란 말과 비슷합니다. 이들은 자신들의 반역을 정당화하기 위해 자신들 무리를 여호와란 이름으로 포장합니다. 그러나 하나님의 뜻을 보고도 그 뜻을 따르지 않는 무리는 더 이상 "여호와의 백성"이 아닙니다. 또한 반역도들을 죽이신 분은 모세와 아론이 아니라 여호와 하나님이십니다. 그런데 그들은 그 일의 책임자를 엉뚱하게도 하나님의 종들에게 돌립니다.

이런 면에서 이들의 죄는 앞 본문의 반역도들의 죄와 상당히 닮았습니다. 그리고 이런 죄가 하나님에 의해서 크게 심판을 당했다는 것을 방금 전에 보고도 다시금 동일한 죄를 저지른다는 점에서 우리는 우리 인간의 타락의 큼과 죄의 무서운 집요함을 보게 됩니다.

이런 타락의 큼과 죄의 집요함은 성경의 일관된 가르침입니다. 죄로 인해 전인류가 멸절 당한 가운데에서 유일하게 하나님이 구원하신 의인 노아는 홍수 후에 심은 포도원의 포도주로 인해 다시금 잘못을 저지르며, 그로 인해 인류에게 다시 그림자가 드리워집니다(창 9:18-29). 시내산 언약 당시 "하나님이 임하심은 너희를 시험하고 너희로 경외하여 범죄하지 않게 하려

하심이니라"(출 20:20)고 말씀하신⁴³ 일이 있지만 이스라엘 백성이 그 직후에 한 일은 구약에서 가장 끔찍한 범죄 중의 하나인 황금 송아지 사건입니다 (출 32-34). 이것이 바로 우리 인간의 모습입니다.

이런 우리가 하나님 앞에서 바로 서기 위해서는 우리의 타락의 큼과 죄의 무서운 집요함에 대해서 뼈저리게 인식하고, 우리의 이런 모습에 대해서 깨달아야 합니다. 우리는 사도 바울이 권면한 바와 같이 "그런즉 선 줄로 생각하는 자는 넘어질까 조심하라"는 말씀을 항상 마음에 새겨야 합니다(고전 10:12).

둘째, 이 본문은 우리의 구원의 큼에 대해서 이야기해주고 있습니다.

고라 등의 무리의 반역으로 인한 하나님의 큰 심판과 그로 인한 큰 멸망을 보고도 이스라엘 온 회중이 다시 한번 다 들고 일어나서 하나님에게 반역을 했을 때 그 운명은 정해진 것이나 마찬가지였습니다. 당연히 하나님은 "너희는 이 회중에게서 떠나라. 내가 순식간에 그들을 멸할 것이다"(16:45)고 하셨습니다.

그러나 이 때 하나님께서 이들을 위해 세우신 두 중보자인 모세와 아론이 엎드립니다. 그리고 백성을 구하기 위해 급히 움직입니다. 모세의 지시를 받고 아론이 향이 든 향로들 들고 죽은 자와 산 자 사이에 섬으로써 하나님의 재앙이 그칩니다(16:47). 그 결과 완전히 멸절 당할 뻔한 이스라엘은 멸절의 위험에서 벗어납니다.

이처럼 반역도들을 위해 적극적으로 나서서 중보자로서의 역할을 한 사람들은 바로 이들이 비난했던 했던 사람들입니다. 이 중보자들은 자신들을 공격했던 사람들을 살리기 위해 자신들이 할 수 있는 일들을 다했습니다.

만약 하나님께서 이 중보자들을 잘 선택해서 세워놓지 않으셨다면 이 백성은 어떻게 되었을까요? 이들은 하나님께서 그들을 위해 예비하신 은혜

---

43 이 구절의 원어에 기초한 사역 및 이 구절이 가진 신학적 주제가 출애굽기의 나머지 본문 전체를 지배한다는 통찰과 해석은 박철현, 출애굽기 산책 (서울: 솔로몬, 2014), 185-188, 396-404을 보라.

의 선물이었습니다.

이제 신약으로 돌이켜볼 때 우리에게는 구약과 신약의 다른 모든 중보자들의 원형이시고, 완성이신 분이 계십니다. 이 분은 예수 그리스도이십니다. 예수 그리스도 역시 하나님과 백성 사이의 완전한 중보자로 세움을 입었지만 이 땅에 계신 동안 사람들은 그를 건축자가 버린 돌처럼 취급하고(마 21:42), 그를 박해하고, 그에게 누명을 씌워 죽이기까지 했습니다(막 14:53-65; 15:6-15).

그럼에도 불구하고 이 예수께서는 "우리가 아직 죄인 되었을 때에 그리스도께서 우리를 위하여 죽으심으로 하나님께서 우리에 대한 자기의 사랑을 확증하는" 역할을 하셨습니다(롬 5:8). 또한 우리로 하여금 자신의 피로 인해 우리가 죄를 극복하고 하나님 앞에서 "의롭다 하심을" 받게 하시고, 또한 "그로 말미암아 진노하심에서 구원을 받게" 하셨습니다(롬 5:9). 이처럼 결국은 하나님은 우리가 가진 타락의 큼과 죄의 무서운 집요함에도 불구하고 그 구원의 큼과 무한하신 은혜로 우리가 당신의 진노 앞에서 살 길을 마련해 주셨습니다.

성도 여러분, 오늘 말씀을 깊이 묵상하시길 바랍니다. 우리가 큰 타락 속에 있는 것을 항상 마음에 새기고, 결코 하나님 앞에서 그 어느 순간에라도 교만해지지 않기를 바랍니다. 또한 우리가 가장 좌절스러운 중에 있을 때, 우리가 하나님의 무서운 진노 중에 있을 때 우리는 또한 하나님의 구원의 큼을 기억하시기를 바랍니다. 당신께서 선택하신 자들을 통해서 항상 은혜를 베푸셨던 하나님은 예수 그리스도를 통해 궁극적 은혜를 우리에게 주셨습니다. 이 하나님의 은혜의 그늘이신 예수 그리스도를 통한 사랑은 허다한 죄를 덮습니다(참고, 벧 4:8). 이것이 철저한 죄인인 우리가 감히 거룩하신 하나님 앞에서 갖는 담대한 희망입니다. 예수 그리스도를 통한 구원의 큼이 우리에게 있습니다.

민수기 17장

모세의 리더십에 대한 다른 도전들(2)

민수기 17장의 개관 및 신학

이 사건은 광야 시대 중간기인 38년의 기간을 다루고 있는 유일한 에피소드인 16-17장 사건의 마지막 대목이다. 앞의 고라와 다단과 아비람 사건을 통해서 하나님은 모세와 아론, 그 중에서도 특히 아론의 권위를 많이 세워주셨다.

먼저 16:1-40(16:1-17:5[1])의 본문에서는 하나님은 아론과 반역도 250인에게 향로를 하나씩 회막문 앞으로 가져오게 하셨다(16:5-7, 17-18). 이 때 향로를 가지고 나온 자들 중에서 오직 아론만 살려주셨다(16:35).

다음 본문인 16:41-50(17:6-15)에서 하나님이 온 회중의 추가적인 반역으로 인해 그들을 멸절하기로 하셨을 때 아론은 자기의 향로에 불을 피워 가지고 가서 죽은 자와 산 자 사이에 섬으로써 하나님의 재앙이 멈추게 하였다(16:47-48[17:12-13]).

하나님께서 이런 일들을 하시는 목적은 명백하다. 하나님은 도전을 받

---

[1] "민수기 16장의 개관 및 신학"에서 이미 언급한 바와 같이 16:36이하부터 17장 전부의 본문은 개역개정과 히브리어 원문의 장절 번호가 틀리다. 특히 17장의 경우는 개역개정의 민수기 16장의 마지막 15개의 절(16:36-50)이 히브리어 원문에서는 17장에 편입되어 있기 때문에 개역개정의 절의 번호보다 각각 15만큼 크다. 예를 들어 개역개정의 17:1은 히브리어 본문에서는 17:16이다. 아래의 17장의 분석에서는 개역개정의 장절 표시를 기본으로 하고, 괄호 속에서 히브리어 원문의 장절 표기를 적어 놓는다. 또한 장 표시가 굳이 필요가 없는 경우는 절만을 이런 방식으로 표시하고자 한다. 예를 들어 "10[25]절"과 같은 식이다.

고 있는 아론의 권위를 확립시켜 주시고자 하는 것이다. 그리고 이제 마지막으로 다시 한번 이 17:1-13(17:16-28)에서 하나님은 그의 권위를 세워주고자 하신다. 그 방법은 아론과 나머지 열두 지파의 지파장들의 지팡이를 가져다가 성막 안의 증거궤 앞에 놓게 하시고(17:3[17:18]),[2] 이 중에서 그 다음 날 오직 아론의 지팡이에만 싹이 나고, 꽃이 피고, 아몬드 열매가 맺게 하시는 것이었다(17:8[17:23]). 이런 이적을 통해서 하나님은 당신이 누구를 선택했는지를 명백하게 보여주셨다. 그리고 하나님의 선택을 나타내는 도구로 사용된 이 지팡이는 증거궤 앞에 영원히 보관되게 되었다(17:10[17:25]).

참고로 이 시험에는 최소한 두 가지의 언어유희 및 상징적 유희가 있는 듯하다. 첫째, "지팡이"의 히브리어는 맡테(מַטֶּה)인데, 이 단어는 "지팡이"란 뜻과 "지파"(tribe)란 뜻을 갖고 있다. 따라서 "지팡이"의 선택은 곧 "지파"의 선택에 대한 언어유희가 된다(참고, 사역 해설). 둘째, "지팡이"에 핀 "꽃"을 지칭하는 히브리어 단어는 찌쯔(ציץ)이다. 그러나 이 단어는 또한 대제사장의 머리에 쓰는 관 위에 부착하는 순금 패를 지칭하는 단어이기도 하다(출 28:36). 따라서 맡테와 찌쯔를 합치면 하나님은 레위 지파의 아론을 대제사장으로 선택하셨다는 의미가 된다.[3]

17장의 끝에 가서 하나님은 이런 표징을 주신 이유에 대해서 설명해주시기를 "아론의 지팡이는 완악한 사람들에 대한 증표가 되도록 증거궤 앞으로 다시 돌려놓아라. 그리고 너는 나에 대한 불평이 그치고, 그들이 죽지 않게 하여라"고 하셨다(17:10[17:25]). 그러자 이스라엘 백성들은 "우리가 사멸하게 되었습니다…가까이 나아가는 모든 자들, 곧 여호와의 성막에 가까

---

[2] 결국 지팡이의 개수는 총 13개라고 본다. 이에 대해서는 본문 해설에서 좀 더 자세하게 다루도록 하겠다.

[3] 이에 대한 해석은 Gordon J. Wenham, *Numbers: An Introduction and Commentary*, Vol. 4, Tyndale Old Testament Commentaries (Downers Grove: InterVarsity Press, 1981), 156-157을 보라. 웬함은 꽃이 흰 색인 것과 아몬드 열매가 열린 것에 대해서도 추가적으로 아론의 직분과 연결시키려고 한다. 그러나 본문에는 "흰 색"이라는 단어도 없고, 아몬드에 대한 그의 해석도 본문을 통해서 저자가 의도한 바와 상응하는지가 확신이 서지 않는다. 이것은 소위 "과도한 해석"(overinterpretation)이란 것의 한 전형적인 예가 아닌가 생각된다.

이 나아가는 자들이 죽게 될 것입니다. 우리가 사멸할 때까지 죽어야 합니까?"라고 탄식한다(17:12-13[17:27-28]).

앞의 민수기 16장의 개관에서 이미 언급한 적이 있지만, 이어지는 18-19장은 백성들의 이런 탄식에 대한 대답이다. 하나님은 레위 지파와 제사장들을 통해서 이들이 거룩하신 하나님의 백성으로서 그 앞에서 살아가면서도 죽지 않게 해주신다(18장). 그리고 이스라엘 백성이 시체로 인해 부정하게 되었을 때 그 부정을 씻는 물을 가지고 정결을 회복하게 하심으로써 역시 그들이 거룩하신 하나님과 동행하면서 죽지 않게 해주신다(19장)."

1단계: 사역

1 (17:16) 여호와께서 모세에게 말씀하셨다
2 (17:17) 너는 이스라엘 자손에게 말하여 그들 중에서 각 조상의 가문을 따라 각 지파장으로부터 각 조상의 가문대로 지팡이 하나씩, 열두 개의 지팡이를 취하여라. 각자의 이름을 자기 지팡이 위에 써라.
3 (17:18) 레위의 지팡이 위에는 아론의 이름을 써라. 왜냐하면 각 조상의 가문의 수장을 위해 지팡이가 하나씩만 있어야 하기 때문이다.
4 (17:19) 그리고 너는 그 지팡이를 회막 안의 증거궤 앞, 곧 내가 너희와 만나는 곳에 두어라.
5 (17:20) 내가 택한 자의 지팡이에는 싹이 나게 해서 그것으로 이스라엘 자손이 너희에 대항하여 하는 불평이 내 앞에서 멈추게 할 것이다.
6 (17:21) 모세가 이스라엘 자손에게 말하였다. 그러자 그들의 지파장들이 조상의 가문에 따라 각 지파별로 지팡이 하나씩, 열두 개의 지팡이를 그에게 주었다. 아론의 지팡이도 그 지팡이들 가운데 있었다.
7 (17:22) 모세가 그 지팡이들을 증거의 장막 안의 여호와 앞에 두었다.
8 (17:23) 그 다음날 모세가 증거의 장막에 들어갔다. 그런데 보라, 레위의 집을 위한 아론의 지팡이가 싹이 터서 순이 나고 꽃이 피어서 아몬드가 열렸다.
9 (17:24) 모세가 그 지팡이 전부를 여호와 앞으로부터 이스라엘 모든 자손에게로 가지고 나왔다. 그들이 보고 각자 자기 지팡이를 잡았다.

10 (17:25) 여호와께서 모세에게 이르셨다. 아론의 지팡이는 완악한 사람들에 대한 증표가 되도록 증거궤 앞으로 다시 돌려놓아라. 그리고 너는 나에 대한 불평이 그치고, 그들이 죽지 않게 하여라

11 (17:26) 모세가 그렇게 하였다. 여호와께서 자기에게 명령하신 대로 그가 행하였다.

12 (17:27) 이스라엘 자손이 모세에게 일렀다. 보십시오. 우리가 사멸하게 되었습니다. 망하게 되었습니다. 우리 모두가 망하게 되었습니다.

13 (17:28) 가까이 나아가는 모든 자들, 곧 여호와의 성막에 가까이 나아가는 자들이 죽게 될 것입니다. 우리가 사멸할 때까지 죽어야 합니까?

2단계: 사역 해설

2절(17:17). "조상의 가문": 베트 아브(בֵּית אָב). 이 어구는 이스라엘의 사회 내의 구성 집단을 나타내는 3단계 중 가장 하부 집단을 나타내는 용어이다. 가장 상위 집단은 "지파"(맡테[מַטֶּה] 혹은 쉐베트[שֵׁבֶט], tribe)라고 하며, 그 하부 집단은 "가문"(미쉬파하, מִשְׁפָּחָה, clan)이라고 하며, 가장 아래의 집단인 "가족"은 베트 아브(בֵּית אָב) 혹은 베트 아보트(בֵּית אָבוֹת)라고 한다. 그러나 때로는 이 마지막의 "가족"이란 표현이 때로는 상위 집단인 "지파"나 "가문"의 의미로 사용될 때도 있다.[4] 이 구절의 경우가 그러하다.

참고로 애쉴리는 왜 저자가 굳이 "지파"란 뜻으로 좀 더 일반적인 맡테나 쉐베트 대신에 굳이 이 베트 아브를 썼느냐고 묻고, 그에 대한 답으로 같은 구절에 쓰인 "지팡이"란 단어로 맡테가 쓰이기 때문이라고 지적하였다. 맡테는 문맥에 따라 이 두 가지 뜻으로 다 쓰일 수 있기 때문에 의미의 혼란을 막기 위해 "지팡이"는 맡테로, "지파"는 대체적 표현인 베트 아브로 썼다는 것이다.[5] 이런 견해는 충분히 개연성이 있는 것으로 생각된다.

---

[4] 이 가족에 관한 용어들에 대한 좀 더 자세한 설명은 민수기 1:2의 사역 해설 및 참고문헌들을 보라.

[5] Timothy R. Ashley, *The Book of Numbers*, The New International Commentary on the Old Testament (Grand Rapids: Eerdmans, 1993), 331.

"지팡이": 맡테(מַטֶּה). 맡테는 "지팡이"란 뜻도 있지만 "지파"(tribe)란 뜻도 있다. 따라서 이 지팡이를 통한 하나님의 시험은 하나님께서 제사장 및 기타 제의 관련 사역을 위해 어느 지파를 택하셨는지를 보여주기에 적절한 도구인 듯하다. "지팡이"(맡테)의 선택은 곧 그 "지파"(맡테)의 선택을 의미한다.

그리고 이 구절에서는 맡테가 두 번 연속 반복되어 "맡테 맡테"로 사용되고 있는데, 이것은 히브리어에서 "각각"(each)이란 의미를 나타내기 위한 것이다. 즉 "조상의 가문별로 각각 지팡이 하나씩을"이란 의미를 표현하기 위해 사용된 것이다.

8절(17:23). "그런데 보라": 붸힌네(וְהִנֵּה). 이 어구에 대해서는 민수기 12:10; 16:47(17:)의 사역 해설에서 이미 다룬 바가 있다. 이 단어는 시점을 내레이터의 3인칭 시점에서 등장인물의 1인칭 시점으로 바꿔주는 역할을 한다.[6]

"꽃": 찌쯔(צִיץ). 이 단어는 기본적으로는 "꽃"(flower)을 의미한다. 그러나 출애굽기 28:36에 따르면 이 단어는 대제사장이 쓰는 관 위에 다는 순금 패, 즉 "여호와께 성결"이라고 쓰여진 패를 가리키는 용어이기도 하다(참고, 또한 출 39:30; 레 8:9). 이런 면에서 볼 때 이 17장에는 아론의 지파 및 대제사장직과 관련된 언어유희들이 기본적으로 깔려 있다고 봐야 할 것이다.[7]

"아몬드": 쉬케딤(שְׁקֵדִים). 히브리어 단어 샤케드(שָׁקֵד)의 복수. 샤케드는 "아몬드"(almond) 열매를 가리키는 단어이다. 개역개정은 "살구"라고 번역하고 있다. 아마 한글로 성경이 번역되는 과정에서 한국에 아몬드가 잘 알려져 있지 않아 이것과 모양이 비슷한 씨를 가진 살구로 번역된 듯하다. 그러나 이제는 한국 에도 아몬드가 잘 알려져 있기 때문에 제대로 번역하는 것이 좋다고 생각된다.

---

6 A. Berlin, *Poetics and Interpretation of Biblical Narrative* (Sheffield: The Almond Press, 1983), 91-99.

7 Cf. Wenham, *Numbers*, 156.

12-13절(17:27-28). "사멸하게 되었습니다": 가봐누(גָוַעְנוּ). 원형은 "죽다, 사멸[死滅]하다, 사라지다"(to die, perish, expire) 등의 의미를 가진 가봐(גָוַע). 12-13절에는 문맥상 거의 동의어적인 의미를 가진 단어 가봐(גָוַע)와 무트(מוּת, "죽다"[to die])가 사용되고 있다. 개역개정은 이 두 단어를 모두 "죽다"로 번역함으로써 원문에 두 개의 다른 단어가 사용되고 있음을 독자들이 느낄 수 없게 만들었다. 사역은 이 두 단어를 각각 "사멸하다"와 "죽다"로 번역함으로써 원문상의 어휘의 차이를 반영하였다.

3단계: 단락 구분

민수기 17장의 단락 구분은 다음과 같다.

17:1-9(17:16-24) 하나님의 명령과 시행
   17:1-5(17:16-20) 지팡이 시험의 명령
   17:6-7(17:21-22) 명령의 시행
17:8-9(17:23-24) 지팡이 시험의 결과
17:10-13(17:25-28) 하나님의 추가적 명령과 시행
   17:10(17:25) 아론의 지팡이에 대한 추가적 명령
   17:11(17:26) 명령의 시행
17:12-13(17:27-28) 백성의 반응

이 장의 내용은 크게 두 부분으로 구성되어 있으며, 이 두 부분은 두 번의 하나님의 명령(17:1-5, 10[17:16-20, 25])을 통해서 구획되어 있다. 이어서 각 부분에는 명령의 시행(17:6-7, 11[17:21-22, 26])에 대한 내용이 나오고, 그에 대한 결과의 기록(17:8-9[17:23-24]) 혹은 백성의 반응(17:12-13[17:27-28])이 나온다.

4단계: 본문 해설

1절(17:16). 이 구절은 17장의 첫 단원의 시작을 알리는 구절로서 이어지는 2-5절(17-20절)의 하나님의 명령의 도입구 역할을 한다.

2-3절(17:17-18). 이 본문의 말씀에서 하나님은 이스라엘의 각 지파의 수장들과 아론이 각각 지팡이 하나에 이름을 써서 내게 하신다. 이 때 아론은 레위 지파의 수장으로서 그 이름을 쓰라고 하신다.

이 본문에서 생각해야 할 점은 몇 가지가 있다. 첫째, 왜 하나님은 각 지파를 대표해서 지팡이를 내게 하셨느냐 하는 것이다. 이에 대한 답이 본문에 명시되어 있지 않기는 하지만 앞의 사역 해설에 본 바와 같이 지팡이란 단어의 히브리어인 맡테(hJ,m;)가 "지파"와 "지팡이"의 두 가지 뜻을 다 갖고 있기 때문에 일종의 언어유희적 차원에서 쓰인 것이 아닌가 하는 것이다. 다시 말해 하나님께서 이 지파장들이 낸 지팡이들 중에서 어느 한 "지팡이"를 택하신다면 그것은 곧 그 "지파"를 택한 것을 상징한다는 것이다.

둘째, 이 명령의 결과로 제출된 지팡이의 개수가 몇 개인가 하는 것이다.[8] 이에 대해서 학자들의 의견은 둘로 갈려 있다. 하나는 아론의 지팡이를 포함하여 총 12개라고 보는 것이다. 다른 하나는 요셉 지파를 둘로 나눠 므낫세 지파와 에브라임 지파를 각각 하나씩 계산하고, 아론의 레위 지파는 이 열둘에 추가된 지파로 보는 것이다. 이것에 대해서 현재 본문이 명시적으로 이야기하고 있지 않기 때문에 정확한 것은 알 수 없지만 민수기 전체의 경향을 볼 때는 후자의 견해가 더 타당성이 있어 보인다(민 1:5-15, 20-46; 2:3-31; 7:12-88; 10:14-27; 13:4-16; 26:5-62).[9]

4절(17:19). 하나님은 이 지팡이들을 회막 안의 증거궤 앞, 즉 지성소 안의 법궤 앞에 갖다 놓으라고 명령하신다. 이 시험을 통해 선택된 아론의 지팡

---

[8] 이에 대한 학자들의 의견의 정리는 Ashley, *Numbers*, 331-332.

[9] 본문 리스트는 Ashley, *Numbers*, 332 n. 18에서 온 것이다

이는 나중에 이 자리에 영원히 놓이게 될 것이다(10[25절]).

5절(17:20). 하나님은 자신이 선택하신 사람의 지팡이에 싹이 나게 하심으로써 당신이 어떤 지파를 특별히 선택하셨는지를 보여주실 것이다. 비록 현재 구절에서는 분명하게 언급되어 있지 않지만 하나님께서 선택하신 이 지파의 역할은 이스라엘 백성이 "여호와의 성막에 가까이 나아갈"때 죽지 않게 하는 역할을 할 것이다(참고, 12-13[27-28]절; 민 18:1, 3, 5, 7, 22, 32; 19:19-20).

또한 하나님께서 이 선택을 지팡이 시험을 통해서 보여주시는 이유는 이렇게 누구도 부인할 수 없는 방식으로 당신의 뜻을 선명하게 보여주심을 통해서 이스라엘 백성들이 그에게 대항하는 것을 그치게 만드시기 위한 것이다.

이 구절의 한 가지 문제는 이처럼 아론의 권위를 세워주는 것이 지팡이 시험의 핵심인데 왜 본문에는 "너희를 대항하여 하는 불평이…멈추게 할 것이다"라고 말씀하심으로써 "너"라는 단수 대신 복수를 쓰고 있느냐 하는 것이다. 그 이유는 처음부터 고라 일당의 공격 대상에는 아론뿐만 아니라 모세가 포함되어 있었고, 그를 세우는 일을 모세가 했기 때문이다(민 16:3, 11; 참고, 레 8-9장).[10]

6-7절(17:21-22). 모세가 하나님의 말씀을 따라 열두 지파의 지팡이와 아론의 지팡이를 받아서 "증거의 장막 안의 여호와 앞"에 둔다(7[22]절). 이 "여호와 앞"이란 표현은 4(19)절에 따르면 "증거궤 앞"이다.

8-9절(17:23-24). 그 다음날 모세가 무슨 일이 일어났는지를 확인하기 위해 증거의 장막 안으로 들어가 보았다. 놀랍게도(꿰힌네, 사역 해설 참고) 모세가 보니 정말로 아론의 지팡이에 싹이 트고, 순이 나고, 꽃이 피어서, 아몬드가 열려 있었다. 생명이 없는 죽은 지팡이에 이 때 "꽃"(찌쯔, צִיץ)이 열린 것은 아마 아론의 직분과도 상관이 있는 것 같다. 왜냐하면 이 찌쯔란 단어가 출

---

[10] Jacob Milgrom, *Numbers*, The JPS Torah Commentary (Philadelphia: Jewish Publication Society, 1990), 144.

애굽기 28:36에서 대제사장이 머리에 쓰는 관 위에 착용하는 순금 패를 지칭하는 단어와 동일하기 때문이다. 이 구절에 따르면 이 패는 대제사장이 성막에 들어갈 때 반드시 갖추어야 하는 가장 중요한 물품들 중의 하나였다(또한 출 39:30; 레 8:9). 이 패 위에는 "여호와께 성결", 즉 "여호와께 거룩"이라고[11] 쓰여 있었다. 이것이 가진 신학적 중요성은 대제사장이 이 패를 착용함으로 이스라엘이 거룩하신 하나님께 바치는 모든 성물과 관련된 죄책을 감당하고, 그것을 통해서 그들의 성물이 하나님께 기쁘게 받아들여질 수 있게 해준다는 점이다: "이 패를 아론의 이마에 두어 그가 이스라엘 자손이 거룩하게 드리는 성물과 관련된 죄책을 담당하게 하라 그 패가 아론의 이마에 늘 있으므로 그 성물을 여호와께서 받으시게 되리라"(출 28:38).[12]

이렇게 볼 때 지팡이(맡테)의 시험, 그리고 이 시험의 결과로 아론의 지팡이에 꽃(찌쯔)이 핀 것은 하나님께서 우리 레위 지파(맡테)를 선택하셨고, 그 중의 아론을 대제사장(순금 패, 찌쯔)으로 선택하셨다고 하는 것을 상징적으로 나타내주는 것으로 보인다. 이런 사항들은 이 시험의 도구 및 결과에 대한 하나님의 의도와 아주 잘 상응한다.

이제 이 본문의 다음 사항으로 넘어가자. 사역 해설에서 설명한 바와 같이 붸힌네라는 문구를 통해 표현된 바, 모세의 1인칭 시각으로 본 이 싹 난 지팡이의 놀랍고 생생한 기적은 아마 백성들에게도 충격으로 다가왔을 것이다. 이 본문에서 하나님께서 자신에게 다가오도록 거룩하게 선택하신 자

---

11 개역개정판은 코데쉬(קֹדֶשׁ)를 "성결"이라고 번역하고 있으나 이것은 제의법적으로는 별로 좋은 번역이 아니라고 생각한다. 위에서 제시한 것처럼 그냥 "거룩"이 더 낫다. 왜냐하면 제의법에서는 "거룩"이라는 개념과 "정결"이라는 개념은 비록 서로 간의 연속성은 있을지라도 엄연히 독립되고 구분된 개념이다. 그런데 "성결"이라는 용어는 "거룩"과 "정결"을 합쳐 놓은 것이며, 제의법이 제시하는 신학을 모호하게 만들 위험성이 있다. 향후 개역개정의 개정시에 좀 더 제의법적으로 엄밀함이 요구된다. 이 두 용어의 개념 및 관계에 대해서는 박철현, 《레위기: 위험한 거룩성과의 동행》 (서울: 솔로몬, 2018), 332-341을 보라.

12 개역개정의 번역은 좀 모호하다. 이 성구 앞에 풀어서 쓴 사항이 좀 더 원문의 뉘앙스를 살린 것이다. 개역개정의 번역의 마지막 부분의 "받으시게"는 레위기 1:4의 "기쁘게 받으심이 되어"와 동일한 문구이다(르라쫀, לְרָצוֹן). 이 문구는 하나님께 바쳐진 제물이 바르게 드려져서 그 제물이 해야 할 역할을 다하게 된다는 의미로 이해하면 된다.

들은 고라의 말처럼 온 회중 전체가 아니라 레위 지파와 아론이이었다(참고, 16:3). 이스라엘 백성은 최소한 구약 내에서는 이들의 사역을 통해서만 하나님에게로 다가갈 수 있었다. 이 점은 백성이 자신들의 안위에 대해 깊은 탄식을 하는 계기가 되었을 것이다(17:12-13[27-28]). 이들은 16-17장 내에서 지금까지 계속 하나님께서 자기에게 다가올 수 있도록 세우신 자들이 따로 있다는 것을 인정하지 않고 도전을 해왔던 것이다.

모세는 하나님의 선택을 명백하게 드러내 주는 이 놀라운 이적의 징표를 가지고 밖으로 나와서 모든 이스라엘 백성에게 보여준다. 그리고 지팡이의 원래의 주인들이 각자 자기 지팡이를 잡는다. 자기들의 지팡이에는 아론의 지팡이와 달리 아무 일도 일어나지 않았다는 것은 자신들이 선택된 자가 아님을 나타내 준다는 점을 그들 모두는 분명하게 인지했을 것이다.

10-11절(17:25-26). 모든 사람이 하나님이 누구를 선택하셨는지를 분명하게 인식한 상태에서 하나님은 다시 한번 명령하신다. 그것은 당신께서 선택하신 아론의 싹 난 지팡이를 "증표가 되도록 증거궤 앞으로 다시 돌려 놓으라"는 것이다(10[25]절). 하나님께서 이렇게 명령하신 목적은 이러한 하나님의 선택의 표시가 지속적으로 하나님 앞에 있게 함으로써 이스라엘 백성으로부터 "나에 대한 불평이 그치고, 그들이 죽지 않게" 하시기 위한 것이었다(10[26]절). 11(26)절에서 모세는 하나님으로 말씀대로 시행을 한다.

12-13절(17:27-28). 그러자 이스라엘 백성들은 위에서 말했던 자신들의 한계와 처지를 인식하고 두려움에 빠진다. 고라가 교만하게 표현했던 바, 즉 "회중이 다 각각 거룩하고 여호와께서 그들 중에 계시는데"라는 말(16:3)과 달리 하나님은 아직 자기 앞으로 직접 담대히 나아갈 거룩성을 갖추지 못한 이스라엘에 대한 배려로 제사장과 레위 지파를 중계자로 선택하셨던 것이다. 이 중계자를 통하지 않고 직접 여호와께로 다가가는 자들, 즉 "허락되지 않은"[13] 자들이 함부로 하나님 앞으로 다가서려고 하면 그런 자들

---

13 이 표현의 의미에 대한 설명은 민수기 1:51; 3:10, 38; 16:40(17:5)의 해당 구절의 사역 해설 및

은 고라와 그 일당들처럼 죽임을 당할 수밖에 없는 것이다. 이 점은 최소한 신약의 예수 그리스도의 십자가 사역을 통해서 하나님의 보좌로 담대히 나아갈 길을 얻게 될 때까지는 이렇게 될 수밖에 없었다(참고, 히 4:16; 7:19, 25; 10:19-23; 13:6; 또한 엡 2:18; 3:12 등).

이러한 하나님의 뜻을 모르고 아론과 레위 지파에 대한 도전을 한 그들은 앞의 10(25)절의 하나님의 말씀을 듣고 당연히 탄식할 수밖에 없었다. 그래서 그들은 "가까이 나아가는 모든 자들, 곧 여호와의 성막에 가까이 나아가는 자들이…사멸할 때까지 죽어야 합니까"라고 묻는다. 앞의 "개관과 신학"에서 이미 언급한 바와 같이 이에 대한 대답을 민수기 18, 19장이 하게 된다.

5단계: 적용

8절(23). "아론의 지팡이가 싹이 터서 순이 나고 꽃이 피어서 아몬드가 열렸다": 당연히 아론의 지팡이는 죽은 나무였다. 그러나 하나님께서 역사하시니까 죽은 나무에서도 산 나무처럼 싹이 나고, 순이 나고, 꽃이 피고, 열매가 맺힐 수 있었다. 생명의 주인이신 하나님께서 역사하시면 얼마든지 이런 일이 일어날 수 있다는 것을 우리는 구약의 여러 본문들에서 보게 된다.

에스겔서 17장에서 하나님은 마른 나무와 같은 이스라엘(9-10절)이라도 하나님께서 다시 심으면 "그 가지가 무성하고 열매를 맺어서 아름다운 백향목"이 될 수 있다고 말씀하신다(23절). 왜냐하면 하나님은 "높은 나무를 낮추고 낮은 나무를 높이며 푸른 나무를 말리고 마른 나무를 무성하게" 하실 수 있는 분이시기 때문이다(24절). 하나님은 이 모든 것에 주권을 가지신 분이시다.

본문 해설을 보라. 이 동일한 표현은 다음 장인 18장의 4, 7절에도 나온다.

신명기 23:1은 "고환이 상한 자나 음경이 잘린 자는 여호와의 총회에 들어오지 못하리라"고 말씀하셨다. 거룩한 제사장의 나라(출 19:6)가 될 이스라엘 사람들은 마치 하나님께 바쳐지는 제물이 흠이 없는 제물이어야 했던 것처럼, 그리고 하나님 앞에서 사역하는 제사장들이 육체적으로도 흠이 없는 모습을 갖춰야 했던 것처럼 하나님 앞에서 흠이 없는 모습을 갖고 있어야 했던 것이다(참고, 레 21:18-23).

그러나 로마서 2:28-29의 "표면적 유대인이 유대인이 아니요 표면적 육신의 할례가 할례가 아니니라. 오직 이면적 유대인이 유대인이며 할례는 마음에 할지니 영에 있고 율법 조문에 있지 아니한 것이라"라는 말씀처럼 이 신명기 23장의 말씀도 하나님께서 정말 이들의 외적인 모습 때문에 여호와의 총회의 일원이 되는 것을 금하시겠다는 것을 뜻하는 것이 아니었다.

정말 중요한 것은 외적인 상태가 아니라 내적인 상태, 내면의 마음이었다. 그래서 이 신명기 23장을 염두에 두고 쓰여진 이사야서 56:3-5에서 하나님은 "고자도 말하기를 <u>나는 마른 나무라 하지 말라</u>. 여호와께서 이와 같이 말씀하시기를 나의 안식일을 지키며 내가 기뻐하는 일을 선택하며 나의 언약을 굳게 잡는 고자들에게는 내가 내 집에서, 내 성 안에서 아들이나 딸보다 나은 기념물과 이름을 그들에게 주며 영원한 이름을 주어 끊어지지 아니하게 할 것"이라고 말씀하셨다. 하나님의 명령을 기뻐하여 그 명령대로 살며, 하나님과의 언약을 소중히 여기는 자들은 비록 그들이 "고환이 상한 자나 음경이 잘린 자"들이라 할지라도, 즉 그들이 고자들이라 할지라도 하나님께 그들을 당신의 "집에서…아들이나 딸보다" 낫게 하시며, "끊어지지 아니하게 할 것"이라고 말씀하신다.

이처럼 하나님은 마른 나무라도 살아나게 하실 수 있는 분이시며, 마른 나무와 같은 고자라도 살아나게 하실 수 있는 분이다. 우리가 신앙인으로 살아가면서 필요한 것은 우리 삶의 모든 영역에서 하나님의 이런 능력에 대한 믿음을 가지는 것이다.

12-13절(27-28). "가까이 나아가는 모든 자들, 곧 여호와의 성막에 가까

이 나아가는 자들이 죽게 될 것입니다": 16-17장을 통하여 지속적으로 반복되어 온 주제는 이 마지막의 이스라엘 백성들의 탄식에 어린 질문을 통해서 집약된다. 고라와 다단과 아비람의 일당이 땅에 삼킴을 당하고, 향로를 하나님 앞에 가져간 250명이 불에 타 죽고, 추가적으로 하나님을 거역한 회중 가운데에서 14,700명이 죽음을 맞이한 것을 목도하면서 이스라엘 백성은 하나님이 함부로 다가설 수 없는 위험한 거룩성을 가지신 분임을 새삼 뼈저리게 체험하고 두려움에 빠진다.

현대 교회의 문제점은 너무 사랑의 하나님에 대한 강조를 하다 보니 하나님이 이런 치명적 위험성을 가진 분이신 것을 망각할 때가 너무나도 많다는 점이다. 그러나 성경이 일관되게 가르치고 있는 바에 따르면 하나님은 이사야가 처음 하나님을 만났을 때 "화로다 나여 망하게 되었도다 나는 입술이 부정한 사람이요 나는 입술이 부정한 백성 중에 거주하면서 만군의 여호와이신 왕을 뵈었음이라"고 탄식할 수밖에 없는 위엄을 가지신 분이다 (사 6:5). 하나님이 말씀하시는 것을 듣기만 해도 이스라엘 백성들이 "떨며 멀리 서서 모세에게 이르되 당신이 우리에게 말씀하소서 우리가 들으리이다 하나님이 우리에게 말씀하시지 말게 하소서 우리가 죽을까 하나이다"라고 외칠 수밖에 없었던 분이다(출 20:18-19). 오직 하나님에 대한 이런 두려움을 회복할 때에야 우리 교회는 현재의 타락과 부정에서 벗어날 수 있을 것이다.

6단계: 설교 "우리의 대제사장"
(민 17:8; 출 28:36-38; 히 10:21-22)

오늘 본 말씀들은 대제사장 아론이 머리에 쓰는 관 위에 부착한 순금 패에 대한 것입니다(출 28:36). 이 순금 패 위에는 "여호와께 성결", 즉 "여호와께 거룩"이라는 문구가 새겨져 있었습니다.

하나님께서 민수기 17장에서 아론의 지팡이를 택하셨을 때 그 지팡이에 "싹이 터서 순이 나고 꽃이 피어서 아몬드가 열리게" 하셨는데(민 17:8), 이 때 "꽃"이란 단어의 히브리어는 순금 패의 "패"라는 단어와 동일한 단어입니다. 하나님은 이 이적을 통해서 당신께서 아론을 대제사장으로 선택하셨음을 보여주셨습니다.

그러나 우리에게는 대제사장 아론보다 더 큰 대제사장이 있습니다(히 10:21). 이 두 대제사장의 이야기를 통해 하나님께서 우리에게 주시는 교훈을 살펴보고자 합니다.

첫째, 대제사장 아론의 머리에 쓰는 관 위에 달린 이 순금 패의 역할은 이스라엘이 하나님의 존전으로 나아가 드리는 성물과 관련해서 혹시 있을 수 있는 죄책을 아론이 담당하게 함으로써 그 성물이 하나님께 받아들여지도록 하기 위한 것입니다. 이 역할에 대해서 출애굽기 28:38은 이렇게 말씀하고 있습니다: "이 패를 아론의 이마에 두어 그가 이스라엘 자손이 거룩하게 드리는 성물과 관련된 죄책을 담당하게 하라 그 패가 아론의 이마에 늘 있으므로 그 성물을 여호와께서 받으시게 되리라". 이 순금 패는 이스라엘 백성들이 하나님에게 다가와 제사를 드릴 때 그것이 하나님에 의해 열납될 수 있게 해주는, 일종의 안전 장치와 같은 것이었습니다. 그런 면에서 이것은 하나님께서 이스라엘의 제사 제도 속에 허락하신 선물들 중 가장 은혜롭고 가장 거룩한 것들 중의 하나였습니다.

이처럼 구약에서 하나님은 이스라엘이 당신에게로 안전하게 나아올 수 있는 길을 대제사장 아론의 순금 패를 통해 제공하셨습니다. 그러나 아론은 그 자신이 죄를 짓는 죄인이었으며(출 32:1-6, 21-24), 그 죄책을 씻어야 하는 존재였습니다(레 9:2-3).[14] 왜냐하면 그 자신이 "연약에 휩싸여 있는" 자였기 때문입니다(히 5:2).

---

14 아론이 자신의 속죄제물로 일반적인 수소 대신에 수송아지를 드리는 것이 황금 송아지 사건의 죄에 대한 속죄와 관련이 있다는 해석은 박철현, 『레위기』, 298-299를 보라.

둘째, 우리에게는 아론보다 더 큰 대제사장이 있습니다(히 10:21). 구약의 이스라엘 백성이 "여호와께 거룩"이라고 쓰인, 대제사장의 순금 패에 의지해서 하나님의 존전으로 나아가고, 성물을 드렸던 반면에 신약의 성도들은 예수 그리스도의 피에 힘 입어 하나님 앞으로 나아갑니다: "그러므로 형제들아 우리가 예수의 피를 힘 입어 성소에 들어갈 담력을 얻었나니 그 길은 우리를 위하여 휘장 가운데로 열어 놓으신 새로운 살 길이요 휘장은 곧 그의 육체니라"(히 10:19).

이 더 큰 대제사장은 아론 대제사장보다 훨씬 더 위대합니다. 먼저 그는 아론과 달리 "거룩하고 악이 없고 더러움이 없고 죄인에게서 떠나 계시고 하늘보다 높이 되신 이"이십니다(히 7:26). 그러면서도 그는 "우리의 연약함을 동정하지 못하실 이"가 아닙니다(히 4:15).

또한 아론은 하나님께 바치는 성물이 받아들여질 수 있게 하는 역할까지만 할 수 있었던 반면에 더 큰 대제사장인 예수 그리스도는 성도들이 지성소 휘장 안의 하나님의 존전으로 직접 나아갈 수 있게 하셨습니다. 단순히 제물이 하나님 앞에 나아가게 하는 것이 아니라 사람 자신이 하나님 면전에 나아갈 수 있게 하신 것입니다.

셋째, 비록 더 큰 대제사장인 예수께서 우리를 하나님의 존전으로 직접 나아갈 수 있게 하셨지만 이것이 결코 프리패스는 아닙니다. 우리가 하나님께 나아갈 때 우리는 "마음에 뿌림을 받아 악한 양심으로부터 벗어나고 몸은 맑은 물로 씻음을 받았으니 참 마음과 온전한 믿음으로" 하나님께 나아가야 합니다(히 10:22). 만약 우리가 이렇게 하지 않고 "짐짓 죄를 범한 즉 다시 속죄하는 제사가 없고 오직 무서운 마음으로 심판을 기다리는 것과 대적하는 자를 태울 맹렬한 불만 있게" 됩니다(10:26). 우리가 입으로는 예수 그리스도의 피로 말미암아 거룩하신 하나님 앞으로 나아갈 자격을 얻게 되었다고 말하면서도 계속 악한 양심을 유지하고, 우리의 악한 행실에서 떠나지 않는다면 우리는 결코 하나님의 심판을 피할 수 없을 것입니다. 우리는 "살아 계신 하나님의 손에 빠져 들어가는 것이 무서움"을 알아야 합니다

(10:31).

말씀을 마무리합니다. 성도 여러분, 신약의 우리에게는 구약의 대제사장보다 더 큰 대제사장을 통해 얻는 은혜가 있습니다. 그러나 이 은혜는 단순히 우리에게 특권으로만 작용하는 것이 아니라 더 큰 책임으로도 작용합니다. 비록 우리가 예수 그리스도의 피로 인해 구약의 성도들과 달리 단순히 성물을 바치고도 죽지 않고 살아남는 정도가 아니라 아예 거룩하신 하나님의 존전으로 직접 나아갈 수 있는 특권을 누리게 되었으나, 이 특권은 오직 우리가 진실로 그 특권에 합당한 상태를 지킬 때에만 의미가 있는 것입니다. 우리는 대제사장 아론보다 더 큰 대제사장이신 예수 그리스도께서 주시는 은혜와 특권을 "두렵고 떨림으로" 받아야만 하겠습니다(참고, 빌 2:12).